Springer-Lehrbuch

Michael Heghmanns

Strafverfahren

Strafrecht für alle Semester

Grund- und Examenswissen kritisch vertieft

Michael Heghmanns
Münster
Deutschland

Zusätzliche Informationen sind in den Online-Versionen der Kapitel enthalten.

ISBN 978-3-642-41236-3   ISBN 978-3-642-41237-0 (eBook)
DOI 10.1007/978-3-642-41237-0
Springer Heidelberg Dordrecht London New York

Die Deutsche Nationalbibliothek verzeichnet diese Publikation in der Deutschen Nationalbibliografie; detaillierte bibliografische Daten sind im Internet über http://dnb.d-nb.de abrufbar.

© Springer-Verlag Berlin Heidelberg 2014
Dieses Werk ist urheberrechtlich geschützt. Die dadurch begründeten Rechte, insbesondere die der Übersetzung, des Nachdrucks, des Vortrags, der Entnahme von Abbildungen und Tabellen, der Funksendung, der Mikroverfilmung oder der Vervielfältigung auf anderen Wegen und der Speicherung in Datenverarbeitungsanlagen, bleiben, auch bei nur auszugsweiser Verwertung, vorbehalten. Eine Vervielfältigung dieses Werkes oder von Teilen dieses Werkes ist auch im Einzelfall nur in den Grenzen der gesetzlichen Bestimmungen des Urheberrechtsgesetzes der Bundesrepublik Deutschland vom 9. September 1965 in der jeweils geltenden Fassung zulässig. Sie ist grundsätzlich vergütungspflichtig. Zuwiderhandlungen unterliegen den Strafbestimmungen des Urheberrechtsgesetzes.
Die Wiedergabe von Gebrauchsnamen, Handelsnamen, Warenbezeichnungen usw. in diesem Werk berechtigt auch ohne besondere Kennzeichnung nicht zu der Annahme, dass solche Namen im Sinne der Warenzeichen- und Markenschutz-Gesetzgebung als frei zu betrachten wären und daher von jedermann benutzt werden dürften.

Gedruckt auf säurefreiem Papier

Springer ist Teil der Fachverlagsgruppe Springer Science+Business Media (www.springer.com)

Vorwort

Dieses Buch bildet konzeptionell den Abschluss einer Darstellung der strafrechtlichen Lehrinhalte des gesamten juristischen Studiums. Sie beinhaltet den Stoff der ersten Studiensemester, die Gegenstände der Leistungskontrollen für Anfänger und für Fortgeschrittene im Strafrecht bis hin zu dem, was man für die erste juristische Prüfung benötigt (daher der Titel *Strafrecht für alle Semester*).

Nach dem *Besonderen Teil* erscheint nun mit dem *Strafverfahren* der zweite Band der Reihe. Es handelt sich, wenngleich alle Bände methodisch und inhaltlich aufeinander abgestimmt sind, um selbstständige Darstellungen, die auch unabhängig voneinander (oder in Kombination mit anderen Lehrbüchern) genutzt werden können. Wichtigstes Ziel des *Strafverfahrens* ist es, dem Leser überhaupt erst einmal ein anschauliches Bild des alltäglichen Strafverfahrens und seiner Möglichkeiten und Zwänge zu vermitteln. Denn nur, wenn ein solches entstanden ist, kann man sinnvoll das Strafverfahrensrecht, soweit es Prüfungen verlangen, erlernen. Deshalb geht das Buch auch einen ungewöhnlichen Weg, indem es das Strafverfahrensrecht anhand der Akten zweier alltäglicher Strafverfahren behandelt. Diese Vorgehensweise hat sich in meinen Vorlesungen bereits bewährt und ich hoffe, mit ihrer Übertragung in ein Lehrbuch dem Leser nicht nur eine sinnvolle, sondern auch eine spannende Lernmethode an die Hand zu geben.

Bei der Entstehung dieses Bandes haben mir erneut zahlreiche Freunde und Mitarbeiter mit Rat und Tat geholfen. Besonderen Dank schulde ich Prof. Dr. *Heinz Giehring*, der die Idee zu dieser Reihe hatte. Große Unterstützung habe ich über die rund vier Jahre, in denen dieses Buch entstanden ist, von allen studentischen, wissenschaftlichen und Sekretariatsmitarbeitern meines Lehrstuhls in Münster erfahren. Ihnen schulde ich besonderen Dank. Stellvertretend für alle seien an dieser Stelle *Eva Maria Keck, Jakob Weissinger* und meine Sekretärin *Astrid Pohlmann* genannt.

Es wäre vermessen zu glauben, ein Lehrbuch sei vollkommen, zumal ein solches, das neue Wege beschreitet. Für Kritik, Anregungen und Hinweise, die mich am einfachsten per E-Mail (heghmanns@uni-muenster.de) erreichen, wäre ich deshalb sehr dankbar.

Münster, November 2013   Michael Heghmanns

Abkürzungsverzeichnis

a. A.	anderer Ansicht
a. a. O.	am angegebenen Ort
Abb.	Abbildung
abl.	ablehnend
Abs.	Absatz
abw.	abweichend(e/r)
a. E.	am Ende
AE-EV	Arbeitskreis deutscher, österreichischer und schweizerischer Strafrechtslehrer, Alternativentwurf Reform des Ermittlungsverfahrens, 2001
a. F.	alte Fassung
AfP	Archiv für Presserecht
AG	Amtsgericht
AGGVG	Ausführungsgesetz (einzelner Bundesländer) zum Gerichtsverfassungsgesetz
AK-Bearbeiter	Rudolf Wassermann (Hrsg.), Alternativkommentar zur Strafprozeßordnung in drei Bänden, 1988–1996
allg.	allgemein
Alsberg/Nüse/Meyer	Max Alsberg (Begr.)/Karl-Heinz Nüse/Karlheinz Meyer, Der Beweisantrag im Strafprozeß, 5. Aufl. 1992
Alt.	Alternative
Anh.	Anhang
Anm.	Anmerkung
AnwBl	Anwaltsblatt
AO	Abgabenordnung; neugefasst durch Bek. v. 01.10.2002 (BGBl. I 3866, ber. 2003 I 61); zuletzt geändert durch Art. 2 des Gesetzes v. 07.08.2013 (BGBl. I 3154)
ARSP	Archiv für Rechts- und Sozialphilosophie
Art.	Artikel
AT	Allgemeiner Teil

AufenthG	Aufenthaltsgesetz i. d. F. der Bekanntmachung v. 25.02.2008 (BGBl. I 162), zuletzt geändert durch Art. 3 des Gesetzes v. 06.09.2013 (BGBl. I 3556)
Aufl.	Auflage
AÜG	Arbeitnehmerüberlassungsgesetz i. d. F. der Bek. v. 03.02.1995 (BGBl. I 158), zuletzt geändert durch Art. 4 des Gesetzes v. 07.08.2013 (BGBl. I 3154))
AWG	Außenwirtschaftsgesetz vom 06.06.2013 (BGBl. I 1482)
BAnz	Bundesanzeiger
BayObLG	Bayerisches Oberstes Landesgericht
BayObLGSt	Entscheidungen des BayObLG in Strafsachen
BBG	Bundesbeamtengesetz v. 05.02.2009 (BGBl. I 160)
Bd.	Band
BDG	Bundesdisziplinargesetz v. 09.07.2001 (BGBl. I 1510); zuletzt geändert durch Art. 4 des Gesetzes v. 28.08.2013 (BGBl. I 3386)
BeamtStG	Beamtenstatusgesetz v. 17.06.2008 (BGBl. I 1010)
Bek.	Bekanntmachung
Bem.	Bemerkung
ber.	bereinigt/e
Beschl.	Beschluss
Bespr.	Besprechung
best.	bestimmten
BEULKE	Werner BEULKE, Strafprozessrecht, 12. Aufl. 2012
BGB	Bürgerliches Gesetzbuch; neugefasst durch Bek. v. 02.01.2002 (BGBl. I 42 ber. I 2909 und 2003 I 738); zuletzt geändert durch Art. 4 V des Gesetzes v. 01.10.2013 (BGBl. I 3719)
BGBl.	Bundesgesetzblatt
BGE	Entscheidungen des Schweizerischen Bundesgerichts
BGH	Bundesgerichtshof
BGHR	BGH-Rechtsprechung Strafsachen
BGHSt	Entscheidungen des BGH in Strafsachen
BGHZ	Entscheidungen des BGH in Zivilsachen
BGH(D)	BGH bei DALLINGER
BGH(H)	BGH bei HOLTZ
BGH(P)	BGH bei PFEIFFER
BKAG	Bundeskriminalamtgesetz v. 07.07.1997 (BGBl. I 650), zuletzt geändert durch Art. 3 des Gesetzes v. 20.06.2013
Bl.	Blatt
BMJ	Bundesminister/Bundesministerium der Justiz

Abkürzungsverzeichnis

BPolG	Bundespolizeigesetz v. 19.10.1994 (BGBl. I 2978), zuletzt geändert durch Art. 2 des Gesetzes v. 31.07.2009 (BGBl. I 2507)
BRAO	Bundesrechtsanwaltsordnung v. 01.08.1959 (BGBl. I 565); zuletzt geändert durch durch Art. 7 des Gesetzes v. 10.10.2013 (BGBl. I 3786)
BRRG	Beamtenrechtsrahmengesetz; neugefasst durch Bek. v. 31.03.1999 (BGBl. I 654); zuletzt geändert durch § 63 II 2 des Gesetzes v. 17.06.2008 (BGBl. I 1010)
BSG	Bundessozialgericht
BT	Besonderer Teil
BT-Drs.	Bundestagsdrucksache
BtM	Betäubungsmittel
BVerfG	Bundesverfassungsgericht
BVerfSchG	Bundesverfassungsschutzgesetz v. 20.12.1990 (BGBl. I 2954, 2970), zuletzt geändert durch Art. 6 des Gesetzes v. 20.06.2013 (BGBl. I 1602)
BVerwG	Bundesverwaltungsgericht
bzgl.	bezüglich
BZR	Bundeszentralregister
bzw.	beziehungsweise
CCC	Constitutio Criminalis Carolina
CR	Computer und Recht
d. A.	der Akte
DAR	Deutsches Autorecht
DB	Der Betrieb
ders.	derselbe
d. h.	das heißt
dies.	dieselbe
diff.	differenzierend
DIN	Deutsche Industrienorm
Diss.	Dissertation
DJT	Deutscher Juristentag
DÖV	Die öffentliche Verwaltung
DRiG	Deutsches Richtergesetz i. d. F. der Bek. v. 19.04.1972 (BGBl. I 713), zuletzt geändert durch Gesetz v. 06.12.2011 (BGBl. I 2515)
DRiZ	Deutsche Richterzeitung
DRZ	Deutsche Rechtszeitschrift
E	Entscheidung oder Entwurf
ebd.	ebenda
Eb. SCHMIDT Lehrkommentar	Eberhard SCHMIDT, Lehrkommentar zur Strafprozeßordnung und zum Gerichtsverfassungsgesetz,

	Teil I, Die rechtstheoretischen und die rechtspolitischen Grundlagen, 1964; Teil II, Erläuterungen zur Strafprozeßordnung und zum Einführungsgesetz zur Strafprozeßordnung, 1957; Teil III, Erläuterungen zum Gerichtsverfassungsgesetz und zum Einführungsgesetz zum Gerichtsverfassungsgesetz, 1960; Nachtragsband I, Nachträge und Ergänzungen zu Teil II (Strafprozeßordnung), 1967; Nachtragsband II, Nachträge und Ergänzungen zu Teil II (Strafprozeßordnung), 1970
EGGVG	Einführungsgesetz zum Gerichtsverfassungsgesetz v. 27.01.1877 (RGBl. 77), zuletzt geändert durch Art. 13 des Gesetzes v. 23.07.2013 (BGBl. I 2586)
EGMR	Europäischer Gerichtshof für Menschenrechte
EKMR	Europäische Kommission für Menschenrechte
EMRK	(Europäische) Konvention zum Schutze der Menschenrechte und Grundfreiheiten v. 04.11.1950 (BGBl. 1952 II 685) i. d. F. v. 17.5.2002 (BGBl. II 1055).
etc.	et cetera
EuGRZ	Europäische Grundrechte Zeitschrift
EuRHÜbk	Europäisches Übereinkommen über die Rechtshilfe in Strafsachen v. 20.04.1959 (BGBl. 1964 II 1369) sowie v. 29.05.2000 (BGBl. 2005 II 651)
FamRZ	Zeitschrift für das gesamte Familienrecht
f.	folgende (Seite oder Randnummer)
FeV	Verordnung über die Zulassung von Personen zum Straßenverkehr (Fahrerlaubnis-Verordnung) v. 18.08.1998 (BGBl. I 2214), zuletzt geändert durch Art. 2 der VO v. 05.11.2013 (BGBl. I 3920)
ff.	folgende (Seiten oder Randnummern)
fhi	forum historiae iuris (Online-Zeitschrift, http://www.forhistiur.de/)
Fn.	Fußnote(n)
FS	Festschrift, Festgabe
FS 25 Jahre BGH	Gerda KRÜGER-NIELAND (Hrsg.), 25 Jahre Bundesgerichtshof am 1. Oktober 1975, 1975
FS 50 Jahre BGH	Claus ROXIN und Gunter WIDMAIER (Hrsg.), 50 Jahre Bundesgerichtshof, Festgabe aus der Wissenschaft, Band IV, 2000
FS 140 Jahre GA	Jürgen WOLTER (Hrsg.) Festschrift 140 Jahre Goltdammer's Archiv für Strafrecht, Eine Würdigung zum 70. Geburtstag von Paul-Günter Pötz, 1993
FS AG Verkehrsrecht	Festschrift zum 25-jährigen Bestehen der Arbeitsgemeinschaft Verkehrsrecht des Deutschen Anwaltsvereins, 2004

FS Baumann	Gunther ARZT, Gerhard FEZER, Ulrich WEBER, Ellen SCHLÜCHTER und Dieter RÖSSNER (Hrsg.), Festschrift für Jürgen Baumann zum 70. Geburtstag, 22. Juni 1992, 1992
FS Bemmann	Joachim SCHULZ und Thomas VORMBAUM (Hrsg.), Festschrift für Günter Bemmann zum 70. Geburtstag am 15. Dezember 1997, 1997
FS Bockelmann	Arthur KAUFMANN, Günter BEMMANN, Detlef KRAUSS und Klaus VOLK (Hrsg.), Festschrift für Paul Bockelmann zum 70. Geburtstag am 7. Dezember 1978, 1979
FS Dahs	Gunther WIDMAIER, Heiko H. LESCH, Bernd MÜSSIG und Rochus WALLAU (Hrsg.), Festschrift für Hans Dahs, 2005
FS Dencker	Wilhelm DEGENER, Michael HEGHMANNS, Festschrift für Friedrich Dencker zum 70. Geburtstag, 2012
FS Eberhard Schmidt	Paul BOCKELMANN und Wilhelm GALLAS (Hrsg.), Festschrift für Eberhard Schmidt zum 70. Geburtstag, 1961
FS Engisch	Paul BOCKELMANN, Arthur KAUFMANN und Ulrich KLUG (Hrsg.), Festschrift für Karl Engisch zum 70. Geburtstag, 1969
FS Fezer	Edda WESSLAU, Wolfgang WOHLERS (Hrsg.), Festschrift für Gerhard Fezer zum 70. Geburtstag am 29. Oktober 2008, 2008
FS Gallas	Karl LACKNER, Heinz LEFERENZ, Eberhard SCHMIDT, Jürgen WELP und Ernst Amadeus WOLFF (Hrsg.), Festschrift für Wilhelm Gallas zum 70. Geburtstag am 22. Juli 1973, 1973
FS Geerds	Ellen SCHLÜCHTER (Hrsg.), Kriminalistik und Strafrecht, Festschrift für Friedrich Geerds zum 70. Geburtstag, 1995
FS Gössel	Dieter DÖLLING und Volker ERB (Hrsg.), Festschrift für Karl Heinz Gössel zum 70. Geburtstag am 16. Oktober 2002, 2002
FS Grünwald	Erich SAMSON, Friedrich DENCKER, Peter FRISCH, Helmut FRISTER und Wolfram REISS (Hrsg.), Festschrift für Gerald Grünwald zum siebzigsten Geburtstag, 1999
FS Hamm	Regina MICHALKE, Wolfgang KÖBERER, Jürgen PAULY, Stefan KIRSCH (Hrsg.), Festschrift für Rainer Hamm zum 65. Geburtstag am 24. Februar 2008, 2008
FS Heinitz	Hans LÜTTGER, Hermann BLEI und Peter HANAU (Hrsg.), Festschrift für Ernst Heinitz zum 70. Geburtstag am 1. Januar 1972, 1972

FS Herzberg	Holm PUTZKE, Berhardt HARDTUNG, Tatjana HÖRNLE u. a. (Hrsg.), Strafrecht zwischen System und Telos, Festschrift für Rolf Dietrich Herzberg zum siebzigsten Geburtstag am 14. Februar 2008, 2008
FS Heusinger	Roderich GLANZMANN (Hrsg.), Ehrengabe für Bruno Heusinger, 1968
FS Hirsch	Thomas WEIGEND und Georg KÜPPER (Hrsg.), Festschrift für Hans Joachim Hirsch zum 70. Geburtstag am 11. April 1999, 1999
FS H. Mayer	Friedrich GEERDS und Wolfgang NAUCKE (Hrsg.), Beiträge zur gesamten Strafrechtswissenschaft, Festschrift für Hellmuth Mayer zum 70. Geburtstag am 1. Mai 1965, 1966
FS Jakobs	Michael PAWLIK, Rainer ZACZYK (Hrsg.), Festschrift für Günther Jakobs zum 70. Geburtstag am 26. Juli 2007, 2007
FS Jescheck	Theo VOGLER (Hrsg.), Festschrift für Hans-Heinrich Jescheck zum 70. Geburtstag, 1985
FS Kaufmann	Fritjof HAFT, Winfried HASSEMER, Ulfried NEUMANN, Wolfgang SCHILD und Ulrich SCHROTH (Hrsg.), Strafgerechtigkeit, Festschrift für Arthur Kaufmann zum 70. Geburtstag, 1993
FS Klug	Günter KOHLMANN (Hrsg.), Festschrift für Ulrich Klug zum 70. Geburtstag, 1983
FS Köln	Hans Joachim HIRSCH, Klaus STERN, Herbert WIEDEMANN (Hrsg.), Festschrift der Rechtswissenschaftlichen Fakultät zur 600-Jahr-Feier der Universität zu Köln, 1988
FS Kohlrausch	Paul BOCKELMANN u. a., Probleme der Strafrechtserneuerung, Eduard Kohlrausch zum 70. Geburtstage dargebracht, 1944
FS Krause	Ellen SCHLÜCHTER und Klaus LAUBENTHAL (Hrsg.), Recht und Kriminalität, Festschrift für Friedrich-Wilhelm Krause zum 70. Geburtstag, 1990
FS Küper	Michael HETTINGER, Jan ZOPFS, Thomas HILLENKAMP u. a. (Hrsg.), Festschrift für Wilfried Küper zum 70. Geburtstag, 2007
FS Lackner	Wilfried KÜPER (Hrsg.), Festschrift für Karl Lackner zum 70. Geburtstag am 18. Februar 1987, 1987
FS Lange	Günter WARDA, Heribert WAIDER, Reinhard VON HIPPEL und Dieter MEURER (Hrsg.), Festschrift für Richard Lange zum 70. Geburtstag, 1976
FS Lenckner	Albin ESER, Ulrike SCHITTENHELM und Heribert SCHUMANN (Hrsg.), Festschrift für Theodor Lenckner zum 70. Geburtstag, 1998

FS Maurach	Friedrich-Christian SCHROEDER und Heinz ZIPF (Hrsg.), Festschrift für Reinhart Maurach zum 70. Geburtstag, 1972
FS Maurer	Max-Emanuel GEIS (Hrsg.), Staat, Kirche, Verwaltung. Festschrift für Hartmut Maurer zum 70. Geburtstag, 2001
FS Mehle	Stefan HÜBL, Nils KASSEBOHM, Hans GLIE (Hrsg.), Festschrift für Volkmar Mehle zum 65. Geburtstag am 11.11.2009, 2009
FS Mezger	Karl ENGISCH und Reinhart MAURACH (Hrsg.), Festschrift für Edmund Mezger zum 70. Geburtstag, 15.10.1953, 1954
FS Nehm	Rainer GRIESBAUM, Rolf HANNICH und Karl Heinz SCHNARR (Hrsg.), Strafrecht und Justizgewährung, Festschrift für Kay Nehm zum 65. Geburtstag, 2006
FS Nishihara	Albin ESER (Hrsg.), Festschrift für Haruo Nishihara zum 70. Geburtstag, 1998
FS Odersky	Reinhard BÖTTCHER, Götz HUECK und Burkhard JÄHNKE (Hrsg.), Festschrift für Walter Odersky zum 65. Geburtstag am 17. Juli 1996, 1996
FS Peters I	Jürgen BAUMANN und Klaus TIEDEMANN (Hrsg.), Einheit und Vielfalt des Strafrechts, Festschrift für Karl Peters zum 70. Geburtstag, 1974
FS Peters II	Klaus WASSERBURG und Wilhelm HADDENHORST (Hrsg.), Wahrheit und Gerechtigkeit im Strafverfahren, Festgabe für Karl Peters aus Anlaß seines 80. Geburtstags, 1984
FS Pfeiffer	Otto Friedrich Freiherr VON GAMM, Peter RAISCH und Klaus TIEDEMANN (Hrsg.), Strafrecht, Unternehmensrecht, Anwaltsrecht, Festschrift für Gerd Pfeiffer zum Abschied aus dem Amt als Präsident des Bundesgerichtshofes, 1988
FS Rieß	Ernst-Walter HANACK, Hans HILGER, Volkmar MEHLE, Gunter WIDMAIER (Hrsg.), Festschrift für Peter Rieß zum 70. Geburtstag am 4. Juni 2002, 2002
FS Roxin I	Bernd SCHÜNEMANN u. a. (Hrsg.), Festschrift für Claus Roxin zum 70. Geburtstag am 15. Mai 2001, 2001
FS Roxin II	Manfred Heinrich, Christian Jäger, Hans Achenbach u. a. (Hrsg.), Strafrecht als Scientia Universalis, Festschrift für Claus Roxin zum 80. Geburtstag am 15. Mai 2011, 2011

FS Rudolphi	Klaus ROGALL, Ingeborg PUPPE, Ulrich STEIN, Jürgen WOLTER (Hrsg.), Festschrift für Hans-Joachim Rudolphi zum 70. Geburtstag, 2004
FS R.v. Frank	August HEGLER (Hrsg.), Beiträge zur Strafrechtswissenschaft, Festgabe für Reinhard von Frank zum 70. Geburtstag, 16. August 1930, 1930
FS Salger	Albin ESER, Hans Josef KULLMANN, Lutz MEYER-GOSSNER (Hrsg.), Straf- und Strafverfahrensrecht, Recht und Verkehr, Recht und Medien, Festschrift für Hannskarl Salger zum Abschied aus dem Amt des Vizepräsidenten des Bundesgerichtshofs, 1995
FS Schreiber	Knut AMELUNG u. a. (Hrsg.), Strafrecht – Biorecht – Rechtsphilosophie, Festschrift für Hans-Ludwig Schreiber zum 70. Geburtstag am 10. Mai 2003, 2003
FS Schroeder	Andreas HOYER, Henning Ernst MÜLLER, Michael PAWLIK und Jürgen WOLTER (Hrsg.), Festschrift für Friedrich-Christian Schroeder zum 70. Geburstag, 2006
FS Stree/Wessels	Wilfried KÜPER und Jürgen WELP (Hrsg.), Beiträge zur Rechtswissenschaft, Festschrift für Walter Stree und Johannes Wessels zum 70. Geburstag, 1993
FS Tröndle	Hans-Heinrich JESCHECK und Theo VOGLER (Hrsg.), Festschrift für Herbert Tröndle zum 70. Geburtstag am 24. August 1989, 1989
FS Welzel	Günter STRATENWERTH, Armin KAUFMANN, Gerd GEILEN, Hans-Joachim HIRSCH, Hans-Ludwig SCHREIBER, Günther JAKOBS und Fritz LOOS (Hrsg.), Festschrift für Hans Welzel zum 70. Geburtstag am 25. März 1974, 1974
G	Gesetz
G 10	Gesetz zur Beschränkung des Brief-, Post- und Fernmeldegeheimnisses (Artikel 10-Gesetz) v. 26.06.2001 (BGBl. I 1254, 2298), zuletzt geändert durch Artikel 2 IV des Gesetzes v. 06.06.2013 (BGBl. I 1482)
GA	Goltdammer's Archiv für Strafrecht
GebrMG	Gebrauchsmustergesetz i. d. F. der Bek. v. 28.08.1986 (BGBl. I 1455), zuletzt geändert durch Art. 12 II des Gesetzes v. 13.12.2007 (BGBl. I 2897)
GedS	Gedächtnisschrift

GedS H.Kaufmann	Hans Joachim HIRSCH, Günther KAISER, Helmut MARQUARDT (Hrsg.), Gedächtnisschrift für Hilde Kaufmann, 1986
GedS Kaufmann	Gerhard DORNSEIFER, Eckhard HORN, Georg SCHILLING, Wolfgang SCHÖNE, Eberhard STRUENSEE und Diethart ZIELINSKI (Hrsg.), Gedächtnisschrift für Armin Kaufmann, 1989
GedS Keller	Die Strafrechtsprofessoren der Tübinger Juristenfakultät und das Justizministerium Baden-Württemberg (Hrsg.), Gedächtnisschrift für Rolf Keller, 2003
GedS Meurer	Eva GRAUL und Gerhard WOLF (Hrsg.), Gedächtnisschrift für Dieter Meurer, 2002
GedS Schlüchter	Gunnar DUTTGE, Gerd GEILEN, Lutz MEYER-GOßNER und Günter WARDA (Hrsg.), Gedächtnisschrift für Ellen Schlüchter, 2002
GedS Schröder	Walter STREE, Theodor LENCKNER, Peter CRAMER und Albin ESER (Hrsg.), Gedächtnisschrift für Horst Schröder, 1978
gem.	gemäß
GenStA	Generalstaatsanwaltschaft
GerS	Der Gerichtssaal
GewO	Gewerbeordnung i. d. F. der Bek. v. 22.02.1999 (BGBl. I 202), zuletzt geändert durch Art. 9 des Gesetzes v. 17.03.2008 (BGBl. I 399)
GG	Grundgesetz für die Bundesrepublik Deutschland
ggf.	gegebenenfalls
GKG	Gerichtskostengesetz v. 05.05.2004 (BGBl. I 718), zuletzt geändert durch Art. 5 V des Gesetzes vom 10.10.2013 (BGBl. I 3799)
grs.	grundsätzlich
GS	Großer Senat
GVG	Gerichtsverfassungsgesetz v. 27.01.1877 i. d. F. v. 09.05.1975 (BGBl. I 1077), zuletzt geändert durch Art. 5 I des Gesetzes v. 10.10.2013 (BGBl. I 3799)
h. A.	herrschende Auffassung/Ansicht
HALLER/CONZEN	Klaus HALLER/Klaus CONZEN, Das Strafverfahren, 6. Aufl. 2011
HbStrVf-BEARBEITER	Michael HEGHMANNS/Uwe SCHEFFLER (Hrsg.), Handbuch zum Strafverfahren, 2008
HEGER	Martin HEGER, Strafprozessrecht, 2013
HEGHMANNS Arbeitsgebiet	Michael HEGHMANNS, Das Arbeitsgebiet des Staatsanwalts, 4. Aufl. 2010
HEGHMANNS BT	Michael HEGHMANNS, Strafrecht für alle Semester, Besonderer Teil, 2009

Hellmann	Uwe Hellmann, Strafprozessrecht, 2. Aufl. 2006
Henkel	Heinrich Henkel, Strafverfahrensrecht, 2. Aufl. 1968
HK-Bearbeiter	Heidelberger Kommentar zur Strafprozessordnung, herausgegeben von Björn Gercke, Karl-Peter Julius, Dieter Temming und Mark A. Zöller, 5. Aufl. 2012
h. L.	herrschende Lehre
h. M.	herrschende Meinung
HRR	Höchstrichterliche Rechtsprechung
Hrsg.	Herausgeber
hrsg.	herausgegeben
HWSt	Hans Achenbach/Andreas Ransiek (Hrsg.), Handbuch Wirtschaftsstrafrecht, 3. Aufl. 2012
i. d. F.	in der Fassung
i. d. R.	in der Regel
i. E.	im Ergebnis
i. e. S.	im engeren Sinne
insb.	insbesondere
InsO	Insolvenzordnung v. 05.10.1994 (BGBl. I 2866), zuletzt geändert durch Art. 9 des Gesetzes v. 23.10.2008 (BGBl. I 2026)
IRG	Gesetz über die internationale Rechtshilfe in Strafsachen i. d. F. v. 27.06.1994 (BGBl. I 1537), zuletzt geändert durch Art. 1 d. Gesetzes v. 18.10.2010 (BGBl. I 1408)
i. S.	im Sinne
i. S. d.	im Sinne des
IStGHG	Gesetz über die Zusammenarbeit mit dem Internationalen Strafgerichtshof v. 21.06.2002 (BGBl. I 2144), zuletzt geändert durch Art. 10 d. Gesetzes v. 21.12.2007 (BGBl. I 3198)
i. S. v.	im Sinne von
i. V. m.	in Verbindung mit
i. w. S.	im weiteren Sinne
JA	Juristische Arbeitsblätter für Ausbildung und Examen
JahrbRuE	Jahrbuch für Recht und Ethik
JAR	Juristische Arbeitsblätter Rechtsprechung
JBl	Juristische Blätter (Österreich)
JGG	Jugendgerichtsgesetz; neugefasst durch Bek. v. 11.12.1974 (BGBl. I 3427); zuletzt geändert durch Art. 3 des Gesetzes v. 26.06.2013 (BGBl. I 1805)
JK	Jura-Rechtsprechungskartei (Beilage der Zeitschrift Jura)

JR	Juristische Rundschau
JuMoG	Justizmodernisierungsgesetz; 1. JuMoG v. 24.08.2004 (BGBl. I 2198); 2. JuMoG v. 22.12.2006 (BGBl. I 3416)
Jura	Juristische Ausbildung
JuS	Juristische Schulung
JuSchG	Jugendschutzgesetz v. 23.07.2002 (BGBl. I 2730), zuletzt geändert durch Art. 1 des Gesetzes v. 24.06.2008 (BGBl. I S. 1075)
JVA	Justizvollzugsanstalt
JVEG	Gesetz über die Vergütung von Sachverständigen, Dolmetscherinnen, Dolmetschern, Übersetzerinnen und Übersetzern sowie die Entschädigung von ehrenamtlichen Richterinnen, ehrenamtlichen Richtern, Zeuginnen, Zeugen und Dritten (Justizvergütungs- und -entschädigungsgesetz) v. 05.05.2004 (BGBl. I 718, 776), zuletzt geändert durch Art. 7 III des Gesetzes v. 30.07.2009 (BGBl. I 2449)
JW	Juristische Wochenschrift
JZ	Juristenzeitung
KG	Kammergericht
KK-Bearbeiter	Rolf Hannich (Hrsg.), Karlsruher Kommentar zur Strafprozessordnung, 6. Aufl. 2008 (vereinzelt zitiert wird auch die 5. Aufl., herausgegeben von Gerd Pfeiffer, 2003)
KK-OWiG-Bearbeiter	Karlsruher Kommentar zum Gesetz über Ordnungswidrigkeiten, 3. Aufl. 2006
KMR-Bearbeiter	Kleinknecht, Theodor/Müller, Herrmann/Reitberger, Leonhard (Begr.), Kommentar zur Strafprozeßordnung, Loseblattkommentar, Stand 57. Lieferung, seit der 14. Lieferung herausgegeben durch vonHeintschel-Heinegg, Bernd/Stöckel, Heinz
Kriminalistik	Kriminalistik, Zeitschrift für die gesamte kriminalistische Wissenschaft und Praxis
krit.	kritisch(e/er)
KritV	Kritische Vierteljahresschrift für Gesetzgebung und Rechts-wissenschaft
Kühne	Hans-Heiner Kühne, Strafprozessrecht, 8. Aufl. 2010
LG	Landgericht
LH	Lehrheft
Lit.	Literatur
LK-Bearbeiter	Leipziger Kommentar zum Strafgesetzbuch, 11. Aufl. 1992 ff. bzw. 12 Aufl. 2006 ff.

LOStA	Leitender Oberstaatsanwalt
LPartG	Lebenspartnerschaftsgesetz v. 16.02.2001 (BGBl. I 266); zuletzt geändert durch Art. 2 des Gesetzes v. 21.12.2007 (BGBl. I 3189)
LR-Bearbeiter	Löwe-Rosenberg, Strafprozessordnung und Gerichtsverfassungsgesetz mit Nebengesetzen, 25. Aufl. 1999 ff.
LuftSiG	Luftsicherheitsgesetz v. 11.01.2005; zuletzt geändert durch Art. 9 a des Gesetzes v. 05.01.2007 (BGBl. I 2)
MarkenG	Markengesetz v. 25.10.1994 (BGBl. I 3082), zuletzt geändert durch Art. 15 des Gesetzes v. 24.11.2011 (BGBl. I 2302)
m. w. N.	mit weiteren Nachweisen
m. W. v.	mit Wirkung vom
M/D-Bearbeiter	Theodor Maunz/Günter Dürig, Grundgesetz-Kommentar (Loseblattausgabe, Stand 69. Lieferung)
MDR	Monatsschrift für Deutsches Recht
MedR	Medizinrecht
Meyer-Gossner	Lutz Meyer-Gossner, Strafprozessordnung mit GVG und Nebengesetzen, 56. Aufl. 2013
MiStrA	Anordnung über Mitteilungen in Strafsachen v. 19.05.2008, BAnz Nr. 126a
MMR	MultiMedia und Recht
MschrKrim	Monatsschrift für Kriminologie und Strafrechtsreform
MüKo-Bearbeiter	Wolfgang Joecks, Klaus Miebach (Hrsg.), Münchener Kommentar zum Strafgesetzbuch, 2003 ff.
Nied.	Niederschriften über die Sitzungen der Großen Strafrechtskommission; 14 Bände, Bonn 1956–1960
NJ	Neue Justiz
NJW	Neue Juristische Wochenschrift
Nr.	Nummer(n)
NStE	Neue Entscheidungssammlung für Strafrecht, Loseblattsammlung
NStZ	Neue Zeitschrift für Strafrecht
NStZ-RR	Neue Zeitschrift für Strafrecht – Rechtsprechungs-Report
NVwZ	Neue Zeitschrift für Verwaltungsrecht
NZV	Neue Zeitschrift für Verkehrsrecht
obj.	objektiv(er)
ÖJZ	Österreichische Juristen-Zeitung
o. g.	obengenannt(e)

OGHSt	Entscheidungen des Obersten Gerichtshofs für die Britische Zone in Strafsachen
OLG	Oberlandesgericht
OLGSt	Entscheidungen der Oberlandesgerichte zum Straf- und Strafverfahrensrecht
OrgKG	(1.) Gesetz zur Bekämpfung des illegalen Rauschgifthandels und anderer Erscheinungsformen der Organisierten Kriminalität v. 15.07.1992 (BGBl. I 1302)
OrgStA	Anordnung über Organisation und Dienstbetrieb der Staatsanwaltschaft, zitiert nach der AV des JM Nordrhein-Westfalen v. 01.10.2002 (JMBl. 238), in anderen Bundesländern sind kleinere Textabweichungen möglich.
OStA	Oberstaatsanwalt
OStAin	Oberstaatsanwältin
OWiG	Gesetz über Ordnungswidrigkeiten i. d. F. der Bek. v. 19.02.1987 (BGBl. I 602), zuletzt geändert durch Artikel 18 des Gesetzes v. 10.10.2013 (BGBl. I 3786)
PartG	Parteiengesetz i. d. F. der Bek. v. 31.01.1994 (BGBl. I 149), zuletzt geändert durch Gesetz v. 22.12.2004 (BGBl. I 3673)
PatG	Patentgesetz i. d. F. der Bek. v. 16.12.1980 (BGBl. 1981 I 1), zuletzt geändert durch Artikel 2 des Gesetzes v. 07.07.2008 (BGBl. I 1191).
PostG	Postgesetz v. 22.12.1997 (BGBl. I 3294); zuletzt geändert durch Art. 272 der Verordnung v. 31.10.2006 (BGBl. I 2407)
ProstG	Prostitutionsgesetz v. 20.12.2001 (BGBl. I 3983)
PStG	Personenstandsgesetz v. 03.11.1937 (RGBl. I 1146); Gesetz aufgehoben durch Art. 5 II des Gesetzes v. 19.02.2007 m. W. v. 01.01.2009
PUTZKE/SCHEINFELD	Holm PUTZKE/Jörg SCHEINFELD, Strafprozessrecht, 3. Aufl. 2011
RANFT	Otfried Ranft, Strafprozeßrecht, 3. Aufl. 2005
RDG	Gesetz über außergerichtliche Rechtsdienstleistungen vom 12.12.2007 (BGBl. I 2840)
RDGEG	Einführungsgesetz zum Rechtsdienstleistungsgesetz vom 12.12.2007 (BGBl. I 2846)
recht	Informationen des Bundesministers der Justiz
Rechtstheorie	Rechtstheorie, Zeitschrift für Logik, Methodenlehre, Kybernetik und Soziologie des Rechts
RegE.	Regierungsentwurf

Rengier AT	Rudolf Rengier, Strafrecht Allgemeiner Teil, 4. Auflage 2012
RG	Reichsgericht
RGRspr	Rechtsprechung des Reichsgerichts in Strafsachen (ältere Entscheidungssammlung)
RGSt	Entscheidungen des Reichsgerichts in Strafsachen
RiAG	Richter/in am Amtsgericht
RiLG	Richter/in am Landgericht
RKG	Entscheidungen des Reichskriegsgerichts
Rn.	Randnummer(n)
Rosenfeld	Ernst Heinrich Rosenfeld, Der Reichs-Strafprozeß, Berlin 1901
Roxin AT I, II	Claus Roxin, Strafrecht Allgemeiner Teil, Bd. I Grundlagen – Der Aufbau der Verbrechenslehre 3. Aufl. 1997, Bd. II Besondere Erscheinungsformen der Straftat, 2003
Roxin/Schünemann	Claus Roxin/Bernd Schünemann, Strafverfahrensrecht, 27. Aufl. 2012
RPflG	Rechtspflegergesetz v. 05.11.1969 (BGBl. I 2065), zuletzt geändert durch Art. 6 des Gesetzes v. 30.07.2009 (BGBl. I 2474)
Rspr.	Rechtsprechung
RStGB	Reichsstrafgesetzbuch v. 15.05.1871 (RGBl. 127)
Rüping/Jerouscheck	Hinrich Rüping/Günter Jerouscheck: Grundriss der Strafrechtsgeschichte, 4. Auflage 2002
RuP	Recht und Politik
RVG	Gesetz über die Vergütung der Rechtsanwältinnen und Rechtsanwälte (Rechtsanwaltsvergütungsgesetz) v. 05.05.2004 (BGBl. I 718; 788), zuletzt geändert durch zuletzt geändert durch Art. 5 VII des Gesetzes v. 10.10.2013 (BGBl. I 3799)
S.	Satz oder Seite
Schellenberg	Frank Schellenberg, Die Hauptverhandlung im Strafverfahren, 2. Aufl. 2000
Schlüchter	Ellen Schlüchter, Das Strafverfahren, 2. Aufl. 1983
Schroeder/Verrel	Friedrich-Christian Schröder/Torsten Verrel, Strafprozessrecht, 5. Aufl. 2011
Sch/Sch-Bearbeiter	Adolf Schönke/Horst Schröder (Begründer), Strafgesetzbuch, Kommentar, 28. Aufl. 2010
SchlHA	Schleswig-Holsteinische Anzeigen
SchwarzArbG	Schwarzarbeitsbekämpfungsgesetz v. 23.07.2004 (BGBl. I 1842), zuletzt geändert durch Art. 4a des Gesetzes v. 07.09.2007 (BGBl. I 2246)
SGB	Sozialgesetzbuch
SJZ	Süddeutsche Juristenzeitung

SK-Bearbeiter	Systematischer Kommentar zur Strafprozeßordnung und zum Gerichtsverfassungsgesetz, 1.–3 Auflage herausgegeben von Hans-Joachim Rudolphi, Wilhelm Degener, Mark Deiters u. a. (Loseblattausgabe, Stand 64. Lieferung 2009); 4. Aufl. (gebunden) herausgegeben von Jürgen Wolter, 2010 ff.
s. o.	siehe oben
sog.	sogenannt(en)
SoldG	Gesetz über die Rechtsstellung der Soldaten; neugefasst durch Bek. v. 15.12.1995 (BGBl. I 1737)
Sp.	Spalte
StA	Staatsanwaltschaft *oder* Staatsanwalt
StAin	Staatsanwältin
StÄG	Strafrechtsänderungsgesetz
StGB	Strafgesetzbuch; neugefasst durch Bek. v. 13.11.1998 (BGBl. I 3322); zuletzt geändert durch Art. 5 XVIII des Gesetzes v. 10.10.2013 (BGBl. I 3799)
StPÄG	Gesetz zur Änderung der StPO und des GVG vom 19.12.1964 (BGBl. I, 1067)
StPO	Strafprozessordnung v. 01.02.1877 (RGBl. 253); neugefasst durch Bek. v. 07.04.1987 (BGBl. I 1074, 1319); zuletzt geändert durch Art. 5 IV des Gesetzes v. 10.10.2013 (BGBl. I 3799)
str.	strittig
StraFo	Strafverteidiger Forum
StrafR	Strafrecht
StrEG	Gesetz über die Entschädigung für Strafverfolgungsmaßnahmen v. 08.03.1971 (BGBl. I 157), zuletzt geändert durch Gesetz v. 13.12.2001 (BGBl. I 3574)
StrRG	Strafrechtsreformgesetz
StV	Strafverteidiger
StVG	Straßenverkehrsgesetz; neugefasst durch Bek. v. 05.03.2003 (BGBl. I 310, ber. 919); zuletzt geändert durch Art. 1 des Gesetzes v. 28.08.2013 (BGBl. I 3313)
StVO	Straßenverkehrs-Ordnung i.d.F. vom 06.03.2013 (BGBl. I 367)
StVollstrO	Strafvollstreckungsordnung v. 13.07.2011 (BAnz Nr. 112a S. 4)
StVollzG	Strafvollzugsgesetz v. 16.03.1976; zuletzt geändert durch § 62 X des Gesetzes v. 17.06.2008 (BGBl. I 1010)
StVRG	(1.) Gesetz zur Reform des Strafverfahrensrechts v. 09.12.1974 (BGBl. I 3393, 3533)

StVZO	Straßenverkehrs-Zulassungs-Ordnung i. d. F. v. 26.04.2012 (BGBl. I 679)
s. u.	siehe unten
subj.	subjektiv(er)
Tab.	Tabelle
TDG	Teledienstegesetz v. 22.07.1997 (BGBl. I 1870); aufgehoben mit Wirkung v. 01.03.2007 durch Art. 5 Satz 2 des Gesetzes v. 26.02.2007 (BGBl. I 179, 251)
TKG	Telekommunikationsgesetz v. 22.06.2004 (BGBl. I 1190); zuletzt geändert durch Art. 4 des Gesetzes v. 07.08.2013 (BGBl. I 3154)
TMG	Telemediengesetz v. 26.02.2007 (BGBl. I 179)
u. a.	unter anderem, und andere
u. ä.	und ähnliche
U-Haft	Untersuchungshaft
u. U.	unter Umständen
UWG	Gesetz gegen den unlauteren Wettbewerb i.d.F. v. 03.03.2010 (BGBl. I 254), zuletzt geändert durch Art. 6 des Gesetzes v. 01.10.2013 (BGBl. I 3714)
UZwG	Gesetz über den unmittelbaren Zwang bei Ausübung öffentlicher Gewalt durch Vollzugsbeamte des Bundes v. 10.03.1961 (BGBl. I 165); zuletzt geändert durch Art. 28 der Verordnung v. 31.10.2006 (BGBl. I 2407)
v.	vom, von
Var.	Variante
Verf.	Verfasser
VerkMitt	Verkehrsrechtliche Mitteilungen
vgl.	vergleiche
VOLK	Klaus VOLK, Grundkurs StPO, 6. Aufl. 2008
Vorbem.	Vorbemerkung(en)
VRiLG	Vorsitzende/r Richter/in am Landgericht
VRS	Verkehrsrechtssammlung
VStGB	Völkerstrafgesetzbuch v. 26.06.2002 (BGBl. I 2254)
VwGO	Verwaltungsgerichtsordnung; neugefasst durch Bek. v. 19.03.1991 (BGBl I 686); zuletzt geändert durch § 62 XI des Gesetzes v. 17.06.2008 (BGBl. I 1010)
VwVfG	Verwaltungsverfahrensgesetz des Bundes; neugefasst durch Bek. v. 23.01.2003 (BGBl. I 102); zuletzt geändert durch Art. 3 des Gesetzes v. 25.07.2013 (BGBl. I 2749)

VwVG	Verwaltungsvollstreckungsgesetz v. 27.04.1953 (BGBl. I 157); zuletzt geändert durch Art. 2 I des Gesetzes v. 17.12.1997 (BGBl. I 3039)
WaffG	Waffengesetz v. 11.10.2002 (BGBl. I 3970); zuletzt geändert durch Art. 1 des Gesetzes v. 21.03.2008 (BGBl. I 426)
WiKG	Gesetz zur Bekämpfung der Wirtschaftskriminalität; 1. WiKG v. 29.07.1976 (BGBl. I 2034); 2. WiKG v. 15.05.1986 (BGBl. I 721)
wistra	Zeitschrift für Wirtschafts- und Steuerstrafrecht
WiVerw	Wirtschaft und Verwaltung (Beilage zu Gewerbearchiv)
WpHG	Wertpapierhandelsgesetz i. d. F. der Bek. v. 09.09.1998 (BGBl. I 2708), zuletzt geändert durch Art. 6 III des Gesetzes v. 28.08.2013 (BGBl. I 3395)
WStG	Wehrstrafgesetz; neugefasst durch Bek. v. 24.05.1974 (BGBl. I 1213); zuletzt geändert durch Art. 15 des Gesetzes v. 22.04.2005 (BGBl.I 1106)
z. B.	zum Beispiel
ZfW	Zeitschrift für Wasserrecht
ZGR	Zeitschrift für Unternehmens- und Gesellschaftsrecht
Z*IPF*	Heinz Z*IPF*, Strafprozeßrecht, 2. Aufl. 1977
ZIS	Zeitschrift für Internationale Strafrechtsdogmatik (Online-Ausgabe)
zit.	zitiert
ZJS	Zeitschrift für das Juristische Studium (Online-Ausgabe)
ZPO	Zivilprozessordnung; 05.12.2005 (BGBl. I 3202; ber. 2006 I 431); zuletzt geändert durch Art. 2 des Gesetzes v. 26.03.2008 (BGBl. I 441)
ZRP	Zeitschrift für Rechtspolitik
ZSHG	Zeugenschutz-Harmonisierungsgesetz vom 11.12.2001 (BGBl. I 3510), zuletzt geändert durch Art. 2 XII des Gesetzes v. 19.02.2007 (BGBl. I 122)
ZStR	Schweizerische Zeitschrift für Strafrecht
ZStW	Zeitschrift für die gesamte Strafrechtswissenschaft (zit. nach Band, Jahr und Seite)
z. T.	zum Teil
zust.	zustimmend
zutr.	zutreffend
zz.	zurzeit

Inhaltsübersicht

Teil I   Einführung in das Strafverfahren und das Strafprozessrecht

1. Kapitel. Zur Einführung in dieses Buch 3
2. Kapitel. Das Strafverfahren und das Strafprozessrecht 7

Teil II   Das Ermittlungsverfahren

3. Kapitel. Einleitung und Beteiligte 29
4. Kapitel. Gestaltung des Ermittlungsverfahrens durch die Staatsanwaltschaft................................... 43
5. Kapitel. Der Beschuldigte 75
6. Kapitel. Festnahme und Untersuchungshaft..................... 87
7. Kapitel. Zeugen und Sachverständige 115
8. Kapitel. Durchsuchung und Beschlagnahme 129
9. Kapitel. Weitere Ermittlungs- und Zwangsmaßnahmen........... 151
10. Kapitel. Die Verteidigung 165
11. Kapitel. Die Entscheidung über Anklage oder Einstellung 179

Teil III   Das Zwischenverfahren

12. Kapitel. Die Eröffnungsentscheidung 203

Teil IV   Das Hauptverfahren

13. Kapltel. Die Vorbereitung der Hauptverhandlung................ 211
14. Kapitel. Die Hauptverhandlung im Überblick 219
15. Kapitel. Die Beteiligten der Hauptverhandlung 237
16. Kapitel. Exkurs: Der Verletzte................................. 253
17. Kaptel. Beweisaufnahme und Beweisverwertungsverbote 265

18. Kapitel. Das Beweisantragsrecht 301
19. Kapitel. Die Urteilsfindung 319

Teil V   Das Rechtsmittelverfahren

20. Kapitel. Überblick und Gemeinsames 339
21. Kapitel. Die Berufung 349
22. Kapitel. Die Revision 355

Teil VI   Die Urteilsfolgen

23. Kaptel. Die Rechtskraft...................................... 377
24. Kapitel. Rechtskraftdurchbrechungen 381
25. Kapitel. Das Vollstreckungsverfahren im Überblick 387

Teil VII   Akten

26. Kapitel. Akte 1 (Ermittlungsverfahren gegen
            den Beschuldigten *Dolling*).......................... 393
27. Kapitel. Akte 2 (Strafverfahren gegen die
            Beschuldigte Kindoro u.a.)........................... 411

Paragraphenregister 523

Stichwortverzeichnis 531

Inhaltsverzeichnis

Teil I   Einführung in das Strafverfahren und das Strafprozessrecht

1. **Kapitel. Zur Einführung in dieses Buch**   3
   I. Die Inhalte   3
   II. Differenzierung des Textes nach Grund- und Vertiefungswissen
        sowie zusätzlichen Informationen   4
   III. Lernen, Anwenden, Wiederholen   5

2. **Kapitel. Das Strafverfahren und das Strafprozessrecht**   7
   I. Die Funktionen des Strafverfahrens und die Aufgabe des
        Strafprozessrechts   7
   II. Abriss der Geschichte des Strafprozessrechts 12
   III. Die Kodifizierung des Strafprozessrechts 16
   IV. Das Verhältnis des Strafprozessrechts zu anderen
        (Rechts-) Materien 18
   V. Strukturen des Strafprozessrechts und der Stand der
        Strafprozesslehre 20
        1. Systematisierungsversuche 20
        2. Der Verfahrensverlauf als Ordnungskriterium 22
        3. Das Modell des deutschen Strafverfahrens 23

Teil II   Das Ermittlungsverfahren

3. **Kapitel. Einleitung und Beteiligte** 29
   I. Überblick 29
   II. Die Verfahrenseinleitung 30
   III. Die Rollenverteilung im Ermittlungsverfahren 31
        1. Die Leitungsfunktion der Staatsanwaltschaft 31
        2. Der erste Zugriff durch die Polizei 32
   IV. Voraussetzungen und Ziel 34
        1. Der Anfangsverdacht 34
        2. Ermittlungspflicht 37
        3. Ermittlungen gegen eine konkrete Person als Beschuldigtem 38
        4. Ziel des Ermittlungsverfahrens 40

4. Kapitel. Gestaltung des Ermittlungsverfahrens durch die Staatsanwaltschaft		43
I.	Einige Bemerkungen zur Aktenführung	43
II.	Die Organisation der Staatsanwaltschaft	44
III.	Verfahrens- und Aktenführung im Ermittlungsverfahren	47
IV.	Opportunität und Legalität	49
	1. Das Opportunitätsprinzip	49
	2. Die einzelnen Regelungen des Opportunitätsprinzips	50
	a) Übersicht	50
	b) Die Verweisung auf den Privatklageweg	51
	c) Einstellung wegen geringer Schuld (§ 153 I)	52
	d) (Vorläufige) Einstellung gegen Auflagen (§ 153a I)	55
	e) Beschränkungen der Verfolgung (§§ 154 I, 154a I)	58
	aa) (Teil-)Einstellung nach § 154 I Nr. 1	58
	bb) (Teil-)Einstellung nach § 154 I Nr. 2	60
	cc) Beschränkung der Verfolgung nach § 154a I	60
	dd) Exkurs: Der Begriff der prozessualen Tat	60
	ee) Fortsetzung: Beschränkung nach § 154a I	62
	3. Exkurs: Einstellungen im gerichtlichen Verfahren	62
	4. Rechtsbehelfe gegen Einstellungen durch die Staatsanwaltschaft	63
	a) Das Klageerzwingungsverfahren	64
	aa) Die Vorschaltbeschwerde	64
	bb) Die Abhilfeentscheidung der Staatsanwaltschaft	64
	cc) Die Entscheidung der Generalstaatsanwaltschaft	65
	dd) Der eigentliche Klageerzwingungsantrag	65
	b) Die Sachaufsichtsbeschwerde gegen Opportunitätsentscheidungen	66
V.	Die Weisungsgebundenheit des Staatsanwalts	69
	1. Die Zwitterstellung der Staatsanwaltschaft als Hintergrund	69
	2. Die Ausgestaltung des Weisungsrechts	69
	a) Weisungen bei staatsanwaltlicher Rechtsanwendung	69
	b) Substitutionsrecht	70
	c) Weisungen im Ermessensbereich	71
	d) Allgemeine Weisungen	72
	3. Der Streit um die Unabhängigkeit des Staatsanwalts	72
5. Kapitel. Der Beschuldigte		75
I.	Der Beschuldigte und seine Vernehmung	75
	1. Die Rechtsstellung des Beschuldigten	75
	2. Die Vernehmung des Beschuldigten und seine Belehrung	77
	3. Einzelheiten zu den Belehrungen und den Folgen ihres Fehlens	79
	a) Das Schweigerecht und die Belehrung hierüber	79
	b) Die Belehrung über die Möglichkeit zur Verteidigerkonsultation	81

	II.	Verbotene Vernehmungsmethoden	82
		1. Die einzelnen Verbote des § 136a	82
		2. „Vernehmungen" durch Private	83
6.	**Kapitel. Festnahme und Untersuchungshaft**	87
	I.	Die Bedeutung der Haft im Strafverfahren	87
	II.	Die Festnahme	88
		1. Durchführung und Dauer	88
		2. Festnahme durch Private	89
		a) Festnahmegründe	90
		b) Anforderungen an die Festnahmesituation	90
		3. Festnahme durch Polizei und Staatsanwaltschaft	92
		a) Festnahme zur Identitätsfeststellung	92
		b) Ermöglichung einer späteren Inhaftierung	92
	III.	Die Haftbefehlsvoraussetzungen	93
		1. Dringender Tatverdacht	93
		2. Die einzelnen Haftgründe	94
		a) Flucht (§ 112 II Nr. 1)	94
		b) Fluchtgefahr (§ 112 II Nr. 2)	94
		c) Verdunkelungsgefahr (§ 112 II Nr. 3)	96
		d) Schwere der Tat (§ 112 III)	97
		e) Wiederholungsgefahr (§ 112a)	98
		3. Verhältnismäßigkeit	99
		4. Exkurs: Einstweilige Unterbringung (§ 126a)	100
		a) Dringender Verdacht	100
		b) Unterbringungsgrund	101
		5. Der Sonderfall der Hauptverhandlungshaft (§ 127b)	101
	IV.	Festnahme und weiteres Verfahren	102
		1. Gefahr im Verzuge	102
		2. Vorführung und Vernehmung	103
		3. Erlass und Vollstreckung des Haftbefehls	104
		4. Fahndung und Festnahme auf Grund bestehenden Haftbefehls	104
		5. Vollzug und Aussetzung der U-Haft	105
		a) Vollzug der U-Haft	105
		b) Haftprüfung, Außervollzugsetzung und Aufhebung des Haftbefehls	106
		6. Haftbeschwerde (mit Exkurs Beschwerdeverfahren)	108
		a) Beschwerdefähige Entscheidungen	108
		b) Die weiteren Zulässigkeitsvoraussetzungen der Beschwerde	109
		c) Form und Frist	110
		d) Prüfung und Entscheidung über die Beschwerde	111
		e) Weitere Beschwerde	112
		7. Zuständige Gerichte für Haftentscheidungen	112
	V.	Alternativen zur Inhaftierung	112

7. **Kapitel. Zeugen und Sachverständige** 115
   I. Zeugen 115
      1. Zeugen und ihre Pflichten 115
      2. Aussageverweigerungsrechte und Aussageerzwingung 117
      3. Wahrheitspflicht und Würdigung von Zeugenaussagen 119
      4. Fehlerhafte Vernehmungen und daran geknüpfte
         Verwertungsverbote... 121
      5. Besondere Vernehmungsformen zum Zeugenschutz 123
   II. Der Sachverständige... 125
      1. Allgemeines.. 125
      2. Anforderungen an ein Sachverständigengutachten............ 125
      3. Die Unterschiede zum Zeugen 127

8. **Kapitel. Durchsuchung und Beschlagnahme** 129
   I. Die Durchsuchung im Überblick 129
   II. Einzelne Voraussetzungen einer Durchsuchung................. 130
      1. Beweismittel 130
      2. Suche nach dem Beschuldigten.............................. 133
      3. Durchsuchung zu anderen Zwecken 133
         a) Verfall, Einziehung, Zurückgewinnungshilfe 133
         b) Alternative Durchsuchungsgründe........................ 134
      4. Auffindeverdacht... 134
      5. Verhältnismäßigkeit....................................... 135
      6. Anordnungskompetenzen 136
         a) Die Rolle des Richters im Ermittlungsverfahren
            im Allgemeinen 136
         b) Zuständiger Richter 138
         c) Eilkompetenz... 139
            aa) Neben dem Richter zur Anordnung Befugte............ 139
            bb) Gefahr im Verzuge 139
      7. Rechtsschutz gegen die Durchsuchungsanordnung 142
      8. Durchführung der Durchsuchung 142
   III. Beschlagnahme... 144
      1. Sicherstellung und Beschlagnahme......................... 144
      2. § 98 II als Musterrechtsschutzregelung.................... 146
      3. Beschlagnahme- und Ermittlungsverbote 147
         a) Beschlagnahmeverbote 147
         b) Ermittlungsverbote..................................... 148
      4. Durchführung und Beendigung der Beschlagnahme............ 149

9. **Kapitel. Weitere Ermittlungs- und Zwangsmaßnahmen** 151
   I. Erkennungsdienstliche Maßnahmen.............................. 151
      1. Einfache erkennungsdienstliche Behandlung 151
      2. DNA-Abgleich 152
   II. Körperliche Untersuchungen 155
      1. Untersuchungen am Beschuldigten.......................... 155
      2. Körperliche Untersuchungen an anderen Personen........... 157
      3. Obduktion 157

III Heimliche Ermittlungsmethoden 157
    1. Übersicht 157
    2. Exemplarisch: Die Telekommunikationsüberwachung 159
IV Erkenntnisgewinnung aus anderen Verfahren 162

10. Kapitel. Die Verteidigung 165
I. Wahl- und Pflichtverteidiger... 165
    1. Die Fälle notwendiger Verteidigung 166
        a) Überblick 166
        b) Katalogfälle des § 140 I................................... 166
        c) Die Generalklausel des § 140 II......................... 167
    2. Entstehen des Wahl- und Pflichtverteidigermandats........... 170
        a) Das Wahlmandat 170
        b) Das Pflichtmandat 171
II. Grenzen der Verteidigungsfreiheit 173
    1. Wer darf verteidigen? 173
    2. Ausschließung des Verteidigers................................... 173
    3. Verbotenes Verteidigerhandeln 175
III. Die Rechte des Verteidigers 176

11. Kapitel. Die Entscheidung über Anklage oder Einstellung 179
I. Anklage, Einstellung oder weitere Ermittlungen? 179
II. Hinreichender Tatverdacht 181
III. Die Anklageerhebung 183
    1. Die Begleitverfügung 184
    2. Die Anklageschrift... 185
        a) Elemente.. 185
        b) Funktionen der Anklage................................... 186
        c) Das zuständige Gericht 188
            aa) Folgen der Bezeichnung eines Gerichts in der Anklage..... 188
            bb) Erstinstanzlich zuständige Strafgerichte –
                sachliche Zuständigkeit................................. 189
            cc) Örtliche Zuständigkeit.................................. 191
IV. Alternativen zur Anklage 193
    1. Die Entscheidung zwischen den einzelnen Klagearten.......... 193
    2. Der Strafbefehlsantrag.. 193
        a) Das Verfahren auf den Antrag hin 193
        b) Voraussetzungen des Strafbefehlsverfahrens............... 195
        c) Der Strafbefehlsantrag 196
    3. Das beschleunigte Verfahren...................................... 196
        a) Der Verfahrensverlauf 196
        b) Eignung zur Erledigung im beschleunigten Verfahren 198
        c) Die Antragsschrift 198
    4. Das Sicherungsverfahren... 199
    5. Das objektive Verfahren 199

Teil III Das Zwischenverfahren

12. Kapitel. Die Eröffnungsentscheidung 203
    I. Aufgabe und Inhalt des Zwischenverfahrens 203
    II. Die Entscheidung über Eröffnung und Nichteröffnung 205

Teil IV Das Hauptverfahren

13. Kapitel. Die Vorbereitung der Hauptverhandlung 211
    I. Die Terminsbestimmung 211
       1. Das Beschleunigungsgebot 211
       2. Verhandlung unter Verzicht auf die Anwesenheit
          des Angeklagten? 213
    II. Die Ladung von Beteiligten, Zeugen und Sachverständigen 214
       1. Ladungen durch das Gericht 214
       2. Die Selbstladung von Zeugen oder Sachverständigen 214
    III. Maßnahmen in Abwesenheit von Beteiligten 215
       1. Abwesenheit des Angeklagten 215
       2. Abwesenheit von Zeugen 216

14. Kapitel. Die Hauptverhandlung im Überblick 219
    I. Zielsetzung und Ablauf 219
       1. Das Ziel der Hauptverhandlung 219
       2. Der Ablauf der Hauptverhandlung 221
          a) Die Protokollierung 221
          b) Überblick über den Gang der Hauptverhandlung 222
          c) Aufrechterhaltung der Ordnung während der Sitzung 224
    II. Grundsätze und Strukturen der Hauptverhandlung 226
       1. Die Öffentlichkeit des Verfahrens 226
          a) Zweck und Inhalt des Grundsatzes 226
          b) Ausschluss der Öffentlichkeit und nichtöffentliche
             Verhandlungen 228
       2. Die Aufklärungsmaxime 230
          a) Inhalt 230
          b) Die Sachleitungsbefugnis des Vorsitzenden 231
       3. Das Unmittelbarkeitsprinzip 232
       4. Das Mündlichkeitsprinzip 234
       5. Das Prinzip freier richterlicher Beweiswürdigung 235
       6. Der Satz „in dubio pro reo" 236

15. Kapitel. Die Beteiligten der Hauptverhandlung 237
    I. Gericht, Urkundsbeamte und Staatsanwaltschaft 237
       1. Anwesenheitspflichten 237
       2. Unterbrechungen und Aussetzungen einer Hauptverhandlung 238
       3. Gericht 239
       4. Sitzungsvertreter der Staatsanwaltschaft 240
       5. Protokollführer 240
       6. Dolmetscher 240

    7. Ausschließung und Befangenheit 241
       a) Unterschiede zwischen Ausschließung und Befangenheit..... 241
       b) Einzelne Ausschließungs- und Befangenheitsgründe 242
       c) Ablehnungsverfahren 244
       d) Befangenheit des Staatsanwalts? 245
  II. Der Angeklagte 246
    1. Anwesenheitspflicht 246
       a) Verzicht auf Anwesenheit 246
       b) Verhaltensbedingte Abwesenheit 247
       c) Gefährdungsbedingte Abwesenheit 248
    2. Ausbleiben des Angeklagten 248
  III. Der Verteidiger 251

16. Kapitel. Exkurs: Der Verletzte 253
  I. Zur Rolle des Verletzten im Strafverfahren 253
  II. Die einzelnen Teilhabemöglichkeiten des Verletzten 255
    1. Die Nebenklage 256
       a) Die Rolle des Nebenklägers 256
       b) Voraussetzungen der Nebenklage 257
       c) Die einzelnen Rechte des Nebenklägers 259
    2. Das Adhäsionsverfahren 260
    3. Sonstige prozessuale Sonderrechte des Verletzten 261
       a) Unterrichtung des Verletzten über seine Rechte 261
       b) Besondere Mitteilungsansprüche 262
       c) Akteneinsichtsrecht 262
       d) Beistand 262

17. Kaptel. Beweisaufnahme und Beweisverwertungsverbote 265
  I. Das Strengbeweisverfahren 265
    1. Die Beweiserhebung in der Hauptverhandlung 265
       a) Vernehmung des Angeklagten 265
       b) Vernehmung von Zeugen 266
       c) Sachverständige 268
       d) Urkundenverlesung und Vorhalt 269
       e) Augenscheinseinnahme 271
    2. Vernehmungsersetzende Maßnahmen – die Durchbrechungen
       des Unmittelbarkeitsprinzips 271
       a) Überblick 271
       b) Ersetzung von Zeugenaussagen 272
          aa) Einvernehmen über die Ersetzung des Zeugen 274
          bb) Der Zeuge steht nicht mehr zur Verfügung 274
          cc) Der Zeuge ist gegenwärtig nicht verfügbar 276
          dd) Der verfügbare Zeuge kann zu keiner
              Sachaussage gezwungen werden 276
          ee) Dem Zeugen soll die Aussage erspart werden 281

             c) Ersetzung von Sachverständigen
                (und sachverständigen Zeugen)   284
                aa) Besonders kompetente Sachverständige (§ 256 I Nr. 1)   284
                bb) Atteste über Körperverletzungen (§ 256 I Nr. 2)   285
                cc) Ärztliche Blutentnahmeberichte (§ 256 I Nr. 4).   286
                dd) Blutalkoholgutachten und andere
                     Routineuntersuchungen (§ 256 I Nr. 4).   286
             d) Erklärungen Angeklagter   286
                aa) Frühere, nicht vor dem Richter abgegebene Erklärungen. . . .   287
                bb) Frühere Angaben vor einem Richter (§ 254 I)   287
      II. Beweisverwertungsverbote   288
          1. Übersicht und Terminologie   288
          2. Unselbstständige Beweisverwertungsverbote und ihre
             theoretische Konzeption   290
             a) Die Abwägungslösung und ihre Alternativen   290
             b) Das Widerspruchserfordernis.   293
          3. Die selbstständigen Beweisverwertungsverbote   294
          4. Fernwirkung von Verwertungsverboten   296
      III. Das Freibeweisverfahren   298

18. Kapitel. Das Beweisantragsrecht   301
      I. Sinn des Beweisantragsrechts.   301
      II. Beweisanträge und verwandte Erklärungen   302
          1. Die verschiedenen Beweisbegehren   302
          2. Beweisanträge und ihre Behandlung.   304
             a) Die einzelnen Prüfungsschritte   304
             b) Die Fälle der Unbegründetheit eines Beweisantrags   305
                aa) Zeugen   305
                bb) Sachverständige   311
                cc) Urkunden   312
                dd) Augenscheinsobjekte   312
             c) Der Sonderfall der gestellten Beweismittel   313
             d) Entscheidung   313
          3. Beweisermittlungsanträge und Beweisanregungen   313
      III. Hilfsbeweisanträge   314
      IV. Einschränkungen des Antragsrechts?   317

19. Kapitel. Die Urteilsfindung   319
      I. Die freie richterliche Beweiswürdigung   319
          1. Die richterliche Überzeugung   319
          2. Die „Freiheit" der Überzeugungsbildung   320
          3. In dubio pro reo   322
      II. Die Wahlfeststellung.   323
      III. Die Anklage hat die Straftat unzutreffend erfasst   324
          1. Veränderungen des rechtlichen Gesichtspunktes (§ 265)   325
          2. Nachtragsanklage   326
          3. Unzuständigkeit des Gerichts   327

	IV. Abgesprochene Urteile	328
	V. Die Urteilsberatung	329
	VI. Das Urteil und seine Gründe	330
	1. Die mündliche Urteilsverkündung	330
	2. Das schriftliche (verurteilende) Urteil	332
	3. Das freisprechende Urteil	333
	4. Abgekürzte schriftliche Urteile	334
	5. Kostenentscheidung	334

Teil V   Das Rechtsmittelverfahren

20. Kapitel. Überblick und Gemeinsames	339
I. Rechtsmittel und Rechtsbehelfe	339
II. Das System von Berufung und Revision	339
III. Die Rechtsmitteleinlegung	343
1. Frist und Form	343
2. Bezeichnung des Rechtsmittels	343
3. Beschwer	345
IV. Das Verschlechterungsverbot	345

21. Kapitel. Die Berufung	349
I. Der Sonderfall der Annahmeberufung	349
II. Die Durchführung des Berufungsverfahrens	349
1. Vorbereitung der Berufungshauptverhandlung	349
2. Verwerfung der Berufung wegen Ausbleibens des Angeklagten	351
3. Verlauf der Berufungshauptverhandlung	352
4. Das Berufungsurteil	353

22. Kapitel. Die Revision	355
I. Einlegung und Begründung der Revision	355
II. Die revisionsrechtliche Prüfung	357
1. Prüfungsreihenfolge	357
2. Verfahrensrügen	358
a) Prüfungsabfolge	358
b) Vorliegen eines Rechtsverstoßes	358
c) Die Beruhensfrage	360
3. Sachrügen	362
a) Prüfungsabfolge	362
b) Vorliegen einer Gesetzesverletzung	363
III. Die Revisionsentscheidung	363
1. Divergenzvorlagen	364
2. Denkbare Revisionsentscheidungen in der Sache	364
a) Verwerfung der Revision	364
b) Aufhebung und Zurückverweisung	364
c) Eigene Sachentscheidungen des Revisionsgerichts	366
3. Fernwirkung der Revisionsentscheidung auf Mitangeklagte	369

                4. Form der Revisionsentscheidung: Beschluss oder Urteil? 369
                    a) Revisionsurteil 369
                    b) Beschlussentscheidung 370
                        aa) Unzulässigkeit (§ 349 I) 370
                        bb) Offensichtliche Unbegründetheit (§ 349 II) 370
                        cc) Einstimmig beschlossene Urteilsaufhebung
                            zugunsten des Angeklagten (§ 349 IV) 371
                        dd) Kombinationsentscheidungen 371
                5. Kostenentscheidung 372
        IV. Die Revision als Rechtsmittel und ihre Reform 372
                1. Funktionen der Revision 372
                2. Reformüberlegungen 373

Teil VI Die Urteilsfolgen

23. Kaptel. Die Rechtskraft 377
   I. Begriffe 377
   II. Die formelle Rechtskraft 378
   III. Die materielle Rechtskraft 378
   IV. Teilrechtskraft 380

24. Kapitel. Rechtskraftdurchbrechungen 381
   I. Die nachträgliche Gesamtstrafenbildung 381
   II. Das Wiederaufnahmeverfahren 382
        1. Wiederaufnahme zu Gunsten des Angeklagten 382
            a) Feststellung einer im Ausgangsverfahren
               begangenen Straftat 383
            b) Nachträgliche Veränderungen der Tatsachengrundlage 383
            c) Nachträglicher Erfolg außerordentlicher Rechtsbehelfe 383
        2. Wiederaufnahme zu Ungunsten des Angeklagten 384
        3. Zulässigkeitsvoraussetzungen 384
        4. Verfahrensablauf 385
   III. Gnadenakte 385

25. Kapitel. Das Vollstreckungsverfahren im Überblick 387

Teil VII Akten

26. Kapitel. Akte 1 (Ermittlungsverfahren gegen
                den Beschuldigten *Dolling*) 393

27. Kapitel. Akte 2 (Strafverfahren gegen die
                Beschuldigte Kindoro u.a.) 411

Paragraphenregister 523

Stichwortverzeichnis 531

Teil I
Einführung in das Strafverfahren und das Strafprozessrecht

1. Kapitel. Zur Einführung in dieses Buch

I. Die Inhalte

Umfang und Dichte strafprozessrechtlicher Lehrbücher variieren stark. Man findet Kurzdarstellungen von knapp 200 Seiten bis hin zu großen Lehrbüchern, die um 800 Seiten enthalten. Diese Unterschiede spiegeln zugleich die große Spannung wider, die jeder Autor eines solchen Werkes ausbalancieren muss: Als Wissenschaftler möchte er eine möglichst umfassende und differenzierende Darstellung abliefern, als Hochschullehrer die Lernbedürfnisse und -möglichkeiten der Studierenden im Auge behalten. Noch weniger als im materiellen Strafrecht genügt es freilich studentischen Bedürfnissen hier, allein die examensrelevanten Kenntnisse zu vermitteln. Für das Strafverfahrensrecht beschränken sich die meisten Ausbildungsvorschriften auf ein punktuelles Überblickswissen. Dessen isolierte Beherrschung kann indes ebensowenig gelingen, wie man nur mit Kenntnissen von Motortechnik und Bremsen ein ganzes Kraftfahrzeug verstehen könnte. Um das Strafverfahrens*recht* begreifen und in der Prüfung auch anwenden zu können, muss man vielmehr das *Strafverfahren* verstehen. Die wenigstens Studenten der Rechtswissenschaft aber besitzen ein realistisches Bild von dem, was bei den Behörden von Polizei und Staatsanwaltschaft sowie in den Gerichtssälen geschieht. Denn leider bleibt das Bild, welches Medienberichte oder gar fiktive Kriminalgeschichten vom Strafverfahren vermitteln, im günstigsten Fall unvollständig, häufig genug aber gerät es irreführend oder gar falsch. Zudem thematisieren die Medien in überproportionaler Weise atypische Verfahrensszenarien wie Mordprozesse und Großverfahren, die mit 99% aller Strafverfahren indes kaum etwas gemein haben.

Es gilt daher zunächst, ein realitätsnahes Bild des alltäglichen Strafverfahrens herzustellen. Dazu enthält dieses Buch den Abdruck zweier Strafakten, auf die im Text immer wieder Bezug genommen wird, um rechtliche Regelungen zu exemplifizieren und zu erläutern, hervorgehoben mittels des neben den folgenden Absätzen stehenden Symbols. Beide Verfahren sind rekonstruiert und wurden stellenweise erweitert oder vereinfacht; sie gehen aber auf tatsächliche Ereignisse und Strafverfahren aus meiner beruflichen Erfahrung als Staatsanwalt und Strafrichter zurück. Namen, Orte und Daten wurden selbstverständlich verändert.

> **Zur Akte 1:**
>
> Das erste Verfahren (Kapitel 26) wegen eines eher bagatellhaften Geschehens ist recht kurz und gelangt – wie die Mehrheit aller Ermittlungsverfahren – am Ende gar nicht zur Anklage. Es vermittelt zu Beginn des Buches erste Eindrücke in die Arbeitsweise von Polizei und Staatsanwaltschaft.

> **Zur Akte 2:**
>
> Gegenstand der zweiten, sehr viel umfangreicheren Akte (Kapitel 27) ist dagegen ein bis in die Revision geführtes Strafverfahren gegen zwei Beschuldigte, bei dem sogar zeitweilig der Vorwurf eines Tötungsversuchs im Raume steht. Dieses Verfahren begleitet den Leser fast bis zum Schluss des Textes.

Die Entscheidung für eine möglichst anschauliche, praxisnahe Darstellung bedeutete freilich zugleich den Abschied von dem Anspruch, das Strafverfahrensrecht in jedem verzweigten Detail vollständig zu behandeln und mit letzter wissenschaftlicher Tiefe zu ergründen. Stattdessen konzentriert sich das Buch darauf, alle für das Verständnis des Ablaufs eines „normalen" Strafverfahrens notwendigen Themen sowie denjenigen Stoff zu behandeln, welcher in der ersten juristischen Prüfung verlangt werden kann. Ungewöhnliche Verfahrensverläufe oder Maßnahmen bleiben daher ausgeblendet. Beispielsweise wird zwar die Beschlagnahme im Ermittlungsverfahren nach den §§ 94, 98[1] angesprochen, nicht aber die staatsanwaltliche Beschlagnahme nach Anklageerhebung (§ 98 III) oder die Beschlagnahme bei der Bundeswehr (§ 98 IV).

II. Differenzierung des Textes nach Grund- und Vertiefungswissen sowie zusätzlichen Informationen

Wie schon der *Besondere Teil* enthält auch die *Einführung in das Strafverfahren* drei Textebenen, die eine partielle Lektüre je nach konkretem Bedürfnis gestatten.

Im Vordergrund steht die Vermittlung des *Grundwissens*. Dieses genügt, um sich ein vollständiges Bild vom Strafverfahren zu verschaffen, und enthält alles, was Gegenstand des Grund- und Hauptstudiums sein kann. Die betreffenden Textpassagen sind (wie dieser Absatz) in normaler Schriftgröße gedruckt.

Daneben enthält das Buch *Vertiefungswissen*, welches äußerlich durch den kleineren Druck (wie in diesem Absatz) kenntlich gemacht ist. Die entsprechenden Passagen behandeln Thematiken, die erst im Schwerpunktstudium und im Examen benötigt werden.

---

[1] Paragraphenzeichen ohne Zusätze bezeichnen im gesamten Buch Vorschriften der StPO.

▶ Weiteres Vertiefungs- und Ergänzungswissen sowie -material befindet sich in elektronischen Texten (ET), auf deren Nummer im Buch verwiesen wird (z. B. ET 02-06, wobei die erste Zahl das zugehörige Kapitel bezeichnet, während die zweite die Texte innerhalb des Kapitels nummeriert).

Diese Texte mit einer Länge zwischen einer und maximal zehn Textseiten vertiefen für die Examensvorbereitung Fragen, die im Buch nur angerissen werden konnten. Gelegentlich enthalten sie aber auch praktische Beispiele (z. B. das Muster eines Strafbefehls), die in den beiden Verfahrensakten nicht vorkommen und aus Platzgründen nicht im Buch erscheinen konnten. Diese Texte sind über die Homepage des Verlages zugänglich (für Nutzer des gedruckten Buches: http://extras.springer.com/ und für eBook-Reader http://link.springer.com/). Über den gleichen Zugang haben Sie auch Zugriff auf Dateien mit den beiden Verfahrensakten, falls Sie diese lieber am Bildschirm betrachten wollen. Ferner sollen auf diesem Wege auch notwendige Aktualisierungen des Buchtextes veröffentlicht werden.

III. Lernen, Anwenden, Wiederholen

Den Text veranschaulichen nicht nur die beiden Verfahrensakten, sondern darüber hinaus weiterführende Beispiele. Daneben findet der Leser Aufgaben, die er nicht nur durchlesen, sondern selbstständig gedanklich zu lösen versuchen sollte.

Selbstverständlich, aber leider nicht immer beachtet: Bei der Durcharbeitung eines Lehrbuchs muss stets der Gesetzestext zur Hand sein, denn jeder im Lehrbuch zitierte (unbekannte) Paragraph ist nachzulesen.

Eine leidvolle Erfahrung jeden Studiums ist das Phänomen des Vergessens. Dagegen hilft nur *Wiederholen* und *Anwenden*, nach Möglichkeit mit Hilfe der Rekonstruktion anhand von Erinnerungsresten. Um die Repetition zu unterstützen, enthält der Text nach den einzelnen Kapiteln Wiederholungsfragen mit Verweisungen auf die einschlägigen Stellen im Text. Aus aller Studienerfahrung ist bekannt, dass es einer nicht unerheblichen Disziplin bedarf, Aufgaben und Wiederholungsfragen auch tatsächlich durchzuarbeiten und nicht nur die Lösung zur Kenntnis zu nehmen. Wer diese Disziplin aufbringt, wird davon aber mit Sicherheit profitieren.

2. Kapitel. Das Strafverfahren und das Strafprozessrecht

I. Die Funktionen des Strafverfahrens und die Aufgabe des Strafprozessrechts

Das materielle Strafrecht ist in der Lage, unter Zugrundelegung eines Sachverhalts die Frage nach der prinzipiellen Strafbarkeit eines Beschuldigten zu beantworten. Das ist – bezogen auf die Bedürfnisse der Strafrechtsanwendung in der Praxis – nicht viel. Denn etliches wird so vorausgesetzt, was in Wahrheit noch der Klärung bedarf:

1

- Wie erhalte ich den Sachverhalt, den ich meiner Subsumtion zu Grunde lege? In der Realität schildern die Beteiligten und selbst unbeteiligte Zeugen ein Geschehen aus ihrer subjektiven Warte sowie auf der Basis ihrer (notwendig) lückenhaften Erinnerung, und daher weichen ihre Angaben regelmäßig (und manches Mal stark) voneinander ab. Manchmal wird aber auch aus nachvollziehbaren Gründen schlicht gelogen. Wie soll ein Außenstehender wie der Richter erkennen, was sich wirklich abgespielt hatte? Wie findet er „die" Wahrheit, oder besser: Wann gilt etwas als wahr und kann deshalb zur Grundlage einer richterlichen Entscheidung gemacht werden?
- Welchen Preis ist man bereit, für die Wahrheitsfindung zu zahlen? Welche Zwangsmaßnahmen etwa dürfen ergriffen werden, um den Sachverhalt aufzuklären? Vor einigen Jahren hat das Verfahren um die Entführung und Ermordung des Kindes *Jakob von Metzler*, dessen Mörder unter Folterandrohung sein erstes Geständnis abgelegt hatte, diese Fragen wieder ins aktuelle Bewusstsein gerückt.[1] Damit zusammenhängend: Welche Mittel sind legitim, um das Verfahren zu ermöglichen und den Urteilsspruch durchzusetzen? Darf ein kleiner Ladendieb über Wochen hinweg inhaftiert werden, weil er andernfalls vielleicht nicht vor Gericht erschiene?
- Führt (erwiesene) Strafbarkeit stets zur Bestrafung? Durch die große Spannbreite des Unrechtsgehaltes mancher Delikte wird von ihnen häufig auch kaum Straf-

---
[1] LG Frankfurt/M. StV 2003, 325 (327).

würdiges erfasst, z. B. der Diebstahl eines Kekses, die in verständlicher Erregung geäußerte Beleidigung eines an sich guten Freundes oder der aus botanischer Neugier begangene Hausfriedensbruch durch kurzzeitiges Betreten eines eingezäunten Weidegeländes. Zudem hat der Gesetzgeber in den letzten Jahren und Jahrzehnten verstärkt Delikte im Gefährdungsvorfeld von Rechtsgütern neu geschaffen und damit die Strafbarkeitsgrenzen zum Teil (zu) weit vorverlegt. Man denke nur an die 18-Jährige, die ein Nacktfoto ihres 17-jährigen Geliebten besitzt und daher gemäß § 184c IV StGB strafbar ist. In derartigen Konstellationen ruft die – im Hinblick auf das Bestimmtheitsgebot des Art. 103 II GG durchaus richtige – Striktheit des materiellen Strafrechts nach Instrumenten, die eine flexible, humane und kriminologisch sinnvolle Reaktion jenseits einer förmlichen Bestrafung erlauben.

- Und schließlich: Selbst wenn Strafe erforderlich ist, so lässt sich weder aus den verwirklichten Straftatbeständen noch unter Anwendung von § 46 StGB zwingend die „richtige" Strafe erkennen. Wer soll auf welche Weise die konkrete Straffolge für die jeweilige Straftat festlegen?

2 Strafe und Bestrafung „des" Täters ergeben sich also nicht aus sich heraus, sondern bedürfen einer *methodisch legitimierten[2] Herleitung*, welche die gutachterliche Subsumtion der Strafbarkeit für den Rechtsanwender in der Realität überhaupt erst ermöglicht und ihm erlaubt, bestimmte Rechtsfolgen daraus abzuleiten. Diese Beurteilungen des Sachverhalts, der Strafbarkeit und der gebotenen Strafhöhe in ihrer Gesamtheit bilden die erste Dimension dessen, was das Strafverfahren in funktionaler Hinsicht zu leisten hat. Es soll gewissermaßen die Verbindung zwischen staatlichem Strafbedürfnis und Bestrafung eines bestimmten schuldigen Täters herstellen. Dazu liefert es Methoden und Regeln, mit deren Hilfe in einem geordneten rechtsstaatlichen Ablauf die dazu berufenen Entscheidungsträger die Erkenntnis gewinnen können, ob und wie jemand für eine Tat zur Verantwortung zu ziehen ist.

3 Das (öffentliche) Strafverfahren ergänzt das materielle Strafrecht aber noch in weiterer Hinsicht, indem es dessen *Präventionswirkungen* überhaupt erst zum Durchbruch verhilft. Es lässt die Öffentlichkeit (einschließlich des Straftatopfers) im Idealfall anschaulich erleben, wie auf eine Tat in einem fairen Verfahren eine gerechte Strafe folgt. Nach dem Modell der positiven Generalprävention[3] stärkt dies die Normtreue der Bevölkerung. Zugleich erlaubt ein als gerecht empfundenes Strafverfahren aber auch dem verurteilten Täter, die Strafe zu akzeptieren, was wiederum ihre spezialpräventiven Wirkungen begünstigt. Diese Effekte werden oft auch mit der Funktion des Strafverfahrens umschrieben, *Rechtsfrieden* zu stiften.[4] Die erlebte Straftat hat den Frieden jedenfalls im Mikrokosmos der unmittelbar

---

[2] Vgl.: Niklas LUHMANN, Legitimation durch Verfahren, 3. Aufl. 1981.
[3] JAKOBS Lehrbuch AT, 1. Abschn. Rn. 11 ff.; AK-StGB-HASSEMER vor § 1 Rn. 429–437; kritische Würdigung von Heiko LESCH, Zur Einführung in das Strafrecht: Über den Sinn und Zweck staatlichen Strafens, JA 1994, 510–519, 590–599 (517 ff.).
[4] Vgl. HELLMANN Rn. 4; Peter RIEß, Über die Aufgaben des Strafverfahrens, JR 2006, 269–277 (270 f.). Noch pointierter Uwe MURMANN, Über den Zweck des Strafprozesses, GA 2004, 65–86 (71), der die Wiederherstellung des (vom Täter gebrochenen) Rechts als Kernaufgabe des Strafverfahrens ansieht.

Beteiligten gestört, bei medialer Resonanz aber auch darüber hinaus. Die erlebte (angemessene) Verurteilung des Straftäters in öffentlicher Hauptverhandlung will den Rechtsfrieden wiederherstellen und einen adäquaten justiziellen (und damit gesellschaftlichen) Umgang mit Tat und Täter demonstrieren. In der Sache bedeutet das nichts anderes, als dem durch die Tat offenbar gewordenen Präventionsbedarf nachzukommen.

Rechtsfrieden zu schaffen heißt freilich mitnichten, vornehmlich die Interessen derjenigen Seite durchzusetzen, deren Frieden gestört wurde (Opfer, Öffentlichkeit). Denn dies schüfe keinen Frieden, sondern legte nur den Grundstein für neue Konflikte. Das einseitige, zu autoritäre Verfahren und die zu harte Strafe schaden präventiv und begründen die Gefahr neuer Taten. Aber auch der inadäquat nachsichtige Umgang mit dem Täter schwächt die Normstabilität, weil er Opfer und Öffentlichkeit verbittert. Rechtsfrieden entsteht deswegen allein durch einen fairen Ausgleich der Interessen aller Beteiligten, der ein anschließendes Miteinanderweiterleben gestattet.

Über weite Strecken lebt das Strafverfahren von dem Zusammen- und Gegeneinanderspiel menschlicher Akteure.[5] Es handeln nicht nur *die* Polizei oder *das* Gericht, sondern *der* Polizist, *der* Staatsanwalt, *der* Angeklagte und *der* Richter.[6] Folgerichtig wirken in das Strafverfahren auch individuelle Verhaltensmuster bestimmend hinein, die nicht ausschließlich rechtlich determiniert sind, sondern sich auf der Basis subjektiver Erfahrungen, Emotionen und Wertmuster erklären. Das Strafverfahren kann also nicht einfach als Anwendung rechtlicher Verfahrensregeln erklärt werden, sondern es produziert sein jeweiliges Resultat zugleich in einem hochkomplexen Prozess des Zusammenwirkens einer Vielzahl individueller Umstände, Wertungen und Gewohnheiten. Aus diesem Grund hat Karl PETERS, der wohl bedeutendste deutsche Strafprozessrechtler der Nachkriegszeit, in seinem Lehrbuch zu Recht verlangt, den Blick primär auf das Strafverfahren als Erkenntnisverfahren zu richten.[7] Wer das Strafprozessrecht zu erlernen sucht, muss deshalb zunächst das Strafverfahren verstehen. Das wiederum setzt voraus, vor der vertieften Befassung mit dem Verfahrensrecht den Verfahrensablauf als solchen zu betrachten. Dieser Erkenntnis folgt auch dieses Lehrbuch.

Das Strafprozess*recht* hat diejenigen Rahmenbedingungen zu schaffen, die es dem Straf*verfahren* erlauben, seine eingangs beschriebenen Funktionen zu erfüllen. Wie der Rechtsfrieden stets einen Ausgleich zwischen den Beteiligten voraussetzt, so ist das Strafprozessrecht zwangsläufig berufen, ihren Interessen gleichermaßen Rechnung zu tragen. Es hat dabei zu berücksichtigen, dass zu Beginn des Straf-

---

[5] SCHLÜCHTER Rn. 1 f.

[6] Oder die Polizistin, die Staatsanwältin usw. Nicht aus Gründen der Geschlechterdiskriminierung, sondern allein des Umfangs dieses Buches wegen beschränke ich mich dort, wo nicht die individuelle Person, sondern die Person in ihrer Rolle gemeint ist, auf die traditionelle Nennung der männlichen Bezeichnung. Sie meint zugleich alle weiblichen Akteure derselben Rolle, ohne sie herabsetzen zu wollen, im Gegenteil: Viele Frauen sind weitaus bessere Polizisten, Staatsanwälte, Richter oder Verteidiger als ihre männlichen Kollegen.

[7] PETERS S. 1.

verfahrens regelmäßig völlig unklar ist, ob der in die Rolle des Beschuldigten gedrängte Mensch überhaupt Schuld auf sich geladen hat oder ob er nicht vielmehr ein völlig unbescholtener Bürger ist. Es hat zudem stets die Fehleranfälligkeit seiner menschlichen Akteure in Rechnung zu stellen.

7 **Beispiel (verhängnisvoller Justizirrtum):[8]**

Im Dezember 1991 überfiel *Kurt W.* mit vorgehaltener Schreckschuss-Pistole eine Bank-Filiale in Nürnberg. Zuvor hatte er eine Taxifahrerin mit Waffengewalt gezwungen, ihn zum Tatort zu bringen und auch von dort wieder wegzufahren. Die Ermittlungen nach dem unerkannt gebliebenen Täter blieben zunächst ergebnislos, bis in der Fernsehsendung *Aktenzeichen XY ... ungelöst* ein von der Überwachungskamera am Tatort gemachtes Foto des Täters ausgestrahlt wurde. Auf diesem erkannte ein Polizeibeamter, der ihn flüchtig kannte, den *Donald St.* als möglichen Täter. Da *St.* dem wirklichen Täter in der Statur ähnelte, benannten auch die Tatzeugen im Rahmen einer Gegenüberstellung *Donald St.* als den vermeintlich Schuldigen. Er wurde daher im Februar 1993 in Untersuchungshaft genommen und 1995 auf Grund eines anthropologischen Identitätsgutachtens zu acht Jahren Freiheitsstrafe verurteilt, die er vollständig verbüßte. Der wirkliche Täter *Kurt W.* wurde erst wenige Wochen nach der Haftentlassung *St.*s im Februar 2001 auf Grund des Hinweises eines Komplizen festgenommen; er gestand die Tat und wurde (ebenfalls) für sie verurteilt. *St.* erhielt für die erlittenen acht Jahre Strafvollzug eine Haftentschädigung von 39.000 DM. – Trotz erdrückend scheinender Beweise geriet ein Unschuldiger in die Mühlen der Strafjustiz. Dies kann und wird immer wieder einmal geschehen und ist regelmäßig (falls überhaupt) erst im Verlaufe eines Verfahrens zu erkennen. Wegen dieser Fehlerträchtigkeit des Verfahrens müssen dem Beschuldigten *effektive Verteidigungsmöglichkeiten* offen stehen. Oft ist er nämlich als einziger in der Lage, aufzudecken, dass er zu Unrecht beschuldigt wird. Nicht zuletzt deshalb verlangt Art. 6 II EMRK, bis zum gesetzlichen Schuldbeweis habe jedermann als unschuldig zu gelten (*Unschuldsvermutung*).

8 Auf der anderen Seite ist das Straftatopfer zunächst nicht mehr als ein *mutmaßliches Opfer*. Denn es werden leider nur zu häufig Straftaten angezeigt, die keine sind, oder Personen beschuldigt, welche die ihnen angelastete Tat nicht begangen haben. Nicht von ungefähr wurden im Jahre 2011 wegen Falscher Verdächtigung (§ 164 StGB) 3.242 Personen und wegen Vortäuschens einer Straftat (§ 145d StGB) weitere 1.931 Personen verurteilt.[9] Das Opfer hat zwar einen berechtigten Anspruch, im Strafverfahren gegen den Täter Gehör zu finden und seine Interessen (etwa auf Wiedergutmachung) zu verfolgen. Gleichwohl darf es dazu keine das Verfahren dominierende Stellung erlangen, da ansonsten die Gefahr falscher Verurteilungen auf Betreiben falscher „Opfer" zu groß geriete.

---

[8] Sachverhalt nach Welt-Online vom 11.07.2001.
[9] Strafverfolgungsstatistik 2011, S. 28 f.

Schließlich stoßen selbst die (von Staatsanwaltschaft und Gericht vertretenen) öffentlichen Interessen nach Aufklärung und Verfolgung von Kriminalität an ihre selbstverständlichen Grenzen. Nicht nur wegen der beschriebenen Irrtumsgefahr, sondern schon im Hinblick auf *Menschenwürde* und *Rechtsstaatsgebot* darf Wahrheitssuche im Strafprozess keinesfalls mit allen Mitteln betrieben werden. Die Folterung des Verdächtigen ist daher zu Recht seit Mitte des 18. Jahrhunderts Vergangenheit und die von Ermittlern gerne gehörte Zukunftsmusik des gläsernen Menschen hat Utopie zu bleiben. Ein freier Zugriff auf alle verfügbaren Daten des Menschen erzeugte ein Klima absoluter Beobachtung, das keine freie Entfaltung mehr zuließe.[10] Sicherheit und Freiheit stehen daher in einem Spannungsverhältnis, das im Ergebnis nur einen begrenzten Zugriff zu Zwecken der Straftatermittlung erlaubt. Virulent wurde dies etwa im Zusammenhang mit den Telekommunikations-Verbindungsdaten, die beim Surfen im Internet entstehen und deren (teilweise Un-) Verfügbarkeit erst das BVerfG feststellen musste.[11] Jedem Menschen gebührt zudem ein unantastbarer Kernbereich der Persönlichkeitssphäre, der z. B. Lauschangriffe in seinem Schlafzimmer weitgehend ausschließt.[12] Das Strafverfahrensrecht ist nicht zuletzt dazu da, die Grundrechte des Beschuldigten gegen unvertretbare staatliche Zugriffe zu schützen, es wird daher auch treffend als „geronnenes Verfassungsrecht"[13] bezeichnet.

Vor dem Hintergrund der von ihm zu bedienenden, gegenläufigen Interessen hat das Strafprozessrecht gewaltige Spannungen auszuhalten. Augenfällig wird dies an dem Phänomen, dass es je nach kriminalpolitischer Großwetterlage, kriminalistisch Machbarem, ökonomischen Zwängen oder aktuellen Sicherheitsbedürfnissen vergleichsweise häufigen Änderungen unterworfen ist. Es spiegelt wie kaum ein anderes Rechtsgebiet die politische Situation eines Staatswesens wider und ist daher ein *„Seismograph der Staatsverfassung."*[14] Zusätzlich rüttelt verstärkt europäisches Vereinheitlichungsstreben an ihm. Dabei stellt es ein extrem sensibles Rechtsgebiet dar, weil es durch veränderte (rechtliche wie tatsächliche) Bedingungen schnell aus seinem Gleichgewicht gerät und dann entweder ineffizient funktioniert oder in eine Grauzone zwischen Legalität und Rechtswidrigkeit ausweicht. Ein Beispiel bilden die aus einer Justizüberlastung geborenen Urteilsabsprachen, die bis zu ihrer (teilweisen) Legalisierung im Jahre 2009[15] etwa dreißig Jahre lang von den Gerichten ohne rechtliche Grundlage praktiziert wurden.

Leider bietet das Strafverfahrensrecht noch dazu dem Interessierten keinen besonders leichten Zugang, weil es an vielen Stellen unsystematisch und ungeordnet erscheint (Rn. 26 ff.). Umso wichtiger ist es, sich stets zu vergegenwärtigen, wie das Strafverfahren tatsächlich verläuft und welchen Grundstrukturen es folgt. Hat

---

[10] Vgl. das Volkszählungsurteil BVerfGE 65, 1 (43).
[11] BVerfG NJW 2010, 833.
[12] Vgl. dazu die grundlegende Entscheidung BVerfGE 109, 279.
[13] Vgl. Matthias JAHN, Strafprozessrecht als geronnenes Verfassungsrecht – Hauptprobleme und Streitfragen, JuS 2005, 1057–1062; HENKEL S. 86 („angewandtes Verfassungsrecht").
[14] ROXIN/SCHÜNEMANN § 2 Rn. 1.
[15] Gesetz zur Regelung der Verständigung im Strafverfahren vom 29.07.2009 (BGBl. I 2353).

man sie begriffen, so erlernen sich rechtliche Details, beispielsweise der Beweisverwertungsregeln, für die juristischen Prüfungen fast von alleine.

12 Reizvoll und lohnend erscheint die Beschäftigung mit Strafverfahren und Strafprozessrecht im Übrigen schon deshalb, weil sie in der forensischen Realität weitaus wichtiger sind als das materielle Strafrecht. Jeder, der in der Praxis tätig ist, weiß, dass dort Feinheiten der materiellrechtlichen Subsumtion höchst selten einmal eine Rolle spielen, während der Tatnachweis und die Rechtsfolgenfrage diejenigen Schauplätze bilden, auf welchen intensiv zwischen den Beteiligten um die richtige Entscheidung gerungen wird.

13 Zur *Terminologie*: Die Termini „Strafprozessrecht" und „Strafverfahrensrecht" sind vollkommen deckungsgleich und werden daher hier gleichbedeutend eingesetzt. Auch der Begriff des formellen Strafrechts (im Gegensatz zum materiellen Strafrecht) bezeichnet nichts anderes. Zur inhaltlichen Reichweite des Strafverfahrensrechts, das keineswegs auf die StPO beschränkt ist, siehe Rn. 28 f.

14 Noch eine Vorbemerkung: Nachdrücklich zu warnen ist vor dem Halbwissen, das allenthalben durch Berichte in (an sich durchaus seriösen) Zeitungen, anderen Medien und vor allem durch Kriminalromane, -filme oder -serien entsteht. Selbst vermeintlich realitätsnahe deutsche Fernsehfilme wie diejenigen der ARD-Reihe „Tatort" enthalten oft grundlegende Fehler in der Konzeption der einzelnen Verfahrensrollen. So wird sich beispielsweise kein Staatsanwalt so verhalten, wie dies dort regelmäßig dargestellt wird, insbesondere keinerlei Einfluss auf die (personelle) Organisation der Ermittlungen nehmen oder ständig auf Polizeidienststellen präsent sein. Erst recht gilt dies natürlich, wenn Handlungen im Ausland spielen, das – wie der anglo-amerikanische Rechtsraum – ein völlig anderes Strafprozessverständnis hat. Drastischer formuliert: *Vergessen Sie alles, was Sie bislang über das Strafverfahren auf Grund der Medien zu wissen glaubten.*

II. Abriss der Geschichte des Strafprozessrechts

15 Ein eigenständiges Strafprozessrecht stellt historisch eine noch relativ junge Erscheinung dar. Denn in früheren Zeiten fanden sich materielles und prozessuales Recht durchweg in einheitlichen Kodifikationen, z. B. in der *Constitutio Criminalis Carolina* (CCC) von *Kaiser Karl V.* (1532).[16] Sie enthielt sowohl Beschreibungen des strafbaren Verhaltens als auch Anweisungen für das (damals inquisitorische) Strafverfahren. Entsprechend thematisierten Lehrbücher und Kommentare des (gesamten) Strafrechts bis ins letzte Jahrhundert hinein als umfassende Abhandlungen sowohl materielles als auch formelles Strafrecht (z. B. FEUERBACHS Lehrbuch des Strafrechts [1801] und noch in rechtsgeschichtlich jüngerer Zeit der Kommentar von DAHLKE/FUHRMANN/SCHÄFER, zuletzt in 35. Auflage 1950 erschienen). In jüngster Zeit versucht der Kommentar von DÖLLING/DUTTGE/RÖSSNER[17], an diese bis dahin unterbrochene Tradition anzuknüpfen.

---

[16] Siehe die Textausgabe mit Erläuterungen von Friedrich-Christian SCHROEDER, Die Peinliche Gerichtsordnung Kaiser Karl V., 2000. Kurze Darstellung des Inhalts bei PETERS S. 60–64.

[17] Dieter DÖLLING/Gunnar DUTTGE/Dieter RÖSSNER, Gesamtes Strafrecht, 2. Aufl. 2011. Allerdings handelt es sich eher um eine Kurzkommentierung, die sich in Wissenschaft und Praxis bislang nicht recht durchzusetzen vermochte.

II. Abriss der Geschichte des Strafprozessrechts

▶ Eine kleine Leseprobe der CCC befindet sich auf ET 02-01.

Die Strafprozessrechtsgeschichte soll hier nur insoweit angerissen werden, als sie zum Verständnis des heutigen Rechts unabdingbar erscheint.[18] Ein einheitliches Straf- bzw. Strafverfahrensrecht entstand in Deutschland erst nach der Reichsgründung von 1871. Bis dahin waren die Territorien des vormaligen Heiligen Römischen Reiches Deutscher Nation[19], soweit sie nicht (ausnahmsweise) reichsunmittelbaren Status besaßen, in der Lage, eigenes Recht zu setzen, und nahmen dieses Recht auch zunehmend wahr (in den sog. *Partikulargesetzen*). Als erstes gesamtdeutsches Strafrechtswerk begegnet uns 1532 die bereits erwähnte CCC.[20] Auch sie galt freilich nur in den reichsunmittelbaren Gebieten direkt. Im Übrigen kam sie immerhin überall dort subsidiär zur Anwendung, wo es keine Ordnungen oder Einzelregelungen gab (was zunächst durchaus häufig der Fall war). Zusätzlich wirkte sie als eine Art Musterordnung bei der Schaffung späterer Rechtsordnungen. Auf diese Weise verhalf sie verfahrensrechtlich dem italienisch-kanonischen Recht und damit dem (bis dahin den kirchlichen Gerichten vorbehaltenen) *Inquisitionsprozess* zum Durchbruch in der weltlichen Gerichtsbarkeit. Ihn zeichnete aus, Ermittlung und Aburteilung weitgehend[21] in einer (richterlichen) Hand zu vereinigen, der sogenannten Inquisition. Das gesamte Verfahren verlief regelmäßig bis zur Urteilsfindung geheim; erst das Urteil wurde öffentlich verkündet und vollstreckt.

Als weitere *Charakteristika des Inquisitionsverfahrens* fallen die relativ starren Beweisregeln ins Auge. Angesichts noch kaum erkenntnisträchtiger kriminalistischer oder wissenschaftlicher Methoden musste das Urteil zwangsläufig auf die – heute als recht unzuverlässig erkannten – personalen Beweise bauen, also auf Zeugenaussagen oder Geständnisse. Als ausreichender Beweis galten z. B. entweder das Geständnis des Beschuldigten oder das Zeugnis von zwei Zeugen von gutem Leumund aus deren eigenem Wissen.[22] Da es sich deshalb bei den genannten Zeugen um *Tatzeugen* handeln musste, viele Taten aber nicht in Gegenwart von Zeugen begangen werden, musste dem Geständnis des Beschuldigten zwangsläufig eine überragende Rolle zufallen. Hier sprang nun die Folter in die Bresche, um die unbedingt benötigten, aber freiwillig nicht abgelegten Geständnisse zu erzwingen[23]

---

[18] Zu eingehenderen Darstellungen vgl. Rüping/Jerouscheck; Henkel S. 23–64; Thomas Vormbaum, Einführung in die moderne Strafrechtsgeschichte, 2. Aufl. 2011.

[19] Dieses (erste) deutsche Kaiserreich entstand etwa im 10. Jahrhundert und endete am 6.8.1806 mit der Niederlegung der Reichskrone durch Kaiser *Franz II*, nachdem das Reich infolge der Napoleonischen Kriege handlungsunfähig geworden war. Zwischen 1806 und 1871 bestand die Rechtsetzungsbefugnis der einzelnen Territorien fort.

[20] Siehe Fn. 16.

[21] Allerdings weist Arnd Koch, Die Grundlagen des deutschen Strafverfahrens, FS Rüping S. 393–408 (394 f.), darauf hin, dass in Zweifelsfällen die sog. Aktenversendung, vor allem an die juristischen Fakultäten der Universitäten, vorgeschrieben war. Sie entschieden dann z. B., ob im konkreten Fall Strafbarkeit bestand oder der Verdachtsgrad die Folter erlaubte.

[22] Zu näherer Darstellung vgl. Karl Peters, Zeugenlüge und Prozeßausgang, 1939, S. 277 ff.

[23] Eingehendere Schilderung bei Henkel, S. 42 f.

Abb. 1 Mittelalterliche Folterung, erster Grad (Illustration aus Hermann LOHER: Wehmütige Klage, 1677.)

(s. Abb. 1). Zwar war durchaus bekannt, dass jedermann unter der Folter alles Mögliche gestehen könnte. Man meinte aber, dieser Gefahr begegnen zu können, indem man das erfolterte Geständnis nur dann akzeptierte, wenn es nach der Folterung vor dem Richter aus freien Stücken wiederholt wurde. Stritt der Beschuldigte allerdings die Tat dort (erneut) ab, so drohte dem Widerspenstigen neuerliche Folterung,[24] weshalb die scheinbar freiwillige Bestätigung des Gestandenen tatsächlich nicht die geringste Sicherheit gegen falsche Selbstbezichtigungen bot.

18 Auch das Strafprozessrecht als Regelungsinstrument trat, wenn erst einmal das Stadium der Folter erreicht war, in den Hintergrund. Seine Erkenntnisinteressen konzentrierten sich auf die Phase zuvor. Wichtige (auch wissenschaftliche) Streitfragen waren daher insbesondere, welche Indizien zur Anwendung der Folter berechtigten.[25] Tatsächlich entschied sich das Schicksal des Beschuldigten vor allem an dieser Weichenstellung, denn wurde er erst einmal gefoltert, so besaß er keine realistische Chance mehr, seiner Verurteilung noch zu entgehen.

19 Im Zuge der Aufklärung und noch vor der Aufgabe des Inquisitionsprozesses wurde etwa Mitte bis Ende des 18. Jahrhunderts die Folter nach und nach in den einzelnen deutschen Ländern abgeschafft. Der Strafprozess geriet dadurch erst recht in eine Krise, weil die einstmals vergleichsweise schnell erfolterten Geständnisse nun allein durch geschickte Verhörstechniken beschafft werden konnten. Allerdings verliefen diese Verhöre mitnichten ohne Zwang und Quälerei. Vielmehr galten Täuschungen des Beschuldigten, Bedrohungen oder endlos lange, ermüdende Vernehmungen als probate Mittel, das benötigte Geständnis des – damals noch aussagepflichtigen – Beschuldigten doch noch zu erlangen.[26] Das Verfahren wurde damit

---

[24] Michael NIEHAUS, Das Verhör, 2003, S. 204.
[25] An dieser Stelle wurde häufiger im Wege der Aktenversendung wissenschaftliche Kompetenz in das Verfahren eingebunden (siehe Fn. 21).
[26] Bertram SCHMITT, Die richterliche Beweiswürdigung im Strafprozeß, 1992, S. 143 f.; ausführlich NIEHAUS (Fn. 24), S. 342 ff.

allerdings vollends unpraktikabel und bot keine genügende Antwort mehr auf die zunehmende Kriminalität in einer wachsenden Bevölkerung.

Mit der französischen Revolution und der folgenden französischen Besetzung des größten Teils Deutschlands wurde allerdings mit dem (an sich nachrevolutionären) französischen *Code penal* ein völlig neuer, reformierter Verfahrenstyp eingeführt, der sich aus zwei Gründen als attraktiv erwies: Zum einen wegen der angesprochenen Probleme des Inquisitionsprozesses, die er zu lösen versprach, zum anderen, weil er die bedrohliche Allmacht der Gerichte zu relativieren suchte und damit den bürgerlich-liberalen Revolutionsforderungen nach Machtteilhabe, die auch außerhalb Frankreichs Sympathien genossen, ein Stück weit entgegenkam.

Nach der französischen Niederlage von 1812/1813 und der folgenden Restauration schwenkten zwar zahlreiche deutsche Staaten vorübergehend auf die überkommene Form des Inquisitionsverfahrens zurück. Allerdings behielten immerhin die linksrheinischen Gebiete ihre aus der napoleonischen Besatzungszeit stammenden reformierten Prozessordnungen französischen Musters. Und auch die meisten übrigen deutschen Länder gaben sich kurze Zeit später im Zuge der Geschehnisse um 1848 entsprechende Ordnungen, die sich freilich im Detail noch stark unterschieden.[27]

Dieser reformierte Strafprozess zeichnete sich insb. durch folgende Elemente aus:
- eine *inhaltlich bestimmte Anklage* als unabdingbare Voraussetzung für jedes strafrichterliche Tätigwerden;
- die Schaffung einer gerichtsunabhängigen *Staatsanwaltschaft* zur Kontrolle ausgeuferter Richtermacht und zur Ausübung der Funktion des Anklägers;
- damit verbunden die *Trennung von Ermittler und Richter*;
- die *Beteiligung von Laien* an der Rechtsfindung (Geschworenengerichte, Schöffengerichte);
- die *Öffentlichkeit* des Erkenntnisverfahrens.

Gelingen konnte dieser Reformprozess aber wohl nur deshalb, weil die Institution der Staatsanwaltschaft als objektive Gesetzeswächterin keineswegs allein liberal-rechtsstaatliche Bedürfnisse zu bedienen, sondern zugleich weiterhin einen Regierungseinfluss auf die Justiz zu sichern versprach. Sie wurde daher von der jeweiligen Obrigkeit nicht als Bedrohung ihrer Macht angesehen,[28] sondern vielmehr als Instrument zu ihrer Stärkung implementiert.[29]

Eine Vereinheitlichung des deutschen Verfahrensrechts erfolgte sodann durch die Reichsstrafprozessordnung vom 01.02.1877 (RStPO), die – später in Strafprozess-

---

[27] Zu näheren Informationen vgl. Wolfgang WOHLERS, Entstehung und Funktion der Staatsanwaltschaft, 1994; Karl ELLING, Die Einführung der Staatsanwaltschaft in Deutschland, 1911, Neudruck 1977; COMBÉ (Fn. 29), S. 29 ff.

[28] Daniel COMBÉ, Stellung und Objektivität der Staatsanwaltschaft im Ermittlungsverfahren, 2007, S. 22 ff.

[29] Erhard BLANKENBURG/Hubert TREIBER, Die Einführung der Staatsanwaltschaft in Deutschland, Leviathan 1978, 161–175 (163); Thomas VORMBAUM, Einführung in die moderne Strafrechtsgeschichte, 2. Aufl. 2011, S. 92 ff.

ordnung (StPO[30]) umbenannt – im Prinzip bis heute gilt und deren *Grundstrukturen* nur wenige Veränderungen erfahren haben. Allerdings ist das Gesicht des Strafverfahrens durch zahlreiche partielle Änderungen (Gerichtszuständigkeiten, Abschaffung der Übertretungen, Schaffung und spätere Erweiterung von Einstellungsmöglichkeiten, neue Ermittlungsmethoden, Verständigung) heute ein völlig anderes.

24 Während der Zeit der *nationalsozialistischen Gewaltherrschaft* hat sich im eigentlichen Prozessrecht neben etlichen rechtsstaatswidrigen Veränderungen auch manches etabliert, was heute noch fortbesteht, z. B. das Adhäsionsverfahren und die gestärkte Stellung der Staatsanwaltschaft im Ermittlungsverfahren. Entscheidender als prozessrechtliche Fehlentwicklungen waren für den Unrechtscharakter der NS-Justiz ohnehin die Ideologisierung der Richterschaft, die Schaffung von Sondergerichten neben der normalen Gerichtshierarchie mit entsprechenden besonderen Verfahrensregeln sowie die Aufweichung der Gesetzesbindung durch die Zulassung analoger Strafrechtsanwendung zu Lasten des Beschuldigten.

25 Eine Gesamtreform der StPO hat es – im Unterschied zu den großen Reformen des StGB in den Jahren 1969/1975 – bis jetzt nicht gegeben. Vielmehr wurde die weitere Entwicklung des Strafprozessrechts bis zum heutigen Tage vorwiegend durch eine Anlassgesetzgebung geprägt. Beispiele sind die RAF-Bekämpfung in den 1970er-Jahren (Datenerfassung, Verteidigerausschluss, Identitätsfeststellungen), in neuerer Zeit die Intensivierung des Opferschutzes (Nebenklage, Verletztenrechte und -schutz, Täter-Opfer-Ausgleich), die Bekämpfung des organisierten Verbrechens und des islamistischen Terrorismus (verdeckte Ermittler, Lauschangriffe) sowie jüngst die formelle Einführung der Urteilsabsprachen. Durch diese *Politik der kleinen Schritte* sind nicht nur etliche Ungereimtheiten entstanden, sondern es hat auch die Systematik des Gesetzes gelitten. Man kann daher die StPO nicht einfach in der Hoffnung durchlesen, sich auf diese Weise ein Bild des deutschen Strafverfahrens machen zu können. Dennoch ist keine große Strafprozessreform in Sicht. Die bis vor kurzem drängendste gesetzgeberische Aufgabe der Gegenwart, die Einbindung verfahrensbeendender Absprachen, wäre zwar an sich ein hinreichender Grund für eine Gesamtrevision der StPO gewesen. Zu ihr fehlt gegenwärtig dem Gesetzgeber aber offenbar die notwendige Kraft, und so ist auch bei der Verständigungsnovelle[31] nur eine halbherzige, unsystematische Detailregelung zustande gekommen.

III. Die Kodifizierung des Strafprozessrechts

26 Die Strafprozessordnung ist – wie bereits angesprochen – nicht streng systematisch gegliedert. Dennoch kann man im Groben einen einigermaßen logischen Aufbau erkennen (s. Tab. 1):

---

[30] Strafprozessordnung v. 01.02.1877 (RGBl. 253); neugefasst durch Bek. v. 07.04.1987 (BGBl. I 1074, 1319).
[31] Gesetz zur Regelung der Verständigung im Strafverfahren vom 29.07.2009 (BGBl. I 2353).

III. Die Kodifizierung des Strafprozessrechts

Tab. 1 Der Aufbau der StPO

Regelungsgegenstand	Abschnitt innerhalb der StPO	In welchen §§ zu finden?
Allgemeine Regelungen	1. Buch	§§ 1–149
Ermittlungsverfahren	2. Buch, Abschnitte 1 und 2	§§ 151–177
Zwischenverfahren	2. Buch, Abschnitt 4	§§ 199–212
Hauptverfahren und Hauptverhandlung	2. Buch, Abschnitte 5–8	§§ 213–295
Rechtsbehelfe	3. und 4. Buch	§§ 296–373a
Beteiligung des Verletzten	5. Buch	§§ 374–406h
Besondere Verfahrensarten	6. Buch	§§ 407–444
Vollstreckung, Kosten	7. Buch	§§ 449–473a
Auskünfte, Datenspeicherung und -verwendung	8. Buch	§§ 474–495

Die relativ große (und bislang nicht aufgefüllte) Lücke zwischen den §§ 177 und 199, dem ehemals 3. Abschnitt des 2. Buches, beruht auf der Aufhebung der dort früher eingeordneten richterlichen Voruntersuchung.[32] Im Übrigen sind etliche der Regelungen im 1. Buch keineswegs auf alle Verfahrensabschnitte anzuwenden, wohl aber die gewissermaßen hinter die Klammer gezogenen Bücher 5, 6 und 8. Das dazwischen recht deplatziert wirkende 7. Buch hätte eher ganz ans Ende des Gesetzes gehört.

27

Den überwiegenden Teil des Strafprozessrechts findet man zwar in der StPO. Teilbereiche werden aber auch in anderen Gesetzeswerken normiert, was zumeist dem jeweiligen Zusammenhang mit den dort geregelten, spezielleren Rechtsmaterien zu verdanken ist. Unter ihnen sind von wesentlicher Bedeutung:
- das Grundgesetz, insb. die Art. 92, 95–97, 101, 103 und 104 GG (Grundsätze der Gerichtsverfassung sowie die sog. Justizgrundrechte),
- die Europäische Menschrechtskonvention[33], insb. Art. 3, 5 und 6 EMRK (weitere Grundrechte des Beschuldigten und Verfahrensprinzipien, z. B. das Beschleunigungsgebot),
- das Gerichtsverfassungsgesetz[34] (GVG); es enthält u. a. die Detailregelungen zur Gerichtsverfassung, zur sachlichen Zuständigkeit und zur Staatsanwaltschaft,
- das Einführungsgesetz zum Gerichtsverfassungsgesetz[35] (EGGVG),u. a. mit Regelungen zur Kontaktsperre, zu subsidiären Rechtsbehelfen und zu Datenübermittlungen,
- das Gesetz über die Entschädigung für Strafverfolgungsmaßnahmen[36] (StrEG),

28

---

[32] Durch das 1. StVRG v. 09.12.1974 (BGBl. I 3393, 3533).
[33] Konvention zum Schutze der Menschenrechte und Grundfreiheiten v. 04.11.1950 (BGBl. 1952 II 685) i.d.F. v. 17.05.2002 (BGBl. II 1055).
[34] Gerichtsverfassungsgesetz v. 27.01.1877 i.d.F. v. 09.05.1975 (BGBl. I 1077).
[35] Einführungsgesetz zum Gerichtsverfassungsgesetz v. 27.01.1877 (RGBl. 77), zuletzt geändert durch Gesetz v. 17.12.2008 (BGBl. I 2586, 2694).
[36] Gesetz über die Entschädigung für Strafverfolgungsmaßnahmen v. 08.03.1971 (BGBl. I 157).

- das Gerichtskostengesetz[37] (GKG), betreffend die gerichtlichen Kosten des Strafprozesses,
- das Jugendgerichtsgesetz[38] (JGG), das u. a. Besonderheiten des Verfahrens vor den Jugendgerichten und deren Gerichtsverfassung regelt,
- das Gesetz über die internationale Rechtshilfe in Strafsachen[39] (IRG), mit Vorschriften u. a. über die Auslieferung.

29 Ferner sind einige *untergesetzliche Rechtsquellen* zu beachten:
- die Richtlinien für das Strafverfahren und das Bußgeldverfahren[40] (RiStBV). Diese auf die praktische Arbeit der Justizbehörden ungemein einflussreichen Richtlinien beruhen auf Vereinbarungen der Bundes- und Landesjustizminister und haben als bundeseinheitlich geltende Verwaltungsvorschriften den Charakter allgemeiner Weisungen, die vornehmlich an die Staatsanwaltschaften gerichtet sind und Einzelfragen zur Durchführung des Strafverfahrens regeln, z. B. die Frage, wann Verfahren nach Opportunitätsgesichtspunkten eingestellt werden sollen.
- die Anordnung über Mitteilungen in Strafsachen[41] (MiStra). Auch hierbei handelt es sich um eine auf einer Vereinbarung der Bundes- und Landesjustizminister beruhende, bundeseinheitlich geltende Verwaltungsvorschrift. Sie regelt Einzelheiten über die Mitteilung etwa einer Anklageerhebung an andere Stellen (z. B. an die Ausländerbehörde oder den Dienstvorgesetzten des Beschuldigten).

IV. Das Verhältnis des Strafprozessrechts zu anderen (Rechts-) Materien

30 Das Strafprozessrecht ist kein autonomes Recht. Es befindet sich vielmehr im Dialog mit anderen Rechtsgebieten und ist z. T. sogar von ihnen abhängig:
- Auf der Hand liegen starke Wechselbeziehungen zwischen dem *materiellen Strafrecht* und dem Strafprozessrecht: Änderungen im Strafrecht, z. B. die Einführung der Strafaussetzung zur Bewährung im Jahre 1953, erfordern entsprechende Regelungen in der StPO, z. B. in § 267 III 4. Ausufernde Kriminalisierung, insb. im Gefährdungsvorfeld der Rechtsgüter (z. B. im Umweltstrafrecht, Nebenstrafrecht, Verkehrsrecht) oder von Bagatellen (z. B. bei § 229 StGB im Falle leichtester Verletzungen auf Grund geringster Fahrlässigkeit), die das materielle Recht ausweglos als strafbar bezeichnet, müssen zur Vermeidung unverhältnismäßiger Resultate auf prozessualem Weg straflos gestellt werden (siehe die §§ 153 ff.).
Einflüsse erfolgen indes auch in umgekehrter Richtung: Kann das Strafverfahren in seiner Verfahrenswirklichkeit eine bestimmte Art von Kriminalität nicht

---

[37] Gerichtskostengesetz v. 05.05.2004 (BGBl. I 718).
[38] Jugendgerichtsgesetz i.d.F. v. 11.12.1974 (BGBl. I 3427).
[39] Gesetz über die internationale Rechtshilfe in Strafsachen i.d.F. v. 27.06.1994 (BGBl. I 1537).
[40] Abgedruckt u. a. bei MEYER-GOßNER, Anhang 12; Nomos-Texte Strafrecht Nr. 57.
[41] Abgedruckt u. a. bei MEYER-GOßNER, Anhang 13.

mehr angemessen bewältigen (z. B. bei betrügerischen Preisabsprachen anlässlich öffentlicher Ausschreibungen den von § 263 StGB geforderten Nachweis von irrtumsbedingter Verfügung und Schaden kaum noch erbringen), so verliert das materielle Strafrecht seine Wirkung (Präventionsverlust). Häufig genug veranlasst dies den Gesetzgeber zu faktischen Beweiserleichterungen, indem er die Strafbarkeit vorverlegt und sie unabhängig von nur schwer beweisbaren Tatbestandsmerkmalen eintreten lässt (im Beispiel der Preisabsprachen durch die Einführung des Submissionsbetruges in § 298 StGB im Jahre 1997, der keinen Nachweis eines Schadens mehr verlangt, sondern schon mit der Abgabe des täuschenden Angebots, d. h. mit der Täuschungshandlung vollendet ist).
- Die Nähe des Strafprozessrechts zum *Verfassungsrecht* ist schon angeklungen (Rn. 9): Es wird aber nicht nur in die Grundrechte des Beschuldigten eingegriffen, sondern zugleich in die der Zeugen und anderen Prozessbeteiligten. Beim Beschuldigten geht es um Freiheitsverlust durch Strafe, aber auch durch die ihm auferlegte Anwesenheit in der Hauptverhandlung, ferner um Ehr- und Eigentumsverlust. Der Zeuge muss erscheinen, Belastungen psychischer Natur ertragen und sogar körperliche Eingriffe hinnehmen (vgl. § 81c II). Wegen dieser Grundrechtsrelevanz des Strafverfahrens und als Konkretisierung des Rechtsstaatsgedankens (Art. 20 III GG) enthält die Verfassung die sogenannten *Justizgrundrechte*, insbesondere die richterliche Unabhängigkeit (Art. 97 I GG), das Gebot des gesetzlichen Richters (Art. 101 I 2 GG), den Grundsatz des rechtlichen Gehörs (Art. 103 I GG), den Richtervorbehalt (Art. 92, 104 II GG) und das Verbot der Doppelbestrafung (Art. 103 III GG).
- Berührungspunkte bestehen ferner zum *Verwaltungsrecht*: Strafrecht und Strafverfahrensrecht gehören ohnehin strukturell zum öffentlichen Recht. Zudem sind die Strafverfolgungsorgane jedenfalls teilweise Verwaltungsbehörden (Polizei, Staatsanwaltschaft), weshalb Parallelen zum Verwaltungsverfahrensrecht nicht verwundern (etwa die Vorschaltbeschwerde beim Klageerzwingungsverfahren, § 172 I).
- Das *Zivilrecht* spielt im Verfahren vor allem dort eine Rolle, wo – wie häufig – Straftaten das Vermögen beeinträchtigt haben. Wegen seiner Funktion, Rechtsfrieden zu stiften, kann deshalb auch die finanzielle Restitution Gegenstand des Strafprozesses sein. Beispielsweise können im Täter-Opfer-Ausgleich (§ 46a StGB, §§ 155a f. StPO) und im Adhäsionsverfahren (§ 403 ff.) die bürgerlich-rechtlich legitimen Ersatzansprüche des Verletzten zum Verfahrensthema werden.

Zudem darf sich die Strafprozesslehre nicht als rein juristische Wissenschaft verstehen. In viel stärkerem Maße als andere Rechtsgebiete tritt sie in Kontakt zu anderen, der Rechtswissenschaft zuweilen völlig fernen Wissenschaftsbereichen, wie der folgende – zweifellos unvollkommene – Überblick zeigt:
- *Philosophie*: Es geht im Strafverfahren nicht zuletzt um Gerechtigkeit und um die Feststellung persönlicher Schuld. Hierbei handelt es sich (auch) um (rechts-) philosophische Kategorien, die mit der Strafrechtsdogmatik alleine nur unzureichend zu erfassen sind.

- *Psychologie*: Mit der Aussagepsychologie widmet sich ein ganzer Teilbereich der Psychologie dem Strafverfahren. Aber auch die Psychologie der Handelnden (Polizei, Richter, Schöffen und Staatsanwälte und ihre Reaktionen auf Verhalten des jeweiligen prozessualen Gegenübers) sowie die psychologische Untersuchung auf schuldhaftes Verhalten bezeichnen wichtige Berührungspunkte.
- *Medizin und Naturwissenschaften*: Häufig sind tatsächliche Vorgänge im Strafprozess zu beurteilen, die zu erkennen und bewerten die Fähigkeiten des Nichtfachmanns überfordert (z. B. Fragen über alkoholische Beeinflussung, Verletzungen, psychische Erkrankungen, aber auch zum Bremsweg von Fahrzeugen, chemischer Spurenanalyse, Daktyloskopie[42] oder DNA-Analyse). Hier kommt neben der Medizin zahlreichen Naturwissenschaften eine oft entscheidende Rolle im Strafprozess zu.
- *Pädagogik*: Die am einzelnen Straftäter ansetzende Prävention – die Erziehung durch Strafverfahren – ist im Jugendstrafrecht explizit gewollt (§ 2 I JGG), im Übrigen aber zumindest als einer unter mehreren Strafzwecken von Bedeutung.
- *Kriminologie und Soziologie*: Ursachen einer Straftat und zu erwartende Wirkungen einer Strafe spielen für die Strafbemessung eine entscheidende Rolle. Aber auch die unterschiedliche Herkunft und soziale Etablierung von Richtern und Angeklagten einerseits, von Richtern der Eingangs- oder Instanzgerichte andererseits, mag sich auf die Rechtsprechung auswirken, die an vielen Stellen notwendigerweise auf subjektive Bewertungen zurückgreifen muss.
- Nicht zuletzt beeinflusst die *(Kriminal-)Politik* das Verfahren: Vielfach bestimmen kriminalpolitische Einstellungen und Bedürfnisse den Verfahrensausgang, z. B. bei der Anwendung von Opportunitätsregeln, die vom „öffentlichen Interesse" abhängen (z. B. §§ 153, 153a, 376). In ähnlicher Weise ist die „Verteidigung der Rechtsordnung" als legitimes Motiv für die Zuerkennung bestimmter Strafen anerkannt (§ 56 III StGB).

35 Der in der Praxis tätige Jurist hat daher nicht allein das Recht im Blick zu behalten, sondern muss zum einen für die anderen Wissenschaften offen sein, auf deren Hilfe er angewiesen ist. Er hat sich aber zum anderen auch stets der Folgen seines Handelns bewusst zu sein und zu reflektieren, warum er (unbewusst) so und nicht anders im Verfahren handelt, um sachfremde emotionale Beweggründe nach Möglichkeit auszuschalten.

V. Strukturen des Strafprozessrechts und der Stand der Strafprozesslehre

1. Systematisierungsversuche

36 Die Dynamik des Strafverfahrens, die Veränderungen des Strafverfahrensrechts, denen es im Laufe der Zeit unterworfen war (und fortwährend unterworfen ist) sowie seine geschilderten Berührungspunkte und Wechselbeziehungen zu ande-

---

[42] Finger- und Handabdruckanalyse und -vergleich.

ren Teilrechtsgebieten erschweren das Erkennen von systematischen Strukturen. Gleichwohl hat die Strafprozesslehre lange Zeit rechtliche Systematisierungsversuche unternommen – mit freilich mäßigem Erfolg. Weder ist es gelungen, das Bild des Strafverfahrens für Ausbildungszwecke auf klare Grundstrukturen zurückzuführen, noch lassen sich Einzelfragen (wie nach der Verwertbarkeit fehlerhaft erlangter Beweise) anhand der gefundenen Strukturen deduktiv beantworten. Das gelingt zwar gelegentlich, scheitert aber oft schon bei leicht veränderter Fragestellung.

Zu diesen fehlgeschlagenen Systematisierungsversuchen zählt der bis in die jüngere Vergangenheit hinein unternommene Versuch, eine *allgemeine Prozesslehre* mit Gültigkeit für Zivil-, Straf- und Verwaltungsrecht zu entwickeln.[43] Überbleibsel davon finden sich gegenwärtig noch in der subsidiären Geltung der ZPO im Verwaltungsprozessrecht (§ 173 VwGO) und in der Anwendbarkeit des Beweisantragsrechts der StPO im Zivilprozess. Heute werden wegen der sehr unterschiedlichen Zielrichtungen der verschiedenen Verfahrensordnungen solche rechtsgebietsübergreifenden Prozesslehren nicht mehr vertreten.

37

Ältere Strafprozesslehren setzten bei dem sogenannten *Prozessrechtsverhältnis* zwischen Beschuldigtem und Justiz an und versuchten, das Verfahren von daher zu verstehen und zu gestalten. Der Staat besäße einen Strafanspruch gegenüber dem Straftäter, dessen prozessuale Durchsetzung dieser gewissermaßen als „Schuldner" zu dulden hätte.[44] Diese Sichtweise beruht auf der traditionellen, aber überholten Vorherrschaft zivilrechtlichen Denkens in der Rechtswissenschaft. Das Wesen des Strafverfahrens besteht nicht in der Durchsetzung von Ansprüchen, sondern in der Klärung der Frage, ob und wie auf ein Fehlverhalten angemessen zu reagieren ist, damit sich dieses künftig nicht wiederholt.[45]

38

Vielfach und bis heute wird eine Systematisierung des Strafprozesses versucht, indem man ihn als Zusammenspiel von Prozesssubjekten und ihren Prozesshandlungen im Rahmen eines Prozessrechtsverhältnisses um einen Prozessgegenstand begreift.[46] Der Nachteil dieser stark systematisch orientierten Dogmatik liegt in ihrer Realitätsferne begründet: Die Gesetzgebung hat den Strafprozess in den letzten 60 Jahren weitgehend unsystematisch umgestaltet, weshalb eine solchermaßen prinzipienorientierte Wissenschaft heute keine wesentliche Hilfe mehr bietet, wenn es um die Antwort auf konkrete Fragen geht.

39

Eine völlig andere Sichtweise hat SCHLÜCHTER[47] vor einiger Zeit gewagt. Sie sah den Strafprozess hauptsächlich als dialektisches Verfahren, geprägt durch *Interaktion der Verfahrensbeteiligten*. Das Prozessergebnis (Urteil) erscheint dann als Resultat eines Kommunikationsprozesses. Letztlich hat sich diese Lehre mit Recht nicht durchgesetzt: Ihr Nachteil ist zum einen, nichtkommunikative Vorgänge, vor allem im Ermittlungsverfahren, aus ihrem Modell ausblenden zu müssen.

40

---

[43] Wilhelm SAUER, Allgemeine Prozessrechtslehre, 1951; Anklänge noch bei HENKEL S. 19 f.; PETERS S. 14.
[44] Vgl. ROSENFELD S. 40 f.
[45] Ähnlich SCHROEDER/VERREL Rn. 21; HENKEL S. 105.
[46] Vgl. SCHLÜCHTER Rn. 5; PETERS S. 99 ff.; ROSENFELD S. 37 ff.; HENKEL S. 235 ff.; ZIPF S. 91 ff.; z. T. noch ROXIN/SCHÜNEMANN § 22; VOLK § 15.
[47] SCHLÜCHTER, Das Strafverfahren, Lehrbuch, 1. Aufl. 1981; 2. Aufl. 1983.

Zum anderen ist sie zu unspezifisch für den Strafprozess, da Interaktion die Basis nahezu sämtlicher Rechtshandlungen bildet.[48]

41 In ähnlicher Weise sieht übrigens JAHN heute das Verfahren als einen *partizipatorischen Prozess*, der nicht mehr allein durch das Bild der aktiven Strafverfolgungsbehörden auf der einen und des duldenden bzw. die Eingriffe abwehrenden Beschuldigten auf der anderen Seite geprägt werde. Vielmehr besäßen alle Beteiligten mittels ihrer Antrags-, Erklärungs- und Fragerechte eine verfahrensgestaltende Kompetenz.[49] JAHN geht es allerdings auch nicht um ein ambitioniertes Erklärungsmodell des gesamten Strafverfahrens, sondern primär um eine ausgeglichenere Verfahrensstellung des Beschuldigten.

42 Neuere Lehren verzichten zu Recht darauf, eine innere Struktur des Verfahrensrechts zu suchen. Sie erklären es stattdessen überwiegend von seiner Funktion her als eine Art *Magna Charta* des Beschuldigten. Damit gelangen die Grundrechte der Betroffenen in den Vordergrund und die StPO fungiert als Schutzrecht einerseits und als Rechtsgrundlage für Eingriffe andererseits. Das ist prinzipiell zwar eine zutreffende Sichtweise (siehe Rn. 9). Charakteristisch für entsprechende Darstellungen des Strafverfahrensrechts ist aber eine Herangehensweise von den beteiligten Personen bzw. Institutionen her.[50] Sie wiederum verstellt ein wenig den Blick auf den Verfahrensablauf und damit auch den Blick für die spezifischen Handlungsmöglichkeiten und grenzen der Beteiligten in einer konkreten Verfahrenssituation.

2. Der Verfahrensverlauf als Ordnungskriterium

43 Nach dem Scheitern aller Systematisierungsversuche und der didaktisch eher unglücklichen Herangehensweise über die Rechtsstellung der Verfahrensbeteiligten bleibt nur ein am tatsächlichen Verfahrensgeschehen orientiertes Vorgehen. Die Betrachtung des Verfahrensverlaufes vermittelt noch am ehesten ein zutreffendes und einleuchtendes Bild für denjenigen, der noch nicht aus eigener praktischer Anschauung strafrechtliche Ermittlungen, Haupt- und Rechtsmittelverfahren erlebt hat. Diese Erkenntnis beginnt sich erst langsam durchzusetzen, wenngleich inzwischen einige Lehrbücher den Prozessverlauf als vorrangiges Ordnungskriterium verwenden.[51]

44 Zur ersten vorläufigen Orientierung möge an dieser Stelle der Ablauf und stichwortartige Inhalt eines (Regel-)Verfahrens der StPO in groben Zügen genügen. Der Begriff des *Regelverfahrens* bezeichnet den idealtypischen Verfahrensweg, der nach Abschluss der Ermittlungen durch eine Anklageschrift der Staatsanwaltschaft fortgesetzt wird (s. Tab. 2). Dieser Verlauf ist heute weder normativ vorrangig noch tritt es tatsächlich am häufigsten auf. Faktisch beherrschen inzwischen vielmehr die

---

[48] SCHROEDER/VERREL Rn. 22.
[49] HbStrVf-Jahn Rn. I 44 f.
[50] Als Beispiele seien die Lehrbücher von ROXIN/SCHÜNEMANN, BEULKE, VOLK, HEGER und Heiko Hartmut LESCH, Strafprozessrecht, 2. Aufl. 2001, genannt.
[51] Siehe die Lehrbücher von SCHROEDER/VERREL oder PUTZKE/SCHEINFELD.

Tab. 2 Verlauf eines (Regel-)Strafverfahrens)

Verfahrensabschnitt	Aufgabe	Verfahrensführende Stelle
Ermittlungsverfahren	Aufklärung des Sachverhalts bis zur Entscheidungsreife über Anklage oder Verfahrenseinstellung, ggf. Erhebung der Anklage	Staatsanwaltschaft
Zwischenverfahren	Anklageprüfung, ggf. Eröffnung des Hauptverfahrens	Gericht erster Instanz
Hauptverfahren	Feststellung von Schuld oder Unschuld des Angeklagten in mündlicher Hauptverhandlung, ggf. Verurteilung zu einer Strafe	
Rechtsmittelverfahren	Überprüfung in tatsächlicher und rechtlicher (Berufung) oder allein in rechtlicher Hinsicht (Revision)	Rechtsmittelgericht
Vollstreckungsverfahren	Vollstreckung der rechtskräftig festgesetzten Rechtsfolgen	Staatsanwaltschaft

besonderen Verfahrensarten das Bild des alltäglichen Strafverfahrens, allen voran das Strafbefehlsverfahren. Als Ableitungen des Regelverfahrens kann man sie aber wiederum nur richtig begreifen, wenn man jenes zuvor verstanden hat.

Man beachte dabei aber, dass längst nicht alle Strafverfahren diesen Weg vollständig durchlaufen; häufig genug enden sie bereits in der Ermittlungsphase infolge Einstellung mangels genügenden Tatverdachts (§ 170 II). Auch hängt die Überprüfung eines ergangenen Urteils im Rechtsmittelverfahren selbstverständlich davon ab, ob überhaupt einer der dazu berechtigten Beteiligten (Angeklagter, Staatsanwaltschaft, ggf. Nebenkläger) ein Rechtsmittel einlegt.

3. Das Modell des deutschen Strafverfahrens

Funktionell kann man sich die einzelnen Verfahrensstadien daher auch als eine Abfolge von immer engmaschigeren Filtern vorstellen, die jeweils dazu dienen, einen Teil der Verfahren auszuscheiden, weil sie bestimmten Kriterien, insbesondere der Stärke des zum weiteren Verfahren erforderlichen Verdachts, nicht mehr entsprechen (s. Abb. 2).

Dies trägt dem Umstand Rechnung, dass die Eingriffe in die Stellung (und die Zukunft) des Beschuldigten umso schwerwiegender ausfallen, je weiter man im Verfahren fortschreitet. Genügt für die Einleitung eines Ermittlungsverfahrens noch einfacher Tatverdacht, so wird das Zwischenverfahren nur bei hinreichendem Verdacht eröffnet und der Beschuldigte erst bei sicherer Überzeugung des Gerichts von seiner Schuld im späteren Hauptverfahren verurteilt.

Es ist dennoch traurige Gewissheit, dass trotz aller prozessrechtlichen Vorkehrungen und bei allem guten Willen von Staatsanwälten und Richtern keineswegs nur der wirklich Schuldige am Ende verurteilt, der Unschuldige aber freigesprochen oder – besser noch – gar nicht erst angeklagt wird. Dies ist empirisch nachgewiesen

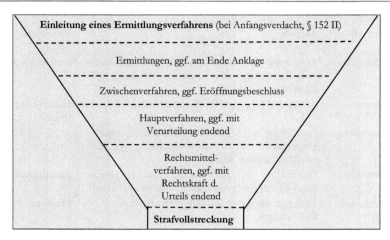

Abb. 2 Das Filtermodell des Strafverfahrens

und seit langem bekannt.[52] Ursache ist neben (unvermeidlichen) Fehlern bei den Strafverfolgungsbehörden die Unzuverlässigkeit von Zeugenaussagen, die häufig die wichtigsten Beweismittel darstellen, aber wegen ihrer Wahrnehmungs- und Erinnerungsdefizite, die jedem normalen Mensch zu eigen sind, in ihren Vernehmungen (oft unbewusst) ein schiefes Bild vom Geschehen zeichnen.

50   Inhaltlich handelt es sich bei dem deutschen Strafprozess um ein differenziertes Modell, das sich idealtypisch nicht eindeutig beschreiben lässt. So kann man es sicherlich nicht als Parteiprozess charakterisieren, wie es der anglo-amerikanische Strafprozess ist. Dort obliegt es den Parteien (Staatsanwaltschaft und Verteidigung), den Verfahrensstoff dem Richter bzw. der Jury möglichst vollständig zu präsentieren. Die Verfahrensrolle des Gerichts gleicht dabei derjenigen eines Schiedsrichters, der zwar einzelne Beweise oder Fragen zurückweisen darf, selbst aber z. B. keine Fragen an die Zeugen zu stellen hat. Elemente des Parteiprozesses finden sich dennoch auch im deutschen Strafverfahren, und zwar in Gestalt der verschiedenen Rollen, die Staatsanwaltschaft und Verteidigung einnehmen. Hingegen ist die Position des Richters eine völlig andere als im Parteiprozess: Das Gericht ist in Deutschland vielmehr verpflichtet, von sich aus und ohne Zutun der übrigen Beteiligten den Sachverhalt aufzuklären und Beweise zu erheben (§ 244 II). Folgerichtig beschränkt sich die Rolle des Staatsanwalts in der Beweisaufnahme im Rahmen der Hauptverhandlung auf schlichtes Zuhören, sofern das Gericht seine Aufgabe dort ordnungsgemäß erfüllt. Trotz Überwindung des Inquisitionsprozesses beherrschen also noch immer starke inquisitorische Elemente jedenfalls das Hauptverfahren. Am ehesten kann man unseren modernen Strafprozess deshalb als ein *gemischtes*

---

[52] Vgl. dazu die große Untersuchung von Karl Peters, Fehlerquellen im Strafprozeß, Bd. I 1970, Bd. II 1972, Bd. III 1974.

Verfahren mit Elementen von Anklage-, Partei- und Inquisitionsverfahren charakterisieren. 51

Zur näheren Beschreibung mag man auf die – durchaus zahlreichen – *Verfahrensprinzipien* verweisen, die unseren Strafprozess prägen (wie z. B. das Öffentlichkeitsprinzip in der Hauptverhandlung). Allerdings ist – wie stets bei Prinzipien – keines von ihnen in Reinkultur vorzufinden. So sind beispielsweise Strafverfahren gegen Jugendliche trotz des Öffentlichkeitsprinzips nichtöffentlich (§ 48 I JGG). Daher erzeugt auch die Kenntnis der Prinzipien kein rechtes Bild vom Strafverfahren, weshalb ihre Vorstellung in diesem Buch erst jeweils dort erfolgt, wo sie im Verfahrensverlauf relevant werden.

▶ Wer dennoch schon an dieser Stelle eine Übersicht wünscht, sei auf ET 02-02 verwiesen.

Zahlreiche europäische Strafrechtsordnungen ähneln im Übrigen in den beschriebenen Grundzügen der deutschen Strafprozessordnung, was im Wesentlichen auf die gemeinsame historische Wurzel im Gefolge der französischen Revolution zurückgeht. Man spricht deshalb von dem *kontinentaleuropäischen Modell* des Strafverfahrens im Gegensatz zum Parteiprozess anglo-amerikanischen Musters.[53] Das schließt erhebliche Abweichungen im Detail keineswegs aus, etwa eine stärkere Rolle des Gerichts im Ermittlungsverfahren (z. B. in Gestalt des Untersuchungsrichters in Frankreich, Italien oder Spanien) oder umgekehrt des Staatsanwalts (z. B. in Polen, wo zahlreiche Zwangseingriffe wie etwa eine Wohnungsdurchsuchung nicht vom Richter, sondern vom Staatsanwalt anzuordnen sind). 52

Wiederholungsfragen zum 2. Kapitel
1. Was charakterisiert das Inquisitionsverfahren? (Rn. 16 f.)
2. Welche Neuerungen kennzeichneten den reformierten Strafprozess? (Rn. 22)
3. Wo ist das Strafprozessrecht kodifiziert? (Rn. 28)
4. In welchen Phasen verläuft das strafprozessuale Regelverfahren? (Rn. 45)

---

[53] Dazu näher Tatjana HÖRNLE, Unterschiede zwischen Strafverfahrensordnungen und ihre kulturellen Hintergründe, ZStW 117 (2005), 801–838.

Teil II
Das Ermittlungsverfahren

3. Kapitel. Einleitung und Beteiligte

I. Überblick

Zur Akte 1:
Bitte schauen Sie sich jetzt die ersten drei Seiten des Verfahrens 1 an!

Wir stehen hier ganz am Beginn eines Strafverfahrens, das im äußersten Fall in fünf Phasen verläuft (Rn. 45). Dieser erste Verfahrensabschnitt heißt *Ermittlungsverfahren* oder auch *Vorverfahren*. In ihm soll geklärt werden, ob wegen einer Straftat, deren Begehung in einer Strafanzeige behauptet wurde oder die auf Grund polizeilicher Erkenntnisse möglicherweise begangen wurde, die öffentliche Klage, z. B. durch eine Anklage, zu erheben ist (vgl. § 160 I). Die Alternative zur Anklageerhebung bestünde in einer Einstellung des Verfahrens. Eine Einstellung könnte mangels Tatverdachts (§ 170 II) ergehen oder weil eine Anklage im konkreten Einzelfall als nicht opportun erscheint (§§ 153 ff., 376).

Faktisch geht es freilich zunächst einmal um die Klärung dessen, was überhaupt geschehen ist, ggf. einschließlich der Ermittlung eines Tatverdächtigen. Denn zu Beginn eines Verfahrens kennt man für gewöhnlich nur die Schilderung einer – womöglich gar nicht zuverlässigen – Person (wie in der Akte 1 des Anzeigeerstatters *Straßfurth*). Es geht also zunächst um die Stützung oder Widerlegung des entstandenen Tatverdachts durch das Erschließen weiterer Erkenntnisquellen, sei es in Gestalt weiterer Zeugen, objektiver Beweismittel (wie z. B. Spuren) und nicht zuletzt der Anhörung des Beschuldigten.

Tatsächlich überstehen nur rund ⅓ aller Verfahren, in denen ein Tatverdacht gegen eine bestimmte Person entstanden ist, diese Ermittlungsphase, während ⅔ an ihrem Ende eingestellt werden. Von den Einstellungen wiederum erfolgt ca. die Hälfte mangels Tatverdachts. Allerdings sind bei diesen Angaben noch gar nicht diejenigen Verfahren berücksichtigt, in denen überhaupt niemand als Täter ermittelt werden konnte, und deren Zahl nahezu noch einmal so hoch ist wie diejenige der

Verfahren mit Tatverdächtigen. Nimmt man sie hinzu, dann dürfte nur ungefähr ½ aller Ermittlungsverfahren nicht eingestellt werden.

▶ Nähere Angaben und Zahlenmaterial finden Sie auf ET 03-01.

56 | Zur Akte 1:

Wenn Sie sich die ersten Seiten der Akte anschauen, so finden Sie im rechten oberen Rand eine handschriftliche Nummerierung der Aktenseiten, die bei der Staatsanwaltschaft vorgenommen wird und die gewährleisten soll, dass später keine Seiten unbemerkt entfernt oder hinzugefügt werden. Man spricht übrigens nicht von Seiten, weil die Rückseiten der Aktenblätter zumeist [aber eben auch nicht durchgängig] unbeschriftet sind und daher eine Seitennummerierung wegen der zahlreichen rückwärtigen Leerseiten (die in der Musterakte nicht abgedruckt wurden) nur verwirren würde. Stattdessen wird *blattweise gezählt*. Die Bezeichnung „Blatt 2 d.A." meint dabei prinzipiell die Vorderseite des Blattes. Sollte doch einmal eine Rückseite beschrieben worden sein, so würde man sie als „Blatt 2R d.A." bezeichnen.

57 II. Die Verfahrenseinleitung

Zur Akte 1:

Der Geschädigte war von sich aus einen Tag nach dem Geschehnis auf der Wache des Polizeikommissariats (PK) erschienen und hatte eine von ihm bereits schriftlich formulierte Strafanzeige (Bl. 2) sowie ein ärztliches Attest (Bl. 3) übergeben. Die Polizei hat in diesem Fall lediglich die Anzeigenübergabe dokumentiert sowie anhand der Kfz-Kennzeichen den Halter des Fahrzeugs und damit den mutmaßlichen Täter der angezeigten Tat ermittelt (Bl. 1).

58 Wir sehen hier eine *Strafanzeige* im landläufigen Verständnis nach dem Modell des § 158 I StPO vor uns. Eine solche Anzeige kann nach dieser Bestimmung
- bei der Staatsanwaltschaft
- bei der Polizei (als Behörde) oder bei jedem einzelnen Polizisten
- bei den Amtsgerichten

gestellt werden. Ob die Anzeigeadressaten örtlich oder sachlich für das jeweilige Verfahren zuständig wären, spielt dabei keine Rolle, solange es sich um keine ausschließlich mit Spezialaufgaben betraute Behörde handelt (z. B. die Wasserschutzpolizei).[1] Die *Form* einer Strafanzeige ist gleichgültig; sie könnte deshalb auch elektronisch übermittelt werden.[2] *Inhaltlich* braucht die Anzeige lediglich eine mögliche Straftat

---

[1] KK-GRIESBAUM § 158 Rn. 12.

[2] Tatsächlich haben einige Länder bereits entsprechende Anzeigenportale bereitgestellt, vgl. etwa für die Polizei Nordrhein-Westfalen die Website https://service.polizei.nrw.de/egovernment/service/anzeige.html.

zu erkennen geben. Insbesondere ist kein Verfolgungsinteresse des Anzeigenden erforderlich, weshalb die Strafanzeige eher als eine Art Mitteilung an die Strafverfolgungsbehörden zu verstehen ist.

Von der Strafanzeige zu unterscheiden ist demgegenüber der in § 158 II genannte *Strafantrag* i.S.d. §§ 77 ff. StGB. Er muss zum einen bei der Polizei schriftlich gestellt werden; ein mündlicher Antrag wäre allein gegenüber Staatsanwaltschaft und Gericht zulässig. Zudem ist es wegen seiner materiellstrafrechtlichen Funktion im Unterschied zur Strafanzeige erforderlich, dass der Antragsteller zumindest konkludent den persönlichen Wunsch nach Strafverfolgung zu erkennen gibt[3] (und er nicht nur den Strafverfolgungsbehörden bei der Erfüllung ihrer Aufgabe zur Hand gehen möchte).

Zur Akte 1:

Die vom Anzeigeerstatter selbst als „Strafanzeige" betitelte Eingabe Bl. 2 erfüllt die Voraussetzungen sowohl von § 158 I als auch von § 158 II. Das ebenso überschriebene Bl. 1 der Akte hingegen stellt weder das eine noch das andere dar, weil es sich um ein von der Polizei selbst erstelltes Schriftstück handelt. Allerdings ist die Fertigung solcher „Strafanzeigen" bei der Polizei traditionell gebräuchlich. Funktional handelt es sich schlicht um einen polizeilichen Bericht darüber, ihr sei der Verdacht einer Straftat bekannt geworden (hier durch das Erscheinen des Anzeigeerstatters *Straßfurth*).

III. Die Rollenverteilung im Ermittlungsverfahren

1. Die Leitungsfunktion der Staatsanwaltschaft

Im Ermittlungsverfahren können im Rahmen staatlicher Strafverfolgung grundsätzlich Polizei, Staatsanwaltschaft und (zumeist Amts-)Gericht tätig werden. Diese Akteure entsprechen den Anzeigeadressaten des § 158 I. An sich[4] steht das Ermittlungsverfahren aber unter der Leitung der *Staatsanwaltschaft* (§ 160 I), die deshalb auch als „Herrin des Ermittlungsverfahrens" bezeichnet wird. Die *Polizei* ist ihr ausführendes Organ (§ 161 I 2) und das *Amtsgericht* ist vorwiegend für bestimmte Untersuchungshandlungen als Kontrollorgan zuständig (§ 162, z. B. für die Durchsuchungsanordnung gemäß § 105 I, siehe dazu näher Rn. 450 ff.).

Die zentrale Stellung der Staatsanwaltschaft im Ermittlungsverfahren ist historisch zu erklären: Die Einführung dieser weiteren Strafverfolgungsbehörde diente dazu, die aus dem Inquisitionsprozess überkommene Einheit von ermittelnder und aburteilender Stelle aufzubrechen (Rn. 16 ff., 20). Indem man den Gerichten ihre Ermittlungsaufgaben entzog, stärkte man zugleich ihre innere Unbefangenheit bei der Aburteilung.[5] Ein weiterer Effekt war die Sicherung des exekuti-

---

[3] KK-Griesbaum § 158 Rn. 47; RGSt 64, 106 (107).
[4] Zu (faktischen) Ausnahmen siehe sogleich bei Rn. 68 ff.
[5] Wolfgang Wohlers, Entstehung und Funktion der Staatsanwaltschaft, 1994, S. 90, 94.

ven Einflusses auf die Strafverfolgung, da die Staatsanwaltschaft als Behörde weisungsabhängig war.[6] Dieser Einfluss erstreckt sich indirekt sogar auf die Gerichte, da die (den Justizministerien unterstehenden) Staatsanwaltschaften deren Entscheidungen durch Rechtsmittel anfechten können (§ 296). Die Überordnung gegenüber der (den Innenministerien unterstehenden) Polizei dient nicht zuletzt dazu, keine der beiden Behörden übermächtig werden zu lassen und damit beide politisch steuerbar zu halten. Zugleich schützt die Kompetenzaufspaltung den vom Ermittlungshandeln betroffenen Bürger in nicht unerheblichem Maße vor dem Missbrauch staatlicher Gewalt. Er gelangt in unmittelbare Berührung vor allem mit der Strafverfolgungstätigkeit der Polizei, die ihr Ermittlungshandeln nicht selbst definieren darf, sondern sich dabei im Rahmen des ihr von der Staatsanwaltschaft aufgetragenen zu halten hat.

63 **Aufgabe:**
Überlegen Sie, bei welcher der in § 158 I genannten Stellen ein Anzeigeerstatter angesichts dieser grundsätzlichen Rollenverteilung sinnvollerweise seine Strafanzeige stellen sollte!

64 Faktisch gehen kaum Strafanzeigen bei den *Amtsgerichten* ein, was ihrer Rolle im weiteren Verfahren entspricht. Die Amtsgerichte dürfen zwar Untersuchungshandlungen vornehmen, aber nach § 162 I 1 *nur auf Antrag der Staatsanwaltschaft*. Sie besitzen keinerlei eigenes Initiativrecht. Bei ihnen eingehende Strafanzeigen müssten sie deswegen unbearbeitet an die Staatsanwaltschaft weiterleiten. Es entstünde folglich nur vermeidbarer Zeitverlust, wenn man sich mit seiner Strafanzeige an das Gericht wendet.

65 Die einzige Ausnahme von der Antragsbedürftigkeit richterlicher Ermittlungshandlungen stellt die Regelung des sog. richterlichen Notstaatsanwalts in § 165 dar. Angesichts moderner Kommunikationstechnik ist diese Bestimmung inzwischen aber überholt und ohne jede praktische Bedeutung.

66 Angesichts ihrer Leitungsfunktion wäre es an sich sinnvoll, Strafanzeigen bei der *Staatsanwaltschaft* zu stellen, zumal diese auch selbst alle Ermittlungskompetenzen besitzt (vgl. § 161 I 1: „befugt, ... Ermittlungen jeder Art ... selbst vorzunehmen"). Tatsächlich ermittelt der Staatsanwalt allerdings höchst selten in eigener Person vor Ort. Selbst Zeugenvernehmungen in seinem Büro bilden eine absolute Ausnahme. Vielmehr übt der Staatsanwalt im Kern einen Schreibtischjob aus, weshalb er regelmäßig die zweite der in § 162 I 1 genannte Alternative ergreifen wird, „Ermittlungen ... durch die Behörden und Beamten des Polizeidienstes vornehmen zu lassen".

2. Der erste Zugriff durch die Polizei

67 Aber selbst die Leitungsfunktion übt der Staatsanwalt nicht immer aus, was zumindest teilweise bereits im Normprogramm angelegt ist. So hat die Polizei gemäß § 163 I StPO das „Recht (und die Pflicht) des ersten Zugriffs". Im Rahmen ihrer Tätigkeit, vor allem über Hilferufe der Betroffenen, erfährt sie regelmäßig zuerst und oft unmittelbar nach dem Geschehen von begangenen Straftaten. Sie hat dann alle Maßnahmen zu ergreifen, um Beweise zu sichern, die sonst verloren zu gehen

---

[6] Peter COLLIN, Die Geburt der Staatsanwaltschaft in Preußen, fhi 12.03.2001, Rn. 6 ff., 37.

III. Die Rollenverteilung im Ermittlungsverfahren

Abb. 1 Polizeiliche Spurensicherung

drohen (z. B. Spurensicherung (s. Abb. 1.), Fahndung, Vernehmung von Zeugen, die möglicherweise später nicht mehr zu ermitteln sind oder nicht mehr zur Verfügung stehen werden). Genau das meint der Begriff der *Gefahr im Verzuge* in § 163 I 2, der in der StPO vielfach und mit entsprechender Bedeutung verwendet wird (z. B. in den §§ 98 I, 100b I 2, 105 I). Eine solche Gefahr liegt vor,

wenn eine erforderliche Maßnahme voraussichtlich keinen oder nur noch einen geringeren Erfolg erbrächte, würde man das Tätigwerden der primär zuständigen Stelle abwarten.

Fehlt eine solche Gefahr und gibt es insb. nichts zu verdunkeln, müsste die Polizei allerdings die Staatsanwaltschaft in die Lage versetzen, ihre Leitungsfunktion auszuüben, indem sie „ihre Verhandlungen" (§ 163 II 1) dieser unverzüglich übersendet. Der Begriff der „Verhandlungen" ist dabei veraltet und heute missverständlich. Selbstverständlich hat die Polizei nicht zu „verhandeln", sondern nur schlicht zu ermitteln. Zu übersenden sind deshalb die Ergebnisse der Ermittlungen in Gestalt der daraus entstandenen Akten.

Zur Akte 1:

Die Polizei hat in unserem Fall diesen gesetzlichen Auftrag indes nicht buchstabengetreu ausgeführt: Es gab eigentlich nichts Dringliches zu ermitteln; sogar die Halteranfrage hätte sich die Polizei ersparen können, denn diese Daten konnten ja nicht verloren gehen. Gleichwohl wäre es in einer solchen Konstellation in der Praxis sogar denkbar gewesen, dass die Polizei zusätzlich noch mehr tut, bevor sie die Staatsanwaltschaft von der Strafanzeige in Kenntnis setzt. So hätte sie die Ehefrau des Anzeigeerstatters und den Beschuldigten vernommen, wenn sie geglaubt hätte, an der Sache sei etwas dran. Ein solches, nicht dem rechtlichen Programm der StPO entsprechendes Vorgehen entspräche sogar allgemein gebilligter Übung![7] Die Staatsanwaltschaften sind im Bereich der *Bagatellkriminalität* nämlich aus Gründen der Verfahrensbeschleunigung und der Arbeitsersparnis durchaus froh, wenn sie fertig ermittelte Vorgänge erhalten und nicht solche, bei denen sie vor der Entscheidung über die Anklageerhebung erst noch

---

[7] Vgl. AE-EV §§ 161 IV, 163 sowie die Begründung S. 118 f.

selbst Ermittlungen anordnen oder gar vornehmen müssen. Bei *mittlerer und gehobener Kriminalität* gilt dies freilich nicht; hier legen die Staatsanwaltschaften Wert darauf, so früh wie möglich in die Verfahren eingebunden zu werden, um die Ziele der Ermittlungen nach ihren Bedürfnissen im Hinblick auf die spätere Anklageentscheidung ausrichten zu können.

Wenn die Polizei in unserem Verfahren außer der Halteranfrage nichts weiter veranlasst hat, so beruht dies anscheinend auf ihrer Vermutung, die Staatsanwaltschaft werde ohnehin wenig Interesse an der Verfolgung des Beschuldigten zeigen. Zur Vermeidung unnützer zeitaufwendigerer Ermittlungen (die Halteranfrage ist eine Angelegenheit weniger Minuten) wollte sie daher zunächst die Entscheidung der Staatsanwaltschaft herbeiführen und hat deshalb mit der Aktenübersendung Bl. 4 ihre Tätigkeit fürs erste beendet.

70 Weil somit faktisch die Polizei entgegen § 163 I, II mit stillschweigender Billigung der Staatsanwaltschaften *kleinere Ermittlungsverfahren selbstständig durchführt*, ist es für Anzeigeerstatter zweckmäßig, Strafanzeigen wegen Taten von geringerem Gewicht bei ihr zu stellen, während man Anzeigen komplizierterer oder schwerer Straftaten besser direkt der Staatsanwaltschaft zuleitet.

▶ Zur Polizeiorganisation vgl. näher ET 03-02.

IV. Voraussetzungen und Ziel

1. Der Anfangsverdacht

71 Voraussetzung für die Einleitung von Ermittlungen (und damit für jedes strafprozessuale polizeiliche Tätigwerden,[8] auch in unserem Verfahren [Kfz-Halteranfrage]) ist gemäß § 152 II das Vorliegen „zureichender tatsächlicher Anhaltspunkte" einer verfolgbaren Straftat. Man bezeichnet dies als den sogenannten *Anfangsverdacht*.

72 Um sein Vorliegen festzustellen, haben Polizei (und Staatsanwaltschaft) vor jedem Tätigwerden den angenommenen Sachverhalt unter ein Strafgesetz zu subsumieren. Welcher Sachverhalt aber soll das sein, wenn dieser – bei Lichte betrachtet – ja noch gar nicht geklärt erscheint, sondern bisher wie in unserem Verfahren 1 eine schlichte Behauptung seitens eines Anzeigeerstatters aufgestellt wird, die aus den verschiedensten Gründen erlogen sein könnte? Wenn trotz solcher Unwägbarkeiten dieser Tatverdacht festgestellt werden soll, bevor man überhaupt anfängt zu ermitteln, so stehen natürlich praktisch kaum Mittel zur Verfügung, die Richtigkeit von Strafanzeigen zu überprüfen, solange sie nicht den Makel der Unwahrheit gewissermaßen auf der Stirn tragen, weil sie beispielsweise völlig abstruse Behauptungen enthalten. Notgedrungen muss für die Feststellung eines Anfangsverdachts deshalb in tatsächlicher Hinsicht zunächst einmal die schlichte *Möglichkeit* genügen, das Geschehen könnte sich so abgespielt haben, wie man es der anschließenden Subsumtion zu Grunde legt.

---

[8] Unabhängig davon kann die Polizei auf Grund ihrer Befugnisse nach den Polizeigesetzen der Länder natürlich noch im Rahmen der Gefahrenabwehr tätig werden.

IV. Voraussetzungen und Ziel

Verlangt wird deshalb nach allgemein anerkannter Definition für den Anfangsverdacht als Voraussetzung weiterer Ermittlungen nur
die nach kriminalistischer Erfahrung bestehende Möglichkeit eines strafbaren und verfolgbaren Verhaltens.[9]

73

Daher muss vorläufig auch noch gar nicht klar sein, welches konkrete Delikt in Frage steht, solange nur eine der realistischerweise denkbaren Geschehensmöglichkeiten unter einen Straftatbestand subsumiert werden kann. Ebensowenig braucht man bereits einen bestimmten Tatverdächtigen zu kennen; seine Identifikation ist vielmehr häufig genug das wichtigste Ziel zu Beginn der Ermittlungen. So besitzt der Anzeigeerstatter *Straßfurth* auch im Verfahren 1 zunächst keine Kenntnis von den Personalien des späteren Beschuldigten, die erst auf Grund der polizeilichen Halteranfrage bekannt werden.

74

Läge freilich selbst ein solch schwacher Anfangsverdacht nicht vor, dürfte keinesfalls (weiter) ermittelt werden. Insbesondere sind auch Ermittlungen dazu, ob überhaupt ein Anfangsverdacht vorliegen kann (sog. *Vorermittlungen*), prinzipiell unzulässig; wo von ihnen die Rede ist, besteht entweder bei näherem Hinsehen bereits ein Anfangsverdacht oder aber es wird unzulässigerweise ermittelt.

75

▶ Nähere Überlegungen zur Zulässigkeit von Vorermittlungen finden Sie auf ET 03-03.

Zur Akte 1:

76

Man mag auf Grund der Strafanzeige Zweifel hegen, ob sich der Vorfall wirklich so (nämlich als nicht gerechtfertigte Körperverletzung) abgespielt hat, wie der Anzeigeerstatter *Straßfurth* es behauptet. Andererseits spricht im Augenblick noch nichts Konkretes gegen seine Schilderung, die jedenfalls hinsichtlich der berichteten Folgen durch das Attest Bl. 3 gestützt wird. Von daher könnte hier die *Möglichkeit* einer strafbaren Handlung kaum verneint werden, weshalb Anfangsverdacht besteht.

Neben der Strafbarkeit (in Gestalt der Subsumierbarkeit des als möglich erkannten Sachverhalts unter ein Strafgesetz) bedarf es nach der Definition Rn. 73 der *Verfolgbarkeit der Tat*, um einen Anfangsverdacht zu bejahen. Es dürfen daher keine unbehebbaren Verfahrenshindernisse (wie etwa die Verjährung) bestehen. Behebbare Hindernisse stehen indes einem Anfangsverdacht nicht entgegen.

77

Beispiel (Fehlen des Strafantrages):

78

Auf einer Streifenfahrt beobachteten Polizeibeamte ein Liebespärchen, das über einen Weidezaun kletterte und – offensichtlich um dort zu baden – ein privates Ufergrundstück an einem See betrat. Die Beamten stellten die Personalien der beiden fest. – Der durch das Eindringen auf ein befriedetes Besitztum verwirklichte Hausfriedensbruch ist gemäß § 123 II StGB nur auf einen Strafantrag hin verfolgbar. Dieser fehlte im Moment des polizeilichen Tätigwerdens. Allerdings könnte er vom Geschädigten gemäß § 77b I 1 StGB innerhalb von drei Mona-

---

[9] MEYER-GOßNER § 152 Rn. 4; HbStrVf-JAHN Rn. I.48 ff.; BGH NJW 1989, 96 (97).

ten nach Bekanntwerden von Tat und Täter noch gestellt werden, weshalb sein Fehlen im Zeitpunkt des Geschehens ein jedenfalls theoretisch behebbares Verfahrenshindernis bildete. In derartigen Situationen *dürfen* Ermittlungen geführt werden, was auch § 130 verdeutlicht, der für solche Fälle sogar einen Haftbefehl prinzipiell zulässt. Es *soll* allerdings nur ermittelt werden, wenn auch im Falle eines später gestellten Strafantrages eine Anklageerhebung (und keine Einstellung aus Opportunitätsgründen) in Betracht kommt (Nr. 6 I RiStBV). Das vordringliche Ermittlungsziel (nach dem ersten Zugriff in Gestalt der Personalienfeststellung[10]) bestünde deshalb in der Klärung, ob der Berechtigte einen Antrag zu stellen wünscht (Nr. 6 II RiStBV, § 130 Satz 1 StPO). Ist dagegen – etwa wegen ähnlicher Vorkommnisse in der Vergangenheit – zu erwarten, dass der Berechtigte keinen Wert auf die Strafverfolgung legt, dürfte selbstverständlich strafprozessual gar nichts unternommen werden.

Im Beispiel bestünde angesichts des geringen Tatunrechts kaum ein öffentliches Interesse, weshalb gemäß § 376 selbst im Falle eines Strafantrages keine Anklageerhebung in Betracht käme. Die Personalienfeststellung als erste Ermittlungsmaßnahme gemäß § 163 I 1 hätte daher unterbleiben und die Beamten sich darauf beschränken können, das Paar nach polizeirechtlichen Regeln von dem Grundstück zu verweisen.

79 Im Übrigen steht der Staatsanwaltschaft bei der Prüfung des Anfangsverdachts ein *Beurteilungsspielraum* zu,[11] weil es sich um eine von Bewertungen abhängige subjektive Einschätzung handelt.

80 **Aufgabe:**
Anonyme Strafanzeige
Die Staatsanwaltschaft bekommt einen anonymen Brief mit folgendem Inhalt: „Der Bauunternehmer *Klaus B.* hat, um den Auftrag für den Abriss und Neubau einer Brücke zu erhalten, den Dezernenten *D.* im Staatshochbauamt mit 15.000 € geschmiert. Die Übergabe des Geldes erfolgte am 23.10. letzten Jahres im Hotel *Zur guten Stube*."
Hat die Staatsanwaltschaft auf eine solche anonyme Anzeige Ermittlungen aufzunehmen?

81 Eine Strafanzeige in der nach § 158 I gebotenen Form läge vor. Dass die Anzeige anonym erhoben wurde, ändert daran nichts. Voraussetzung von Ermittlungen ist allein das Vorliegen der Voraussetzungen von § 152 II, des Anfangsverdachts

---

[10] Dessen Legitimation ergibt sich wiederum aus § 163 I; ohne die sofortige Personalienfeststellung wäre das Pärchen mit vertretbarem Aufwand später nicht mehr zu ermitteln gewesen.
[11] BGH NJW 1970, 1543; StV 2001, 579 (580); Meyer-Goßner § 170 Rn. 1; KK-Schmid § 170 Rn. 4; ablehnend Rainer Störmer, Beurteilungsspielräume im Strafverfahren, ZStW 108 (1996), 494–524 (513 ff.).

(Rn. 71). Auch anonyme Anzeigen können die erforderlichen „zureichenden tatsächlichen Anhaltspunkte" liefern. Es käme im Einzelnen allerdings darauf an, wie glaubhaft die Angaben erscheinen (wozu Detailreichtum oder -armut sowie mögliche Motive der Anonymität in den Blick zu nehmen wären). Erscheinen die Angaben glaubhaft, so müsste die Staatsanwaltschaft im Aufgabenfall einschreiten (weil ein Offizialdelikt angezeigt ist und zzt. kein Einstellungsgrund vorliegt).

Voraussetzung eines Anfangsverdachts ist im Übrigen nicht, dass die den Verdacht begründenden Erkenntnisse später auch strafprozessual verwertbar erscheinen. Dies wird überwiegend aus der Formulierung in § 160 I „oder auf anderem Wege" gefolgert. Ermittlungen dürfen daher auch auf im späteren Hauptverfahren unverwertbare Hinweise gestützt werden.[12] Ihr Ziel muss es dann sein, verwertbare Erkenntnisse und Beweise zu erlangen.

82

Beispiel (Fehlerhafte Vernehmung):

Bei Ermittlungen zu einem Bankraub wird *Thomas J.*, ein Bekannter des Tatverdächtigen, als Zeuge vernommen. Im Verlaufe der Vernehmung ergibt sich der Verdacht, *J.* könnte selbst ebenfalls an der Tat beteiligt sein. Dennoch wird die Vernehmung fortgesetzt und *J.* insbesondere nicht über sein Schweigerecht (nach den §§ 55 bzw. 163a IV, 136 I 2) belehrt. *J.* gesteht schließlich seine Beteiligung und äußert sich u. a. zum Verbleib der Beute. Am nächsten Tag beruft sich *J.* auf sein Schweigerecht und erklärt, wenn er belehrt worden wäre, hätte er nichts gesagt. – Obschon die Vernehmung wegen des Belehrungsfehlers in der späteren Hauptverhandlung gegen *J.* unverwertbar ist und seine Verurteilung nicht auf dieses Geständnis gestützt werden könnte,[13] begründet dieses einen Anfangsverdacht, weshalb nunmehr auch gezielt gegen *J.* ermittelt werden darf. Ebenso kann am angegebenen Ort nach dem Geld gesucht oder es dürfen Zeugen dazu befragt werden.

Als sog. *Spurenansatz* taugt daher auch rechtswidrig erlangtes Wissen. Wenn es allerdings eines Beweises bedarf, um *qualifizierte Ermittlungen* durchzuführen (also solche, die mit Rechtseingriffen verbunden sind), so dürften die fraglichen Erkenntnisse wiederum nicht herangezogen werden. So könnte beispielsweise kein Durchsuchungsbeschluss nach den §§ 103, 105 ergehen, solange als „Tatsachen" i.S.v. § 103 I allein fehlerhaft erlangte Angaben vorlägen.[14]

83

2. Ermittlungspflicht

Sofern Anfangsverdacht besteht, folgt daraus nicht nur die Legitimation, sondern grundsätzlich sogar die *Pflicht zur Ermittlung* (§§ 152 II, 160). Man spricht in diesem Zusammenhang von dem sog. *Legalitätsprinzip*. Es will vor staatlicher Willkür bei der Entscheidung schützen, wer zu verfolgen ist und wer nicht.[15] Das Legalitätsprinzip bildet damit zugleich die Kehrseite eines weiteren

84

---

[12] Vgl. KK-GRIESBAUM § 160 Rn. 10; BGHSt 27, 355 (358) für die einem Verwertungsverbot unterliegenden Erkenntnisse aus einer Telekommunikationsüberwachung.
[13] BGHSt 38, 214; MEYER-GOßNER § 136 Rn. 20.
[14] HbStRVf-DALLMEYER Rn. II 409; vgl. BGHSt 36, 396 (398) für den Fall der Verhaftung.
[15] ROXIN/SCHÜNEMANN § 14 Rn. 2; HENKEL S. 95 f.

Verfahrensprinzips, des staatlichen Strafverfolgungsprivilegs (*Offizialprinzip*).[16] Prinzipiell[17] ist allein die staatliche Strafverfolgung zulässig, was aus § 152 I folgt, wonach (nur) die Staatsanwaltschaft zur Erhebung der öffentlichen Klage berufen ist. Weil damit der Bürger „seine" Sache nicht selbst in die Hand nehmen darf, muss andererseits gewährleistet werden, dass jede Tat einer staatlichen Verfolgung unterliegt. Als Nebeneffekt verstärkt die Verfolgungspflicht die präventive Wirkung des Strafrechts und damit den Rechtsgüterschutz.

85 Eine Ermittlungspflicht entsteht allerdings erst, wenn die verdachtsbegründenden Tatsachen auch tatsächlich bei der Staatsanwaltschaft oder Polizei bekannt werden. Wenn dagegen ein *Beamter private Kenntnis einer Straftat* erlangt, so verpflichtet ihn dies nicht grundsätzlich, sondern nur in bestimmten Fällen zum Eingreifen.

> **Beispiel**
>
> Staatsanwältin *Dorothee K.* bekam auf dem Nachhauseweg vom Dienst mit, wie ein abgerissen aussehender Mann einem Schwarzafrikaner Geld gab und dafür ein Kügelchen Silberpapier erhielt. – Aus Sicht von *K.* musste sich der Verdacht eines Vergehens nach § 29 I Nr. 1 BtMG (Handeltreiben mit bzw. Erwerb von Drogen) erheben. Allerdings befand sich *K.* nicht im Dienst, weswegen sie weder als „die Staatsanwaltschaft" noch als zuständiger Amtsträger fungierte. Bei außerdienstlicher Kenntniserlangung darf ein Staatsanwalt einschreiten, muss dies aber nur *bei schwerwiegenden Delikten* tun.[18] Man könnte sich insoweit beispielsweise am Straftatenkatalog von § 100a II i.V.m. I Nr. 2 orientieren.[19] Das Dealen mit Heroin in der Öffentlichkeit ist allerdings an bestimmten Stellen eine alltägliche Erscheinung geworden (sog. „Ameisenhandel"), bei dem heute nicht mehr ohne Weiteres ein schwerwiegendes Delikt anzunehmen ist. Würde dieselbe Beobachtung dagegen ein Zivilstreife gehender Polizeibeamter *im Dienst* machen, müsste er sofort geeignete Maßnahmen ergreifen, d. h. entweder selbst intervenieren oder Verstärkung herbeirufen.

3. Ermittlungen gegen eine konkrete Person als Beschuldigtem

86 > **Zur Akte 1:**
>
> Auf Bl. 1 wird *Tom Dolling* als ein „*Beschuldigter*"(und nicht als „Verdächtig(t)er", Angezeigter, Beteiligter o.ä.) bezeichnet. Dies entspricht der Terminologie u. a. des § 163a und verdeutlicht, dass *Dolling* nunmehr in die Verfahrensrolle des Beschuldigten geraten ist. Die Bedeutung dieses Schrittes ergibt sich z. B. schon im Hinblick auf das umfassende Schweigerecht des Beschuldigten

---

[16] Zu den Verfahrensprinzipien siehe die Übersicht auf ET 02-02.
[17] Zur einzigen Ausnahme, dem Privatklageverfahren, siehe unten Rn. 132 ff.
[18] BGHSt 12, 277 (280 f.): „bei Berührung der Belange von Öffentlichkeit und Volksgesamtheit"; SCHROEDER/VERREL Rn. 79.
[19] Ähnlich HbStrVf-JAHN Rn. I 110 (bei Delikten mit mehr als fünf Jahren Höchststrafdrohung).

(§ 136 I 2), das dem Zeugen nicht (§ 48 I 2) bzw. nur in besonderen Fällen zusteht (vgl. etwa § 55). Auf der anderen Seite kann mit dem Beschuldigtenstatus, sofern er öffentlich bekannt wird, bereits ein unwiederbringlicher Rufverlust einhergehen.[20] Von daher ist es nicht ohne Belang, wann jemand zum Beschuldigten wird.

Üblicherweise versteht man als Beschuldigten **87**
eine Person, gegen die sich der staatliche Wille dokumentiert, wegen des Verdachts von Straftaten vorzugehen.[21]
Klassischerweise geschieht dies durch eine bewusste und zielgerichtete Tätigkeit der Strafverfolgungsorgane zur Aufklärung einer bestimmten Tat.

Die Gegenauffassung, der ein Verdacht des ermittelnden Beamten genügt,[22] bleibt unbefriedigend, **88**
weil zum einen kein Anlass besteht, jemanden die Beschuldigtenstellung zuzuschreiben, solange gegen ihn nichts unternommen wird, und zum anderen der Zeitpunkt des (auf der Basis subjektiver Wertungen erfolgenden) Entstehens der Verdachtslage vielfach äußerlich nicht erkennbar und im Nachhinein kaum rekonstruierbar sein dürfte. Es muss vielmehr eine objektive staatliche Handlung, die auf die Informationsgewinnung gerichtet ist, hinzukommen.

Um jemanden zum Beschuldigten eines Verfahrens zu machen, müssten die Straf- **89**
verfolgungsbehörden folglich nach außen hin den Willen zeigen, wegen der in Rede stehenden Taten vorzugehen, was z. B. durch das Befragen von Zeugen oder Beschuldigten, die Beauftragung dazu oder durch Beantragen richterlicher Ermittlungsmaßnahmen geschehen kann.

Zur Akte 1: **90**
In unserem Fall wurde eine Halteranfrage durchgeführt (Bl. 1), die der zielgerichteten Ermittlung des Namens des tatverdächtigen Fahrers diente (als Auskunftsersuchen gemäß § 163 I 2). Es ist deswegen zutreffend, schon jetzt von dem Beschuldigten *Dolling* zu sprechen.

Das Ermittlungsverfahren ist im Übrigen *kein öffentliches Verfahren*, sondern ver- **91**
läuft prinzipiell gegenüber der Öffentlichkeit im Verborgenen. Heimlich bleibt es (wenngleich zumeist nur zeitweilig) sogar gegenüber dem Beschuldigten, wie ja auch zunächst in unserem Verfahren. Wenn im Rahmen der Ermittlungen heimliche (§§ 100a ff.) oder überraschende Ermittlungen (z. B. Durchsuchungen) erforderlich sind, ist die phasenweise Geheimhaltung des Verfahrens gegenüber dem Beschul-

---

[20] Vgl. etwa das Verfahren gegen den später freigesprochenen TV-Meteorologen *Jörg Kachelmann*, dessen Ruf unwiederbringlich durch den Vorwurf einer Vergewaltigung geschädigt wurde.
[21] KK-Griesbaum § 163a Rn. 2; Beulke Rn. 111; BGH NJW 1997, 1591; Antje Schumann, BGHSt 10, 8 und der Willensakt der Strafverfolgungsbehörde zur Begründung der Beschuldigteneigenschaft – Karriere einer Entscheidung, GA 2010, 699–715 (714).
[22] Hellmann Rn. 67.

digten sogar unumgänglich. Er ist dann allerdings spätestens im Nachhinein von den gegen ihn ergriffenen heimlichen Maßnahmen zu informieren (vgl. § 101 IV). In manchen Konstellationen erfährt der Beschuldigte indessen überhaupt nicht, ob jemals gegen ihn ermittelt wurde, insb., wenn sich ein Verdacht sehr schnell durch erste Ermittlungen wieder zerschlägt und das Verfahren zügig eingestellt wird.[23]

4. Ziel des Ermittlungsverfahrens

92 Ziel des Ermittlungsverfahrens ist
die Vorbereitung der Entscheidung über Einstellung oder Anklageerhebung (§ 170).
Die Ermittlungen dienen daher der Klärung, ob die Voraussetzungen einer Anklage (und damit des Übergangs in die nächste Verfahrensphase, das Zwischenverfahren) oder alternativ einer Verfahrenseinstellung (und damit eines Verfahrensabbruchs an dieser Stelle) vorliegen.

93 Anklage und Einstellung schließen einander – bzgl. desselben Tatvorwurfs – vom Ergebnis her betrachtet stets aus. Ein Verfahren wegen einer bestimmten Tat kann am Ende entweder nur angeklagt oder eingestellt werden, und im Idealfall kann auch nur eine dieser beiden Entscheidungen im jeweiligen Einzelfall die richtige sein.[24] In der Entscheidungssituation gilt der Satz von der Exklusivität von Anklage und Einstellung aber nur, soweit es um die Einstellung mangels Tatverdachts nach § 170 II geht. Einstellungen aus Gründen der Opportunität hingegen können echte Entscheidungsalternativen zur Anklage darstellen. So mag wegen hinreichendem Tatverdacht die Anklage eines Ladendiebstahls zulässig sein, aber ebensogut stattdessen seine Einstellung gemäß § 153a I.
Anklage und Einstellung sind ferner nebeneinander denkbar, falls ein Ermittlungsverfahren *mehrere Taten* (i.S.v. § 155 I[25]) zum Gegenstand hat; von ihnen könnten beispielsweise zwei angeklagt und der Rest eingestellt werden. Man spricht dann von einer „Teileinstellung" des Verfahrens.

94 Voraussetzung einer Anklage ist der „genügende Anlass" (§ 170 I), gleichbedeutend mit dem gebräuchlicheren Begriff des *hinreichenden Tatverdachts* (§ 203).[26] Sein Fehlen führt zur Einstellung mangels Tatverdachts gemäß § 170 II. Die Voraussetzungen der alternativen Einstellungsbestimmungen aus Opportunitätsgründen sind demgegenüber höchst unterschiedlich (z. B. geringe Schuld in § 153) und ergeben sich aus den einzelnen Bestimmungen der §§ 153 ff., 376; auf sie wird später eingegangen (Rn. 128 ff.).

95 Der hinreichende Tatverdacht ist somit ein zentraler Begriff im Ermittlungsverfahren. Vorerst soll er vereinfacht als

---

[23] Vgl. § 170 II 2 sowie HEGHMANNS Arbeitsgebiet Rn. 617 darüber, wann eine Bekanntgabe der Einstellung erfolgen muss. Weiteres unten bei Rn. 178.
[24] Näheres zur „Richtigkeit" der Anklageentscheidung bei Rn. 606.
[25] Zum Tatbegriff, der nicht demjenigen der §§ 52, 53 StGB entspricht, siehe näher Rn. 170 f.
[26] MEYER-GOSSNER § 170 Rn. 1; SCHLÜCHTER Rn. 400; OLG Rostock NStZ-RR 1996, 272.

die Wahrscheinlichkeit einer Verurteilung definiert werden[27] (eine nähere Bestimmung wird später bei (Rn. 590 ff. nachgeholt). Im Ermittlungsverfahren ist deshalb zu klären, ob mit den verfügbaren Beweismitteln ein Schuldspruch eher als ein Freispruch erwartet werden kann. Im Ergebnis wird so alles herausgefiltert und eingestellt, was nicht verurteilungsfähig und damit nicht anklagewürdig erscheint. Hintergrund dieser (Rn. 47 veranschaulichten) Filterfunktion des Ermittlungsverfahrens sind u. a. die stigmatisierenden Wirkungen eines Hauptverfahrens, zumal wenn es in öffentlicher Hauptverhandlung kulminiert und den Angeklagten seiner Freiheit allein schon dadurch beraubt, dass er dort zu erscheinen (und für die Dauer der Verhandlung zu bleiben) hat. Diese Beeinträchtigungen der Persönlichkeitssphäre des Angeklagten sind wegen ihrer Schwere nur gerechtfertigt, solange sie notwendig erscheinen. Dies wiederum ist allein dann der Fall, wenn voraussichtlich am Ende des Hauptverfahrens eine Verurteilung und kein Freispruch steht.

In Ansehung dieser Filterfunktion hat die Staatsanwaltschaft – anders als in einem reinen Parteiverfahren – *auch die entlastenden Umstände aufzuklären* (§ 160 II). Eine gute Arbeit dieser Behörden besteht deshalb nicht darin, möglichst viele Beschuldigte anzuklagen, sondern durch eine restriktive Anklagepraxis eine möglichst geringe Freispruchrate unter den schlussendlich Angeklagten anzustreben. Denn jeder Freispruch erweckt letztlich den Verdacht, der jeweilige Angeklagte sei von Anfang an unrichtigerweise verfolgt worden. **96**

Ohnehin setzt eine Entscheidung über Anklage oder Einstellung selbstverständlich voraus, dass man überhaupt jemanden hat, der angeklagt werden könnte. In vielen Fällen, in denen nicht sofort ein Tatverdacht gegen eine bekannte Person entsteht, gilt es daher als vordringliches Ziel von Ermittlungen, zu klären, wer für die Tat verantwortlich gemacht werden kann. **97**

Zur Akte 1: **98**

Die Person des Beschuldigten war zunächst unbekannt und wurde erst – wenngleich sehr schnell – durch die Halteranfrage ermittelt. Allerdings muss dies nicht gewissermaßen „das letzte Wort" sein: Wer sagt denn, dass es der Kfz-Halter gewesen und der Fahrer nicht eine Person ist, die sich das Fahrzeug entliehen hatte?

Sofern am Ende des Ermittlungsverfahrens eine Anklage (und keine Einstellung) steht, dient das Ermittlungsverfahren zugleich der *Vorbereitung des Hauptverfahrens* und der Hauptverhandlung. Es beschafft das dort benötigte Beweismaterial und bereitet es vor, z. B. durch die Vernehmung der Tatzeugen (damit das Gericht ersehen kann, was diese voraussichtlich in der Hauptverhandlung bekunden können und ob es sich überhaupt lohnt, die betreffenden Personen zu laden) oder durch die **99**

---

[27] MEYER-GOßNER § 203 Rn. 2; HELLMANN Rn. 545.

Einholung von Sachverständigengutachten (die häufig eine gewisse Vorbereitungszeit benötigen, die in der Hauptverhandlung manchmal fehlen würde).

100 Zu dem benötigten Beweisstoff gehören übrigens auch Erkenntnisse, die für die Bemessung der möglichen Rechtsfolgen hilfreich sind, beispielsweise über die persönlichen und die (u. a. wegen der Tagessatzhöhe bei Geldstrafen gemäß § 40 II StGB benötigten) wirtschaftlichen Verhältnisse des Beschuldigten. Solche Umstände zählen daher prinzipiell ebenfalls zum Ermittlungsauftrag im Vorverfahren (§ 160 III).

101 Trotz des beschriebenen Stoffsammlungseffektes wäre es irreführend, Stoffsammlung und Beweissicherungsfunktion (vgl. § 160 II, letzte Alt.) als Aufgaben des Ermittlungsverfahrens zu stark zu betonen.[28] Natürlich müssen – vor allem durch die Polizei im ersten Zugriff gemäß § 163 I – die vergänglichen Tatspuren (fotografisch oder durch andere Formen der Konservierung) für die künftige Beweisführung gesichert werden. Die Bezeichnung des Ermittlungsverfahrens als Stoffsammlungsphase verleitet aber dazu, seine mindestens ebenso wichtige Aufgabe gedanklich in den Hintergrund zu drängen, nämlich zu entscheiden, ob überhaupt Anlass besteht, nach weiteren Beweisen gegen diesen oder einen anderen Beschuldigten zu forschen. So entsteht die Gefahr, über dem eifrigen Sammeln von (Belastungs-)Beweisen am Ende die Möglichkeit von Täteralternativen zu übersehen und deshalb schließlich den Falschen anzuklagen.

102 **Zur Akte 1:**

Infolge der Übersendung der Akte seitens der Polizei auf Bl. 4 an die Staatsanwaltschaft gemäß § 163 II 1 ist diese nunmehr in die Lage versetzt worden, ihren Aufträgen nach § 160 I-III nachzukommen. Überlegen Sie – ohne zunächst weiter in der Akte zu blättern – was die Staatsanwaltschaft benötigt, um eine fundierte Entscheidung darüber treffen zu können, ob der Beschuldigte *Tom Dolling* am Ende – z. B. wegen Körperverletzung – von einem Strafrichter schuldig gesprochen würde!

Wiederholungsfragen zum 3. Kapitel
1. Was versteht man unter einer Strafanzeige? (Rn. 58 f.)
2. In welchem Verhältnis stehen Polizei und Staatsanwaltschaft im Ermittlungsverfahren zueinander? (Rn. 61, 66–70)
3. Welche Funktion besitzt der Anfangsverdacht? (Rn. 71)
4. Wann liegt Anfangsverdacht vor und wo ist er geregelt? (Rn. 71, 73)
5. Welche Bedeutung besitzt das Legalitätsprinzip? (Rn. 84)
6. Wann ist eine Person Beschuldigter? (Rn. 87–89)
7. Wozu dient das Ermittlungsverfahren? (Rn. 92)
8. Welche Funktion besitzt der hinreichende Tatverdacht? (Rn. 94 f.)

---

[28] In dieser Richtung aber u. a. HENKEL S. 297; SCHROEDER/VERREL Rn. 113.

4. Kapitel. Gestaltung des Ermittlungsverfahrens durch die Staatsanwaltschaft

I. Einige Bemerkungen zur Aktenführung

Es wurde bislang bereits stets von einer „Akte" gesprochen, unter der man sich im Strafverfahren eine in einen – in den meisten Bundesländern roten – Pappaktendeckel eingeheftete[1] Blattsammlung vorstellen muss (s. Abb. 1). 103

Zur Akte 1: 104

Den besagten Aktendeckel erhält der Vorgang in unserem Verfahren entweder schon bei der Polizei, spätestens aber nach dem Eingang bei der Staatsanwaltschaft. Wie sich aus dem handschriftlichen Vermerk (der Eingangsstelle der Staatsanwaltschaft) Bl. 4 ergibt, hat die Akte das *Aktenzeichen* 672 Js 60663/08 erhalten. Dieses Aktenzeichen wird das Verfahren normalerweise bis zu seinem Abschluss begleiten und es individuell kenntlich machen, äußerstenfalls bis nach der Vollstreckung einer Strafe noch viele Jahre später. Die erste Ziffer (672) bezeichnet die Nummer des sachbearbeitenden Dezernats bei der Staatsanwaltschaft. „Js" weist die Sache als ein staatsanwaltschaftliches Ermittlungsverfahren aus, und zwar in diesem Fall das 60663zigste aus dem Jahre 2008.

Die zwei (farbigen) Striche über dem Eingangsstempel Bl. 4 stellen Sichtvermerke des stellvertretenden Behörden- sowie des für das Dezernat 672 zuständigen Abteilungsleiters dar, denen die Akte als neues Verfahren routinemäßig vorgelegt worden war. In diesem Zustand erhält sie sodann der zuständige Dezernent, zusammen mit einem Auszug aus dem örtlichen (§ 484) und in geeigneten Fällen auch aus dem länderübergreifenden zentralen Verfahrensregister (§ 492).[2] So kann der Staatsanwalt erkennen, ob noch anderweitige Verfahren gegen den Beschuldigten laufen, mit denen die neue Sache ggf. zu verbinden wäre (Nr. 25 RiStBV). 105

---

[1] Ausnahme Bayern und einige andere süddeutsche Länder. Hier werden die Aktenteile zunächst lose in den Aktendeckel gelegt und später durch ein Band miteinander verbunden.

[2] Diese Registerauszüge sind in den Musterakten nicht mit abgedruckt worden.

Abb. 1 Strafakte, hier (in der Berufungsinstanz) bereits aus zwei Bänden bestehend

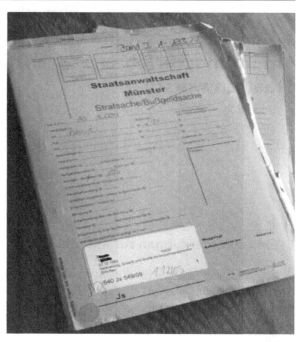

106 Im Unterschied zur mündlichen Hauptverhandlung könnte man das Ermittlungsverfahren als ein schriftliches Verfahren bezeichnen. Es wird von Anfang bis Ende in den Akten geführt und dokumentiert, geordnet nach zeitlicher Entstehung. Jedes Blatt wird nummeriert, unbemerktes nachträgliches Entfernen und vor allem Hinzufügen ist somit nicht mehr ohne Weiteres möglich.

107 Bestimmte Personen und Institutionen haben das Recht zur Einsicht in die Akten, u. a. der Verteidiger, der Verletzte und andere Behörden (§§ 147, 406e, 474 ff.).[3] Geheimhaltungsbedürftiges (z. B. Anschriften gefährdeter Zeugen, vgl. § 68 II, III) wird deshalb allein in den sogenannten *Handakten* der Staatsanwaltschaft verwahrt, die niemals die Behörde verlassen (vgl. § 68 III 3, 4). Weiterhin befinden sich in den Handakten Interna ohne Auswirkungen auf das Verfahren und gelegentlich auch Kopien wesentlicher Aktenteile für den späteren Bedarf der Staatsanwaltschaft (z. B. für die Sitzungsvertretung in der Hauptverhandlung, wenn sich die Akte selbst beim Gericht befindet).

II. Die Organisation der Staatsanwaltschaft

108 Mit Behörden-, Abteilungsleiter und Dezernent sind bereits einige Beamte der Staatsanwaltschaft erwähnt worden, weshalb an dieser Stelle zur Orientierung ein kurzer Überblick über die Behördenorganisation der Staatsanwaltschaften gegeben

---

[3] Zu Einzelheiten des Einsichtsrechts für Verteidiger und Verletzte siehe Rn. 587 ff. bzw. Rn. 877.

II. Die Organisation der Staatsanwaltschaft

Tab. 1 Überblick über die staatsanwaltschaftlichen Behörden

Gerichte	zugeordnete Staatsanwaltschaften	Aufgaben
Amtsgericht Landgericht	*Staatsanwaltschaft* (bei dem LG)	Ermittlungsführung, Anklage und ihre Vertretung vor AG und LG, Strafvollstreckung
Oberlandesgericht	*Generalstaatsanwaltschaft*	Dienstaufsicht über die Staatsanwaltschaften, Vertretung der Staatsanwaltschaft in Revisions- und Beschwerdeverfahren vor dem OLG
		Anklage und ihre Vertretung vor dem OLG in Staatsschutzsachen nach Abgabe durch den Generalbundesanwalt (§ 142a II GVG)
Bundesgerichtshof	*Generalbundesanwaltschaft*	Vertretung der Staatsanwaltschaft in Revisions und Beschwerdeverfahren vor dem BGH; Ermittlungsführung in Staatsschutzsachen (§ 142a I GVG); Anklage und ihre Vertretung vor dem OLG in Staatsschutzsachen in besonderen Fällen (§ 142a III GVG)

werden soll. Ihre organisatorische Rechtsgrundlage findet diese vor allem in den §§ 141–152 GVG.

Staatsanwaltschaften (StA) bestehen bei jedem Landgericht (LG) und jedem Oberlandesgericht (OLG). Staatsanwaltschaften beim OLG heißen allerdings üblicherweise *Generalstaatsanwaltschaften* (GenStA). Separate Staatsanwaltschaften bei den Amtsgerichten existieren nicht. Der anders lautenden Regelung des § 141 GVG wird entsprochen, indem die Staatsanwaltschaften bei den Landgerichten zugleich bei den „ihrem" LG zugeordneten Amtsgerichten tätig werden (s. Tab. 1).

Eine Sonderstellung nimmt der *Generalbundesanwalt* ein, der nicht nur dem BGH zugeordnet ist, sondern gemäß § 142a GVG zusätzlich die staatsanwaltschaftliche Rolle übernimmt, wenn in Staatsschutz- und Terrorismussachen gemäß § 120 I, II GVG erstinstanzlich ein OLG zuständig wäre.

Staatsanwaltschaften und Generalstaatsanwaltschaften sind *Landesbehörden* (§ 147 Nr. 2 GVG), wobei die Generalstaatsanwaltschaften als vorgesetzte Dienststellen der Staatsanwaltschaften fungieren (§ 147 Nr. 3 GVG). Demgegenüber ist die Generalbundesanwaltschaft eine Bundesbehörde (§ 148 GVG), die deshalb auch keinerlei Vorgesetztenfunktion gegenüber Generalstaatsanwaltschaften oder Staatsanwaltschaften auszuüben vermag.

Angesichts der Zuordnung zu einzelnen Gerichten ist es nicht weiter verwunderlich, wenn die sachliche und örtliche Zuständigkeit der Staatsanwaltschaften derjenigen der betreffenden Gerichte folgt (§§ 142 I, 143 I GVG, dazu später näher bei Rn. 199). Folgerichtig gelten die §§ 3 ff. StPO über die *örtliche Zuständigkeit* entsprechend auch für die Staatsanwaltschaft. Der Tatort einer der verfahrensgegenständlichen Taten, der Aufenthalts- oder Ergreifungsort eines der in einem Verfahren Beschuldigten begründen also jeweils eine Zuständigkeit für das gesamte Verfahren bei derjenigen Staatsanwaltschaft, in deren Bezirk der fragliche Ort liegt.

112 *Sachlich zuständig* sind für die Verfahrensführung regelmäßig die Staatsanwaltschaften (beim LG). Nur in den absoluten Ausnahmefällen einer Zuständigkeit des OLG aus § 120 GVG wäre gemäß § 142 I Nr. 2 GVG an ihrer Stelle die GenStA oder gar der Generalbundesanwalt zuständig.

113 *Staatsanwaltschaften* findet man in sehr unterschiedlicher Größe; kleinere Behörden haben mancherorts nicht einmal zehn Staatsanwälte, größere können weit über einhundert unter ihrem Dach versammeln. Jeder Staatsanwalt (StA) bearbeitet ein sog. Dezernat. Drei bis fünf solcher Dezernate werden zu einer Abteilung zusammengefasst, der ein Abteilungsleiter, regelmäßig ein Oberstaatsanwalt (OStA), vorsteht (der daneben noch ein eigenes, kleineres Dezernat wahrnimmt). Über den Abteilungsleitern stehen bei sehr großen Behörden die Hauptabteilungsleiter, sonst – und das ist der Regelfall – unmittelbar der Behördenleiter, i.d. R vom Dienstrang her ein Leitender Oberstaatsanwalt (LOStA).

114 *Dezernate* und Abteilungen sind nach Sachgesichtspunkten für die einzelnen Verfahren zuständig. So werden z. B. Jugend-, Wirtschafts-, Kapital-, BtM-, Brand-, Umwelt- und Verkehrssachen qua Geschäftsverteilungsplan der Behörde jeweils einzelnen Dezernenten zugewiesen. Der nicht unbeträchtliche Rest, der nicht in die Zuständigkeit solcher Spezialdezernate fällt, kommt in die allgemeinen Dezernate, deren Zuständigkeit sich oft nach den Namen der Beschuldigten richtet.

115 Neben den Staatsanwaltsdezernaten gibt es amtsanwaltliche Dezernate, die entweder in Amtsanwaltsabteilungen konzentriert oder aber anderen Abteilungen angegliedert sind.[4] *Amtsanwälte* sind Beamte des gehobenen Dienstes, die kein juristisches Staatsexamen besitzen, sondern eine Fachhochschulausbildung absolviert haben. Ihre Zuständigkeit beschränkt sich nach § 145 II GVG auf amtsgerichtliche Verfahren; innerhalb der Staatsanwaltschaften werden sie daher in Dezernaten eingesetzt, die auf Kleinkriminalität beschränkt sind und keine Spezialsachen bearbeiten. Nach außen hin sind sie im Rahmen ihrer Zuständigkeit aber vollwertige Vertreter der Behörde. Im Ermittlungsverfahren und z. T. auch im Hauptverfahren üben sie in ihrem Zuständigkeitsbereich prinzipiell dieselben Tätigkeiten aus wie ein „richtiger" Staatsanwalt. Erst im Rechtsmittelverfahren und in der Vollstreckung dürfen sie nicht mehr tätig werden.

116 Staatsanwaltschaften sind *hierarchisch aufgebaut*, weshalb die einzelnen Beamten – ähnlich denen in ganz gewöhnlichen Verwaltungsbehörden – prinzipiell gegenüber ihren jeweiligen Vorgesetzten weisungsgebunden sind (§ 146 GVG). Inwieweit diese Weisungsgebundenheit im Strafverfahren tatsächlich zur Geltung kommen kann, wird später behandelt (Rn. 199 ff.).

▶ Ein Organigramm einer Staatsanwaltschaft sowie weitere Informationen zu Personalstruktur und Arbeitsbelastung findet man auf ET 04-01.

---

[4] Eine Ausnahme gilt für die Staatsanwaltschaften in Berlin und Frankfurt/M., wo die Amtsanwälte in eigenen Behörden, den Amtsanwaltschaften, zusammengefasst sind.

III. Verfahrens- und Aktenführung im Ermittlungsverfahren

Zur Akte 1: 117
Lesen Sie jetzt bitte Bl. 5!

Wir sehen hier die erste Tätigkeit eines Dezernenten der Staatsanwaltschaft. In diesem Fall war ein Amtsanwalt (Rn. 115) zuständig, da es sich bei der angezeigten Straftat der Körperverletzung ohne schwerwiegende Folgen um ein Amtsanwaltsdelikt handelt.[5] Dabei ist das Verfahren kurzerhand eingestellt worden (Ziff. 2), was den Eindruck einer vergleichsweise unaufwendigen Arbeitsweise erwecken mag. Damit wurde die Akte in durchaus typischer Weise behandelt.[6]

Aufgabe: 118
Ermittlungen der Staatsanwälte
Ein Bild, das Ihnen vielleicht aus diversen TV-Serien vertraut erscheint: Staatsanwältin *Corinna S.* sucht in einer Kapitalsache die wichtigsten Zeugen auf, verhört diese, notiert sich die wichtigsten Daten in ihrem Notizblock und bespricht die Ergebnisse dann abends bei einem Glas Rotwein mit ihrem Vorgesetzten, OStA *Klaus W*.
Was ist an diesem Bild verkehrt?

Eigenhändige Ermittlungen sind dem Staatsanwalt zwar möglich (vgl. die §§ 161 119 I 1, 161a). In der Praxis ist es allerdings völlig unüblich, dass ein Staatsanwalt solche Tätigkeiten selbst vornimmt, weil er in der Regel schlicht nicht dazu kommt. Der Staatsanwalt arbeitet – mit Ausnahme der Sitzungsvertretung in der Hauptverhandlung[7] – praktisch ausschließlich von seinem Büroschreibtisch aus (s. Abb. 2). Wenn er aber doch ausnahmsweise einmal selbst ermittelt, dann ist gemäß §§ 168b, 168 f. hierüber ein ordnungsgemäßes *Protokoll* aufzunehmen. Im Interesse der späteren Überprüfbarkeit und der Verteidigungschancen des Beschuldigten muss stets schriftlich dokumentiert werden, was im Ermittlungsverfahren geschieht.

Zur Akte 1: 120
Auch die Einstellung in der Akte wurde auf Bl. 5 schriftlich dokumentiert und begründet. Zudem finden sich einige Nebenentscheidungen (Ziff. 4–6). Das Ganze geschah in Form einer sog. *Verfügung*, wie praktisch jede Tätigkeit der Staatsanwälte in einer solchen Verfügungsform erfolgt. Bei einer Verfügung handelt es sich regelmäßig um eine Mischung aus Entscheidungsdokumenta-

---

[5] Nr. 19 OrgStA.
[6] Als Kapitalsachen bezeichnet man Verfahren wegen sog. Kapitaldelikte. Das wiederum sind die Tötungsdelikte und ähnliche besonders schwere Straftaten.
[7] Sitzungsvertretungen fallen allerdings für gewöhnlich auch nur etwa an einem Tag pro Woche an.

Abb. 2 Das tägliche Aktenpensum im sog. Aktenbock eines Staatsanwalts

tion und Handlungsanweisung für die ausführende Geschäftsstelle. In Ziff. 1 der Verfügung wurden für die Zwecke der Registrierung der Sache in der zentralen Datenerfassung der Behörde (§ 484) sowie im Länderübergreifenden staatsanwaltschaftlichen Verfahrensregister (§ 492) Beschuldigter und Vorwurf aus Sicht des zuständigen Amtsanwalts bezeichnet. Ziff. 2 enthält die eigentliche Entscheidung, Ziff. 3–5 die Anordnungen zu den notwendigen Unterrichtungen der Beteiligten (§§ 170 II 2, 171). Am Ende wird die Akte ins Archiv gelegt (Ziff. 6), wo sie nach den maßgeblichen Aufbewahrungsbestimmungen in unserem Fall fünf Jahre verbleiben und anschließend vernichtet werden würde.

121 Im Falle von Taten mit längerer Verjährungsfrist (und nach Verurteilungen) laufen solche Aufbewahrungsfristen deutlich länger. Geht es um einen Mord, der bekanntlich nicht verjährt, wäre die Akte so lange aufzubewahren, bis man vom altersbedingten Tod des Beschuldigten ausgehen kann.

122 Die richtige *Verfügungstechnik*, die zu in sich logischen (und ausführbaren) Verfügungen führt, gehört zu den essentiellen Berufsfertigkeiten des Staatsanwalts ebenso wie des Richters.[8] In der Ausbildung wird sie während des Referendariats vermittelt und teilweise im zweiten Staatsexamen sogar abgeprüft.

---

[8] Zur Einführung in die Verfügungstechnik siehe HEGHMANNS Arbeitsgebiet, insb. Rn. 80–114.

IV. Opportunität und Legalität

1. Das Opportunitätsprinzip

Hintergrund für die im Verfahren 1 vorgenommene Einstellung ist das sogenannte Opportunitätsprinzip, welches eine *Durchbrechung des Legalitätsprinzips* (Rn. 84 f.) darstellt. Die Staatsanwaltschaft hat Straftaten nach dem Legalitätsprinzip stets zu verfolgen, es sei denn, ihr ist aus besonderen Gründen der Verfolgungsverzicht erlaubt. Derartige Gründe finden sich in den Opportunitätsbestimmungen der §§ 153 ff., 376 StPO, § 45 JGG. Sie gelten u. a. für das gesamte Ermittlungsverfahren,[9] weshalb die Staatsanwaltschaft in jedem Stadium dieses Verfahrensabschnittes zu erwägen hat, ob sie eine (weitere) Verfolgung (noch) für opportun hält (s. Abb. 3). 123

Die *Wirkung des Opportunitätsprinzips* besteht darin, die Entscheidung über eine Verfolgung in Teilbereichen der Kriminalität dem Ermessen der Strafverfolgungsbehörden zu überlassen. 124

Der Hintergrund der Opportunitätsregelungen ist ein doppelter: Zum einen handelt es sich um eine – heute unentbehrliche – *Entlastungsmöglichkeit für die Justiz*, die sie davor bewahrt, jede noch so unbedeutende Straftat in einem formvollendeten, womöglich unverhältnismäßig aufwendigen Verfahren verfolgen zu müssen. Täte sie dies nämlich, bliebe ihr keine Zeit für die wirklich gewichtigen Straftaten. Zum anderen erfasst das materielle Strafrecht eine Vielzahl von Handlungsweisen als strafbar, die nicht unbedingt zugleich strafwürdig sein müssen. Das gilt vor allem für Bagatelltaten wie Beleidigungen, kleinere Sachbeschädigungen, einzelne Raubkopien oder unbedeutendere Diebstähle. Hier ermöglicht das Opportunitätsprinzip *eine informelle Sanktionierung oder gar einen Verfolgungsverzicht*, wenn dies präventiv unschädlich oder gar geboten erscheint. 125

Eine der ältesten Opportunitätsregeln in der StPO stellt § 153 dar. Der Vorläufer dieser heutigen Vorschrift entstand 1924 qua Notverordnung der Reichsregierung[10] als Reaktion auf die Wirtschaftskrise Anfang der 1920er Jahre (Inflation), die zu massenhafter Armutskriminalität (vor allem der sog. Mundraub[11]) geführt hatte. Zum einen wurde die Justiz mit der Kriminalitätsflut nicht mehr fertig, zum anderen erschien derartige, vom Hunger veranlasste Notkriminalität verständlich und nicht verdammenswürdig. Deswegen ordnete § 23 der genannten VO an, Übertretungen[12] gar nicht zu verfolgen, und erlaubte bei Vergehen, von der Erhebung der öffentli- 126

---

[9] Zur Handhabung im Zwischen- und Hauptverfahren siehe Rn. 175 ff.
[10] Verordnung v. 04.01.1924 (sog. Emminger-VO, benannt nach dem damaligen Reichsjustizminister), RGBl. I 299. Zu weiteren Hintergründen Silke HÜLS, Polizeiliche und staatsanwaltliche Ermittlungstätigkeit, 2007, S. 186 ff.; eingehender Thomas VORMBAUM, Die Lex Emminger vom 4. Januar 1924; 1988.
[11] Deliktsbezeichnung einer früheren Übertretung nach § 370 I Nr. 5 StGB a.F. (bis 1974).
[12] Die Deliktskategorie der Übertretungen wurde bei der großen Strafrechtsreform 1969/1975 abgeschafft; die betreffenden Delikte wurden entweder zu Ordnungswidrigkeiten herabgestuft (wie zahlreiche Verkehrsverstöße) oder zu Vergehen aufgewertet (wie der besagte Mundraub, der in § 248a StGB aufging).

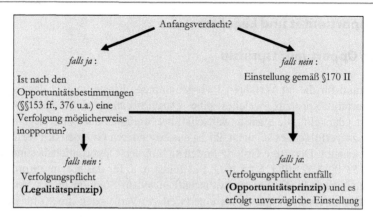

Abb. 3 Zusammenspiel von Legalitäts- und Opportunitätsprinzip

chen Klage abzusehen.[13] Hinsichtlich der Vergehen verwendet § 153 heute noch im Kern dieselben Begriffe und lässt eine Nichtverfolgung bei geringer Schuld und fehlendem öffentlichen Interesse an der Verfolgung zu. Beispiele für seine Anwendung in moderner Zeit sind z. B. der erstmalige Diebstahl geringwertiger Artikel im Supermarkt, das erstmalige „Schwarzfahren" in öffentlichen Nahverkehrsmitteln oder der folgenlose unbefugte Gebrauch eines Fahrrades nach § 248b StGB.

127 Die Rolle der Opportunitätseinstellungen im Ganzen kann heute nicht hoch genug eingeschätzt werden; unter den Verfahren mit namentlich bekannten Tatverdächtigen werden insgesamt mehr Verfahren nach den §§ 153 ff. eingestellt (im Jahre 2011 rund 1,47 Mio.) als mangels Tatverdachtes nach § 170 II (rund 1,29 Mio.) oder gar als durch Anklage bzw. Strafbefehl verfolgt (rd. 1,08 Mio.).[14]

▶ Nähere Informationen, wie sich die Opportunitätseinstellungen zahlenmäßig auf die einzelnen Einstellungsalternativen verteilen, findet man auf ET 04-02.

2. Die einzelnen Regelungen des Opportunitätsprinzips

a) Übersicht

128 Aus der ursprünglich sehr begrenzten Anzahl von Einstellungsalternativen ist mittlerweile ein nur noch schwer zu überschauender Katalog unterschiedlichster Opportunitätsbestimmungen hervorgegangen. Zudem ist der sachliche Anwendungsbereich einzelner Vorschriften, vor allem des § 153a, in den vergangenen Jahrzehnten

---

[13] § 23 der VO (Fn. 10) lautete: „1) Übertretungen werden nicht verfolgt, wenn die Schuld des Täters gering ist und die Folgen der Tat unbedeutend sind, es sei denn, daß ein öffentliches Interesse an der Herbeiführung einer gerichtlichen Entscheidung besteht. 2) Ist bei einem Vergehen die Schuld des Täters gering ist und sind die Folgen der Tat unbedeutend, so kann die Staatsanwaltschaft mit Zustimmung des Amtsrichters von der Erhebung der öffentlichen Klage absehen. ..."

[14] Statistisches Bundesamt, Rechtspflegestatistiken, Fachreihe 10, Reihe 2.6 Staatsanwaltschaften 2011, S. 26.

kontinuierlich ausgebaut worden. Die praktisch wichtigsten Bestimmungen werden im Folgenden vorgestellt.

▶ Eine tabellarische Übersicht über alle einschlägigen Bestimmungen befindet sich auf ET 04-03.

Unberücksichtigt bleiben an dieser Stelle noch die gerichtlichen Einstellungsmöglichkeiten (dazu näher Rn. 173), die zwar weitgehend, aber nicht vollständig parallel zu den staatsanwaltschaftlichen Opportunitätseinstellungen verlaufen. 129

b) Die Verweisung auf den Privatklageweg

Den ältesten Anwendungsfall des Opportunitätsprinzips bildet die Verweisung des Verletzten auf das Privatklageverfahren der §§ 374 ff., die auch in Verfahren 1 erfolgte. § 376 regelt dazu, dass bei den in § 374 I aufgeführten Privatklagedelikten (u. a. Hausfriedensbruch, Beleidigungen, einfache und fahrlässige Körperverletzung, Bedrohung, Sachbeschädigung, Nachstellung, Vergehen gegen das UrhG) die staatliche Strafverfolgung nur stattfindet, wenn *öffentliches Interesse* daran besteht. Dieser Begriff des öffentlichen Interesses taucht in Opportunitätsbestimmungen wiederholt – und mit jeweils identischer Bedeutung – auf (vgl. insb. die §§ 153, 153a). Das öffentliche Interesse an der Strafverfolgung kann dann angenommen werden, 130

wenn eine präventive Einwirkung auf den Täter oder auf die Allgemeinheit durch eine Bestrafung im förmlichen Verfahren erforderlich erscheint.[15]

Diese Voraussetzungen liegen z. B. bei einschlägigen Vorstrafen des Täters (spezialpräventives Strafbedürfnis), bei sonstigen Erfordernissen der Rechtsbewährung, z. B. auf Grund von Zeitungsberichten oder beim Bekanntwerden der Tat in der Öffentlichkeit vor (generalpräventives Strafbedürfnis).

▶ Eine vertiefende Darstellung des öffentlichen Interesses erfolgt auf ET 04-04.

Das öffentliche Interesse und das den Strafantrag ersetzende *besondere öffentliche Interesse* (z. B. in den §§ 230, 248a, 303c StGB) haben qualitativ dieselbe Bedeutung und stehen nur quantitativ in einem Stufenverhältnis zueinander. Liegt das besondere öffentliche Interesse vor, dann ist deshalb stets zugleich vom Vorliegen der Voraussetzungen des § 376 auszugehen. 131

Zu beachten ist, dass nach dem Willen des Gesetzgebers, der auch im Wortlaut von § 376 zum Ausdruck kommt („...nur dann ..., wenn..."), die *Nichtverfolgung von Privatklagedelikten die Regel*, ihre Bestrafung aber die Ausnahme sein soll.[16] Die „normale" Begehung eines Privatklagedeliktes wie der Körperverletzung wird daher nicht von Amts wegen verfolgt. Dies geschieht erst, wenn besondere Umstände (z. B. erheblichere Verletzungen) die besagten präventiven Strafbedürfnisse begründen. 132

---

[15] HK-GERCKE § 153 Rn. 5; ähnlich KK-SCHOREIT § 153 Rn. 22 ff.
[16] Vgl. Carl HAHN, Die gesammten Materialien zu den Reichs-Justizgesetzen, Bd. 3, 1. Abtheilung, 2. Aufl. 1885, S. 277.

133 **Zur Akte 1:**
Verneint die Staatsanwaltschaft bei den in § 374 aufgeführten Delikten das öffentliche Interesse, verweist sie den Anzeigeerstatter (falls es einen solchen gibt) auf den Privatklageweg. Dies ist auch hier geschehen (vgl. den zweiten Teil des Einstellungsbescheides Bl. 5 Ziff. 3). Das bedeutet: Der Anzeigeerstatter dürfte nun selbst als Privatkläger die Klage gegen den Beschuldigten vor dem Strafrichter erheben (§ 381). Täte er das, dann hätte er im weiteren *Privatklageverfahren* annähernd die Stellung der Staatsanwaltschaft (die nicht an dem Verfahren beteiligt ist, es aber übernehmen könnte, § 377). Am Ende würde der Angeklagte bei erwiesener Schuld zu einer Strafe verurteilt.

134 Die Anwendung von § 376 und die Verweisung auf den Privatklageweg sind freilich verwehrt, sobald ein Privatklagedelikt mit einem Offizialdelikt in (prozessualer) Tateinheit zusammen trifft (Beispiel: Fahrlässige Körperverletzung mit § 315c StGB bei einem alkoholbedingten Verkehrsunfall). Hintergrund ist der Grundsatz des ne bis in idem in Art. 103 III GG. Würde man nämlich in einer solchen Konstellation den Antragsteller auf den Privatklageweg verweisen, das Offizialdelikt aber anklagen, führte der Privatklageweg in Wahrheit in eine Sackgasse. Denn die Rechtshängigkeit hinsichtlich des Offizialdeliktes und später das betreffende Urteil bewirkten für das Privatklageverfahren das Verfahrenshindernis der verbotenen Doppelverfolgung bzw. -bestrafung. Daher ist in diesen Fällen die Staatsanwaltschaft verpflichtet, das Privatklagedelikt zusammen mit dem Offizialdelikt von Amts wegen zu verfolgen.

135 Eine Verweisung auf den Privatklageweg bedeutet – insoweit im Unterschied zu den anderen Opportunitätsbestimmungen – für den Beschuldigten also jedenfalls in der Theorie kein Ende seiner Strafverfolgung, sondern nur das Ende staatsanwaltlich betriebener Verfolgung. Faktisch allerdings kann sich der Beschuldigte nahezu vor Strafe sicher fühlen, sobald die Staatsanwaltschaft erst einmal entschieden hat, die Voraussetzungen von § 376 zu verneinen. Denn in der forensischen Praxis hat das Privatklageverfahren heute nahezu *jede Bedeutung verloren*.[17] Das liegt vor allem an seiner Unattraktivität: Teilweise muss ein Sühneversuch vorgeschaltet werden (§ 380). Der Privatkläger hat für die möglichen Kosten des Angeklagten Sicherheit zu leisten (§ 379). Ferner kann das Gericht jederzeit das Verfahren einstellen, ohne dass dies der Privatkläger verhindern könnte (§ 383 II). Schlussendlich besteht sogar die Gefahr einer Widerklage (§ 388). Die Funktion der Privatklagemöglichkeit erschöpft sich deshalb heute darin, einen – wenngleich minimalen – Schutz des Opfers vor einer zu großzügigen Einstellungspraxis der Staatsanwaltschaften zu bieten.

▶ Eine nähere Darstellung des Privatklageverfahrens erfolgt auf ET 04-05.

c) Einstellung wegen geringer Schuld (§ 153 I)

136 In ihren *Voraussetzungen* ähnelt die Einstellung wegen geringer Schuld nach § 153 I der Verweisung auf den Privatklageweg. Im Unterschied zu ihr findet § 153 aller-

---

[17] Im Jahre 2011 hatten die Amtsgerichte nur 656 Privatklageverfahren erledigt, dagegen aber über 570.000 Anklageverfahren, vgl. Rechtspflegestatistik Fachserie 10 Reihe 2.3. (Strafgerichte 2011), S. 24.

dings auf alle Vergehen (*nicht*: Verbrechen) Anwendung. Identisch ist die Voraussetzung des *fehlenden öffentlichen Interesses* an der Strafverfolgung (Rn. 130). Zusätzlich muss allerdings das *Verschulden des Täters gering* sein. Außerdem bedarf die Einstellung jedenfalls in bestimmten Konstellationen gerichtlicher Zustimmung.

Aufgabe: 137
Umetikettieren von Waren im Supermarkt
Die 22-jährige *Janine A.*, wegen Körperverletzung zuvor schon einmal zu einer Geldstrafe verurteilt, löste im Drogeriemarkt bei einer Flasche Eau de Toilette das Preisschild über 29,90 € ab und brachte statt seiner an der Ware ein anderes Preisschild über 9,90 € an, das sie zuvor von einem Lippenstift gelöst hatte. An der Kasse wurde die Manipulation bemerkt. *Janine A.* ist in vollem Umfang geständig. Als Erklärung für ihre Tat gab sie an, arbeitslos zu sein und über wenig Geld zu verfügen. Dennoch habe sie sich auch einmal einen betörenden Duft zulegen wollen, weil ihr Freund diesen so sehr möge.
Kann die Staatsanwaltschaft das Verfahren nach § 153 einstellen?

Angesichts der verwirklichten Delikte (Urkundenfälschung in Tateinheit mit versuchtem Betrug) liegen im Aufgabenfall prinzipiell einstellungsgeeignete Vergehen vor. Das Erfordernis geringer Schuld bezieht sich nicht auf die Schuld im Sinne des strafrechtlichen Deliktsaufbaus, also auf die Vorwerfbarkeit der Tat, sondern auf die Strafzumessungsschuld i.S.v. § 46 StGB. Auf sie haben u. a. die Schadenshöhe, die Einstellung zur Tat, die kriminelle Energie und das Nachtatverhalten Einfluss. Da sich die Schuldhöhe in der Strafhöhe niederschlägt, ist zur Feststellung der jeweiligen Schuldhöhe eine fiktive Einschätzung der zu erwartenden Strafe notwendig. Als Faustregel kann man sagen, dass bei einer *Straferwartung bis zu neunzig Tagessätzen Geldstrafe* (entsprechend drei Monaten Freiheitsstrafe) noch von geringer Schuld gesprochen werden kann.[18] Im Aufgabenfall dürfte eine solche Strafhöhe nicht annähernd erreicht werden. 138

Wenn demgegenüber vielfach nur ein Schuldmaß deutlich unter dem Durchschnitt vergleichbarer Fälle gefordert wird,[19] so hilft das zum einen nicht weiter, weil für die Anwendung im Einzelfall oft unklar bleibt, was der Durchschnittsfall wäre und wie „deutlich" die Tat von ihm abweichen müsste. Zum anderen würden auch Vergehen mit einer erhöhten Mindeststrafe wie § 244 StGB auf diese Weise prinzipiell einstellungsgeeignet, was ebensowenig glücklich erscheint wie die umgekehrte Konsequenz, dass selbst bei schon strukturell bagatellhaften Delikten wie dem Erschleichen von Leistungen (§ 265a StGB) der (bereits geringgewichtige) Durchschnittsfall gar nicht mehr einstellungsfähig wäre. 139

Da die Vorstrafe im Aufgabenfall Rn. 137 kein einschlägiges Delikt betrifft und auch sonst keine Anhaltspunkte für ein gesteigertes Präventionsbedürfnis ersicht- 140

---
[18] Zu einer eingehenderen Ableitung vgl. HbStrVf-HEGHMANNS Rn. V.32 ff., 37.
[19] BEULKE Rn. 334; KK-SCHOREIT § 153 Rn. 20; MEYER-GOSSNER § 153 Rn. 4.

lich sind (zumal *A.* geständig ist), kann vom Fehlen eines öffentlichen Verfolgungsinteresses ausgegangen werden. Allerdings bedarf die Einstellung gemäß § 153 I 1 *gerichtlicher Zustimmung*: Zwar wäre wegen des versuchten Betruges der Wert „der durch die Tat verursachten Folgen" gering, weshalb insoweit § 153 I 2 eingreifen könnte. Die Wertgrenze orientiert sich für Vermögensdelikte an derjenigen des § 248a StGB und liegt deshalb zurzeit bei 50 €.[20] Bei Körperverletzungen lägen geringe Folgen beispielsweise im Falle leichterer Prellungen oder Schürfwunden, nicht aber bei Knochenbrüchen vor. Der im Aufgabenfall tateinheitlich verwirklichte § 267 StGB nennt allerdings keine tatbestandliche „Folge" (=Erfolg). Die Ausnahmebestimmung von § 153 I 2 greift daher insoweit nicht und es verbleibt beim Zustimmungserfordernis. Die Staatsanwaltschaft müsste daher die Akten zunächst dem zuständigen Strafrichter[21] zuleiten und um dessen Zustimmung nachsuchen. Erfolgt diese, kann sie das Verfahren anschließend einstellen. Verweigerte das AG hingegen seine Zustimmung, so wäre das Verfahren fortzusetzen und die Sache notfalls anzuklagen (oder evtl. durch eine Einstellung nach § 153a [Rn. 144] zu beenden).

141 Selbst bei Vorliegen der Einstellungsvoraussetzungen muss die Staatsanwaltschaft von § 153 I keinen Gebrauch machen, weil ihr insoweit ein *Ermessensspielraum* zusteht.[22] Die im Schrifttum verbreitete Gegenauffassung[23] verkennt die Existenz von anerkennenswerten Sachgründen, das Verfahren dennoch durchzuführen, die sich nicht unter die Begriffe der geringen Schuld oder des öffentlichen Interesses subsumieren lassen (z. B. das Bedürfnis, eine höchstrichterliche Entscheidung herbeizuführen, oder die Erleichterung der Beweisführung gegen Mitbeschuldigte).

142 Auf *Privatklagedelikte* wäre § 153 I an sich ebenfalls anwendbar. Allerdings ist die auf solche Delikte zugeschnittene Bestimmung des § 376 als lex specialis vorrangig, zumal sie die Nichtverfolgung unter erleichterten Bedingungen ermöglicht, weil weder geringe Schuld noch eine gerichtliche Zustimmung benötigt werden. Auch der Anzeigeerstatter steht sich letztlich besser, da er sich gegen die Einstellung nach § 153 I nur informell beschweren kann, während er im Falle der Anwendung von § 376 durch eine Privatklageerhebung das Verfahren zusätzlich selbst weiter zu betreiben vermag.

143 Wird ein Verfahren nach § 153 I eingestellt, so entsteht dadurch *kein unüberwindbares Verfahrenshindernis*, weil Einstellungsverfügungen der Staatsanwaltschaft prinzipiell keine Rechtskraft erlangen und daher Art. 103 III GG nicht einschlägig ist. Andererseits darf die Staatsanwaltschaft nicht willkürlich die eigene Einstellung kassieren und das Verfahren fortsetzen. Während dafür nach einer Auffassung ein sachlich einleuchtender Grund genügen soll[24] (was aber kein konkretes Kriterium darstellen dürfte), werden überwiegend in analoger Anwendung der §§ 174 II, 211 neue Tatsachen oder Beweismittel gefordert, soweit sie die Einstellungsvoraussetzungen in Frage stellen (und daher die Verfolgungspflicht wieder aufleben lassen).[25]

---

[20] OLG Zweibrücken NStZ 2000, 536; OLG Hamm NJW 2003, 3145; ebenso LACKNER/ KÜHL § 248a Rn. 3.

[21] Für die Eröffnung zuständiges Gericht ist stets das zuständige Gericht des Hauptverfahrens, was angesichts der geringen Straferwartung hier nach § 25 Nr. 2 GVG der Strafrichter wäre.

[22] BGHSt 27, 274 (275).

[23] KK-SCHOREIT § 153 Rn. 2; HK-GERCKE § 153 Rn. 6; BEULKE Rn. 334.

[24] LR-BEULKE § 153 Rn. 56.

[25] Friedrich-Christian SCHROEDER, Zur Rechtskraft staatsanwaltschaftlicher Einstellungsverfügungen, NStZ 1996, 319–320 (320); HbStrVf-HEGHMANNS Rn. V.50; noch enger Henning RADTKE,

d) (Vorläufige) Einstellung gegen Auflagen (§ 153a I)

§ 153a verknüpft eine Verfahrenseinstellung mit der Erteilung von Auflagen, die der Beschuldigte zu erfüllen hat. Dieser erkauft sich somit die weitere Nichtverfolgung durch Leistungen, die überwiegend finanzieller Natur sind, weshalb es sich letztlich um eine Form informeller Sanktionierung handelt. Diese Vorschrift entstand 1975,[26] nachdem sich bei den Gerichten die Praxis eingeschlichen hatte, Einstellungen nach § 153 auch bei nicht mehr ganz geringen Vorwürfen anzubieten, sofern die Angeklagten zuvor gemeinnützige oder Wiedergutmachungsleistungen erbracht hatten.[27] Publik geworden war dies u. a. im *Contergan*-Prozess, wo so verfahren worden war.[28] Diese als sinnvoll angesehene, aber gesetzlich nicht gedeckte Prozedur wurde erst durch § 153a legalisiert. Außerdem war nach der Abschaffung der Übertretungen und der Aufwertung des Mundraubs zum Vergehen nach den §§ 242, 248a StGB das Bedürfnis entstanden, eine Reaktionsmöglichkeit für kleinere Diebstähle zu schaffen, die man zwar nicht gänzlich ohne Sanktion lassen, aber andererseits nicht gleich mit Kriminalstrafe ahnden wollte. **144**

Die Einstellung nach § 153a greift deutlich härter als die bisher besprochenen Einstellungen in die Interessen des Beschuldigten ein, weshalb sich ihr Anwendungsfeld auch auf Delikte erstreckt, die nicht mehr nach § 153 behandelt werden könnten. Das kommt auch in ihren Voraussetzungen zum Ausdruck: Zwar bleibt die Bestimmung gleichfalls auf Vergehen beschränkt, allerdings bedarf es weder geringer Schuld noch eines Fehlens des öffentlichen Interesses. Vielmehr darf lediglich die Schwere der Schuld der Einstellung nicht im Wege stehen und ein öffentliches Interesse (= Präventionsbedürfnis) muss an sich vorhanden, aber durch die Auflagen zu befriedigen sein (s. Tab. 2). **145**

Die Auflagen erfüllen Funktionen, die sonst der Strafe zukämen: Wenn das öffentliche Interesse im Sinne eines präventiven (Straf-)Bedürfnisses zu verstehen ist (Rn. 130) und die Auflagen dieses bedienen, so ist die Zielrichtung der Auflagen also durchaus strafender Natur – wenngleich ohne das mit einer förmlichen Kriminalstrafe notwendig verbundene ethische Unwerturteil. Die *Kritik* an § 153a I rügt folgerichtig u. a., die Staatsanwaltschaft erhielte mit dieser Bestimmung eine richtergleiche Sanktionsgewalt.[29] **146**

▶ Eine nähere Darstellung der Problematik des § 153a folgt auf ET 04–06.

Bestandskraft staatsanwaltlicher Einstellungsverfügungen und die Identität des wiederaufgenommenen Verfahrens, NStZ 1999, 481–485 (483), der eine analoge Anwendung von § 153a I 5 befürwortet.

[26] Einführung durch das EGStGD v. 02.03.1974, BGBl. 469, 502.

[27] Hans Dahs, § 153a StPO – ein „Allheilmittel" der Strafrechtspflege, NJW 1996, 1192–1193 (1192).

[28] LG Aachen JZ 1971, 507 (520). Dabei ging es um den Vorwurf fahrlässiger Körperverletzung gegen Verantwortliche eines Arzneimittelherstellers. Das Schlafmittel *Contergan* bewirkte bei der Einnahme durch Schwangere Missbildungen am ungeborenen Kind. Auf diese Gefahr war in den Beipackzetteln pflichtwidrig nicht hingewiesen worden, obwohl entsprechende Erkenntnisse nach gewisser Zeit vorlagen.

[29] Grundlegend Erhard Kausch, Der Staatsanwalt – Ein Richter vor dem Richter? 1980.

Tab. 2 Vergleich der staatsanwaltschaftlichen Einstellungen nach den §§ 153 I, 153a I

Voraussetzungen	§ 153 I	§ 153a I
Taugliche Delikte	Vergehen	
Schuld	muss gering sein	darf nicht schwer wiegen
Öffentliches Verfolgungsinteresse	muss fehlen	muss vorhanden, aber durch Auflagen zu beseitigen sein
Erforderliche Zustimmungen	Richter (im Regelfall)	Richter (im Regelfall) Beschuldigter (stets)
Folgen für Beschuldigten	Keine	Auflagen sind zu erfüllen
Bestandskraft	Regelmäßig keine	Weitgehende Bestandskraft; nach Auflagenerfüllung nur Weiterverfolgung möglich, falls Verbrechensverdacht entsteht (§ 153a I 5)

147 **Aufgabe:**
Aufschlitzen von Autoreifen
Der 30-jährige *Tobias B.* war bislang strafrechtlich nicht in Erscheinung getreten. Am Vatertag hatte er kräftig einen über den Durst getrunken und war deshalb schuldunfähig (§ 20 StGB). Auf dem Nachhauseweg zerstach er ohne ersichtlichen Grund an 24 Autos jeweils die Reifen auf einer Seite, wodurch den Autobesitzern ein Gesamtschaden von rund 4.000 € entstand.
Kann das Verfahren nach § 153a I eingestellt werden?

148 Der verwirklichte Vollrausch (§ 323a StGB) stellt zwar gemäß § 374 I Nr. 6a StPO ein Privatklagedelikt dar, sofern die Rauschtat ebenfalls eine solche ist (wie hier die Sachbeschädigung). Indes besteht angesichts der Vielzahl von Geschädigten und der Schadenshöhe ein öffentliches Interesse i.S.v. § 376: Die Geschädigten (und die Öffentlichkeit im Falle der Publizierung in den Medien) hätten kein Verständnis dafür, wenn eine solche Tat im Ergebnis für den Täter folgenlos bliebe. Aus dem gleichen Grund scheidet § 153 aus, was andererseits den Weg zu § 153a I eröffnet.

149 Wann „die *Schwere der Schuld* nicht entgegensteht", ist weitgehend ungeklärt, was in der Praxis bei zahlungskräftigen Beschuldigten zu Einstellungen von Taten geführt hat, die weit in den Bereich mittlerer Kriminalität hineinragen.

Beispiel (CDU-Spendenaffaire):[30]
Bundeskanzler *Dr. Helmut Kohl* hatte als Bundesvorsitzender der CDU einen Betrag von 265.000 DM aus einem Fond der CDU-Bundestagsfraktion durch engste Vertraute abzweigen und ohne Kenntnis der nach den Parteistatuten zuständigen Organe an einzelne Landesvorsitzende, Landes- und Kreisverbände zahlen lassen, was die Staatsanwaltschaft Bonn als Untreue bewertete. Mit Zustimmung

---
[30] LG Bonn NJW 2001, 1736, mit Anmerkung Werner BEULKE/Christian FAHL NStZ 2001, 426–429.

IV. Opportunität und Legalität

der Wirtschaftsstrafkammer des LG Bonn stellte sie aber das Verfahren gemäß § 153a I gegen Zahlung von Auflagen in Höhe von insgesamt 300.000 DM durch den Beschuldigten ein. Die Wirtschaftsstrafkammer berief sich in ihrer Zustimmungsentscheidung zur fehlenden Schuldschwere angesichts der Schadenshöhe vor allem auf die Verdienste von *Dr. Kohl* und auf die strafähnlichen Folgen der rufschädigenden Medienberichterstattung, die den Fall begleitet hatte.[31]

Richtigerweise wäre indes an die Straferwartung anzuknüpfen gewesen. Dabei erscheint es sinnvoll, die Obergrenze für die Anwendbarkeit von § 153a *bei einer Straferwartung von einem Jahr Freiheitsstrafe* (bzw. 360 Tagessätzen Geldstrafe) zu ziehen. Der Gesetzgeber hat dieses Maß u. a. als Trennlinie zwischen Verbrechen und Vergehen verwendet. Da § 153a bei Verbrechen unanwendbar ist, wäre es nur folgerichtig, kein Vergehen nach dieser Bestimmung einzustellen, dessen konkretes Strafmaß das eines Verbrechens erreicht.[32] Im Aufgabenfall Rn. 147 wäre diese Grenze noch nicht überschritten. Im Beispielsfall Rn. 149 könnte man dagegen mit Recht zweifeln, ob nach diesen Kriterien angesichts der Schadenshöhe nicht doch bereits eine Schwere der Schuld zu bejahen gewesen wäre. 150

Der *Katalog der Auflagen* in § 153a I ist nicht abschließend („kommen *insbesondere* in Betracht ..."). In der Praxis werden am häufigsten die Auflagen nach § 153a I Nrn. 1–3 erteilt (Wiedergutmachung, Geldauflagen, gemeinnützige Leistungen). Geldauflagen stellen für zahlreiche gemeinnützige Organisationen heute eine wichtige Einnahmequelle dar. Unter gemeinnützigen Leistungen versteht man demgegenüber vor allem Arbeitsleistungen in gemeinnützigen oder öffentlichen Einrichtungen. Im Aufgabenfall Rn. 147 käme vorrangig eine Wiedergutmachungsleistung in Betracht. Sollte *B.* dazu aber nicht in der Lage sein, könnten stattdessen Arbeitsleistungen auferlegt werden. 151

Für die übrigen Auflagen verbleibt nur ein begrenzter Anwendungsbereich. Unterhaltsauflagen (Nr. 4) sind zum einen ineffektiv[33] und kommen zum anderen allein bei Vergehen nach § 170 StGB in Betracht. Der Täter-Opfer-Ausgleich (Nr. 5) wird zweckmäßigerweise besser über § 153b StPO i.V.m. § 46a StGB abgewickelt. Ein Aufbauseminar (Nr. 6) bietet sich nur für Verkehrsdelikte an. Als unbenannte Auflage schließlich käme z. B. in Frage, Hilfs- oder Beratungsangebote in Anspruch zu nehmen.[34] 152

§ 153a I verlangt wie § 153 I teilweise eine zuvorige gerichtliche Zustimmung (siehe den Verweis in § 153a I 7 und die Erläuterungen Rn. 140). Daneben ist die *Zustimmung des Beschuldigten* erforderlich, weil dieser ohne die rechtsstaatlichen Garantien eines gerichtlichen Verfahrens eine strafähnliche Sanktionierung erfahren und zugleich seine Chance auf ein freisprechendes Urteil aufgeben soll. 153

---

[31] LG Bonn NJW 2001, 1736 (1739); zu Recht kritisch KK-Schoreit § 153a Rn. 5.
[32] Vgl. näher HbStrVf-Heghmanns Rn. V.56 f.
[33] Vgl. Heghmanns Arbeitsgebiet Rn. 674.
[34] Zur Problematik unbenannter Auflagen Werner Beulke, Die unbenannten Auflagen und Weisungen des § 153a StPO, FS Dahs S. 209–227; HbStrVf-Heghmanns Rn. V.61.

154 Bei § 153 bedarf es dieser Zustimmung nicht, weil dort zumindest keinerlei belastende Maßnahme erfolgt. Zwar erreicht der Beschuldigte dort ebenfalls keinen Freispruch, aber er erspart sich andererseits die Hauptverhandlung, die auch im Falle eines Freispruchs rufschädigend und psychisch belastend wirken kann. Die Registrierung der Einstellung im staatsanwaltschaftlichen Verfahrensregister wird in diesem Zusammenhang nicht als so beschwerend angesehen, um eine Zustimmungspflicht (oder ein Rechtsschutzbedürfnis) zu begründen.

155 Verfahrenstechnisch wird – soweit erforderlich – seitens der Staatsanwaltschaft zunächst die gerichtliche Zustimmung zur Einstellung mit den vom Staatsanwalt zuvor ausgesuchten Auflagen erfragt. Sie sollte das aber erst tun, wenn *durch die Ermittlungen bereits hinreichender Tatverdacht erzielt* worden ist. Denn man darf nicht verkennen, dass der Beschuldigte durch das „Angebot" der Verfahrenseinstellung unter massiven Druck gesetzt wird. Ihm wird schließlich konkludent damit gedroht, andernfalls Anklage mit der Folge einer viel stärker fühlbaren Kriminalstrafe zu erheben. Dieser Druck lässt sich rechtsstaatlich nur rechtfertigen, wenn die konkludente Drohung wenigstens einen realen Hintergrund aufweist, das Verfahren also bereits anklagereif ist und der Staatsanwalt ohne die Zustimmung zur Einstellung nach § 153a I tatsächlich unverzüglich Anklage erheben müsste. Das schließt eine frühzeitige Verfahrenseinstellung nach § 153a I, etwa gleich zu Beginn der Ermittlungen, faktisch aus.

156 Sobald die gerichtliche Zustimmung vorliegt, wird das Verfahren *vorläufig eingestellt* und dies sowie die verhängten Auflagen dem Beschuldigten als seiner Zustimmung bedürftiges Angebot mitgeteilt. Beginnt der Beschuldigte, die Auflagen zu erfüllen, so gilt das als Zustimmung. Für die Auflagenerfüllung setzt die Staatsanwaltschaft eine Frist von bis zu sechs Monaten[35] (§ 153a I 3). Sobald die Auflagen vollständig erfüllt sind (womit zugleich das Verfahrenshindernis nach § 153a I 5 entsteht), wird das Verfahren *endgültig eingestellt*.

e) Beschränkungen der Verfolgung (§§ 154 I, 154a I)

157 Die §§ 154, 154a verfolgen ein einheitliches Ziel, nämlich den *Verfahrensstoff zu reduzieren*, um dadurch schneller zu einer Erledigung der (verschlankten) Verfahren zu gelangen.

aa) (Teil-)Einstellung nach § 154 I Nr. 1

158 Dabei kommt in der Praxis § 154 (und dort Abs. 1 Nr. 1) die weitaus größere Bedeutung zu. Die Vorschrift ist etwas schwer zu lesen und hat vereinfacht zum Inhalt, den Verzicht auf die Verfolgung einer prozessualen Tat zu erlauben, wenn der Täter wegen einer anderen prozessualen Tat bereits hinlänglich bestraft ist oder dies wenigstens zu erwarten steht. Anders als bei den §§ 153 f. ist die Anwendung zudem *nicht auf Vergehen beschränkt*.

159 **Beispiel (Widerstand bei der Festnahme eines Mörders):**

Ronald S. wurde wegen eines von ihm begangenen Mordes per Haftbefehl gesucht. Eines Tages geriet er mit seinem Fahrzeug in eine Polizeikontrolle. Als die

---

[35] Nur für die Unterhaltsauflage nach § 153a I Nr. 4 gilt eine Höchstfrist von einem Jahr.

Beamten beim Personalienabgleich feststellten, dass er gesucht wurde, wollten sie *Ronald S.* festnehmen. Dieser versuchte, zu Fuß zu flüchten. Dem Polizisten *Klaus C.* gelang es nach kurzer Verfolgung, *S.* festzuhalten. *S.* versuchte, sich loszureißen und nach *C.* zu schlagen. – Die bei der Festnahme durch *S.* tateinheitlich begangenen Straftaten des Widerstandes gegen Vollstreckungsbeamte (§ 113 StGB) bzw. der versuchten Körperverletzung (§§ 223, 22 StGB) sind Vergehen, bei denen das Verschulden im Zweifel sehr gering und die Motivation gut nachvollziehbar ist. Demgegenüber steht ein Mord, für den der Beschuldigte eine lebenslange Freiheitsstrafe zu erwarten hat. Für die Taten im Rahmen der Festnahme käme dagegen allenfalls eine (zumal kleinere) Geldstrafe heraus. Bei der notwendigen Gesamtstrafenbildung nach den §§ 53, 54 I 1 StGB fiele diese völlig unter den Tisch. Eine Einstellung bzgl. der Vorgänge bei der Festnahme nach § 154 I Nr. 1 ist daher möglich, weil die Mitverfolgung dieser Tat alleine deklaratorischen Zwecken dienen, präventiv aber keine zusätzlichen Wirkungen entfalten könnte. Durch die Einstellung ließe sich andererseits die Aufklärung in der Hauptverhandlung erleichtern und verkürzen; man bräuchte jedenfalls die bei der Festnahme beteiligten Polizeibeamten nicht zusätzlich als Zeugen zu hören.

160 Ausgeschlossen ist ein Vorgehen nach § 154 I Nr. 1 erst dort, wo für die einzustellende Tat eine Strafe herauskäme, welche gegenüber der bereits verhängten oder für die andere Tat zu erwartenden *„beträchtlich ins Gewicht* fällt". Weitgehend ungeklärt ist freilich, wann genau diese Grenze überschritten wird.[36] In der Praxis würde jedenfalls auch noch eine Tat mit einer Strafenwartung von sechs Monaten Freiheitsstrafe eingestellt, wenn der Beschuldigte wegen einer (gesamtstrafenfähigen) anderen Tat (die sog. Bezugstat) ebenfalls sechs Monate zu erwarten hätte, weil bei der notwendigen Gesamtstrafenbildung insgesamt etwa neun Monate herauskämen. Das „Mehr" durch die Mitverfolgung betrüge dann ganze drei Monate und das fiele gegenüber den ohne die Mitverfolgung anstehenden sechs Monaten für die Bezugstat noch nicht beträchtlich ins Gewicht.

161 Die Einstellung nach § 154 I erfolgt stets *ohne gerichtliche Zustimmung* und sie kann jederzeit ergehen. Im Idealfall ist die Bezugstat bereits abgeurteilt („rechtskräftig verhängt worden ist"), weil dann der Vergleich nur eine Prognose erfordert, nämlich wieviel Strafe wohl für die einzustellende Tat zu erwarten stünde. Möglich ist eine Einstellung aber selbst dann, wenn die Bezugstat erst noch abgeurteilt werden müsste („oder die er wegen einer anderen Tat zu erwarten hat"). Diese Variante deckt u. a. den Fall, dass innerhalb desselben Verfahrens mehrere Taten des Beschuldigten verfolgt werden und man das Verfahren auf einige von ihnen begrenzen möchte. In diesem Fall bedarf es freilich einer doppelten Prognose, nämlich zur Strafenwartung der einzustellenden und der Bezugstaten.

162 In einem solchen Fall mag sich später, nach Aburteilung der Bezugstaten, herausstellen, dass die Prognose falsch war, weil für die Bezugstat weniger an Strafe ausgesprochen wurde, als man erwartet hatte, und daher die Strafe für die eingestellte Tat gegenüber derjenigen für die Bezugstat

---

[36] Vgl. die wenig klaren Angaben bei KK-Schoreit § 154 Rn. 10; HK-Gercke § 154 Rn. 4.

doch beträchtlich ins Gewicht fiele. Für diesen Fall erlaubt § 154 IV, das eingestellte (Teil-)Verfahren *wieder aufzunehmen* (wobei die dort genannten Fristen nur für das Gericht unmittelbar gelten[37]) und einer Aburteilung zuzuführen.

163 Ob die Staatsanwaltschaft beim Vorliegen der Voraussetzungen nach § 154 I verfährt, liegt in ihrem *Ermessen*. Abzuwägen hat sie dabei einerseits die Arbeitsersparnis infolge der Nichtmitverfolgung und andererseits den Verlust an präventiver Einwirkung, wenn keine zusätzliche Schuldfeststellung wegen der weiteren Tat erfolgt. Daher wird z. B. üblicherweise dann nicht eingestellt, wenn ein Bedürfnis besteht, die fragliche Tat im Bundeszentralregister zu dokumentieren, weil sie eklatant von der sonstigen Delinquenz des Beschuldigten abweicht.

bb) (Teil-)Einstellung nach § 154 I Nr. 2

164 Noch weiter in seinen Voraussetzungen reicht § 154 I Nr. 2, der allerdings nur auf seltene Ausnahmefälle anzuwenden ist, wenn ein Urteil für eine Tat (z. B. auf Grund äußerst schwieriger und langwieriger Beweiserhebung) „in angemessener Frist nicht zu erwarten ist". Hier verzichtet das Gesetz sogar auf das Erfordernis des nicht beträchtlichen Insgewichtfallens und verbietet die Einstellung erst, wo die Präventionswirkungen einer Verurteilung trotz der anderweitigen Strafe *unverzichtbar* erscheinen.

cc) Beschränkung der Verfolgung nach § 154a I

165 Die Voraussetzungen des § 154a I Nr. 1 (nicht beträchtliches Insgewichtfallen bei Mitverfolgung der betreffenden Delikte) entsprechen mit einer Ausnahme (Rn. 167) denen des § 154 I Nr. 1.

166 Etwas anders strukturiert ist § 154a I Nr. 2, der jedoch bei genauerem Hinsehen ohne relevanten Anwendungsbereich sein dürfte und daher hier nicht thematisiert wird.

167 Die angesprochene Ausnahme betrifft den *Anwendungsbereich*. Während § 154 die Einstellung ganzer Taten zum Gegenstand hat, grenzt § 154a lediglich einzelne Tatbestände innerhalb einer (ansonsten angeklagten oder anzuklagenden) *prozessualen Tat* aus (s. Tab. 3). Das können tateinheitlich verwirklichte Tatbestände oder auch abtrennbare Teile eines Deliktes sein (z. B. bestimmte Abschnitte einer längeren Freiheitsentziehung nach § 239 StGB).

dd) Exkurs: Der Begriff der prozessualen Tat

168 Die soeben angesprochene prozessuale Tat (§§ 155, 264) entspricht nicht durchgängig der materiellrechtlichen Tat nach den §§ 52, 53 StGB.[38] Dies beruht auf der Funktion des prozessualen Tatbegriffs, das Täterverhalten in tatsächlicher Hinsicht gegenüber anderen Geschehen abzugrenzen. Er ist daher primär *historisch orientiert*. Dagegen ist der materielle Tatbegriff in hohem Maße unrechtsbezogen und von den Tatumschreibungen der einzelnen Straftatbestände abhängig. Dies bleibt unproblematisch, solange nur ein Tatbestand erfüllt ist, denn das ihn verwirklichende Geschehen stellt stets zugleich eine prozessuale Tat dar. Sobald jedoch mehrere Straftatbestände vorliegen, führt die materielle Perspektive gelegentlich zu anderen Resultaten als die prozessuale.

---

[37] KK-Schoreit § 154 Rn. 36; BGH NStZ 1986, 469.
[38] Vgl. dazu die eingehende Darstellung bei Roxin AT II § 33 Rn. 17 ff.

Tab. 3 Die unterschiedlichen Anwendungsbereiche der §§ 154, 154a

	§ 154	§ 154a
Vorliegende Delikte	zwei (oder mehr) selbständige prozessuale Taten i.S. der §§ 155, 264	eine (prozessuale) Tat, bei der mehrere Tatbestände verwirklicht wurden oder bei der man mehrere Teile (z. B. Zeiträume, Schadensbestandteile) isolieren kann
Folgen der Anwendung	vollständige Einstellung mindestens einer dieser prozessualen Taten	Ausgrenzung von einzelnen Tatbeständen oder Teilen innerhalb der Tat und Weiterverfolgung des Restes

Die Rspr. definiert die prozessuale Tat als
Inbegriff derjenigen geschichtlichen Vorkommnisse, die nach der Auffassung des Lebens einen einheitlichen Vorgang dergestalt bilden, dass keine der in ihm verwirklichten Straftatbestände für sich allein verständlich abgehandelt werden kann und ihre getrennte Würdigung und Aburteilung vielmehr als unnatürliche Aufspaltung eines einheitlichen Lebensvorgangs empfunden würde.[39]
Diese Definition liefert zwar wegen der in ihr enthaltenen zahlreichen normativen Elemente naturgemäß keine trennscharfen Abgrenzungskriterien. Das zu verlangen wäre angesichts der Vielgestaltigkeit historischer Abläufe aber auch illusorisch. Die umfangreiche und unübersichtliche Judikatur, die sich vor diesem Hintergrund zwangsläufig zum Tatbegriff entwickeln musste, ist in den Grenzfällen überdies keineswegs eindeutig.[40] Auszugehen ist freilich davon, dass der prozessuale Tatbegriff immerhin *regelmäßig dem materiellen Tatbegriff folgt*.[41] Vorsicht ist aber insbesondere dort geboten, wo Dauerdelikte vorliegen oder komplexe, schnell ablaufende Geschehen.

Vor allem kommt es zu Abweichungen zwischen materiellen und prozessualen Tatgrenzen, sobald eine historisch orientierte Betrachtung ein Geschehen anders gliedern würde, als dies die Formulierung der verwirklichten Straftatbestände nahelegt. Ein klassisches Beispiel liefert die Verkehrsunfallflucht. Wenn bereits die unfallursächliche Fahrt strafbar war (z. B.. nach den §§ 316 StGB, 21 StVG), erfolgt ihre Fortsetzung nach dem Unfall infolge eines neuen Tatentschlusses und somit in materieller Realkonkurrenz (§ 53 StGB) zum vorherigen Geschehen.[42] Gleichwohl wird die gesamte Fahrt als einheitliche prozessuale Tat angesehen und nicht etwa als ein zweites Geschehen nach der geglückten Flucht.[43] In gleicher Weise kann bei Raubüberfällen oder Einbruchsdiebstählen zwar materiell Tatmehrheit angenommen werden, wenn der Täter sich während der Tatbegehung auf Grund einer neuen Situation zu einem weiteren Delikt entschließt (z. B. zur Vergewaltigung eines angetroffenen Bewohners). Der prozessuale Zusammenhang bleibt dabei aber ebenfalls zumeist bestehen.

169

---

[39] BGHSt 13, 21 (26); 23, 141 (145); ebenso KK-SCHOREIT § 155 Rn. 2; MEYER-GOSSNER § 264 Rn. 2; ROXIN/SCHÜNEMANN § 20 Rn. 5.
[40] Vgl. die Nachweise bei LR-GOLLWITZER § 264 Rn. 44–67; MEYER-GOSSNER § 264 Rn. 2a bis 6b; KK-ENGELHARDT § 264 Rn. 4 bis 8.
[41] Eingehend zum Verhältnis beider Tatbegriffe Werner BEULKE, Der prozessuale Tatbegriff, FS 50 Jahre BGH, S. 781–807.
[42] BGHSt 21, 203.
[43] BGHSt 23, 141.

Umgekehrt führt zwar auch materielle Idealkonkurrenz im Regelfall zur Annahme nur einer einzigen prozessualen Tat. Ausnahmen macht die Rspr. allerdings bei Dauer- und Organisationsdelikten, wenn das betreffende Delikt materiellrechtlich in Idealkonkurrenz mit schwereren Verbrechen steht. So konkurrieren zwar möglicherweise Tötungsdelikte mit Taten nach § 129a StGB oder mit unerlaubtem Waffenbesitz (z. B.. § 52 Abs. 3 Nr. 2 a WaffG) ideell i.S.v. § 52 StGB; verfahrensrechtlich sollen sie aber dennoch eigenständig bleiben.[44]

ee) Fortsetzung: Beschränkung nach § 154a I

170 Bei der Anwendung des § 154a wird im Ergebnis also keine ganze prozessuale Tat der gerichtlichen Urteilsfindung entzogen, sondern nur innerhalb einer angeklagten oder anzuklagenden Tat die Verurteilbarkeit hinsichtlich bestimmter Delikte eingeschränkt. Wegen dieser relativ bescheidenen Wirkung kann im späteren Verlauf des Verfahrens jederzeit die Wiedereinbeziehung der ausgeschiedenen Tatteile erfolgen (§ 154a III). Aus demselben Grund spricht man bei § 154a nicht von einer „Einstellung", sondern von einer *Beschränkung*, denn „einstellen" kann man nur ganze Taten.

171 **Beispiel (Totschlag mit Schusswaffe):**

Franz U. soll einen Totschlag unter Verwendung einer unerlaubt geführten Schusswaffe begangen haben (§§ 212 StGB, 52 WaffG, 52 StGB). – Da das (auch prozessual zur selben Tat gehörende) Waffendelikt zu keiner nennenswerten Schärfung der Totschlagsstrafe führen würde, kann die Staatsanwaltschaft die Anklage gemäß § 154a I Nr. 1 StPO auf den Totschlag beschränken. Auch diese Entscheidung steht allerdings in ihrem Ermessen.

172 Der *prozessuale Gewinn* dieser Beschränkung wäre im Beispielsfall an sich gering, denn der Nachweis des Vergehens gegen das Waffengesetz gelingt im Zweifel ohne Schwierigkeiten, wenn man erst einmal den Totschlag bewiesen hat. Gleichwohl wird in der Praxis in derartigen Situationen gerne gemäß § 154a I verfahren, allerdings aus *prozesstaktischen Erwägungen*: Wenn nämlich der Totschlagsnachweis wider Erwarten in der Hauptverhandlung nicht gelingen und das Gericht nicht von der Schuld überzeugt sein sollte, so müsste es vor einem Freispruch das ausgeschiedene Waffendelikt gemäß § 154a III 1 wieder einbeziehen (da der Urteilsspruch es sonst mit erfasste und seiner weiteren Verfolgung nunmehr der rechtskräftige Freispruch entgegenstünde). Diese – sonst unerklärliche – Wiedereinbeziehung durch das Gericht gibt der Staatsanwaltschaft einen klaren Hinweis, wie das Gericht die Beweislage würdigt. Ein überraschender Freispruch wird so verhindert und die Staatsanwaltschaft erhält die Chance, ggf. weitere Beweisanträge zu stellen, um doch noch zu einer Verurteilung wegen des Hauptvorwurfs zu gelangen. Die Beschränkung von Nebendelikten installiert deshalb gewissermaßen eine Alarmanlage zur Warnung vor unerwarteten Freisprüchen.

3. Exkurs: Einstellungen im gerichtlichen Verfahren

173 Bis auf die Verweisung auf den Privatklageweg (die nur im Ermittlungsverfahren möglich ist), die Fälle des § 153b (in welchen das Gericht stattdessen von Strafe absehen kann) und der §§ 153c, 153d, 153 f (in denen noch ausnahmsweise die Rücknahme der Anklage möglich bleibt) stehen die übrigen Einstellungen unter

---

[44] BGHSt 29, 288 (293 ff.); OLG Hamm NStZ 1986, 278; BVerfG (Kammer) NJW 2004, 279.

den geschilderten Voraussetzungen auch dem Gericht im Zwischen- und Hauptverfahren offen.

▶ Eine tabellarische Übersicht zu den gerichtlichen Einstellungsmöglichkeiten befindet sich auf ET 04-07.

Die gerichtlichen Einstellungen bedürfen allerdings durchweg der Zustimmung oder gar eines Antrages (§§ 154 II, 154b IV) der Staatsanwaltschaft, was dieser eine erhebliche Macht zubilligt, die historisch aus ihrer Rolle erklärlich ist, eine Kontrollinstanz gegenüber dem Gericht zu bilden.[45] 174

Zudem sind die Zustimmungserfordernisse (und damit die Verweigerungschancen) des Beschuldigten bei gerichtlicher Entscheidung umfangreicher ausgestaltet, wenn auch nicht ausnahmslos vorgesehen (z. B. bei § 153 II, nicht aber bei § 154 II). Hintergrund ist, dass dem Angeklagten durch eine Einstellung die Chance auf einen Freispruch genommen wird, obschon bereits Anklage gegen ihn erhoben und damit das Bestehen eines Tatverdachts auch nach außen hin dokumentiert wurde. Er soll es daher zumindest in den Fällen, in denen die Einstellung auf besondere Umstände seiner Tat oder seiner Person reagiert, in der Hand behalten, eine Urteilsentscheidung über seine Schuld zu erzwingen. Geht es dagegen wie bei § 154 II allein um justizökonomische Belange, soll der Angeklagte dem nicht im Wege stehen können. 175

4. Rechtsbehelfe gegen Einstellungen durch die Staatsanwaltschaft

Von Einstellungen – gleich welcher Art – ist der Anzeigeerstatter in einem sog. *Einstellungsbescheid* zu informieren (§ 171). Der Beschuldigte erhält demgegenüber eine sog. *Einstellungsnachricht* (§ 170 II 2), sofern er vernommen oder auf andere Weise von dem Verfahren Kenntnis erlangt und daher ein Interesse hat, zu erfahren, wie es ausging.[46] 176

Die Einstellungsmacht der Staatsanwaltschaften führt zwangsläufig dazu, dass in dem einen oder anderen Fall – wenigstens nach subjektiver Einschätzung des Anzeigeerstatters – falsch entschieden wird. Oft kennt der Anzeigeerstatter auch mehr Einzelheiten der Tat, als Polizei und Staatsanwaltschaft bis dahin ermitteln konnten. 177

Vor diesem Hintergrund sind diverse Anfechtungsmöglichkeiten der staatsanwaltschaftlichen Entscheidung vorgesehen, die freilich nicht alle eine gleich effektive Kontrolle gewährleisten. Die Privatklage ist schon besprochen worden (Rn. 133 f.), mit deren Hilfe der Verletzte gegenüber der Einstellung von Privatklagedelikten gewissermaßen Selbsthilfe üben kann. Daneben ist zunächst das *Klageerzwingungsverfahren* von Bedeutung (§§ 172 ff.).

---

[45] Zur Kritik und zu Rechtsmitteln gegenüber der Zustimmungsverweigerung Matthias TERBACH, Rechtsschutz gegen die staatsanwaltschaftliche Zustimmungsverweigerung zur Verfahrenseinstellung nach §§ 153 II, 153a II StPO, NStZ 1998, 172–176.
[46] Zu Einzelheiten vgl. HEGHMANNS Arbeitsgebiet Rn. 616 ff.

a) Das Klageerzwingungsverfahren
aa) Die Vorschaltbeschwerde

178 Zur Akte 1:
Lesen Sie jetzt bitte Bl. 6–7!

Es war bislang eine Einstellung nach § 170 II erfolgt, weil die Verfahrensvoraussetzung des öffentlichen Interesses fehlte (vgl. Bl. 5 d.A., Ziff. 2). Der Anzeigeerstatter ist nach § 171 beschieden worden (Ziff. 2). Dieser Bescheid enthielt entgegen § 171 Satz 2 keine Rechtsbehelfsbelehrung, weil die Staatsanwaltschaft davon ausging, es handele sich nur um Privatklagedelikte. Insoweit wäre gemäß § 172 II 3 auch gar keine Beschwerde statthaft gewesen. Daher ist eine entsprechende Belehrung unterblieben und stattdessen der Hinweis auf die Privatklagemöglichkeit erfolgt (auf die Möglichkeiten, Opportunitätsentscheidungen dennoch anzugreifen, wird unten bei Rn. 192 ff. eingegangen werden).

179 Nun rügt aber der Anwalt des Anzeigeerstatters, es sei ein Offizialdelikt übersehen worden. Wäre dem so, hätte die Staatsanwaltschaft materiell eine echte Verfahrenseinstellung nach § 170 II (nämlich die Nichtverfolgung eines Offizialdeliktes mangels Tatverdachts) verfügt, gegenüber der eine volle Beschwerdeberechtigung bestünde. Daher kann der Anzeigeerstatter in der Tat zunächst (binnen einer Frist von zwei Wochen, § 172 I 1) gegen die Verfahrenseinstellung eine (Vorschalt-)*Beschwerde zur Generalstaatsanwaltschaft* einlegen, denn er ist „Verletzter". Diese Beschwerde ist keine solche nach den §§ 304 ff., sondern als *Vorschaltbeschwerde* ein Rechtsbehelf eigener Art. Der *Begriff des Verletzten* ist im Interesse einer umfassenden Kontrolle der Staatsanwaltschaft im Übrigen sehr weit auszulegen. Bei einer Falschaussage nach § 153 StGB etwa ist jeder ein „Verletzter", für den diese Aussage Nachteile mit sich bringt.

180 Da eine Belehrung über das Rechtsmittel und seine Befristung unterblieben ist, wäre im Übrigen eine Fristüberschreitung im Ergebnis folgenlos, denn dann bestünde die Verpflichtung, *Wiedereinsetzung in den vorigen Stand* zu gewähren (§ 44 i.V.m. § 35a Satz 1). Als der dazu gemäß § 44 Satz 1 erforderliche Antrag wiederum würde die eingelegte Beschwerde verstanden werden. Die Wiedereinsetzung in den vorigen Stand fingiert dann, dass die Beschwerde rechtzeitig eingegangen ist.

181 Eingelegt werden kann die Beschwerde sowohl bei der Generalstaatsanwaltschaft als auch – wie im Aktenfall – direkt bei der betroffenen Behörde (§ 172 I 2). Letzteres empfiehlt sich sogar, weil es die Wege verkürzt. Andernfalls müsste nämlich die Generalstaatsanwaltschaft erst noch die Beschwerdeschrift an die Staatsanwaltschaft übersenden, bevor diese ihre Entscheidung über Abhilfe oder Vorlage (siehe gleich Rn. 182 f.) treffen könnte.

bb) Die Abhilfeentscheidung der Staatsanwaltschaft

182 Zur Akte 1:
Lesen Sie jetzt bitte Bl. 8!

Die hier zu sehende Sachbehandlung ist zwar im Gesetz nicht geregelt, entspricht aber sinnvoller praktischer Übung. Die Staatsanwaltschaft entscheidet beim Eingang der Beschwerde über eine *Abhilfe*, was sich zur Vereinfachung so eingebürgert hat und sogar qua Weisung normiert ist (vgl. Nr. 105 RiStBV).

cc) Die Entscheidung der Generalstaatsanwaltschaft

Hätte die Staatsanwaltschaft – anders als im Aktenfall – der Beschwerde nicht abgeholfen, so müsste sie diese der Generalstaatsanwaltschaft zur Entscheidung vorlegen. Die Generalstaatsanwaltschaft würde daraufhin die Beschwerde prüfen und ihr entweder stattgeben (und die Staatsanwaltschaft zur Fortsetzung der Ermittlungen oder ggf. sogar zur Anklageerhebung anweisen) oder aber sie zurückweisen.

183

dd) Der eigentliche Klageerzwingungsantrag

Gegen eine die Vorschaltbeschwerde verwerfende Entscheidung der Generalstaatsanwaltschaft bestünde anschließend die Möglichkeit, die Entscheidung des Gerichts (und zwar des Strafsenates beim OLG nach § 172 IV) zu beantragen (§ 172 II). Für diesen Antrag, den eigentlichen Klageerzwingungsantrag, gelten besondere Formvorschriften. U.a. besteht Anwaltszwang (§ 172 III). Im (praktisch äußerst seltenen[47]) Erfolgsfall *beschließt das OLG die Erhebung der öffentlichen Klage* (§ 175). Dies stellt eine *Durchbrechung des Anklagegrundsatzes* dar, weil die Klage in einem solchen Fall gegen den Willen der Staatsanwaltschaft unmittelbar durch das Gericht erhoben würde.

184

Der Anklagegrundsatz (oder auch *Akkusationsprinzip*) findet seine positivrechtliche Grundlage in § 151. Er drückt ein Bekenntnis gegen den Inquisitionsprozess und die ihn charakterisierende Einheit von Initiator und Richter des Verfahrens aus. Vielmehr darf eine gerichtliche Untersuchung allein dann stattfinden, wenn zuvor seitens der Staatsanwaltschaft eine öffentliche Klage erhoben wurde, was im gesetzlichen Regelfall durch eine Anklageschrift geschieht (§ 170 I). Diese Trennung gewährleistet zugleich eine doppelte Kontrolle, bevor ein Beschuldigter den Belastungen eines Hauptverfahrens ausgesetzt wird. Erst wenn zuvor zwei Behörden, nämlich die Staatsanwaltschaft (bei der Anklageentscheidung nach § 170) und das Gericht (bei seiner Eröffnungsentscheidung nach den §§ 203 f.) eine dafür genügende Verdachtslage festgestellt haben, kann das Hauptverfahren seinen Gang nehmen. Die doppelte Kontrolle der Verdachtslage (anstelle der einfachen [gerichtlichen] im Inquisitionsprozess) soll einseitige Verdachtsbewertungen und Fehlsubsumtionen unter das materielle Strafrecht zu verhindern helfen.

185

Das Klageerzwingungsverfahren widerspricht dem Anklagegrundsatz also ein Stück weit, weil in ihm eine Gerichtsentscheidung die Anklage substituiert, nachdem die Staatsanwaltschaft sich zuvor gegen die Anklageerhebung entschieden hatte. Immerhin handelt es sich bei dem die Anklage beschließenden Gericht (OLG) aber um ein anderes als dasjenige, welches anschließend zur Urteilsfindung berufen ist (AG oder LG). Gleichwohl bedarf das Instrument der gerichtlichen Klageerzwingung als systematischer Fremdkörper einer Rechtfertigung, und diese beruht auf einem Kontrollbedürfnis gegenüber der Staatsanwaltschaft. Dieses wiederum folgt zum einen aus dem

186

---

[47] Vgl. die Untersuchung von Georg BISCHOFF, Das Klageerzwingungsverfahren, 1987, S. 168 f., wonach im Jahre 1982 in Nordrhein-Westfalen von insgesamt 227 Anträgen nur ein einziger erfolgreich war. Im Jahre 2011 gab es bundesweit 2.855 Verfahren und in Nordrhein-Westfalen 537 Klageerzwingungsanträge (Quelle: Rechtspflegestatistik Strafgerichte 2011, S. 104 ff.).

exekutiven Charakter der Anklagebehörde und ihrer Weisungsgebundenheit. Sie kann von vornherein nicht denselben Vertrauensvorschuss genießen wie der unabhängige Richter. Zum anderen hat die Staatsanwaltschaft im Frühstadium des Verfahrens oft notgedrungen auf einer schmaleren Basis von Erkenntnissen zu entscheiden. Das muss nahezu zwangsläufig zu Fehleinschätzungen führen, weshalb für den Anzeigeerstatter eine Möglichkeit zur Korrektur vorzusehen ist. Diese Korrektur einem unabhängigen Gericht zuzuweisen, trägt zudem den angesprochenen Problemen besser Rechnung als eine reine Aufsichtsentscheidung durch eine weitere der Exekutive zuzurechnende Behörde.

b) Die Sachaufsichtsbeschwerde gegen Opportunitätsentscheidungen

187   **Zur Akte 1:**
Lesen Sie jetzt bitte Bl. 8–14!

Offenbar hat der zuständige Amtsanwalt eingesehen, dass seine zuvorige Entscheidung überstürzt war und im Ergebnis so nicht haltbar ist, weil zusätzlich der Verdacht eines Offizialdeliktes bestand, auf das § 376 keine Anwendung findet. Er hat deshalb in seiner Verfügung Bl. 8 d.A. der Beschwerde abgeholfen, die Ermittlungen wiederaufgenommen und Beweiserhebungen durch die Polizei angeordnet. Die Beschwerde hat damit ihr Ziel erreicht; einer Entscheidung durch Generalstaatsanwaltschaft und Gericht bedarf es deswegen an dieser Stelle nicht mehr.

188   Auf Grund der Verfügung Bl. 8 befindet sich das Verfahren nun erneut im Ermittlungsstadium. Dem (gemäß § 161 I erfolgten) Ersuchen der Staatsanwaltschaft ist das zuständige Polizeikommissariat Südstadt u. a. durch die Vernehmung der Zeugin *Straßfurth* und des Beschuldigten *Dolling* nachgekommen. Die entsprechenden Vernehmungsprotokolle befinden sich Bl. 9–12 d.A. Mit dem abschließenden Vermerk der Polizei Bl. 13 d.A. gelangte die Akte danach zurück an die Staatsanwaltschaft, die das Verfahren sodann erneut eingestellt hat, diesmal allerdings nach § 153 (Bl. 14).

189   **Aufgabe**
Einstellung zur Vermeidung schwieriger Entscheidungen
Überprüfen Sie zum einen, ob die Einstellung unter § 153 zu subsumieren ist, und zum anderen, welcher Vorwurf (im materiellrechtlichen Sinn) noch nachweisbar gewesen wäre, hätte keine Opportunitätseinstellung zur Verfügung gestanden.

190   Die Argumentation des sachbearbeitenden Amtsanwalts liefert zum einen die einleuchtende Begründung eines geringes Verschuldens. Zum öffentlichen Interesse (Rn. 130) bezieht er sich auf die bisherige Unbescholtenheit des Beschuldigten. Sofern auch der Anzeigeerstatter am Eskalieren des Geschehens nicht unschuldig ist, besteht eine gewisse Erwartung, es werde schon das bisherige Verfahren dem Beschuldigten als genügende Warnung dienen und es bedürfe keiner förmlichen Bestrafung mehr. Auch die *Nichteinholung gerichtlicher Zustimmung* (siehe dazu

Rn. 140) ist nicht zu beanstanden: Körperverletzung und Nötigung stellen Delikte mit tatbestandlichen Folgen dar, die im Verfahren 1 sicherlich als „gering" i.S.v. § 153 I 2 gelten dürfen.

Bejahte man fiktiv ein öffentliches Interesse, so hätte angesichts der Beweislage die Körperverletzung wohl angeklagt werden können, und zwar notfalls als Fahrlässigkeitstat, wenn man zu Gunsten des Beschuldigten eine Putativnotwehr annähme. Eine Einstellung mangels Tatverdachts nach § 170 II erscheint allerdings auch nicht als völlig unvertretbar. Diese Alternativüberlegung veranschaulicht zum einen sehr schön, eine wie geringe Rolle die sicherlich interessanten materiellrechtlichen Fragen des Falles (insb. nach besagter Putativnotwehr oder auch der Nötigung) in der Praxis spielen, weil sich primär erst einmal die Frage nach der Nachweisbarkeit eines bestimmten Sachverhalts stellt und diese zumeist viel schwieriger zu beantworten ist, als etwaige materiellrechtliche Probleme zu lösen wären. Zum anderen verdeutlicht die absolut typische Vorgehensweise der Staatsanwaltschaft, wie gerne man durch Verfahrenseinstellungen nach den §§ 153 ff. materiellrechtlichen oder Nachweisproblemen zu entgehen trachtet. Dabei ist dieses Ausweichen nicht einmal zu kritisieren, solange die Grenzen der Opportunitätsregeln eingehalten werden. Denn zur abschließenden gerichtlichen Klärung eines jeden Geschehens mit potenziell strafbarem Verhalten wären weder Staatsanwaltschaft noch Gerichte personell gerüstet.

191

> **Zur Akte 1:**
> Lesen Sie jetzt bitte die erneute Beschwerde Bl. 15!

192

Nun enthielt der neuerliche Einstellungsbescheid entgegen § 171 keine Rechtsmittelbelehrung, während noch der Bescheid Bl. 5 Ziff. 3 wenigstens den Hinweis auf den Privatklageweg aufgewiesen hatte. Tatsächlich scheidet das Privatklageverfahren wegen des Offizialdelikts der Nötigung insgesamt aus.[48] Außerdem schließt § 172 II 3 das Klageerzwingungsverfahren im Ergebnis bei jeder Einstellung aus Opportunitätsgründen aus.[49] Das folgt hinsichtlich einiger, namentlich genannter Einstellungen (wie auch der hier vorliegenden Einstellung nach § 153 und der Verweisung auf den Privatklageweg) aus dem Wortlaut von § 172 II 3. Im Übrigen ergibt sich dieser Ausschluss zum einen aus dem Gedanken insoweit bestehender Beurteilungs- (öffentliches Interesse) bzw. Ermessensspielräume („kann") der Staatsanwaltschaft. Zum anderen folgt er aus dem Umstand, dass Opportunitätsentscheidungen keine (Fehl-)Anwendungen des Legalitätsprinzips beinhalten.[50] Das Klageerzwingungsverfahren aber soll alleine die Einhaltung des Legalitätsprinzips sichern.

---

[48] Da jede Klage die gesamte prozessuale Tat erfasste, wäre es andernfalls so, dass eine Privatklage wegen der Körperverletzung zugleich den Vorwurf der Nötigung enthielte; das aber machte eine Privatklage unzulässig.
[49] MEYER-GOSSNER § 172 Rn. 3.
[50] BISCHOFF (Fn. 47), S. 29; MEYER-GOSSNER § 172 Rn. 3 zur fehlenden Anfechtbarkeit der Einstellung nach § 45 JGG.

193 Zwar könnte man aus dem (im Gegensatz zu Abs. 2 nicht eingeschränkten) § 172 I herauslesen, dass dennoch die Beschwerde zur Generalstaatsanwaltschaft statthaft bliebe. Die dort genannte Beschwerde wird indes allein als eine Vorschaltbeschwerde zum Klageerzwingungsverfahren begriffen;[51] ist dieses nicht statthaft, dann schlägt das schon auf die Beschwerde zur Generalstaatsanwaltschaft durch. Also wäre diese Beschwerde jedenfalls als formelle Beschwerde i.S.v. § 172 I unzulässig.

194 Gleichwohl darf man die Eingabe des Anzeigeerstatters bzw. seines Prozessbevollmächtigten nicht ignorieren und muss sie vielmehr *in Richtung des nächsten zulässigen Rechtsbehelfs auslegen*. Grund hierfür ist einmal die sog. prozessuale Fürsorgepflicht der Strafverfolgungsbehörden, zum anderen das Gebot des fairen Verfahrens. In Ermangelung formeller Rechtsbehelfe wäre das in unserem Falle die *Dienstaufsichtsbeschwerde*, deren Zulässigkeit sich aus dem allgemeinen Beamtenrecht ergibt. Diese hat nun in derartigen Konstellationen wenig mit der klassischen Dienstaufsichtsbeschwerde zu tun, bei welcher das Verhalten eines Beamten beanstandet wird. Vielmehr geht es allein um die Überprüfung der sachlichen Richtigkeit der Entscheidung der Staatsanwaltschaft als Behörde. Wegen dieser anderen Zielrichtung spricht man hier besser von der sog. *Sachaufsichtsbeschwerde*. Dieser Ersatzrechtsbehelf ist anerkannt, weil andernfalls der große Anteil der Opportunitätseinstellungen unüberprüfbar bliebe.

195 **Zur Akte 1:**
Lesen Sie jetzt bitte 16!

Die Staatsanwaltschaft behandelt Sachaufsichtsbeschwerden genau wie formelle Beschwerden nach § 172 mit dem einen Unterschied, dass deren Befristung entfällt. Auch bei ihnen wird daher zunächst eine Abhilfe erwogen, wobei in unserem Falle die Staatsanwaltschaft nunmehr offenbar von der Richtigkeit ihrer Entscheidung überzeugt war, denn sie hat die Akten mit dem Bericht Bl. 16 der Generalstaatsanwaltschaft als vorgesetzter Behörde zur Entscheidung vorgelegt.

196 Intern wird dazu zunächst der Dezernent (hier Amtsanwalt *Hörster*) die Berechtigung der Beschwerde prüfen. Hält er sie für nicht Erfolg versprechend, legt er die Akten mit dem Entwurf des Berichts Bl. 16 seinem Abteilungsleiter (hier OStA *Dr. Kramer*) vor. Gelangt auch dieser zur Auffassung, die Beschwerde sei unbegründet, so unterzeichnet er den Bericht und die Sache wird an die vorgesetzte Behörde abgesandt. Wäre er anderer Auffassung als der Dezernent, würde er diesen statt dessen anweisen, die Ermittlungen wiederaufzunehmen.

197 Mangels entsprechender Regelungen fehlt für die Sachaufsichtsbeschwerde die für die Vorschaltbeschwerde gemäß § 172 II 1 bestehende Fristgebundenheit. Dies verpflichtet die Staatsanwaltschaften im Übrigen, an sich nach § 172 I statthafte, aber verfristete Beschwerden aus Fürsorgegesichtspunkten nicht als unzulässig zu behandeln, sondern sie wenigstens in Sachaufsichtsbeschwerden umzudeuten. Sie werden daher trotz ihrer Verspätung von der Generalstaatsanwaltschaft vollinhaltlich geprüft. Indessen wäre das weitere gerichtliche Klageerzwingungsverfahren wegen der Fristversäumung unzulässig.

198 Gegen Bescheide der Generalstaatsanwaltschaft auf Sachaufsichtsbeschwerden ist ebenfalls kein förmlicher Rechtsbehelf mehr vorgesehen. Stattdessen wäre nur die (weitere) Dienstaufsichtsbeschwerde zum Justizministerium statthaft.

---

[51] MEYER-GOSSNER § 172 Rn. 6.

V. Die Weisungsgebundenheit des Staatsanwalts

1. Die Zwitterstellung der Staatsanwaltschaft als Hintergrund

Den Hintergrund des angesprochenen Ersatzrechtsbehelfs der Sachaufsichtsbeschwerde, die der vorgesetzten Behörde eine von der StPO nicht vorgesehene Überprüfung der Entscheidung ermöglicht, bildet eine Besonderheit, welche die Staatsanwaltschaft ihrer besonderen Rolle und einer daraus folgenden Zwitterstellung verdankt. Sie hat einerseits mit der Ermittlung und Anklage ehemals richterliche Aufgaben übernommen (Rn. 20, 62) und trifft bei der Einstellung des Ermittlungsverfahrens heute judizielle Entscheidungen, die u. U. sogar materielle Rechtskraft erlangen können (vgl. § 153a I 5). Andererseits soll sie eine exekutive Kontrollfunktion gegenüber der Justiz ausüben. Sie ist damit weder eindeutig der Exekutive noch der Judikative zuzuordnen.[52] Vielmehr stellt sie eine „Institution sui generis"[53] dar, ein *der dritten Gewalt zugeordnetes (aber ihr nicht zugehöriges) Organ der Rechtspflege.*[54]

199

Diese Doppelstellung der Staatsanwaltschaft spiegelt sich auch in ihrer hierarchischen Struktur wider (siehe Rn. 116). Denn einerseits haben die einzelnen Beamten der Staatsanwaltschaften den dienstlichen Weisungen ihrer Vorgesetzten zu gehorchen (§ 146 GVG) und andererseits können sie in bestimmten Einzelfragen gerade nicht angewiesen werden.

200

2. Die Ausgestaltung des Weisungsrechts

a) Weisungen bei staatsanwaltlicher Rechtsanwendung

Die Weisungsgebundenheit besteht zum einen gegenüber dem jeweiligen Vorgesetzten (§ 147 Nr. 3 GVG, sog. *internes Weisungsrecht*), zum anderen gegenüber der Generalstaatsanwaltschaft und dem Justizministerium (§ 147 Nrn. 1 und 2 GVG, sog. *externes Weisungsrecht*). Dies relativiert das Amt des unabhängigen Justizwächters (siehe Rn. 20) natürlich; andererseits ist das Weisungsrecht weder in der Theorie noch in der Praxis so schlagkräftig, wie der Terminus vermuten lässt.

201

Zunächst sind richtigerweise alle *Entscheidungen mit richterähnlicher Rechtsanwendung dem Weisungsrecht entzogen.*[55]

202

---

[52] Peters S. 161; KK-Schmidt/Schoreit § 141 GVG Rn. 3.
[53] Meyer-Gossner vor § 141 GVG Rn. 6.
[54] Eberhard Schmidt, Zur Rechtsstellung und Funktion der Staatsanwaltschaft als Justizbehörde, MDR 1964, 629–633 und 713–718 (713).
[55] Im Ergebnis ebenso Claus Roxin, Rechtsstellung und Zukunftsaufgaben der Staatsanwaltschaft, DRiZ 1969, 385–389 (386); Henkel S. 142 f.; Meyer-Gossner § 146 GVG Rn. 3; für weitergehende Weisungsbefugnisse hingegen KK-Schmidt/Schoreit § 146 GVG Rn. 4; Volker Krey/Jürgen Pföhler, Zur Weisungsgebundenheit des Staatsanwalts, NStZ 1985, 145–152 (151 f.).

> **Beispiel (Weisung zur Anklage):**[56]
>
> Staatsanwältin *Corinna K.* bespricht die Ergebnisse eines Ermittlungsverfahrens gegen den Beschuldigten *André B.* abends bei einem Glas Rotwein mit ihrem Vorgesetzten OStA *Bodo W.* Dieser entscheidet am Schluss des Gesprächs, *K.* solle *B.* anklagen. – Zwar wäre ein Oberstaatsanwalt als zuständiger Abteilungsleiter ein Dienstvorgesetzter im Sinne von § 146 GVG und daher im Prinzip gegenüber *K.* weisungsbefugt. Allerdings spiegelt das Weisungsrecht im Prinzip nur das rein beamtenrechtliche Hierarchieverhältnis wider. Der einzelne Staatsanwalt ist jedoch nicht nur Beamter, sondern zugleich ein der Wahrheit und Gerechtigkeit verpflichtetes Organ der Rechtspflege. Deshalb darf die Staatsanwaltschaft nicht allein verlängerter Arm der Exekutive sein.[57] Der Staatsanwalt ist vielmehr bei allen Entscheidungen, die sich als reine Rechtsanwendung ohne Ermessensspielraum darstellen, ausschließlich dem Recht und seinem Gewissen, nicht aber seinem Vorgesetzten unterworfen. Vor allem bei den von ihm im Rahmen des Legalitätsprinzips zu treffenden Entscheidungen (Verfahrenseinleitung, Einstellung mangels Tatverdachts und Anklage nach § 170) hat der Staatsanwalt deshalb eigenverantwortlich zu entscheiden; ihm steht insoweit innerdienstlich ein unantastbarer Beurteilungsspielraum zu. Solange Staatsanwältin *K.* deshalb mit der Sache verantwortlich befasst ist, hat alleine sie zu entscheiden, ob *B.* angeklagt wird oder nicht.

203 Nach allgemeiner Auffassung darf auch der Sitzungsvertreter der Staatsanwaltschaft in der Hauptverhandlung nicht dazu angewiesen werden, bestimmte Schlussanträge in seinem Plädoyer zu stellen. Die Begründung hier lautet allerdings etwas anders: Das Urteil – und damit ebenso der entsprechende Schlussantrag des Staatsanwalts – ergeht aus dem Inbegriff der Hauptverhandlung (§ 264 I), weshalb dem dort nicht anwesenden Vorgesetzten schlicht die Erkenntnisgrundlage für sachgerechte Weisungen fehlt.[58] An der Schwelle des Sitzungssaales hören deshalb alle Anweisungen auf.[59]

b) Substitutionsrecht

204 Obschon daher Weisungen gerade im Kernbereich staatsanwaltlicher Tätigkeit nicht greifen, erkennt das Gesetz einen Anspruch der Behördenleitung (und auch des politisch verantwortlichen Justizministeriums) an, die eigene Rechtsauffassung im Ergebnis durchzusetzen (und damit die Sache zumindest dem Gericht zur weiteren Prüfung qua Anklage zu unterbreiten). Deswegen gibt § 145 I GVG dem Behördenleiter das Recht, die Sache an sich zu ziehen und sie entweder selbst zu bearbeiten oder einen anderen Dezernenten zu bestimmen (sog. *Substitutionsrecht*). Falls der Behördenleiter dieses Recht an die Abteilungsleiter delegiert hat, könnte im Beispiel Rn. 202 OStA *W.* die Sache also selbst übernehmen (oder einen anderen, anklagewilligeren Staatsanwalt als Sachbearbeiter bestimmen). Andernfalls müsste

---

[56] Der Fall ist fiktiv, ähnelt aber zahlreichen Szenen in pseudorealistischen TV-Serien.

[57] Roxin (Fn. 55), DRiZ 1969, 387.

[58] KK-Schmidt/Schoreit § 146 GVG Rn. 9; Meyer-Gossner § 146 GVG Rn. 4.

[59] Albert Feisenberger, Vorsitzender und Staatsanwalt in der Hauptverhandlung, DRiZ 1925, Sp. 384–386 (385); Eb. Schmidt Lehrkommentar III, § 146 GVG Rn. 7.

er den Behördenleiter dazu bringen, eine solche Entscheidung zu treffen. Das Recht zur Ablösung des zuständigen und zur Bestimmung eines neuen Staatsanwalts stehen auch Generalstaatsanwaltschaft und Justizministerium zu.

In der Praxis geschieht eine solche Auswechselung des Dezernenten freilich äußerst selten. Dies liegt in erster Linie an den faktisch sehr geringen Kontrollmöglichkeiten der Vorgesetzen, die gar keine Kapazitäten hätten, das Handeln sämtlicher Untergebener in der Vielzahl der von diesen bearbeiteten Verfahren zu kontrollieren. Eine solche Kontrolle findet daher allenfalls in bedeutenderen Sachen bzw. dann statt, wenn ein Verfahren ohnehin über ihren Tisch geht, z. B. bei der Weiterleitung an die Generalstaatsanwaltschaft nach Einstellungsbeschwerden (Rn. 179 ff., 194 ff.). Im Übrigen entscheiden sich sicherlich auch manche Dezernenten in einer Art vorauseilendem Gehorsam für die mutmaßlich gewollte Art der Sachbehandlung und vermeiden daher von vornherein jeden Konflikt mit ihren Vorgesetzten.[60]

205

Schon eher geschieht es einmal, dass der Behördenleiter brisant erscheinende (z. B. gegen prominentere Beschuldigte gerichtete) Verfahren gleich bei ihrem Eingang in Ausübung seiner Befugnis nach § 145 I GVG außer der Reihe besonders erfahrenen oder sachkundigen Dezernenten zuweist. Hierfür sind dann aber weniger konkret ergebnisorientierte Überlegungen maßgebend, als das Interesse an einer kompetenten und sachgerechten Bearbeitung.

c) Weisungen im Ermessensbereich

Zulässig sind Weisungen hingegen überall dort, wo dem Staatsanwalt ein Ermessensspielraum zusteht. Hier kann der Vorgesetzte prinzipiell bestimmen, in welcher Weise ein solcher Spielraum auszunutzen ist. Das betrifft vor allem die Gestaltung des Ermittlungsverfahrens (z. B.: Welche Ermittlungen sollen zur Klärung des Verdachts angeordnet werden?) und die Anwendung des Opportunitätsprinzips (z. B.: Soll ein Verfahren angeklagt oder nach § 153a I vorläufig eingestellt werden?). Natürlich müssen sich solche Weisungen *im Rahmen des Ermessensspielraumes* halten; unzulässig wäre es daher beispielsweise, zur Einstellung nach § 153 I anzuweisen, obschon die Schuld des konkreten Beschuldigten nicht als gering angesehen werden kann.

206

> **Zur Akte 1:**
> Da die durch die Beschwerde Bl. 15 angegriffene Entscheidung Bl. 14 eine solche über die Anwendbarkeit des Opportunitätsprinzips war, also letztlich eine Frage des Ermessens in Rede stand (§ 153 I: „*kann*…von der Verfolgung absehen"), wäre eine Weisung der Generalstaatsanwaltschaft möglich gewesen, im konkreten Fall nicht einzustellen (sondern eine Entscheidung nach § 170 II zu treffen). Wegen des bestehenden Weisungsrechts ist die Generalstaatsanwaltschaft als vorgesetzte Behörde überhaupt nur befugt, in derartigen Fällen der Ermessensausübung die Sachbehandlung durch die Staatsanwaltschaft zu prüfen. Sie tut dies regelmäßig in vollem Umfang, beschränkt sich dabei indes zumeist auf eine Vertretbarkeitskontrolle, die in unserem Verfahren offensichtlich keine Ermessensfehler der Staatsanwaltschaft aufgedeckt hat.

207

---

[60] Winfried MAIER, Wie unabhängig sind Staatsanwälte in Deutschland, ZRP 2003, 387–391 (388).

d) Allgemeine Weisungen

208 In den prinzipiell für Weisungen zugänglichen Feldern (Rn. 206) können nicht nur Einzelfallweisungen, sondern ebensogut allgemeine Weisungen ergehen. Die bekanntesten dieser Weisungen sind die RiStBV über die Ausgestaltung des Ermittlungsverfahrens sowie die MiStrA (siehe oben Rn. 29). Sie sind daher wie jede Weisung grundsätzlich für den Staatsanwalt bindend.

209 **Aufgabe:**
Allgemeinweisung zur Einstellungspraxis
Der Generalstaatsanwalt weist seine untergeordneten Staatsanwaltschaften an, künftig beim Verdacht von Sachbeschädigungen keine Ermittlungen mehr zu veranlassen, sofern nicht der Sachschaden höher als 50.- € oder der Beschuldigte einschlägig vorbelastet ist. Staatsanwalt *Maximilian G.* erhebt trotz Vorliegen dieser Voraussetzungen Anklage gegen einen Beschuldigten, weil über die Tat in der örtlichen Presse berichtet worden ist.
Hätte Staatsanwalt *G.* der Weisung nachkommen müssen?

210 Die Weisung des GenStA war zwar rechtmäßig, weil sie im Rahmen des Opportunitätsspielraumes erging. § 303 StGB stellt ein Privatklagedelikt dar (§ 374 I Nr. 6), das nur bei Vorliegen des öffentlichen Interesses verfolgt wird (§ 376). Der hier den Staatsanwaltschaften eröffnete Beurteilungsspielraum[61] kann im Interesse einheitlicher Sachbehandlung eingeschränkt werden. Indes wäre es unzulässig, Weisungen mit einer strikten Bindungswirkung zu versehen, die im Einzelfall zu unsachgemäßen Entscheidungen nötigt. Wenn Staatsanwalt *G.* also wegen besonderer Umstände des Einzelfalls – zutreffend – das Vorliegen des öffentlichen Interesses trotz der Kriterien der Weisung bejaht, so muss er sich nicht an die Weisung gebunden fühlen. Allgemeine Weisungen gelten deshalb immer *nur für den Regelfall*; Ausnahmen bleiben zulässig (vgl. etwa die dies ausdrücklich feststellende Präambel zu den RiStBV).

3. Der Streit um die Unabhängigkeit des Staatsanwalts

211 Die Weisungsabhängigkeit des Staatsanwalts steht seit langem in der Kritik. Die immer wieder erhobene Forderung nach einer Unabhängigkeit des Staatsanwalts[62] bzw. nach der kompletten Abschaffung des Weisungsrechts ist aber zurückzuweisen. Denn dieses erfüllt, maßvoll ausgeübt, wichtige Funktionen:

---

[61] Siehe dazu auf ET 04-04.
[62] Leberecht HOBERG, Die Unabhängigkeit des Staatsanwalts, DRiZ 1953, 136–139; Doris MÖLLER-DORN, Staatsanwaltschaft ohne Hierarchie – eine rechtsstaatliche Notwendigkeit, Betrifft Justiz 26/1991, 53–56; Brigitte KELKER, Die Rolle der Staatsanwaltschaft im Strafverfahren, ZStW 118 (2006), 389–426 (424).

- die Vereinheitlichung der Ermittlungstechnik und Verfahrensorganisation;
- die Vereinheitlichung der Rechtsanwendung und damit die Beachtung des Gebots der Gleichbehandlung;
- vor allem aber die vom Klageerzwingungsverfahren nicht umfassend gesicherte Qualitätskontrolle im Ermittlungsverfahren.

Gerade dieser letzte Gesichtspunkt spricht entscheidend gegen eine Weisungsunabhängigkeit des Staatsanwalts und für das Substitutionsrecht des § 145 I GVG: Es muss angesichts der strukturell bedingten Fehleranfälligkeit staatsanwaltlichen Handelns möglich bleiben, im Einzelfall unabhängig vom Tätigwerden anderer Verfahrensbeteiligter eine angemessene Sachbehandlung zu gewährleisten. Während deshalb das interne Weisungsrecht unverzichtbar erscheint, ist kein Grund ersichtlich, warum auch die Justizverwaltung im Einzelfall Einfluss auf die staatsanwaltschaftliche Tätigkeit nehmen können sollte. Deshalb ist das externe (Einzelfall-)Weisungsrecht abzulehnen. **212**

▶ Eine intensivere Auseinandersetzung mit dem Weisungsrecht erfolgt auf ET 04-08.

Wiederholungsfragen zum 4. Kapitel
1. Warum ist der Generalbundesanwalt gegenüber dem Generalstaatsanwalt nicht weisungsbefugt? (Rn. 110)
2. Wie verhalten sich Opportunitäts- und Legalitätsprinzip zueinander? (Rn. 123)
3. Welche Funktionen besitzt das Opportunitätsprinzip? (Rn. 124)
4. Was besagt die Feststellung, an der Verfolgung bestehe kein öffentliches Interesse? (Rn. 130 f.)
5. Was unterscheidet den materiellen vom prozessualen Tatbegriff? (Rn. 168 f.)
6. Wie kann sich der Anzeigeerstatter einer Einstellung mangels Tatverdachts erwehren? (Rn. 179, 184–186)
7. Und welche Abwehrmittel stehen ihm gegen eine Einstellung aus Opportunitätsgründen zur Verfügung? (Rn. 194–198)
8. Wo sind Weisungen gegenüber dem Staatsanwalt zulässig und wo nicht? (Rn. 202 f., 206)
9. Was kann der Dienstvorgesetzte tun, wo er keine zulässigen Weisungen erteilen darf? (Rn. 204)

5. Kapitel. Der Beschuldigte

I. Der Beschuldigte und seine Vernehmung

1. Die Rechtsstellung des Beschuldigten

Zur Akte 2: 213
Lesen Sie jetzt bitte zunächst Bl. 1–15 und Bl. 24–26 in der zweiten Verfahrensakte im Zusammenhang durch!

Der genaue Ablauf des Geschehens wird Ihnen nach Lektüre der verschiedenen Angaben (die zudem, wie die polizeilichen Berichte, teils auch noch aus zweiter Hand erfolgten) sicherlich noch nicht als endgültig geklärt erscheinen. Jedenfalls hat es sich um einen offenbar recht dramatischen Zwischenfall mit einem Verletzten infolge eines – glücklicherweise offenbar glimpflich verlaufenen – Messerstichs durch die Beschuldigte *Kindoro* gehandelt.

Bei Bl. 1–5 handelt es sich um den Bericht des kriminalpolizeilichen Bereitschaftsdienstes (KK 45, „K-Wache", siehe Bl. 1). Diese Dienststelle wird bei Straftaten mittlerer und schwererer Art regelmäßig dann als erste tätig, wenn es sofortiger polizeilicher Ermittlungsmaßnahmen bedarf und die an sich zuständige Dienststelle (in unserem Fall das Kriminalkommissariat 11 [„KK 11"]) dazu nicht in der Lage ist (z. B. wie hier wegen der nächtlichen Einsatzzeit). Letztere übernimmt die Sachbearbeitung dann sobald als möglich, in unserem Verfahren am folgenden Morgen (siehe Bl. 11 und 15).

Als erstes am Tatort eingetroffen war allerdings naturgemäß ein Streifenwagen der Schutzpolizei, besetzt mit den Beamten *Feldbrügge* und *Damman*. Deren Bericht findet sich auf Bl. 6 f.

Verwunderlich mag zunächst erscheinen, dass nicht nur die beiden mutmaßlichen Täterinnen, sondern auch der Verletzte *Eftherim* von der Polizei als Beschuldigter behandelt worden ist. Dies beruht offensichtlich auf der zunächst unklar erscheinenden Sachlage, die auch eine (Mit-)Ursächlichkeit *Eftherims* am Geschehen nicht ausgeschlossen erscheinen ließ. 214

Tab. 1 Rechte und Pflichten des Beschuldigten

Rechte	Pflichten
Rechtliches Gehör (Art. 103 I GG)	Erscheinen zu Vernehmungen vor der Staatsanwaltschaft und später zur Hauptverhandlung (§§ 163a III 1, 230)
Recht auf Verteidigung (§ 137 I StPO, Art. 6 III c) EMRK)	
Anwesenheitsrechte (§§ 168c II, 168d I, 230 I)	
Fragerecht (§ 240 II StPO, Art. 6 III d) EMRK)	Dulden von Ermittlungsmaßnahmen (§§ 81a, 94, 102, 127 u. a.)
Schweigerecht (§ 136 I 2)	
Antragsrechte (§ 136 I 3 StPO, Art. 6 III d) EMRK)	

Nachdem Sie nun einen ersten Eindruck von dem Geschehen gewonnen haben, schauen Sie sich anschließend die Beschuldigtenvernehmungen Bl. 11–14 (Beschuldigte *Kindoro* und *Schuler*) sowie Bl. 22–24 (Beschuldigter *Eftherim*) noch einmal gründlicher an!

215 Die Belehrungen, die allen drei Beschuldigten jeweils zu Beginn ihrer Vernehmung – korrekt – erteilt worden sind, spiegeln einen Teil derjenigen Rechte wider, die jeder Beschuldigte besitzt (s. dazu Tab. 1).

216 Die Teilhaberechte (u. a. das Fragerecht, das Anwesenheitsrecht und das (insb. Beweis-)Antragsrecht verdeutlichen, dass die Rechtsstellung des Beschuldigten heute die eines *Prozesssubjektes* ist (im Unterschied zur jedenfalls faktischen Rolle eines Prozessobjekts, die er im Inquisitionsverfahren einnahm).

217 Mit der Subjektstellung geht das in Art. 6 II EMRK normierte Prinzip der *Unschuldsvermutung* einher. Wenngleich über seine Bedeutung für einzelne Regelungen des Strafverfahrensrecht keine Einigkeit besteht,[1] so lässt sich jedenfalls sein wesentlicher Gehalt zusammenfassen: Vor einer in Rechtskraft erwachsenen Schuldfeststellung qua Urteil gilt der Beschuldigte als unschuldig. Er darf folglich zum einen nur als „Verdächtiger", „Beschuldigter" oder „Angeklagter" bezeichnet werden, nicht aber als „der Täter".[2] Zum anderen sind zwar gegen ihn ergriffene Maßnahmen zulässig, dürfen aber stets nur vorläufigen Charakter haben.[3] Das bedingt insb. bei schwerwiegenden Eingriffen wie der Untersuchungshaft eine ständige Überprüfung ihrer Notwendigkeit; sie darf also nicht allein deshalb angeordnet werden, weil höchstwahrscheinlich Strafe verhängt werden und diese ohnehin länger dauern wird als die Haft.

---

[1] ROXIN/SCHÜNEMANN § 11 Rn. 1 ff. mit zahlreichen Nachweisen.
[2] ROXIN/SCHÜNEMANN § 11 Rn. 2; vgl. dazu näher Kristian KÜHL, Unschuldsvermutung und Einstellung des Strafverfahrens – Die neueste Rechtsprechung des Europäischen Gerichtshofs für Menschenrechte zu Art. MRK Artikel 6 MRK Artikel 6 Absatz II MRK, NJW 1984, 1264–1268; BVerfG NStZ 1990, 598 (599).
[3] BVerfG NStZ 1990, 598 (599); PETERS S. 431; eingehend Kristian KÜHL, Unschuldsvermutung, Freispruch und Einstellung, 1983, S. 12 ff.

2. Die Vernehmung des Beschuldigten und seine Belehrung

Die §§ 133 ff. regeln zwar primär die richterliche Vernehmung des Beschuldigten, deren Regeln aber wegen der Verweise in § 163a III, IV auch für die staatsanwaltliche und polizeiliche Beschuldigtenvernehmung gelten. Diese Regelungstechnik bildet im Übrigen erneut ein Relikt der abgeschafften richterlichen Voruntersuchung.[4] Dass die polizeiliche bzw. staatsanwaltschaftliche Vernehmung (als später verwertbare Befragung) keine Idee der RStPO in ihrer Originalfassung darstellte, zeigt schon die Paragraphennummer des § 163a.

218

Zu Beginn jeder Vernehmung ist der Beschuldigte nach § 136 I in mehrfacher Hinsicht zu informieren bzw. zu belehren, und zwar über
- den ihm gemachten *Vorwurf*, denn andernfalls könnte er gar nicht erkennen, was die Fragen der Vernehmenden bezwecken und wo er möglicherweise in Gefahr steht, sich selbst zu belasten;
- sein *Schweigerecht*, weil dieses keinesfalls als Allgemeinwissen in der Bevölkerung vorhanden ist und zudem die Autorität polizeilicher Amtspersonen die Gefahr begründet, von einer Pflicht zur Antwort auszugehen (zumal § 111 OWiG Antworten auf Fragen zu den Personalien sogar bei Sanktionsbewehrung verlangt);
- sowie sein Recht auf *Verteidigerkonsultation*. Selbst wenn dieses Recht allgemein bekannt sein dürfte, so ist dennoch ein Hinweis dringend erforderlich, weil viele Beschuldigte zunächst glauben, sich selbst verteidigen zu können, und dabei ihren Interessen durch unbedachte Äußerungen mehr schaden als nützen (z. B. durch Behauptung eines anschließend widerlegbaren Alibis);
- das Recht, *Beweiserhebungen zu beantragen*. Diese Möglichkeit steht allerdings in dieser Verfahrensphase weitgehend nur auf dem Papier, weil es erst in der Hauptverhandlung auch (über § 244 III 2) durchgesetzt werden kann;
- die Möglichkeit eines *Täter-Opfer-Ausgleichs*, allerdings nur in geeigneten Fällen, d. h. bei geständigem Täter und einem ausgleichsgeeigneten Delikt (was i. d. R einen individuellen Geschädigten bedingt).

219

Zur Akte 2:
Während die Beschuldigten *Kindoro* und *Schuler* von ihrem Recht Gebrauch gemacht haben, sich zunächst anwaltlich beraten zu lassen und (jedenfalls vorläufig) ansonsten zu schweigen, hat der Beschuldigte *Eftherim* die Möglichkeit wahrgenommen, seine Sicht der Dinge darzustellen.

220

Ob es selbst für einen sich unschuldig fühlenden Beschuldigten immer klug ist, Angaben zu machen, erscheint jedenfalls zweifelhaft. Was man bei einer solchen Gelegenheit einmal gesagt hat, lässt sich später kaum noch aus der Welt schaffen und beinhaltet möglicherweise eben doch belastend erscheinende Momente (oder Hinweise auf andere Straftaten). Grundsätzlich ist es daher immer vorzuziehen, vor einer Rücksprache mit einem Rechtsanwalt überhaupt keine Angaben zu machen.

221

---

[4] Vgl. oben Rn. 27, 378.

222 Unterbleiben anlässlich einer Beschuldigtenvernehmung die Rn. 219 genannten Belehrungen, so entstehen je nach Belehrungsdefizit unterschiedliche Folgen. Insbesondere die beiden letztgenannten Belehrungen über die Möglichkeit eines Täter-Opfer-Ausgleichs sowie das Recht, Beweiserhebungen zu beantragen, bleiben allerdings schlicht folgenlos.

223 **Aufgabe:**
Die Polizei wurde zu einem Verkehrsunfall gerufen, an dem u. a. ein Pkw beteiligt war. Um den Pkw herum standen vier Personen. Einige dieser Personen schienen alkoholisiert zu sein. Der uniformierte Polizeibeamte K. fragte daraufhin zunächst allgemein „Wer ist hier gefahren?". Daraufhin bezeichnete ein Zuschauer den *Maximilian A.*, eine der vier Personen, als jemanden, der bei der Fahrerseite ausgestiegen ist. K. fragte daraufhin A.: „Sind Sie gefahren?". *Maximilian A.* bejahte dies.
Verliefen diese Befragungen korrekt?

224 Die vorrangige Fragestellung ist stets, ob das Geschehen (schon) die Vernehmung eines Beschuldigten darstellt. Oben war bereits angesprochen worden, wie man Beschuldigter eines Ermittlungsverfahren wird (Rn. 87): Es genügt nicht allein das Bestehen eines Anfangsverdachts (§ 152 II StPO), sondern es muss eine gezielt gegen den Verdächtigen gerichtete Ermittlungshandlung hinzutreten. Die Frage, in welchem Zeitpunkt die Beschuldigteneigenschaft entsteht, ist von erheblicher praktischer Bedeutung, weil damit die Rn. 213 genannten Rechte einhergehen, die dem nur Verdächtigen in so ausgeprägter Form noch nicht zustehen.

225 Maßgebend ist folglich, ob eine Ermittlungshandlung (z. B. in Gestalt einer Befragung) vorgenommen wird, die den Verdacht gegen eine bestimmte Person dokumentiert. Im Aufgabenfall Rn. 223 bestand angesichts des Unfalls und der Alkoholisierung einiger aus der Gruppe der als Fahrer in Betracht kommenden vier Personen zwar bereits ein Anfangsverdacht einer möglichen Trunkenheitsfahrt nach den §§ 316, 315c StGB gegen *alle* möglicherweise Beteiligten, jedoch richtete sich die erste Frage des Beamten noch ganz allgemein „in den Raum hinein" (d. h., sie hätte auch niemanden zu einer Antwort zu veranlassen brauchen). Es mag zwar objektiv ein Verdacht (auch) gegen *A.* bestanden haben, jedoch war dieser bislang nicht zum Beschuldigten geworden, weil sich gegen ihn noch keine spezifisch ihn betreffende Verfolgungsmaßnahme gerichtet hatte oder er explizit verdächtigt worden war. Anders läge es, hätte der Beamte alle möglichen Fahrer, aber auch nur diese, befragt, weil dann gegen alle vier gezielte Ermittlungen aufgenommen worden wären.

226 Anders bei der zweiten Frage: Hier wird deutlich, dass *K.* den *A.* (und zwar ihn primär) in Verdacht hatte. Auf Grund der an ihn gerichteten, auf die Klärung seiner Tatbeteiligung zielenden Frage wurde er folglich zum Beschuldigten eines Ermittlungsverfahrens. Denn Befragungen eines Beschuldigten, deren Thema (auch)

Umstände der Tat oder ihres Nachweises sind, stellen stets eine (Beschuldigten-) Vernehmung im Sinne der §§ 136, 163a IV dar.[5]

Der Begriff der Vernehmung ist ansonsten im Gesetz nicht näher definiert. Die Rspr. definiert eine Vernehmung als eine Situation, in der

der Vernehmende der Auskunftsperson (also dem Beschuldigten, dem Zeugen oder dem Sachverständigen) in amtlicher Funktion gegenübertritt und in dieser Eigenschaft von ihr Auskunft verlangt.[6]

Da es weiterer formaler Begleitumstände nicht bedarf, spielt es keine Rolle, wenn nur eine einzelne Frage wie im Aufgabenfall Rn. 223 außerhalb des Vernehmungszimmers und ohne Aufnahme eines Protokolls gestellt wird. Auch sie stellt eine Vernehmung dar (wenngleich vielleicht eine fehlerhafte). Wenn in der Praxis stattdessen gelegentlich mit dem Begriff einer sog. *informellen Befragung* operiert wird,[7] so ändert das nichts am Vorliegen einer Vernehmung.[8] Nicht unter den Vernehmungsbegriff fallen daher allenfalls Befragungen, die, wie bei der ersten Frage im Aufgabenfall Rn. 223, niemanden speziell ansprechen oder keine zielgerichtete Befragung, sondern schlichte Plauderei zu fallirrelevanten Themen enthalten („Wie geht es Ihnen?").

Zur Akte 2:

Wenn Sie sich den Bericht von PK *Feldbrügge* (Bl. 6 f.) anschauen, so fallen Ihnen darin dokumentierte Befragungen der drei später als Beschuldigten behandelten Personen auf, aber keine Belehrungen. Offensichtlich war es auch nicht so, dass noch kein Verdacht gegen die Befragten entstanden war oder eine zuvorige Belehrung unmöglich gewesen wäre. Sie hätten daher belehrt werden müssen. Gleichwohl findet man derartige Belehrungsdefizite in der Praxis (leider) recht häufig. Finden erste Befragungen wie in unserem Verfahren in einer emotional noch aufgeheizten Atmosphäre statt, so ist es im Übrigen gut nachzuvollziehen, wenn die Beamten zunächst die Situation zu deeskalieren versuchen; die mit der Verbalisierung eines Vorwurfs verbundene Beschuldigtenbelehrung würde dabei womöglich stören. Dennoch fanden an dieser Stelle Vernehmungen statt und sie wurden fehlerhaft durchgeführt.

3. Einzelheiten zu den Belehrungen und den Folgen ihres Fehlens

a) Das Schweigerecht und die Belehrung hierüber

Durchweg alle Belehrungsvorschriften wurden von der Rspr. früher als bloße Ordnungsvorschriften behandelt; sie nahm deshalb einen Verstoß wie im Aufgabenfall

---

[5] Vgl. Friedrich DENCKER, Über Heimlichkeit, Offenheit und Täuschung bei der Beweisgewinnung im Strafverfahren, StV 1994, 667–683 (674); ROXIN/SCHÜNEMANN § 25 Rn. 11.
[6] BGHSt (GS) 42, 139 (145); ebenso KK-DIEMER § 136a Rn. 6.
[7] Vgl. BayObLG NStZ-RR 2003, 343.
[8] OLG Thüringen StV 2006, 517 f.; ROXIN/SCHÜNEMANN § 25 Rn. 11.

Rn. 223 als folgenlose Obliegenheitsverletzung hin.[9] Mittlerweile hat sich indes die Erkenntnis durchgesetzt, dass Rechte des Beschuldigten nur dann wirkliche Rechtsstellungen begründen, wenn er auch in die Lage versetzt wird, sie auszuüben. Dazu gehört natürlich zuallererst die Kenntnis der Rechte, insb. das Schweigerecht. Kein Beschuldigter ist verpflichtet, mit eigenen Angaben an seiner Überführung mitzuwirken (*nemo tenetur se ipsum accusare*). Dieses Recht gehört (obschon es die StPO nur mittelbar in § 136 I 2 erwähnt) zu den anerkannten Mindeststandards eines jeden rechtsstaatlichen Verfahrens und lässt sich verfassungsrechtlich aus Persönlichkeitsrecht und Menschenwürde ableiten.[10]

230 Trotz dieses hohen Stellenwertes unterbleibt die Belehrung über das Schweigerecht in der Praxis offenbar relativ häufig, weil beim ersten polizeilichen Eingreifen andere Interessen, vor allem der Gefahrenabwehr, im Vordergrund stehen.[11] Als Folge der Einsicht in die Bedeutung von Belehrungen für die Ausübbarkeit von Verfahrensrechten hat der BGH im Jahre 1992 prinzipiell ein *Verwertungsverbot* in der Hauptverhandlung anerkannt, falls diese Belehrung unterblieb.[12] Eine Verurteilung könnte dann nicht mehr auf die früheren Aussagen des Beschuldigten gestützt werden; die Tat müsste vielmehr anderweitig bewiesen werden.

▶ Nähere Erläuterungen zu den Begriffen der Verwertung sowie des Verwertungsverbotes und wie eine solche Verwertung überhaupt stattzufinden hätte, können auf ET 05-01 nachgelesen werden.

231 Das von der Rspr. angenommene Verwertungsverbot wirkt freilich nicht absolut. *Ausnahmen* bestehen, wenn der Beschuldigte auch ohne die Belehrung *seine Rechte bereits kannte*, es sich z. B. um seine zweite Vernehmung in dem Verfahren handelte oder er sonst rechtskundig ist.[13] Sonst wären nämlich die Belehrungsvorschriften reine Formalien um ihrer selbst willen; es geht aber um ihren materiellen Gehalt und nicht, wie teilweise im US-amerikanischen Recht, um schlichte Einhaltung von Formvorschriften.

232 Ebenfalls verwertbar soll eine Aussage bleiben, wenn ihrer Verwertung in der Hauptverhandlung durch den verteidigten Angeklagten *nicht widersprochen* wurde.[14] Diese sog. *Widerspruchslösung*, die sich nahezu seuchenartig im Prozessrecht ausgebreitet hat, führt inzwischen dazu, dass kaum noch ein prozessualer Fehler im Rahmen der Beweisgewinnung zu einem Verwertungsproblem führt, solange die Verwertung in der Hauptverhandlung nicht unverzüglich gerügt wird. Eine nähere

---

[9] BGHSt 22, 170 (173 f.); 31, 395 (399).
[10] BVerfGE 38, 105 (114 f.); 56, 37 (43); SK-Rogall vor § 133 ff. Rn. 66 ff.; Roxin/Schünemann § 25 Rn. 1; Holger Matt, Nemo tenetur se ipsum accusare – Europäische Perspektiven, GA 2006, 323–328 (327).
[11] Artkämper/Schilling, Vernehmungen, 2010, S. 254.
[12] BGHSt 38, 214 = NJW 1992, 1463.
[13] BGHSt 38, 214 (224 f.).
[14] BGHSt 38, 214 (225 f.); KK-Diemer § 136 Rn. 28; zutreffend kritisch Roxin/Schünemann § 24 Rn. 34.

Auseinandersetzung zu Gründen und Folgen findet im Rahmen der Behandlung der Hauptverhandlung statt (vgl. dazu Rn. 969 ff.). Die Praxis kombiniert zudem das Widerspruchserfordernis mit einer Abwägung verschiedener Faktoren wie Gewicht des Verfahrensverstoßes, Strafverfolgungsinteresse und Beweisbedürfnis (sog. *Abwägungslösung*, dazu näher unten bei Rn. 962 ff.), weshalb selbst der erfolgte Widerspruch gegen einen klaren Belehrungsverstoß im Einzelfall dennoch ohne Folgen und die infolge des Verstoßes erlangte Aussage verwertbar bleiben kann.[15]

Eine weitere – indes weniger praxisrelevante – Ausnahme vom Verwertungsverbot nach Belehrungsverstoß bildet die *Wiederholung derselben Aussage nach sog. qualifizierter Belehrung*,[16] die dann auch den Hinweis auf die Unverwertbarkeit der früheren Angaben enthalten muss. 233

b) Die Belehrung über die Möglichkeit zur Verteidigerkonsultation

Den praktischen Regelfall einer fehlerhaften Belehrung dürfte wohl das Unterbleiben jeglicher Belehrung bilden. In diesem Fall zeitigt die Nichtbelehrung über die Möglichkeit, sich eines Verteidigers zu bedienen, keine weiteren Folgen als das ohnehin schon drohende Verwertungsverbot wegen der fehlenden Belehrung über das Schweigerecht (Rn. 229 ff.). Eine selbstständige Wirkung entfalten Verstöße (nur) gegen die Pflicht zur Belehrung über das Verteidigungsrecht vor allem dann, wenn zwar belehrt wird, dies aber falsch oder unzureichend geschieht.[17] 234

Aufgabe: 235
Polizist verschweigt Existenz einer Anwaltsnotrufnummer[17]
Der Beschuldigte *Gerald D.* wurde relativ spät am Abend durch die Polizei vernommen und zunächst auch ordnungsgemäß belehrt. Als er daraufhin sagte, er wolle im Prinzip aussagen, aber dennoch zuerst einen Verteidiger befragen, gab ihm der vernehmende Kriminalbeamte das örtliche Branchentelefonbuch und schob ihm ein Telefon zu. *D.* versuchte daraufhin, mehrere Anwälte aus dem Telefonbuch anzurufen, was um die fragliche Nachtzeit aber zu keinem Erfolg führte. Schließlich sagte *D.* auf Drängen des Beamten schließlich doch geständig aus. Dieser hatte *Gerald* D. nicht darüber informiert, dass es eine anwaltliche Notrufnummer gab, unter welcher rund um die Uhr Anwälte telefonisch zu erreichen gewesen wären.
Können die Angaben von *D.* verwertet werden?

Aus dem hohen Stellenwert des Verteidigungsrechts folgt, dass jedenfalls bei unterlassener Belehrung (und darauf gründender Rechtsunkenntnis) die anschließenden Angaben unverwertbar bleiben (mit denselben Einschränkungen wie bei Rn. 231 ff. 236

---

[15] So etwa in BGHSt 53, 112 (116 f.).
[16] KK-Diemer § 136 Rn. 27; Roxin/Schünemann § 24 Rn. 61; BGHSt 53, 112 (115 f.); zu Einzelheiten Artkämper/Schilling (Fn. 11), S. 249 ff.
[17] BGHSt 38, 372.

angesprochen). Aber selbst wenn eine Belehrung nach dem Wortlaut von § 136 I erfolgt, so läuft sie natürlich leer, falls man dem Beschuldigten nicht die tatsächliche Möglichkeit verschafft, das Wissen über sein Recht auch in entsprechendes Handeln umzumünzen. Sobald also der Beschuldigte einen Verteidiger verlangt, ist die Vernehmung zunächst zu unterbrechen und darf ohne Verteidiger nur fortgesetzt werden, wenn der Beschuldigte damit ausdrücklich einverstanden ist. Dieses Einverständnis wiederum hat er frei von Zwang, Täuschung und Irrtum zu erteilen. Im Fall Rn. 235 irrte *D.* über seine tatsächlichen Möglichkeiten, ad hoc einen Anwalt zu erreichen, weil der Beamte ihm die Existenz des Notdienstes[18] verschwiegen hatte. In dieser Konstellation hat der BGH ein Verwertungsverbot angenommen.[19] Anders, wenn der Beschuldigte ausdrücklich einen bestimmten Anwalt sprechen will und ihm dies nicht gelingt. Hier bedarf es keines Hinweises auf einen Notdienst.[20]

237 Zum Teil wird verlangt, anlässlich einer Belehrung über die Verteidigerkonsultation stets zugleich auf die Existenz eines Notdienstes hinzuweisen, weil vor allem zur Nachtzeit der Beschuldigte irrig annehmen könnte, er habe ohnehin keine Chance, einen Anwalt zu erreichen, und daher seinen Wunsch gar nicht äußern würde.[21] Auf der anderen Seite muss man nicht jeder Eventualität qua Belehrung vorbeugen und darf von dem Beschuldigten immerhin verlangen, wenigstens seinen Wunsch nach einem Verteidiger zu bekunden. Tut er dies, so ist ihm jede zumutbare Hilfe zu gewähren, einen Verteidiger auch zu erreichen. Wer aber auf die Belehrung über die Möglichkeit zur Verteidigerkonsultation gänzlich schweigt, dessen geheimen Wünschen braucht der Vernehmende nicht nachzuspüren oder ihn gewissermaßen auf Vorrat über alles Mögliche zu informieren.

II. Verbotene Vernehmungsmethoden

1. Die einzelnen Verbote des § 136a

238 Das Drängen des Beamten im Aufgabenfall Rn. 235 stellt als solches die Rechtmäßigkeit der Vernehmung nicht in Frage, solange es nicht in unlauterer Weise die Entscheidungsfreiheit des Beschuldigten einengt. Einfache Überredungsversuche sind immer zulässig. Selbstverständlich darf die Vernehmung aber nicht mittels jeder beliebigen unlauteren Befragungsmethode durchgeführt werden. Daher verbietet die StPO bestimmte Methoden der Vernehmung in § 136a. Im Gegensatz zu vielen anderen Vorschriften enthält § 136a III 2 zudem ein *explizites Verwertungsverbot* für den Fall eines Verstoßes, welches indisponibel und sogar durch die Einwilligung des Betroffen nicht außer Kraft zu setzen ist.

---

[18] Zur Organisation und Verbreitung solcher Notdienste Christian CORELL, Muss ein Beschuldigter auf Strafverteidigernotdienste hingewiesen werden? StraFo 2011, 34–41 (39 f.).
[19] BGHSt 38, 372 (373 f.).
[20] BGH NStZ 2006, 114 (115).
[21] CORELL (Fn. 18), StraFo 2011, 38; Rainer HAMM, Staatliche Hilfe bei der Suche nach Verteidigern – Verteidigerhilfe zur Begründung von Verwertungsverboten, NJW 1996, 2185–2190 (2186).

Folgerichtig bedarf es auch – anders als bei den Belehrungs- und etlichen anderen Fehlern[22] – nicht erst eines Widerspruchs gegen die Verwertung.[23] **239**

Schutzgut des § 136a ist die „Freiheit der Willensentschließung und der Willensbetätigung des Beschuldigten", die nicht mittels der in der Bestimmung aufgelisteten Mittel beeinträchtigt werden darf. Diese Aufstellung ist allerdings etwas irreführend, denn anders als der Wortlaut vermuten lässt, wird sie *nicht als abschließende Aufzählung* verstanden. Vielmehr unterfallen dem Beweiserhebungs- und -verwertungsverbot auch alle anderen, in vergleichbarer Weise in Menschenwürde und Persönlichkeitsrecht eingreifenden Methoden.[24] Auf der anderen Seite sind selbst die in § 136a I explizit genannten Eingriffe nicht per se unzulässig, sondern nur im Kontext einer jeweiligen Freiheitsbeeinträchtigung. Trotz „Ermüdung" beispielsweise darf vernommen werden, solange die Ermüdung nicht gleichsam als „Übermüdung" dem Vernommenen seinen freien Willen nimmt (und er aussagt, nur um endlich schlafen zu dürfen). Bei Zwang und Drohung beschränkt § 136a I 2, 3 bereits seinem Wortlaut nach das Verbot auf prozessual unzulässigen Zwang (d. h. Haft beim Vorliegen eines Haftgrundes bleibt zulässig, auch wenn sie faktisch die Aussagebereitschaft fördert). Mit zulässigen Maßnahmen darf gedroht (z. B. mit der Beantragung eines Haftbefehls wegen – tatsächlich vorliegender – Verdunklungsgefahr, wenn diese nicht durch ein Geständnis ausgeräumt werde) und vorgesehene Vorteile dürfen versprochen werden (z. B. die Entlassung aus der wegen Verdunklungsgefahr angeordneten Haft, sofern diese Gefahr durch eine geständige Aussage ausgeräumt werde). **240**

▶ Einige der Merkmale von § 136a I, II erklären sich selbst. Eine eingehendere Behandlung der übrigen findet man auf ET 05-02.

2. „Vernehmungen" durch Private

Äußert sich der Beschuldigte gegenüber Privaten, so sind seine Angaben prinzipiell als Beweismittel verwertbar, und zwar unabhängig davon, ob sie durch Zwang oder Täuschung zustande gekommen sind. Denn die Verbote des § 136a richten sich an die staatlichen Stellen, begrenzen aber nicht die Handlungsfreiheit Dritter. **241**

Auf der anderen Seite darf auch ein Privatmann strafrechtliche Grenzen nicht überschreiten, weshalb etwa ein i. S. v. § 240 StGB abgenötigtes Geständnis jedenfalls fehlerhaft zu Stande gekommen ist und daher potenziell auch einem Verwertungsverbot unterliegen kann. Diese Thematik wird aber später behandelt (Rn. 966). **242**

Initiieren die Strafverfolgungsbehörden hingegen die Zwangslage, unter deren Einfluss der Beschuldigte sodann aussagt, kommt eine Anwendung von § 136a I, III in Betracht. **243**

---

[22] Siehe dazu oben Rn. 235.
[23] KK-Diemer § 136a Rn. 43.
[24] BGHSt 5, 332 (334): § 136a enthalte „Beispiele"; Hellmann Rn. 474, HbStrVf-Jahn Rn. II.271.

Beispiel (Aushorchen eines Mitgefangenen):[25]

Klaus T. befand sich wegen des Verdachts in Untersuchungshaft, an einem Bankraub in der Stadt *L.* beteiligt gewesen zu sein. Auf Veranlassung der Kriminalbeamten *N.* und *D.* wurde der Untersuchungsgefangene *Ali Y.* in diese Anstalt verlegt. *D.* fragte *Y.* dort, ob er bereit sei, Hilfsdienste für die Polizei zu machen, um herauszufinden, ob *T.* sich an dem Überfall beteiligt habe. Als *Y.* sein Einverständnis erklärte, weil er sich davon Vorteile für sein eigenes Strafverfahren versprach, gab *D.* dem *Y.* taktische Anweisungen zur Hand, schärfte ihm ein, vorsichtig vorzugehen und ihn anzurufen, wenn er etwas Wesentliches herausgefunden habe. Dann wurde *Y.* auf die Zelle von *Klaus T.* gelegt. In den ersten Tagen gelang es ihm nicht, etwas über den Überfall zu erfahren, obwohl er ständig versuchte, das Gespräch darauf zu bringen. Später konnte er sich in *T.*s Vertrauen einschleichen, indem er auf Fluchtpläne einging und einen weiteren Raubüberfall vorschlug. *T.* erzählte ihm darauf Einzelheiten über das Tatgeschehen in *L.* *Ali Y.* gab die erlangten Kenntnisse an *D.* weiter und sagte in der Hauptverhandlung über die Angaben von *T.* aus. – In dieser Konstellation hat der BGH einen Verstoß gegen § 136a bejaht.[26] U-Haft dient legitimerweise allein der Verfahrenssicherung. Hier war sie aber zugleich gezielt dazu ausgenutzt worden, um das Aussageverhalten zu beeinflussen, und stellte insoweit unzulässigen Zwang dar. Entscheidender Aspekt für die Annahme eines Verwertungsverbotes ist daher die Zurechenbarkeit der Zwangsausübung gegenüber den Strafverfolgungsbehörden.[27][28]

244

Aufgabe:
Hörfalle für einen Verdächtigen

Djamal A. hatte im Februar 1994 zusammen mit anderen *Johann S.* in seiner Wohnung überfallen und dabei ca. 80000 DM erbeutet. Im Laufe der Ermittlungen geriet *A.* in Verdacht, bestritt die Tat aber; weitere Beweismittel fehlten. Schließlich meldete sich der Zeuge *Erdogan E.* bei der Polizei und behauptete, *A.* habe ihm gegenüber in einem Telefonat seine Täterschaft eingeräumt. Daraufhin veranlasste die Polizei ein weiteres Telefongespräch zwischen *E.* und *A.* Den Dolmetscher *F.* ließ sie dieses Gespräch an einem Zweithörer mithören. In der Hauptverhandlung sagte *F.* als Zeuge über den Inhalt des weiteren Telefonats zwischen *E.* und *A.* aus.

Kann das Telefonat gegenüber *A.* verwendet werden?

---

[25] BGHSt 34, 362.
[26] BGHSt 34, 362 ff.; ferner BGH wistra 1998, 310 ff.
[27] BGHSt 34, 362 (363 f.); ferner BGH wistra 1998, 310; grundlegend Johannes Kaspar, Strafprozessuale Verwertbarkeit nach rechtswidriger privater Beweisbeschaffung, GA 2013, 206–225 (213 ff.).
[28] BGHSt (GS) 42, 139.

Im Unterschied zum Beispielsfall Rn. 243 rechnete der BGH in der sog. Hörfal- 245
len-Entscheidung das verbotene Vernehmungsmittel der Täuschung nicht den Strafverfolgungsbehörden zu. Niemand sei gezwungen, gegenüber Privaten etwas über eigene Straftaten zu bekunden,[29] und niemand könne umgekehrt darauf vertrauen, dass seine Äußerungen nicht an die Polizei weitergegeben würden. Es liege nicht einmal eine – zur Belehrung über das Schweigerecht verpflichtende – Vernehmung vor, weil dazu gehöre, dass ein Amtsträger in dieser Funktion dem Beschuldigten gegenübertrete.[30] Dem widersprechen Stimmen im Schrifttum, die einen *funktionalen Vernehmungsbegriff* vertreten, wonach es nur darauf ankommt, ob die Befragung staatlicherseits initiiert und gesteuert wird.[31] Wegen der Gefahr gezielter Umgehung der prozessualen Sicherungen einer Informationsgewinnung vom Beschuldigten ist diese Kritik berechtigt.

▶ Eine nähere Darstellung der Hörfallen-Entscheidung erfolgt auf ET 05-03.

Nach der Rspr. hingegen soll als einzige Einschränkung der täuschende Einsatz Privater gegen- 246
über dem Beschuldigten einer Abwägung zwischen nemo tenetur-Grundsatz, Beeinträchtigung des Persönlichkeitsrechts und Strafverfolgungsinteressen unterliegen. Gehe es um schwere Straftaten, deren Aufklärung wie im Fall Rn. 244 anderweitig kaum möglich sei, handele es sich um eine zulässige Maßnahme.[32] Damit setzt die Rspr. auch hier auf die Abwägungslösung (siehe dazu Rn. 962 f.), die indes im Ergebnis keine verlässliche Begrenzung staatlichen Handelns zu bieten vermag.

> **Wiederholungsfragen zum 5. Kapitel**
> 1. Woraus folgt die Unschuldsvermutung? (Rn. 217)
> 2. Worüber ist der Beschuldigte bei seiner Vernehmung zu belehren? (Rn. 219)
> 3. Wann kann man von einer Vernehmung sprechen? (Rn. 227)
> 4. Unter welchen Voraussetzungen ist nach der Rspr. eine Aussage des Beschuldigten verwertbar, die in einer Vernehmung ohne Belehrung über das Schweigerecht gemacht wurde? (Rn. 231–233)
> 5. Ist eine Aussage verwertbar, die der Beschuldigte auf eigenen Wunsch unter Hypnose gemacht hat? (Rn. 238)
> 6. Wann besteht ein Verwertungsverbot für Erkenntnisse aus Ermittlungshandlungen von Privatpersonen? (Rn. 243, 245)

---

[29] BGH (GS) 42, 139 (149 f., 152 f.); BGH JR 2012, 407 (408) m. krit. Anm. Ulrich EISENBERG, JR 2012, 409–411.

[30] BGH (GS) 42, 139 (145 f.); ebenso BGH NStZ 2011, 596 (597 f.) mit ablehnender Anm. Antje SCHUMANN, JZ 2012, 265–268.

[31] Friedrich DENCKER, Über Heimlichkeit, Offenheit und Täuschung bei der Beweisgewinnung im Strafverfahren, StV 1994, 667–683 (674 f.); Ellen SCHLÜCHTER/Jochen RADBRUCH, Anmerkung zu BGH NStZ 1994, 593, NStZ 1995, 354 f.; HbStVf-JAHN Rn. II 70.

[32] BGH (GS) 42, 139 (155 ff.).

6. Kapitel. Festnahme und Untersuchungshaft

I. Die Bedeutung der Haft im Strafverfahren

Zur Akte 2: 247

Schauen Sie sich jetzt bitte Bl. 8, 15–17 und 19 genauer an! Die Beschuldigte *Kindoro* wurde – anders als die Beschuldigte *Schuler* – zunächst festgenommen (Bl. 8), dann im Hinblick auf einen Haftbefehlsantrag der Staatsanwaltschaft dem Haftrichter vorgeführt (Bl. 15 f.) und in Untersuchungshaft genommen (Bl. 18 ff).

Im Unterschied zu manchen ausländischen Prozessordnungen bilden Festnahme 248
und Untersuchungshaft im deutschen Strafprozess eher die Ausnahme. So wird keinesfalls jeder Verdächtige schematisch festgenommen und inhaftiert. Denn nach dem verfassungsrechtlich fundierten Verhältnismäßigkeitsprinzip muss Freiheitsentziehung *erforderlich sein, um einem legitimen Zweck zu dienen*. Das kann die Sicherung des Verfahrens (und der in ihm drohenden Strafe) sein. Eine Freiheitsentziehung mag aber auch dort legitim erscheinen, wo von einem Beschuldigten in Freiheit erhebliche Gefahren ausgingen.

Den Ausnahmecharakter der prozessualen Freiheitsentziehung verdeutlichen auch die vorhandenen Haftplätze (s. Abb. 1). Von ihnen gibt es beispielsweise in Nordrhein-Westfalen zurzeit rund 18.000, wovon nur etwa 16% (=ca. 2.900) von U-Häftlingen belegt sind. Stellt man dieser Zahl die rund 190.000 öffentlichen Klagen in Nordrhein-Westfalen pro Jahr gegenüber, so verdeutlicht dies, dass das normale Strafverfahren in Deutschland regelmäßig ohne Inhaftierung auskommt. Eine Ausnahme bildet selbstverständlich die gehobene und Schwerkriminalität. 249

▶ Weitere Einzelheiten zur Rechtswirklichkeit der U-Haft finden sich in ET 06-01.

Abb. 1 U-Haftzelle in der JVA Münster

II. Die Festnahme

1. Durchführung und Dauer

250 Mittels der Festnahme versichert man sich in tatsächlicher Hinsicht der Person; diese wird festgehalten, ggf. mit Handschellen gefesselt und/oder kurzfristig eingesperrt. Bei der Festnahme handelt es sich um ein Zwangsmittel, das neben den Strafverfolgungsbehörden auch Privaten in Ausnahmefällen zusteht.

251 Ein Festnahmerecht rechtfertigt als immanenten Bestandteil auch die *Gewaltanwendung* gegen den Festzunehmenden im unbedingt erforderlichen Umfang (etwa körperlichen Zwang durch Festhalten oder Fesselung), allerdings keine gravierenderen Eingriffe in die körperliche Unversehrtheit (etwa den zu Verletzungszwecken geschehenden Schusswaffengebrauch). A maiore ad minus sind zudem andersartige Ersatzmaßnahmen erlaubt, z. B. die Wegnahme von Pkw oder Pass anstelle des körperlichen Festhaltens.

252 Als behördliche Maßnahme fungiert die Festnahme, wie sich aus den §§ 115, 128 ergibt, insbesondere als Durchgangsphase zur eigentlichen U-Haft. Sie kann aber auch unabhängig von späterer Haft anderen Zwecken dienen, vor allem der Identitätsfeststellung (s. Tab. 1). Diese bildet im Übrigen den wichtigsten Grund für private Festnahmen.

253 Die Festnahmedauer ist, den verfassungsrechtlichen Regeln des Art. 104 II GG folgend, einfachgesetzlich in unterschiedlicher Weise begrenzt. Eine Festnahme,

Tab. 1 Zwecke einer Festnahme

Zweck der Festnahme	Festnahme durch:	
	Polizei und StA	Private
Identitätsfeststellung	§ 163b I 2 (Rn. 265 f.)	§ 127 I 1 (Rn. 258)
Fluchthinderung	§ 127 II i.V.m. § 112 II Nr. 1 und § 128 (Rn. 267, 275 f.)	§ 127 I 1 (Rn. 257)
Ermöglichung einer nachfolgenden Haftanordnung	§ 127 II i.V.m. §§ 112 f., 128 (Rn. 269 ff.) § 127b I i.V.m. § 127b II (Rn. 305 ff.)	unzulässig
Vollstreckung eines bereits bestehenden Haftbefehls	§ 127 II i.V.m. § 115 (Rn. 319)	
Gefahrenabwehr	Polizeirecht der Länder	

die zur Vollstreckung einer bestehenden Haftanordnung geschieht oder eine Haftanordnung vorbereiten soll, darf nach den §§ 115, 128 nicht länger als *bis zum Ende des folgenden Tages* bestehen, bevor der Festgenommene entweder freizulassen oder durch den Richter in U-Haft zu überführen ist.

Je nach Festnahmezeitpunkt variiert daher auch die maximale Festnahmedauer. 254

> **Beispiel (zeitliche Grenzen einer Festnahme):**
> Im Falle einer Festnahme um 23.59 Uhr endet die Festnahme schon nach rund 24 h. Im Falle einer Festnahme um 00.01 Uhr stehen dagegen 47 h 59 min zur Verfügung. – Auf diese Weise erklärt sich, warum in der Praxis Festnahmen kurz nach Mitternacht deutlich häufiger erfolgen als Festnahmen kurz vor Tagesende. Die Polizei ist bestrebt, möglichst viel Zeit bis zur Vorführung vor den Haftrichter zu gewinnen, um den Tatverdacht durch gründliche Ermittlungen bestmöglich untermauern zu können. Daher erfolgt die förmliche Erklärung der Festnahme im Zweifel erst nach Mitternacht, was solange nicht weiter auffällt, wie kein unmittelbarer Zwang erforderlich ist, sondern der Beschuldigte beispielsweise „freiwillig" auf der Wache bleibt und jedenfalls nicht gewaltsam oder durch Fesselung am Weglaufen gehindert zu werden braucht.

Dient die Festnahme allein der Identitätsfeststellung, so fixiert § 163c II ihre Höchstdauer allerdings auf zwölf Stunden. 255

2. Festnahme durch Private

§ 127 I betrifft im Ergebnis allein das Festnahmerecht durch Private, obwohl sein Wortlaut von „jedermann" spricht. Für die Strafverfolgungsbehörden werden die entsprechenden Fallkonstellationen der Flucht im spezielleren § 127 II i.V.m. § 112 II Nr. 1, die Konstellationen der Identitätsfeststellung qua Verweis in § 127 I 2 in § 163b I 2 geregelt. 256

a) Festnahmegründe

257 Als möglicher Festnahmegrund wird in § 127 I einerseits die Flucht genannt. Die Formulierung „der Flucht verdächtig" darf aber keinesfalls mit der „Fluchtgefahr" in § 112 II Nr. 2 verwechselt werden. „Verdächtig" bezieht sich auf den Umstand, dass der Betreffende bereits flieht (und nicht etwa aus anderen Gründen abwesend ist), während die Fluchtgefahr gegenüber einem (noch) Anwesenden besteht, der im Verdacht steht, er werde demnächst die Flucht antreten. Private dürfen daher nicht festnehmen, wenn sie befürchten, der anwesende Verdächtige könnte weglaufen wollen; sie dürfen dies erst tut, wenn er mit der Flucht begonnen hat.

258 Alternativer Festnahmegrund ist die *unbekannte Identität des Verdächtigen*. Kennt der Private hingegen die Person des Verdächtigen, so müsste er ihn ziehen lassen, es sei denn, das Entfernen wäre Teil einer „Flucht" mit dem Ziel, sich auch dem späteren Zugriff der Strafverfolgungsbehörden zu entziehen, die ja im Hinblick auf die Information über seine Identität früher oder später auf ihn zukommen würden. Das Gleichsetzen von Sichentfernen mit Fliehen wird aber im Ergebnis nur in Betracht kommen, wenn bei schwereren Verbrechen wegen deren erheblicher Konsequenzen ein dauerhaftes Untertauchen zu befürchten stünde. Im Regelfall darf der dem Privaten bekannte Verdächtige nicht festgehalten bzw. er muss von ihm freigelassen werden, sobald er seine Personalien genannt hat und dies glaubhaft erscheint (z. B. im Hinblick auf einen zum Beweis vorgelegten Ausweis).

b) Anforderungen an die Festnahmesituation

259 § 127 I 1 erlaubt die Festnahme nur im Falle des Betreffens oder Verfolgens auf frischer Tat. Eine Tat ist – entsprechend der Dogmatik zum räuberischen Diebstahl (§ 252 StGB), der das selbe Merkmal enthält – dann frisch, solange noch eine *enge zeitliche und örtliche Verbindung zu ihrer Begehung* besteht.[1]

260 **Aufgabe:**
Verfolgung vom Tatort weg
Nehmen Sie einmal an, im Verfahren 2 wären die Beschuldigten *Kindoro* und *Schuler* weggelaufen, bevor die Polizei gekommen wäre, aber der Zeuge *Jäntschke* hätte die Gelegenheit gehabt und genutzt, sie vom Tatort weg zu verfolgen, und er hätte die beiden ca. zehn Minuten später einen Kilometer entfernt eingeholt. Wäre eine Festnahme zulässig gewesen? Änderte sich etwas, wenn er die Beschuldigten namentlich gekannt hätte?

261 Weil das „Betreffen auf frischer Tat" eine Festnahme in unmittelbarer Tatortnähe voraussetzt,[2] rechtfertigt diese Alternative im Aufgabenfall angesichts der Entfernung der Beschuldigten vom Tatort und der zurückgelegten Strecke keine Festnahme mehr. Das „Verfolgen auf frischer Tat" dehnt den Festnahmeradius indes

---

[1] Vgl. im Bd. II (Besonderer Teil) Rn. 1128; ferner SK-PAEFFGEN § 127 Rn. 14 f.
[2] SK-PAEFFGEN § 127 Rn. 14.

sowohl in räumlicher als auch in zeitlicher Hinsicht praktisch unbegrenzt aus, setzt dafür aber eine weitgehend ununterbrochene Verfolgung des Verdächtigen vom Tatort weg voraus. Zwar braucht man den Verfolgten dabei nicht ständig vor Augen zu haben; das Geschehen muss sich dem Beobachter aber als einheitliches, durch keine anderen Aktivitäten unterbrochenes Nachsetzen des Verfolgers darstellen.[3]

Anders als bei Polizei und Staatsanwaltschaft (dort wegen des Verweises in § 127 II auf § 112 I 1) wird bei einer Festnahme durch Private kein dringender Tatverdacht als weitere Voraussetzung genannt. Das ist nun keinesfalls im Sinne einer Lockerung der Festnahmevoraussetzungen zu verstehen, sondern eröffnet vielmehr eine gegenteilige Interpretationsmöglichkeit: Weil dringender Tatverdacht nicht genügt, könnte angesichts der Bedeutung des Rechtseingriffs in die Sphäre des Festzunehmenden sogar erforderlich sein, dass dieser *die betreffende Tat tatsächlich begangen hat*. 262

Beispiel (unterbrochene Beobachtung von Flüchtigen): 263

Nehmen wir im Aufgabenfall Rn. 260 an, der Zeuge *Jäntschke* hätte die Beschuldigten nur flüchtig im Dunkeln gesehen und sie während seiner Verfolgung aus den Augen verloren. Kurze Zeit später sähe er zwei den Beschuldigten sehr ähnliche Frauen, die er irrtümlich als die Gesuchten identifiziert und festhält. – Zunächst handelt es sich, obschon die Verfolgten kurz aus den Augen verloren wurden, aus Sicht des Verfolgers noch um ein ununterbrochenes Verfolgen auf frischer Tat. Allerdings nahm dieser tatsächlich niemanden bzw. die falschen Personen auf frischer Tatverfolgung fest. Ob nun das Festnahmerecht nach § 127 I das tatsächliche Vorliegen einer Tat durch den Festgenommenen voraussetzt[4] oder trotz der Nichterwähnung im Gesetzestext ein dringender Tatverdacht anhand der für den Festnehmenden erkennbaren objektiven Umstände genügt,[5] ist umstritten. Dringender Tatverdacht, d. h. die große Wahrscheinlichkeit der Begehung einer Straftat durch die beiden fälschlich festgenommenen Personen, wird man angesichts der Umstände aus Sicht des Zeugen *Jäntschke* – je nach Ähnlichkeit – eventuell annehmen dürfen. Argumente dafür, dringenden Verdacht genügen zu lassen, sind, dass die Festnahme durch den Privaten letztlich vornehmlich der Strafverfolgung dient und der Private deshalb nicht mit dem Risiko einer Fehlentscheidung belastet werden sollte. Die Gegenmeinung beruft sich darauf, ein Irrtumsprivileg nehme umgekehrt dem Festgenommenen das Notwehrrecht gegen seine – dann ja objektiv rechtmäßige – Festnahme. Dieses Argument überzeugt freilich nicht, weil ein strafrechtliches Risiko weder der irrtümlich Festnehmende noch der irrtümlich Festgenommene tragen, denn beide können im Zweifel einen Erlaubnistatbestandsirrtum für sich reklamieren. Allerdings handelt der privat Festnehmende freiwillig – er könnte schließlich, ohne sich einem

---

[3] Vgl. RGSt 58, 226 (zur ähnlichen Formulierung des § 214 StGB a.F.); AK-KRAUSE § 127 Rn. 7; ähnlich SK-PAEFFGEN § 127 Rn. 14a.
[4] So z. B. BEULKE Rn. 235; ROXIN/SCHÜNEMANN § 31 Rn. 4.
[5] BGH NJW 1981, 745 (746); SK-PAEFFGEN § 127 Rn. 10.

auch nur moralischen Vorwurf auszusetzen, den sich entfernenden Verdächtigen ziehen lassen[6] – und er greift dabei in Rechte eines Unbeteiligten ein, während es für diesen keinen rechten Grund gibt, warum er das aus seiner Position heraus zu dulden hätte. Das spricht dagegen, den aktiv fremde Rechte beschneidenden Festnehmenden auch noch mit einem Irrtumsprivileg auszustatten.

264 *Hinweis für die Fallbearbeitung*: Bei einer Festnahme durch Privatpersonen sind neben § 127 I ggf. auch weitere Rechtfertigungsgründe für den Festnehmenden aus den §§ 229, 230 BGB oder aus strafrechtlichem Notstand oder Notwehr (§§ 32, 34 StGB) zu beachten.

3. Festnahme durch Polizei und Staatsanwaltschaft

a) Festnahme zur Identitätsfeststellung

265 In der Situation der Begegnung mit einer ihr von seiner Person her unbekannten Tatverdächtigen kann die Polizei[7] diesen ebenfalls festhalten. § 127 I 1 ist wegen des Verweises in § 127 I 2 aber nicht anzuwenden, sondern statt seiner der – weitere – § 163b I. So bedarf es nur eines einfachen Anfangsverdachtes (dazu Rn. 71 ff.) und keiner Tatfrische in der Festhaltesituation. Deswegen vermag die Polizei jeden Verdächtigen jederzeit festzuhalten, um dessen Personalien festzustellen.

266 § 163b II erlaubt im Übrigen auch die *Identitätsfeststellung gegenüber Unverdächtigen*, sofern dies zur Tataufklärung geboten ist (etwa, um Tatzeugen namhaft zu machen, damit diese dem Gericht später zur Verfügung stehen). Selbst deren Festnahme ist nach § 163b II 2 nicht völlig ausgeschlossen.

b) Ermöglichung einer späteren Inhaftierung

267 Die auch im Verfahren 2 erfolgte Festnahme nach § 127 II ohne bestehenden Haftbefehl, aber zur Vorbereitung eines solchen, bildet in der Praxis den Regelfall (wobei festnehmende Behörde nahezu ausschließlich die Polizei ist, staatsanwaltliche Festnahmen kommen praktisch nicht vor). Dabei leitet eine solche Festnahme keineswegs zwangsläufig in die U-Haft über; vielmehr werden vermutlich sogar in den meisten Fällen gar keine Haftanträge durch die Staatsanwaltschaft gestellt und die Festgenommenen bereits von der Polizei wieder auf freien Fuß gesetzt. Denn häufig stellt sich die Situation beim ersten polizeilichen Zugriff dramatischer dar als in der ruhigeren Atmosphäre nach der polizeilichen Beschuldigtenvernehmung, wo sich die Fluchtgefahr (als statistisch häufigster Festnahme- und Haftgrund) dann vielfach als kein ernsthaft bestehendes Verfahrensrisiko erweist.

268 *Voraussetzungen* der Festnahme nach § 127 II sind Gefahr im Verzuge sowie das Vorliegen der Haftbefehlsvoraussetzungen (zum ebenfalls genannten Unterbrin-

---

[6] Ganz anders läge es, wenn dessen Angriff noch andauerte, er z. B. Tatbeute mitnähme. Dann allerdings wäre die Festnahme auch über § 32 StGB zu rechtfertigen.
[7] Eine Festnahme durch die Staatsanwaltschaft zur Identitätsfeststellung ist zwar ebenfalls rechtlich möglich, faktisch indes kaum vorstellbar.

gungsbefehl vgl. Rn. 299 ff.). Sinnvollerweise ist daher der Blick zunächst auf die Haftbefehlsvoraussetzungen zu richten.

III. Die Haftbefehlsvoraussetzungen

Die – teils alternativen – Haftbefehlsvoraussetzungen finden sich in den §§ 112, 112a, 127b II. Sie unterscheiden sich vor allem hinsichtlich der jeweiligen Haftgründe (Flucht, Fluchtgefahr, Verdunkelungsgefahr, Tatschwere [§ 112], Wiederholungsgefahr [§ 112a] und Sicherung des beschleunigten Verfahrens [§ 127b II]). Diese Ausdifferenzierung war der StPO ursprünglich fremd gewesen. Vielmehr hatte man sich zunächst auf Flucht- und Verdunklungsgefahr beschränkt. 269

▶ Eine ausführlichere Dokumentation der Entwicklung der Haftbefehlsvoraussetzungen findet sich auf ET 06-02.

Neben diese Haftfälle treten in späteren Verfahrensstadien weitere. So kann gegen den einem Hauptverhandlungstermin fernbleibenden Angeklagten ein Haftbefehl nach § 230 II zur Erzwingung seines Erscheinens im nächsten Termin ergehen (Rn. 826). Im Vollstreckungsverfahren ist der Haftbefehl zur Vollstreckung einer Freiheitsstrafe möglich (§ 457 II, siehe Rn. 1257). Vorsorglich kann auch bei zu erwartendem Widerruf einer Strafaussetzung zur Bewährung ein Sicherungshaftbefehl ergehen (§ 453c I). 270

Kumulative Voraussetzungen einer Haft im Ermittlungsverfahren sind nach der insoweit allgemein geltenden Regelung des § 112 I stets
- dringender Tatverdacht (Rn. 272 ff.),
- ein Haftgrund (Rn. 275 ff.) und
- die Verhältnismäßigkeit der Haft (Rn. 295 ff.).

Neben der soeben genannten Verhältnismäßigkeit im engeren Sinne gilt selbstverständlich für die U-Haft das bereits erwähnte umfassendere verfassungsrechtliche Verhältnismäßigkeitserfordernis, das die Legitimation der Haft an ihre *Eignung und Erforderlichkeit zur Erreichung eines legitimen Zwecks* knüpft (Rn. 248). 271

1. Dringender Tatverdacht

Dringender Tatverdacht verlangt offenbar mehr als den z. B. für die Verfahrenseinleitung genügenden Anfangsverdacht (Rn. 73). Den Hintergrund bildet der deutlich schwerer wiegende Eingriff in die Rechtssphäre des Betroffenen. Er darf nur dann vorgenommen werden, wenn es als völlig unwahrscheinlich erscheint, den Falschen zu ergreifen bzw. dies wegen einer „Tat" zu tun, die sich am Ende als gar nicht strafbar erweist. Dringender Tatverdacht wird deswegen definiert als *die hohe Wahrscheinlichkeit der Begehung einer verfolgbaren Straftat*.[8] 272

---
[8] BEULKE Rn. 210; SCHLÜCHTER Rn. 206; SK-PAEFFGEN § 112 Rn. 4; BGH NStZ 1992, 449 m. Anm. Jürgen BAUMANN.

273 Im Vergleich zur „Möglichkeit" des Anfangsverdachts stellt die „große Wahrscheinlichkeit" schon erheblich höhere Anforderungen an die Beurteilung der Tatwahrscheinlichkeit. Die Tatbegehung durch den Festzunehmenden muss jedenfalls deutlich wahrscheinlicher sein als seine Unschuld, die man nahezu ausschließen können muss. Andererseits hindern Zweifel die Annahme dringenden Tatverdachts noch nicht, sofern sie nicht gewissermaßen im Kopf des Beurteilenden überhand nehmen.

274 Der so beschriebene Verdachtsgrad muss indes auch trotz seiner verbleibenden Restunklarheit über die Richtigkeit der Beschuldigung genügen. Denn zu Beginn des Strafverfahrens ist oft gar nicht zur Gewissheit zu klären, ob eine Straftat wirklich vorliegt oder nicht. Wenn man Festnahme und Haft nicht gänzlich unanwendbar werden lassen will, muss ein gewisser Unsicherheitsfaktor bei ihnen in Kauf genommen werden. Zudem ist die Polizei im Unterschied zum Privaten zum Eingreifen verpflichtet (§ 163 I 1) und es erscheint daher zusätzlich gerechtfertigt, ihr im Gegensatz zu diesem[9] ein Irrtumsprivileg einzuräumen und nicht das objektive Vorliegen einer Tat zu verlangen.

2. Die einzelnen Haftgründe

a) Flucht (§ 112 II Nr. 1)

275 Flucht als Haftgrund setzt voraus, dass der Beschuldigte tatsächlich (schon bzw. immer noch) flüchtig ist. Die behördliche Festnahme nach § 127 II i.V.m. § 112 II Nr. 1 korrespondiert insofern mit der Festnahme durch Private nach § 127 I bei bestehendem Verdacht einer Flucht (siehe dazu Rn. 257).

276 Allerdings darf kein Haftbefehl gegen den bereits Festgenommenen auf § 112 II Nr. 1 gestützt werden, denn schließlich ist infolge der Festnahme seine Flucht ja beendet. Einschlägig wäre dann vielmehr die Fluchtgefahr nach § 112 II Nr. 2. Ein Haftbefehl nach § 112 II Nr. 1 kann deshalb *nur gegen den Abwesenden*, noch Flüchtigen ergehen.

b) Fluchtgefahr (§ 112 II Nr. 2)

277 Zu diesem Haftgrund, der in der Praxis in ca. 90% aller Haftfälle allein oder mit anderen Haftgründen vorliegen soll,[10] ist die Legaldefinition in § 112 II Nr. 2 zu beachten, wonach es einer Würdigung des Einzelfalls bedarf, pauschale Prognosen daher nicht genügen. Als Resultat dieser Würdigung muss
die Wahrscheinlichkeit einer Flucht größer sein als die Wahrscheinlichkeit einer Teilnahme am Verfahren.[11]

---

[9] Siehe oben Rn. 266 f.
[10] Heribert OSTENDORF, Die Praxis des U-Haft Vollzugs – Daten und Fakten, NK 2009, 126–131 (127).
[11] SK-PAEFFGEN § 112 Rn. 24; OLG Köln StV 1994, 582.

III. Die Haftbefehlsvoraussetzungen

Beispiel (Haft gegen ausländischen Drogenhändler):[12] 278

Der bislang unbestrafte Beschuldigte *Mehmet T.* war 1997 aus Holland kommend an der deutschen Grenze bei Aachen kontrolliert und festgenommen worden, nachdem man in dem von ihm gesteuerten, seiner Freundin gehörenden Pkw 1,5 kg Cannabis gefunden hatte. *T.* war türkischer Staatsangehöriger, jedoch schon in der Bundesrepublik Deutschland geboren und seinem seinerzeitigen Heimatort fest verwurzelt. Er lebte dort in einer Wohnung mit seiner Freundin zusammen und befand sich seit zwei Jahren in einem andauernden Arbeitsverhältnis in ungekündigter Anstellung mit einem Einkommen von 1.700 DM netto monatlich. Der zuständige Haftrichter erließ gegen *T.* einen u. a. auf Fluchtgefahr gestützten Haftbefehl. — Auf seine (weitere) Beschwerde hin hob das OLG Köln diesen Haftbefehl auf. Es gebe trotz der nicht unerheblichen Straferwartung keine genügenden Anhaltspunkte dafür, *T.* werde das Ermittlungsverfahren zum Anlass nehmen, seine gesicherten Lebens- und Einkommensverhältnisse zu verlassen. Es müsse daher „bei dem gesetzlichen Regelfall verbleiben, dass [der] Beschuldigte der zu erwartenden Anklageerhebung und Hauptverhandlung in Freiheit entgegen sehen"[13] dürfe.

Zur Akte 2: 279

Betrachtet man die Situation bei der Beschuldigten *Kindoro*, so erschiene die Annahme einer Fluchtgefahr ebenso fragwürdig. Als Indiz für eine solche ließe sich zwar eine hohe Straferwartung erwägen. Allerdings ist die Tat längst nicht als geklärt anzusehen, weshalb eine Beurteilung, wie hoch am Ende die Strafe ausfallen könnte, auf sehr unsicheren Füßen stünde. Außerdem trachtet nicht einmal jeder potenzielle Mörder (trotz der ihm drohenden, höchsten Straferwartung, die wir kennen) danach, sich dem Verfahren zu entziehen. Er mag sich vielmehr aus unterschiedlichsten Gründen dem Vorwurf stellen wollen (z. B. weil er meint, er könne nur freigesprochen werden, weil er bereit ist, die Strafe als Sühne auf sich zu nehmen oder auch nur, weil er seine Familie nicht im Stich lassen möchte). Außerdem ist es heute recht schwierig, effektiv und auf lange Zeit unterzutauchen, denn gerade bei schweren Tatvorwürfen engagiert sich die Polizei bei der Fahndung in besonderem Maße (etwa durch Einsatz von sog. Zielfahndern[14]) und auch die Auslieferungsbereitschaft des Auslandes ist umso größer, je schwerer der Tatvorwurf wiegt. Bei Ausländern mit Wohnsitz oder wenigstens engen familiären oder sozialen Verbindungen im Ausland mag der Fluchtanreiz deutlich höher liegen. Die Beschuldigte *Kindoro* allerdings hält sich seit längerem in Deutschland auf, hat hier Verwandte und angesichts der bestehenden Duldung

---

[12] Sachverhalt nach OLG Köln StV 1997, 642 (gekürzt).
[13] OLG Köln StV 1997, 642 (643).
[14] Bei der Zielfahndung befassen sich ein oder zwei Beamte – oft über etliche Monate – nur noch mit einer einzigen flüchtigen Person und ihrem Umfeld. Es ist erfahrungsgemäß nahezu unmöglich, dabei auf Dauer unentdeckt zu bleiben. Einen solchen Aufwand vermag die Polizei allerdings nur in Ausnahmefällen zu leisten.

(siehe Bl. 11) ist sie vermutlich Asylbewerberin, weshalb man kaum davon ausgehen kann, sie würde freiwillig in ihr Mutterland zurückkehren wollen. Vor diesem Hintergrund wird man allenfalls angesichts der derzeit unbekannten näheren persönlichen Hintergründe über eine Fluchtgefahr spekulieren können. Das aber genügte keineswegs für eine Begründung von Fluchtgefahr i.S.v. § 112 II Nr. 2.

c) Verdunkelungsgefahr (§ 112 II Nr. 3)

280 Auch zur Verdunkelungsgefahr kann zunächst auf die Legaldefinition in § 112 II Nr. 3 verwiesen werden. Geeignete Verdunkelungshandlungen ließen sich in der Bedrohung von Zeugen, der Fälschung von Urkundsbeweisen oder der Bestechung von Sachverständigen finden.

281 **Aufgabe:**
Überreden zum Schweigen
Gegen *Klaus B.* wurde wegen des Verdachts ermittelt, einen Totschlagsversuch zum Nachteil seiner Verlobten *Karina J.* begangen zu haben. Durch kleine Geschenke und flehentliches Bitten erreichte er, dass *Karina J.* in der Hauptverhandlung gemäß § 52 die Aussage verweigerte. Handelt es sich um eine Verdunkelungshandlung von *Klaus B.*?

282 Das Einwirken i.S.v. § 112 II Nr. 3 b) muss nicht nur einen Verdunkelungserfolg in Gestalt einer Erschwerung der Wahrheitssuche intendieren, sondern darüber hinaus *„in unlauterer Weise"* geschehen. Solange der Beschuldigte aber nur ein (auch) objektiv prozessordnungsgemäßes Verhalten des Zeugen zu erreichen sucht, wie es der Gebrauch des Zeugnisverweigerungsrecht nach § 52 darstellt, handelt er nicht unlauter,[15] falls nicht sein Handeln selbst die Grenzen verbotener Einwirkungen übersteigt (indem er beispielsweise den Zeugen bedroht oder täuscht). Das kann jedenfalls bei sozialüblichen Geschenken wie im Aufgabenfall Rn. 281 nicht angenommen werden.

283 Zu beachten ist ferner das Erfordernis *dringenden Verdunkelungsverdachts*, womit ein höherer Wahrscheinlichkeitsgrad als bei der Fluchtgefahr nach Nr. 2 gefordert wird. Zudem muss sich dieser Verdacht auf ein „Verhalten des Beschuldigten" zurückführen lassen. Bloße Mutmaßungen, die sich etwa aus besonderen Deliktskonstellationen ergeben (z. B. Bandenkriminalität, Korruptionsdelikte), genügen daher nicht.[16]

284 **Zur Akte 2:**
In unserem Fall sind keine Verdunkelungsgefahren ersichtlich. Die objektiven Beweismittel sind vorerst gesichert und eine Besorgnis, die Beschuldigte *Kin-*

---

[15] OLG Bremen MDR 1951, 55; SK-PAEFFGEN § 112 Rn. 37; KK-GRAF § 112 Rn. 37.
[16] HbStrVf-MEINEN Rn. IV.81; HELLMANN Rn. 227; OLG Frankfurt/M. NStZ 1997, 200 (201); anders wohl KK-GRAF § 112 Rn. 32.

III. Die Haftbefehlsvoraussetzungen

doro würde auf Zeugen einwirken, ließe sich nach dem bislang bekannten Geschehen nicht begründen.

d) Schwere der Tat (§ 112 III)

Nach dem Wortlaut des Gesetzes wäre der Haftgrund bereits durch das Vorliegen eines der in § 112 III genannten Verbrechen (wozu auch entsprechende Versuche zählen[17]) verwirklicht. Allerdings bliebe dann offen, welchen legitimen Zweck eine so begründete Haft verfolgen sollte.

285

Beispiel (Inhaftierung eines wegen Kriegsverbrechen verdächtigen kranken Beschuldigten): [18]

286

Admiral *Werner W.* hatte 1944 als Marineattaché der deutschen Botschaft in Tokio den Befehl gegeben, deutsche Untersuchungsgefangene, die per Schiff von Japan nach Deutschland gebracht wurden, im Fall der Aufbringung der Schiffe durch alliierte Seestreitkräfte bei der dann üblichen Selbstversenkung der Schiffe nicht zu evakuieren, sondern an Bord zu lassen. Infolge dieses Befehls kam es bis Kriegsende zu mehreren Todesfällen. Erst 1965 wurde gegen *Werner W.*, jetzt 76 Jahre alt und längst nicht mehr gesund, ermittelt und gegen ihn ein Haftbefehl nach § 112 IV StPO a.F. (jetzt § 112 III) erlassen. Flucht- oder Verdunkelungsgefahr bestanden ersichtlich nicht (mehr). — Das gegen die Haftbeschwerdeentscheidung des OLG Hamburg angerufene BVerfG hielt eine nur auf das Vorliegen bestimmter Straftaten gestützte Inhaftierung für mit der Verfassung unvereinbar, weil damit kein legitimer Zweck verfolgt werde. Zur Vermeidung einer Nichtigkeitserklärung forderte es eine *verfassungskonforme Auslegung* der Bestimmung, wonach zur Schwere der Tat stets ein weiterer Haftgrund treten müsse, dieser aber nicht in dem Ausmaße vorzuliegen habe, wie dies die §§ 112 II, 112a im Übrigen verlangten. So brauche eine Flucht nicht überwiegend wahrscheinlich zu sein, sondern es genüge, wenn die Flucht nur nicht auszuschließen sei.[19] Danach ist § 112 III also so zu lesen, dass lediglich *die Wahrscheinlichkeit von Flucht, Verdunkelung und Wiederholung geringer sein darf, sobald die genannten Straftaten vorliegen; ganz fehlen dürfen entsprechende Gefahren indes nicht*.

▶ Zur Geschichte der Bestimmung von § 112 III vgl. ebenfalls näher auf ET 06-02.

287

Befremdend wirkt die Untätigkeit des Gesetzgebers, der sich trotz der seit der Verfassungsgerichtsentscheidung verstrichenen Zeitspanne nicht dazu hat durchringen können, das Gesetz den Vorgaben von BVerfGE 19, 342 anzupassen.

---

[17] BGHSt 28, 355; MEYER-GOßNER § 112 Rn. 36.
[18] BVerfGE 19, 342.
[19] BVerfGE 19, 342 (350 f.).

288 **Zur Akte 2:**

Der Haftgrund der Tatschwere wurde bei der Beschuldigten *Kindoro* angenommen, da man von einem Tötungsdelikt ausging. Während die positive Annahme von Fluchtgefahr sicherlich fragwürdig bliebe (siehe Rn. 279), erscheint es noch plausibel, Fluchtgefahr jedenfalls nicht ganz auszuschließen. Immerhin sind die persönlichen Verhältnisse der Beschuldigten nicht abschließend geklärt und Deutschland ist für sie nur ein sekundäres, möglicherweise ersetzbares Heimatland.

e) Wiederholungsgefahr (§ 112a)

289 Die Wiederholungsgefahr ist als *subsidiärer Haftgrund* ausgestaltet (§ 112a II); alle übrigen Haftgründe des § 112 gehen ihr daher vor. Sie fordert zunächst als (gemeinsame) materielle Voraussetzung, dass bestimmte Tatsachen die Gefahr begründen, der Verdächtige werde weitere schwere Taten begehen bzw. seine Tat(en) fortsetzen. Zugleich muss die Haft zur Beseitigung der Gefahr erforderlich sein, d. h. es dürfen keine anderen, ebenso geeigneten Maßnahmen denselben Zweck erreichen können, z. B. eine Beschlagnahme benötigter Tatwerkzeuge.

290 Formelle Voraussetzungen sind ferner dringender Tatverdacht wegen einer der in Abs. 1 in seinen beiden Nummern genannten *Anlasstaten*. Während es bei den Sexualstraftaten der Nr. 1 keiner weiterer Kriterien bedarf (weshalb bereits der wiederholungsgefährdete Ersttäter eines solchen Delikts in Haft genommen werden kann), muss bei den Taten der Nr. 2 (unter denen mit dem einfachen Betrug auch ein Delikt gewöhnlicher Massenkriminalität zu finden ist) eine wiederholte Begehung hinzukommen. Das bedeutet freilich nicht, dass der Verdächtige aktuell zwei oder mehr Taten begangen haben müsste, weil wegen § 112a I 2 die wiederholte Begehung auch dann anzunehmen ist, wenn eine erste Tat bereits rechtskräftig abgeurteilt wurde.

291 Die neben der Wiederholung alternativ genannte *fortgesetzte Tatbegehung* ist heute ohne Bedeutung; sie bezieht sich auf die frühere materiellrechtliche Figur des Fortsetzungszusammenhangs zwischen mehreren gleichartigen Delikten, die dennoch wegen ihrer fortgesetzten Begehung materiell- und prozessrechtlich als nur eine einzige Tat galten. Die Rechtsfigur der fortgesetzten Tat hat der Große Senat des BGH im Jahre 1994 faktisch beseitigt.[20] Delikte, die früher als fortgesetzte Taten galten, werden heute durchweg als tatmehrheitlich begangen eingeordnet, weshalb sie bereits unter das Kriterium wiederholter Begehung fallen.

292 Kritikwürdig ist der Haftgrund der Wiederholungsgefahr nicht nur wegen seiner Weite infolge des Anwachsens der Anlasstaten und der geringen Einschränkungen, die das Wiederholungserfordernis heute noch bietet.[21] Er ist dem Prozessrecht auch unter systematischen Aspekten fremd. Die angestrebte Beseitigung von Wiederholungsgefahren stellt ein *präventiv-polizeiliches Ziel* dar, das sich nur schwer in die repressive Struktur der Strafprozessordnung einfügt.[22] Während Haft ansonsten

---

[20] BGHSt (GS) 40, 138.

[21] Zur – engeren – früheren Fassung vgl. *ET 06-02*.

[22] Roxin/Schünemann § 30 Rn. 12; SK-Paeffgen § 112a Rn. 4; Winfried Hassemer, Sicherheit durch Strafrecht, HRRS 2006, 130–143 (133 f.).

III. Die Haftbefehlsvoraussetzungen

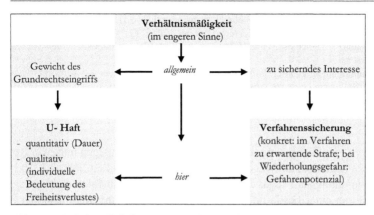

Abb. 2 Verhältnismäßigkeit von Untersuchungshaft

ausschließlich der Verfahrenssicherung dient, ist das bei der Wiederholungsgefahr nicht einmal mittelbar der Fall. Sie ist daher als strafprozessuale Figur bedenklich, wenngleich das BVerfG den Haftgrund als verfassungsrechtlich unbedenklich bezeichnet hat.[23]

Zur Akte 2:

Mit der gefährlichen Körperverletzung läge zwar eine Katalogtat vor, jedoch fehlt es an einer wiederholten Begehung. Solange man von einem Haftgrund nach § 112 III ausgehen kann, wäre § 112a im Hinblick auf die Subsidiaritätsklausel in Abs. 2 ohnehin unanwendbar.

Hinweis zur Fallbearbeitung: Aus der Systematik der Haftgründe folgt, dass an erster Stelle Flucht bzw. Fluchtgefahr sowie Verdunklungsgefahr zu prüfen sind. An zweiter Stelle käme hilfsweise die Tatschwere nach § 112 III in Betracht und erst zuletzt wäre § 112a zu prüfen, sofern bis dahin noch keiner der vorrangigen Haftgründe bejaht wurde.

3. Verhältnismäßigkeit

Diese – an sich für jeden staatlichen Grundrechtseingriff geltende – Voraussetzung wird wegen der besonderen Bedeutung der Haft zur Verdeutlichung in § 112 I 2 explizit aufgeführt. Im Rahmen dieser Verhältnismäßigkeitsprüfung sind Haft und zu erwartende Strafe gegeneinander ins Verhältnis zu setzen. Bei der Gewichtung der Haft für den Betreffenden spielen neben ihrer *vermutlichen Dauer* auch die *individuell unterschiedlichen Auswirkungen* auf den Verdächtigen eine gewichtige Rolle (s. Abb. 2).

---

[23] BVerfGE 19, 342; 35, 185.

296 Eine spezielle Ausprägung des Verhältnismäßigkeitsprinzips enthält § 113 für *Bagatelldelikte* mit einer Höchststrafandrohung bis zu sechs Monaten Freiheitsstrafe.[24] Für sie wird Haft wegen Verdunkelungsgefahr ganz ausgeschlossen und Haft wegen Fluchtgefahr nur unter strengeren Voraussetzungen zugelassen.

297 In diesen Zusammenhang gehören ferner die Regelungen des § 130, der *bei Antragsdelikten vor Stellung des Strafantrages* eine nur vorläufige Inhaftierung erlaubt (korrespondierend § 127 III für die Festnahme), sowie des § 72 JGG, der Haft gegenüber Jugendlichen wegen deren gesteigerter Haftempfindlichkeit nur subsidiär und unter zusätzlichen Bedingungen gestattet.

298 Eine feste *zeitliche Begrenzung* für die U-Haft enthalten hingegen nur zwei Regelungen: § 122a begrenzt Haft wegen Wiederholungsgefahr auf ein Jahr, § 127b II 2 die Hauptverhandlungshaft sogar auf nur eine Woche. Es kann daher nicht gesagt werden, Haft sei ab einer bestimmten Dauer in jedem Falle unverhältnismäßig.[25] Allerdings hat das BVerfG bei (entsprechenden Verfahrensverzögerungen) selbst beim Vorwurf eines Mordes nach immerhin acht Jahren U-Haftdauer den weiteren Vollzug für nicht mehr tragfähig gehalten.[26]

4. Exkurs: Einstweilige Unterbringung (§ 126a)

a) Dringender Verdacht

299 § 126a erlaubt alternativ zur U-Haft die einstweilige Unterbringung in einem psychiatrischen Krankenhaus oder in einer Entziehungsanstalt. Er korrespondiert daher mit den Maßregeln der Besserung und Sicherung nach den §§ 63, 64 StGB, während die §§ 112 f. ja der (Freiheits-)Strafe vorgelagert sind.

300
> **Aufgabe:**
> Schwere Straftat eines Schuldunfähigen
> Der auf freiwilliger Basis in einem Landeskrankenhaus aufhältige *Jochen A.*, der unter einer schweren paranoiden Schizophrenie litt, brach während einer akut psychotischen Phase aus der Anstalt aus und vergewaltigte auf der Flucht eine Frau. Wenig später wurde er durch die Polizei festgenommen. Man müsste von *A.* weitere Straftaten befürchten, bliebe er in Freiheit. Warum kann kein Haftbefehl, z. B. nach § 112a, gegen *A.* ergehen?

301 § 126a verlangt nur den dringenden Verdacht einer rechtswidrigen Tat, während § 112 mit dem dringenden Tatverdacht eine mit großer Wahrscheinlichkeit auch schuldhafte Straftat erfordern würde.[27] Ersichtlich Schuldunfähige könnten daher nicht inhaftiert werden, gäbe es die einstweilige Unterbringung nicht. Selbst wenn

---

[24] Beispiele sind die §§ 184e, 285 StGB.
[25] Matthias Jahn, Stürmt Karlsruhe die Bastille? – Das Bundesverfassungsgericht und die überlange Untersuchungshaft, NJW 2006, 652–654 (654).
[26] BVerfG (Kammer) NJW 2006, 672; 2006, 3485.
[27] KK-Schultheis § 126a Rn. 2; HK-Posthoff § 126a Rn. 2.

das Gesetz die Haft erlaubte, so könnten Schuldunfähige zudem in einer normalen JVA nicht adäquat versorgt werden, während im psychiatrischen Krankenhaus bereits die Behandlung der psychischen Störung beginnen kann. Als weitere Voraussetzung der einstweiligen Unterbringung nennt § 126a I daher auch das Bestehen dringender Gründe für die entsprechende Unterbringung des Beschuldigten nach den §§ 63 f. StGB im späteren Hauptverfahren.

Für die in § 126a I ebenfalls erwähnten, nur *vermindert Schuldfähigen* nach § 21 StGB ergibt sich ein Konkurrenzverhältnis zwischen der gegen sie ebenfalls möglichen U-Haft und der einstweiligen Unterbringung. Entsprechend der Vorrangklausel in § 67 I StGB geht hier prinzipiell die einstweilige Unterbringung der U-Haft vor, solange eine (vollziehbare, nicht nach § 67b StGB ausgesetzte) Unterbringung in der Hauptverhandlung neben der Verhängung einer Strafe zu erwarten steht.[28] Führt die Anwendung von § 21 StGB bei solchen Verdächtigen dagegen voraussichtlich nur zu einer Strafmilderung und zu keiner Unterbringung, so kann gegen sie auch nur U-Haft verhängt werden.

b) Unterbringungsgrund

(Einziger) Unterbringungsgrund gegen mutmaßlich Schuldunfähige ist ein *öffentliches Sicherungsbedürfnis*. § 126a stellt also geringere spezifische Voraussetzungen auf als sein Pendant § 112a. Zu beachten ist aber erneut das (hier freilich ungeschriebene) Verhältnismäßigkeitsprinzip, weshalb nicht nur diffuse Befürchtungen bestehen dürfen, sondern massive Gefahren von dem Unterzubringenden drohen müssen.[29]

Das Verfahren zur Anordnung und der Vollzug der einstweiligen Unterbringung sowie die Rechtsstellung des einstweilig Untergebrachten entsprechen auf Grund der zahlreichen Verweise in § 126a I, II im Wesentlichen der Situation bei der U-Haft bzw. des U-Gefangenen. Unterschiede betreffen vor allem den Umfang der Haftprüfung durch das OLG (§ 126a II 2, siehe dazu unter Rn. 326).

5. Der Sonderfall der Hauptverhandlungshaft (§ 127b)

Zur Ermöglichung eines beschleunigten Verfahrens (§§ 417 ff., dazu Rn. 651 ff.) gegen fluchtgeneigte Verdächtige ermöglicht § 127b I deren Festnahme, allerdings nur auf frischer Tat (vgl. dazu oben Rn. 259 f.).

Zusätzlich muss ein Verdacht des Fernbleibens in der Hauptverhandlung bestehen. Dieser ist nicht mit einer Fluchtgefahr gleichzusetzen; auch derjenige, der sich nicht aktiv dem Verfahren entziehen, aber passiv bleiben und nicht von sich aus zur Hauptverhandlung erscheinen würde, kann daher nach § 127b I festgenommen und inhaftiert werden.[30]

---

[28] Im Ergebnis ebenso KK-Schultheis § 126a Rn. 2; HK-Posthoff § 126a Rn. 2 f.; Roxin/Schünemann § 38 Rn. 6.
[29] Vgl. KK-Schultheis § 126a Rn. 3; SK-Paeffgen § 126a Rn. 5b f.
[30] Ähnlich Meyer-Goßner § 127b Rn. 10.

307 Außerdem muss eine unverzügliche Verhandlung im beschleunigten Verfahren zu erwarten sein, was zum einen einfachste Sachverhalte ohne Bedürfnis nach ausführlicher Verteidigungsvorbereitung voraussetzt[31] und zum anderen, dass keine vorrangigen Erledigungsformen (insb. das Strafbefehlsverfahren)[32] geeignet(er) erscheinen. Um dies zu unterstreichen, begrenzt § 127b II 2 die Dauer der Hauptverhandlungshaft auf nur eine Woche. Lässt sich in dieser Frist kein Termin durchführen, scheidet dieser Festnahme und Haftgrund aus.

IV. Festnahme und weiteres Verfahren

1. Gefahr im Verzuge

308 Auch bei Vorliegen der Haftbefehlsvoraussetzungen fordert § 127 II zusätzlich das Vorliegen von „Gefahr im Verzug". Dieser – uns schon bekannte[33] – Begriff bedeutet im Kontext einer Zwangsmaßnahme, dass *bei Einholung einer richterlichen Entscheidung anstelle der sofortigen Durchführung einer Maßnahme die Gefahr ihrer Vereitelung bestünde.*[34]

309 Diese Definition verlangt eine präzise Analyse der jeweiligen Erfolgsaussichten einer Ermittlungs- oder Zwangsmaßnahme (hier: der Festnahme). Dabei müssen zwei Voraussetzungen kumulativ vorliegen:
- bei sofortiger Durchführung muss der Zweck der Maßnahme noch erreichbar erscheinen;
- bei zuvoriger Einholung der erforderlichen richterlichen Anordnung würde hingegen ihr Zweck voraussichtlich verfehlt werden.

Das BVerfG hat für andere Zwangsmittel die Annahme von Gefahr im Verzuge zudem an weitere Verfahrensvoraussetzungen geknüpft (siehe dazu unten Rn. 465), die aber naturgemäß in einer potenziellen Festnahmesituation keine Rolle spielen können.

310 Im Falle einer polizeilichen Festnahme (anstelle der vorherigen Erwirkung eines richterlichen Haftbefehls) müssten daher sowohl die Festnahme als auch ihr Zweck (z. B. die Verhinderung von Verdunklungshandlungen) noch als erreichbar erscheinen, während beim Abwarten auf einen richterlichen Haftbefehl entweder dessen Vollstreckung voraussichtlich nicht mehr möglich sein wird oder aber zu befürchten steht, der Beschuldigte werde besagte Verdunklungshandlungen dann bereits vorgenommen haben. Weiß aber beispielsweise der Beschuldigte noch gar nichts von dem gegen ihn entstandenen Tatverdacht, so wird man kaum eine auf Fluchtgefahr gestützte Festnahme vornehmen dürfen, weil nicht ersichtlich ist, warum er gerade in der kurzen Zeit bis zum Erlass eines Haftbefehls noch fliehen sollte. Ähnliches gilt, wenn es um potenzielle Verdunkelungshandlungen wie das Verschwindenlas-

---

[31] Dazu eingehender Rn. 672 ff.; ferner HbStrVf-Heghmanns Rn. V.176 ff.
[32] Zur Rangfolge vgl. oben Rn. 647 ff. sowie HbStrVf-Heghmanns Rn. V.206.
[33] Beim ersten Zugriff der Polizei, siehe Rn. 68.
[34] KK-Nack § 98 Rn. 13; BVerfGE 51, 97 (111).

sen von Tatwerkzeugen geht, seit der Tat aber bereits geraume Zeit verstrichen ist. In diesem Fall hätte der Beschuldigte längst verdunkeln können; wenn er es bis dahin nicht getan hat, so besteht auch keine ernsthafte Gefahr, er werde es ausgerechnet jetzt noch tun.

2. Vorführung und Vernehmung

Im Hinblick auf Art. 104 II 1 GG hat über die Fortdauer einer qua Festnahme polizeilich vorgenommenen Freiheitsbeschränkung alleine der Richter zu entscheiden. § 128 ordnet deshalb entsprechend Art. 104 II 2, 3 GG die unverzügliche Vorführung des Festgenommenen vor den Richter an, die spätestens bis Ende des folgenden Tages erfolgen muss (vgl. Rn. 253). Zuständig dafür ist der (Haft-)Richter des Amtsgerichts am Festnahmeort (§ 128 I 1).[35]

311

Wenn „unverzüglich" üblicherweise mit „ohne schuldhaftes Zögern" gleichgesetzt wird,[36] so impliziert dies zugleich die Existenz legitimer Gründe, den Festgenommenen nicht sofort vorzuführen. Solche Gründe sind insbesondere notwendige Ermittlungen, die es dem Richter überhaupt erst ermöglichen, eine sachgerechte Entscheidung über die Zulässigkeit einer weiteren Inhaftierung zu treffen.[37] Auch im Verfahren 2 wurden deshalb die Beschuldigtenvernehmungen und eine erste Befragung des Geschädigten *Eftherim* durchgeführt, bevor am nächsten Morgen die Vorführung erfolgte (Bl. 11–15 d.A.).

312

Der Richter hat nach § 128 I 2 den Beschuldigten entsprechend § 115 III, d. h. nach Belehrung zur Sache zu vernehmen und dann auf Antrag der Staatsanwaltschaft (oder notfalls auch ohne Antrag, § 128 II 2) einen Haftbefehl zu erlassen oder aber die Freilassung anzuordnen.

313

Inzwischen sind zudem zahlreiche Belehrungs- und Benachrichtigungspflichten im Gesetz verankert worden (§§ 114a–114c). Hervorzuheben ist dabei im Falle der Festnahme von Ausländern der Hinweis auf die Möglichkeit, eine Benachrichtigung des jeweiligen Konsulats zu verlangen (§ 114b II 3, vgl. dazu im Verfahren 2 Bl. 16).[38]

314

| Zur Akte 2: | 315 |

Lesen Sie jetzt bitte Bl. 16, 18! Die Beschuldigte *Kindoro* hat – wohl auf Anraten ihres Verteidigers – zur Sache keine Angaben gemacht, weshalb sich die Verdachtslage für den Richter unverändert als dringend dargestellt haben dürfte und er den Haftbefehl erließ. Ihr Schweigen mag deshalb auf den ersten Blick ungeschickt erscheinen. Andererseits hatte der Verteidiger noch keine Gelegenheit

---

[35] Nur bei schon erhobener Klage geht diese Zuständigkeit auf das Gericht der Hauptsache über, vgl. § 129 bzw. § 126 II.
[36] Vgl. die entsprechende Legaldefinition in § 121 BGB.
[37] BGH NJW 1990, 1188; KK-Schultheis § 128 Rn. 5.
[38] Vgl. Heiko Artkämper/Klaus Schilling, Vernehmungen, 2010, S. 257 ff.

erhalten, sich über die Verdachtsmomente anhand der Akte zu informieren und in Ruhe mit der Beschuldigten zu sprechen. Somit konnte er kaum ahnen, was die Beschuldigte im Falle einer Aussage vorbringen würde. Wegen der Gefahr, dabei die eigene Lage womöglich noch zu verschlimmern, wäre es für den Verteidiger geradezu kunstfehlerhaft gewesen, ihr zu einer Aussage zu raten.

3. Erlass und Vollstreckung des Haftbefehls

316 Wie ein zu erlassender Haftbefehl auszusehen hätte, regelt § 114. Weil § 114 II Nrn. 1, 2 der entsprechenden Vorschrift des § 200 I 1 über die Abfassung der Anklageschrift ähneln, hat es sich eingebürgert, Haftbefehle ähnlich aufzubauen wie Anklageschriften.

317 **Zur Akte 2:**

Schauen Sie sich Bl. 19 f. noch einmal an und vergleichen Sie den Inhalt mit den Vorgaben von § 114. Die Rn. 316 angesprochene Ähnlichkeit zur Anklage betrifft vor allem den zweiten Satz („Sie ist dringend verdächtig ..."). Er gibt gleichsam als Obersatz zunächst den Text der angewendeten Strafbestimmungen wieder, aber nur, soweit dieser auf den Fall zutrifft. Nach dem „indem" folgt dann gewissermaßen eine Subsumtion der ermittelten bzw. angenommenen Tatsachen unter den Obersatz. Genauso werden üblicherweise Anklagesätze aufgebaut (siehe dazu später bei Rn. 603 ff.).

318 Mit dem Beginn der Vollstreckung der U-Haft müsste an sich der Haftrichter gemäß der §§ 140 I Nr. 4, 142 III 4, 126 I der Beschuldigten (nach Anhörung gemäß § 142 I) einen (Pflicht-)*Verteidiger bestellen*. Allerdings hatte sich für die Beschuldigte *Kindoro* bereits mit RA *Goeben* ein Verteidiger gemeldet, weshalb es nach dem Gedanken des § 143 keiner (zusätzlichen) Bestellung bedurfte.

4. Fahndung und Festnahme auf Grund bestehenden Haftbefehls

319 Der bislang besprochene Ablauf (Festnahme → Haftbefehlserlass) stellt zwar den Regelfall dar. Jedoch ist es ebensogut möglich, zuerst einen Haftbefehl zu erwirken und anschließend zur Festnahme zu schreiten. So geschieht es vor allem dann, wenn der Täter von Anfang an flüchtig ist und erst nach ihm gefahndet werden muss. In diesem Fall erlässt den Haftbefehl einer der nach den §§ 125, 162 I 2 zuständigen Richter.

320 Das weitere Verfahren nach anschließender Festnahme regeln die §§ 115 f. Der Ergriffene wird demzufolge dem Richter vorgeführt, der den Haftbefehl erlassen hatte und der jetzt über dessen weiteren Vollzug zu entscheiden hat. Bei Ergreifungen fernab des Ortes, an welchem der Haftbefehl erging, ist die Vorführungsfrist

notfalls durch eine Vorführung vor den *Richter des nächsten Amtsgerichts* zu wahren (§ 115a I).

▶ Eine Zusammenstellung der wichtigsten *Fahndungsmaßnahmen* (Ausschreibung zur Festnahme, Observation, öffentliche Fahndung und Einrichtung von Kontrollstellen)[39] sowie ihrer Rechtsgrundlagen befindet sich auf ET 06-03.

Solange der Beschuldigte nicht greifbar ist, können zwar die weiteren Ermittlungen betrieben, jedoch kann keine Anklage gegen ihn erhoben werden, weil das deutsche Strafprozessrecht prinzipiell kein Hauptverfahren gegen Abwesende kennt. Daher wird, nachdem ansonsten alles aufgeklärt ist, das *Ermittlungsverfahren von der Staatsanwaltschaft gemäß § 154 f. unter Anordnung der geeigneten Fahndungsmaßnahmen vorläufig eingestellt.* Gelingt es später, den Beschuldigten festzunehmen bzw. – wenn kein Haftbefehl besteht – seinen neuen Aufenthaltsort in Erfahrung zu bringen, so erfolgt die Wiederaufnahme der Ermittlungen und das Verfahren wird fortgesetzt. 321

Im gerichtlichen Verfahren tritt die Einstellungsbestimmung des § 205 an die Stelle von § 154 f. Während sich ansonsten keine Unterschiede ergeben, unterbricht die gerichtliche Einstellung die Verjährung (§ 78c I Nr. 10 StGB), während die staatsanwaltschaftliche den Lauf der Verjährungsfrist unberührt lässt. 322

5. Vollzug und Aussetzung der U-Haft

a) Vollzug der U-Haft

> **Zur Akte 2:**
> In unserem Fall kam es zunächst zum weiteren Vollzug der U-Haft und die Beschuldigte wurde vom Haftrichter aus mit einem entsprechenden Aufnahmeersuchen und nach den erforderlichen Anordnungen zum Vollzug (Bl. 19 f.) in die JVA Münster verbracht.

323

Grundsätze zum Vollzug der U-Haft findet man in den §§ 119, 119a niedergelegt. Die Regelung weiterer Einzelheiten obliegt seit der Föderalismusreform den Ländern, die entsprechende *U-Haftvollzugsgesetze* erlassen bzw. ihren Strafvollzugsgesetzen angegliedert haben.[40] Grundsätzlich sind U-Gefangene von Strafgefangenen zu trennen. Sie sind weder arbeitspflichtig noch müssen sie Anstaltskleidung tragen. 324

Eine besondere Regelung über die Ausgestaltung des Vollzuges von U-Haft (und Strafhaft) treffen die §§ 31 ff. EGGVG. Die auf Grund dieser Bestimmungen mögliche *Kontaktsperre* ergeht auf Anordnung der Justizverwaltung und bedarf der gerichtlichen Bestätigung. Für die Gefangenen 325

---

[39] Zu einzelnen Fahndungsmaßnahmen siehe ferner HEGHMANNS Arbeitsgebiet Rn. 537 ff.
[40] In Nordrhein-Westfalen handelt es sich um das UVollzG NRW vom 27.10.2009 (GV NRW S. 540, in Kraft getreten am 1. März 2010).

wird jeglicher Kontakt nach außen (auch zu ihren Verteidigern!) unterbrochen. Haftprüfungen und Vernehmungen finden entweder gar nicht oder, falls Beschuldigter und Verteidiger einverstanden sind, in Abwesenheit des Verteidigers statt. Anstelle des Verteidigers wird dazu ein Kontaktanwalt beigeordnet (§ 34a EGGVG).

Die Kontaktsperre ist im Rahmen der terroristischen Gewaltakte in den 70er-Jahren während der *Schleyer*-Entführung eingeführt und seither nicht mehr angewandt worden. Es handelt sich um eine sehr bedenkliche Extremreaktion des Staates, die allenfalls bei außerordentlichen Bedrohungssituationen hinnehmbar erscheint.

b) Haftprüfung, Außervollzugsetzung und Aufhebung des Haftbefehls

326 Der Fortbestand der U-Haft kann gemäß § 117 jederzeit von Amts wegen oder auf Antrag des Beschuldigten durch den Haftrichter geprüft werden (sog. *Haftprüfung*). Darüber hinaus findet von Amts wegen nach sechs Monaten eine besondere Haftprüfung durch das OLG statt (§ 121 f., sog. *6-Monats-Haftprüfung*). Während bei der gewöhnlichen Haftprüfung nur die Voraussetzungen der Inhaftierung nach § 112 ein weiteres Mal geprüft werden, schaut das OLG auch danach, ob es wirklich bislang nicht möglich war, den Beschuldigten abzuurteilen (§ 121 I). Im Falle von Verfahrensverzögerungen wird der Beschuldigte durch das OLG ohne Rücksicht auf Haftgründe oder Gefährlichkeit entlassen.

▶ Nähere Einzelheiten zur 6-Monats-Haftprüfung und ihrem nicht unproblematischen Prüfungsmaßstab finden Sie auf ET 06-04.

327 Eine absolute *Höchstfrist* für die U-Haft kennt das deutsche Strafverfahrensrecht grundsätzlich nicht;[41] nur für den Haftgrund der Wiederholungsgefahr ist die Haft nach spätestens einem Jahr zu beenden (§ 122a). Im konkreten Fall bestimmt vielmehr das Verhältnismäßigkeitsprinzip die Höchstdauer. Spätestens mit dem Erreichen der voraussichtlichen Straferwartung wird der weitere Vollzug unzulässig.

328 Die Haftprüfung vor dem Haftrichter findet zunächst mündlich statt (§ 118 I), d. h. der Beschuldigte wird dem Haftrichter aus der Vollzugsanstalt heraus vorgeführt. Unterbleibt diese Vorführung nach § 118a I (z. B. wegen Verzichts oder Krankheit), so muss wenigstens sein Verteidiger teilnehmen und ihm notfalls, sofern noch nicht geschehen (Rn. 318), jetzt ein Pflichtverteidiger beigeordnet werden (§ 118a II 3).

329 In jedem Fall können Verteidiger und Staatsanwaltschaft am Termin teilnehmen (§ 118a). Bei wiederholter Haftprüfung besteht nach § 118 III allerdings nur noch in bestimmten Konstellationen ein Anspruch auf mündliche Verhandlung; im Übrigen findet die Haftprüfung dann im schriftlichen Verfahren statt. Bei der Haftprüfung vor dem OLG wird regelmäßig schriftlich entschieden; eine mündliche Verhandlung wäre zwar auch dort möglich, ist in der Praxis aber unüblich (§ 122 II).

---

[41] Kritisch dazu ROXIN/SCHÜNEMANN § 11 Rn. 3 unter Hinweis auf die Unschuldsvermutung, die aber richtigerweise zwar eine strenge Verhältnismäßigkeitsprüfung verlangt, jedoch keine abstrakte Festlegung einer für jeden Fall gültigen Hafthöchstfrist.

IV. Festnahme und weiteres Verfahren

Zur Akte 2: 330
Schauen Sie sich bitte Bl. 35–38 an! Dort hat der Verteidiger – nach weiteren polizeilichen Ermittlungen – einen Antrag auf mündliche Haftprüfung gestellt. Im Haftprüfungstermin (Bl. 39) erhielt die Beschuldigte *Kindoro* Gelegenheit zur Äußerung und im Hinblick auf die jetzt geringere Straferwartung hat das Gericht den Vollzug der Haft anschließend ausgesetzt (Bl. 40).

Mit der in § 116 geregelten *Außervollzugsetzung* entsteht ein Zustand, der ein wenig an die Strafaussetzung zur Bewährung erinnern mag. Der Haftbefehl bleibt als solcher in der Welt, wird aber nicht mehr vollzogen, d. h. der U-Gefangene wird in die Freiheit entlassen. Diese Freiheit ist aber eine relative, denn durch *Auflagen und Weisungen* wird der weiter bestehenden Flucht- (§ 116 I), Verdunkelungs- (§ 116 II) oder sogar Wiederholungsgefahr (§ 116 III) soweit entgegengewirkt, dass der Haftvollzug dadurch entbehrlich erscheint. Die Außervollzugsetzung kommt deshalb vorwiegend dort in Betracht, wo z. B. Fluchtgefahr zwar noch besteht, die Fluchtneigung aber nicht (mehr) als ganz so groß einzuschätzen ist. 331

Dabei sind die in § 116 I beschriebenen, haftersetzenden Auflagen nur beispielhaft („namentlich"), weshalb auch alternative Maßnahmen denkbar sind, z. B. ein elektronisch überwachter Hausarrest oder – wie im Verfahren 2 – die amtliche Verwahrung des Reisepasses. Ein zur Flucht unbedingt entschlossener Beschuldigter lässt sich davon zwar kaum aufhalten, ein nur mit dem Gedanken der Flucht spielender Beschuldigter aber mag sich angesichts der Überwachung oder des drohenden Verlustes einer Sicherheitsleistung (§ 116 I Nr. 4) durchaus dazu verstehen, sich dem Verfahren zu stellen. 332

In der Praxis besitzt die Außervollzugsetzung eine große Bedeutung. So wird gemutmaßt, der Richter neige in der Regel eher dazu, den Vollzug gegen Auflagen auszusetzen, als den Haftbefehl aufzuheben.[42] Auch bei zweifelhaften Haftvoraussetzungen dürfte mancher Haftrichter den Erlass eines sofort außer Vollzug gesetzten Haftbefehles der rigorosen Ablehnung eines Haftantrages der Staatsanwaltschaft als „faulen" Kompromiss vorziehen. 333

Aufgabe: 334
Außervollzugsetzung des Haftbefehls im Verfahren 2
Im Verfahren 2 hat der Richter auf Antrag der Staatsanwaltschaft den Haftbefehl gegen die Beschuldigte *Kindoro* (nur) außer Vollzug gesetzt und dies mit der auf Grund des geänderten Vorwurfs geringeren Straferwartung gerechtfertigt. Ist diese Begründung des Beschlusses über die Außervollzugsetzung schlüssig?

Stellt sich im Verlaufe des Ermittlungsverfahrens die Unschuld bzw. der Wegfall des dringenden Tatverdachts heraus, so ist der Haftbefehl nach § 120 aufzuheben, sobald seine Voraussetzungen nicht mehr vorliegen. Dies geschieht durch den Richter (§ 126 I 1). 335

---

[42] KÜHNE Rn. 435.

336 Allerdings enthält § 120 III eine interessante Sonderregelung, die es dem Staatsanwalt erlaubt, zum einen den Richter zur Aufhebung zu zwingen, zum anderen bereits im Vorgriff auf dessen Entscheidung die Freilassung anzuordnen. Hintergrund ist zum einen, dass ein Haftbefehl grundsätzlich den Antrag der Staatsanwaltschaft als Herrin des Ermittlungsverfahrens voraussetzt und diese zum zweiten am schnellsten erkennt, wann sich der dringende Tatverdacht zerschlägt. Im Interesse des Freiheitsrechts des Beschuldigten soll dann auch so schnell wie möglich dessen Inhaftierung beendet werden. In der Praxis geschieht dies durch Fax (Missbrauchsgefahr) oder telefonisch mit Rückruf.

337 Im Aufgabenfall Rn. 334 lagen mit dem Wegfall des dringenden Tatverdachts wegen eines Totschlagsversuchs die Voraussetzungen eines auf § 112 III gestützten Haftbefehls nicht mehr vor; dieser war als solcher also aufzuheben. Alternativ hätte der Haftbefehl aber in einen solchen nach § 112 II Nr. 2 (Fluchtgefahr) geändert und dieser sodann außer Vollzug gesetzt werden können. So, wie das Gericht gehandelt hat, war sein Vorgehen also nicht ganz korrekt.

6. Haftbeschwerde (mit Exkurs Beschwerdeverfahren)

a) Beschwerdefähige Entscheidungen

338 Der Erlass eines Haftbefehls stellt strukturell einen *Beschluss* des Haftrichters dar, ebenso wie seine Außervollzugsetzung oder seine Aufhebung. Andere Entscheidungen wie z. B. die (Nicht-)Beiordnung eines Verteidigers nach den §§ 140 I Nr. 4, 141 III 4 ergehen als *Verfügung*.

339 Ob eine richterliche Entscheidung als Verfügung, Beschluss oder gar als Urteil ergeht, hängt von ihrem inhaltlichen Gehalt, dem Entscheidungskontext und der Zuständigkeit ab:
- Urteile sind *verfahrensabschließende* Entscheidungen, die notwendigerweise auf Grund einer durchgeführten *mündlichen Hauptverhandlung* ergehen.[43]
- Beschlüsse sind alle übrigen Entscheidungen des *Gerichts als Ganzem* (z. B. auch die Verfahrenseinstellung gemäß § 153 II in der Hauptverhandlung, weil dieser Beschluss nicht notwendigerweise eine zuvor vollständig durchgeführte Hauptverhandlung voraussetzt).
- (richterliche[44]) Verfügungen sind Entscheidungen, die ein Richter anstelle des gesamten Spruchkörpers *alleine* trifft[45] (z. B. die Bestellung eines Verteidigers, weil dies nach § 141 IV durch den Vorsitzenden geschieht).

340 Während gegen Urteile Berufung und Revision statthaft sein können (näher Rn. 1104 ff.), unterliegen sowohl Beschlüsse als auch Verfügungen (einschließlich deren jeweiliger Unterlassung[46]) gemäß § 304 I dem *Rechtsmittel der Beschwerde*. Es bedarf daher keiner genauen Feststellung, ob der stets allein entscheidende Richter beim Amtsgericht „beschlossen" oder „verfügt" hat. Das ist erst bei Entscheidungen des Schöffengerichts oder des Landgerichts bedeutsam, aber auch dort

---

[43] HENKEL S. 253; KK-SCHOREIT § 260 Rn. 15.
[44] Die Verfügungstechnik von Richter und Staatsanwalt (siehe dazu Rn. 120 ff.) ähnelt sich sehr, nur entscheidet der Richter naturgemäß über andere Fragen als der Staatsanwalt.
[45] PETERS S. 471.
[46] KK-ENGELHARDT § 304 Rn. 3.

nicht hinsichtlich der Beschwerdestatthaftigkeit, sondern für die Frage, ob die angefochtene Entscheidung ordnungsgemäß erging. Entscheidungen des Haftrichters über die Haft und ihre Fortdauer unterliegen daher als Beschlüsse prinzipiell der Beschwerde.

- Generell *ausgeschlossen* ist eine Beschwerde in drei Konstellationen: **341**
  Auf eine dieser Ausnahme weist bereits § 304 I hin, indem er den Fall erwähnt, dass das Gesetz eine Entscheidung ausdrücklich der Anfechtung entzieht (vgl. § 153 II 4). Einer dieser Fälle von *Unanfechtbarkeit* ist im Übrigen die Beschwerdeentscheidung selbst (§ 310 II), aber gerade nicht in Haft und Unterbringungssachen (§ 310 I Nrn. 1 und 2). Hier ist deshalb prinzipiell[47] eine weitere Beschwerde, d. h. eine doppelte Überprüfung der Ausgangsentscheidung statthaft.
- Die zweite Ausnahme stellen nach § 305 solche Entscheidungen dar, die durch das „erkennende Gericht", also dasjenige, das in der Hauptverhandlung sein Urteil zu fällen hat, getroffen werden, sofern sie *der Urteilsfällung vorausgehen (z. B.* Entscheidungen auf Beweisanträge oder Befangenheitsgesuche hin[48]). Hinter dieser Regelung stecken zwei Erwägungen: Zum einen würde sich regelmäßig das Urteil verzögern, ließe man zuvor ein gesondertes Beschwerdeverfahren zu. Zum anderen schlagen sich derartige Entscheidungen regelmäßig ohnehin im Urteil nieder, weshalb sie sinnvollerweise über dieses anzufechten sind, zumal nur so ein geschehener Fehler einschließlich seiner Folgen wieder aus der Welt zu schaffen ist. **342**
- Als dritte Ausnahme entzieht § 304 IV, V zahlreiche *Entscheidungen der Oberlandesgerichte und des BGH* der Anfechtung. Rückausnahmen gelten wiederum für die Anordnung bestimmter Zwangsmaßnahmen durch die Ermittlungsrichter von OLG und BGH (§ 304 V) sowie für einige Entscheidungen der OLG, soweit diese als erstinstanzliche Hauptsachegerichte in Staatsschutzsachen fungieren (§ 304 IV 2). Gegen Senatsentscheidungen des BGH verbietet sich jede Beschwerde schon deshalb, weil kein höheres ordentliches Gericht existiert, welches darüber befinden könnte.[49] **343**

In Rn. 326 war bereits der Antrag auf Haftprüfung als Rechtsbehelf angesprochen worden, weshalb dem Beschuldigten durch die ebenfalls denkbare Beschwerde an sich parallel zwei Rechtsbehelfe zur Verfügung stünden. Um hier keine Verfahrensverwirrung zu schaffen, sperrt § 117 II 1 die Beschwerde, solange ein Antrag auf Haftprüfung anhängig ist. Erst nach dessen Erledigung kann (wieder) Beschwerde gegen den Haftbefehl eingelegt werden. **344**

Zur *Terminologie*: Die Beschwerde war bereits als „Rechtsmittel" bezeichnet worden, der Antrag auf Haftprüfung aber nur als „Rechtsbehelf". Hintergrund dieser Differenzierung ist, dass die Beschwerde zu den drei „klassischen" Rechtsmitteln zählt (Beschwerde, Berufung, Revision), die im Dritten Buch der StPO unter ebendieser Überschrift „Rechtsmittel" zusammengefasst sind. Alle übrigen im Prozessrecht vorgesehenen Möglichkeiten, eine Entscheidung überprüfen zu lassen, werden deshalb nicht als Rechtsmittel bezeichnet, sondern fallen unter den allgemeineren Begriff des „Rechtsbehelfs". Zu Weiterem siehe unten Rn. 1100 ff. **345**

b) Die weiteren Zulässigkeitsvoraussetzungen der Beschwerde
Beschwerdeberechtigt sind die Verfahrensbeteiligten, soweit sie durch die angefochtene Entscheidung „beschwert" sind. Die sog. *Beschwer*, eine ungeschriebene **346**

---
[47] Ausnahmefall wäre die Konstellation, dass über eine weitere Beschwerde der BGH zu entscheiden hätte (vgl. Rn. 347).
[48] Vgl. ferner die ausführlichere Übersicht bei KK-ENGELHARDT § 305 Rn. 6 f.
[49] MEYER-GOßNER § 304 Rn. 10.

weitere Rechtsmittelvoraussetzung, erfordert, dass der Rechtsmittelführer eine unmittelbare und noch andauernde[50] Beeinträchtigung seiner Rechte oder schutzwürdigen Interessen geltend machen kann.[51] Diese muss durch die Entscheidung selbst bewirkt sein; eine Interessenbeeinträchtigung durch die Entscheidungsbegründung alleine genügt deshalb nicht.

> **Beispiel (diskriminierende Entscheidungsbegründung):**
> In der Begründung eines Einstellungsbeschlusses nach § 154 II führte das Gericht zur Begründung einer geringen Straferwartung hinsichtlich der eingestellten Tat aus, es liege insoweit ein geringes Verschulden vor, weil der Angeklagte auf Grund einer paranoiden Schizophrenie unter den Voraussetzungen des § 21 StGB gehandelt habe. Der Angeklagte legte gegen diesen Beschluss Beschwerde ein, weil er sich nicht als „geisteskrank" bezeichnen lassen wollte. – Die Einstellung als solche beschwert den Angeklagten nicht, da sie eine für ihn ausschließlich günstige Verfahrensdisposition traf. Die Gründe des Beschlusses verändern seine Rechtsposition hingegen nicht, zumal sie regelmäßig nicht über den Kreis der unmittelbar Verfahrensbeteiligten hinaus bekanntgegeben werden.

347 Keine Beschwer liegt ferner vor, wenn eine *bereits erledigte Maßnahme* angefochten wird (z. B. bei einer Beschwerde gegen die richterliche Obduktionsanordnung gemäß § 87 IV, sobald die Leichenöffnung durchgeführt wurde). Anders liegt es hingegen bei *Eingriffen in Grundrechte*. Hier bleibt wegen deren Bedeutung auch im Nachhinein noch die richterliche Überprüfung statthaft, so etwa gegen einen Durchsuchungsbeschluss nach Abschluss der Durchsuchung.[52]

348 In Kostensachen genügt nicht einmal irgendeine Beschwer, sondern es ist gemäß § 304 III sogar erforderlich, dass der Beschwerdewert 200 € übersteigt.

349 Einer *Beschwer der Staatsanwaltschaft* bedarf es nicht. Wegen ihrer Rolle als unparteiische Gesetzeswächterin ist sie vielmehr dazu berufen, Rechtsverletzungen umfassend zu rügen. Deshalb ermöglicht ihr § 296 II, sogar *zu Gunsten des Beschuldigten Rechtsmittel einzulegen*. Andererseits können gemäß § 301 Rechtsmittel der Staatsanwaltschaft selbst bei ihrer Einlegung zu Ungunsten des Beschuldigten auch zu einer für den Beschuldigten günstigen Abänderung der angefochtenen Entscheidung durch das Beschwerdegericht führen.

c) Form und Frist

350 Einzulegen ist die Beschwerde bei dem Gericht, dessen Entscheidung angefochten werden soll (§ 306 I), und zwar schriftlich oder zu Protokoll der Geschäftsstelle. In letzterem Fall müsste der Beschwerdeführer bei dem betreffenden Gericht er-

---

[50] Näher zu der Erfordernis des Andauerns der Beeinträchtigung siehe unten Rn. 355.
[51] KK-Engelhardt § 304 Rn. 30 f.
[52] BVerfGE 96, 27 (41).

scheinen und dort auf der Geschäftsstelle die Anfechtung erklären. Er hat einen Anspruch darauf, dass sein Begehren dort schriftlich festgehalten und sodann dem betreffenden Richter vorgelegt wird.

▶ Nähere Informationen zur Organisation der Gerichte finden Sie auf ET 06-05.

Im Normalfall unterliegt die Beschwerde *keinerlei Befristung*. Ihre Einlegung wäre – mangels weiterer Beschwer – erst unzulässig, sobald sie prozessual überholt ist, sofern nicht wegen der Schwere des Rechtseingriffs auch danach noch ein berechtigtes Interesse des Beschwerdeführers an der Überprüfung besteht (Rn. 347). 351

Einen Sonderfall stellt die *sofortige Beschwerde* dar, die gemäß § 311 II nur binnen einer Woche eingelegt werden kann. Einer sofortige Beschwerde bedarf es aber nur, wo das Gesetz eine solche explizit anordnet (so z. B. in § 210 II). 352

d) Prüfung und Entscheidung über die Beschwerde
Die Beschwerde hat nach § 307 I *keinen Suspensiveffekt*, d. h. die angefochtene Maßnahme (z. B. der Haftbefehl im Falle der Haftbeschwerde) wird erst einmal weiter vollzogen. Allerdings können Ausgangs- wie Beschwerdegericht nach § 307 II eine Vollzugsaussetzung anordnen, was in der Praxis allerdings höchst selten geschieht und meist nur dann, wenn der weitere Vollzug einer möglicherweise begründeten Beschwerde unwiederbringliche Nachteile mit sich brächte. 353

Eine eingelegte Beschwerde wird zunächst dem Richter (bzw. dem Gericht) vorgelegt, dessen Entscheidung angefochten wurde, weil dieser zunächst über eine Abhilfe zu entscheiden hat (§ 306 II). Mit diesem *Abhilfeverfahren* soll für offenkundig begründete Beschwerden eine unkomplizierte Korrekturgelegenheit eröffnet werden.[53] Bei sofortigen Beschwerden allerdings wird dieser Abschnitt des Beschwerdeverfahrens (mit Ausnahme der Fälle einer Verletzung des rechtlichen Gehörs) übersprungen (§ 311 III). 354

Erfolgt keine Abhilfe, so entscheidet als Beschwerdegericht regelmäßig das Gericht der nächsthöheren Ordnung. Für Beschwerden gegen amtsgerichtliche Entscheidungen wäre dies die Strafkammer beim Landgericht (§ 73 I GVG), für Beschwerden gegen landgerichtliche Entscheidungen der Strafsenat beim OLG (§ 121 I Nr. 2 GVG). 355

Beschwerden gegen OLG-Entscheidungen sind allerdings nur in Staatsschutzsachen statthaft, sonst nicht (§ 304 IV 2, V). Während über entsprechende Entscheidungen des Ermittlungsrichters des OLG in Staatsschutzsachen der OLG-Senat selbst entscheidet, werden Ausgangsentscheidungen des OLG-Senats sowie des Ermittlungsrichters beim BGH von einem Strafsenat des BGH bearbeitet (§ 135 II GVG). 356

Das Beschwerdegericht hat das Recht und die *Pflicht zur vollen Sachprüfung* und darf sogar ergänzende Ermittlungen vornehmen (§ 308 II). Seine Entscheidung ergeht im schriftlichen Verfahren (§ 309 I). Im Ergebnis hat es entweder die unbegründete Beschwerde zu „verwerfen" oder aber auf die Beschwerde hin die nach seiner Auffassung richtige Sachentscheidung zu treffen (§ 309 II). Eine Auf- 357

---

[53] KK-ENGELHARDT § 306 Rn. 11.

hebung und Zurückverweisung an das Ausgangsgericht findet also niemals statt. Die Entscheidung des Beschwerdegerichts kann sogar eine Schlechterstellung des Beschwerdeführers bewirken,[54] weil entsprechende Verbote der *reformatio in peius*, wie sie sich in den §§ 331, 358 II für die übrigen Rechtsmittel finden, für die Beschwerde nicht existieren.

e) Weitere Beschwerde

358 Die Beschwerdeentscheidung ist regelmäßig abschließend (§ 310 II). Lediglich in Haft- und Unterbringungssachen sowie in bestimmten Konstellationen eines dinglichen Arrests erlaubt § 310 I eine weitere Beschwerde zum OLG, sofern das Landgericht als (erstes) Beschwerdegericht tätig geworden war. Dieses zweite Beschwerdeverfahren verläuft dann genauso wie das erste (zur Zuständigkeit siehe Tab. 2).

359 Hatte allerdings bereits ein OLG auf die Beschwerde hin entschieden, so hat es damit grundsätzlich sein Bewenden; der Erlass eines Haftbefehls durch die Strafkammer kann daher nur einmal mit der Beschwerde angefochten werden. Der BGH entscheidet als zweites Beschwerdegericht nur in den seltenen Staatsschutzsachen, in welchen das OLG gemäß § 120 III GVG zuvor als Beschwerdegericht Entscheidungen des (eigenen) Ermittlungsrichters überprüft hatte (§ 310 I).

7. Zuständige Gerichte für Haftentscheidungen

360 Mit dem Verfahrensfortschritt ändert sich auch die Zuständigkeit des Gerichts für den Erlass des Haftbefehls und für die weiteren Maßnahmen im Verlaufe der Haft (Vollzugsentscheidungen, Haftprüfung, Außervollzugsetzung und Aufhebung des Haftbefehls). Für diese weiteren Entscheidungen hat sich in der Praxis der zusammenfassende Begriff der *Haftkontrolle* eingebürgert (s. Tab. 2).

361 In Unterbringungssachen (Rn. 299 ff.) gelten die Haftzuständigkeiten über § 126a II entsprechend.

V. Alternativen zur Inhaftierung

362 Infolge der strengen Voraussetzungen für einen Haftbefehl entstehen in der Praxis Situationen, in welchen zwar eine Inhaftierung des Beschuldigten erforderlich wäre, um das Strafverfahren durchführen zu können, es jedoch an der Verhältnismäßigkeit der Haft (Rn. 295 ff.) fehlt.

363 **Beispiel (Bagatellstraftaten durchreisender Täter):**

Der bislang strafrechtlich nicht in Erscheinung getretene russische Staatsangehörige *Jurij R.* wurde in *Hannover* auf frischer Tat bei einem Ladendiebstahl von drei 3 DVDs im Gesamtwert von rund 40 € festgenommen. Die polizeiliche Vernehmung ergab, dass *R.* in *St. Petersburg* wohnt und in der Bundesrepublik keinen Wohnsitz hat; er war ordnungsgemäß als Tourist eingereist, hielt sich hier bei Bekannten auf und beabsichtigte, fünf Tage später wieder heim zu reisen. — Ein Haftbefehl gemäß § 112 II Nr. 2 scheitert in dieser Konstellation wegen

---

[54] MEYER-GOßNER vor § 304 Rn. 5.

V. Alternativen zur Inhaftierung

Tab. 2 Gerichtszuständigkeiten in Haftsachen

	Erlass Haftbefehl	Haftkontrolle	Beschwerde/weitere Beschwerde (§ 310 I Nrn. 1, 2)
Ermittlungsverfahren	Richter beim Amtsgericht (§ 125 I)	Richter beim Amtsgericht (§ 126 I)	Strafkammer beim Landgericht (§ 73 I GVG)/Strafsenat beim OLG (§ 121 I Nr. 2 GVG)
Zwischenverfahren	Gericht erster Instanz (§ 125 II)	Gericht erster Instanz (§ 126 II 1)	bei Anklage zum Amtsgericht: Strafkammer beim Landgericht/Strafsenat beim OLG
Hauptverfahren erster Instanz			bei Anklage zur Strafkammer: Strafsenat beim OLG/*entfällt*[a]
Berufungsverfahren	Berufungsgericht (§ 125 II)	Berufungsgericht (§ 126 II 1)	Strafsenat beim OLG/*entfällt*[b]
Revisionsverfahren	Gericht der Vorinstanz (§ 125 II)	Gericht der Vorinstanz, z. T. Revisionsgericht (§ 126 II 2, III)	bei Vorinstanz Amtsgericht: Strafkammer beim LG/Strafsenat beim OLG; bei Vorinstanz Landgericht: Strafsenat OLG/*entfällt*[c]

[a] Siehe Rn. 363.
[b] Siehe Rn. 363.
[c] Siehe Rn. 363.

des geringen Unrechtsgehalts der Tat an der Verhältnismäßigkeit, dringender Tatverdacht und Fluchtgefahr lägen allerdings wohl vor. Auch über die Hauptverhandlungshaft nach § 127b (Rn. 305 ff.) käme man kaum weiter. Sie setzte die Durchführbarkeit des beschleunigten Verfahrens (§ 417 ff.) voraus, während hier nach § 407 I 2 wegen der als Sanktion nur in Betracht kommenden Geldstrafe das Strafbefehlsverfahren Vorrang genießen würde, wenn dieses Verfahren seinerseits durchführbar wäre. Dazu müsste allerdings ein Strafbefehl zustellbar sein, was in Russland (anders als in den EU-Ländern) jedenfalls nicht einfach wäre.[55] Man stünde verfahrenstechnisch also vor einem Dilemma.

Auch eine spätere Auslieferung zur Durchführung des Strafverfahrens in Deutschland wäre schon wegen des geringen Vorwurfs unmöglich. Zudem liefern die meisten Staaten eigene Staatsbürger nicht aus. Maßgebend sind im Einzelfall in Deutschland das IRG und das EurRhÜbk. Innerhalb der EU gelten insoweit erleichterte Auslieferungsmöglichkeiten (Institut des sog. Europäischen Haftbefehls, §§ 78 ff. IRG). 364

In derartigen Fällen bieten die §§ 127a, 132 in der Praxis gerne genutzte Alternativen. 365

§ 127a erfasst dabei Fälle, in welchen an sich ein Haftbefehl wegen Fluchtgefahr ergehen könnte, aber dennoch nur eine Geldstrafe zu erwarten steht, für die der Beschuldigte dann eine Sicherheit leistet (§ 127a I Nr. 2). Außerdem hat er einen Zustellungsbevollmächtigten zu benennen (§ 127a 366

---

[55] Eine solche Zustellung geschähe im Wege der Rechtshilfe, die außerhalb der EU und des Geltungsbereichs des EuRHÜbk die jeweilige Existenz eines bilateralen Rechtshilfeabkommens zwischen den beteiligten Ländern voraussetzt.

II i.V.m. § 116a III). Danach kann der Beschuldigte seiner Wege ziehen. Solche Fälle sind freilich relativ selten, weil bei bloßer Geldstrafenerwartung i. d. R zugleich ein Haftbefehl unverhältnismäßig wäre. Es müsste daher schon im Einzelfall eine hohe Geldstrafe anstehen, die im Beispielsfall Rn. 363 eindeutig nicht vorstellbar erscheint.

367 § 132 regelt demgegenüber die häufigere und auch den Beispielsfall Rn. 363 charakterisierende Fallgestaltung, dass von vornherein kein Haftbefehl in Betracht käme. Auch hier hat der Beschuldigte Sicherheit zu leisten und einen Zustellungsbevollmächtigten zu benennen. Im Unterschied zu § 127a bedarf es dazu allerdings einer richterlichen Anordnung, die nur bei Gefahr im Verzuge durch eine staatsanwaltliche oder gar durch deren Ermittlungspersonen ergehende Anordnung ersetzt werden darf (§ 132 II). Im weiteren Unterschied zu § 127a ermöglicht § 132 III im Falle des Ungehorsams eine Beschlagnahme von Sachen des Beschuldigten. Bei § 127a würde stattdessen schlicht die Festnahme weiter vollzogen, was in den Fällen des § 132 ja unzulässig wäre.

368 Zustellungsbevollmächtigter könnte z. B. ein Anwalt oder auch ein Beamter irgendeiner Behörde sein. Dessen Vollmacht und Pflichten beinhalten nur die Entgegennahme (und Verwahrung) der an den Beschuldigten gerichteten Post, konkret des später gegen diesen ergehenden Strafbefehls. Er hat weder Pflicht noch Mandat, diesen an den Beschuldigten weiter zu leiten oder gar Einspruch gegen den Strafbefehl einzulegen. Vielmehr wäre es die Sache des Beschuldigten, sicherzustellen, dass die beim Bevollmächtigten eingehende Post an ihn gelangt. In der Praxis geschieht dies regelmäßig nicht, d. h. der dem Bevollmächtigten zugestellte Strafbefehl würde zwangsläufig rechtskräftig und damit vollstreckbar. Die Vollstreckung geschähe dann in die geleistete Sicherheit hinein; genügt diese im Einzelfall einmal nicht, müsste nach § 459e Ersatzfreiheitsstrafe angeordnet, zu deren Vollstreckung ein Vollstreckungshaftbefehl erlassen (§ 457 II) und der Beschuldigte zur Fahndung ausgeschrieben werden (§§ 131 ff.). Im Falle einer erneuten Einreise würde er dann an der Grenze festgenommen werden und hätte, falls er dann die Strafe nicht bezahlen könnte, Ersatzfreiheitsstrafe zu verbüßen. Durch ein Vorgehen nach den §§ 127a, 132 kann also relativ einfach ein – andernfalls kaum erreichbares – rechtskräftiges Straferkenntnis gegen im Ausland wohnende Bagatelltäter erwirkt werden, das zudem in manchen Fällen die erneute Einreise faktisch verhindert.

369 Eine weitere Möglichkeit stellt – allerdings erst nach Anklageerhebung – die *Vermögensbeschlagnahme* nach den §§ 290 ff. dar (Rn. 704). Der Entzug finanzieller Mittel soll den Beschuldigten hier veranlassen, sich doch noch der Justiz zu stellen.

Wiederholungsfragen zum 6. Kapitel
1. Wann liegt Gefahr im Verzug vor? (Rn. 308 f.)
2. Zu welchen Zwecken darf ein Privater den Tatverdächtigen festnehmen? (Rn. 257 f., 264)
3. Zu welchen Zwecken darf die Polizei einen Tatverdächtigen festnehmen? (Rn. 265–268)
4. Welche drei materiellen Voraussetzungen hat der Erlass eines Haftbefehls? (Rn. 271)
5. Was ist bei § 112 III zu beachten? (Rn. 286)
6. Wie kann die Verteidigung gegen einen nach ihrer Auffassung unberechtigten Haftbefehl vorgehen? (Rn. 326, 340, 344)
7. Was versteht man unter „Beschwer"? (Rn. 346)

7. Kapitel. Zeugen und Sachverständige

I. Zeugen

> **Zur Akte 2:**
> Schauen Sie sich bitte Bl. 28–32, 34 an! Sie finden dort die Protokolle zweier polizeilicher Zeugenvernehmungen sowie den polizeilichen Abschlussvermerk hinsichtlich der Bl. 20 durch die Staatsanwaltschaft angeordneten Ermittlungen.

370

1. Zeugen und ihre Pflichten

Der Zeuge stellt eines der *vier Beweismittel i. e. S.* (Zeuge, Sachverständiger, Urkunden, Augenscheinsobjekte) im Strafverfahren dar, zu denen als weiteres Erkenntnismittel noch die Angaben des Beschuldigten hinzu treten.

371

Die *Vorschriften* zu den Zeugen finden sich vornehmlich in den §§ 48–71. Diese Bestimmungen gelten unmittelbar nur für die richterliche Vernehmung im Hauptverfahren sowie bei der richterlichen Vernehmung des Zeugen im Vorverfahren auf Antrag der Staatsanwaltschaft. Für das Ermittlungsverfahren existiert allein die Vorschrift des § 161a hinsichtlich der staatsanwaltlichen Vernehmung mit einem pauschalen Verweis auf die Vorschriften zur richterlichen Vernehmung (§ 161a I 2). Für die polizeiliche Vernehmung werden insbesondere die Belehrungspflichten in § 163 III für entsprechend anwendbar erklärt.

372

Hintergrund dieser etwas merkwürdigen Konzeption und des ungewöhnlichen Standortes der Zeugenbestimmungen ist erneut die ursprüngliche Konzeption der RStPO, wonach verwertbare Zeugenaussagen nur in der – 1975 endgültig abgeschafften – *richterlichen Voruntersuchung*[1] gewonnen wurden und diese in praktisch jedem Verfahren auch durchzuführen war. Die überragende

373

---

[1] Bis 1975 fanden sich die Regelungen zur Voruntersuchung in den §§ 178–197.

Rolle des staatsanwaltschaftlichen Ermittlungsverfahrens unter weitgehender Durchführung seitens der Polizei entwickelte sich erst zu Beginn des 20. Jahrhunderts.

374 Aus der historischen Genese erklärt sich, warum für *polizeiliche Vernehmungen* keine unmittelbar strafprozessual normierten Zeugenpflichten existieren, sondern dort allein diejenigen Wahrheitspflichten gelten, die aus dem materiellen Strafrecht, insb. den §§ 145d, 164, 258 StGB folgen. So braucht ein Zeuge nicht vor der Polizei zu erscheinen und folgerichtig besteht für die Polizei auch keine Möglichkeit, sein Erscheinen zu erzwingen. Jede polizeiliche Zeugenaussage ist also freiwillig. Wären die Zeugen *Hammerstein* und *Jäntschke* im Verfahren 2 nicht freiwillig auf der Wache erschienen, sondern wie die Zeugin Popp ausgeblieben, wären sie daher im Zweifel zwar telefonisch oder schriftlich angemahnt worden. Es hätten aber keine effektiveren Mittel zur Verfügung gestanden, ihre Aussage vor der Polizei zu erlangen.

375 Ein unwilliger Zeuge könnte freilich noch *staatsanwaltschaftlich* vernommen werden, denn zu einer solchen Vernehmung *müsste er erscheinen und auch aussagen* (vgl. § 161a I 1 mit der entsprechenden Sanktionsbestimmung in § 161a II, die qua Verweis auf die §§ 51, 70 die Verhängung von Ordnungsgeld[2] durch die Staatsanwaltschaft und sogar – auf deren Antrag – die Anordnung von Ordnungs- oder Erzwingungshaft[3] durch den Richter[4] erlaubt). Eine solche Vernehmung scheut die Staatsanwaltschaft aber wegen des mit ihr verbundenen zeitlichen Aufwandes, den sie schlicht nicht in jedem Verfahren leisten könnte.

Zur Akte 1:

376 Kehren Sie bitte noch einmal ins Verfahren 1 zurück und lesen Sie dort die polizeiliche Verfügung Bl. 13 d.A.

Beim Anzeigeerstatter, dessen Vernehmung als Zeuge die Polizei ebenfalls durchführen wollte und der dies ablehnte, wäre demnach zwar theoretisch eine alternative Vernehmung durch die Staatsanwaltschaft in Betracht gekommen. Allerdings hatte er sich ja prinzipiell aussagewillig gezeigt. Dass er sich dazu *anwaltlichen Beistandes* bedient, ist nach § 68b I (i. V. m. § 163 III 1) ausdrücklich vorgesehen; nach § 68b I 2 hätte der Anwalt bei einer Vernehmung sogar ein *Anrecht auf Anwesenheit*, solange keiner der Ausschlussgründe nach § 68b I 3, 4 vorliegt.

377 Die vom Anzeigeerstatter *Straßfurth* angebotene (schriftliche) „Aussage" mittels *anwaltlicher Stellungnahme* ist im Ermittlungsverfahren (wo insoweit Formfreiheit herrscht, sog. Freibeweisverfahren[5]) jedenfalls zulässig. Andererseits fällt eine solche anwaltlich vermittelte Stellungnahme regelmäßig weniger authentisch aus als eine unmittelbar gegenüber den Strafverfolgungsorganen gemachte und möglichst wortgetreu protokollierte mündliche Aussage. Solange deshalb der Rechtsanwalt, der einen Geschädigten vertritt, seinen Mandanten nicht schützen muss (weil dieser

---

[2] Regelungen über die Höhe finden sich in Art. 6 EGStGB (1000 Euro Ordnungsgeld bzw. sechs Wochen Ordnungshaft).
[3] Die Höchstdauer beträgt hier gemäß § 70 II sechs Monate.
[4] Einer richterlichen Anordnung bedarf es dazu wegen Art. 104 II 1 GG.
[5] Siehe zum Freibeweis- im Unterschied zum Strengbeweisverfahren später bei Rn. 996 f.

vielleicht selbst eine Strafverfolgung zu fürchten hätte, was z. B. bei Verkehrsunfällen oft der Fall ist), sollte man den Mandanten daher zwar vielleicht zur Polizei begleiten, sich aber möglichst nicht für ihn schriftsätzlich äußern.

Im Übrigen hat es sich im Hinblick auf die angesprochene Formfreiheit im Ermittlungsverfahren für einfache Sachverhaltskonstellationen eingebürgert, Zeugen nicht persönlich zu vernehmen, sondern sie anzuschreiben und um eine *schriftliche Stellungnahme* zu bitten (Nr. 67 RiStBV). Leider sind die Resultate solcher Ermittlungen zumeist deprimierend, weil ein Zeuge von sich aus in den seltensten Fällen einschätzen kann, auf welche Details es den Ermittlungsbehörden ankommt. So erhält man gelegentlich Schilderungen in epischer Breite zu Nebensächlichkeiten, während die wichtigsten Informationen nur in dürren Worten oder gar nicht mitgeteilt werden. Schriftsprachliches Unvermögen vieler Zeugen tut sein Übriges, weshalb man von dieser Form der Sachverhaltserforschung, so bequem sie zunächst erscheinen mag, nur dringend abraten kann.

378

Zeugen haben Anspruch auf *Entschädigung* gemäß § 71 nach näherer Maßgabe des JVEG, aber wiederum nur bei der Vernehmung durch Richter oder Staatsanwaltschaft (weil sie dort erscheinen müssen); in einigen Bundesländern hat man indes flankierende Kostenregelungen für polizeiliche Vernehmungen geschaffen.

379

2. Aussageverweigerungsrechte und Aussageerzwingung

Zur Akte 2:

380

Wenn Sie jetzt wieder das Verfahren 2 ansehen, so werden Sie in den Vernehmungsprotokollen Bl. 28, 31 formularmäßige Belehrungen nach den §§ 52, 55 finden. Den Hintergrund bilden die in den §§ 52–55 normierten Zeugnis- und Auskunftsverweigerungsrechte, die in Tab. 1 zusammengefasst sind:

Zweck des Zeugnisverweigerungsrechts nach § 52 für *Angehörige* ist es, dem Zeugen einen Konflikt zwischen Wahrheitspflicht und natürlicher Solidarität mit dem Beschuldigten zu ersparen. Ähnliches bezweckt § 55, wobei hier die Wahrheitspflicht gegen den Drang zur Selbstbegünstigung streitet. In beiden Fällen möchte das Gesetz eine unwahre Aussage verhindern, indem es dem Zeugen die Alternative des Schweigens eröffnet. Das Zeugnisverweigerungsrecht nach § 52 führt dabei zu einem kompletten Ausfall des Betreffenden als Beweismittel.

381

Demgegenüber erlaubt § 55 nur das Schweigen auf einzelne Fragen bzw. zu einzelnen Themen; soweit keine Gefahr der Belastung seiner selbst oder von Angehörigen besteht,[6] bleibt der Zeuge daher weiterhin zur Aussage verpflichtet. Nur in Ausnahmefällen kann das Auskunftsverweigerungsrecht nach § 55 zu einem vollständigen Zeugnisverweigerungsrecht erstarken,[7] beispielsweise, falls bereits jede Kenntnis des Zeugen von der Person des Beschuldigten ihn der Gefahr einer Strafverfolgung auslieferte.

382

---

[6] Eine solche Gefahr kann selbst nach Einstellung des Verfahrens gegen den Angehörigen gemäß § 170 II fortbestehen, vgl. BGH StV 2012, 194.
[7] BGHSt 10, 104 (105); BGH NJW 1998, 1728 (1729); Meyer-Goßner § 55 Rn. 2.

Tab. 1 Zeugnis- und Auskunftsverweigerungsrechte

Bestimmung	§ 52	§§ 53, 53a	§ 54	§ 55
Adressaten	Angehörige	bestimmte Berufsgruppen	öff. Bedienstete, Richter	jeder Zeuge
Reichweite	komplette Zeugnisverweigerung	Zeugnisverweigerung, soweit Verschwiegenheitspflicht reicht	partielle Aussageverweigerung, soweit Amtsverschwiegenheitspflicht reicht	partielle Aussageverweigerung bei Gefahr der Selbst- oder Angehörigenbelastung
Frühere Angaben nach Verweigerung	§ 252: unverwertbar (siehe unten Rn 922 ff.)		verwertbar (str.)[a]	verwertbar[b]

[a] Für Verwertbarkeit BGHSt 36, 159; a. A. MEYER-GOßNER § 54 Rn. 25; OLG Celle MDR 1959, 414
[b] BGHSt 17, 245

383 Grund der Zeugnisverweigerungsrechte nach § 53 ist der Schutz der – nach § 203 StGB sogar strafbewehrten – *Berufsgeheimnisse bestimmter Berufsgruppen*. Dem Geheimnisschutz wird Vorrang vor der Aussagepflicht eingeräumt, soweit und solange das Geheimnis besteht (und soweit der Zeuge vor allem nicht durch den jeweiligen Geheimnisberechtigten *von seiner Schweigepflicht entbunden* ist). Ähnlich verhält es sich mit § 54, wobei hier die – ebenfalls (u. a. in den §§ 353b, 353d, 355 StGB) strafbewehrten – *Dienstgeheimnisse* geschützt werden. Üblicherweise erhält allerdings jeder Beamte oder Richter die erforderliche Aussagegenehmigung von seinem Dienstherrn. Den Hauptanwendungsfall für eine Aussageverweigerung bilden solche Zeugen, die Informationen über die Personalien verdeckt ermittelnder Personen geben könnten, bei deren Bekanntwerden entweder diesen Personen Gefahren für Leib und Leben drohen[8] oder die Erfüllung öffentlicher Aufgaben (nämlich ihres weiteren verdeckten Einsatzes) ernstlich gefährdet oder erheblich erschwert würde[9] (vgl. § 68 BBG).

384 Über die Rechte aus den §§ 52 und 55 ist der Zeuge *zu belehren* (§§ 52 III, 55 II i. V. m. § 161a I 2 [für die Staatsanwaltschaft] bzw. § 163 III 1 [für die Polizei]). Für die Verweigerungsrechte aus den §§ 53, 54 ist hingegen keine Belehrung vorgeschrieben. Hier wird vorausgesetzt, dass die betreffenden Zeugen ihre Rechte kennen, weil ihnen ihre korrespondierenden (Berufs-)Pflichten bekannt sein sollten.

385 Jenseits der Reichweite der diversen Zeugnis- und Auskunftsverweigerungsrechte besteht bei staatsanwaltlichen und richterlichen Vernehmungen (einschließlich der Vernehmung in der Hauptverhandlung) eine Aussagepflicht der Zeugen (Rn. 375).

---

[8] Vgl. den Sachverhalt in BGHSt 17, 382.
[9] Vgl. die Sachverhalte in OLG Hamm NJW 1970, 821; OLG Hamburg NStZ 1994, 98.

> **Aufgabe: Mordzeugin schweigt aus Angst** 386
> *Nadja W.* wird als Zeugin vernommen. Man vermutet, sie habe bei einer Messerstecherei in einer Diskothek, bei der ein Mann erstochen wurde, gesehen, wer zugestochen hatte. In ihrer polizeilichen Vernehmung schildert *Nadja W.* das Geschehen einschließlich des entscheidenden Messerstiches wahrheitsgemäß. Sie verschweigt aber den Namen des Täters. Dazu erklärt *W.*, sie wisse zwar, wer es war, wolle aber aus Angst um ihr Leben den Namen nicht nennen. Sie sei dem Täter gut bekannt und fürchte, dieser werde sie, wenn er von ihrer Aussage erführe, entweder selbst oder durch andere umbringen.
>
> Gibt es Möglichkeiten, die Aussage zu erzwingen, und welche sonstigen Folgen für *Nadja W.* hat ihre Weigerung (auch für den Fall, dass sie vor Staatsanwalt und Richter weiterhin schweigt)?

Materiellstrafrechtlich hat *Nadja W.* zwar nicht die *vollständige* Wahrheit gesagt, dies jedoch offengelegt, weshalb § 153 StGB ausscheidet.[10] Es bleibt ein (ggf. versuchtes) Vergehen nach § 258 StGB. *W.* hat allerdings eine Angabe unterlassen und würde daher nur als Garantin haften. Eine solche Garantenstellung wird zwar überwiegend angenommen,[11] aber selbst im Falle richterlicher Vernehmung zu Unrecht: Der Zeuge ist zwar einfachrechtlich zur Aussage und zur Wahrheit verpflichtet, aber nicht als Beschützergarant der Wahrer staatlicher Verfolgungsinteressen. *W.* darf daher den Namen des Täters straflos verschweigen. 387

Auch prozessual bleibt es bei einer polizeilichen Aussage ohne Folgen, wenn *W.* den Namen des Täters nicht nennt. Vor Richter oder Staatsanwalt hingegen müsste sie aussagen, was notfalls erzwungen werden könnte (Rn. 375). Die Furcht vor Konsequenzen seitens des Verdächtigen vermag ihr Verhalten dabei nicht zu rechtfertigen, weil die Gefahr für ihr Leben anders abwendbar wäre: Zum einen könnte der Verdächtige wegen Verdunkelungsgefahr in U-Haft genommen werden (§ 112 I Nr. 3 b, vgl. Rn. 280 ff.), zum anderen könnte der Zeugin gemäß § 68 II, III Zeugenschutz gewährt, beispielsweise ihr aktueller Name und ihre Anschrift geheim gehalten werden. Dies flankiert das ZSHG[12] für *Zeugenschutzmaßnahmen* verschiedenster Art bis hin zum Verschaffen einer neuen Identität. 388

3. Wahrheitspflicht und Würdigung von Zeugenaussagen

> **Zur Akte 2:** 389
> Die Zeugen *Hammerstein* und Jäntschke wurden ferner ausweislich der Protokolle Bl. 28, 31 d.A. zur Wahrheit ermahnt. Auch insoweit existieren keine entsprechenden prozessualen Normen, die sie zur Wahrheit verpflichten, wohl aber

---

[10] Vgl. im BT Rn. 1863.
[11] SK-Hoyer § 258 Rn. 32; NK-Altenhain § 258 Rn. 46; LG Ravensburg NStZ-RR 2008, 177 (178 f.); a. A. LG Itzehoe NStZ-RR 2010, 10 (11 f.).
[12] Zeugenschutz-Harmonisierungsgesetz vom 11.12.2001 (BGBl. I S. 3510).

materiellrechtliche (§§ 164, 145d, 258 StGB). Die Bestimmungen zur Belehrung über die Wahrheitspflicht findet man in § 57 (Richter) i. V. m. § 161a I 2 (Staatsanwalt) und § 163 III 1 (Polizei).

390 Die Protokollierung einer Zeugenaussage ist nur für richterliche und staatsanwaltschaftliche Vernehmungen positiv geregelt (§§ 168, 168b), nicht aber für polizeiliche. Zwecks authentischer Dokumentation ist es aber geboten (und üblich), auch vor der Polizei getätigte Aussagen möglichst wortgenau wiederzugeben. Ansonsten ist für den Ablauf der Vernehmung § 69 zu beachten; man sollte deshalb zunächst dem Zeugen die Gelegenheit geben, seine Wahrnehmungen im Zusammenhang zu schildern (sofern der Zeuge dazu in der Lage ist). Erst im Anschluss daran werden ergänzende Fragen gestellt (§ 69 II).

391 Wenn Sie nun die Aussage der Beschuldigten *Kindoro* und *Schuler*, wie sie in dem Vermerk Bl. 7 dokumentiert sind, mit den Angaben des Beschuldigten *Eftherim* (Bl. 24 ff.) und der Zeugen *Hammerstein* und *Jäntschke* vergleichen, so fallen sofort etliche Unterschiede bis hin zu glatten Widersprüchen auf. Zwar ist ein Beschuldigter in keiner Weise zur Wahrheit verpflichtet; gleichwohl darf man seine Angaben deswegen nicht von vornherein als weniger glaubhaft abtun: Jedermann kann schließlich durch Zufall oder bösen Willen in den ungerechtfertigten Verdacht einer Straftat kommen, und dann wäre es fatal, würden seine Angaben nicht unbefangen gewürdigt.

392 Die *Glaubhaftigkeit von Zeugenaussagen* (ebenso wie der Beschuldigtenangaben) bildet deshalb ein Kernproblem der strafprozessualen Realität. Wahrnehmungs-, Erinnerungs- und Wiedergabefehler sind leider selbst bei prinzipiell gutwilligen Zeugen traurige Realität, weshalb Zeugen als die schlechtesten Beweismittel überhaupt gelten. Zeugenaussagen sind daher in jedem Falle kritisch zu würdigen[13] und keinesfalls ist ihnen schematisch der Vorzug vor den Angaben des Beschuldigten zu geben.

▶ Eine etwas nähere Betrachtung zur Zuverlässigkeit von Zeugenaussagen erfolgt auf ET 07-01.

393 Zwar ist die Würdigung von Zeugenaussagen (und damit auch die Einschätzung ihrer Glaubhaftigkeit) eine ureigene richterliche (vgl. § 261) bzw. im Ermittlungsverfahren staatsanwaltliche Aufgabe. Gleichwohl überfordert dies Richter wie Staatsanwalt erfahrungsgemäß dort, wo bei Zeugen spezifische Defizite der Wahrnehmungs-, Erinnerungs- oder Wiedergabefähigkeit auftreten (z. B. bei sehr jungen oder zuvor suggestiv befragten Kindern oder bei traumatisierten oder psychisch auffälligen Personen). In diesem Kontext muss man sich sachverständiger Hilfe in Gestalt *aussagepsychologischer Gutachter* bedienen.[14]

▶ Zur Methodik der Aussagepsychologie (und wie man sie sich selbst zunutze machen kann) erhalten Sie nähere Informationen auf ET 07-02.

---

[13] Wertvolle Hinweise zur Würdigung von Aussagen im Handbuch von Rolf BENDER/Armin NACK/Wolf-Dieter TREUER, Tatsachenfeststellung vor Gericht, 3. Aufl. 2007.
[14] Vgl. BGH NStZ 2001, 105; BGH NStZ-RR 2006, 242; zahlreiche weitere Nachweise aus der Rspr. bei MEYER-GOßNER § 244 Rn. 74.

4. Fehlerhafte Vernehmungen und daran geknüpfte Verwertungsverbote

Auch bei der Vernehmung von Zeugen sind die Methoden des § 136a (Rn. 238 ff.) verboten, wie § 69 III klarstellt. Fehler bei Vernehmungen geschehen in der Praxis allerdings zumeist infolge einer Fehleinschätzung der prozessualen Stellung des zu Vernehmenden (indem etwa eine als Beschuldigte zu behandelnde Person als Zeuge vernommen wird) oder durch fehlende oder unvollständige Belehrungen. Wie bereits erwähnt, ist ein Zeuge insb. über seine Wahrheitspflicht (Rn. 389) und – soweit denkbar – etwaige Auskunfts- oder Zeugnisverweigerungsrechte zu informieren (Rn. 384). [15] [16]

394

Aufgabe:
Zeugenvernehmung von Tatverdächtigen ohne Belehrung nach § 55[15]

395

Polizeioberwachtmeister *Werner L.* verursachte nach dem Besuch mehrerer Gastwirtschaften nachts einen Verkehrsunfall. Er geriet mit seinem Pkw auf die linke Straßenseite und streifte den ihm entgegenkommenden Wagen des Kraftfahrers *Franz B.*, der in Begleitung seiner Frau und der Eheleute *H.* fuhr. Nach dem Zusammenstoß fuhr *L.* mit hoher Geschwindigkeit davon. Das auf Anzeige des *Franz B.* eingeleitete Ermittlungsverfahren ergab binnen kurzem den dringenden Verdacht des Unerlaubten Entfernens vom Unfallort gegen *L.* Deshalb fuhr *L.* zusammen mit dem die Sache bearbeitenden Polizeihauptwachtmeister *Günther P.* zu den Eheleuten *B.*, wo sie auch die Eheleute *H.* antrafen. Sie überlegten alle gemeinschaftlich, wie man *Werner L.* helfen könne, der sich bereit erklärte, sämtliche entstandenen Schäden großzügig zu begleichen. Schließlich fertigte *P.* Niederschriften über Zeugenaussagen der Eheleute *B.* und *H.*, in denen der Sachverhalt völlig falsch geschildert wurde, so dass sie keinen Verdacht der Fahrerflucht mehr aufkommen ließen. Auf Grund dieser „Ermittlungen" stellte die Staatsanwaltschaft das Verfahren gegen *L.* zunächst ein. Auf Grund weiterer Umstände entstand aber nachträglich doch ein Verdacht und *P.* wurde wegen Strafvereitelung im Amt[16] angeklagt und vom erkennende Gericht später verurteilt. Seine Überzeugung von der Schuld der beiden Angeklagten stützte das Gericht dabei im Wesentlichen auf die – nunmehr wahrheitsgemäßen – Zeugenaussagen der Eheleute *B.* und *H.*, die allerdings vor ihren Aussagen versehentlich nicht gemäß § 55 über ihr Auskunftsverweigerungsrecht belehrt worden waren.

Durfte das Gericht die Aussagen der Eheleute *B.* und *H.* gegen *P.* verwerten?

Eine Verwertung gegenüber den jedenfalls der Beihilfe zur Strafvereitelung verdächtigen Eheleuten *H.* und *B.* wäre auf jeden Fall verwehrt gewesen.[17] Die Situ-

396

---
[15] Sachverhalt nach BGHSt (GS) 11, 213 mit Vereinfachungen und Ergänzungen.
[16] Seinerzeit noch als (persönliche) Begünstigung nach § 257 I StGB a. F. strafbar.
[17] BayObLG NJW 1984, 1246 f.

ation entspricht insoweit im Wesentlichen der einer unterlassenen Beschuldigtenbelehrung, auch wenn die Vernommenen zum Zeitpunkt ihrer Vernehmung formell noch nicht als Beschuldigte behandelt wurden. Sie hätten jedenfalls solche sein können und wohl auch müssen (siehe zu diesen Themen Rn. 224 ff. bzw. Rn. 229 ff.).

397 Ein davon abweichendes Resultat ergibt sich, soweit eine Verwertung gegenüber anderen Personen als den fehlerhaft Vernommenen in Rede steht: § 55 trägt primär einem Konflikt zwischen Selbstschutz und Wahrheitspflicht des Zeugen Rechnung, soll aber nicht gegenüber dritten Personen Schutz entfalten (sog. *Rechtskreistheorie*). Im Fall Rn. 395 war daher die Verwertung der Aussagen der Eheleute *B.* und *H.* im Urteil gegen *P.* nicht zu beanstanden.

398 Die vom BGH entwickelte Rechtskreistheorie[18] hatte zunächst den weitaus höheren Anspruch, die Revisibilität von Verfahrensfehlern jeglicher Art zu bestimmen, ist insoweit aber als überholt anzusehen;[19] für die Belehrungsfehler nach § 55 hat sie indes weiterhin ungebrochene Bedeutung behalten. Ihr richtiger Kern liegt darin, den Schutzzweck der Norm zum relevanten Kriterium für die Bedeutung von Verfahrensnormverstößen zu erheben, ihre Schwäche, dies genügen zu lassen. Sie ist deshalb nicht in der Lage, über leichtere Verstöße hinwegzusehen, die etwa die Verfahrensfairness unberührt lassen. Folgerichtig hat der BGH in späteren Entscheidungen marginale Verstöße trotz Rechtskreisverletzung nicht mit einem Verwertungsverbot sanktioniert.

> **Beispiel (Medizinalassistent entnimmt Blutprobe):**[20]
>
> *Matthias Sch.* verursachte mit seinem Personenkraftwagen einen Verkehrsunfall, bei dem zwei Personen verletzt wurden. Da seine Atemluft nach Alkohol roch, ordneten die den Unfall aufnehmenden Polizeibeamten gegen seinen Widerspruch die Entnahme einer Blutprobe an und verbrachten ihn in ein Krankenhaus. Dort erschien auf das Verlangen der Beamten nach einem Arzt ein Medizinalassistent, der die Blutprobe entnahm, welche für den Unfallzeitpunkt eine Blutalkoholkonzentration von 1,7 g ‰ ergab. – § 81a I 2 schreibt für die Blutprobenentnahme die Vornahme durch einen (approbierten) Arzt vor, was der Medizinalassistent nicht war.[21] Obschon die Vorschrift des § 81a I 2 den Rechtskreis von *Sch.* schützt, nahm der BGH eine Verwertbarkeit der Blutprobe an, weil sie nicht die Sicherung der Qualität der Blutprobe bezwecke, sondern der Wahrung der körperlichen Unversehrtheit des Beschuldigten diene.[22]

---

[18] In der Entscheidung BGHSt (GS) 11, 213.

[19] Zur Kritik Claus-Jürgen HAUF, Ist die „Rechtskreistheorie" noch zu halten? NStZ 1993, 457–462 (457 f.); SCHROEDER/VERREL Rn. 134; a. A. Wolfram BAUER, Ist die Kritik an der „Rechtskreistheorie" (methodisch) noch zu halten? NJW 1994, 3530 f.

[20] BGHSt 24, 125.

[21] Als „Medizinalassistenten" bezeichnete man früher den examinierten Medizinstudenten, der in praktischer Tätigkeit bei zugelassenen Ausbildungsstellen praktische Erfahrung als Voraussetzung der ärztlichen Zulassung sammelte. Die vergleichbare heutige Bezeichnung wäre der „Arzt im Praktikum", der ebenfalls noch nicht approbiert ist.

[22] BGHSt 24, 125 (128).

I. Zeugen

Fehlt eine notwendige Belehrung nach den §§ 52, 53, so führt dies in jedem Fall zur Unverwertbarkeit der dadurch erlangten Aussage.[23] Diese Zeugnisverweigerungsrechte schützen das jeweilige Verwandtschaft- bzw. Vertrauensverhältnis als solches und daher sowohl den betreffenden Zeugen als auch den Beschuldigten, weshalb hier eine umfassende Verwertungssperre besteht. **399**

Die heutige Rspr. beantwortet die Frage nach einer Verwertbarkeit fehlerhaft erlangter Zeugenaussagen im Übrigen ebenfalls von Fall zu Fall mittels der bereits erwähnten[24] *Abwägung* mehrerer Faktoren, u. a. dem Gewicht des Verfahrensverstoßes und der Relevanz von Beweismittel und Tat (dazu näher Rn. 962 f.). Zudem ist auch hier der Verwertung in der späteren Hauptverhandlung zu widersprechen (Rn. 969 ff.). **400**

5. Besondere Vernehmungsformen zum Zeugenschutz

Die gesteigerte Schutzbedürftigkeit von (insb. jungen) Zeugen, die Opfer von Straftaten geworden sind, hat in den letzten Jahren zur Etablierung besonderer Vernehmungsformen geführt, deren Ziel es ist, solche Zeugen zum einen schonend und zum anderen möglichst nur ein einziges Mal zu vernehmen. **401**

So ermöglicht § 58a I Nr. 1 die *Videoaufzeichnung* der Vernehmung zum Schutze des Vernommenen. Die Bestimmung korrespondiert mit § 255a II über die Vorführung der Aufzeichnung in der Hauptverhandlung, soweit es um bestimmte Gewalt- und Sexualstraftaten geht. Dies gilt allerdings allein für aufgezeichnete richterliche Vernehmungen; wurde der Zeuge nur bei der Polizei vernommen, muss er regelmäßig auch in der Hauptverhandlung aussagen. In der Praxis wird freilich ohnehin noch viel zu wenig von der Möglichkeit der Aufzeichnung Gebrauch gemacht. Bei den Gerichten liegt dies u. a. am Mangel an entsprechender technischer Ausrüstung. **402**

Einen weitergehenden Einsatz von Videoaufzeichnungen ermöglicht § 58 I Nr. 2 bei drohendem Beweismittelverlust. Denn insoweit erlaubt § 255a I im Zusammenspiel mit § 251 I in bestimmten Fällen unabhängig vom Tatvorwurf ein vernehmungsersetzendes Vorspielen der Aufzeichnung in der späteren Hauptverhandlung. **403**

Eine Abschirmung des Zeugen vor den anderen Verfahrensbeteiligten gestattet § 168e im Ermittlungsverfahren und § 247a in der Hauptverhandlung. Auch hierbei sind ausschließlich richterliche Vernehmungen betroffen, denn nur für diese gewährt § 168c II dem Beschuldigten schon im Ermittlungsverfahren ein Anwesenheitsrecht. Eine Konfrontation mit dem (womöglich sogar verwandten) Beschuldigten bringt für jugendliche Straftatopfer ganz erhebliche Belastungen mit sich. Bei „dringender Gefahr eines schwerwiegenden Nachteils für das Wohl des Zeugen" (§§ 168e Satz 1, 247a Satz 1) darf deshalb seine *Vernehmung in einem getrennten Raum* erfolgen und parallel den übrigen Verfahrensbeteiligten übertragen werden. **404**

Im Rahmen der Hauptverhandlung kann nach § 247 die *Vernehmung in Abwesenheit des Angeklagten* erfolgen, wenn andernfalls gesundheitliche Gefahren für den Zeugen oder – bei jugendlichen Zeugen – auch ein anderer erheblicher Nachteil für dessen Wohl droht. Hier geht es weniger um die Belastungen durch die Zeugenaussage an sich als um die Konfrontation mit dem Angeklagten in Person. **405**

---

[23] BGH StV 1981, 4; BGH NStZ-RR 1996, 106; MEYER-GOßNER § 52 Rn. 32.
[24] Siehe Rn. 249.

406 Bei seiner Vernehmung kann sich der Zeuge eines *Rechtsanwalts als Zeugenbeistand* bedienen (§ 68b I 1). Dies gilt in gleicher Weise für die polizeiliche (§ 163 III 1) wie für die staatsanwaltschaftliche Vernehmung (§ 161a I 2). Ein solcher Beistand besitzt ein Anwesenheitsrecht bei der Vernehmung, das nur in Ausnahmefällen, vor allem wegen Interessenkonflikten oder bei Missbrauchsgefahr, entzogen werden kann (§ 68b I 3, 4). Der Beistand darf den Zeugen nicht in seiner Aussage vertreten, wohl aber ihn beraten, Fragen beanstanden oder prozessuale Erklärungen für ihn abgeben.[25]

407 Dem Zeugen wird ein solcher *Beistand sogar beigeordnet*, wenn er wegen besonderer Umstände seine Befugnisse bei seiner Vernehmung nicht selbst wahrzunehmen in der Lage ist (§ 68b II 1). Gemeint sind hiermit insbesondere die Rechte einer Auskunfts- oder Zeugnisverweigerung nach den §§ 52 ff. oder zur Beanstandung, z. B. unsachlicher Fragen, nach den §§ 238 II, 242. Das geforderte Unvermögen, diese Rechte auszuüben, beschränkt faktisch die Beiordnung zum einen in personeller Hinsicht auf kindliche und jugendliche Zeugen sowie solche, die andere psychosoziale Defizite aufweisen, zum anderen situativ auf Konstellationen, in denen die rechtlichen Konsequenzen seiner Angaben für den Zeugen schwer überschaubar sind.[26]

408 Die von § 68b II 1 zusätzlich geforderte Subsidiarität einer Beiordnung eines anwaltlichen Beistandes („dessen schutzwürdigen Interessen nicht auf andere Weise Rechnung getragen werden kann") hat vor allem den *Beistand einer (nicht anwaltlichen) Vertrauensperson* nach § 406f II im Blick, derer sich Opferzeugen bedienen können. Deren Hilfe wird natürlich nur genügen, solange es nicht primär um rechtliche Fragen geht, die einen professionellen rechtskundigen Beistand erfordern.

409 Obschon der Gesetzgeber die Stellung schutzbedürftiger Zeugen in letzter Zeit stark verbessert hat, besteht doch noch zu häufig die Notwendigkeit, solche Zeugen wiederholt zu vernehmen (polizeilich [und ggf. richterlich] im Vorverfahren, in der Hauptverhandlung und womöglich noch ein weiteres Mal durch einen aussagepsychologischen Sachverständigen). Das schadet nicht nur dem psychischen Zustand des Zeugen, der Opfer einer Gewalttat geworden ist (sog. sekundäre Viktimisierung), sondern führt auch zu Erkenntnisdefiziten, denn naturgemäß verschlechtert sich die Aussagequalität mit jeder erneuten Befragung. Es wäre daher sinnvoll, Zeugen möglichst nur einmal zu vernehmen und das zu einem möglichst frühen Zeitpunkt zu tun, um diese Vernehmungen dann zur Grundlage der richterlichen Beweiswürdigung in der Hauptverhandlung zu machen. Das ist selbstverständlich nur solange vertretbar, wie diese Befragungen sorgfältig durchgeführt sowie durch Videoaufzeichnungen dokumentiert werden. Zudem muss der Beschuldigte Gelegenheit gehabt haben, daran mitzuwirken und dem Zeugen – ggf. vermittelt qua Videoübertragung (Rn. 404) – auch Fragen zu stellen. Das fordert nicht nur Art. 6 III d) EMRK, sondern auch der gesunde Menschenverstand. Denn erfahrungsgemäß ist der Anteil an falschen Belastungen gerade im Bereich der Sexual- und Gewaltstraftaten nicht zu unterschätzen, weshalb es fatal wäre, ausgerechnet hier die Verteidigungsrechte zu beschneiden.

---

[25] MEYER-GOßNER § 68b Rn. 4.
[26] Vgl. MEYER-GOßNER § 68b Rn. 10.

II. Der Sachverständige

1. Allgemeines 410

> **Aufgabe:**
> Ärztliche Befunde
> Schauen Sie sich in Verfahren 2 das ärztliche Attest Bl. 27 d.A. an.
> Welche Verfahrensrolle könnte der ausstellende Arzt *Dr. Müller* spielen?

Im Unterschied zum Zeugen, der über seine Wahrnehmungen berichtet, die er – zumeist zufällig – gemacht hat, wird ein Sachverständiger gezielt eingesetzt. Er soll entweder aus bekannten Tatsachen Schlüsse ziehen, die nur er qua seines Sachverstandes zu ziehen imstande ist (Beispiel: Ermittlung der gefahrenen Fahrzeuggeschwindigkeit anhand der Bremsspuren), oder Tatsachen ermitteln, die nur er mit seinen Mitteln erkennen, messen oder sonst feststellen kann (Beispiele: Messung der Blutalkoholkonzentration in einer Blutprobe, Feststellung einer psychischen Erkrankung). 411

Als Sachverständige können im heutigen Strafprozess Wissenschaftler praktisch aller Fachrichtungen tätig werden, angefangen von den Ingenieurwissenschaften (z. B. bei der Rekonstruktion von Unglücksfällen) über Biologen und Chemiker (z. B. über Gewässerverunreinigungen im Falle des § 324 StGB) bis hin zu Medizinern (z. B. über Todesursachen, Verletzungsfolgen, psychische Erkrankungen) und Psychologen (insb. im Hinblick auf die bereits beschriebenen Glaubhaftigkeitsfragen, Rn. 393). Sie kommen überall dort zum Einsatz, wo Polizei, Staatsanwaltschaft oder Gerichte Fragen zu klären haben, die über den juristischen Fachverstand hinausgehen. 412

Schon aus § 80a ergibt sich, dass der Einsatz von Sachverständigen nicht auf das Hauptverfahren begrenzt ist, wenngleich Bestimmungen wie die §§ 73, 78 dies suggerieren mögen. Tatsächlich steht es *schon im Ermittlungsverfahren* allen Verfahrensbeteiligten (einschließlich des Beschuldigten) frei, Sachverständige nach ihrer Wahl zu beauftragen. Ob diese dann später vom Gericht auch in der Hauptverhandlung vernommen werden (was der Regelfall ist) oder das Gericht (ausnahmsweise) eigene Sachverständige bestimmt, ist eine andere Frage (deren Beantwortung zumeist von der Qualität der zuvor vorgelegten schriftlichen Gutachten abhängen wird). 413

2. Anforderungen an ein Sachverständigengutachten

Da Fragen, die in den Aufgabenbereich des Sachverständigen fallen, oft mit juristischen Bewertungen einhergehen, treten häufiger Kompetenzkonflikte zwischen Juristen und Sachverständigen auf. 414

> **Beispiel (Psychiater bekundet juristische Bewertungen):**
> *Bastian T.* war des Mordes angeklagt. Wegen Zweifeln an seiner Schuldfähigkeit wurde der Sachverständige Prof. Dr. *H.*, ein Psychiater, beauftragt. In seinem Gutachten gelangte Prof. Dr. *H.* zu dem Schluss, auf Grund einer paranoiden Schizophrenie sei der Angeklagte nicht in vollem Umfang in der Lage gewesen, das Unrecht seiner Tat einzusehen, und deshalb im Sinne von § 20 StGB schuldunfähig. – Als psychiatrischer Sachverständiger hatte sich Professor Dr. *H.* auf die medizinisch-biologische Ebene des § 20 StGB zu beschränken, d. h. auf die Feststellung der paranoiden Schizophrenie und ihrer Auswirkungen auf die Einsichts- oder Steuerungsfähigkeit von *T.* Die juristische Bewertung, ob die bekundeten Auswirkungen zu einer i. S. v. § 20 StGB *relevanten* Reduzierung von Einsichts- oder Steuerungsfähigkeit geführt hatten, hätte dagegen der Richter zu treffen gehabt. Leider verkennen auch viele Richter diese Grenzziehung, indem sie Sachverständige direkt auffordern zu erklären, „ob denn nun der § 20 StGB vorliegt oder nicht". Ein solches Vorgehen ist falsch und ein entsprechendes Urteil wäre revisibel. Der Sachverständige soll dem Gericht nur bei seiner Entscheidung helfen, er soll sie nicht für das Gericht treffen.

415 Die Helferrolle impliziert weiter, dass der Sachverständige das Gericht in die Lage zu versetzen hat, sein Gutachten zu verstehen und zu würdigen. Er muss daher die Methodik, seinen Untersuchungsgang und dessen Resultate verständlich erläutern, um dem Richter zu ermöglichen zu beurteilen, ob er das Gutachten seiner Urteilsfindung unbedenklich zu Grunde legen kann.[27]

416 Für Sachverständige gelten im Grundsatz die *Zeugenvorschriften* entsprechend (§ 72) und ansonsten die Sonderregelungen der §§ 73–84. Der Sachverständige wird regelmäßig ein schriftliches Gutachten zur Vorbereitung erstellen, indes hat er dieses später in der Hauptverhandlung ähnlich einem Zeugen mündlich vorzutragen. Nur im Vorverfahren, wo die Beweiserhebung prinzipiell formfrei verläuft, beschränkt sich die Sachverständigentätigkeit auf die Erstattung eines schriftlichen Gutachtens.

417 Vom Sachverständigen werden auch die von ihm ermittelten zusätzlichen Tatsachen (sog. *Befundtatsachen*) zusammen mit seinem Gutachten bekundet, etwa zur Blutalkoholkonzentration des Verdächtigen. Wenn er dagegen zusätzliche Erkenntnisse gewinnt, die genauso gut auch eine nichtfachkundige Person erheben könnte (sog. *Zusatztatsachen*, etwa weitere Informationen zum Tatgeschehen, die ein Psychiater im Rahmen seines Explorationsgesprächs vom Beschuldigten erfährt), muss der Sachverständige insoweit zusätzlich als Zeuge vernommen werden.[28]

418 Auch ein ärztliches Attest wie in der Aufgabe Rn. 410 kann im Kern ein Sachverständigengutachten darstellen, sofern es Umstände mitteilt, deren Erkennen ärztlichen Sachverstand erfordert. Das ist hier zweifellos der Fall, selbst wenn der

---

[27] Vgl. BGH NStZ-RR 1996, 258; KK-Schoreit § 261 Rn. 32; Roxin/Schünemann § 27 Rn. 2; zur Qualitätskontrolle von Sachverständigen Gutachten vgl. Günter Tondorf, Der psychologische und psychiatrische Sachverständige im Strafverfahren, 2. Aufl. 2005.
[28] KK-Senge vor § 72 Rn. 4; BGHSt 18, 107 (108 f.).

Befund einer Stichverletzung als solcher vielleicht jedermann möglich erscheint. Immerhin kann aber allein ein Arzt feststellen, wie tief diese ist und ob dabei innere Gefäße oder Nerven beschädigt wurden. *Dr. Müller* könnte daher als Sachverständiger im Verfahren fungieren.

Allerdings würde er im Zweifel in einer Hauptverhandlung nicht vernommen werden, weil § 256 I Nr. 2 für einfache Befunde das Verlesen eines Attestes genügen lässt. Freilich ist hier Vorsicht geboten, weil die Verlesung nur zum Beweis einer (nicht schweren) Körperverletzung dienen dürfte. Ginge es in der Hauptverhandlung aber auch noch um den Vorwurf eines versuchten Tötungsdeliktes, könnte § 256 I Nr. 2 nicht eingreifen und der Sachverständige müsste tatsächlich in aller Form vernommen werden.

419

3. Die Unterschiede zum Zeugen

Das Charakteristikum des Sachverständigen ist sein *gezielter nachträglicher Einsatz* durch Polizei, Staatsanwaltschaft oder Gericht. Deshalb ist er auch als Person im Unterschied zum Zeugen grundsätzlich auswechselbar;[29] man könnte jederzeit einen anderen Sachverständigen mit derselben Aufgabe betrauen. Deshalb kann vom Sachverständigen auch Unparteilichkeit verlangt werden (§ 79 II) und es ist möglich, ihn andernfalls wegen Besorgnis der Befangenheit abzulehnen (§ 74). Das wäre bei einem Zeugen wegen des mit seinem Ausscheiden aus dem Verfahren verbundenen Verlustes an Erkenntnismöglichkeiten unvorstellbar.

420

Eine Sonderrolle spielt der *sachverständige Zeuge* (§ 85). Im Unterschied zum Sachverständigen wird er nicht gezielt eingesetzt, sondern nimmt etwas zufällig auf Grund seines Fachverstandes wahr (Beispiel: Ein Psychiater wird durch Zufall zum Augenzeugen einer Gewalttat und kann anhand des Täterverhaltens bekunden, ob der Täter sich psychisch auffällig verhalten hat). Ansonsten unterscheidet sich der sachverständige Zeuge in nichts vom Sachverständigen. Allerdings wird er gemäß § 85 *ausschließlich als Zeuge behandelt*. So kann er nicht als befangen abgelehnt werden, was auch konsequent ist, denn andernfalls gingen ja seine nicht wiederholbaren Wahrnehmungen unwiederbringlich für das Verfahren verloren.

421

> **Wiederholungsfragen zum 7. Kapitel**
> 1. Zu welchen Vernehmungen muss ein Zeuge erscheinen und aussagen? (Rn. 374 f.)
> 2. Welche Personengruppen dürfen eine Zeugenaussage verweigern? (Rn. 380 bzw. Tab. 7.1)
> 3. Warum entsteht, wenn ein Zeuge ohne erforderliche Belehrung nach § 55 ausgesagt hat, kein Verwertungsverbot gegenüber dem Beschuldigten? (Rn. 397, 420)
> 4. Warum ist das bei einer unterbliebenen Belehrung nach § 52 anders? (Rn. 399)
> 5. Was unterscheidet den Sachverständigen vom Zeugen? (Rn. 420 f.)
> 6. Welche Anforderungen sind an ein Sachverständigengutachten zu stellen? (Rn. 415 f., 420)

---

[29] KK-SENGE vor § 72 Rn. 7.

8. Kapitel. Durchsuchung und Beschlagnahme

Nach der Vernehmung von Zeugen (und Beschuldigten) sowie der Einschaltung von Sachverständigen bilden Durchsuchung und Beschlagnahme (zum Zwecke der Erlangung von Urkunden und Augenscheinsobjekten) die nächstwichtigen Instrumente auf dem Weg, dem Auftrag des § 160 I folgend zu klären, ob die Voraussetzungen für eine Anklage oder eine Verfahrenseinstellung (§ 170) vorliegen. 422

I. Die Durchsuchung im Überblick

Zur Akte 2: Schauen Sie sich noch einmal Bl. 8, 15, 21, 23 an! 423

Aufgrund des Kokainfundes anlässlich der Festnahme hatte sich der Verdacht ergeben, die Beschuldigte *Kindoro* besitze möglicherweise noch mehr an Drogen. Insoweit stellt die Durchsuchung ihrer Wohnung eine naheliegende Maßnahme dar, sich darüber Klarheit zu verschaffen.

Die einschlägige Rechtsgrundlage bieten die §§ 102 ff. Dabei unterscheiden die §§ 102, 103 danach, wo die Durchsuchung stattfinden soll (s. Tab. 1). 424

Die Durchsuchung von Unternehmen mit eigener Rechtspersönlichkeit kann regelmäßig nicht nach § 102 angeordnet werden. Selbst die vom Beschuldigten als Geschäftsführer in krimineller Weise geführte, ihm allein gehörende GmbH stellt eine „andere Person" dar und unterfällt deshalb als „unverdächtig" allein den engeren Voraussetzungen des § 103. 425

Im Unterschied zu Art. 13 GG erfassen die §§ 102 ff. nicht nur Wohnungen (i.w.S.), sondern auch Dinge, die als solche nicht dem Schutz des Art. 13 GG unterstehen (z. B. ein Pkw), sowie die eher dem Schutzbereich der Art. 1 II, 2 GG zugeordnete Schutzsphäre der Person. Deshalb wäre im Verfahren 2 nicht nur die Durchsuchung der Wohnung der Beschuldigten *Kindoro*, sondern auch die anlässlich ihrer Festnahme geschehene Durchsuchung ihrer Person eine Maßnahme, deren erforderliche Rechtfertigung möglicherweise nach den §§ 102 ff. erfolgen könnte. 426

Tab. 1 Durchsuchungsvoraussetzungen

	§ 102	§ 103
Durchsuchungsobjekte	Wohnung, Räume, Sachen und Person des *Beschuldigten*	Wohnung, Räume, Sachen und Person *nicht verdächtiger Personen*
Durchsuchungszwecke	Auffinden von Beweismitteln (Rn. 427 ff.) Auffinden von Verfalls-, Einziehungs- oder der Zurückgewinnungshilfe unterliegenden Gegenständen (Rn. 437 f.) Ergreifen des Beschuldigten (Rn. 436)	Auffinden von Spuren oder beschlagnahmefähigen Gegenständen (Rn. 427 ff.) Auffinden von Verfalls-, Einziehungs- oder der Zurückgewinnungshilfe unterliegenden Gegenständen (Rn. 437 f.) Ergreifen des Beschuldigten (Rn. 436)
Voraussetzungen der Maßnahme	Anfangsverdacht einer Straftat Auffindevermutung (Rn. 442 ff.)	Anfangsverdacht einer Straftat Tatsachen erlauben den Schluss, das gesuchte Objekt befinde sich am betreffenden Ort (Rn. 445 f.)
Anordnungskompetenz	Richtervorbehalt, bei Gefahr im Verzuge Eilkompetenz von Staatsanwaltschaft oder Ermittlungspersonen (§ 105, Rn. 450 ff.)	

II. Einzelne Voraussetzungen einer Durchsuchung

1. Beweismittel

427 **Zur Akte 2:**

Betrachtet man die Durchsuchung der Wohnung der Beschuldigten *Kindoro*, so ging es ausweislich des Durchsuchungsbeschlusses Bl. 21 darum, Kokain zu finden. Dessen Beweismittelqualität leuchtet zwar unmittelbar ein, ist aber keineswegs so selbstverständlich, wie sie vordergründig anmutet.

428 Das Strafverfahrensrecht kennt nämlich Beweismittel prinzipiell in nur *vier klassischen Formen* (s. Tab. 2).

429 Als im Rahmen einer Durchsuchung zu suchende Beweismittel kommen naturgemäß nur Urkunden und Augenscheinsobjekte in Betracht. Das gilt trotz der etwas anderen Formulierung („Spuren") übrigens in gleicher Weise für die Durchsuchung nach § 103. Ob ein Objekt allerdings unter die eine oder andere Kategorie fällt, ist nicht immer sofort eindeutig zu beantworten.

Beispiel (Scheckvordrucke):

In einem wegen Zeitablaufs geöffneten Bahnhofschließfach fand man eine Tasche, in der u. a. zahlreiche ausgefüllte, eventuell gefälschte Scheckformulare lagen (s. Abb. 1.). – Ein (ausgefüllter) Scheck mag theoretisch sowohl Urkunde als auch Augenscheinsobjekt darstellen. Nun bleibt die genaue Einordnung regelmäßig zwar von untergeordneter Bedeutung. Allerdings ist, was aus der of-

II. Einzelne Voraussetzungen einer Durchsuchung

Tab. 2 Beweismittel

Beweismittel	Regelungen	Definition
Zeugen	§§ 48–71	Personen, die Bekundungen zu erlebten Tatsachen machen (Rn. 370 ff.)
Sachverständige	§§ 72–93	Personen, die nur auf Grund ihrer Qualifikation besondere Tatsachen feststellen oder deuten und dies bekunden können (Rn. 410 ff.)
Urkunden	§§ 249–256	Objekte, die mittels ihrer Verlesung zu Erkenntnissen führen können
Augenscheinsobjekte	§§ 86–91	Objekte, die mittels ihrer sensorischen Wahrnehmung Erkenntnisse liefern können
Angaben des Beschuldigten[a]	*§§ 133–136a*	*Bekundungen zu erlebten Tatsachen* (Rn. 218 ff.)

[a] Die Angaben des Beschuldigten stellen im formellen Sinne keine Beweismittel dar, weil man sich ihrer im Unterschied zu anderen Beweismitteln nicht einfach bedienen kann, sondern es vom Belieben des Beschuldigten abhängt, ob und was er aussagt. Faktisch allerdings bilden seine Angaben – wenn er welche macht – wertvolle Erkenntnismöglichkeiten.

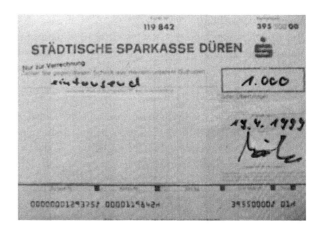

Abb. 1 Scheck: Urkunde oder Augenscheinsobjekt?

fenen Formulierung in § 86 folgt, ein Augenschein immer zulässig. Demgegenüber darf eine Urkundenverlesung nur unter den Voraussetzungen der §§ 249 ff. geschehen. Denn das Verlesen vermag nur solche Informationen zu liefern, die genauso gut der Urkundenverfasser mündlich erteilen könnte, dem wiederum § 250 als unmittelbareres Beweismittel prinzipiellen Vorrang verleiht.

Auch die schließliche *Verwendung in der Beweisaufnahme* unterscheidet sich voneinander: Urkunden müssen – wegen des Mündlichkeitsprinzips – durch den Vorsitzenden oder ein anderes Mitglied des Gerichts den übrigen Beteiligten *vorgelesen* werden (es sei denn, es wird von dem Sonderfall des Selbstleseverfahrens nach § 249 II Gebrauch gemacht). Ein Augenscheinsobjekt wird dagegen *gemeinsam in Augenschein genommen*, d. h. jeder der Prozessbeteiligten schaut es sich an. Ginge es beispielsweise um ein Lichtbild aus der Akte, so würde der Vorsitzende alle Beteiligten nach vorne zum Richtertisch bitten, um dort gemeinsam das Bild zu betrachten.

431 Da Urkunden verlesen werden, muss sich ihr Beweiswert auch mittels einer solchen Verlesung, d. h. mittels akustischer Wahrnehmung, erschließen lassen. Wenn demgegenüber Augenscheinsobjekte einer optischen Wahrnehmung unterzogen werden, so vermittelt das stattdessen die ganz anderen spezifischen Erkenntnisse des Anschauens. Ein ausgefüllter Scheck wie im Beispiel Rn. 429 könnte nun sowohl verlesen als auch angeschaut werden. Während beim Verlesen zwar die inhaltliche Dimension der Zahlungsanweisung wahrgenommen werden kann, lässt sich insbesondere die Echtheit der Unterschrift oder die Eigenart der (hand-)schriftlichen Darstellung nicht „erlesen"; sie müsste man anschauen. Die Schecks sind daher sowohl Urkunden als auch Gegenstände des Augenscheins, je nachdem, welche Erkenntnisse man ihnen entnehmen möchte.

432 Der Begriff des *Augenscheinsobjekts* ist im Übrigen irreführend, weil es nicht nur um die optische Wahrnehmung zu gehen braucht, sondern auch oder gelegentlich sogar ausschließlich *andere Sinnesorgane eingesetzt* werden können. Beispielsweise würde man die Aufnahme eines nach § 100a aufgezeichneten Telefonats in der Hauptverhandlung vorspielen und gemeinsam anhören. Ebensogut wären in geeigneten Fällen aber auch Riechproben oder das Befühlen von Augenscheinsobjekten vorstellbar.

433 Ob ein Gegenstand als Beweismittel (und damit als Objekt von Durchsuchung und Beschlagnahme) in Betracht kommt, hängt nun weiter davon ab, ob man ihn auch zum Beweise in einem Strafverfahren nutzen kann.

434 **Aufgabe: Beweisbedeutung der Spuren eines Einbruchs**
Der Einbrecher *Tobias C.* wurde beim Einstieg in ein Einfamilienhaus auf frischer Tat durch die Polizei ergriffen. Er war von vornherein in vollem Umfang geständig. Am Einstiegsfenster fanden sich Faserspuren seiner Kleidung. Handelt es sich bei Spuren und Kleidung um Beweismittel und ggf. um was für welche?

435 Beweismittel sind nicht nur die zur Überführung benötigten Gegenstände, sondern *alle Gegenstände (bzw. Aussagen), die potenziell für die Schuld- oder Rechtsfolgenfrage bedeutsame Erkenntnisse liefern können.*

Es ist also unerheblich, ob angesichts der aktuellen Beweislage das betreffende Beweismittel voraussichtlich benötigt wird. Denn eine gegenwärtig als klar erscheinende Beweislage mag sich später durch das Bekanntwerden neuer Umstände völlig verändern. Wenn etwa im Aufgabenfall Rn. 434 der Beschuldigte *C.* sein Geständnis später nicht wiederholt oder gar widerruft, so könnte dann die Faserspur seine Anwesenheit am Einstiegsfenster belegen. In der Sache handelt es sich bei den Spuren also um beweisgeeignete Augenscheinsobjekte, die deshalb bereits jetzt Gegenstand einer Suche i.S.d. §§ 102 f. sein könnten.

2. Suche nach dem Beschuldigten

Die §§ 102, 103 erlauben auch die Durchsuchung zwecks Ergreifung des Beschuldigten. Die Durchsuchung beruht also insoweit nicht etwa als Annexkompetenz auf § 127, sondern wird wegen der hochrangigen Bedeutung des in Anspruch zu nehmenden Wohnungsgrundrechts als eigenständiger Durchsuchungszweck aufgeführt.

3. Durchsuchung zu anderen Zwecken

a) Verfall, Einziehung, Zurückgewinnungshilfe

Zur Akte 2:

In dem Durchsuchungsbeschluss Bl. 21 findet sich nebenher auch die Formulierung, die gesuchten Sachen (Drogen) könnten der Einziehung unterliegen. Diese Formulierung zielt auf die Vorschriften der §§ 111b f., die eine Beschlagnahme von Gegenständen erlauben, welche dem Verfall (§ 73 StGB, u. a. Taterträge) oder der Einziehung (§ 74 StGB, insb. Tatwerkzeuge) unterliegen. § 111b IV verweist in diesem Zusammenhang auf die §§ 102 ff., weshalb auch die Anordnung einer Durchsuchung zwecks Auffindens von solchen Verfalls- und *Einziehungsobjekten* zulässig ist.[1] Hätte man bei der Durchsuchung der Wohnung der Beschuldigten *Kindoro* tatsächlich weiteres Rauschgift gefunden, so hätte dieses nicht nur zum Beweise für ein Betäubungsmitteldelikt dienen, sondern auch gemäß § 74 StGB als zur Tatbegehung (Erwerb, Besitz nach § 29 I Nrn. 1 und 3 BtMG) gebraucht eingezogen werden können. Ein taugliches *Verfallsobjekt* wäre demgegenüber Geld, das ein Beschuldigter als Erlös aus dem Verkauf von Drogen erhalten hätte.

§ 111b V erweitert i.V.m. Abs. 4 die Durchsuchungszwecke ferner auf die Suche nach Gegenständen, die auf Grund von § 73 I 2 StGB dem Verfall nur deshalb nicht unterliegen, weil insoweit Ansprüche von Geschädigten bestehen. So läge es z. B., wenn Tatbeute aus einem Diebstahl gesucht würde. Solche Beute wäre zwar durch eine Tat erlangt und bildete daher an sich ein Verfallsobjekt. Sie stünde aber weiter im Eigentum des Bestohlenen (vgl. § 935 BGB), weshalb ein Verfall wegen des damit verbundenen Eigentumsverlustes (§ 73e I StGB) dem Geschädigten den endgültigen Verlust seiner Sachen bescherte. § 73 I 2 StGB schließt deshalb den Verfall aus. § 111b V bewirkt nun, dass Tatbeute dennoch sichergestellt werden darf (und nicht etwa beim Beschuldigten verbleiben müsste, sog. *Zurückgewinnungshilfe*). Im späteren Verfahrensverlauf kann dann eine Rückgabe an den Geschädigten erfolgen (§ 111k bzgl. beweglicher Sachen) bzw. sich dieser qua Zwangsvollstreckung in die beschlagnahmten Werte befriedigen (vgl. § 111i für Vermögensforderungen des Geschädigten).

---

[1] Vgl. SK-ROGALL § 111b Rn. 35.

b) Alternative Durchsuchungsgründe

439 **Zur Akte 2:**

Nun bestand zum Zeitpunkt der körperlichen Durchsuchung der Beschuldigten *Kindoro* (Bl. 8) zwar am Tatverdacht wegen des Angriffs auf den Geschädigten *Eftherim*, aber sicherlich keinerlei Vermutung, die Durchsuchung ihrer Person werde *insoweit* zu Beweismitteln, Einziehungsgegenständen o.ä. führen. Die §§ 102 ff. bieten hierfür also keine taugliche Rechtsgrundlage. Eine solche findet man indes, indem man überlegt, warum die Beschuldigte durchsucht wurde, nämlich aus Sicherheitsgründen, weil natürlich bei mutmaßlichen Gewalttätern das Mitführen von Waffen oder gefährlichen Werkzeugen nicht fern liegt und diese im Falle von Widerstand ein zu hohes Risiko begründeten. Es handelt sich folglich um eine präventiv-polizeiliche Durchsuchung (hier gemäß § 39 I Nr. 1 Polizeigesetz Nordrhein-Westfalen[2]).

440 Bei dieser Durchsuchung wurde mutmaßliches Rauschgift gefunden, welches als sog. *Zufallsfund* gemäß § 108 I 1 als Beweismittel beschlagnahmt werden durfte. Weil in derartigen Situationen eine Beschlagnahme regelmäßig auch über § 94 möglich wäre, handelt es sich bei § 108 eigentlich um eine entbehrliche Bestimmung. Sie besitzt vorwiegend klarstellende Funktion, indem sie implizit ein Verwertungsverbot hinsichtlich derjenigen Funde ausschließt, nach denen gar nicht gesucht wurde.

441 Für den *Transfer nicht strafprozessual erlangter Beweise in das Strafverfahren* gilt zwar prinzipiell die Bestimmung des § 161 II 1, die das Kriterium des hypothetischen Ersatzeingriffes verwendet: Außerhalb des Strafverfahrens erlangte Daten dürfen nur dann im Strafverfahren verwendet werden, wenn man sie auch dort zulässig hätte erheben dürfen. Diese Beschränkung entfaltet aber gegenüber Durchsuchungsfunden keine Wirkung, weil eine Durchsuchung – im Unterschied zu etwa einer Telekommunikationsüberwachung nach § 100a – strafprozessual nicht nur bei bestimmten schwereren Straftaten zulässig ist. Folgerichtig dürfen bei polizeirechtlich angeordneten Durchsuchungen erzielte Zufallsfunde stets als strafprozessuale Beweismittel verwertet werden.

4. Auffindeverdacht

442 Die Durchsuchung *beim Beschuldigten* (§ 102) ist nur zulässig, „wenn zu vermuten ist, dass die Durchsuchung zur Auffindung von Beweismitteln führen werde." Mit dieser Vermutung meint das Gesetz selbstverständlich nicht irgendeine (beliebige) Mutmaßung, sondern die nach kriminalistischer Erfahrung bestehende Möglichkeit, wie sie in gleicher Weise der Annahme eines Anfangsverdachts zu Grunde liegt.[3] Beide Durchsuchungsvoraussetzungen verwenden damit denselben Maßstab.

---

[2] Polizeigesetz des Landes Nordrhein-Westfalen i.d.F der Bekanntmachung v. 25.07.2003 (GV NRW S. 441), zuletzt geändert durch Art. 1 des Gesetzes v. 09.02.2010 (GV NRW S. 132).
[3] Vgl. KK-Nack § 102 Rn. 3; BGH StV 1988, 90; zum Anfangsverdacht s. o. bei Rn. 74.

II. Einzelne Voraussetzungen einer Durchsuchung

Zur Akte 2:

Angesichts des Kokainfundes bei der Beschuldigten *Kindoro* durfte man vermuten, sie werde eventuell noch weiteres Rauschgift in ihrer Wohnung aufbewahren, da Rauschmittelkonsumenten üblicherweise nicht nur für den sofortigen Verbrauch kaufen und erfahrungsgemäß auch nicht ihren gesamten Vorrat mit sich herumtragen, sondern allein das, was sie am fraglichen Tag benötigen. Der Durchsuchungsbeschluss Bl. 21 hat damit diese Voraussetzung zu Recht angenommen.

443

Obwohl in § 102 nicht wörtlich erwähnt, bedarf es der Auffindevermutung auch, soweit nach der Person des Beschuldigten gesucht wird.[4]

444

Für die Durchsuchung *bei anderen Personen* verwendet § 103 eine abweichende, engere Formulierung. Hier müssen „Tatsachen vorliegen, aus denen zu schließen ist," das gesuchte, schon einigermaßen klar bestimmbare Objekt[5] befinde sich am Durchsuchungsort. Hier genügen daher keine kriminalistischen Erfahrungswerte, sondern es bedarf konkreterer Hinweise.[6] Grund ist die Inanspruchnahme nichtbeschuldigter Personen, in deren Privatsphäre wegen des Verhältnismäßigkeitsprinzips nur bei gesteigerter Erforderlichkeit staatlicherseits eingedrungen werden darf.

445

Beispiel (Drogenfund als Anhalt für weitere Vorräte):

Nähme man einmal fiktiv an, die Durchsuchung bei der Beschuldigten *Kindoro* müsste auf § 103 gestützt werden (was selbstverständlich nicht der Fall ist, solange sie Beschuldigtenstatus hat), so könnte man den Drogenfund bei ihr als entsprechende Tatsache bewerten, die aus den Rn. 443 genannten Gründen den Schluss auf die mögliche Auffindung erlaubte. Wäre die Beschuldigte dagegen nur berauscht angetroffen worden, hätte aber bei sich keine Drogen mitgeführt, so ließe § 103 die Durchsuchung nicht zu, da sie zu ihrem Rausch ebensogut nur als Mitkonsumentin gekommen sein könnte. Ein für Beschuldigte nach § 102 genügender Auffindeverdacht könnte aber selbst dann noch angenommen werden.

446

5. Verhältnismäßigkeit

Wie bei der Haft gilt auch für die Durchsuchung der Vorbehalt, dass die Maßnahme nicht unverhältnismäßig sein darf.[7] Dieses Korrektiv ist hier – im Unterschied zur Haft (siehe dort § 112 I 2) – im Gesetz zwar nicht explizit genannt, aber wegen seiner verfassungsrechtlichen Ableitung *bei allen Zwangsmitteln und Grundrechtseingriffen zu beachten*. Eine Durchsuchung mag daher sämtliche tatbestandlichen Voraussetzungen von § 102 erfüllen und dennoch unzulässig sein.

447

---

[4] SK-Wohlers § 102 Rn. 18.
[5] BGH NStZ 2002, 215 (216).
[6] KK-Nack § 103 Rn. 5; BGHR StPO § 103 Tatsachen 2.
[7] BVerfGE 42, 212 (219 f.); KK-Nack § 102 Rn. 12.

Tab. 3 Aspekte der Verhältnismäßigkeitsprüfung bei der Durchsuchung

Verhältnismäßigkeitsaspekt	Erforderlichkeit	Geeignetheit	Angemessenheit
Fragestellung:	Ist die Durchsuchung notwendig, werden die gesuchten Objekte benötigt?	Bestehen Erfolgsaussichten, die gesuchten Objekte zu finden?	Stehen Eingriff in das Wohnungsgrundrecht und mutmaßlicher Ertrag in einem vertretbaren Verhältnis?
Problemfälle:	mildere Maßnahme genügt für Beschlagnahme; anderes Beweismittel reicht als Beweis	unübersichtliche Durchsuchungsobjekte, zu erwartende Beseitigung während der Durchsuchung	schwerwiegender Durchsuchungseingriff,[a] geringer Tatverdachtsgrad oder Verdacht einer Bagatelltat.[b]

[a] SK-Wohlers § 102 Rn. 35, 37; BVerfGE 20, 162 (186 f.)
[b] BVerfG (Kammer) NJW-RR 2005, 1289 (1290).

448 Verhältnismäßigkeit (im weiteren Sinne) verlangt Erforderlichkeit, Geeignetheit und Angemessenheit der Maßnahme (letztere wird auch als Verhältnismäßigkeit im engeren Sinne bezeichnet).[8]

449 Von diesen drei Aspekten (s. Tab. 3) sind insbesondere Erforderlichkeit und Angemessenheit näher zu betrachten; eine fehlende Geeignetheit wird sich zumeist zugleich im Fehlen einer Auffindevermutung (Rn. 442) widerspiegeln.

▶ Eine ausführlichere Darstellung mit Beispielsfällen finden Sie auf ET 08-01.

6. Anordnungskompetenzen

a) Die Rolle des Richters im Ermittlungsverfahren im Allgemeinen

450 Nach § 105 entscheidet über Durchsuchungsanordnungen primär der Richter und nur bei Gefahr im Verzuge können die Staatsanwaltschaft oder ihre Ermittlungspersonen (zum Begriff Rn. 460 ff.) an seine Stelle treten (sog. *Eilkompetenz*). Diese Formulierung findet sich in gleicher oder ähnlicher Weise in etlichen Bestimmungen, die qualifizierte Ermittlungsmaßnahmen, insbesondere Zwangsmaßnahmen, zum Gegenstand haben (z. B. in den §§ 87 IV, 98 I, 100 I, 100b I). Gelegentlich sind die Ermittlungspersonen dabei von der Eilkompetenz ausgeschlossen (§§ 100 I, 100b I 2), manchmal muss die nichtrichterliche Eilanordnung binnen bestimmter Fristen richterlich bestätigt werden (§§ 100 II, 100b I 3, 131c II). Im Falle der akustischen Wohnraumüberwachung ist eine richterliche Anordnung sogar unabdingbar (§ 100d I).

451 Mit dergestaltigen Anordnungskompetenzen erschöpft sich aber die Rolle des Richters innerhalb des Ermittlungsverfahrens auch weitgehend. Selbst seine Beteiligung im Rahmen der Haft stellt ihrem Wesen nach nichts anderes als eine solche besondere Anordnungskompetenz dar.

---

[8] BVerfGE 20, 162 (187, *Spiegel*-Urteil).

Daneben ist der Richter gelegentlich für Entscheidungen über Rechtsbehelfe gegen staatsanwaltliche Handlungen zuständig (z. B. im Rahmen der Akteneinsicht nach § 147 V 2) sowie für alle Arten von Ermittlungshandlungen auf Antrag der Staatsanwaltschaft (§§ 162 I, 165 ff.). In der Praxis wird diese letztgenannte richterliche Kompetenz von der Staatsanwaltschaft aber nur noch ausnahmsweise in Anspruch genommen, und zwar vor allem im Rahmen von Zeugenvernehmungen, wenn es entweder darum geht, in der Hauptverhandlung verwertbare Aufzeichnungen von Zeugenaussagen (§§ 58a, 255a, 251) oder aber solche Aussagen zu erlangen, die trotz späterer Ausübung des Zeugnisverweigerungsrechts nach § 52 nicht dem Verwertungsverbot des § 252 unterfallen.[9] In allen übrigen Fällen hingegen werden Ermittlungshandlungen des regelmäßig nicht ermittlungserfahrenen Richters im Interesse effektiver Durchführung des Verfahrens tunlichst vermieden.

452

Der Richter fungiert im Ermittlungsverfahren daher vorwiegend als bloßes *Kontroll- und Hilfsorgan der Staatsanwaltschaft*. Wenn er überhaupt beteiligt wird, so ist das zum einen Ausfluss verfassungsrechtlicher Garantien, insb. der Rechtsweggarantie (Art. 19 IV GG), des Richtervorbehalts bei Freiheitsentziehungen (Art. 104 II, III GG) und der Unverletzlichkeit der Wohnung (Art. 13 II-V GG). Zum anderen dient der Richtervorbehalt einer unabhängigen Kontrolle qualifizierter Grundrechtseingriffe durch die Exekutive (z. B. in die körperliche Unversehrtheit [§§ 81a, 81c], das Eigentum [§§ 94, 98] oder das Postgeheimnis [§§ 99 f.]).

453

Die Entwicklung der letzten Jahre hat den Richtervorbehalt immer weiter ausgedehnt, auch auf Materien, die früher „richterfrei" waren, etwa die DNA-Analysen (§§ 81f, 81 g III). Auch ist der grundrechtliche Bezug nicht stets erkennbar (vgl. etwa die Obduktionsanordnung nach § 87 IV).

454

Aufgabe: Verbesserung eines Durchsuchungsantrages durch den Richter
Die Staatsanwaltschaft beantragt bei dem zuständigen Richter gemäß der §§ 103, 105 die Durchsuchung von zwei Wohnobjekten zwecks Auffindens von Diebesgut. Die gesetzlichen Voraussetzungen sind erfüllt. Der Richter kennt das erste der beiden Objekte, da er in dessen Nähe wohnt. Er weiß deshalb, dass dort vor dem Haus ein Wohnmobil steht, welches von den Wohnungsinhaber offensichtlich zur Lagerung von Gegenständen benutzt wird. Hinsichtlich des zweiten Objektes hält er es für erfolgreicher, wenn vor der Durchführung der Durchsuchung dort einige Tage eine Telekommunikationsüberwachung (§ 100a) durchgeführt wird, da er sich aus den Reaktionen der Beschuldigten auf die Durchsuchung im ersten Objekt wertvollere Hinweise verspricht als von einer sofortigen Durchsuchung. Er erlässt daher nur einen Durchsuchungsbeschluss für das erste Objekt einschließlich des Wohnmobils und regt im Übrigen bei der Staatsanwaltschaft an, erst einmal eine Telekommunikationsüberwachung zu beantragen. Durfte der Richter so verfahren?

455

---

[9] Siehe zu dieser Thematik unten bei Rn. 937 ff.

Tab. 4 Richterliche Zuständigkeiten für Zwangs- und Ermittlungsmaßnahmen

Maßnahme	zur Entscheidung befugtes Gericht		Durchführung durch ...
	im Ermittlungsverfahren	nach Anklageerhebung	
richterliche Vernehmung, richterliche Augenscheinseinnahme	*keine richterliche Entscheidung erforderlich* (sondern nur auf Antrag der StA vom Richter durchzuführen)		AG am Sitz der StA (§ 162 I 1); alternativ: AG am Ort der Maßnahme (§ 162 I 3)
Durchsuchung, Beschlagnahme, TKÜ sowie die meisten Grundrechtseingriffe oder Zwangsmaßnahmen	AG am Sitz der Staatsanwaltschaft (§ 162 I 1)	Gericht der Hauptsache (§ 162 III)	*keine richterliche Durchführung erforderlich*
Wohnraumüberwachung	Staatsschutzkammer des LG am Sitz der StA (§ 100d I)		*keine richterliche Durchführung erforderlich*
Haft	jedes nach den §§ 7 ff. zuständige AG (§ 125 I), bei Kombination mit anderen Maßnahmen auch das für diese zuständige AG (§ 162 I 2)	Gericht der Hauptsache (§ 125 II)	Gericht, das den Haftbefehl erlassen hatte (§ 126 I, II)

456 Die sekundäre richterliche Stellung im Ermittlungsverfahren wird dadurch gekennzeichnet, dass der Richter *keinerlei Initiativrecht* besitzt und nur auf Antrag der Staatsanwaltschaft tätig werden darf (§ 162 I 1). Allein in – heutzutage nur noch theoretischen – Notfällen darf er ohne einen solchen Antrag agieren (§ 165). Zudem vermag er nur die Rechtmäßigkeit, nicht aber die Zweckmäßigkeit der beantragten Maßnahmen zu prüfen. Im Aufgabenfall Rn. 455 hätte er damit ohne entsprechenden ergänzenden Antrag der Staatsanwaltschaft (den er freilich hätte anregen können) die Durchsuchung des Wohnmobils ebensowenig anordnen wie die Durchsuchung des zweiten Objekts deshalb verweigern dürfen, weil er eine andere Ermittlungsmaßnahme für erfolgversprechender hielt.

b) Zuständiger Richter

457 Für die erforderliche Anordnung von Maßnahmen ist, um eine zügige Entscheidung zu ermöglichen, nach § 162 I prinzipiell das Amtsgericht am Sitz der Staatsanwaltschaft zuständig und nicht – wie früher – das Gericht am Ort der fraglichen Maßnahme (s. Tab. 4). Diese Zuständigkeit ändert sich erst nach Anklageerhebung (§ 162 III).

458 Lediglich für richterliche Vernehmungen und Augenscheinseinnahmen kann, ebenfalls zur Beschleunigung, auf das jeweilige örtliche Gericht zurückgegriffen werden.

c) Eilkompetenz
aa) Neben dem Richter zur Anordnung Befugte

Bei „Gefahr im Verzuge" dürfen die Staatsanwaltschaft und ihre Ermittlungspersonen anstelle des Richters die Durchsuchung anordnen (§ 105 I). **459**

Zu den „*Ermittlungspersonen*" (früherer Begriff: „Hilfsbeamte der Staatsanwaltschaft") verweist die StPO auf § 152 GVG, dessen Abs. 1 eine besondere Folgepflicht dieser Personen gegenüber staatsanwaltlichen Anordnungen festlegt,[10] während es Abs. 2 den Ländern ermöglicht, jeweils zu bestimmen, welche ihrer öffentlichen Bediensteten solche Ermittlungspersonen sein sollen.[11] **460**

Zumeist bezeichnen die Länderregelungen sämtliche Polizisten im Polizeivollzugsdienst (also sowohl Schutzpolizei- als auch Kriminalbeamte) als Ermittlungspersonen, ausgenommen die noch in der Ausbildung befindlichen Beamten sowie die Führungskräfte.[12] Daneben sind Angehörige anderer Behörden zu Ermittlungspersonen ernannt, soweit sie häufiger mit Strafverfolgungsaufgaben konfrontiert werden (z. B. Förster, Feldjäger, Zoll- und Steuerfahndungsbeamte). **461**

Anders als bei einem Polizeiangehörigen, der nicht zu den Ermittlungspersonen zählt, besteht bei diesen das erwähnte besondere Zugriffsrecht durch die Staatsanwaltschaft (§ 152 I GVG). Im Unterschied zur allgemeinen Polizeiverpflichtung nach § 161 StPO hat die Staatsanwaltschaft hier einen Zugriff auf den einzelnen Beamten in persona, während es sonst der Polizeiverwaltung freisteht, wen sie mit der Ausführung eines staatsanwaltlichen Ermittlungsersuchens beauftragt. In der Praxis hüten sich die Staatsanwälte freilich, diese persönliche Zugriffskompetenz auch auszuüben, um nicht unnötig (und mit Reibungsverlusten) in den für sie kaum überschaubaren Dienstbetrieb der Polizei hineinzuregieren. Die Funktion des Begriffs der Ermittlungsperson erschöpft sich in der Verfahrensrealität darin, einen Anknüpfungspunkt für die Zuweisung der angesprochenen Eilkompetenzen zu liefern. **462**

bb) Gefahr im Verzuge

„Gefahr im Verzug" ist bereits im Rahmen der Festnahme näher beschrieben worden (Rn. 308 f.) und der Begriff hier entsprechend auszulegen. Es ist daher stets zu fragen, ob durch die Einschaltung des Richters das Risiko eines Fehlschlags der Durchsuchung signifikant steigt. Ist dies der Fall, kommt eine Eilkompetenz in Betracht. **463**

Zur Akte 2: **464**

Es bestand keinerlei Gefahr, die Beschuldigte *Kindoro* werde möglicherweise in ihrer Wohnung vorhandenes Kokain verschwinden lassen, denn schließlich war sie festgenommen worden. Daher hat die Staatsanwaltschaft Bl. 15 zu Recht über KOKin *Seydlitz* den richterlichen Beschluss Bl. 21 erwirkt. Anders hätte es gelegen, wenn die Beschuldigte nicht hätte festgenommen werden können und

---

[10] Zum historischen Hintergrund vgl. Walter WAGNER, Staatsanwaltschaft oder Polizei? MDR 1973, 713–715 (714 f.).
[11] Eine Zusammenstellung der einschlägigen Rechtsquellen ist bei MEYER-GOSSNER § 152 GVG Rn. 6 f. abgedruckt.
[12] Ab dem Dienstrang des Polizei- bzw. Kriminalrates.

sie deshalb Gelegenheit gehabt hätte, zu ihrer Wohnung zu gehen, während der Richter entscheidet. In diesem Fall wären die Annahme von Gefahr im Verzug, eine Durchsuchungsanordnung durch KOKin *Seydlitz* (die von ihrem Dienstrang her „Ermittlungsperson" ist) und deren sofortiger Vollzug unbedenklich gewesen.

465 Gerade für Wohnungsdurchsuchungen hat das BVerfG vor einiger Zeit die Grenzen der Annahme einer Gefahr im Verzuge deutlich enger gezogen.[13] Allgemeine kriminalistische Erfahrungen genügen danach nicht mehr, vielmehr muss *mit auf den Einzelfall bezogenen Tatsachen begründet werden*, warum diese Gefahr besteht. Hintergrund sind der hohe Stellenwert des Grundrechts aus Art. 13 GG auf Unverletzlichkeit der Wohnung und der Umstand, dass die richterliche Entscheidung die Regel, die Entscheidung anderer Stellen aber die Ausnahme sein soll. In der Praxis war dies bis dahin gelegentlich eher umgekehrt. Zugleich verlangt das BVerfG (im Interesse der Überprüfbarkeit) eine *Dokumentation der Bemühungen* von Polizei oder Staatsanwaltschaft, den Richter zu erreichen,[14] sowie – bei Bedarf – die Einrichtung von *richterlichen Eildiensten*, um prinzipiell jederzeit die Möglichkeit zur Herbeiführung einer richterlichen Entscheidung zu gewährleisten.[15] [16]

466 **Aufgabe: Durchsuchung ohne richterliche Anordnung nach telefonischem Tipp[16]**
Die Staatsanwaltschaft ermittelte gegen *Arno B.*, der Gebrauchsartikel an- und verkaufte, wegen Hehlerei. Im Rahmen einer Vernehmung am 25.08.1999 gab die Zeugin *Tanja O.* an, *Arno B.* habe eine scharfe Schusswaffe in seinem Büro erworben. Die Kriminalpolizei regte am 16.11.1999 bei der Staatsanwaltschaft eine Durchsuchung der Wohnung des *B.* an, nachdem dieser sein Geschäft, in dem der Waffenerwerb stattgefunden haben sollte, aufgegeben hatte. Die Staatsanwaltschaft beantragte am 27.12.1999 beim Ermittlungsrichter des Amtsgerichts den Erlass eines Durchsuchungsbeschlusses, den dieser am 28.01.2000 erließ, allerdings unter einer falschen Adressenangabe. Auf entsprechenden Hinweis der Staatsanwaltschaft hob das Amtsgericht seinen bisherigen Durchsuchungsbeschluss auf und erließ einen neuen mit der zutreffenden Adressenangabe. Vor der Vollziehung dieses Beschlusses erhielt die Polizei am 24.02.2000 um 22.01 Uhr einen telefonischen Hinweis, eine Übergabe von Hehlerware an *Arno B.* solle in „seinem Geschäft" unter der neuen Adresse *E.-Straße 30* am Folgetag gegen 10 Uhr erfolgen. Ein Polizeibeamter ordnete deshalb in seiner Eigenschaft als Ermittlungsperson gemäß § 152 GVG nach Rücksprache mit der Staatsanwaltschaft am Morgen des

---

[13] BVerfGE 103, 142 = BVerfG NJW 2001, 1121.
[14] BVerfG NJW 2001, 1121 (1124).
[15] BVerfG NJW 2001, 1121 (1123); zu den Grenzen dieser Verpflichtung BVerfG (Kammer) NJW 2004, 1442 (wenn erfahrungsgemäß nur ausnahmsweise Entscheidungen anfallen).
[16] Leicht geänderter Sachverhalt nach BVerfG (Kammer) NJW 2003, 2303.

II. Einzelne Voraussetzungen einer Durchsuchung

> 25.02.2000 wegen „Gefahr im Verzug" die Durchsuchung unter der neuen Adresse an. Diese Maßnahme fand von 10 bis 10.30 Uhr statt, wobei die ausführenden Beamten nach dem Durchsuchungsprotokoll davon ausgingen, die Maßnahme sei so vom Amtsgericht angeordnet worden. Vorgefunden wurden zwei Schreckschusspistolen, aber keine scharfe Schusswaffe.
> Wurde zu Recht Gefahr im Verzuge bejaht?

Eine richterliche Anordnung braucht nicht schriftlich zu ergehen. Vielmehr genügt eine mündliche Anordnung jedenfalls dann, wenn sie später in den Akten ausreichend dokumentiert (z. B. nachträglich schriftlich abgefasst) wird und die Zeit, sie sofort schriftlich niederzulegen, nicht vorhanden ist.[17] Indes weigern sich die meisten Richter ohnehin und zu Recht, gewissermaßen auf Zuruf ohne Aktenkenntnis zu entscheiden. In einem solchen Fall bleibt dann nur die Eilkompetenz, falls die Zeit fehlt, die Akte noch dem Richter vorzulegen. Allerdings muss der Beamte in jedem Fall einen geeigneten Versuch unternehmen, den Richter zu erreichen.[18] Und schließlich muss er seine vergeblichen Versuche in der Akte dokumentieren.[19]

467

Wenn nach diesen Kriterien Gefahr im Verzuge vorliegt, so brauchen die Ermittlungspersonen nicht zuvor die Staatsanwaltschaft zu bemühen.[20] Die Gegenposition, Ermittlungspersonen dürften erst dann anordnen, wenn auch kein Staatsanwalt zu erreichen ist, beruft sich zu Unrecht auf die fehlende Antragsbefugnis der Ermittlungspersonen gegenüber dem Richter.[21] Da es nunmehr keines Antrages mehr bedarf, sondern die Entscheidung in eigener Kompetenz ergeht, und zudem der Gesetzeswortlaut beide Organe gleichstellt, bedarf es deshalb keines zuvorigen Versuches der Ermittlungsperson, einen Staatsanwalt zu kontaktieren. Ob dies dennoch in einzelnen Fällen im Hinblick auf die Leitungsfunktion der Staatsanwaltschaft zur Festlegung des weiteren Vorgehens erforderlich sein mag,[22] steht auf einem anderen Blatt.

468

Im Aufgabenfall Rn. 466 fehlte jeder Versuch, den Richter zu erreichen, der hier zudem keineswegs aussichtslos gewesen wäre, weil der Richter aus seinen vorhergegangenen Beschlussentscheidungen das Verfahren bereits kannte und daher die Durchsuchung auch fernmündlich hätte anordnen können.[23]

469

---

[17] BGH NJW 2005, 1060 (weil immer noch besser als eine Anordnung in Eilkompetenz); HK-GERCKE § 105 Rn. 43, a. A. (stets schriftlich) SK-WOHLERS § 105 Rn. 29.
[18] BVerfG (Kammer) StraFo 2006, 368.
[19] BVerfG (Kammer) StraFo 2006, 368; HK-GERCKE § 105 Rn. 59.
[20] KK-NACK § 98 Rn. 11; Jochen METZ, Rangverhältnis der Staatsanwaltschaft zu ihren Ermittlungspersonen bei Gefahr im Verzug, NStZ 2012, 242–247 (243 f.).
[21] Vgl. HK-GERCKE § 105 Rn. 46; SK-WOHLERS § 105 Rn. 31.
[22] METZ (Fn. 23), NStZ 2012, 245 f.
[23] BVerfG (Kammer) NJW 2003, 2303 (2304).

7. Rechtsschutz gegen die Durchsuchungsanordnung

470 Die *nichtrichterliche Anordnung der Durchsuchung* einschließlich der Annahme von Gefahr im Verzuge durch Staatsanwaltschaft oder Ermittlungspersonen ist richterlich überprüfbar, selbst im Nachhinein und trotz Erledigung der Maßnahme.[24] Dies geschieht (in entsprechender Anwendung von § 98 II) durch den für die Durchsuchungsanordnung an sich zuständigen Richter. Stammt die Durchsuchungsanordnung bereits vom Richter, so kann dagegen die normale Beschwerde eingelegt werden (Rn. 338 ff.).[25]

471 Diese Überprüfungen leisten freilich nur die *Feststellung der Rechtswidrigkeit*; neben einer Genugtuung liefern sie allenfalls eine Anknüpfung für Entschädigungsansprüche aus dem Gesichtspunkt der Amtspflichtverletzung. Eine generelle *Unverwertbarkeit* der bei einer rechtswidrigen Durchsuchung gewonnenen Beweise ist – wie auch sonst bei Verstößen gegen einen Richtervorbehalt – nicht vorgesehen. Vielmehr ist die übliche Abwägung zwischen dem Gewicht des Verstoßes und dem Strafverfolgungsinteresse im Einzelfall vorzunehmen.[26] Auf die Gewichtung des jeweiligen Verstoßes nimmt dabei auch Einfluss, ob der Richter, wäre er gefragt worden, die Anordnung erlassen hätte (sog. „hypothetischer Ersatzeingriff").[27] Unbeschadet dessen führt die falsche Annahme einer Gefahr im Verzuge nach der Rspr. jedenfalls dann zu einem Verwertungsverbot, wenn sie willkürlich geschah oder der Richter bewusst umgangen wurde.[28]

8. Durchführung der Durchsuchung

472 Das Gesetz regelt etliche Einzelheiten des Ablaufes einer Durchsuchung. So verbietet § 104 einen Vollzug während der Nachtzeit (zwischen 21 Uhr bis 4 bzw. 6 Uhr), es sei denn, es handelt sich um allgemein zugängliche oder „verruchte" Orte (§ 104 II). Bei der Durchsuchung darf der Inhaber der Räume zugegen sein (§ 106), d. h., die Durchsuchung verläuft offen und nicht heimlich.[29] Zudem ist durch die Anwe-

---

[24] BVerfGE 96, 27 (41 f.).

[25] Eingehende Darstellung bei Tido PARK, Durchsuchung und Beschlagnahme, 2. Aufl. 2009, Rn. 303–369.

[26] BGHSt 51, 285 (289 f.); BVerfG (Kammer) NJW 2009, 3225. Für ein generelles Verwertungsverbot dagegen Silke HÜLS, Der Richtervorbehalt – seine Bedeutung für das Strafverfahren und die Folgen von Verstößen, ZIS 2009, 160–169 (164).

[27] BGH NStZ 1989, 375 (376).

[28] BGHSt 51, 285 (292 f.); PARK (Fn. 28), Rn. 399 ff.; strikter dagegen Wilhelm KREKELER, Beweisverwertungsverbote bei fehlerhaften Durchsuchungen, NStZ 1993, 263–268 (264), der eine generelle Unverwertbarkeit annimmt, damit aber die offenkundig nur versehentlichen Fehlannahmen von Gefahr im Verzuge überhart sanktioniert.

[29] BGH NJW 2007, 930.

senheit des Staatsanwalts[30] oder – falls er nicht teilnimmt – anderer unabhängiger *Durchsuchungszeugen* sicher zu stellen, dass die Polizei einer gewissen Aufsicht unterliegt (§ 105 II).

Zur Akte 2:

473

Als notwendiger Durchsuchungszeuge hat bei der Durchsuchung der Beschuldigtenwohnung ein Stadtbediensteter fungiert. Vergleicht man den Bericht Bl. 23 mit den weiteren Bestimmungen über die Durchsuchungsvollziehung in den §§ 104 ff., so fällt einmal auf, dass die Wohnungsinhaberin entgegen § 106 I abwesend blieb. Allerdings hat der Wohnungsinhaber nur ein Recht (und keine Pflicht) zur Anwesenheit. Hätte die Beschuldigte *Kindoro* dieses Recht ausgeübt, so wäre sie aus der Haft zur Durchsuchung vorgeführt worden. Ebenso hätte sie einen Vertreter (z. B. ihren Verteidiger) bemühen können, der dann an ihrer Stelle der Durchsuchung hätte beiwohnen dürfen. Beides hat sie nicht getan (möglicherweise, weil sie wusste, man werde nichts finden, und der Durchsuchung daher keinen Wert beimaß). Vielmehr übergab sie freiwillig die Schlüssel zur Wohnung und verzichtete damit konkludent auf ihr Anwesenheitsrecht. In einem solchen Fall entfällt zugleich die Pflicht nach § 106 I 2, eine dritte Person zu bemühen.[31] Zum anderen wurde keine Mitteilung nach § 107 hinterlassen. Dies ist allerdings nicht im eigentlichen Sinne fehlerhaft, denn nur bei entsprechendem Verlangen wäre eine Bescheinigung zwingend auszustellen gewesen. Es ist freilich üblich und wäre hilfreich gewesen, hätte die Polizei hier dennoch die Mitteilung hinterlassen, nichts mitgenommen zu haben. Das ersparte der Beschuldigten, diese Information erst umständlich über eine Akteneinsicht ihres Verteidigers in Erfahrung zu bringen.

Werden die gesuchten Gegenstände (oder bedeutsame andere, vgl. § 108[32]) gefunden, so sind diese prinzipiell sicherzustellen oder zu beschlagnahmen (dazu Rn. 475 ff.). Als Besonderheit schreibt allerdings § 110 I für *Schriftstücke (und Dateien) die zuvorige inhaltliche Durchsicht* auf ihre jeweilige Beweisrelevanz hin vor, um keine (womöglich privaten) Schriftstücke ohne Sachbezug sicherzustellen. Diese Aufgabe oblag ursprünglich allein der Staatsanwaltschaft (u. a. zum Schutze der Privatsphäre des Beschuldigten vor polizeilichem Zugriff) und erst seit dem 1. JuMoG kann sie damit – sogar vorab[33] – ihre (polizeilichen) Ermittlungspersonen betrauen. Damit freilich bildet die Bestimmung für den Durchsuchungsbetroffenen heute keinen wirksamen Schutz mehr.

474

---

[30] Der in § 105 II ebenfalls erwähnte Richter nimmt seit Abschaffung der richterlichen Voruntersuchung in der Praxis niemals mehr an einer Durchsuchung teil.
[31] Park (Fn. 28), Rn. 159.
[32] Dazu oben Rn. 446.
[33] Meyer-Gossner § 110 Rn. 3.

III. Beschlagnahme

1. Sicherstellung und Beschlagnahme

475 Gegenstände (die auch nichtkörperlicher Art sein können, wie etwa E-Mail beim Provider) werden – je nach dem Zweck, der mit ihrer Wegnahme durch die Strafverfolgungsbehörden verfolgt wird – nach § 94 (Beweismittel), § 111b I (Verfall, Einziehung[34]), § 111b II (Verfall oder Einziehung von Wertersatz[35]) oder nach § 111b IV (Zurückgewinnungshilfe[36]) behandelt. Praktisch fallen solche Funde vor allem im Gefolge einer Durchsuchung an. Für *Beweismittel* nennt § 94 dabei zwei verschiedene Formen staatlicher Ingewahrsamnahme:

476 • die formlose *Sicherstellung* (§ 94 I). Sie erfolgt, wenn entweder der Gewahrsamsinhaber damit einverstanden ist, die Gegenstände in amtliche Verwahrung zu übergeben, oder wenn es gar keinen Gewahrsamsinhaber gibt (z. B. bei Spuren, etwa einer Patronenhülse, die der Täter am Tatort zurückgelassen hat). Zur Sicherstellung ist *jeder Polizeibeamte befugt*. In Verfahren 2 ist eine solche Sicherstellung hinsichtlich des bei der Tat verwendeten Messers geschehen (Bl. 5).

477 • Dies ist bei der förmlichen *Beschlagnahme* anders. Sie ist dann vorzunehmen, wenn der Gewahrsamsinhaber den Beweisgegenstand nicht freiwillig herausgibt (§ 94 II). Sie stellt eine Zwangsmaßnahme dar, welche § 98 I prinzipiell unter Richtervorbehalt stellt. Bei Gefahr im Verzuge ist aber auch Staatsanwaltschaft und Ermittlungspersonen eine Eilkompetenz zugewiesen. Insoweit kann auf die Ausführungen Rn. 459 ff. verwiesen werden, die hier entsprechend gelten. In Verfahren 2 ist das gefundene Kokain auf diesem Weg beschlagnahmt worden. Offenbar war die Beschuldigte *Kindoro* mit seiner Sicherstellung nicht einverstanden. Die Eilkompetenz ist dabei zu Recht angenommen worden, denn hätte man die Drogen auch nur kurzfristig im Besitz der Beschuldigten belassen, so hätte man mit ihrer Beseitigung zu rechnen gehabt.

478 Abweichende Kompetenzregeln bestehen für die Beschlagnahme bei Medien (§ 98 I 2 [nur Richter]) und bei einer Postbeschlagnahme nach § 99 (§ 100 I, II [Richter, bei Gefahr auch Staatsanwaltschaft, die sich aber ihre Eilanordnung richterlich bestätigen lassen muss]).

479 Für den gesamten Bereich von Verfall, Einziehung und Zurückgewinnungshilfe ist nach den §§ 111b I, 111c ff. die formlose Sicherstellung gänzlich ausgeschlossen und stets eine Beschlagnahme vonnöten.[37] Insoweit regelt allerdings § 111e die Kompetenzen wiederum abweichend; nur für die Beschlagnahme beweglicher Sachen entspricht diese Bestimmung derjenigen des § 98.

---

[34] Siehe dazu oben Rn. 443.
[35] Siehe dazu die §§ 73a, 74c StGB.
[36] Siehe dazu oben Rn. 444.
[37] KK-Nack § 111b Rn. 14. Die Anordnung zur Beschlagnahme „der Buchführung" oder „des Schriftwechsels" genügt als Bezeichnung deshalb nicht.

III. Beschlagnahme

Eine richterliche Beschlagnahmeanordnung setzt voraus, die Gegenstände bereits exakt bezeichnen zu können.[38] Ist dies – wie meist – vor ihrem Auffinden gar nicht möglich, weil man regelmäßig noch nicht weiß, was genau man finden wird, so kann die Beschlagnahmeanordnung auch erst im Gefolge einer Durchsuchung ergehen.

480

> **Beispiel (Suche nach Beweismitteln für Schleusertätigkeit):[39]**
>
> Im Zusammenhang mit Ermittlungen wegen einer anderen Straftat ergab sich gegen *Sebastian T.* der Verdacht, er habe illegal Ausländer nach Deutschland eingeschleust. Auf Antrag der Staatsanwaltschaft erließ das Amtsgericht am 12.01.1990 einen Beschluss folgenden Inhalts: „In dem Ermittlungsverfahren gegen *Sebastian T.* ... wegen Verdacht des Vergehens gegen das Ausländergesetz wird gemäß §§ 102, 105, 111b II 3 StPO die Durchsuchung der Person, der Wohnung und anderer Räume des Beschuldigten sowie der ihm gehörenden Sachen angeordnet. Nach dem jetzigen Stand der Ermittlungen ist zu vermuten, daß die Maßnahme zur Auffindung von Beweismitteln, Verfalls- oder Einziehungsgegenständen führen wird. Die vorgefundenen Gegenstände sind in Verwahrung zu nehmen oder in anderer Weise sicherzustellen. Gemäß §§ 94, 98 StPO werden die aufgefundenen Gegenstände als Beweismittel beschlagnahmt." In Ausführung dieses Beschlusses wurden bei *Sebastian T.* diverse Gegenstände in amtlichen Gewahrsam genommen. – Nach ergebnislosem Beschwerdeverfahren und anschließender Verfassungsbeschwerde hob das BVerfG die Beschlagnahmeanordnung u. a. deshalb auf, weil sie die gesuchten Gegenstände nicht ausreichend bezeichnete, um sie bei der Durchsuchung zweifelsfrei und unverwechselbar identifizieren zu können[40] (z. B.: „das Sparbuch des Beschuldigten Nr. ... bei der *D.-Bank* Essen"). Richtig wäre es daher gewesen, zunächst allein die Durchsuchung richterlich anzuordnen und die Beschlagnahme dann erst bei Bedarf im Zuge der Durchsuchung durch die Ermittlungspersonen vorzunehmen (und diese ggf. später richterlich bestätigen zu lassen, vgl. Rn. 482 ff.).

Sichergestellte oder beschlagnahmte Gegenstände wären an sich vom Gewahrsamsinhaber nach § 95 I herauszugeben, womit es einer zwangsweisen Ingewahrsamnahme durch die Strafverfolgungsbehörden eigentlich nicht bedürfte, zumal die Herausgabepflicht auch noch sanktionsbewehrt ist (§ 95 II). Allerdings gilt die Regelung (was aus ihrem Wortlaut nicht zu ersehen ist), nicht für Beschuldigte, da diese zu keiner aktiven Mitwirkung an ihrer eigenen Überführung verpflichtet sind,[41] und für Zeugen nur, solange sie kein Aussageverweigerungsrecht besitzen (§ 95 II 2). Die meisten Beschlagnahmen finden aber gerade gegenüber dem Beschuldigten statt. § 95 spielt daher nur eine sehr geringe Rolle und zumeist muss die Beschlagnahme mit einer Durchsuchung einhergehen, um den Zugriff zu ermöglichen.

481

---

[38] OLG Koblenz NStZ 2007, 285; MEYER-GOSSNER § 98 Rn. 9.
[39] Vereinfachter Sachverhalt nach BVerfG (Kammer) NStZ 1992, 91.
[40] BVerfG (Kammer) NStZ 1992, 91 (92). Das BVerfG rügte zudem die mangelnde Präzisierung der Tatvorwürfe in dem Beschluss.
[41] KK-NACK § 95 Rn. 2; BVerfG NJW 2005, 1640 (1641 f.).

Tab. 5 Wege zur richterlichen Entscheidung in § 98 II

Ausgangssituation	nichtrichterliche Beschlagnahme *in Abwesenheit des Betroffenen* (§ 98 II 1 1. Alt.)	einer nichtrichterlichen Beschlagnahme wurde *vor Ort widersprochen* (§ 98 II 1 2. Alt.)	(späterer) *Antrag auf richterliche Entscheidung* nach nichtrichterlicher Beschlagnahme oder Sicherstellung (§ 98 II 2)
Frist	von Amts wegen binnen drei Tagen herbeizuführen		Antrag des Betroffenen, jederzeit möglich
Rechtsmittel gegen richterliche Entscheidung	Beschwerde (§ 304[a])		

[a] Siehe dazu die Ausführungen Rn. 344 ff., die hier entsprechend gelten

2. § 98 II als Musterrechtsschutzregelung

482 § 98 II regelt die nachträgliche richterliche Überprüfung einer zuvor ohne Richterbeteiligung erfolgten Beschlagnahme (und z. T., obschon nicht erwähnt, auch einer Sicherstellung [Rn. 476]). Dabei werden drei unterschiedliche Situationen geregelt, in welchen der nach § 162 zuständige Richter über die Rechtmäßigkeit der weiteren Beschlagnahme zu entscheiden hat (s. Tab. 5).

483 § 98 II stellt damit eine sinnvolle Ergänzung zur Eilkompetenz dar, weil er dem Richtervorbehalt wenigstens im Nachhinein zur Geltung verhilft. Zwar sieht die Bestimmung nicht die ausnahmslose Pflicht zur richterlichen Bestätigung einer nichtrichterlichen Beschlagnahme vor; sie tut dies aber in den Fällen, in welchen ein Überprüfungsbedürfnis besteht, weil die Beschlagnahme gegen den erklärten Widerspruch des Betroffenen oder ohne seine Kenntnis geschah.

484 Wenn dagegen – wie in Verfahren 2 hinsichtlich des Bl. 8 beschlagnahmten Kokains – der Betroffene offenkundig gegen die ihm bekannte Beschlagnahme über das gesamte weitere Verfahren hinweg keinen Widerspruch erklärt, so ist auch kein sachliches Bedürfnis dafür vorhanden, die Entscheidung von Staatsanwaltschaft oder Ermittlungspersonen noch einmal richterlich zu überprüfen. Immerhin geht es auch nur um Besitzentzug und nicht um so schwer wiegende Eingriffe wie ein Eindringen in die Wohnsphäre oder den Freiheitsentzug.

485 Entsprechende Regelungen zum nachträglichen Rechtsschutz fehlen für etliche andere Grundrechtseingriffe, u. a. für die Durchsuchung. Nachdem das BVerfG aber die nachträgliche Überprüfbarkeit auch solcher Zwangsmittel verlangt hat, entwickelt sich § 98 II zunehmend als Musterregelung, die *in analoger Anwendung auf die nachträgliche Überprüfung anderer Zwangseingriffe anzuwenden ist*.[42]

---

[42] BGHSt 44, 285 (270); MEYER-GOSSNER § 98 Rn. 23; zusammenfassend Andrea LASER, Das Rechtsschutzsystem gegen strafprozessuale Zwangsmaßnahmen, NStZ 2001, 120–124.

3. Beschlagnahme- und Ermittlungsverbote

a) Beschlagnahmeverbote

Nicht alles, was man tatsächlich bekommen könnte, ist zugleich beschlagnahmefähig. Vielmehr existieren etliche, vor allem in den §§ 96 f. niedergelegte Beschlagnahmeverbote. Zumeist *korrespondieren sie mit den Aussageverweigerungsrechten* nach den §§ 52–54 (einschließlich deren Einschränkungen, z. B. in § 53 II).

Den wichtigsten Fall bildet die Korrespondenz des Beschuldigten mit aussageverweigerungsberechtigten Personen nach den §§ 52, 53, 53a. Nach der sehr ausdifferenzierten Regelung des § 97 werden der Beschlagnahme insb. entzogen:

- schriftliche *Mitteilungen* zwischen Beschuldigtem und aussageverweigerungsberechtigten Personen nach den §§ 52, 53 I Nrn. 1–3b (einschließlich Dateien, so z. B. E-Mails[43], § 97 I Nr. 1);
- *Aufzeichnungen und andere Gegenstände* der Berufsgeheimnisträger nach den §§ 52, 53 I Nrn. 1–3b (nicht aber der Angehörigen nach § 52), soweit sie deren Schweigerecht betreffen (§ 97 I Nrn. 2 und 3).

Jeweils mit erfasst werden die entsprechenden *Hilfspersonen* der Berufsgeheimnisträger (§ 97 III).

Für Parlamentsangehörige und Medien (§ 53 I Nrn. 4, 5) existieren umfangreiche Sonderregelungen in § 97 IV, V, die an dieser Stelle nicht näher dargestellt werden.[44][45]

> **Aufgabe: Beschlagnahme von Anwaltsunterlagen beim Beschuldigten**[45]
> Gegen den Beschuldigten *Martin B.* war ein Ermittlungsverfahren wegen Betruges zum Nachteil der Fa. *M. GmbH* anhängig. Im Rahmen einer ordnungsgemäß angeordneten Durchsuchung seiner Wohnräume wurden u. a. zwei *Leitz*-Ordner „Unterlagen Rechtsanw. Sch-S., L." aufgefunden und beschlagnahmt. Bei Rechtsanwalt L. handelt es sich um den Vertreter des Beschuldigten in einem Arbeitsgerichtsverfahren, das sich u. a. mit einer fristlosen Kündigung des Beschuldigten durch die Fa. *M. GmbH* wegen derjenigen Vorwürfe befasste, wegen derer ermittelt wurde.
> Durften die beiden Ordner beschlagnahmt werden?

Die Beschlagnahmefreiheit nach § 97 gilt keineswegs umfassend. Eine wichtige Ausnahme bildet der Fall eines *Beteiligungsverdachtes* des Zeugnisverweigerungsberechtigten (§ 97 II 3), die fast noch wichtigere das Erfordernis eines *Gewahrsams des Verweigerungsberechtigten*. Unterlagen, die nicht er, sondern der Beschuldigte besitzt, unterliegen daher prinzipiell der Beschlagnahme.

---

[43] KK-Nack § 97 Rn. 11; BVerfG (Kammer) NStZ 2002, 377.
[44] Näher dazu SK-Wohlers § 97 Rn. 51 ff., 68 ff.
[45] Leicht veränderter Sachverhalt nach LG München I NStZ 2001, 612.

491 Um diese Einschränkung zu erklären, muss man den Sinn der betreffenden Beschlagnahmeverbote betrachten: Sie sollen die Zeugnisverweigerungsberechtigten vor dem Konflikt bewahren, auch nur mittelbar zur Überführung des sich ihnen (an-)vertrauenden Beschuldigten beitragen zu müssen.[46] Lagert das Beweismittel aber außerhalb ihrer Gewahrsamssphäre, so entzieht sich das weitere Schicksal der betreffenden Gegenstände ihrem Einfluss (und zugleich entfällt jeder denkbare, auch nur moralische Vorwurf gegenüber den Geheimnisträgern).

492 Eine ungeschriebene Ausnahme von dem Gewahrsamserfordernis gilt nur für die *Verteidigerpost*, was sich aus dem Gedanken des § 148 I ergibt, der einen ungehinderten schriftlichen Verkehr von Verteidiger und Mandant gewährleistet.[47] Müsste der Verteidiger befürchten, von ihm an den Mandanten gerichtete Post könnte dort beschlagnahmt werden, so wäre ein solcher freier Verkehr gehindert, vielmehr könnte nur das geschrieben werden, aus dem sich keinerlei Verdacht gegen den Mandanten konstruieren ließe. Das aber beeinträchtigte die Verteidigung ganz erheblich.

Im Fall Rn. 489 durften deshalb die beiden Ordner nicht beschlagnahmt werden, selbst als sie sich nicht mehr bei Rechtsanwalt *L.* befanden. Unerheblich war dabei, dass es sich um keine Verteidigerpost i.e.S. handelte, sondern sie außerhalb eines Strafverfahrens entstanden war. Inhaltlich ging es um die fraglichen Tatvorwürfe, weshalb sie wie Verteidigerpost zu behandeln waren.[48] Entsprechendes gilt für Aufzeichnungen, die der Beschuldigte zwar nicht für den Verteidiger, wohl aber für seine eigene Verteidigung in der Hauptverhandlung anfertigt.[49]

493 Ebenfalls beschlagnahmefrei sind behördliche Schriftstücke, soweit die Behörde dazu eine *Sperrerklärung* wegen eines sonst drohenden Nachteils für das Wohl des Bundes oder eines Landes abgibt (§ 96). Hier bleibt die Beschlagnahmefreiheit also hinter dem korrespondierenden Aussageverweigerungsrecht nach § 54 zurück, weil die Behörde das Beschlagnahmehindernis erst ausdrücklich schaffen muss (das sogar der verwaltungsgerichtlichen Anfechtung durch den ggf. davon benachteiligten Beschuldigten unterliegt[50]).

b) Ermittlungsverbote

494 Im Übrigen sind nicht nur Beschlagnahmen, sondern nach § 160a I, III sogar alle Ermittlungen bei bestimmten zeugnisverweigerungsberechtigte Personen (u. a. Rechtsanwälten) verboten, wenn von vornherein zu befürchten steht, man werde dabei u. a. Aufzeichnungen finden, über die das Zeugnis verweigert werden dürfte. Hintergrund dieser Regelung ist, dass Beschlagnahmeverbote und Aussageverweigerungsrechte unterhöhlt würden, ließe man andere Ermittlungen, insb. heimliche, bei dem betreffenden Personenkreis zu. Durchsuchungen bei Rechtsanwälten sind damit ebenfalls faktisch ausgeschlossen. Eine Ausnahme von diesem umfassenden Ermittlungsschutz gilt allein bei Beteiligungsverdacht (§ 160a IV).

---

[46] Roxin/Schünemann § 34 Rn. 19.
[47] BGH NJW 1973, 2035; SK-Wohlers § 97 Rn. 87; Roxin/Schünemann § 34 Rn. 20.
[48] LG München I NStZ 2001, 612.
[49] BGH NStZ 1998, 309 (310); SK-Wohlers § 97 Rn. 88.
[50] Sofern die Behördenakte (z. B. zum Einsatz von V-Leuten) entlastende Informationen enthält; ausführlicher zu den Anfechtungsmöglichkeiten SK-Wohlers § 96 Rn. 54 ff.

III. Beschlagnahme

Deutlich abgeschwächt wirkt dieser Ermittlungsschutz gegenüber Beratungsstellen und Medien (§ 160a II); hier ist eine Abwägung mit den Strafverfolgungsinteressen erforderlich. Jedenfalls bei bedeutenderen Straftaten kann deshalb keineswegs zwangsläufig von einem Ermittlungsverbot ausgegangen werden.[51]

495

4. Durchführung und Beendigung der Beschlagnahme

Sichergestellte oder beschlagnahmte Sachen werden im Ermittlungsverfahren für gewöhnlich in den Asservatenkammern von Polizei oder Staatsanwaltschaft aufbewahrt, es sei denn, es handelt sich um Unterlagen, die man zur Akte nimmt.

496

Werden einzelne Dinge bereits vor Verfahrensende nicht mehr benötigt (z. B. weil sie doch keinen Beweiswert besitzen oder ihre weitere Beschlagnahme unverhältnismäßig wäre), so ist die Beschlagnahme aufzuheben, wofür im Ermittlungsverfahren wegen ihrer Verfahrensherrschaft prinzipiell die Staatsanwaltschaft zuständig ist, selbst wenn eine richterliche Beschlagnahmeanordnung vorliegt.[52]

497

Die *Rückgabe* erfolgt regelmäßig an den letzten Gewahrsamsinhaber.[53] Handelt es sich um den Beschuldigten und hatte er die Sache unrechtmäßig erlangt, so ist sie hingegen dem Verletzten auszuhändigen.

498

> **Wiederholungsfragen zum 8. Kapitel**
> 1. Unter welchen Voraussetzungen ist eine Durchsuchung beim Beschuldigten, unter welchen Voraussetzungen beim Nichtbeschuldigten zulässig? (Rn. 424)
> 2. Wer ist Ermittlungsperson der Staatsanwaltschaft? (Rn. 460 f.)
> 3. Unter welchen Voraussetzungen können Ermittlungspersonen oder Staatsanwälte selbst eine Durchsuchung anordnen? (Rn. 463, 465)
> 4. Können Gegenstände, die bei einer rechtswidrig angeordneten Durchsuchung gefunden wurden, als Beweismittel verwertet werden? (Rn. 471)
> 5. Was hat mit Datenträgern zu geschehen, die bei einer Durchsuchung aufgefunden werden und eventuell zu Beweiszwecken dienen könnten? (Rn. 474)
> 6. Wie unterscheiden sich Sicherstellung und Beschlagnahme? (Rn. 476 f.)
> 7. Was darf generell nicht beschlagnahmt werden? (Rn. 492)
> 8. Wie kann man auch nach Abschluss einer Durchsuchung noch mit Rechtsbehelfen gegen diese vorgehen? (Rn. 470 f., 485)

---

[51] Camilla BERTHEAU, § 160a StPO neuer Fassung – doch offene Fragen bleiben, StV 2012, 303–306 (304 f.).

[52] Volker HOFFMANN/Thomas KNIERIM, Rückgabe von im Strafverfahren sichergestellten oder beschlagnahmten Gegenstände, NStZ 2000, 461–464 (462); LG Hildesheim NStZ 1989, 192 (193); a. A. MEYER-GOSSNER § 98 Rn. 30.

[53] Zu Einzelfällen und Details der Herausgabe siehe HEGHMANNS Arbeitsgebiet Rn. 465 ff.

9. Kapitel. Weitere Ermittlungs- und Zwangsmaßnahmen

I. Erkennungsdienstliche Maßnahmen

1. Einfache erkennungsdienstliche Behandlung

Wie schon der Name erschließen lässt, versteht man unter erkennungsdienstlichen Behandlung (ED-Behandlung) die Vornahme solcher Maßnahmen, die eine Identifizierung des Beschuldigten zulassen.[1] Dazu zählen die Fertigung der in § 81b genannten Lichtbilder, Fingerabdrücke (s. Abb. 1, 2) und (weniger bedeutsam) Messungen, aber der Sache nach auch die in den §§ 81e ff. geregelte DNA-Analyse. Eine einfache ED-Behandlung (Fingerabdrücke, Fotographie) erfolgt routinemäßig bei zahlreichen Maßnahmen gegenüber einem Beschuldigten (Vernehmung, Festnahme, Identitätsfeststellung nach § 163b), zumal § 81b sie der Polizei ohne weitere Voraussetzungen gestattet. Sie braucht nicht in den Akten dokumentiert zu werden,[2] weshalb sich auch in der Verfahrensakte 2 keine Hinweise finden, obschon die Beschuldigte *Kindoro* zweifelsfrei im Rahmen ihrer Festnahme erkennungsdienstlich behandelt wurde.

499

Zweck solcher Maßnahmen mag gelegentlich auch die Förderung des betreffenden Ermittlungsverfahrens sein (z. B. im Rahmen einer Fahndung die Feststellung, ob eine Person die gesuchte ist). Überwiegend bezweckt sie jedoch anderes: Zum ersten möchte die Polizei prüfen, ob diese Person nicht Spuren zugeordnet werden kann, die ein Täter bei früheren, noch nicht aufgeklärten Taten hinterlassen hat. Zum zweiten soll für etwaige künftige Straftaten des Betreffenden entsprechendes Vergleichsmaterial zur Verfügung stehen, um die Überführung zu erleichtern. Und schließlich soll auf diese Weise einem Identitätswechsel durch den Beschuldigten (was gelegentlich bei Ausländern nach ihrer Abschiebung bei einer erneuten Einreise oder von professionellen Tätern versucht wird) vorgebeugt werden. Die ED-Behandlung im Rahmen strafprozessualer Ermittlungen trägt daher jedenfalls zum Teil polizeirechtliche Züge.[3]

500

---

[1] Vgl. HbStrVf-Murmann Rn. III. 343.

[2] KK-Senge § 81b Rn. 1.

[3] HK-Brauer § 81b Rn. 3; KK-Senge § 81b Rn. 1; kritisch („vorbeugende Verbrechensbekämpfung") HbStrVf-Murmann, Rn. III. 350; vgl. auch § 481.

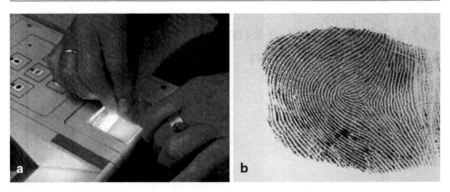

Abb. 1 und 2 Elektronische Fingerabdruckentnahme und so gesicherter Abdruck

501 Standard-Maßnahme zur Identifizierung ist heute immer noch der *Fingerabdruck-Vergleich*, der automatisiert mit den Daten einer zentralen, beim BKA geführten Datenbank[4] (§ 2 IV Nr. 1 BKAG) erfolgt, in der alle polizeilich und bei Ausländern gesicherten Fingerabdrücke gespeichert werden (vgl. § 16 III AsylVfG). Obschon die Methode als sicher gilt, zumal es keine zwei Menschen mit identischen Fingerabdrücken gibt, krankt sie an der nicht immer gewährleisteten Qualität des Materials: Häufig hinterlassen Täter nur Fingerspuren-Fragmente am Tatort, die dann mangels ausreichender Merkmalsdichte keine Identifizierung zulassen.

2. DNA-Abgleich

502 Dieses zuletzt genannte Problem stellt sich bei der *DNA-Analyse* (s. Abb. 3, 4) nicht, weil hier bereits kleinste Spuren, wie sie jeder Mensch permanent verliert (Haare, Hautzellen), eine sichere Identifizierung zulassen.[5] Hier bereitet eher die Datenmenge Schwierigkeiten: Wenn jede Person, die jemals am fraglichen Ort gewesen ist, dort Spuren hinterlässt, dann bleibt der Schluss, ein Spurenverursacher am Tatort habe auch etwas mit der Tat zu tun, solange unsicher, wie nicht geklärt werden kann, welche spezifischen Tatortspuren zweifelsfrei dem gesuchten Täter zuzuordnen sind und nicht auch von unbeteiligten Personen stammen könnten.

503 Das Gesetz nennt die DNA-Analyse in drei Zusammenhängen (s. Tab. 1).

504 Die Installation eines Richtervorbehalts beruht auf der Sorge eines mit der DNA-Analyse verbundenen Eingriffs in das Grundrecht auf informationelle Selbstbestimmung.[6] Konsequenterweise ermöglicht deshalb die Einwilligung des Betroffenen, auch ohne Anordnung vorzugehen (vgl. die §§ 81f I 1, 81 g III). Eine Sonderrolle

---

[4] Automatisiertes Fingerabdruck-Identifizierungssystem (AFIS).

[5] Zur Methodik Harald SCHNEIDER, Der genetische Fingerabdruck, Kriminalistik 2005, 303–309; zur Treffsicherheit vgl. Peter M. SCHNEIDER, Harald SCHNEIDER, Rolf FIMMERS, Bernd BRINKMANN, Allgemeine Empfehlungen der Spurenkommission zur statistischen Bewertung von DNA-Datenbank-Treffern, NStZ 2010, 433–436.

[6] BVerfGE 103, 21 (32).

I. Erkennungsdienstliche Maßnahmen

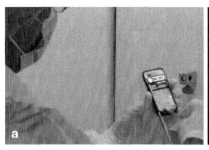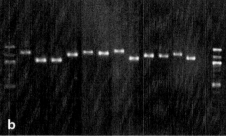

Abb. 3 und 4 DNA-Spurensuche auf der SIM-Karte eines Mobiltelefons; Vergleich eines einzelnen Merkmals bei zwölf unterschiedlichen DNA-Proben

Tab. 1 Verfahrenskonstellationen zulässiger DNA-Analysen

Maßnahme	Zweck	Probenentnahme	Anordnungskompetenz
Untersuchung von Material für Verfahrenszwecke (§ 81e)	Zuordnung von Spuren zu Personen, Abstammung	über § 81a gewonnen[a] (vgl. § 81e I 1) oder sonst sichergestellt (§ 81e II)	Entnahme: §§ 81a, 94 Analyse: § 81f I (Gericht; Eilkompetenz von StA/ Ermittlungspersonen)
(freiwillige) DNA-Reihenuntersuchung (§ 81h)	Zuordnung von Spuren durch Abgleich mit Personengruppe mit best. Merkmalen (z. B. Halter gelber Pkw in Bochum)	freiwillig mit Schriftlicher Einwilligung (§ 81h I); Keine SpeicheRung der Proben (§ 81h IV)	§ 81h II (Gericht)
Präventive DNA-Analyse für künftige Verfahren (§ 81 g)	Gewinnung von Vergleichsmaterial, falls der Täter später erneut Straftaten begehen sollte	während oder nach Abschluss des Strafverfahrens bei Wiederholungsgefahr (vgl. § 81 g I 1)	Entnahme: § 81 g III 1 (Gericht; Eilkompetenz von StA/ Ermittlungspersonen) Analyse: § 81 g III 2 (Gericht)

[a] Siehe dazu sogleich bei Rn. 515 ff

spielt nur die *Reihenuntersuchung*, bei der zwar die richterliche Anordnung obligatorisch ist, Probenentnahme und Untersuchung aber dennoch ausschließlich freiwillig erfolgen dürfen. Das trägt dem Umstand Rechnung, dass diese Ermittlungsmethode auf Unverdächtige zielt; man rechnet polizeilicherseits hier damit, die „richtige" Person werde gar keine Probe abgeben und man könne den Täter aus dem (kleineren) Kreis der „Verweigerer" dann um vieles leichter ermitteln.[7] [8]

---

[7] HbStrVf-Murmann Rn. III.383.
[8] Sachverhalt nach BGH NStZ 2013, 242.

505 **Aufgabe: Verwertung von Beinahe-Treffern bei einer DNA-Reihenuntersuchung**[8]
In *D.* war ein Mädchen durch einen unbekannten Täter vergewaltigt worden. An der Kleidung des Opfers wurde DNA-Material sichergestellt. Nachdem weitere Ermittlungen eine örtliche Verwurzelung des Täters nahegelegt hatten, ordnete der Ermittlungsrichter hinsichtlich sämtlicher männlicher Erwachsener in der Samtgemeinde *D.* die freiwillige Abgabe von Speichelproben zur Feststellung des DNA-Identifizierungsmusters an. Bei der Auswertung des Reihengentests, an dem 2406 Männer teilgenommen hatten, stellte die beauftragte Sachverständige bei zwei Proben aufgrund des Vorkommens eines sehr seltenen Allels eine hohe Übereinstimmung zwischen diesen und der DNA des mutmaßlichen Täters fest. Diese beiden Probengeber kamen zwar nicht als Täter in Betracht, konnten aber Verwandte von ihm sein. Die beiden Proben wurden daraufhin bei der Polizeidienststelle entanonymisiert und es wurde festgestellt, dass sie von zwei Brüdern stammten. Ein alsdann von der Polizei durchgeführter Melderegisterabgleich erbrachte das Ergebnis, dass einer der beiden einen 17-jährigen Sohn, *Kevin C.*, hatte, der wegen seines Alters nicht in das Raster für den Reihengentest gefallen war. Die daraufhin nach den §§ 81a, 81e angeordnete Entnahme von Körperzellen bei *Kevin C.* und deren Untersuchung zur Bestimmung des DNA-Identifizierungsmusters ergab eine vollständige Übereinstimmung mit den Tatspuren. Ist dieses Ergebnis gegen *C.* verwertbar?

506 § 81h I lässt den DNA-Abgleich bei einer Reihenuntersuchung nur zu der Feststellung zu, „ob das Spurenmaterial von *diesen* Personen stammt". Im Aufgabenfall wurde dagegen untersucht, ob es von einem *Verwandten* dieser Personen stammte, was unzulässig war.[9] Gleichwohl ließ der BGH die Verwertung in Anwendung der Abwägungslehre[10] zu, wobei er vor allem die Unklarheit der Rechtslage betonte, weswegen die Entscheidung zur weiteren Probenentnahme nicht unvertretbar sei und der Rechtsverstoß daher gering wiege.[11]

507 Im Kern handelt es sich freilich um ein Fernwirkungsproblem (vgl. dazu später Rn. 976 ff.), bei dem eine Unverwertbarkeit anhand des Gedankens des sog. hypothetischen Ersatzeingriffs nahe läge. Zur Unverwertbarkeit dürfte der BGH allerdings künftig auch gelangen, denn nach seiner Entscheidung müsste ein erneuter Rechtsverstoß in einem ähnlichen Fall wohl als entsprechend schwerwiegend angesehen werden. Es ist allerdings damit zu rechnen, dass der Gesetzgeber demnächst eine Verwertbarkeit ausdrücklich zulässt.

---

[9] BGH NStZ 2013, 242 (244) mit zust. Besprechung Matthias JAHN JuS 2013, 470–472.
[10] Siehe dazu schon Rn. 249; eingehender behandelt Rn. 977 f.
[11] BGH NStZ 2013, 242 (245).

II Körperliche Untersuchungen

1. Untersuchungen am Beschuldigten

Körperliche Untersuchungen beim Beschuldigten unterliegen gemäß § 81a II ebenso wie die Durchsuchung (auf die insoweit daher verwiesen werden kann, vgl. oben Rn. 450 ff., 459 ff.) einem prinzipiellen *Richtervorbehalt* mit einer Eilkompetenz für Staatsanwaltschaft und Ermittlungspersonen im Falle der Gefährdung des Untersuchungserfolges.

508

Aktuell umstritten ist die Reichweite der *Eilkompetenz bei Blutprobenentnahmen.* Während hier traditionell im Hinblick auf den laufenden Alkoholabbau stets Gefahr im Verzuge angenommen wurde, hat sich inzwischen die Einsicht durchgesetzt, i. d. R reiche die ohnehin notwendige Zeit für den Transport zum Arzt (der die Probe nach § 81a I 2 zu entnehmen hat) aus, parallel eine fernmündliche richterliche Anordnung einzuholen.[12] Damit verlagert sich die Problematik auf die Frage, ob die richterliche Erreichbarkeit auch nachts (wenn die meisten Blutprobenentnahmen anfallen) qua Eildienst zu gewährleisten ist und ob ein Verwertungsverbot entsteht, wenn die Justizverwaltung keinen solchen richterlichen Eildienst einrichtet[13] und so die Eilkompetenz faktisch zur Regelkompetenz mutieren lässt. Zur Lösung des Dilemmas wäre der Gesetzgeber in der Lage, wenn er Blutproben vom Richtervorbehalt ausnähme, was angesichts der geringen Eingriffsintensität verfassungsrechtlich unbedenklich und sachlich zweifellos angemessen wäre.[14]

509

Materielle Voraussetzungen einer körperlichen Untersuchung sind erstens ein Anfangsverdacht (Rn. 71 ff.), was sich implizit aus der zweiten Voraussetzung, nämlich der Bedeutsamkeit für das – ohne Anfangsverdacht nicht vorstellbare – Verfahren ergibt (§ 81a I 1). Damit knüpft die Bestimmung in ähnlicher Weise wie die Durchsuchung nach Beweismitteln an jede potenzielle Beweisbedürftigkeit des zu untersuchenden Körperzustandes an.

510

Zulässig sind prinzipiell alle Formen der Untersuchung, also etwa Abtasten, Entnahme von Urin per Katheder, Magenauspumpen, Zuführen von Brechmitteln oder die Szintigraphie,[15] weil das Gesetz nichts ausschließt und die Blutprobe als Standardmaßnahme nur exemplarisch hervorhebt. Verboten sind freilich Untersuchungen, die Gesundheitsnachteile befürchten lassen (§ 81a I 2). Damit sind nicht die zwangsläufigen, aber letztlich marginalen Folgen einer Untersuchung gemeint (wie der unvermeidliche Schmerz bei der Blutentnahme oder die Strahlenbelastung beim CTG), sondern nur solche, die entweder länger anhalten oder den Körperzustand

511

---

[12] BVerfG (Kammer) NStZ 2011, 289 (290) m. Anm. Malte RABE VON KÜHLEWEIN; OLG Frankfurt, NStZ-RR 2011, 46; OLG Hamburg, NJW 2008, 2597 (2598).

[13] So der 3. Senat des OLG Hamm NJW 2009, 3109; ferner Anna KRAFT, Die Blutentnahme nach § 81a StPO, JuS 2011, 591–595 (595); ablehnend der 4. Senat des OLG Hamm StraFo 2009, 509; nach BVerfG (Kammer) NStZ 2011, 289 (290) wäre eine Abwägung im Einzelfall vorzunehmen; dem zustimmend RABE VON KÜHLEWEIN NStZ 2011, 294.

[14] Vgl. dazu den Gesetzentwurf des Bundesrates vom 15.12.2010, BT-Drs. 17/4232.

[15] Nuklearmedizinisches Verfahren zur Gewinnung von Organbildern, bei der Radiopharmaka zum Einsatz gelangen, vgl. SK-ROGALL § 81a Rn. 51.

substantiell verschlechtern.[16] Generell gilt zudem das Verhältnismäßigkeitsprinzip. Untersuchungen, deren Gesundheitsrisiko den denkbaren Erkenntnisgewinn deutlich überwiegt (wie etwa die Hirnkammerluftfüllung[17] oder die Liquorentnahme[18]) sind daher ebenso unzulässig wie größere Eingriffe bei Bagatelltaten (z. B. das Auspumpen des Magens zum Nachweis des Diebstahls eines [vom Verdächtigen verschluckten] kleineren Geldscheins).

512 Bis heute nicht völlig geklärt ist, was (noch oder schon) unter den Begriff der körperlichen Untersuchung fällt. Während es bei Dingen, die jedermann sehen kann (z. B. das Fehlen eines Fingers) eindeutig nichts zu „untersuchen" gibt,[19] war es lange Zeit umstritten, ob die Besichtigung des Körpers an gewöhnlich bedeckten Stellen (z. B. auf das Vorhandensein eines Intim-Tatoos) bereits als Untersuchung gilt[20] oder nicht vielmehr schon im Wege einer formlosen Augenscheinseinnahme durchzuführen wäre. Ebenso unklar ist, wie man die *Untersuchung* von der körperlichen *Durchsuchung* abgrenzt, insb. wenn es um die Suche in natürlichen Körperöffnungen geht (z. B. bei mutmaßlichen Rauschgiftkurieren). Solche Maßnahmen schlägt die h.M. den Durchsuchungen nach § 102 zu.[21] Das überzeugt nicht, denn das Gesetz verortet die Untersuchung in unmittelbarer Nachbarschaft zu den Vorschriften über Sachverständige und macht so deutlich, dass eine Untersuchung immer dann anzunehmen ist, wenn die schlichte Inaugenscheinnahme des Körpers nicht mehr genügt, sondern sie Sachverstand benötigt (oder Veränderungen am Körper zu erfolgen hätten, und sei es nur das Öffnen des Mundes).[22]

513 § 81a I 2 gestattet das Untersuchen „ohne Einwilligung des Beschuldigten", was den Umkehrschluss erlaubt, eine – willensmängelfrei erteilte – Einwilligung des Beschuldigten lasse die Anordnung nach § 81a II entbehrlich und die Untersuchung damit ohne Weiteres zu einer erlaubten Ermittlungsmethode werden.[23]

514 Zur Akte 2:

Der Beschuldigten *Kindoro* wurde auf Anordnung von KK *Kostner* (der vom Dienstrang her Ermittlungsperson ist) eine Blutprobe entnommen, nachdem zuvor ein Atemalkoholtest einen Wert ergeben hatte, der auf eine BAK von über 1,5 g‰ schließen ließ (Bl. 5, 9 f.).[24] Da die Atemalkoholmessung eine Mitwirkung des Betroffenen voraussetzt und der Beschuldigte dazu nicht verpflichtet ist, kann sie – wie hier geschehen – nur freiwillig durchgeführt werden. Um eine richterliche Anordnung der anschließenden Blutprobenentnahme hat sich offen-

---

[16] SK-Rogall § 81a Rn. 57.
[17] BVerfGE 17, 108 (115 ff.).
[18] SK-Rogall § 81a Rn. 46; überholt daher heute wohl BVerfGE 16, 194 (198 ff.), wo diese Maßnahme gegen einen der Untreue Verdächtigen bei einer Schadenssumme von 1.000 DM für unbedenklich erachtet wurde.
[19] So schon Ernst Beling, Die Vornahme von Untersuchungen am lebenden menschlichen Körper als Prozeßmaßregel, ZStW 15 (1895), 471–504 (472); SK-Rogall § 81a Rn. 22.
[20] So AK-Wassermann § 81a Rn. 2; LR-Krause § 81a Rn. 19.
[21] LR-Krause § 81a Rn. 19; Beulke Rn. 241; OLG Celle NJW 1997, 2463 (2464).
[22] SK-Rogall § 81a Rn. 22 ff., 26.
[23] SK-Rogall § 81a Rn. 13 f, 18 f.
[24] Zur BAK-Messung und - Bestimmung näher Heghmanns BT Rn. 483 bzw. CD 14-04.

bar niemand bemüht, was jedenfalls nicht unbedenklich war. Angesichts der ungewöhnlich kurzen Zeit zwischen Eintreffen der Kripo und Entnahme (2.47 bzw. 3.05 Uhr) wäre freilich auch wohl keine richterliche Anordnung ohne Verzögerung der Probenentnahme zu erlangen gewesen; jedenfalls ist das Versäumnis im späteren Verfahrensverlauf offenbar niemandem aufgefallen und daher folgenlos geblieben.

2. Körperliche Untersuchungen an anderen Personen

§ 81c schränkt die Untersuchungsmöglichkeiten gegenüber anderen Personen (in praxi natürlich vor allem die Straftatopfer auf erlittene Verletzungen und Misshandlungen hin) in Abweichung zu § 81a deutlich ein. Erlaubt sind nur Untersuchungen auf Straftatspuren hin (Abs. 1), zur Klärung der Abstammung sowie Blutproben (Abs. 2). Zudem behandelt das Gesetz solche Untersuchungen analog zur Zeugenvernehmung, d. h. sie können unter den Voraussetzungen der §§ 52 ff. verweigert (§ 81c III) oder bei unberechtigter Weigerung erzwungen werden (§ 81c VI). Die Anordnungsbefugnis entspricht der des § 81a (§ 81c V; vgl. Rn. 508 f.). 515

3. Obduktion

Bei vollendeten Tötungsdelikten bilden die sog. „Leichenschau" und die Obduktion, also die ärztliche Leichenöffnung, die wichtigsten Ermittlungsmittel. 516

▶ Einzelheiten werden auf *ET 09-01* dargestellt.

III Heimliche Ermittlungsmethoden

1. Übersicht

Heimliche Ermittlungen gewinnen seit etwa vierzig Jahren im Strafverfahren an Bedeutung, was auf die zunehmenden technischen Möglichkeiten einerseits und die ebenso gestiegenen Bedürfnisse nach Vor- und Umfeldaufklärung insbesondere gegenüber organisierten Kriminalitätsformen zurückzuführen ist. Die einschlägigen Methoden wurden erst im Laufe der Zeit – zunächst recht unsystematisch – in die StPO aufgenommen. Zudem erwiesen sich etliche Regelungen als verfassungswidrig, zuletzt die (alten) Regelungen zur Wohnraumüberwachung[25] sowie zu Speicherung und Abruf von Verkehrsdaten der Telekommunikation.[26] Eine – auch nicht 517

---
[25] BVerfGE 109, 279.
[26] BVerfGE 125, 260.

in jeder Hinsicht gelungene – Gesamtregelung erfolgte erst Ende 2007.[27] Zurzeit noch offen ist das weitere Schicksal der Verkehrsdatenerhebung, die in dem insoweit teilnichtigen § 100g I 1[28] geregelt war, sowie der Vorratsdatenspeicherung. Demgegenüber ist die Bestandsdatenauskunft in den §§ 100j StPO, 113 TKG[29] den verfassungsgerichtlichen Vorgaben entsprechend enthalten, allerdings einschließlich der Auskunft anhand bekannter IP-Adressen, was nicht ganz unproblematisch erscheint.

518 Heimlichkeit versteht sich in diesem Kontext nicht zwingend als verheimlichtes Vorgehen (wie es allerdings bei der Wohnraumüberwachung geschieht). Gemein ist den Maßnahmen aber jedenfalls ein Vorgehen jenseits der Wahrnehmungsfähigkeiten des Beschuldigten (wie z. B. bei der Rasterfahndung).

519 *Heimlichkeit der Ermittlungen* in diesem Sinne führt als solche nicht per se zu einer qualitativ höheren Rechtsbeeinträchtigung. Ob eine Durchsuchung offen oder heimlich geschieht, ist für den Beschuldigten im Grunde gleichgültig. Brisant sind hingegen heimliche verhaltensbeobachtende Eingriffe (wie die Telekommunikationsüberwachung). Denn sie hindern den Beschuldigten wegen seiner Unkenntnis, essentielle Verteidigungsrechte auszuüben (z. B. sich nicht durch Äußerungen zu belasten). Zudem führen sie zu einer Privatheitsverletzung und – bei entsprechender Verbreitung – zu einer gesellschaftlichen Klimaveränderung, nämlich dem allgegenwärtigen Bewusstsein der Bespitzelung.[30]

520 Derzeit finden sich bereits zahlreiche heimliche bzw. verdeckte Ermittlungsmittel im Strafverfahrensrecht, die sehr differenziert und nicht unbedingt übersichtlich geregelt sind. Sie werden mit Ausnahme der Telekommunikationsüberwachung (§ 100a), die exemplarisch im Buchtext behandelt wird (siehe Rn. 521 ff.), in den elektronischen Texten vorgestellt.

▶ Zur Rasterfahndung in fremden Datenbeständen und zum Datenabgleich innerhalb polizeilicher oder justizieller Datenbanken (§§ 98a, 98c) siehe *ET 09-02*).
Zur Erhebung von Telekommunikationsbestands -und -verkehrsdaten einschließlich der Funkzellenabfrage (§§ 100 g, 100j); zur Fernauslese von Geräte- und Kartennummer von Mobiltelefonen (sog. IMSI-Catcher, § 100i I Nr. 1) sowie zur Standortbestimmung von Mobiltelefonen (§ 100i I Nr. 2) enthält Näheres *ET 09-03*).
Die akustische Wohnraumüberwachung (§ 100c), die akustische Überwachung jenseits von Wohnungen (§ 100f) sowie die Observation (§§ 100h, 163f finden sich in *ET 09-04*).

---

[27] Gesetz zur Neuregelung der Telekommunikationsüberwachung und anderer verdeckter Ermittlungsmaßnahmen sowie zur Umsetzung der Richtlinie 2006/24/EG vom 21.12.2007, BGBl. I 3198.
[28] BVerfGE 125, 260, Tenor Ziff. 3: „§ 100 g Absatz 1 Satz 1 der Strafprozessordnung ... verstößt, soweit danach Verkehrsdaten nach § 113a des Telekommunikationsgesetzes erhoben werden dürfen, gegen Artikel 10 Absatz 1 des Grundgesetzes und ist insoweit nichtig."
[29] Eingeführt durch Gesetz v. 20.06.2013, BGBl. I 1602.
[30] Hierzu eingehender Michael HEGHMANNS, Heimlichkeit von Ermittlungshandlungen, FS Eisenberg S. 511–525 (521 f.).

Zum Einsatz verdeckter Ermittler (§ 110a), von V-Leuten und nicht offen ermittelnden Polizeibeamten siehe *ET 09-05*.

2. Exemplarisch: Die Telekommunikationsüberwachung

Die früher allein auf die Telefonüberwachung (Abb. 5) beschränkte Regelung von § 100a erfasst inzwischen alle Formen der Telekommunikation (§ 3 Nrn. 22, 23 TKG), soweit sie vom Fernmeldegeheimnis nach Art. 10 I GG geschützt werden,[31] einschließlich der laufenden Überwachung des E-Mail-Verkehrs.[32] Nicht darunter fällt die Überwachung der Voice-over-IP-Kommunikation (sog. Internettelefonie), soweit hier nicht der Datenverkehr überwacht wird, sondern ein direkter Zugriff auf den PC eines der Teilnehmer zur Aufnahme der Inhalte vor ihrer Verschlüsselung bzw. nach ihrer Entschlüsselung erfolgt (sog. „*Quellen-TKÜ*"). Dies stellt strukturell einen Eingriff in ein informationstechnisches System ähnlich der Online-Durchsuchung dar und ist daher über § 100a nicht zu legitimieren.[33]

521

Die technische Abwicklung gestaltet sich infolge der Digitalisierung der Kommunikationskanäle (selbst bei analogen Endgeräten) deutlich einfacher als früher. Im Falle einer TKÜ in Form der klassischen Telefonüberwachung zeichnet der Fernmeldeanbieter auf entsprechendes Ersuchen hin die bei den Telefonaten entstehenden Dateien auf und leitet diese der Polizei zur weiteren Auswertung zu. Das „Anzapfen" der Anschlüsse, wobei in jedem Einzelfall Leitungen gesplittet und die Telefonate sodann synchron abgehört bzw. analog aufgezeichnet wurden, gehört damit der Vergangenheit an.

522

Materielle Voraussetzung einer Telekommunikationsüberwachung ist zunächst der Verdacht bestimmter Katalogstraftaten. Diese müssen zum einen aus dem Katalog von § 100a II Nrn. 1–11 stammen (§ 100a I Nr. 1; einschl. Versuch, Teilnahme und Vorbereitungsstraftaten[34]). Zum anderen hat die betreffende Tat auch im Einzelfall schwer zu wiegen (§ 100a I Nr. 2), womit Straftaten als Anlasstat ausscheiden, die zwar formal unter den Katalog fallen, aber von ihrem konkreten Unrechtsgehalt her nicht der verlangten Schwerkriminalität zuzuordnen wären.

523

Zudem verlangt § 100a I Nr. 1 das *Vorliegen bestimmter Tatsachen*, aus welchen der Verdacht der Straftat folgt. Gemeint sein soll hier dennoch weiterhin der

524

---

[31] KK-Nack § 100a Rn. 4; Beulke Rn. 253 ff.; ähnlich SK-Wolter § 100a Rn. 12 ff.

[32] Der punktuelle Zugriff auf E-Mail nach Abschluss des Übermittlungsvorgangs unterfällt dagegen § 94, vgl. BVerfGE 124, 43.

[33] SK-Wolter § 100a Rn. 28 f.; Beulke Rn. 253c; Björn Gercke, Straftaten und Strafverfolgung im Internet, GA 2012, 474–490 (488); LG Hamburg MMR 2008, 423; a. A. Meyer-Goßner § 100a Rn. 7a; LG Landhut StV 2012, 12 (13).

[34] Es genügt also der Diebstahl (§ 242 StGB) zur Vorbereitung der Katlogtat Mord, vgl. LR-Schäfer § 100a Rn. 41; KK-Nack § 100a Rn. 33.

Abb. 5 Analoge Telefonüberwachung, hier durch den Staatssicherheitsdienst der DDR

Anfangsverdacht[35] (Rn. 71 ff.). Da freilich auch für diesen schlichte Vermutungen nicht genügen, bleibt offen, welche zusätzlichen Voraussetzungen dann aus den „bestimmten Tatsachen" folgen sollten. Richtigerweise ist daher ein *qualifizierter Verdachtsgrad* zu fordern,[36] also mehr als die schlichte Möglichkeit (des Anfangsverdachts), wenngleich weniger als die große Wahrscheinlichkeit (des dringenden Tatverdachts). Die einzig operationalisierbare Zwischenstufe wäre dann die (einfache) Wahrscheinlichkeit,[37] mithin die Einschätzung, die Tatbegehung sei wahrscheinlicher als ihre Nichtbegehung.[38]

525 Nichtssagend ist die letzte vom Gesetz genannte Voraussetzung, die Erforschung müsse auf andere Weise „wesentlich erschwert" sein (Subsidiaritätsklausel, § 100a I Nr. 3). Sobald die (zeit- und kostenaufwendige) Telekommunikationsüberwachung nämlich überhaupt ermittlungstaktisch sinnvoll ist, wird selbstverständlich eine Situation vorliegen, in welcher alternative – und für die Polizei attraktivere – Ermittlungsmethoden wie Durchsuchung oder Vernehmungen gerade keinen Erfolg mehr versprechen. Im Übrigen stellt die Subsidiaritätsklausel eine allenfalls deklaratori-

---

[35] LR-Schäfer § 100a Rn. 42; HbStrVf-Murmann Rn. III.206.
[36] Vgl. Hans-Joachim Rudolphi, Grenzen der Überwachung des Fernmeldeverkehrs nach den §§ 100a, b StPO, FS Schaffstein S. 433–453 (436, „Verdacht von gewisser Erheblichkeit"); BGHSt 41, 30 (33, „mehr als nur unerheblich"). Anders – und widersprüchlich sowie unklar – dagegen KK-Nack § 100a Rn. 34; Meyer-Goßner § 100a Rn. 9.
[37] Ähnlich LR-Schäfer § 100a Rn. 42 („mit einiger Wahrscheinlichkeit").
[38] Das entspricht nicht dem hinreichenden Tatverdacht, weil dieser zusätzlich Beweisbarkeit und Urteilserwartbarkeit verlangt; dessen bedarf es in diesem Verfahrensstadium noch nicht.

sche Konkretisierung des ohnehin geltenden Verhältnismäßigkeitsgrundsatzes dar; eine (zusätzliche) Einschränkungswirkung geht von ihr nicht aus.[39]

Dasselbe gilt für § 100a IV 1, wonach die Anordnung unzulässig ist, wenn die Annahme besteht, es würden „allein Erkenntnisse aus dem Kernbereich privater Lebensgestaltung erlangt". Eine solche Erwartung ausschließlich privatester Inhalte dürfte eine Utopie darstellen, weil zum einen realistischerweise kein Anschluss nur für derartige Zwecke genutzt wird, zum anderen schon die Erwartung, man werde (auch) Informationen über eine Straftat erhalten, zugleich impliziert, dass eben nicht nur Gespräche über den Kernbereich der Persönlichkeit geführt werden. Die Bestimmung steht deshalb der Telekommunikationsüberwachung faktisch nicht entgegen[40] und ihr Wert besteht allein in der Löschungspflicht, sofern (auch) Kernbereichsinhalte erfasst wurden (§ 100a IV 2–4). 526

Aufgabe: Telefonüberwachung eines Erpressungsopfers 527
Nach einer Kindesentführung kündigte der Entführer bei den Eltern des Kindes telefonisch Geldforderungen an und verlangte, keine Polizei einzuschalten (was freilich schon geschehen war), weil ihr Kind sonst sterben müsse. Die Eltern weigerten sich angesichts dieser Drohung, eine Überwachung ihres Telefonanschlusses zuzulassen.
Kann die heimliche Überwachung des Anschlusses richterlich beschlossen werden?

Adressaten der Überwachungsanordnung sind nach § 100a III neben dem Beschuldigten auch die sog. Nachrichtenmittler sowie Personen, über deren Anschluss der Beschuldigte telefoniert, und zwar unabhängig von einem etwaigen Zeugnisverweigerungsrecht dieser Personen.[41] Ob Straftatopfer ebenfalls abgehört werden dürfen, wird zum Teil verneint, weil sie Empfänger und nicht Mittler von Nachrichten seien,[42] ist aber richtigerweise zu bejahen.[43] Der Wortlaut „von [dem Beschuldigten] herrührende Mitteilungen entgegennehmen" lässt diese Interpretation jedenfalls zwanglos zu und es leuchtete zudem systematisch gesehen nicht ein, wenn zwar der Anschluss desjenigen überwacht werden dürfte, der solche Mitteilungen (nur) weitergibt, nicht jedoch desjenigen, für den sie unmittelbar bestimmt sind, der also viel unmittelbarer mit dem Beschuldigten kommuniziert. Im Fall Rn. 527 könnte daher eine Anordnung nach § 100a I, II Nr. 1 i ergehen. 528

Die *Anordnung* ist nach § 100b I 1 grundsätzlich dem Richter vorbehalten. Zwar besitzt die Staatsanwaltschaft bei Gefahr im Verzuge (Rn. 308 f.) eine Eilkompetenz, 529

---

[39] Kritisch auch HbStrVf-MURMANN Rn. III.20 ff.
[40] Ebenso kritisch MEYER-GOßNER § 100a Rn. 24; SK-WOLTER § 100a Rn. 57.
[41] ROXIN/SCHÜNEMANN § 36 Rn. 12; MEYER-GOßNER § 100a Rn. 18.
[42] So SK-WOLTER § 100a Rn. 51.
[43] MEYER-GOßNER § 100a Rn. 19.

die jedoch auf drei Werktage befristet ist und innerhalb dieser Frist richterlicher Bestätigung bedarf (§ 100b I 2, 3). Auch die richterliche Anordnung selbst ist auf drei Monate begrenzt; sie könnte allerdings theoretisch ad infinitum wiederholt werden (§ 100b I 4, 5).

530 § 101 enthält eine einheitliche, für zahlreiche heimliche Ermittlungsmethoden – und so auch für die Telekommunikationsüberwachung – geltende Regelung über die Aufbewahrung und Löschung der jeweils gewonnenen Daten, die *Benachrichtigung der Beteiligten* und deren Rechtsschutz. So verpflichtet § 101 IV Nr. 3, V die Staatsanwaltschaft, die abgehörten Personen von der Überwachung zu benachrichtigen, sobald das ohne Gefährdung des Untersuchungszweckes oder beteiligter Personen möglich erscheint. Kennt man eine zu benachrichtigende Person nicht positiv, so brauchen keine unverhältnismäßigen Ermittlungen zu ihrer Identität durchgeführt zu werden (§ 101 IV 5). Zudem unterbleibt eine Mitteilung, wenn offenkundig kein Interesse besteht (§ 101 IV 4, z. B. beim aufgezeichneten Anruf einer Buchhandlung, das bestellte Werk sei jetzt eingetroffen). Binnen zwei Wochen nach der Mitteilung kann anschließend die *gerichtliche Überprüfung der Rechtmäßigkeit* beantragt werden (§ 101 VII)

531 Ein positives Verwertungsverbot enthält allein § 100a IV 2 für Kernbereichsinformationen. Ansonsten kann nach der auch hier geltenden Abwägungslösung eine Missachtung der Grenzen oder Voraussetzungen der §§ 100a, 100b dann zu einem Beweisverwertungsverbot führen, wenn nach Abwägung des Verstoßes und des Strafverfolgungsinteresses letzteres nicht überwiegt.[44] Einzelheiten und die Kritik daran werden im Rahmen des Beweises in der Hauptverhandlung behandelt (Rn. 962 ff.).

IV Erkenntnisgewinnung aus anderen Verfahren

532 Ist eine Information nicht in demjenigen Verfahren erlangt worden, für welches sie verwertet werden soll, sondern durch eine anderweitige (auch gefahrenabwehrrechtliche) behördliche Aktivität, so unterliegt ihre Verwertung Einschränkungen, falls die betreffende Beweiserlangung nach der StPO von der Verwirklichung bestimmter Straftaten abhängig gewesen wäre (wie z. B. die TKÜ vom Vorliegen einer Katalogtat nach § 100a II, nicht dagegen die theoretisch bei allen Straftaten mögliche Durchsuchung nach § 102). Für diesen Fall enthalten § 477 II 2 (für Informationen aus anderen Strafverfahren) und § 161 II (für Informationen, die außerhalb eines Strafverfahrens, z. B. bei einer polizeirechtlichen TKÜ, gewonnen wurden) jeweils inhaltsgleich das Kriterium des sog. *hypothetischen Ersatzeingriffs*: Die Verwertung ist nur zulässig, wenn man die betreffende Ermittlungsmaßnahme auch nach der StPO in diesem Verfahren hätte anordnen dürfen.[45]

533 In allen anderen Fällen (z. B. bei einem Fund nach einer Durchsuchung zur Gefahrenabwehr, wie es der Kokainfund bei der Beschuldigten *Kindoro* Bl. 8 darstellt) unterliegt der Beweistransfer dagegen überhaupt keinen Einschränkungen. Dies erklärt auch die Regelung über die Zufallsfunde im Rahmen einer Durchsuchung in § 108 I.

---

[44] KK-Nack vor § 94 Rn. 10; BGHSt 29, 23 (25).
[45] Das gilt trotz der Ausnahme in § 161 II 2 auch für Informationen aus einer Wohnraumüberwachung, weil der in Bezug genommene § 100d V Nr. 3 eine identische Regelung enthält.

Entscheidend für den hypothetischen Ersatzeingriff ist dabei der *Zeitpunkt des Beweistransfers*. Es ist also nicht zu prüfen, ob zum Zeitpunkt der Datengewinnung bereits der Verdacht einer geeigneten Straftat vorlag (was im Zweifel nicht der Fall gewesen sein wird), sondern in dem Moment, in welchem man die Information in das Strafverfahren übernimmt.[46] Außerdem hängt die Verwertbarkeit zusätzlich davon ab, ob dasjenige Gesetz, auf welches die Datenerhebung gestützt war, die „Umwidmung" der Zweckbestimmung verbietet[47] (vgl. etwa die entsprechenden Einschränkungen durch das Steuergeheimnis in § 30 IV AO). **534**

Die Rn. 532 genannten Einschränkungen gelten freilich nur für die *Verwertung als Beweis* (in der Hauptverhandlung oder zum Nachweis des Vorliegens der Voraussetzungen qualifizierter Ermittlungsmaßnahmen wie der TKÜ). Als Ermittlungsgrundlage dürfen sie hingegen selbst dann dienen, wenn ihre förmliche Verwertung nach den §§ 161 II, 477 II 2 verboten wäre (sog. *Spurenansatz*).[48] Sie rechtfertigen also weitere Ermittlungen beispielsweise in Gestalt von Zeugenvernehmungen, Spurensuchen oder kurzfristiger Beobachtungen mit dem Ziel, dadurch einen verwertbaren Beweis aufzufinden. **535**

Wiederholungsfragen zum 9. Kapitel
1. Unter welchen Voraussetzungen ist eine erkennungsdienstliche Behandlung zulässig? (Rn. 499)
2. Unter welchen Voraussetzungen darf dem Beschuldigten eine Blutprobe entnommen werden? (Rn. 508, 510)
3. Welcher Verdachtsgrad ist erforderlich, um eine Telekommunikationsüberwachung anordnen zu können? (Rn. 524)
4. Rechtfertigt der dringende Verdacht jedes Submissionsbetruges (§ 298 StGB) stets die Anordnung einer Telekommunikationsüberwachung? (Rn. 523)
5. Wer darf eine Telekommunikationsüberwachung anordnen? (Rn. 529)
6. Unter welchen Voraussetzungen dürfen die bei einer polizeirechtlich angeordneten Telekommunikationsüberwachung gewonnenen Informationen im Strafverfahren verwertet werden? (Rn. 532 ff.)

---

[46] Lena ENGELHARDT, Verwendung präventivpolizeilich erhobener Daten im Strafprozess, 2011, S. 208 ff., 213.
[47] MEYER-GOßNER § 161 Rn. 18c.
[48] MEYER-GOßNER § 161 Rn. 18d; Jens PUSCHKE/Tobias SINGELNSTEIN, Telekommunikationsüberwachung, Vorratsdatenspeicherung und (sonstige) heimliche Ermittlungsmaßnahmen der StPO nach der Neuregelung zum 1.1.2008, NJW 2008, 113-119 (117); BVerfG (Kammer) NJW 2005, 2766; a. A. HK-ZÖLLER § 161 Rn. 32, allerdings unter Überschätzung der Berührung des Grundrechts auf informationelle Selbstbestimmung.

10. Kapitel. Die Verteidigung

I. Wahl- und Pflichtverteidiger

> **Zur Akte 2:**
> Schauen Sie sich Bl. 16, 17, 35, 36 jetzt noch einmal im Hinblick auf die Tätigkeit der beiden Verteidiger an! RA *Goeben* trat zunächst als „normaler" Verteidiger auf, beantragte dann aber Bl. 35 seine Bestellung als Pflichtverteidiger, während seine Kollegin RAin *van Dyck* dies unterließ.

536

Der Beschuldigte hat in jeder Lage des Verfahrens ein (Grund-)Recht auf Verteidigung, welches sowohl in § 137 I 1 StPO als auch in Art. 6 III c) EMRK verbürgt ist. Nun kostet ein Verteidiger den Beschuldigten Geld in Gestalt des u. U. nicht unbeträchtlichen Verteidigerhonorars (vgl. §§ 1, 2 II RVG sowie Teil 4 der Anlage zum RVG), was er – zumal angesichts der Überrepräsentation unterer sozialer Schichten unter den Beschuldigten – möglicherweise gar nicht aufbringen kann. Für diesen Fall ermöglicht das *Institut der notwendigen Verteidigung*, dem Beschuldigten, der keinen Verteidiger hat, einen *Pflichtverteidiger* zur Seite zu stellen.[1]

537

Allerdings kennt das deutsche Strafverfahrensrecht keinen „Armenanwalt" (im Unterschied etwa zum Zivilprozessrecht und seinem Institut der Prozesskostenhilfe). Die Mittellosigkeit des Beschuldigten rechtfertigt deshalb keine Verteidigerbestellung. Das Modell der StPO orientiert sich vielmehr danach, ob zur Durchführung eines rechtsstaatlichen Verfahrens die Mitwirkung eines Verteidigers erforderlich ist oder nicht. Dabei geht das Gesetz von dem Grundsatz aus, ein (einfaches) Strafverfahren könne auch gegen den unverteidigten Angeklagten rechtsstaatlich einwandfrei durchgeführt werden. Zugleich erkennt es aber zahlreiche Fälle an, in denen ein Verfahren nur fair ablaufen kann, wenn der Beschuldigte verteidigt ist. In diesen Fällen der notwendigen Verteidigung wird dem Beschuldigten, dem (noch)

538

---

[1] Siehe die lesenswerte Gesamtdarstellung von Kirsten GRAALMANN-SCHERER, Zur Reform des Rechts der notwendigen Verteidigung, StV 2011, 696–700.

kein gewählter Verteidiger zur Seite steht, ein solcher, nämlich der Pflichtverteidiger, bestellt (§ 141). Diese Bestellung erfolgt ohne Rücksicht darauf, warum der Beschuldigte verteidigerlos ist, ob mangels finanzieller Mittel oder aus anderen Gründen. Selbst der bewusst auf einen Verteidiger verzichtende Beschuldigte bekommt daher im Falle notwendiger Verteidigung einen Verteidiger bestellt, notfalls sogar gegen seinen Willen (man spricht dann vom sog. „Zwangsverteidiger"[2]).

1. Die Fälle notwendiger Verteidigung

a) Überblick

539 Die wichtigsten Fälle notwendiger Verteidigung regelt § 140. Daneben finden sich – in der Praxis seltener relevant – weitere Regelungen verstreut in der StPO, aber auch in anderen Gesetzen. Die Tab. 1 enthält alle innerhalb der StPO für das Ermittlungs- und Hauptverfahren geregelten Fälle.[3]

b) Katalogfälle des § 140 I

540 § 140 I nennt – außer dem schon besprochenen Fall der U-Haft-Vollstreckung – sieben Verfahrenssituationen, in welchen Verteidigung stets notwendig ist. Diese Katalogfälle besitzen allerdings unterschiedliche Bedeutung. Die wichtigeren von ihnen sind:

541 • die *Anklageerhebung vor dem Landgericht*,[4] insb. vor der großen Strafkammer, der Wirtschaftsstrafkammer und dem Schwurgericht (§ 140 I Nr. 1). Neben der damit verbundenen hohen Straferwartung[5] ist es auch die gut besetzte Richterbank, die es aus Gründen der Fairness angezeigt erscheinen lässt, ihr nicht den Angeklagten alleine gegenüber zu stellen;

542 • der *Vorwurf eines Verbrechens* i. S. v. § 12 I StGB (§ 140 I Nr. 2), wobei die damit einhergehende hohe Straferwartung die Verteidigungsnotwendigkeit begründet;

543 • die *Vollstreckung von U-Haft* (§ 140 I Nr. 4). Die Inhaftierung behindert faktisch jede eigene Verteidigungsvorbereitung, weshalb hierzu die Unterstützung durch einen Verteidiger unumgänglich ist. Das gilt allerdings nur, solange die U-Haft auch wirklich vollstreckt wird;[6] die Haftanordnung als solche genügt nicht.

544 • der *Freiheitsentzug von drei Monaten* oder mehr vor der Hauptverhandlung, wenn nicht mindesten zwei Wochen vor deren Beginn die Entlassung erfolgt (§ 140 I Nr. 5). Dies meint alle nicht schon von § 140 I Nr. 4 erfassten Fälle, also insb. die (Straf- oder U-)Haft oder Unterbringung in anderer Sache, und zwar aus demselben Grund wie bei Nr. 4.

---

[2] Grundlegend Bernhard HAFFKE, Zwangsverteidigung – notwendige Verteidigung – Pflichtverteidigung – Ersatzverteidigung, StV 1981, 471–486.
[3] Weitere Fällen außerhalb der StPO finden sich u. a. in § 68 JGG, § 34 III Nr. 1 EGGVG, § 31 I IStGHG, §§ 40 II, 53 II IRG.
[4] Die dort ebenfalls erwähnte Anklage vor dem OLG hat praktisch nur in Staatsschutzsachen eine – zudem geringe – Bedeutung.
[5] Dazu später bei Rn. 638.
[6] Ralf BUSCH, Zur Geltung des § 140 I Nr. 4 StPO in Fällen der Überhaft und der sog. Verfahrenskumulation, NStZ 2011, 663–665 (665).

Tab. 1 Die Fälle notwendiger Verteidigung　　545

Regelung	Voraussetzungen	Bestellungszeitpunkt	Wo behandelt?
§ 140 I Nrn. 1–3, Nrn. 5–9	Katalog bestimmter Verfahrenssituationen	grundsätzlich Zwischenverfahren (§ 141 I), ausnahmsweise früher (§ 141 III)	Rn. 541 ff.
§ 140 I Nr. 4	Vollstreckung von U-Haft	unverzüglich nach Vollstreckungsbeginn (§ 141 III 4)	Rn. 318, 541 ff.
§ 140 II	Gebotenheit wegen Schwere der Tat, Schwierigkeit oder Verteidigungsunfähigkeit	grundsätzlich Zwischenverfahren (§ 141 I), ausnahmsweise auch früher (§ 141 III)	Rn. 547 ff.
§ 407 II 2	Freiheitsstrafe zur Bewährung per Strafbefehl	nach entsprechendem Strafbefehlsantrag (§ 408b)	Rn. 646
§ 418 IV	Freiheitsstrafe ab 6 Monaten im beschleunigten Verfahren	nach entsprechendem Antrag (§ 418 IV)	
§ 118a II 2	Haftprüfungstermin in Abwesenheit	vor Termin (§ 118a II 3)	Rn. 328
§ 138c III 4	während eines Verfahrens zur Ausschließung des bisherigen Verteidigers	mit Beginn einer vorläufigen Anordnung über das Ruhen der Rechte des bisherigen Verteidigers (§ 138c III 4)	vgl. Rn. 573 ff.
§ 145 I 1	Verteidiger fehlt bei notwendiger Verteidigung in Hauptverhandlung	sogleich nach Feststellen der Abwesenheit (§ 145 I 1)	Rn. 833
§ 231a IV	Hauptverhandlung in Abwesenheit wegen vorsätzlich herbeigeführter Verhandlungsunfähigkeit	sobald Hauptverhandlung in Abwesenheit in Betracht kommt (§ 231a IV)	Rn. 817
§ 350 III	Revisionshauptverhandlung gegen inhaftierten Angeklagten	auf Antrag des Angeklagten (§ 350 III 1)	–
§ 364a	Wiederaufnahmeverfahren bei schwieriger Sach- oder Rechtslage	auf Antrag für das Verfahren (§ 364a) oder schon zu seiner Vorbereitung (§ 364b I)	Rn. 1243

Bei den übrigen Fällen der Nrn. 3, 6–8, die sich ansonsten selbst erklären, standen ähnliche Erwägungen Pate. Für Nr. 9 gilt hingegen der Gedanke der *Waffengleichheit*; wenn der Nebenkläger bzw. Nebenklageberechtigte nach den §§ 397a, 406 g III, IV einen Beistand bestellt erhalten hat, muss auch der Beschuldigte anwaltlich vertreten sein (siehe zu den übrigen Fällen anwaltlicher Verletztenbeistände Rn. 554).　　546

c) Die Generalklausel des § 140 II

§ 140 II nennt die Tatschwere, die Schwierigkeit von Sach- oder Rechtslage und die Verteidigungsunfähigkeit als einzelne Gründe einer notwendigen Verteidigung. Indes sind diese Gründe wechselseitig miteinander verflochten und können durchaus auch kumulativ zur Verteidigerbestellung führen, selbst wenn sie bei singulärer Betrachtung je für sich nicht dazu taugen. Im Kern geht es um die Herstellung von　　547

Verfahrensfairness.⁷ Die einzelnen Beiordnungsgründe stellen vor diesem Hintergrund zwar unwiderlegliche gesetzliche Vermutungen eines Verteidigungsbedarfs dar, bieten aber keine abschließende, andere Fälle ausschließende Aufzählung. Vielmehr bildet § 140 II eine Auffangvorschrift, die Schieflagen des prozessualen Gleichgewichts jeder Art entgegenwirken soll.

548 *Schwere der Tat* ist ein Synonym für die Höhe der zu erwartenden Strafe.⁸ Strittig ist freilich, wo die Grenze zur Verteidigungsbedürftigkeit verläuft. Die Auffassungen dazu reichen von der Erwartung jeglicher Freiheitsstrafe⁹ bis hin zu einer erforderlichen Mindestprognose von zwei Jahren Freiheitsstrafe,¹⁰ wobei in der Rspr. überwiegend ab einem Jahr anstehender Freiheitsstrafe (mit oder ohne Bewährung) ein Verteidiger beigeordnet wird.¹¹

549 Beim Hinzutreten von weiteren Sanktionen oder Urteilsfolgen (z. B. einer Entziehung der Fahrerlaubnis, dem Verfall größerer Werte) wiegen freilich auch an sich geringere Sanktionen in ihrer Addition schwer. Zudem sind mittelbare Verurteilungsfolgen in diese Gesamtbetrachtung einzubeziehen, so beispielsweise eine drohende Ausweisung¹² oder der zu befürchtende Bewährungswiderruf in anderer Sache.¹³ Zum anderen wirken, wie bereits erwähnt, die einzelnen Gründe des § 140 II kumulativ, weshalb Strafen im Zusammenwirken mit defizitärer intellektueller Verteidigungsfähigkeit schon sehr viel eher zur Verteidigungsbedürftigkeit führen als bei isolierter Betrachtung. So kann im Einzelfall trotz „unzureichender" Straferwartung einem bestehenden Bedürfnis entsprochen werden, dem Beschuldigten anwaltliche Hilfe bereit zu stellen.

550 Aus systematischer Warte erscheint die Grenze von einem Jahr Freiheitsstrafe (bzw. dem Äquivalent von 360 Tagessätzen Geldstrafe) zwar im Hinblick auf § 140 I Nr. 2 prinzipiell richtig, weil auch dort mit der Verbrechensqualität der Tat auf eine Strafererwartung oberhalb von einem Jahr abgestellt wird.¹⁴ Freilich wird der durchschnittliche Angeklagte nicht unbedingt eine durchschnittliche intellektuelle Befähigung erreichen. Das aber bleibt bei der erforderlichen Gesamtbetrachtung der Strafererwartung mit der individuellen Verteidigungsfähigkeit sowie der Schwierigkeit der Rechtslage zu berücksichtigen. Tut man dies, so dürfte diese zusammenfassende Sicht *normalerweise bei jeder Erwartung von Freiheitsstrafe* jedenfalls dann, wenn keine Strafaussetzung zur Bewährung zu erwarten ist, zur Notwendigkeit einer Verteidigerbestellung führen.

551 Nicht allein die Tatschwere, sondern erst recht die *Schwierigkeit der Sach- und Rechtslage* ist in Beziehung zu den individuellen intellektuellen Kompetenzen des Angeklagten zu setzen. Wo der einer Untreue angeklagte, ungebildete Strohmann-Geschäftsführer einer GmbH einen Verteidiger bräuchte, wird der desselben De-

---

⁷ KK-LAUFHÜTTE § 140 Rn. 1; AK-STERN vor § 140 Rn. 4.
⁸ KK-LAUFHÜTTE § 140 Rn. 21; HK-JULIUS § 140 Rn. 14.
⁹ BEULKE Rn. 167; PETERS S. 217.
¹⁰ Aus neuerer Zeit OLG Zweibrücken StV 2002, 237; OLG Celle StV 1985, 184.
¹¹ Vgl. die Nachweise bei MEYER-GOßNER § 140 Rn. 23; AK-STERN § 140 Rn. 29; KK-LAUFHÜTTE § 140 Rn. 21.
¹² LG Berlin StV 1994, 11; LG Darmstadt StV 1981, 351.
¹³ OLG Brandenburg NJW 2005, 521; OLG Düsseldorf StraFo 1998, 341.
¹⁴ Gerhard WOLF, Das System des Rechts der Strafverteidigung, 2000, S. 204; nähere Begründung bei HbStrVf-HEGHMANNS Rn. VI.39.

I. Wahl- und Pflichtverteidiger

likts angeklagte Wirtschaftsjurist sich vielleicht noch adäquat selbst verteidigen können.[15]

Zu der ersichtlichen Unfähigkeit, sich selbst zu verteidigen, kann zum einen die in § 140 II 2 genannte *Hör- oder Sprachbehinderung* führen. Gleiches gilt für die dort nicht erwähnte[16] Sehbehinderung. Auch *Analphabetismus* bildet stets einen Beiordnungsgrund,[17] weil das Lesenkönnen der (vollständigen[18]) Anklageschrift und schriftlicher Beweisunterlagen zur Verteidigung unentbehrlich ist.

552

Einen Sonderfall bilden *Sprach- und Verständnisprobleme ausländischer Beschuldigter*. Obschon der BGH einen Anspruch auf unentgeltliche Dolmetscherbeiziehung für das gesamte Verfahren anerkannt[19] und dies jetzt auch in § 187 I GVG seinen gesetzlichen Niederschlag gefunden hat, bleibt zu berücksichtigen, dass eine komplexere Kommunikation wie bei der Befragung von Zeugen durch den Richter oder beim häufig im Gerichtssaal zu beobachtenden Durcheinanderreden mehrerer Personen schlichtweg unübersetzbar ist. Wenn § 259 sogar in geradezu abstruser Weise gestattet, aus den Schlussvorträgen nur selektiv zu übersetzen, so verschärft dies die Problematik noch zusätzlich. Der Sprachunkundige erfährt so zwar, wozu er nach Auffassung des Staatsanwalts verurteilt werden soll, aber nicht warum! Daher muss einem Sprachunkundigen zumindest dann ein Verteidiger bestellt werden, wenn der Angeklagte den Tatvorwurf bestreitet.[20]

553

Durch das StORMG ist der zuvor in § 140 II 1 eingeordnete Fall des beigeordneten Opferanwalt nunmehr in § 140 I Nr. 9 aufgeführt worden. Das ist systematisch zwar konsequenter als die zuvorige Lösung, führt aber zu einer Ungereimtheit. Denn richtigerweise handelt es sich um den zu generalisierenden Fall eines Bedürfnisses, eine *aus dem Lot geratene Waffengleichheit aus Gründen der Verfahrensfairness wiederherzustellen*. Deswegen sollte nicht nur die Beiordnung eines anwaltlichen Vertreters des Nebenklägers oder Nebenklageberechtigten, sondern jede anwaltliche Vertretung des am Verfahren teilnehmenden Verletzten zur Annahme notwendiger Verteidigung führen. Obschon § 140 II nunmehr keinen ausdrücklichen Hinweis mehr darauf liefert, kann dieses rechtsstaatliche Bedürfnis gleichwohl weiterhin als Unterfall der Unfähigkeit des Beschuldigten zu adäquater Verteidigung gegen den anwaltlich aufgerüsteten Verletzten unter diese Bestimmung subsumiert werden.[21] Das gleiche gilt für eine Verteidigung von Mitbeschuldigten jedenfalls dann, wenn sich die Beschuldigten gegenseitig belasten.[22]

554

---

[15] Eingehender HbStrVf-Heghmanns Rn. VI.41 ff.

[16] Sie war mit dem StVÄG 1987 (BGBl. I, 475) als Ergänzung zur hör- und Sprachbehinderung in § 140 I Nr. 4 eingefügt worden. Vor allem Proteste der Blindenverbände, die ihre Diskriminierung fürchteten, führten aber bereits durch das StPÄG 1988 (BGBl. I, 606) wieder zu ihrer Streichung. Vgl. näher Rainer Hamm, Notwendige Verteidigung bei behinderten Beschuldigten, NJW 1988, 1820–1822.

[17] OLG Zweibrücken Beschluss vom 14.01.1980 – 1 Ws 148/80 – zustimmend wiedergegeben von Rüdiger Molketin, Die Schutzfunktion des § 140 Abs. 2 StPO zugunsten des Beschuldigten im Strafverfahren, 1986, S. 123. Noch zu eng OLG Celle StV 1994, 8 (in der Regel).

[18] In der Hauptverhandlung wird nur der Anklagesatz verlesen, aber sonst weder aufgeführte Beweismittel noch das Wesentliche Ergebnis der Ermittlungen.

[19] BGHSt 46, 178.

[20] Näher HbStrVf-Heghmanns Rn. VI.56 f. m. w. N.; enger Meyer-Goßner § 140 Rn. 30a; HK-Julius § 140 Rn. 17; BGHSt 46, 178 (186).

[21] Ähnlich Meyer-Goßner § 140 Rn. 31.

[22] So schon BGH Urteil vom 17.12.1954 – 5 StR 413/54 –, zustimmend wiedergegeben von Molketin (Fn. 17), S. 85.

2. Entstehen des Wahl- und Pflichtverteidigermandats

a) Das Wahlmandat

555 Grundlage des Wahlmandats ist ein zivilrechtlicher Dienst- und Geschäftsbesorgungsvertrag, kraft dessen der Verteidiger zur Vertretung und Interessenwahrnehmung des Beschuldigten in der Lage und verpflichtet ist.

556 Aufgabe:
Auftrag zur Verteidigung durch Angehörige
Der in Münster ansässige Rechtsanwalt *Stefan G.* wird von der Mutter des 25-jährigen *Sven B.* angerufen und gebeten, dessen Verteidigung zu übernehmen. Gegen *Sven B.* werde wegen Computerbetruges (an Geldautomaten) ermittelt. Sie trage alle Kosten. *Sven B.* sitze wegen dieser Sache seit gestern in U-Haft in der JVA Münster.
Überlegen Sie, was Rechtsanwalt *G.*, der das Mandat wahrnehmen möchte, dazu jetzt alles tun muss!

557 Bislang ist Rechtsanwalt *G.* noch gar nicht *B.*s Verteidiger, da er zwar vielleicht von der Mutter, nicht aber von *B.* selbst mandatiert worden ist (es sei denn, die Mutter hätte in rechtsgeschäftlicher Vertretung für ihn gehandelt, was der Aufgabenfall aber nicht erkennen lässt). Rechtsanwalt *G.* ist daher bisher allenfalls Rechtsberater der Mutter. Bevor er also irgendetwas für *B.* tun kann, muss er einen Verteidigungsauftrag von *B.* erhalten. Dies braucht nicht in Form einer schriftlichen Vollmachtsurkunde geschehen. Eine Vertretungsvollmacht kann der Beschuldigte vielmehr auch mündlich oder telefonisch erteilen. Eine schriftliche Ausfertigung der Vollmacht darf vom Gericht nur verlangt werden, wenn Zweifel bestehen.

Zweckmäßigerweise wird sich Rechtsanwalt *G.* daher in die JVA Münster begeben, dort mit *B.* klären, ob dieser die Verteidigung durch Rechtsanwalt *G.* wünscht, und ggf. die ersten Schritte zur Verteidigung unternehmen, insb. Akteneinsicht (Rn. 579 ff.) beantragen.

▶ Weitere Hinweise zum Aufgabenfall und allgemein zur Mandatsaufnahme finden sich auf ET 10-01.

558 Zur Akte 2:
Rechtsanwalt *Goeben* hat sich bei der richterlichen Vorführung der Beschuldigten *Kindoro* mit einer schriftlichen Vollmacht legitimiert (Bl. 17). Notwendig wäre das nicht gewesen. So hat sich Rechtsanwältin *van Dyck* für die Beschuldigte *Schuler* ohne schriftliche Vollmacht gemeldet und ist gleichwohl als Verteidigerin akzeptiert worden (Bl. 36), weil ein Rechtsanwalt grundsätzliches Vertrauen in die Richtigkeit seiner Erklärungen genießt. Befindet sich keine

I. Wahl- und Pflichtverteidiger

Vollmacht in den Akten, werden allerdings förmliche Zustellungen nicht an ihn, sondern an den Mandanten bewirkt (§ 145a I, III 2), was in Ausnahmefällen zu Problemen bei der Einhaltung von Fristen führen mag.

b) Das Pflichtmandat

Die *Beiordnung des Pflichtverteidigers* erfolgt in den Fällen des § 140 I Nr. 4 (Vollstreckung von U-Haft) durch den Haftrichter (§§ 141 IV, 126), ansonsten durch eine Verfügung des Vorsitzenden des Gerichts der Hauptsache (§ 141 IV).[23] Im Ermittlungsverfahren ist zu diesem Zweck zu prognostizieren, wo voraussichtlich Anklage zu erheben sein wird.

559

Die *rechtliche Grundlage des Pflichtmandates* ist etwas verwirrend. Ein Vertrag zwischen Verteidiger und Mandant besteht schließlich nicht; gleichwohl erhält der Verteidiger Gebührenansprüche auch gegen den Mandanten, nämlich in Höhe des Unterschiedsbetrages zwischen Wahl- und Pflichtverteidigerhonorar (vgl. § 52 I RVG). Dies zu erklären fällt schwer, denn ansonsten begründet die Beiordnung eine öffentlich-rechtliche Pflicht des Verteidigers zur Übernahme der Verteidigung,[24] der er sich nur aus wichtigem Grund (z. B. Überlastung) entziehen kann (vgl. §§ 49, 48 II BRAO), sowie eine Gebührenpflicht des Fiskus (§ 45 III 1 RVG).

560

Bestellungszeitpunkt ist – wiederum abgesehen von den Fällen des § 140 I Nr. 4 – der Beginn des Zwischenverfahrens (§ 141 I). Eine *Bestellung im Ermittlungsverfahren* ist zwar möglich, aber sie *setzt einen Antrag der Staatsanwaltschaft voraus*, was sich zwar nicht unmittelbar aus dem Wortlaut des § 141 III ergibt, aber von der h. M. daraus gefolgert wird.[25] Die Gegenposition rügt vor allem, es könne nicht Sache der Staatsanwaltschaft sein, über die Verteidigungsnotwendigkeit qua Verweigerung, den erforderlichen Antrag zu stellen, abschließend zu befinden.[26] Auf der anderen Seite kann bis dahin allein die Staatsanwaltschaft einigermaßen zuverlässig beurteilen, ob es voraussichtlich überhaupt zu einer Anklage kommt oder das Verfahren eingestellt wird (z. B. nach § 170 II mangels ausreichenden Nachweises oder nach § 154). Fällt diese Prognose zu Gunsten einer Anklagewahrscheinlichkeit aus, besteht freilich eine Pflicht zur vorgezogenen Antragstellung.

561

Zur Akte 2:

Die Problematik kann man gut anhand des von RA *Goeben* gestellten Beiordnungsantrages nachvollziehen (Bl. 35, 37). Der Staatsanwalt hatte sich geweigert, seinerseits den nach § 141 III 2 erforderlichen Antrag zu stellen, weil er schon davon ausging, mit der anstehenden Entlassung der Beschuldigten *Kindoro*, dem Wegfall des Tötungsvorwurfs und der dann „nur" noch anstehenden Schöffengerichtsanklage werde kein Fall notwendiger Verteidigung nach § 140 I mehr vorliegen. Allerdings musste später wegen § 140 II die Beiordnung ohne-

562

---

[23] MEYER-GOßNER § 141 Rn. 7.
[24] SK-WOHLERS § 141 Rn. 18; MEYER-GOßNER § 142 Rn. 14.
[25] MEYER-GOßNER § 141 Rn. 5; KK-LAUFHÜTTE § 141 Rn. 6; BEULKE Rn. 171.
[26] HK-JULIUS § 141 Rn. 10, 5; SK-WOHLERS § 141 Rn. 6 f.

hin erfolgen. Es wäre daher gleichwohl richtig gewesen, diese schon jetzt und nicht erst anlässlich der Anklageerhebung zu beantragen (vgl. Bl. 51 unten).

563 Vor einer Bestellung wird der Beschuldigte angehört (§ 142 I 1) und es ist dann *grundsätzlich der von ihm gewünschte Rechtsanwalt zu bestellen*. Ein „wichtiger Grund", dies nicht zu tun (§ 142 I 2), könnte nur in einer faktischen Unfähigkeit zur Vertretung gefunden werden, etwa, wenn der Verteidiger fernab ortsansässig ist und daher den erforderlichen Kontakt zum Beschuldigten nicht halten kann oder terminlich unabkömmlich ist.[27] Wenn ein Verteidiger erfahrungsgemäß „unbequem" verteidigt, so stellt dies hingegen keinen Grund dar, seine Bestellung abzulehnen. Nennt der Beschuldigte auf Anfrage keinen Wunschverteidiger, so muss statt seiner der Vorsitzende selbst einen aus seiner Sicht geeigneten Rechtsanwalt auswählen.

564 Zur Akte 2:

Die einmal erfolgte Bestellung des Verteidigers dauert prinzipiell bis zum Verfahrensende; es bedarf daher keiner weiteren Bestellung etwa im Berufungs- oder Revisionsverfahren.[28] Eine Aufhebung erfolgt nur im Falle des § 143, der einen Vorrang der Wahlverteidigung zum Ausdruck bringt. Das hindert allerdings nicht den Wechsel vom Wahl- zum Pflichtmandat, wie ihn RA *Goeben* Bl. 35 begehrt hatte – vermutlich, weil die Beschuldigte *Kindoro* die Verteidigergebühren nicht (mehr) aus eigener Tasche bezahlen konnte. Der Antrag Bl. 35 ist hier dahin auszulegen, im Falle der Beiordnung werde zugleich das Wahlmandat niedergelegt.[29]

565 Die *Gebühren des Verteidigers* ergeben sich aus Teil 4 der Anlage 1 zum RVG, wo Wahl- und Pflichtverteidigergebühren tabellarisch nebeneinander aufgelistet sind. Die Wahlverteidigergebühren stellen durchweg sog. Rahmengebühren dar, die der Anwalt unter Berücksichtigung „des Umfangs und der Schwierigkeit der anwaltlichen Tätigkeit, der Bedeutung der Angelegenheit sowie der Einkommens- und Vermögensverhältnisse des Auftraggebers, nach billigem Ermessen" betragsmäßig bestimmt (§ 14 I RVG). Demgegenüber nennt das RVG als Pflichtverteidigerhonorar fixe Beträge (vgl. die Verfahrensgebühr für das Ermittlungsverfahren, Nr. 4104, mit 112 € für den Pflichtverteidiger und einem Rahmen von 30–250 € für den Wahlverteidiger). Die Mitte des Gebührenrahmens für den Durchschnittsfall liegt mit 140 € also leicht über dem Pflichtverteidigerhonorar. Gleichwohl sind die Pflichtverteidigergebühren heutzutage jedenfalls auskömmlich, vor allem, wenn man die geringeren Bürokosten eines Strafverteidigers im Vergleich zu seinen zivilrechtlich tätigen Kollegen[30] berücksichtigt.

---

[27] Ausführlicher HbStrVf-HEGHMANNS Rn. VI.77 ff.
[28] HK-JULIUS § 141 Rn. 15; KK-LAUFHÜTTE § 141 Rn. 10.
[29] Vgl. MEYER-GOßNER § 142 Rn. 7; OLG Köln NStZ 1991, 248 (249).
[30] Der Strafverteidiger hat wegen des Mündlichkeitsprinzips im Hauptverfahren deutlich weniger Schriftsätze zu verfassen. Er braucht zudem viel seltener Zwangsvollstreckungsangelegenheiten zu betreiben; vor allem seine Personalkosten bleiben deshalb geringer.

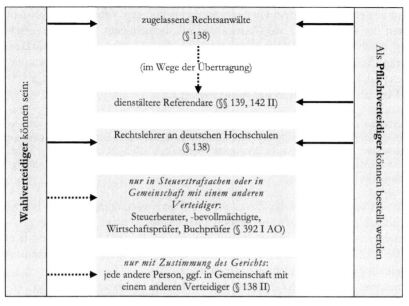

Abb. 1 Geeignete Verteidiger

II. Grenzen der Verteidigungsfreiheit

1. Wer darf verteidigen?

Die Bestimmungen der §§ 138 I, 142 II regeln, wer eine Verteidigung übernehmen darf (s. Abb. 1). In erster Linie sind dies selbstverständlich die Rechtsanwälte.

Zwar könnte theoretisch auch jede beliebige Person, etwa ein Lebensgefährte oder Ehepartner, verteidigen, aber richtigerweise erteilen die Gerichte die dazu erforderliche Zustimmung nur sehr selten (§ 138 II).[31]

2. Ausschließung des Verteidigers

Die *Ausschließungsgründe* für Verteidiger sind abschließend in den §§ 137 I 2, 138a, 138b, 146 f. geregelt. Danach kann man Verteidiger zwar in etlichen Fällen ganz aus dem Verfahren eliminieren; sie wegen *ungebührlichen Verhaltens* aus dem Saal weisen darf man hingegen nicht, weil die insoweit einschlägigen §§ 177, 178 GVG den Verteidiger gerade nicht nennen.

Zunächst dürfen in einem Verfahren *nicht mehr als drei Verteidiger* denselben Beschuldigten verteidigen (§ 137 I 2). Diese – heute kaum noch zeitgemäße – Be-

---

[31] Jens LEHMANN, Nichtjuristen als Verteidiger? JR 2012, 287–290 (288).

stimmung entstand vor dem Hintergrund von Erfahrungen aus den Terroristenprozessen der 1970er Jahre zur Vermeidung missbräuchlicher Verfahrensverschleppung durch das Stellen (zu) vieler (Befangenheits-, Aussetzungs- und Beweis) Anträge.[32] Zu den maximal drei Wahl- dürfen aber noch weitere Pflichtverteidiger treten (i. d. R sog. „Sicherungsverteidiger" zur Vorbeugung gegen die Folgen etwaiger Mandatsniederlegungen der Wahlverteidiger).

570 Überzählige Verteidiger werden gemäß § 146a zurückgewiesen. Bei der häufiger auftretenden versehentlichen Überschreitung (etwa bei Vollmachtserteilung unter dem Briefkopf einer großen Sozietät ohne Klarstellung, welche der Anwälte verteidigen sollen) ist es allerdings möglich, die Anwälte zunächst auf ihren Fehler hinzuweisen; wird dieser anschließend korrigiert, erübrigt sich die förmliche Zurückweisung.[33]

571 Interessenkonflikten soll das *Verbot der Mehrfachverteidigung* in § 146 begegnen, das allerdings Lücken aufweist. Verboten ist die gleichzeitige Verteidigung
- mehrerer Beschuldigter wegen derselben Tat (z. B. der Mittäter A und B eines Bandendiebstahls), und zwar unabhängig davon, ob gegen A und B in demselben oder in getrennten Verfahren prozediert wird;[34]
- mehrerer Beschuldigter in demselben Verfahren, und zwar unabhängig von den Vorwürfen (z. B. des Diebes C und des Hehlers D).

572 Die Zurückweisung erfolgt ebenfalls über § 146a (Rn. 570). Nicht erfasst werden demgegenüber
- die sukzessive Verteidigung, selbst wenn die o. g. Konstellationen vorliegen, d. h. nach Beendigung des ersten Mandats;[35]
- die Verteidigung in verschiedenen Verfahren trotz bestehenden Interessenkonflikts (z. B. des Diebes C und des Hehlers D, wenn D seine Gutgläubigkeit und damit implizit behauptet, durch C über die Herkunft der angekauften Waren betrügerisch getäuscht worden zu sein).

§ 146 steht deshalb zu Recht in der Kritik,[36] weil er im Grunde ungeeignet erscheint, sein – durchaus richtiges – Ziel zu erreichen. Allerdings wäre nicht die ersatzlose Streichung die angemessene Konsequenz, denn es allein den Beschuldigten zu überlassen, Interessenkonflikte zu erkennen und ggf. den Verteidiger zu wechseln, dürfte manchen überfordern. Vorzuziehen wäre eine Bestimmung, die ähnlich der Befangenheit von Richtern im Einzelfall die Zurückweisung erlaubt, sobald objektive Anzeichen für die Besorgnis eines Interessenkonflikts bestehen.[37]

573 Schlussendlich finden sich in den §§ 138a f. mehrere Ausschließungsgründe, unter denen in normalen Verfahren allerdings nur § 138a I Bedeutung besitzt. Ausschließungsgründe sind danach Tatbeteiligung (Nr. 1), Anschlussdelikte (Nr. 3) und Missbrauch des Verkehrsrechts mit U-Häftlingen (Nr. 2).

---

[32] BGHSt 27, 124 (128); Stellungnahme des Bundesrates zum Entwurf des 2. StVRG, BT-Drs. 7/2526, S. 29 f.
[33] SK-WOHLERS § 146a Rn. 9; Lutz MEYER-GOßNER, Das Strafverfahrensänderungsgesetz 1987, NJW 1987, 1161–1169 (1163).
[34] SCHLÜCHTER Rn. 120; HK-JULIUS § 146 Rn. 6.
[35] OLG Jena NJW 2008, 311; HK-JULIUS § 146 Rn. 5.
[36] Vgl. SK-WOHLERS § 146 Rn. 3; HK-JULIUS § 146 Rn. 1; ROXIN/SCHÜNEMANN § 19 Rn. 45.
[37] So auch ROXIN/SCHÜNEMANN § 19 Rn. 45.

> **Aufgabe:**
> Briefschmuggel durch Verteidiger
> Im Laufe der Hauptverhandlung gegen den in U-Haft einsitzenden, mutmaßlichen Drogendealer *Beat Sch.* stellte sich heraus, dass dessen Verteidiger Rechtsanwalt *Jens R.* mehrere Briefe des Angeklagten an dessen Lebensgefährtin *Lena W.* und umgekehrt in seinen Handakten durch die Sicherheitskontrollen der JVA geschmuggelt und dadurch die nach § 119 I Nr. 2 angeordnete Briefkontrolle umgangen hatte. Sowohl *Beat Sch.* als auch *Lena W.* beteuern, es habe sich um Liebesbriefe ohne jeden Bezug zu Tat oder Prozess gehandelt. Es existieren auch keine tatsächlichen Anhaltspunkte für andere als rein private Briefinhalte.
> Ist Rechtsanwalt *Jens R.* als Verteidiger auszuschließen?

574

Das Ausschließungsverfahren ist in den Konstellationen der §§ 138a f. relativ aufwendig und obliegt zudem dem OLG (§ 138c f.). Voraussetzung ist dringender oder hinreichender Verdacht des Vorliegens der Ausschlussgründe (§ 138a I). Ein solcher Verdachtsgrad lässt sich im Aufgabenfall hinsichtlich einer Strafvereitelung nicht begründen. Der Briefschmuggel stellt auch keine Straftat i. S. v. § 138a I Nr. 2 dar, sondern nur eine Ordnungswidrigkeit (§ 115 OWiG), und für eine Gefährdung der Anstaltssicherheit bestehen ebenfalls keine Anhaltspunkte. Daher darf RA *Jens R.* weiterhin als Verteidiger von *Beat Sch.* fungieren.

575

3. Verbotenes Verteidigerhandeln

Da der Verteidiger gewissermaßen von Amts wegen den Tatbestand der Strafvereitelung (§ 258 StGB) erfüllt, er aber selbstverständlich bei erlaubtem Verteidigerhandeln straffrei agiert, gewinnt die Frage nach der Grenzziehung zwischen erlaubtem und verbotenem Verteidigungsverhalten besondere Bedeutung. Dabei kommt auch dem Rollenverständnis des Verteidigers eine gewisse Bedeutung zu: Ist er, wie die Rspr. und h.L. in Einklang mit § 1 BRAO annehmen, *Organ der Rechtspflege*[38] (der notfalls auch gegen die Interessen seines Mandanten zu handeln hat) oder reiner *Interessenvertreter*[39] (der auch missbilligenswerte Interessen seines Mandanten durchzusetzen hätte)?

576

Unabhängig von dieser grundsätzlichen Fragestellung ist man sich heute weitgehend darüber einig, dass der Verteidiger jedenfalls *nicht unlauter agieren und insb. nicht lügen darf.*[40] Darüber hinaus hat er aber – auch in Kenntnis der Schuld des Mandanten – alle in Einklang mit der Prozessordnung stehenden Mittel auszuschöpfen, um eine Verurteilung zu verhindern. Er darf dazu beispielsweise Belastungszeugen scharf befragen, auch wenn er weiß, dass deren Aussage wahr ist.

577

---

[38] PETERS S. 212 ff.; BEULKE Rn. 150; BGHSt 46, 36 (43 f.).

[39] Jürgen WELP, Die Rechtsstellung des Strafverteidigers, ZStW 90 (1978) 804–828; (813 ff.); WOLF (Fn. 14), S. 435 f.

[40] ROXIN/SCHÜNEMANN § 19 Rn. 12 ff.; BEULKE Rn. 151, 176; KK-LAUFHÜTTE vor § 137 Rn. 5; BGHSt 47, 68 (77); eingehende Darstellung bei Werner BEULKE, Zwickmühle des Verteidigers, FS Roxin I S. 1173–1194.

Er darf ferner (wahre) Entlastungsindizien vortragen und mangels Tatnachweises auf Freispruch plädieren. Verboten wäre es hingegen, einen Zeugenbeweisantrag zu stellen, wenn er davon ausgeht, der Zeuge werde falsch aussagen. Die einschlägige Grenze wäre dabei positives Wissen des Verteidigers um den Entschluss des Zeugen zur Falschaussage. Dolus eventualis hindert ihn dagegen nicht, weil andernfalls ein skrupulöser Verteidiger kaum noch seinen Beruf ausüben könnte.[41]

578 **Beispiel (anwaltlicher Rat zum Geständniswiderruf):[42]**
Im Ermittlungsverfahren wegen eines von ihm in einem Zivilprozess geschworenen Meineids gab der Beschuldigte *Tristan G.* die Tat wahrheitsgemäß zu. Auf Anraten seines Verteidigers RA *Werner L.*, der die Richtigkeit des Geständnisses kannte, erklärte *Tristan G.* anlässlich einer Gegenüberstellung mit einer Zeugin, sein Geständnis sei nicht richtig, um anschließend von seinem Schweigerecht Gebrauch zu machen. – Der Verteidiger als Interessenvertreter seines Mandanten handelt legitim, wenn er diesem lediglich ein Verhalten vorschlägt, das seinerseits strafrechtlich irrelevant wäre. Schweigen aber darf der Angeklagte ebenso wie ein vorher abgegebenes Geständnis widerrufen. Erst wenn er über den Widerruf hinaus eine falsche Geschichte vorträgt, würde er aktiv lügen und der Verteidiger, der dies initiiert, wäre quasi Mittäter einer solchen Lüge, was ihm wiederum verboten ist.[43]

III. Die Rechte des Verteidigers

579 Rechte (und Pflichten) von Wahl- und Pflichtverteidigern unterscheiden sich nicht. Der Verteidiger kann eigene Ermittlungen durchführen,[44] Beweisanträge stellen, sich für den Beschuldigten äußern und selbstständig Rechtsmittel einlegen (§ 297). Um alle diese Rechte sinnvoll auszuüben, ist eine umfassende Information über Vorwurf und vorliegende Beweise notwendig, die dem Verteidiger der Beschuldigte aus seiner subjektiven Sicht nicht zu verschaffen vermag. Deshalb ist im Grunde das in § 147 geregelte *Akteneinsichtsrecht* das elementare Recht des Verteidigers.

580 Bis zum Abschluss der Ermittlungen kann das Akteneinsichtsrecht zwar theoretisch eingeschränkt werden. Die in § 147 II 1 genannten Ausnahmefälle (insb. die ausstehende Vollstreckung bereits erlassener Durchsuchungs- oder Haftbefehle) kommen aber praktisch nur sehr selten vor. Faktisch vermag der Verteidiger nahezu stets Einsicht in die Akten zu nehmen.

---

[41] Vgl. auch § 258 StGB, der dolus directus verlangt; ferner BGHSt 46, 53 (55 f.).
[42] Abgeänderter Sachverhalt nach BGHSt 2, 375.
[43] So BGHSt 2, 375 (378) in dem entsprechenden Originalsachverhalt.
[44] HbStrVf-DALLMEYER Rn. II.365 ff.

Zur Akte 2 581

Aus diesem Grund gab es für die Verteidiger auch keine Probleme und man hätte ihnen die Bl. 35 bzw. 36 beantragte und Bl. 35, 41 verfügte Akteneinsicht auch gar nicht verwehren können. Auch, um die Akteneinsicht schnell gewähren zu können, hatte die Staatsanwaltschaft ein Aktendoppel angelegt, das sog. *Haftsonderheft* oder HSH (Ziff. 3 f. der Verfügung Bl. 22), eine regelmäßige Maßnahme in Haftsachen. Die zweite Einsichtsgewährung (Bl. 41) erfolgte dann in die eigentlichen Akten, die zwischenzeitlich von der Polizei zurückgekehrt waren. Da sie nunmehr weitere Ermittlungen enthielten (Bl. 23–34), musste erneut Akteneinsicht erfolgen, um vollständiges rechtliches Gehör zu gewähren.

Nach § 147 IV werden dem Verteidiger in aller Regel die *Akten zur Mitnahme ausgehändigt* bzw. 582
in sein Büro gesandt, nicht aber die Beweisstücke (Spuren, sichergestellte Tatwerkzeuge u. Ä.). Diese Einschränkung ist zum einen aus Sicherheitsgründen notwendig (damit z. B. keine Spuren verderben), zum anderen genügt es für die Verteidigungsinteressen normalerweise, die regelmäßig in den Akten befindlichen Fotos dieser Beweisstücke einzusehen. Wer dennoch die Beweisstücke im Original sehen möchte, kann dies in den Räumlichkeiten der Staatsanwaltschaft tun. Allein in Wirtschaftsstrafsachen erweist sich das als nicht immer angemessen, wenn nämlich ganze Kartons mit Buchführungsunterlagen als „Beweisstücke" beschlagnahmt wurden. Dort allerdings greifen auch die genannten Sicherheitsbedenken nicht, weshalb derartige Unterlagen dem Verteidiger auf seinen Wunsch hin ebenfalls ausgehändigt werden.

Der *Beschuldigte* hat – wiederum aus Sicherheitsgründen – *kein eigenes Akteneinsichtsrecht*. Allerdings ermöglicht § 147 VII, dies durch die Aushändigung von Aktenkopien zu ersetzen. Von dieser, im Zeitalter schneller Fotokopierer auch nicht mehr unverhältnismäßig aufwendigen Möglichkeit wird leider noch viel zu wenig Gebrauch gemacht. 583

Wiederholungsfragen zum 10. Kapitel
1. Was unterscheidet Pflicht- und Wahlverteidigung voneinander? (Rn. 579, 565)
2. Bei welcher Straferwartung liegt eine Schwere der Tat i. S. v. § 140 II vor? (Rn. 548–550)
3. Wann ist einem nicht deutschsprachigen Angeklagten ein Verteidiger zu bestellen? (Rn. 553)
4. Welche Stellung hat der Verteidiger im Strafverfahren? (Rn. 576)
5. Welches sind die wichtigsten Verteidigerrechte? (Rn. 579 f.)
6. Wieviele Verteidiger können denselben Angeklagten verteidigen? (Rn. 569)
7. Wann überschreitet ein Verteidiger die Grenze zur verbotenen Strafvereitelung? (Rn. 577 f.)

11. Kapitel. Die Entscheidung über Anklage oder Einstellung

I. Anklage, Einstellung oder weitere Ermittlungen?

Zur Akte 2: 584

Vergegenwärtigen Sie sich noch einmal, was im bisherigen Verlauf der Ermittlungen (d. h. bis zur Rückgabe der Akte durch die Verteidiger [Bl. 42]; die zunächst in Aussicht gestellte Einlassung zur Sache ist später nicht abgegeben worden) zu den Vorwürfen an tatsächlichen Erkenntnissen erlangt worden ist und welche möglichen Ermittlungsansätze noch bestehen!

Aus dem polizeilichen Vermerk Bl. 34 ergibt sich, dass bislang weder die Zeugin Popp förmlich vernommen noch das mutmaßliche Kokain analysiert werden konnte. Außerdem wäre es denkbar, das sichergestellte Messer (Bl. 4 f.) kriminaltechnisch untersuchen zu lassen, z. B. hinsichtlich der Blut- oder möglicher Fingerspuren.

Allerdings wäre es vermessen und oft auch schlicht überflüssig, alles restlos aufklären zu wollen, bevor man das Ermittlungsverfahren durch Einstellung oder Anklage abschließt: 585

- Zum einen geht es an dieser Stelle nur darum, zu klären, ob hinreichender Tatverdacht besteht, und (noch) nicht um die lückenlose Entdeckung der Wahrheit. Wenn also das Geschehen auch ohne eine Vernehmung der Zeugin *Popp* hinlänglich geklärt erscheint und man zudem auf Grund des Tatortfundberichts mutmaßen kann, sie werde ohnehin nicht viel beitragen können, dann wäre ihre (erneute) Vernehmung jetzt auch nicht geboten (was ihre spätere Vernehmung in der Hauptverhandlung keineswegs ausschließt).
- Zum anderen besteht stets die Möglichkeit einer Opportunitätseinstellung, wobei vor allem an die §§ 154, 154a erinnert sei (Rn. 157 ff.). Falls man beispielsweise das Vergehen gegen das BtMG nicht als sonderlich schwerwiegend gegenüber dem Körperverletzungsgeschehen ansähe, so könnte man das Verfahren insoweit einstellen und damit die zeitaufwendige Analyse durch das LKA vermeiden.

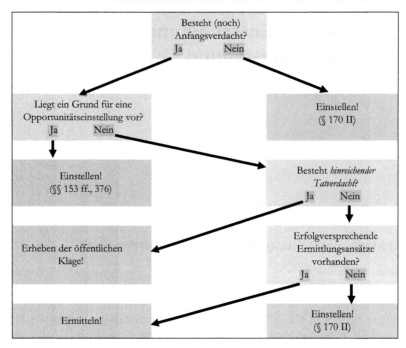

Abb. 1 Prüfungsschema für staatsanwaltliche Entscheidungen im Ermittlungsverfahren

586 Das gedankliche Prüfungsschema, nach welchem der Staatsanwalt im Grunde bei jeder seiner Entscheidungen vorgeht, zwingt ihn, sich jederzeit zu vergewissern, welcher Verdachtsgrad erreicht wurde und ob das Verfahren nicht aus Opportunitätsgründen abzubrechen ist (s. Abb. 1). Dieses Schema gilt dabei nicht nur für das Verfahren als Ganzes, sondern für jeden einzelnen darin thematisierten Tatvorwurf.

587 **Zur Akte 2:**
Mustert man vor diesem Hintergrund die bisherigen Ermittlungsresultate durch, so sieht man neben den Taten zum Nachteil der Zeugen *Eftherim* und *Hammerstein* zweifelsohne bagatellhafte Delikte wie Hausfriedensbruch oder Sachbeschädigung (für welche sogar noch der Strafantrag fehlt). Sie wird man daher nach den §§ 154, 154a behandeln können. Die Hauptvorwürfe um die Verletzungsgeschehen erscheinen indes hinreichend geklärt (und auch nicht weiter aufklärbar), weshalb man insoweit über die Erhebung der öffentlichen Klage nach § 170 I entscheiden kann.

588 Der *Begriff der öffentlichen Klage* bildet übrigens einen Oberbegriff für die einzelnen Formen der Klageerhebung, von denen die Anklage nur eine Unterart darstellt (s. Abb. 2).

Abb. 2 Formen der öffentlichen Klage

Die Anklage darf zwar als die typische (und klassische) Art der Klageerhebung gelten; rein zahlenmäßig hat sie der (auf leichtere Kriminalitätsformen beschränkte) Strafbefehlsantrag inzwischen allerdings eingeholt.[1]

▶ Präzisere Zahlen zu den einzelnen Verfahrensabschlüssen finden Sie auf ET 11-01.

II. Hinreichender Tatverdacht

Für die Weichenstellung zwischen Anklage und Einstellung mangels Tatverdachts besitzt der Begriff des hinreichenden Tatverdachts im Gesetz (und wie im Schema Rn. 586 ersichtlich) eine zentrale Funktion. Er ist auch gemeint, wenn es in § 170 „genügender Anlass" heißt und in § 203 „hinreichend verdächtig".[2] Der unterschiedliche Wortlaut in beiden Bestimmungen hat allein – überholte – historische Ursachen.[3]

Vereinfacht gesagt besteht hinreichender Tatverdacht, sofern der angeklagte Beschuldigte *voraussichtlich auch vom Richter schuldig gesprochen* wird.[4] Wenn damit auf die Verurteilungswahrscheinlichkeit geblickt wird, so liegt dem der Gedanke zu Grunde, nur denjenigen den Belastungen einer öffentlichen Hauptverhandlung zu unterwerfen, bei dem sich diese Belastungen am Ende auch als gerechtfertigt erweisen, weil er schuldig ist und daher ein Strafübel verdient. Dem Freizusprechenden sollen schon diese Belastungen möglichst erspart bleiben.

Eine Hauptverhandlung kann sich nämlich unabhängig von ihrem Ausgang im Extremfall als existenzvernichtend gestalten. Der dem nichtöffentlichen Ermittlungsverfahren zu Grunde liegende Tatverdacht wird regelmäßig erst in der öffentlichen Hauptverhandlung publik, sei es durch anwesende Zuschauer oder die Zeitungsberichterstattung. Dass das damit einher gehende Ver-

---

[1] Im Jahre 2011 erhoben die Staatsanwaltschaften rund 508.000 Anklagen und beantragten rund 538.000 Strafbefehle, vgl. Statistisches Bundesamt, Fachserie 10 (Rechtspflege), Reihe 2.6 (Staatsanwaltschaften 2011), S. 26.
[2] MEYER-GOSSNER § 170 Rn. 1; ROXIN/SCHÜNEMANN § 40 Rn. 6.
[3] Vor ihrer Abschaffung zum 01.01.1975 durch das 1. StVRG fungierte § 170 auch als Schaltstelle zur Beantragung der richterlichen Voruntersuchung. Diese setzte noch keinen hinreichenden Verdacht voraus, sondern nur „genügenden Anlass". Seit es keine Voruntersuchung mehr gibt, gelten beide Begriff als deckungsgleich.
[4] MEYER-GOSSNER § 170 Rn. 1; HELLMANN Rn. 545; BEULKE Rn. 114, 357.

dachtsstigma selbst durch einen Freispruch längst nicht vollständig beseitigt werden kann, hat ein Verfahren gegen einen prominenten Meteorologen erst kürzlich wieder anschaulich belegt. Unter dem Verfahren leidet aber nicht allein der Angeklagte, sondern auch seine Familie. Neben den Ansehensverlust treten psychische Belastungen und erhebliche finanzielle Nachteile (Verdienstausfall während der Verteidigungsvorbereitung und der Hauptverhandlung, Verteidigerkosten, die nicht in jeder Höhe erstattungsfähig sind und jedenfalls erst einmal verauslagt werden müssen).

592 Wenngleich Quantifizierungen nicht operationalisierbar erscheinen[5] (wie will man beispielsweise eine 41 %ige Verurteilungswahrscheinlichkeit ernsthaft messen oder begründen?), so verlangt die Voraussichtlichkeit der Verurteilung doch wenigstens den Befund, es werde *eher zur Verurteilung als zum Freispruch* kommen.[6] Der Begriff der Verurteilungswahrscheinlichkeit vernebelt indes im Grunde mehr, als er erhellt. Will man ihn operationalisieren, so bedarf es einer Differenzierung. Denn er birgt vier unterschiedliche, getrennt zu prüfende Aspekte:[7]

593 • die *objektive Wahrscheinlichkeit der Tatbegehung*. In tatsächlicher Hinsicht muss das Geschehen, welches der strafrechtlichen Bewertung zu Grunde gelegt wird, die wahrscheinlichste der Alternativen bilden. Wenn hierbei nur auf eine Wahrscheinlichkeit abgestellt wird, so beruht das auf der unzureichenden Beurteilungsgrundlage: Man kann nur die Akten auswerten, hat aber als Staatsanwalt (und Eröffnungsgericht) weder die Zeugen noch den Angeklagten selbst vernommen, weshalb wesentliche Erkenntnismöglichkeiten für deren Würdigung fehlen. Sie stehen erst in der Hauptverhandlung zur Verfügung. Bis dahin ist eine abschließende Sicherheit nicht zu erzielen, und deshalb muss zunächst eine Wahrscheinlichkeit genügen.

594 • *Strafbarkeit* des als wahrscheinlich angenommenen Geschehens. Dieses muss bei einer strafrechtlichen Subsumtion zum Ergebnis schuldhafter Verwirklichung eines Straftatbestandes führen. Für diese rechtliche Beurteilung ist Sicherheit zu verlangen, denn eine Subsumtion ist auf dem Papier (unter Zuhilfenahme aller Hilfsmittel der Bibliotheken und Datenbanken) nicht nur ebenso gut, sondern sogar noch besser möglich, als in der Hektik der Hauptverhandlung.

595 • *Beweisbarkeit*: Das wahrscheinliche und strafbare Geschehen muss mit prozessual zulässigen Beweismitteln auch voraussichtlich nachzuweisen sein.[8] Es nützt nichts, wenn man (auf Grund einer Geschädigtenaussage) sicher weiß, dass der Angeklagte seine Ehefrau geschlagen hatte, wenn jetzt deren Aussageverweigerung zu erwarten ist und § 252 daher verbietet, die früheren Erkenntnisse zu verwerten, andere Beweise aber fehlen.

596 • Die *Prozessvoraussetzungen* liegen vor und *Prozesshindernisse* (oder negative Prozessvoraussetzungen) stehen nicht im Wege. Dazu zählen u. a. Strafmündigkeit, die benötigten Strafanträge, Immunität, Strafklageverbrauch und Verjäh-

---

[5] Ulrich EISENBERG, Kriterien der Eröffnung des strafprozessualen Hauptverfahrens, JZ 2011, 672–681 (674).
[6] Daher unzutreffend Georg STEINBERG, Verdacht als quantifizierbare Prognose? JZ 2006, 1045–1049 (1049), der im Einzelfall schon eine 33 %ige Wahrscheinlichkeit genügen lassen will.
[7] Zutreffend STEINBERG (Fn. 6) JZ 2006, 1047, mit näheren Erläuterungen.
[8] EISENBERG (Fn. 5), JZ 2011, 673.

rung. Beim Fehlen von Prozessvoraussetzungen oder beim Bestehen von Prozesshindernissen ist grundsätzlich[9] kein Sachurteil möglich, sondern es erfolgt im Hauptverfahren eine Verfahrenseinstellung durch Beschluss (§ 206a) oder durch Urteil (§ 260 III), im Zwischenverfahren die Eröffnungsablehnung nach § 204, im Ermittlungsverfahren die Einstellung nach § 170 II. Die Prüfung der Prozessvoraussetzungen erfolgt in jedem Verfahrensstadium von Amts wegen (sofern nicht Sonderregelungen existieren, wie z. B. § 6a Satz 2), und zwar im Freibeweisverfahren (Rn. 981 ff.).

▶ Eine vollständigere Zusammenstellung der Prozessvoraussetzungen findet sich auf ET 11-02.

Da die Prüfung des hinreichenden Tatverdachts in mehrfacher Hinsicht Prognosen erfordert (z. B. über das Prozessverhalten von Angeklagten und Zeugen) und solche Prognosen notgedrungen stets auf der Basis subjektiver Einschätzungen und Erfahrungen desjenigen erfolgen, der sie im Einzelfall zu stellen hat, kann es zu Situationen kommen, in welchen weder die Bejahung noch die Verneinung hinreichenden Tatverdachts als unbedingt richtig gelten kann. In solchen schwierigen Konstellationen mag vielmehr die eine Person anklagen, während die andere eher zur Einstellung neigen wird, man aber keine der beiden Alternativen rational begründbar als richtig oder falsch bezeichnen dürfte. Aus diesem Grund billigt die h.M. dem Staatsanwalt an dieser Stelle zu Recht einen *Beurteilungsspielraum* zu.[10]

597

> **Zur Akte 2:**
> Spielt man die Frage hinreichenden Tatverdachts durch, so wird man wohl annehmen dürfen, dass ein Verdacht eines Tötungsdelikts gegenüber der Beschuldigten *Kindoro* ausscheidet, sondern ihr nur gefährliche Körperverletzung und Sachbeschädigung nachzuweisen sein werden. Auf der anderen Seite dürfte gegen die Beschuldigte *Schuler* hinreichender Tatverdacht einer (einfachen) Körperverletzung zum Nachteil *Hammerstein* bestehen.

598

▶ Differenziertere Hinweise zur Prüfung hinreichenden Tatverdachts im Allgemeinen und zur Anwendung auf den Aktenfall im Besonderen finden Sie auf ET 11-03.

III. Die Anklageerhebung

599

> **Zur Akte 2:**
> Schauen Sie sich bitte jetzt Bl. 46–51 d.A. (Anklage und Begleitverfügung) gründlich an!

---

[9] In einigen Fällen genießt allerdings ein Freispruch Vorrang; dazu näher auf ET 11-02.
[10] BGH NJW 1970, 1543; StV 2001, 579 (580); KK-SCHMID § 170 Rn. 4; a. A. Rainer STÖRMER, Beurteilungsspielräume im Strafverfahren, ZStW 108 (1996), 494–524 (517).

1. Die Begleitverfügung

600 Bl. 46 f. enthält die sog. *Begleitverfügung* zur Anklage. Die Verfügungstechnik ist bereits bei Rn. 120 angesprochen worden; hier findet sie sich nun in einer noch differenzierteren Form. In den Ziff. 1.–4. wird dem Umstand Rechnung getragen, dass zunächst auch der Geschädigte *Eftherim* als Beschuldigter behandelt worden war (vgl. Bl. 1, 22, 24 ff.). Das damit gegen ihn eingeleitete Ermittlungsverfahren musste nun, nachdem seine Rolle in dem Geschehen klarer erscheint, mangels Tatverdachts gemäß § 170 II eingestellt werden. Ziff. 5.-8. stellen das Verfahren hinsichtlich des Kokainbesitzes gemäß § 154 I vorläufig ein, weil insoweit ohne ein Gutachten über die Konsistenz des sichergestellten Stoffes kein Nachweis gelingen würde;[11] darauf zu warten erschien dem Dezernenten offenbar nicht angemessen. Ziff. 9. behandelt weitere Randdelikte nach § 154a I, wobei es sich hier um keine Teileinstellung handelt (vgl. Rn. 165 ff., 170) und daher weder Bescheid noch Einstellungsnachricht anfielen. Ziff. 10. schließlich zieht die Konsequenz aus der Einstellung des Vergehens gegen das BtMG.

601 Was in der Verfügung ab Ziff. 11. steht, dient unmittelbar der Anklageerhebung und dem „Transport" der Anklageschrift zum Gericht. Die Ziff. 11.–13., 17. und 18. findet man deshalb auch bei jeder Anklageerhebung, während die übrigen Ziffern besonderen Umständen des vorliegenden Falles geschuldet sind.

602 Ziff. 11 besitzt im Hinblick auf § 147 II 1 für das Akteneinsichtsrecht des Verteidigers eine vor allem deklaratorische Bedeutung. Das in Ziff. 14. behandelte Haftsonderheft wird nach Entlassung der Beschuldigten *Kindoro* aus der U-Haft nicht mehr benötigt; als Teil der Handakte kann es nun dem Sitzungsvertreter der Staatsanwaltschaft in der Hauptverhandlung als zusätzliche Informationsquelle dienen, da die Handakten (HA) regelmäßig keine Ablichtungen aus den Akten enthalten (sofern man diese nicht gesondert herstellen lässt), sondern nur ein Anklagedoppel.[12] Mit Ziff. 15. wird der Haftrichter über den Verlust seiner Zuständigkeit informiert (vgl. § 126 II 1). Die in Ziff. 16. angeordneten Mitteilungen beruhen auf der zitierten MiStrA[13], die als auf § 12 V EGGVG gestützte Verwaltungsvorschrift Konkretisierungen zu den §§ 474 ff. StPO für die Information anderer Behörden über Entscheidungen im Strafverfahren enthält. In unserem Fall war die Anklageerhebung wegen der Ausländereigenschaft der Beschuldigten erforderlich. Wichtige Mitteilungspflichten ergeben sich ansonsten z. B. aus den Nrn. 13 (laufende Bewährungsaufsicht), 15, 16 (Angehörige des öffentlichen Dienstes), 23 (Rechtsanwälte/Notare), 24 (Wirtschaftsprüfer, Steuerberater u. a.), 26 (Heilberufe), 31, 32 (Jugendliche/Heranwachsende) und 43 MiStrA (Gefangene).

Mit Ziff. 17. schließlich erfolgt der Transport der Akte zum Gericht, während die abschließende Fristanordnung der internen Kontrolle dient; der Dezernent geht offenbar davon aus, es werde innerhalb des nächsten halben Jahres zur Terminierung vor dem angerufenen Schöffengericht kommen. Würde ihm die Handakte nach Fristablauf vorgelegt und es wäre noch nichts geschehen, so würde er vermutlich Anlass sehen, nach den Gründen der Verzögerung durch eine sog. Sachstandsanfrage zu forschen.

---

[11] Siehe dazu näher auf ET 11-03.
[12] Aus diesem Grund ist der Staatsanwalt, der nicht zufällig zugleich der Anklageverfasser ist, in der Hauptverhandlung oft – nach den Schöffen – die am wenigsten informierte Person.
[13] Abgedruckt u. a. bei MEYER-GOSSNER im Anhang 13.

2. Die Anklageschrift

a) Elemente

Den *Inhalt der Anklageschrift* gibt § 200 zwar vor, ihr Aufbau und weitere Einzelheiten beruhen indes auf sorgsam gepflegten, lokalen Traditionen. **603**

Kernstück jeder Anklage ist der sog. *Anklagesatz* (der – so auch in unserem Verfahren – durchaus mehr als nur einen Satz enthalten darf). Er beginnt bei den Personalien der Angeschuldigten und endet mit der Liste sämtlicher anzuwendenden Strafbestimmungen („Vergehen, strafbar nach …"). Charakteristisch für den Anklagesatz ist seine Aufteilung in zwei Teile: **604**

- Der *abstrakte Teil* gibt für jeden Angeschuldigten die aus den anzuwendenden Strafbestimmungen konkret einschlägigen Passagen wieder. Bei der Angeschuldigten *Kindoro* wäre das der um Ausschnitte von § 224 I Nr. 1 StGB ergänzte Wortlaut von § 223 StGB. Eine besondere staatsanwaltliche Kunst ist es, bei mehreren Angeschuldigten oder Taten durch geschickte Zusammenfassungen wiederholte Textwiedergabe derselben Strafbestimmung tunlichst zu vermeiden.[14]
- Der *konkrete Teil* („Den Angeschuldigten wird zur Last gelegt: …") besteht im Grunde aus einer Subsumtion des Sachverhalts unter den abstrakten Teil. In einer möglichst gut verständlichen und anschaulichen, aber dennoch knappen Tatschilderung müssen sich alle Elemente des abstrakten Teils wiederfinden lassen – natürlich unter Vermeidung von Begriffen aus dem Gesetzestext. In unserem Verfahren hat der Anklageverfasser das Geschehen etwas ausgemalt und beispielsweise im ersten Satz die Vorgeschichte des Streites geschildert. Das dient der besseren Verständlichkeit, wäre aber notfalls entbehrlich gewesen.

Zur Akte 2: **605**

Die Anklageschrift (Bl. 48 ff.) folgt einem nord- und westdeutschen Muster. In Süddeutschland hätte man u. a. die beiden Teile des Anklagesatzes in umgekehrter Reihung geschrieben, also erst den tatsächlichen Vorwurf und dann die gesetzlichen Formulierungen gewissermaßen als Schluss daraus vorgetragen.

In manchen Regionen ist bei der Formulierung des konkreten Teils der Indikativ verpönt und es muss alles im Konjunktiv geschildert werden („Der Angeschuldigte habe den Geschädigten X mit einem Beil erschlagen."). Mancherorts legt man hingegen Wert darauf, den Anklagesatz wirklich in einem Satz zu konzentrieren, dem sog. *Indem-Satz* („…wird angeklagt, … eine fremde Sache zerstört zu haben, indem er eine dem X gehörende Vase im Werte von 35 € auf den Boden warf, wo diese zersplitterte."). Alle diese regional verschiedenen Versionen besitzen ihre Vor- und Nachteile, weshalb es sich kaum lohnt, intensiver über sie zu streiten, sondern es klüger ist, sich insoweit den jeweiligen lokalen Traditionen anzupassen. **606**

---

[14] Beispiele dazu bei HEGHMANNS, Arbeitsgebiet, Rn. 805 ff.

607 Die einzelnen Elemente der Anklageschrift dienen entweder dazu, *den Vorwurf thematisch einzugrenzen* (so z. B. die Personalien, die Angaben von Tatort und -zeit sowie die Konkretisierung des Vorwurfs) oder zur *Information* von Gericht und Angeschuldigtem sowie seinem Verteidiger zur Sitzungs- bzw. Verteidigungsvorbereitung beizutragen (etwa die Haftdaten, die anzuwendenden Strafvorschriften, Beweismittel und das Wesentliche Ergebnis der Ermittlungen).

608 Zu Stil und Inhalten des *Wesentlichen Ermittlungsergebnisses* herrschen ebenfalls lokal unterschiedliche Usancen. Nach § 200 II 2 ist es bei Strafrichteranklagen nicht obligatorisch, was in der Praxis zu einem nahezu kompletten Verzicht auf diesen Anklageabschnitt geführt hat, solange nicht zu Schöffengericht oder Strafkammer angeklagt wird.

609 Wenn der Beschuldigte in der Anklageschrift als „Angeschuldigter" bezeichnet wird, so beruht dies auf den terminologischen Festlegungen in § 157. Der Begriff des Beschuldigten (i. w. S.) fungiert zwar daneben als Oberbegriff während des gesamten Erkenntnisverfahrens, wird im engeren Sinne aber nur für das – jetzt beendete – Ermittlungsverfahren benutzt (s. Abb. 3).

b) Funktionen der Anklage

610 Die öffentliche Klage (sei sie Anklageschrift, Strafbefehlsantrag o. a.) markiert nicht nur den Übergang in einen neuen, nunmehr vom Gericht beherrschten Verfahrensabschnitt, das Zwischenverfahren (Rn. 673 ff.). Weit wichtiger sind ihre inhaltlichen Funktionen. Sie setzt zuallererst den *Anklagegrundsatz* in § 151 um. Er bezweckt auch den Schutz des Beschuldigten: Nur dann, wenn sowohl mit der Staatsanwaltschaft eine gerichtsunabhängige Instanz als auch das Gericht selbst qua Eröffnungsentscheidung es für richtig erachten, soll es zu einer gerichtlichen Untersuchung mit ihren schweren Belastungen für den Beschuldigten kommen. Damit bietet das Verfahren deutlich mehr Schutz vor Willkür als das überwundene Inquisitionsverfahren, wo das Gericht alleine über Einleitung, Gegenstand und Umfang der Aburteilung zu befinden vermochte.[15]

611 Durchbrochen wird das staatsanwaltschaftliche Anklagemonopol nur in zwei Fällen von praktisch sehr geringer Bedeutung:
- im Klageerzwingungsverfahren (Rn. 176 ff., 184 ff.), wo ggf. das Oberlandesgericht die Anklageerhebung beschließt. Hierbei handelt es sich um eine Form des von Art. 19 IV GG geforderten Rechtsschutzes für den Verletzten gegen die Nichtbeachtung seiner Strafverfolgungsinteressen seitens der Staatsanwaltschaft;[16]
- im Privatklageverfahren (Rn. 130 ff.), in dem der Privatkläger die Anklage erheben kann.

612 Als Konsequenz des Anklagegrundsatzes *legt die Anklage den Verfahrensstoff in persönlicher und sachlicher Hinsicht fest* (§ 155 I). Das Gericht darf über den Anklagegegenstand nicht hinausgehen, denn andernfalls entschiede es insoweit doch ohne die entsprechende Billigung einer Anklagebehörde. Abschließend bestimmt werden somit:

---

[15] Vgl. Henkel S. 94 f.; Roxin/Schünemann § 13 Rn. 1 ff., 8.
[16] Roxin/Schünemann § 41 Rn. 2.

III. Die Anklageerhebung

Beschuldigter (i.w.S.)			Verurteilter
Beschuldigter (i.e.S.)	Angeschuldigter	Angeklagter	
Ermittlungsverfahren	Zwischenverfahren	Hauptverfahren	nach rechtskräftiger Verurteilung

Abb. 3 Die wechselnden Bezeichnungen des Betroffenen eines Strafverfahrens

- die *angeklagte(n) Person(en)*. Ein Parteiwechsel wie im Zivilprozess, eine Drittwiderklage oder ähnliches bleiben ausgeschlossen. Die Festlegung erfolgt üblicherweise durch Nennung der Personalien, kann aber notfalls auch qua Lichtbild oder Fingerabdrücke vorgenommen werden, wenn z. B. ein eingereister Ausländer seine Papiere vernichtet hat und nicht namentlich identifiziert werden kann;
- die *angeklagte Tat*. Maßgebend ist hier wiederum der *prozessuale Tatbegriff* (Rn. 168 f.). Es wird also ein historisch abgrenzbares Geschehen angeklagt und nicht etwa ein Straftatbestand. Deshalb kann es am Ende durchaus zur Verurteilung wegen anderer Delikte kommen, als in der Anklageschrift genannt waren, was § 155 II ausdrücklich zulässt.

> **Beispiel (sog. „Handtaschenziehen")** 613
> Gegen *Sören F.* war Anklage wegen eines Raubes (§ 249 StGB) erhoben worden mit dem Vorwurf, er habe der Rentnerin *Marlies K.* die Handtasche im Vorbeilaufen entrissen, wodurch die Geschädigte gestürzt sei. In der Hauptverhandlung wird *Marlies K.* als Zeugin vernommen und sagt aus, sie habe bei der Tat nur einen leichten Ruck verspürt und sei nicht deswegen gestürzt, sondern weil sie sich überrascht zur Seite gewendet habe und dabei über eine Pflastersteinkante gestolpert sei. – Obschon damit Gewalt gegen eine Person nicht mehr nachzuweisen ist und das Geschehen sich nur noch als Diebstahl darstellt, kann es immerhin als solcher abgeurteilt werden (siehe aber Rn. 615). Denn es handelt sich immer noch um das angeklagte Geschehen, welches in der Anklage in tatsächlicher Hinsicht auf Grund der begrenzten Erkenntnismöglichkeiten im Ermittlungsverfahren nur unzutreffend erkannt und beschrieben worden war.

Dennoch wohnt der Nennung der aus ihrer Sicht einschlägigen Straftatbestände 614
durch die Staatsanwaltschaft eine Funktion inne: Sie informiert den Beschuldigten über die (vorläufige) rechtliche Bewertung des ihm vorgeworfenen Verhaltens und ermöglicht ihm so, seine Verteidigung angemessen vorzubereiten. Die Verteidigung gegen den Vorwurf des Raubes beim „Handtaschenziehen" wäre sicherlich eine andere als die gegen den Diebstahlsvorwurf (der angesichts der sehr viel geringeren Strafdrohung vielleicht sogar unumwunden eingeräumt würde).

Konsequenz dieses Gedankens ist das Verbot, eine *Veränderung des rechtlichen* 615
Gesichtspunktes gegenüber der Anklage ohne weiteres in das Urteil einfließen zu lassen. Vielmehr müsste dem Angeklagten zuvor gemäß § 265 ein sog. „rechtlicher

Hinweis" erteilt werden. Im Beispielsfall Rn. 613 wäre *Sören F.* daher darüber zu informieren gewesen, dass die Tat auch als Diebstahl (§ 242 StGB) abgeurteilt werden kann, und ihm wäre – notfalls unter Anwendung der in § 265 III, IV eröffneten Möglichkeiten – Gelegenheit zu geben, seine Verteidigung darauf einzustellen. Erst dies hätte die Aburteilung nach den „richtigen" Strafvorschriften entsprechend dem Auftrag von § 155 II ermöglicht.

c) Das zuständige Gericht
aa) Folgen der Bezeichnung eines Gerichts in der Anklage

616 Schließlich hat die Anklageschrift auch das für die Aburteilung sachlich und örtlich zuständige Gericht festzulegen, jedoch wie soeben schon bei der rechtlichen Tatbewertung nur in vorläufiger Hinsicht. Denn wegen des *Gebots des gesetzlichen Richters* (Art. 101 I 2 GG)[17] darf letztlich nicht der Anklageverfasser, sondern allein das Gesetz anhand der begangenen Tat das zur Aburteilung berufene Gericht bestimmen. Falls daher die dafür einschlägigen Regeln in StPO (örtliche Zuständigkeit) und GVG (sachliche Zuständigkeit) ein anderes Gericht als das in der Anklage genannte vorsehen, so muss dem später Rechnung getragen werden:

617 • Bei der *sachlichen Zuständigkeit* (einschließlich ihres Unterfalles der in § 6a erwähnten Zuständigkeit besonderer Strafkammern wie z. B. der Wirtschaftsstrafkammern, der sog. *funktionellen Zuständigkeit*) erfolgt im Rahmen desselben Verfahrens grundsätzlich eine Korrektur durch Abgabe an oder Vorlage gegenüber dem richtigen Gericht (§§ 209 f., 270). Eine Ausnahme gilt nach § 269 nur im Hauptverfahren, wenn an sich die Zuständigkeit eines niedrigeren Gerichts bestünde (es sei denn, die Anklage zum höheren Gericht wäre willkürlich erfolgt[18]).

618 • Hinsichtlich der *örtlichen Zuständigkeit* ist eine Korrektur dagegen nicht vorgesehen. Fällt der Fehler vor dem Eröffnungsbeschluss auf, wird die Anklage gemäß § 204 zurückgewiesen.[19] Wird er erst später aufgedeckt, so wird das an sich unzuständige Gericht zu einem zuständigen, es sei denn, der Angeklagte rügt die Unzuständigkeit (was er aber vor seiner Vernehmung zur Sache in der Hauptverhandlung tun müsste [§ 16]). Geschieht dies, wäre das Verfahren entweder nach § 206a oder innerhalb der Hauptverhandlung durch Urteil nach § 260 III wegen Fehlens einer Prozessvoraussetzung[20] einzustellen.[21]

---

[17] Dazu die umfassende Monographie von Christoph Sowada, Der gesetzliche Richter im Strafverfahren, 2002.

[18] In diesem Fall ist contra legem dennoch eine Abgabe an das richtige Gericht möglich, vgl. Meyer-Gossner § 269 Rn. 8 m. w. N.

[19] Abweichend Meyer-Gossner § 16 Rn. 4, der eine – gesetzlich nicht vorgesehene – Unzuständigkeitserklärung favorisiert. Eingehender HbStrVf-Heghmanns Rn. VI.291 f.

[20] Siehe dazu oben Rn. 605 bzw. ET 11-02.

[21] Meyer-Gossner § 16 Rn. 4.

bb) Erstinstanzlich zuständige Strafgerichte – sachliche Zuständigkeit

Erstinstanzliche Gerichte existieren beim Amts-, Land- und Oberlandesgericht (s. Abb. 4), während der BGH in Strafsachen nur als Revisions- und gelegentliches Beschwerdegericht fungiert. 619

Das Oberlandesgericht besitzt allerdings nur eine äußerst beschränkte erstinstanzliche Zuständigkeit, weil es allein in bestimmten Staatsschutzverfahren entscheidet; der recht umfangreiche Katalog in der einschlägigen Bestimmung des § 120 GVG täuscht über die praktisch zu vernachlässigende Bedeutung hinweg. Seine eigentliche Bedeutung gewinnt das Oberlandesgericht als Revisionsinstanz, wenn das Hauptverfahren beim Amtsgericht seinen Anfang nahm (§ 121 GVG). Als Tatsacheninstanz wird es deshalb hier nicht näher behandelt. 620

Die Hauptlast der erstinstanzlichen Tätigkeit tragen die Land-, vor allem aber die Amtsgerichte. Amtsgerichtliche Strafsachen werden dabei vor drei sog. *Spruchkörpern* behandelt, dem *Strafrichter*, dem *Schöffengericht* und dem erweiterten Schöffengericht. Letzteres bildet allerdings nur eine Unterform des gewöhnlichen Schöffengerichts, das für umfangreichere Verfahren um einen zusätzlichen Berufsrichter erweitert wurde (vgl. § 29 II GVG). 621

In *Jugendsachen* werden entsprechend Jugendrichter und Jugendschöffengericht tätig; ein erweitertes Schöffengericht existiert hier nicht, weil dessen Aufgaben in Jugendsachen von der Jugendkammer (beim Landgericht) übernommen werden (§§ 39 ff. JGG). 622

Beim Landgericht entscheidet in erster Instanz als einziger Spruchkörper die *große Strafkammer* (§ 74 I GVG). Die im Gesetz genannten besonderen Strafkammern (*Schwurgericht* [§ 74 II GVG], *Wirtschaftsstrafkammer* [§ 74c GVG] und *Staatsschutzkammer* [§ 74a GVG]) stellen im Grunde lediglich auf bestimmte Tatvorwürfe spezialisierte Unterformen der großen Strafkammern dar. 623

Rein äußerlich unterscheiden sich die einzelnen Spruchkörper zunächst in ihrer *Besetzung*: Der Strafrichter, ein Berufsrichter, entscheidet alleine, beim Schöffengericht wirken ein Berufsrichter als Vorsitzender und zwei Laienrichter, die sog. Schöffen, zusammen. Im erweiterten Schöffengericht stehen den zwei Schöffen mit dem Vorsitzenden und dem Beisitzer zwei Berufsrichter gegenüber (s. Abb. 4). 624

Bei den Strafkammern schließlich sind der Vorsitzende und zwei Beisitzer Berufsrichter, zu denen sich wiederum zwei Schöffen[22] gesellen. Die Strafkammern entscheiden allerdings in *reduzierter Besetzung*, nämlich mit einem Berufsrichter weniger, es sei denn, 625
- es handelt sich um eine Schwurgerichtssache (§ 76 II Nr. 1 GVG);
- es stehen Unterbringungen in der Sicherungsverwahrung oder im psychiatrischen Krankenhaus an (§ 76 II Nr. 2 GVG);

---

[22] Diese Terminologie gilt auch für das Schwurgericht, wo ebenfalls „Schöffen" mitwirken. Geschworene kennt das deutsche Strafprozessrecht seit der sog. *Emminger*-Reform von 1924, welche die ursprüngliche Schwurgerichtsverfassung abschaffte, nicht mehr (vgl. § 11 der VO über Gerichtsverfassung und Strafrechtspflege v. 04.01.1924, RGBl. I 15). Zur vormaligen Schwurgerichtsverfassung vgl. näher HENKEL S. 57 ff.

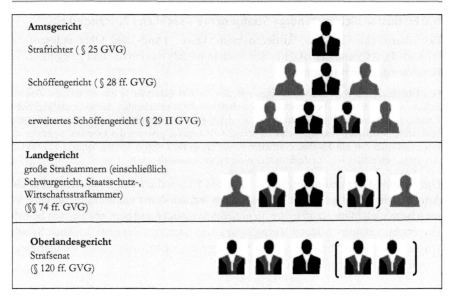

Abb. 4 Erstinstanzliche Spruchkörper in allgemeinen Strafsachen

- die Sache weist besonderen Umfang oder Schwierigkeit auf (§ 76 II Nr. 3 GVG); dazu wiederum nennt § 76 III GVG als Regelbeispiele Verfahren vor der Wirtschaftsstrafkammer oder Sachen mit mehr als zehn Tagen zu erwartender Hauptverhandlungsdauer.

626 Vergleichbare Reduktionen schreiben § 122 II 2 GVG für den Strafsenat beim Oberlandesgericht und § 33b II, III JGG für die Jugendkammer vor.

627 Welcher der genannten Spruchkörper als Adressat der Anklage in Betracht kommt, richtet sich vornehmlich nach der *Straferwartung*. Manchmal allerdings spielen auch die *Art der anzuklagenden Delikte* oder *Verfahrensaspekte*, z. B. der Umfang der Sache, eine Rolle (s. Tab. 1).

628 **Zur Akte 2:**

Da kein Verbrechen angeklagt wurde, sondern gegen die Beschuldigte *Kindoro* als schwerwiegendstes Delikt der Vorwurf der gefährlichen Körperverletzung erhoben wird, und weil ferner keiner derjenigen speziellen Aspekte vorliegt, welche eine Strafkammerzuständigkeit begründen könnten, muss die Straferwartung für die Wahl des Schöffengerichts als Anklageadressat den Ausschlag gegeben haben. Offenbar ging der Anklageverfasser also davon aus, es könnten mehr als zwei Jahre Freiheitsstrafe herauskommen. Diese Erwartung greift zwar recht hoch, erscheint aber jedenfalls nicht als unvertretbar.

> **Aufgabe:** 629
> Zuständigkeit bei verbundenen Strafsachen
>   Diese Strafprognose gilt für die Beschuldigte *Kindoro*, kann aber kaum zugleich für die Beschuldigter *Schuler* zutreffen, deren Tatschuld deutlich geringer erscheint.
>   Warum ist dann auch die Beschuldigte *Schuler* vor dem Schöffengericht angeklagt worden?

Es wäre unökonomisch, müsste man das Verfahren gegen mehrere Täter auseinanderreißen und damit eine doppelte Beweisaufnahme durchführen, sobald gegen einen von ihnen an sich ein anderes Gericht zuständig wäre. Aus diesem Grund erlauben zwei Bestimmungen eine *Verbindung mehrerer Verfahren*: 630

- Nach § 2 i. V. m. § 3 kann im Falle eines *Zusammenhanges* die Sache gemeinsam bei dem höherrangigen Gericht angeklagt werden. Ein Zusammenhang i. S. v. § 3 (z. B. die gemeinschaftliche Begehung derselben Tat) liegt auch in unserem Fall vor, obschon etwas versteckt. Denn der Beschuldigten *Schuler* wird eine versuchte gemeinschaftliche Körperverletzung zur Last gelegt, wobei nicht nur die Verletzung, sondern auch die Beteiligung an der Tat der Beschuldigten *Kindoro* dank des Eingreifens des Zeugens *Hammerstein* nicht über das Versuchsstadium hinausgelangt ist. Das bleibt aber unschädlich, weil eine in dieselbe Richtung zielende Mitwirkung an einem einheitlichen geschichtlichen Vorgang genügt;[23] es muss also zu keinem förmlichen Zusammenwirken i. S. v. § 25 II StGB kommen. 631

- Nach § 237 kann auch jenseits eines Zusammenhangs i. S. v. § 3 eine Verbindung erfolgen, sofern dies *prozessual zweckmäßig* ist, vor allem, wenn dadurch eine doppelte Beweiserhebung vermieden werden kann. Diese Verbindung setzt aber voraus, dass beide Sachen schon vor demselben Gericht anhängig sind;[24] sie vermag keine Zuständigkeitsverschiebung zu begründen und wäre deshalb in unserem Fall ungeeignet, eine gemeinsame Anklage zu legitimieren. 632

▶ Nähere Erläuterungen zu den in Tab. 1 erwähnten, die Zuständigkeit einzelner Spruchkörper begründenden Umständen werden auf ET 11-04 gegeben.

cc) Örtliche Zuständigkeit

Die örtliche Gerichtszuständigkeit ist in den §§ 7 ff. geregelt. Zuständigkeitsbegründend sind *Tat-, Wohn- und Festnahmeort*. 633

- Die Definition des *Tatortes* in § 7 I StPO wird durch § 9 StGB ergänzt. Tatorte sind danach sowohl Handlungs- als auch Erfolgsorte. Gerade bei mehraktigen Delikten wie etwa dem Betrug existieren daher möglicherweise mehrere Tatorte und folglich könnten auch mehrere Tatortgerichte zuständig sein. Besondere Tatortzuständigkeiten regeln die §§ 10 f. für Taten auf Flugzeugen, Schiffen sowie auf hoher See; 634

---

[23] BGH NStZ 1987, 569; KK-Fischer § 3 Rn. 4.
[24] KK-Gmel § 237 Rn. 4.

Tab. 1 Sachliche Gerichtszuständigkeit erster Instanz (Anklageverfahren)

Gericht	Spruchkörper	Zuständigkeitsbereich
Amtsgericht	Strafrichter	Vergehen *und* Straferwartung ≤2 Jahre Freiheitsstrafe *und* keine Maßregel nach den §§ 63, 66 StGB zu erwarten (§ 25 GVG)
	Schöffengericht	Straferwartung ≤4 Jahre Freiheitsstrafe, sofern nicht Strafrichter oder Strafkammer zuständig sind (§ 28 GVG)
	erweitertes Schöffengericht	Wie Schöffengericht *und* zusätzlich Umfang der Sache (§ 29 II GVG)
Landgericht	(große) Strafkammer	Straferwartung >4 Jahre Freiheitsstrafe *oder* Maßregeln nach §§ 63, 66 StGB zu erwarten *oder* besondere Schutzbedürftigkeit von Opferzeugen *oder* besonderer Umfang *oder* besondere Bedeutung (§ 74 I GVG)
	Wirtschaftsstrafkammer	Wie Strafkammer *und* Katalogtat nach § 74c GVG
	Schwurgericht	Katalogtat nach § 74 II GVG (unabhängig von der Straferwartung)
	Staatsschutzkammer	Katalogtat nach § 74a I GVG (unabhängig von der Straferwartung)

635 • Der *Wohnort* (§ 8) richtet sich nach den Wohnsitzdefinitionen in den §§ 7–11 BGB.[25] Liegt er außerhalb Deutschlands, so treten an seine Stelle der *Aufenthaltsort*, an dem sich der Betreffende für längere Zeit aufhält, und subsidiär sein *letzter Wohnsitz*. Wohn- wie Aufenthaltsort setzen freiwilliges Verhalten voraus.[26] Ein Strafgefangener begründet daher weder Wohnsitz noch einen Aufenthaltsort an seinem Haftort. Vielmehr ist im Zweifel an seinen letzten Wohnsitz anzuknüpfen.[27] Maßgebend ist jeweils der Zeitpunkt der Anklage;

636 • Als *Ergreifungsort* (§ 9) gilt der Festnahmeort jedes mitanzuklagenden Mittäters oder Teilnehmers. Erforderlich wäre eine Festnahme in demselben Verfahren. Sie muss entweder nach § 127 erfolgt sein (und zwar unabhängig davon, ob anschließend ein Haftbefehl erging), oder zur Identitätsfeststellung nach § 163b I 2 gedient haben.[28]

637 Danach kann es in demselben Verfahren *mehrere gleichermaßen örtlich zuständige Gerichte* geben (wie beim Auseinanderfallen von Tat- und Wohnort bei der Beschuldigten *Schuler*). Nach h.M. darf die Staatsanwaltschaft dann wählen, welches Gericht sie befasst. Das kollidiert allerdings mit dem Prinzip des gesetzlichen Richters in Art. 101 I 2 GG und der Gesetzgeber ist aufgerufen, für solche Fälle Vorrangregeln zu schaffen.[29]

---

[25] Meyer-Gossner § 8 Rn. 1; es können daher auch mehrere Wohnorte parallel bestehen.
[26] HK-Zöller § 8 Rn. 2 f.
[27] BGH NJW-RR 1996, 1217.
[28] HK-Zöller § 9 Rn. 3; Meyer-Gossner § 9 Rn. 2 f., der dort ausgeschlossene Fall des Festhaltens eines Nichtbeschuldigten ist praktisch kaum vorstellbar, weil § 163b einen Verdächtigen voraussetzt und die Identitätsfeststellung ihn zum Beschuldigten macht.
[29] Näher zu dieser Thematik Michael Heghmanns, Auswahlermessen der Staatsanwaltschaft bei Anklageerhebung und gesetzlicher Richter, StV 2000, 277–280.

IV. Alternativen zur Anklage

1. Die Entscheidung zwischen den einzelnen Klagearten

Auf Alternativen zur Anklage war bereits hingewiesen worden, sei es in Gestalt der Einstellung aus Opportunitätsgründen (Rn. 586), sei es in Gestalt alternativer Klagearten (Rn. 588 f.). Allerdings handelt es sich bei letzteren nicht um (frei wählbare) Alternativen im eigentlichen Sinne. Vielmehr besitzt jede Klageart ihren ganz speziellen Einsatzbereich und für jedes Verfahren ergibt sich konsequenterweise auch nur eine einzige richtige Klageform.

Objektives und Sicherungsverfahren zielen nicht auf die Verurteilung eines Schuldfähigen zu Strafe, sondern auf die Anordnung von Nebenentscheidungen bzw. Maßregeln. Soll der Beschuldigte (auch) zu einer Kriminalstrafe verurteilt werden, stehen daher nur Anklage, Strafbefehlsantrag (§§ 407 ff.) und beschleunigtes Verfahren (§§ 417 ff.) zur Verfügung. Unter ihnen besteht eine *logische Rangfolge* (s. Abb. 5):

- Nach § 407 I 2 „stellt" die Staatsanwaltschaft einen *Strafbefehlsantrag*, wenn zum einen die in § 407 II genannten Sanktionen genügen und zum anderen *eine Hauptverhandlung nicht erforderlich* erscheint.
- Ist hingegen eine Hauptverhandlung erforderlich, so kämen zwar theoretisch Anklage- und beschleunigtes Verfahren in Betracht. Nach § 417 „stellt die Staatsanwaltschaft" den Antrag auf Aburteilung im *beschleunigten Verfahren* aber, wenn „die Sache ... zur *sofortigen Verhandlung geeignet* ist" und u. a. die dort möglichen Sanktionen (§ 419 I 2, 3) genügen. Das beschleunigte Verfahren genießt daher Vorrang vor dem Anklageverfahren
- die *Anklageerhebung bleibt als ultima ratio,* wenn weder Strafbefehls- noch beschleunigtes Verfahren geeignet erscheinen.

Mit dieser Rangfolge soll soweit als möglich den schnellen und ressourcenschonenderen Verfahrensarten der Vorrang gebühren, sofern sie für den konkreten Fall überhaupt tauglich erscheinen.

2. Der Strafbefehlsantrag

a) Das Verfahren auf den Antrag hin

Das Strafbefehlsverfahren zielt auf die *schnelle Erwirkung eines rechtskräftigen Strafausspruchs ohne vorherige Hauptverhandlung*. In ihrem Strafbefehlsentwurf beantragt die Staatsanwaltschaft bereits eine bestimmte Strafe (z. B. eine Geldstrafe von 30 Tagessätzen zu je 20 €). Dem Richter stehen daraufhin nur drei Reaktionen zur Verfügung:

- Er *erlässt den Strafbefehl* wie beantragt, wenn er ebenfalls hinreichenden Tatverdacht bejaht und die von der Staatsanwaltschaft vorgeschlagene Sanktion für angemessen erachtet (§ 408 III 1). Der Richter darf nur diese beantragte Strafe erlassen und keine andere, die er für richtiger hält (siehe aber Rn. 643). Er-

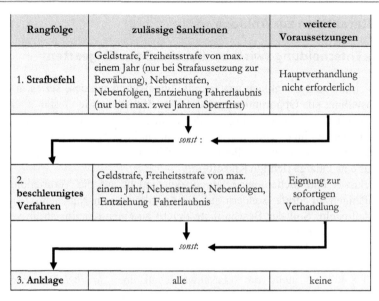

Abb. 5 Rangfolge von Strafbefehl, beschleunigtem und Anklageverfahren

folgt kein Einspruch (Rn. 645), steht der richterlich erlassene Strafbefehl einem rechtskräftigem Urteil in jeder Hinsicht gleich (§ 410 III).

643
- Er *beraumt Hauptverhandlung an*, falls er den Beschuldigten zwar für hinreichend verdächtig, aber entweder die Strafe nicht für angemessen oder aber die rechtliche Subsumtion der Staatsanwaltschaft als falsch erachtet (§ 408 III 2). In diesem Fall übernimmt der Strafbefehlsantrag alle Funktionen einer Anklageschrift und das weitere Verfahren verläuft wie das normale Anklageverfahren.[30]

644
- Er *lehnt den Erlass des Strafbefehls ab*, wenn er meint, der Beschuldigte sei gar keiner Straftat hinreichend verdächtig (§ 408 II).

645
Folgt der Richter dem Strafbefehlsantrag, so wird der von ihm unterzeichnete Strafbefehl dem Beschuldigten zugestellt und dieser hat daraufhin zwei Wochen Zeit, *Einspruch* einzulegen (§ 410 I). Tut er dies, so wird in einer Hauptverhandlung entschieden, die zwar im Kern der Hauptverhandlung im Anklageverfahren folgt, aber zwei wesentliche Abweichungen aufweist:
- das unentschuldigte[31] Nichterscheinen des Angeklagten führt zur Verwerfung seines Einspruchs und damit zur Rechtskraft des Strafbefehls, sofern keine Vertretung durch einen Verteidiger mit ausdrücklicher Vertretungsvollmacht nach § 411 II[32] erfolgt (§ 412 Satz 1 i. V. m. § 329 I 1);

---

[30] KK-FISCHER § 408 Rn. 25.
[31] Zur fehlenden Entschuldigung vgl. die parallele Sachlage bei § 329 I 1 (Rn. 1155 ff.).
[32] Die „normale" Verteidigungsvollmacht (wie z. B. in Verfahren 2 Bl. 17) genügt hier nicht. Eine ausreichende Vollmacht hätte hingegen das von der Rechtsanwältin *von Schmitt* vorgelegte Formular enthalten (Bl. 44).

- das Beweisantragsrecht und das Unmittelbarkeitsprinzip gelten nur eingeschränkt (§ 411 II 2 i. V. m. § 420, siehe dazu näher Rn. 658 f.).
- Zudem besteht *kein Verschlechterungsverbot*, d. h. es kann an Strafe am Ende durchaus weit mehr herauskommen, als im Strafbefehl festgesetzt war.[33]

b) Voraussetzungen des Strafbefehlsverfahrens

Zulässig ist ein Strafbefehl nur bei Vergehen (§ 407 I 1) und im Verfahren vor dem Strafrichter.[34] Zudem dürfen allein die in der Übersicht Rn. 640 genannten Strafen verhängt werden, wobei die Freiheitsstrafe auf Bewährung auch nur gegen einen verteidigten Beschuldigten statthaft ist (§ 407 II 2), was notfalls noch zuvor die Bestellung eines Pflichtverteidigers erfordert (§ 408b).

646

Damit bleibt das Strafbefehlsverfahren faktisch auf kleinere und allenfalls mittlere Kriminalität beschränkt.

Eine weitere Einschränkung folgt aus der Voraussetzung fehlender Erforderlichkeit einer Hauptverhandlung (§ 407 I 2). Im Kern zielt dieses Kriterium auf *general- oder spezialpräventive Erwägungen*. Beispielsweise wäre die (viel beeindruckendere) Hauptverhandlung notwendig, falls der Beschuldigte bereits in der Vergangenheit per Strafbefehl sanktioniert worden war und ihn dies offenbar noch nicht von der Begehung der neuen Straftat abzuhalten vermocht hat.

647

Aus einem noch nicht ganz klaren Sachverhalt kann sich die Erforderlichkeit der Hauptverhandlung hingegen nicht ergeben, denn dann dürfte es zugleich am hinreichenden Tatverdacht fehlen.[35] Auch die Erwägung, der Beschuldigte werde ohnehin Einspruch einlegen, bleibt in diesem Kontext ohne Belang, denn man sollte ihm zumindest die Chance geben, die angebotene (oft zur besseren Akzeptanz relativ milde angesetzte) Strafe ohne die belastende Hauptverhandlung zu akzeptieren.

648

Für den Beschuldigten bringt das Strafbefehlsverfahren je nach seiner speziellen Interessenlage *Vor- und Nachteile*. Einerseits erspart er sich die psychischen und physischen Belastungen einer Hauptverhandlung und erlangt von vornherein Klarheit über das, was ihm droht. Auf der anderen Seite gerät er in die Zwickmühle, wenn er sich bis dahin noch eine Freispruchschance ausgerechnet hatte. Denn legt er Einspruch ein, steht er prozessual schlechter da als ein „normaler" Angeklagter (Rn. 645) und muss zudem damit rechnen, u. U. eine höhere Strafe zu erhalten als bei Akzeptanz des Strafbefehls. Die Frage eines Einspruchs bedarf daher sorgfältiger Abwägung. Möglich ist im Übrigen auch, den Einspruch zu beschränken, beispielsweise auf einzelne Taten oder auf den Rechtsfolgenausspruch (§ 410 II), sofern die übrigen Teile nicht mit Aussicht auf Erfolg angegriffen werden könnten oder hingenommen werden sollen.

649

---

[33] KK-Fischer § 411 Rn. 34; Meyer-Gossner § 411 Rn. 11; OLG Stuttgart StV 2007, 232 f.; differenzierend (aber kaum praktikabel) Roxin/Schünemann § 68 Rn. 12 (keine Verschlechterung ohne Zutagetreten weiterer belastender Umstände).

[34] Zwar nennt § 407 I 1 auch das Schöffengericht, allerdings sind derartige Fälle inzwischen angesichts der dazu notwendigen Straferwartung (Rn. 638) einerseits und der im Strafbefehlsverfahren nur möglichen Strafen andererseits kaum vorstellbar.

[35] Näher HbStrVf-Heghmanns Rn. V.155 f.

c) Der Strafbefehlsantrag

650 Vergleicht man den in § 409 I beschriebenen Inhalt des Strafbefehls mit dem Anklageinhalt (§ 200), entdeckt man weitgehende Parallelen. Es fehlt lediglich das Wesentliche Ergebnis der Ermittlungen, während zusätzlich die Rechtsfolgen und einige Belehrungen enthalten sind.

▶ Ein Strafbefehlsbeispiel finden Sie auf ET 11-05.

3. Das beschleunigte Verfahren

a) Der Verfahrensverlauf

651 Beim beschleunigten Verfahren (§§ 417 ff.)[36] handelt es sich um ein *abgekürztes und vereinfachtes Anklageverfahren* ohne Zwischenverfahren und mit deutlich reduzierten Ladungsfristen (§ 418). Dahinter steckt die Vorstellung, den auf frischer Tat ertappten Straftäter (z. B. randalierende Besucher von Fußballspielen) sofort, möglichst noch vor Ort, abzuurteilen und so zwecks besserer Präventionswirkung die Strafe der Tat auf dem Fuße folgen zu lassen. [37]

652 Das beschleunigte Verfahren hat sich *in der Praxis als Misserfolg* erwiesen.[38] Das liegt zum einen an dem begrenzten Einsatzbereich in sachlicher Hinsicht, zum anderen an dem vergleichsweise hohen Personaleinsatz, der mit ihm verbunden ist. Denn um eine sofortige Aburteilung gewährleisten zu können, müssten ständig Staatsanwälte und Strafrichter in Bereitschaft gehalten werden, deren sonstige Arbeit dadurch nicht so zügig erledigt werden kann, wie das während der normalen Dezernatstätigkeit möglich wäre. Justizökonomisch wirkt die idealtypische Durchführung beschleunigter Verfahren daher belastend. In der Praxis werden sie deshalb eher als entformalisierte Anklageverfahren behandelt: Sie werden im normalen Tagesgeschäft mit erledigt und lediglich schneller terminiert, weil man mit ihnen wegen der kurzen Ladungsfristen auftretende Lücken in der Terminsplanung selbst dann noch schließen kann, wenn die normale Ladungsfrist für ein Anklageverfahren von einer Woche (§ 217 I) nicht mehr eingehalten werden könnte.

653 Auf den staatanwaltlichen Antrag hin, den Beschuldigten im beschleunigten Verfahren abzuurteilen, stehen dem Richter drei Reaktionsalternativen zur Verfügung:
- Er beraumt *binnen sechs Wochen einen Hauptverhandlungstermin* an (§ 418 I, Rn. 656), wenn er den Beschuldigten für hinreichend verdächtig und die Sache für geeignet hält, sie im beschleunigten Verfahren zu erledigen (siehe dazu Rn. 663 ff.);

654
- Hält er den Beschuldigten zwar für hinreichend verdächtig, aber die *Sache für ungeeignet*, um im beschleunigten Verfahren erledigt zu werden, so leitet er das Verfahren durch einen Eröffnungsbeschluss in das normale Anklageverfahren über (§ 419 III, 1. und 2. Halbsatz). Von da an verläuft es wie ein solches; notfalls hat die Staatsanwaltschaft eine ordnungsgemäße Anklageschrift nachzureichen;

---

[36] Zur geschichtlichen Entwicklung Eike SCHRÖER, Das beschleunigte Strafverfahren gem. §§ 417 ff. StPO, 1998, S. 27–48.
[37] Begründung des Entwurfs des Verbrechensbekämpfungsgesetzes BT-Drs. 12/6853, 34.
[38] Vgl. zur geringen Bedeutung das Zahlenmaterial auf ET 11-01.

IV. Alternativen zur Anklage

- Fehlt es nach seiner Auffassung am hinreichenden Tatverdacht, *lehnt der Richter die Erledigung im beschleunigten Verfahren ab.* Die Staatsanwaltschaft kann anschließend erwägen, ob sie dennoch die Entscheidung im normalen Anklageverfahren sucht oder nunmehr gemäß § 170 II verfährt und das Verfahren ihrerseits einstellt.

655

Wird die Hauptverhandlung anberaumt, so wird der Beschuldigte entweder sofort dazu vorgeführt; soll die Verhandlung erst Tage oder Wochen später stattfinden, ist er mit einer Frist von 24 Stunden zu laden und ihm der Vorwurf mitzuteilen (§ 418 II). In diesem Fall wirkt sich aus, ob die Staatsanwaltschaft ihren Antrag schriftlich oder, wie es § 418 III 1 zulässt, nur mündlich gestellt hat. Eine Antragsschrift wird dem Beschuldigten ähnlich einer Anklageschrift zugestellt; ansonsten würde ihm der Anklagetext erst in der Hauptverhandlung mitgeteilt (§ 418 III 2).

656

Offenkundig ist eine solche Vorgehensweise auf nur mündliche Antragstellung hin rechtsstaatlich höchst bedenklich. Der Beschuldigte erfährt erst in der Hauptverhandlung definitiv, was ihm zur Last gelegt wird, und soll sich nun ohne jede Vorbereitung dagegen verteidigen. Im Zeitalter moderner Textverarbeitung sollte es daher selbstverständlich sein, ihm eine schriftliche Antragsschrift vorzulegen; die Möglichkeit zur mündlichen Antragstellung gehört de lege ferenda gestrichen.[39]

657

Die Beweisaufnahme in der Hauptverhandlung erfolgt weniger gründlich als im normalen Anklageverfahren.

658

Noch vergleichsweise wenig Schaden richtet es an, wenn Zeugen nicht gehört zu werden brauchen, sondern stattdessen frühere Vernehmungsprotokolle oder schriftliche Bekundungen verlesen werden können (§ 420 I, II). Denn dies setzt die Zustimmung aller Beteiligten voraus (§ 420 III), was gegenüber dem Anklageverfahren kaum eine Abweichung bringt (vgl. § 251 I Nr. 1, II Nr. 3).

659

Besonders nachteilig wirkt sich hingegen die *deutliche Beschneidung des Beweisantragsrechts* aus, die sich hinter der Formulierung in § 420 IV verbirgt. Wenn es dort heißt, der „Strafrichter bestimmt ... unbeschadet des § 244 II den Umfang der Beweisaufnahme", so schließt das nämlich aus, ihm in Anwendung von § 244 III-V durch einen Beweisantrag eine andere als die ihm nach § 244 II notwendig erscheinende Beweiserhebung aufzwingen zu können. Auf einen Beweisantrag hin hat der Richter daher nur zu erwägen, ob ihm das Amtsermittlungsprinzip des § 244 II die Beweiserhebung gebietet. Ist dies nicht der Fall, kann er den Beweisantrag selbst dann ablehnen, wenn keiner der sonst dazu benötigten Ablehnungsgründe aus § 244 III-V vorliegt.

660

Gegen das Urteil im beschleunigten Verfahren stehen dem Beschuldigten dieselben Rechtsmittel zur Verfügung wie gegen ein Urteil im gewöhnlichen Anklageverfahren; das Rechtsmittelverfahren weist dann auch keine Eigenheiten mehr auf.[40] Legt der Beschuldigte kein Rechtsmittel ein, so wirkt das Urteil im beschleunigten Verfahren wie jedes andere gegen ihn.

661

---

[39] Näher HbStrVf-HEGHMANNS, Rn. V.190 f.
[40] BayObLG NStZ 2005, 403 (404); KK-GRAF vor § 417 Rn. 3.

662 Das beschleunigte Verfahren korrespondiert mit der sog. *Hauptverhandlungshaft* nach § 127b II (Rn. 305 ff.) von maximal einer Woche Dauer. Allerdings geht nicht mit jedem beschleunigten Verfahren Hauptverhandlungshaft einher, wohl aber bedingt die Anordnung der Hauptverhandlungshaft die Eignung zur Durchführung des beschleunigten Verfahrens.

b) Eignung zur Erledigung im beschleunigten Verfahren

663 Zulässig ist ein beschleunigtes Verfahren faktisch nur vor dem Strafrichter. Zwar nennt § 417 auch das Schöffengericht als taugliches Gericht. Angesichts der weiten Zuständigkeit des Strafrichters in § 25 GVG könnten aber allenfalls Verbrechen mit reduzierter Straferwartung im beschleunigten Verfahren zum Schöffengericht gelangen, was wiederum wegen deren fehlender Eignung zur sofortigen Verhandlung nahezu auszuschließen ist.

664 Die beschriebenen Qualitätseinbußen bei der Sachverhaltsaufklärung bedingen wie beim Strafbefehlsverfahren eine Begrenzung der in diesem Verfahrenstyp möglichen Rechtsfolgen auf die in der Übersicht Rn. 640 genannten Strafen. Darüber hinaus fehlt es wegen der eingeschränkten Zeit zur Verteidigungsvorbereitung immer dann an der geforderten Eignung zur sofortigen Aburteilung (§ 417), wenn gegen nicht geständige Beschuldigte mit Zeugen verhandelt werden müsste oder eine Aufklärung der persönlichen Verhältnisse vonnöten wäre, um sachgerecht z. B. über eine Strafaussetzung zur Bewährung befinden zu können.

665 Denn auch das beschleunigte Verfahren muss selbstverständlich den Anforderungen der EMRK genügen, insbesondere ausreichend Zeit und Gelegenheit zur Vorbereitung der Verteidigung bieten (Art. 6 Abs. 3 lit. b EMRK). Was dabei „ausreichend" ist, bestimmt sich in Relation zur Verteidigungsbedürftigkeit. Zur sofortigen Aburteilung taugt deshalb nur ein Verfahren, das die unverzügliche Verhandlung nicht nur technisch, sondern auch als fair trial erlaubt.[41] Bestreitet etwa der Beschuldigte die Tat und will er sich gegen den Vorwurf verteidigen, muss er die dazu notwendige Vorbereitungszeit erhalten. Gegen der deutschen Sprache unkundige Ausländer, um ein weiteres Beispiel zu nennen, kann nicht verhandelt werden, bevor ihnen nicht – und zwar angemessene Zeit vor der Verhandlung – ein übersetztes Exemplar der Anklageschrift vorlag und sie zudem genügend Zeit hatten, zumindest den Rat eines Verteidigers einzuholen.[42]

666 Die gesetzlichen Eignungsmerkmale in § 417 (einfacher Sachverhalt oder klare Beweislage) sind daher auch nur als Beispiele zu verstehen und fungieren selbst kumulativ nicht als hinreichende Eignungsbedingungen. Vielmehr darf umgekehrt kein Umstand – gleich welcher Art – vorliegen, der eine sofortige Verhandlung als inadäquat erscheinen lässt.

c) Die Antragsschrift

667 In Aufbau und Inhalt entspricht die Antragsschrift des beschleunigten Verfahrens prinzipiell einer Strafrichteranklage mit lediglich geringen terminologischen Abweichungen.

---

[41] Gerd DAHN, Möglichkeiten einer verstärkten Anwendung des beschleunigten Verfahrens bei Bagatelldelikten, FS Baumann S. 349–360 (355).
[42] Näher zu dieser Thematik HbStrVf-HEGHMANNS Rn. V.193 f.

IV. Alternativen zur Anklage 199

▶ Ein Beispiel für eine Antragsschrift im beschleunigten Verfahren finden Sie auf ET 11-06.

4. Das Sicherungsverfahren

Bei dem Sicherungsverfahren handelt es sich um eine Verfahrensart, deren Ziel nach § 413 nicht die Bestrafung, sondern die *selbstständige Anordnung von Maßregeln* der Besserung und (vor allem) Sicherung ist, die § 71 StGB für die Unterbringungen nach den §§ 63, 64 StGB, für die Entziehung der Fahrerlaubnis nach § 69 StGB sowie für das Berufsverbot (§ 70 StGB) zulässt, sofern das normale Strafverfahren wegen Schuldunfähigkeit oder – weniger bedeutsam – wegen Verhandlungsunfähigkeit nicht durchgeführt werden kann. Denn gegen einen Schuldunfähigen lässt sich hinreichender Tatverdacht als Voraussetzung einer Anklage nicht begründen, weil seine Verurteilung (zu Strafe) nicht erwartet werden kann. Das Sicherungsverfahren dient in solchen Fällen dazu, nachvollziehbaren Sicherungsbedürfnissen nachgehen zu können. In der Praxis wird es vorwiegend gegen geistesgestörte Gewalttäter durchgeführt, um diese nach § 63 StGB im psychiatrischen Krankenhaus unterzubringen. 668

Von seinem Ablauf her entspricht das Sicherungsverfahren weitgehend dem Anklageverfahren (§ 414) und wird mittels einer der Anklage entsprechenden Antragsschrift eingeleitet. Entschieden wird nach einer Hauptverhandlung durch Urteil, gegen das dieselben Rechtsmittel wie gegen ein Strafurteil statthaft sind. 669

▶ Ein Beispiel für eine Antragsschrift im Sicherungsverfahren findet sich auf ET 11-07.

5. Das objektive Verfahren

Das objektive Verfahren nach § 440 zielt ausschließlich auf die (durch § 76a StGB zugelassene) *selbstständige Einziehung* (§ 74 StGB) und – qua Verweis in § 442 I – auf den Verfall (§ 73 StGB), die Unbrauchbarmachung (§§ 74b II Nr. 1, 74d StGB) oder die Beseitigung eines gesetzwidrigen Zustandes (§ 144 IV MarkenG). Da diese Maßnahmen üblicherweise als Nebenfolgen einer Verurteilung zu Strafe angeordnet werden, kommt das objektive Verfahren nur dort zum Einsatz, wo ansonsten kein Hauptverfahren gegen den Beschuldigten möglich ist, z. B. wegen Verjährung oder nach einer vorherigen Verfahrenseinstellung aus Opportunitätsgründen. In der Praxis verzichten Beschuldigte in solchen Situationen allerdings regelmäßig auf ihre Rechte an den fraglichen Gegenständen, insbesondere wenn man ihnen für diesen Fall eine Verfahrenseinstellung anbietet. In einem solchen Verzichtsfalle bedarf es keines objektiven Verfahrens mehr, weil die betreffenden Gegenstände dann formlos verwertet bzw. vernichtet werden können. 670

| Zur Akte 2: | 671 |

Hätte die Beschuldigte *Kindoro* nicht auf die Rückgabe des sichergestellten Kokains verzichtet (Bl. 39), wäre vermutlich das Vergehen gegen das BtMG nicht nach § 154 I vorläufig eingestellt, sondern mit angeklagt worden. Erst wenn das

Kokain dann auch noch bei Anklageerhebung übersehen worden wäre, hätte tatsächlich im Nachhinein ein objektives Verfahren durchgeführt werden müssen.

672 Zum Verfahrensablauf vgl. die §§ 440 III, 441. Zur Einleitung bedarf es erneut eines anklageähnlichen Antrags. Entschieden wird allerdings grundsätzlich im schriftlichen Verfahren durch Beschluss. Nur auf entsprechenden Antrag ergeht eine Urteilsentscheidung nach mündlicher Verhandlung (§ 441 II, III).

▶ Ein Muster für einen Antrag im objektiven Verfahren befindet sich auf ET 11-08.

Wiederholungsfragen zum 11. Kapitel
1. Zwingt die Annahme hinreichenden Tatverdachts zur Erhebung der öffentlichen Klage? (Rn. 585 f.)
2. Welche Formen der Klageerhebung gibt es? (Rn. 588 f.)
3. Was setzt der hinreichende Tatverdacht voraus? (Rn. 590, 593 ff.)
4. Was beinhaltet der sog. Anklagesatz? (Rn. 604)
5. Was bezweckt der Anklagegrundsatz? (Rn. 610)
6. Wonach richtet sich die sachliche Gerichtszuständigkeit? (Rn. 627, 0)
7. Wonach die örtliche? (Rn. 633 ff.)
8. Welche Gerichte und Spruchkörper entscheiden in Strafsachen erstinstanzlich? (Rn. 0)
9. Wann kommt ein Strafbefehlsverfahren in Betracht? (Rn. 639 f., 646 ff.)

Teil III
Das Zwischenverfahren

12. Kapitel. Die Eröffnungsentscheidung

I. Aufgabe und Inhalt des Zwischenverfahrens

Zur Akte 2: 673

Schauen Sie sich jetzt bitte Bl. 52–54 an. Die Anklage wird den Verteidigern und Angeschuldigten vom Gericht zur etwaigen Stellungnahme zugestellt (§ 201, Bl. 52) und nach Fristablauf erfolgt gut zwei Wochen später der Eröffnungsbeschluss.

Nach der Anklageerhebung befinden wir uns jetzt im Zwischenverfahren (§§ 199– 674 211), dessen Sinn vor allem darin besteht, die Richtigkeit der Anklageerhebung zu kontrollieren. Nach dem Anklagegrundsatz (Rn. 610 ff.) setzt eine gerichtliche Befassung mit einem Straftatvorwurf zwar die zuvorige Anklage durch die Staatsanwaltschaft voraus. Dies zwingt aber keineswegs dazu, über jede erhobene Anklage auch zu verhandeln. Das Interesse des Angeschuldigten daran, nicht ohne Not den Belastungen einer öffentlichen Hauptverhandlung unterzogen zu werden, verlangt vielmehr eine doppelte Bejahung hinreichenden Tatverdachts, deren zweite mittels der im Zwischenverfahren stattfindenden Anklageprüfung durch das angerufene Gericht[1] geschieht.

Ihren *Hintergrund* findet diese Konstruktion der doppelten Prüfung einerseits in einem gewissen 675 Misstrauen gegenüber der Staatsanwaltschaft als politisch steuerbarer Behörde, andererseits und vor allem aber in der Einsicht in die Fehlbarkeit menschlichen Handelns, gegen die das praktizierte „Vier-Augen-Prinzip" eine gewisse Abhilfe verspricht. Praktisch bleibt die Effizienz des Zwi-

---

[1] Die Idee, diese Aufgabe einem anderen als dem erkennenden Gericht anzuvertrauen, die in dem ursprünglichen § 23 III RStPO noch ansatzweise vorhanden war, hat sich zu Recht im Ergebnis nicht durchgesetzt, vgl. dazu HbStrVf-Heghmanns Rn. VI.238; ferner Michael Heghmanns, Das Zwischenverfahren im Strafprozeß, 1991, S. 53 f.

schenverfahrens dennoch gering und ist Anlass für etliche Reformvorschläge gewesen.[2] Für seine mangelnde Ausnutzung mögen mehrere Gründe verantwortlich zeichnen, u. a. der vermeintliche Aufwand einer intensiveren Prüfung durch das Gericht und bequem erscheinende Ersatzlösungen im Hauptverfahren über Opportunitätseinstellungen. Sicherlich spielt auch die *Zurückhaltung der Verteidigung* eine Rolle, die vor dem Dilemma steht, zwar möglichst schon die Eröffnung vermeiden zu wollen, aber andererseits aus taktischen Gründen nicht bereits ihr gesamtes Entlastungsmaterial vorbringen zu können, um im Falle eines Scheiterns noch Material für die Hauptverhandlung in der Hand zu halten.[3] Es ist daher durchaus normal, wenn sich auch im Verfahren 2 keiner der Verteidiger im Zwischenverfahren zu den Anklagevorwürfen geäußert hat.

676 Mit der Anklageerhebung endet auch die Verfahrensherrschaft der Staatsanwaltschaft, der bisherigen „Herrin des Ermittlungsverfahrens". Nunmehr *bestimmt statt ihrer das Gericht* (und zwar bis zu seiner abschließenden Sachentscheidung im Zwischen- oder Hauptverfahren), in welcher Weise das Verfahren weiter verläuft. Die Staatsanwaltschaft ist (wie der Angeklagte) ab jetzt nur noch einfache Verfahrensbeteiligte, die zwar durch Anregungen, Anträge und Rechtsmittel Einfluss zu nehmen, aber nichts mehr selbst zu entscheiden und zu steuern vermag. So kann nun auch allein noch das Gericht das Verfahren aus Opportunitätsgründen einstellen (zu den Voraussetzungen dieser gerichtlichen Einstellungen siehe oben Rn. 173 ff.).

677 Eine Möglichkeit bleibt der Staatsanwaltschaft freilich bis zur Eröffnungsentscheidung noch, nämlich die *Rücknahme der Anklage*. Aus § 156 mit seinem Verbot der späteren Rücknahme (dem sog. *Immutabilitätsprinzip*) folgt im Umkehrschluss deren Zulässigkeit, solange das Zwischenverfahren noch läuft. Allerdings darf die Staatsanwaltschaft ihre Anklage nur zurücknehmen, um zutage getretene Fehler zu korrigieren.[4]

▶ Nähere Erläuterungen zur Anklagerücknahme finden sich auf *ET 12-01*.

678 Als eines der Mittel zur Verfahrensgestaltung nennt § 202 die gerichtliche *Anordnung von Ermittlungen*. Hierbei kann es freilich nicht darum gehen, lückenhaft geführte Ermittlungen der Staatsanwaltschaft gerichtlicherseits zu beseitigen.

Beispiel (Staatsanwaltschaft lässt Zeugen unbeachtet):
Martin H. soll bei einer tätlichen Auseinandersetzung auf einer Open-Air-Veranstaltung dem Anzeigeerstatter *Klaus J.* nach dessen Darstellung einen Zahn ausgeschlagen haben. *Martin H.* bestreitet dies und behauptet, ein ihm namentlich unbekannter Dritter hätte die Tat begangen. Als Zeugen benennt er zwei seiner Begleiter. Die Staatsanwaltschaft hat aber weder diese noch einen ebenfalls namentlich bekannten anwesenden Freund von *J.* vernommen, sondern sofort Anklage gegen *H.* wegen Körperverletzung zum Strafrichter erhoben. – Bei dieser Sachlage müsste das Gericht, wenn es eine sachlich zutreffende Prüfung des hinreichenden Tatverdachts vornehmen wollte, umfangreicher ermitteln als

---

[2] Näher Heghmanns Zwischenverfahren (Fn. 1), S. 2 ff., 35–56.
[3] Hans Dahs, Handbuch des Strafverteidigers, 7. Aufl. 2005, Rn. 432.
[4] HbStrVf-Heghmanns Rn. VI.163 ff., 170 f.

die Staatsanwaltschaft es bislang getan hatte; es müsste gewissermaßen ganze Teile des Ermittlungsverfahrens im Zwischenverfahren nachholen. Dies zu ermöglichen ist nicht die Aufgabe von § 202, weil ein Gericht, welches erst durch aufwendige eigene Ermittlungen eine Anklage „retten" muss, im Grunde in die Gerichtsrolle des alten Inquisitionsprozesses rutscht und kaum noch unbefangen in einer Hauptverhandlung wird urteilen können. Statt zu ermitteln, müsste in solchen Fällen daher gemäß § 204 die Nichteröffnung beschlossen werden.[5]

§ 202 soll deshalb nur erlauben, einen solchen Aufklärungsbedarf zu befriedigen, der entweder infolge zusätzlicher Erkenntnisse nachträglich entsteht (z. B. infolge einer erst jetzt abgegebenen Einlassung des Angeschuldigten) oder der die Eröffnungsentscheidung selbst nicht betrifft, etwa zu persönlichen Verhältnissen des Angeschuldigten, die allein für die etwaige Strafzumessung in der Hauptverhandlung bedeutsam werden.[6]

679

II. Die Entscheidung über Eröffnung und Nichteröffnung

Richtigerweise stehen dem Gericht im Zwischenverfahren am Ende deswegen nur drei Vorgehensweisen zur Verfügung (s. Abb. 1): Eröffnung (§ 203, einschließlich modifizierter Eröffnung [§ 207 II]), Ablehnung der Eröffnung (§ 204) und bei sachlicher Unzuständigkeit die Vorlage bzw. Eröffnung vor dem zuständigen Gericht (§ 209).

680

Die bezeichneten Eröffnungsentscheidungen treffen *allein die Berufsrichter* des angerufenen Spruchkörpers (§§ 30 II, 76 I 2 GVG).

681

Gegen eine *Nichteröffnungsentscheidung* kann die Staatsanwaltschaft *sofortige Beschwerde* einlegen (§ 210 II).[7] Tut sie dies nicht, so endet das gerichtliche Verfahren und die Sache wird wieder in den Stand des Ermittlungsverfahrens zurückversetzt. Die Staatsanwaltschaft kann dann entweder ergänzende Ermittlungen anstellen, um doch noch einen hinreichenden Tatverdacht zu erzielen, oder aber sie stellt das Verfahren nunmehr nach § 170 II ein. Mit der Nichteröffnung geht eine *beschränkte Rechtskraft* einher (§ 211): Im Falle neuer Tatsachen oder Beweismittel kann die Staatsanwaltschaft dieselbe Tat erneut zur Anklage bringen; eine erneute Anklage auf unveränderter Tatsachengrundlage wäre ihr hingegen verwehrt.

682

Die Eröffnungsentscheidung (der sog. *Eröffnungsbeschluss*) leitet hingegen das Verfahren in das gerichtliche Hauptverfahren über und bildet als Prozessvoraussetzung im Weiteren dessen Grundlage. Fehlt sie (z. B. im Falle einer versehentlich vom Richter ohne Eröffnungsbeschluss sofort verfügten Terminierung), wäre das Verfahren als solches unzulässig und müsste durch Urteil eingestellt werden (§ 260 III). Anklagefehler (z. B. die ungenügende und daher verwechslungsgeeignete Be-

683

---

[5] HbStrVf-Heghmanns Rn. VI.236 f., 239, m. w. N. Ergibt sich nach den darauf folgenden Ermittlungen der Staatsanwaltschaft doch ein hinreichender Tatverdacht, so liegen i. S. v. § 211 neue Tatsachen vor, d. h. es könnte dann erneut angeklagt werden.

[6] HbStrVf-Heghmanns Rn. VI.240, 242 f.

[7] Zum Beschwerdeverfahren siehe oben Rn. 354 ff.

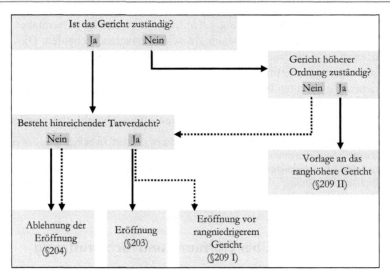

Abb. 1 Prüfungsablauf für das Gericht bei der Eröffnungsentscheidung

schreibung der angeklagten Tat) schlagen auf den Eröffnungsbeschluss durch, weshalb im Ergebnis auch eine fehlerhafte Anklage zum Fehlen einer Prozessvoraussetzung führen kann. Mit dem Eröffnungsbeschluss entsteht auch die sog. *Rechtshängigkeit* der Sache,[8] die als Prozesshindernis einer weiteren Anklage derselben prozessualen Tat vor anderen Gerichten entgegensteht.[9]

684 **Zur Akte 2:**

Ein schlichter Eröffnungsbeschluss, wie er sich Bl. 53 findet, bedarf keiner Begründung,[10] zumal er auch gemäß § 210 prinzipiell[11] nicht angefochten werden kann. Die Nebenentscheidung über die Aufrechterhaltung des Haftbefehls ergibt wegen § 207 IV. Die Verteidigerbestellung (siehe dazu Rn. 561 f.) brauchte hier ausnahmsweise entgegen § 141 I nicht schon mit der Anklagezustellung zu erfolgen, weil der Verteidiger ja bereits mandatiert war und es nur darum ging, ihm den Wechsel vom Wahl- zum Pflichtmandat zu ermöglichen. Zur Nebenklagezulassung siehe später bei Rn. 844 ff.

---

[8] BGHSt 29, 341 (343).
[9] KK-Schneider § 207 Rn. 2.
[10] KK-Schneider § 207 Rn. 5.
[11] Zu Ausnahmen, insb. der Anfechtung durch die Staatsanwaltschaft, siehe näher HbStrVf-Heghmanns Rn. VI. 331 ff.

II. Die Entscheidung über Eröffnung und Nichteröffnung

Bei Anklagen zum Landgericht und zum Oberlandesgericht müsste im Eröffnungsbeschluss, spätestens aber bei der Terminsbestimmung, zugleich über die Frage entschieden werden, ob die Hauptverhandlung in *reduzierter Besetzung* durchzuführen ist (§§ 76 II 1, 122 II 2 GVG, siehe dazu Rn. 625). Bis zum Beginn der Hauptverhandlung kann eine reduzierte Strafkammer wieder auf volle Besetzung gebracht werden, während ihre nachträgliche Reduktion unmöglich ist (§ 76 IV GVG).[12]

685

Anstelle einer uneingeschränkten Zulassung der erhobenen Anklage kann das Gericht auch kleinere Fehler der Anklageschrift im Wege einer *modifizierten Zulassung* nach § 207 II korrigieren. Das betrifft insb.[13] die Teileröffnung, wenn mehrere Taten angeklagt wurden, aber wegen einiger von ihnen nach Ansicht des Gerichts kein hinreichender Tatverdacht besteht (§ 207 II Nr. 1). Ferner kann das Gericht die rechtliche Subsumtion in anderer Weise vornehmen (§ 207 II Nr. 3), was schon aus § 206 folgt. Dies ersetzt gleichzeitig den rechtlichen Hinweis nach § 265, der andernfalls in der Hauptverhandlung erteilt werden müsste, wenn der Vorwurf erst dort auf die zutreffende Strafvorschrift umgestellt würde (siehe Rn. 615).

686

Beispiel (Umstellen von Versuch auf Vollendung):

687

Dem Angeschuldigten Udo W. war in der Schwurgerichtsanklage der Staatsanwaltschaft versuchter Mord an seiner Ehefrau Joana W. zur Last gelegt worden. Im Verlaufe des Zwischenverfahrens verstarb Joana W., und zwar wahrscheinlich an Spätfolgen der Tat. — Da das Tatgeschehen in historischer Hinsicht immer noch dasselbe ist, kann das Schwurgericht in seiner Eröffnungsentscheidung auf Grund des veränderten Sachverhalts diese Tat nun anders werten und das Hauptverfahren somit gemäß § 207 II Nr. 3 mit der Maßgabe eröffnen, dass dem Angeklagten statt des angeklagten versuchten nunmehr ein vollendeter Mord zur Last gelegt wird. In diesem Fall bedarf der Eröffnungsbeschluss zudem einer – wenngleich kurzen – Begründung, damit der Angeklagte die Gründe der veränderten rechtlichen Würdigung erfährt. Eine solche veränderte Anklagezulassung ist selbstverständlich nicht auf die Fälle neuer Tatsachenerkenntnisse wie im Beispielsfall beschränkt; auch fehlerhafte Subsumtionen der Staatsanwaltschaft können auf diesem Wege richtiggestellt werden. Allerdings dürfen die Grenzen des prozessual angeklagten Tatgeschehens nicht gesprengt werden. So wäre es etwa unzulässig, auf die fälschliche Diebstahlsanklage der Wegnahme einer Sache als Pfand für vermeintliche, tatsächlich aber aus der Luft gegriffene Gegenforderungen das Hauptverfahren wegen des (materiell richtigen) Vorwurfs der versuchten Erpressung zu eröffnen. Denn aus historischer Sicht würden damit auch die verfahrensgegenständlichen Tathandlungen ausgewechselt; es träte an die Stelle der am Tag X begangenen Wegnahme der am späteren Tage Y folgende Erpressungsversuch des Geschädigten.

---

[12] Ausnahme: Es erfolgt eine begründete Beanstandung nach § 222b, vgl. MEYER-GOßNER § 222b Rn. 3a, 12.

[13] Die beiden weiteren Varianten in § 207 II Nrn. 2 und 4 betreffen praktisch kaum einmal relevant werdende Verfahrensgestaltungen.

Wiederholungsfragen zum 12. Kapitel
1. Welche Aufgaben hat das Zwischenverfahren? (Rn. 674 f.)
2. Kann die Staatsanwaltschaft eine einmal erhobene Anklage auch wieder zurücknehmen? (Rn. 677)
3. Welche Folgen hat die Nichteröffnung des Hauptverfahrens? (Rn. 682)
4. Welche Funktion kommt der Eröffnungsentscheidung zu? (Rn. 683)
5. Kann die Entscheidung über Eröffnung oder Nichteröffnung des Hauptverfahrens angefochten werden? (Rn. 682, 684)

Teil IV
Das Hauptverfahren

13. Kapitel. Die Vorbereitung der Hauptverhandlung

Das *Hauptverfahren* beginnt nach Erlass des Eröffnungsbeschlusses und endet, sofern das Verfahren nicht zwischenzeitlich eingestellt wird, mit der Abfassung des schriftlichen Urteils. Es besteht also mitnichten allein aus der eigentlichen Hauptverhandlung, sondern mag sich auch ohne sie über Monate, manchmal sogar über Jahre hinziehen. Man kann das Hauptverfahren in die Phasen der *Vorbereitung der Hauptverhandlung*(§§ 212–225a), der *Hauptverhandlung* selbst (§§ 226–275) sowie der *Urteilsabsetzung* (§ 275) unterteilen (Abb. 1). **688**

Zur Vorbereitungsphase zählt ferner das Verfahren gegen Abwesende (§§ 276–295), das einen irreführenden Namen trägt und eigentlich Beweissicherungszwecken dient (§ 285 I, siehe dazu Rn. 703 ff.). **689**

I. Die Terminsbestimmung

1. Das Beschleunigungsgebot

> **Zur Akte 2:** **690**
> Lesen Sie bitte Bl. 53–55 d.A.! Mit dem Eröffnungsbeschluss erfolgen zeitgleich die Terminierung (Ziff. II. der richterlichen Verfügung Bl. 53 f., § 213) sowie die Ladung der Beteiligten und Zeugen zur Hauptverhandlung (Ziff. III–VIII, vgl. §§ 214–218).

Diese Vorgehensweise ist geradezu idealtypisch, zumal hier der Eröffnungsbeschluss nur wenige Wochen nach Anklageerhebung erging. Wäre das Gericht dagegen ausgelastet, würde in der Praxis entweder der Erlass des Eröffnungsbeschlusses so lange hinausgezögert, bis zugleich terminiert werden kann, oder der Eröffnungsbeschluss zwar erlassen und zugestellt, jedoch dann zunächst nichts weiter veranlasst und das Verfahren bliebe monatelang liegen, bis die Erledigung vorrangiger Verfahren (d. h. von Haftsachen, verjährungsbedrohten oder schlicht früher eingegangenen Verfahren) irgendwann eine Terminsbestimmung zulässt. Beide Vorgehensweisen belasten nicht nur den Angeklagten, der in der Regel an einer schnellen Klärung interessiert ist. Sie wirken sich **691**

zuvor : *Zwischenverfahren* (endend mit Eröffnungsbeschluss)		
	einzelne Abschnitte	wesentliche Inhalte
Hauptverfahren ↓ ↓	Vorbereitung der Hauptverhandlung	Terminsbestimmung (Rn. 690 ff.) Ladungen (Rn. 698 ff.)
	Hauptverhandlung	Terminsdurchführung vom Aufruf der Sache bis zur Urteilsverkündung
	Urteilsabsetzung	Abfassung, Unterzeichnung und Zustellung des (schriftlichen) Urteils
ggf. anschließend: *Rechtsmittelverfahren* (Berufung oder Revision)		

Abb. 1 Verlauf eines – idealtypischen – Hauptverfahrens

zugleich nachteilig auf das Verfahren selbst aus, weil mit zunehmendem zeitlichen Abstand zur Tat die – oft auf das Erinnerungsvermögen der Zeugen angewiesene – Beweiserhebung immer schwieriger wird.

692 Art. 6 I 1 EMRK verlangt eine Verhandlung „in angemessener Frist" und regelt damit positivrechtlich das *Beschleunigungsgebot*, welches daneben zusätzlich verfassungsrechtlich fundiert werden kann. Denn eine verzögerte Herangehensweise verletzt das Recht des Beschuldigten auf ein rechtsstaatlich faires Verfahren (Art. 2 I i. V. m. Art. 20 III GG).[1] Das Beschleunigungsgebot gilt im Übrigen grundsätzlich für alle Verfahrensabschnitte und nicht erst im Hauptverfahren.[2]

693 *Verletzungen des Beschleunigungsgebotes* können auf mehreren Ebenen Folgen bewirken.
- Das Unterlassen einer Terminsbestimmung wäre mittels Beschwerde angreifbar;[3] allerdings überprüft das Beschwerdegericht allein, ob die Terminierung bislang ermessensfehlerfrei unterblieb, etwa wegen des Vorziehens mindestens ebenso dringlicher anderer Sachen.[4]

---

[1] BVerfGE 63, 45 (69); BVerfG (Vorprüfungsausschuss) NJW 1984, 967; BVerfG (Kammer) NJW 2003, 2225.

[2] Marco MANSDÖRFER, Das Recht des Beschuldigten auf ein unverzögertes Ermittlungsverfahren, GA 2010, 153–168.

[3] HK-JULIUS § 213 Rn. 11; zum Beschwerdeverfahren s. o. Rn. 342 ff.

[4] Näher HbStrVf-HEGHMANNS Rn. VI.394.

- Erreicht die Verfahrensverzögerung ein Maß, welches als rechtsstaatswidrig anzusehen ist, so wurde dem früher (zur Vermeidung einer Sanktion nach Art. 41 EMRK) im Urteil durch eine überobligatorische Strafmilderung Rechnung getragen.[5] Inzwischen ist die Rspr. stattdessen zur sog. *Vollstreckungslösung* übergegangen. Nach ihr verhängt das Gericht die Strafe zwar ungemildert, bezeichnet aber je nach Dauer der Verzögerung einen gewissen Teil der Strafe fiktiv als bereits vollstreckt.[6]

694

- Es kann schließlich ein *Entschädigungsanspruch* nach den §§ 198 ff. GVG entstehen, der allerdings hinsichtlich der Nichtvermögensschäden subsidiär zu einer Berücksichtigung nach der soeben angesprochenen Vollstreckungslösung wäre (§ 199 III 1 GVG). Um überhaupt Ansprüche geltend machen zu können, bedarf es bereits im Verfahren der Erhebung einer Verzögerungsrüge (§ 198 III 1 GVG).

695

Die beiden zuletzt genannten Folgen können gleichermaßen eintreten, falls der verspätete Verfahrensabschluss seinen Ausgang bereits in Verzögerungen während der Ermittlungsphase nahm, das gerichtliche Verfahren aber sodann zügig durchgeführt wurde. Weitergehende Ansprüche, etwa auf Verfahrenseinstellung anstelle der Anklageerhebung, bestehen hingegen nicht.[7]

696

2. Verhandlung unter Verzicht auf die Anwesenheit des Angeklagten?

Grundsätzlich findet keine Hauptverhandlung in Abwesenheit des Angeklagten statt (§ 230 I). Damit wird einerseits dem Grundsatz des rechtlichen Gehörs (Art. 103 I GG) entsprochen und andererseits die Qualität der Urteilsfindung gewährleistet.[8] Die §§ 232, 233 allerdings durchbrechen diese Regel der §§ 230 I, 285 I 1 und erlauben in bestimmten Fällen ausnahmsweise dennoch, gänzlich ohne den Angeklagten zu verhandeln.[9] Sie betreffen freilich auch nur Verfahren mit Vorwürfen von geringerem Gewicht.

697

▶ Eine nähere Darstellung beider Typen des Abwesenheitsverfahrens, deren Bedeutung infolge der Einführung des nachträglichen Strafbefehls (§ 408a) inzwischen deutlich gesunken ist, finden Sie auf *ET 13-01*.

---

[5] BGHSt 24, 239 (242); BGH NJW 1999, 1198 (1199).
[6] BGHSt 52, 124; ausführlichere Besprechung von Michael HEGHMANNS ZJS 2008, 197–202.
[7] Dafür aber MANSDÖRFER (Fn. 2), GA 2010, 165 ff.
[8] ROXIN/SCHÜNEMANN § 62 Rn. 1.
[9] Im Gegensatz dazu sehen die §§ 231 II, 231a-231c, 408a und 329 Verhandlungen bzw. Entscheidungen in Abwesenheit vor, falls der zum Termin geladene Angeklagte ausbleibt.

II. Die Ladung von Beteiligten, Zeugen und Sachverständigen

1. Ladungen durch das Gericht

698 Nach § 214 I obliegt dem Gerichtsvorsitzenden die Ladung aller Beteiligten, wobei gegenüber dem Angeklagten und seinem Verteidiger eine *Ladungsfrist von einer Woche* einzuhalten ist (§§ 217, 218 Satz 2). Im erstinstanzlichen Verfahren vor dem Landgericht kann dies mit der *Mitteilung über die Gerichtsbesetzung* verbunden werden (§ 222a I).[10]

699 *Zeugen und Sachverständige* können mit einfachem Brief geladen werden; eine förmliche Zustellung erfolgt im Allgemeinen nur dann, wenn mit einem Ausbleiben des Zeugen zu rechnen wäre und man, um Ordnungsmittel und Zwangsmaßnahmen anordnen zu können, einen Nachweis des Ladungszugangs zu benötigen meint. Die geladenen Personen sind dem Angeklagten bzw. seiner Verteidigung, der Staatsanwaltschaft sowie einem etwaigen Nebenkläger gemäß § 222 *namhaft zu machen*. Bei Zeugen ist dabei nur ihr Wohnort anzugeben, nicht die vollständige Adresse. Die Mitteilung dient insb. der Verteidigungsvorbereitung und ermöglicht der Verteidigung, ggf. nach ihrer Auffassung weitere benötigte Zeugen oder Sachverständige selbst zu laden (§ 220, siehe Rn. 701 ff.).

700 Auch die *Herbeischaffung der Asservate* wird das Gericht anordnen; ausgeführt wird diese Anordnung dann allerdings zumeist von der Staatsanwaltschaft, in deren Asservatenkammern die fraglichen Gegenstände für gewöhnlich lagern werden. Die Regelung des § 214, die ein selbstständiges Vorgehen der Staatsanwaltschaft suggeriert, ist missverständlich formuliert; sie meint nichts anderes als den beschriebenen Ablauf.

2. Die Selbstladung von Zeugen oder Sachverständigen

701 Das Recht zu Selbstladung eröffnet Angeklagtem (§ 220) und Staatsanwaltschaft[11] (§ 214 III) die Möglichkeit, dem Gericht Beweismittel gewissermaßen aufzunötigen. Der Vorteil der Selbstladung liegt darin, dem Gericht die Zurückweisung eines Beweisantrages auf Vernehmung selbstgeladener Zeugen/Sachverständiger gemäß § 245 II gegenüber einem gewöhnlichen Beweisantrag zu erschweren. Insbesondere stehen aus dem Katalog des § 244 III die Zurückweisungsgründe der Wahrunterstellung und der Bedeutungslosigkeit nicht zur Verfügung (siehe dazu unten Rn. 1028 ff.).

702 Die Selbstladung setzt ein exaktes Einhalten der einschlägigen *Verfahrensvorschriften* voraus;[12] die Ladung selbst erfolgt mit Hilfe des Gerichtsvollziehers (§ 38):

---

[10] Andernfalls ist dies zu Beginn der Hauptverhandlung nachzuholen. Dasselbe gilt im erstinstanzlichen Verfahren vor den Oberlandesgerichten.
[11] Zum dazu ebenfalls berechtigten Nebenkläger siehe unten Rn. 868.
[12] Zu weitere Einzelheiten siehe HbStrVf-Heghmanns Rn. VI.454.

- Es ist eine *schriftliche Ladung* für die Beweisperson auszufertigen. Sie muss u. a. Zeit und Ort der Hauptverhandlung, Gericht sowie Aktenzeichen benennen. Ferner sind die Folgen der §§ 51 I bzw. 77 für den Fall der Säumnis aufzunehmen.
- Der *Entschädigungsbetrag*, der dem Zeugen/Sachverständigen nach dem JVEG zusteht, ist ihm in bar anzubieten oder zu hinterlegen (§ 220 II).
- Es bedarf eines Ladungsauftrages an den *Gerichtsvollzieher* unter Beifügung des für den Zeugen bestimmten Ladungsschreibens. Ferner ist bei barer Entschädigungsleistung diese an den Gerichtsvollzieher anzuweisen bzw. ein Nachweis über ihre Hinterlegung beizulegen. Andernfalls bestünde für den Geladenen keine Verpflichtung, der Ladung zu folgen (§ 220 II).
- Der vom Gerichtsvollzieher ausgestellte *Ladungsnachweis* (den dieser von der Bezahlung seiner Gebühren abhängig machen kann) muss dem Gericht vorgelegt werden.
- Zeugen bzw. Sachverständige sind den übrigen Beteiligten gemäß § 222 II *namhaft zu machen*.
- In der Hauptverhandlung ist ein *Beweisantrag* auf Einvernahme des Zeugen bzw. Sachverständigen zu stellen.
- Schließlich muss ein *Antrag auf Erstattung* der verauslagten Beträge aus der Landeskasse gestellt werden (§ 220 III). Im Erfolgsfalle werden diese Kosten den Verfahrenskosten zugeschlagen; andernfalls trüge sie der Angeklagte unabhängig vom Ausgang des Verfahrens.

III. Maßnahmen in Abwesenheit von Beteiligten

1. Abwesenheit des Angeklagten

Der irreführend mit „Verfahren gegen Abwesende" betitelte achte Abschnitt des zweiten Buchs der StPO (§§ 276–295) regelt in Wirklichkeit (zum kleineren Teil) *beweissichernde Verfahrensvorbereitungen* gegen einen (noch) abwesenden Angeklagten (vgl. die §§ 285 I 2, 289). Gemeint ist damit insb. die richterliche Vernehmung von Zeugen.[13] Auf diese Weise können richterliche Vernehmungsprotokolle erstellt werden, die später gemäß § 251 II verlesbar sind, falls der Zeuge (etwa infolge seines Gesundheitszustandes) beim Wiederauftauchen des Angeklagten nicht mehr zu Beweiszwecken zur Verfügung steht.

703

Die meisten Regelungen betreffen allerdings Maßnahmen, die den Angeklagten veranlassen sollen, sich doch noch dem Verfahren zu stellen. Dazu ermöglichen die §§ 290 ff., das inländische *Vermögen des Beschuldigten in Beschlag zu nehmen* (soweit ein solches vorhanden ist). Die Beschlagnahme dauert an, bis er sich wieder zur Verfügung hält; danach erfolgt ihre Aufhebung (§ 293 I).[14]

704

---

[13] KK-ENGELHARDT § 285 Rn. 9.
[14] KK-ENGELHARDT § 293 Rn. 1.

705 § 295 erlaubt alternativ die *Zusicherung sicheren Geleits*, das für den Angeklagten freilich unattraktiv bleibt, weil es mit seiner Verurteilung zu Freiheitsstrafe erlischt, er sich also vernünftigerweise gar nicht darauf einlassen kann.

2. Abwesenheit von Zeugen

706 Bedeutung erlangt das *sichere Geleit* deshalb heute vorwiegend *gegenüber Zeugen*, die ihre Strafverfolgung in anderer Sache befürchten. Ihnen kann (ebenfalls nach § 295) in dieser anderen Sache sicheres Geleit zugesichert werden,[15] damit sie wenigstens als Zeugen gegen weitere Angeklagte zur Verfügung stehen. In ihrer eigenen Strafsache drohen ihnen dann während ihres Aufenthaltes in Deutschland keine Zwangsmaßnahmen.

707 Bestehen andere Hindernisse in der Person eines Zeugen, z. B. Altersgebrechlichkeit oder Krankheit, die eine Anreise zur Hauptverhandlung unmöglich machen, so erlaubt § 223 die Vernehmung durch einen beauftragten oder ersuchten Richter (sog. *kommissarische Vernehmung*) zum Zwecke der Gewinnung richterlicher Vernehmungsprotokolle, die nach § 251 II in der folgenden Hauptverhandlung vernehmungsersetzend verlesen werden könnten. Ob man diesen Weg überhaupt beschreitet und welche Form der kommissarischen Vernehmung dann wählt (s. Tab. 1), hängt auch von der Bedeutung des fraglichen Zeugen ab. Bestehen etwa genug weitere Beweismöglichkeiten, so wäre das Gericht nach § 244 II nicht verpflichtet, auch noch den verhinderten Zeugen anzuhören. Die Anordnung einer kommissarischen Vernehmung setzt deshalb voraus, gerade auch diesen Zeugen zur Sachaufklärung zu benötigen.

708 Von den Vernehmungsterminen sind die Beteiligten nach § 224 I 1 zu unterrichten, damit sie ihre (u. a. Frage-)Rechte wahrnehmen können.[16] Nur bei Gefährdung des Untersuchungszweckes (z. B. wegen zu besorgender erheblicher Verzögerung oder der Gefahr, ein Zeuge werde in Anwesenheit des Beschuldigten keine Aussage machen) darf die Benachrichtigung unterbleiben (§ 224 I 2).

> **Beispiel (Angeklagter wird von kommissarischer Vernehmung nicht informiert):[17]**
>
> Gegen *Erhard K.* war Anklage in Berlin wegen Verleumdung erhoben worden. Das Gericht hatte die Vernehmung des in Westdeutschland ansässigen Zeugen *Jochen M.* wegen ihm unzumutbaren Erscheinens[18] gemäß § 223 II durch einen ersuchten Richter des Amtsgerichts Hannover angeordnet. Der dortige Richter hatte den Vernehmungstermin auf den 28.07.1953 anberaumt und *K.* davon per Brief unterrichtet. Diesen Brief erhielt *K.* aber erst am 29.07. In der Hauptverhandlung gegen *K.* wurde das Vernehmungsprotokoll gemäß § 251 StPO a. F.[19] verlesen. – Damit war die gemäß § 224 erforderliche Benachrichtigung des Angeklagten vom Vernehmungstermin nicht ordnungsgemäß erfolgt, denn es bestand

---

[15] Für eine Anwendbarkeit auch in diesen Konstellationen vgl. BGHSt 35, 216 (217); ferner KK-ENGELHARDT § 295 Rn. 1.
[16] KK-GMEL § 224 Rn. 3.
[17] BGHSt 9, 24 (verkürzt).
[18] Seinerzeit war der Zugang nach Berlin nur auf dem Luftwege oder durch die DDR möglich gewesen.
[19] Nach heutigem Recht wäre die einschlägige Rechtsgrundlage § 251 II Nr. 2 gewesen; dem entsprach seinerzeit im Wesentlichen § 251 I StPO a.F.

Tab. 1 Kommissarische Vernehmungen (§ 223)

Vernehmungsart	Beauftragter Richter	Ersuchter Richter
Vernehmungsperson(en)	Ein (oder mehrere) Richter des erkennenden Gerichts	(Fremder) Richter am Vernehmungsort (z. B. dem Wohnort des Zeugen)
Auswahlkriterien	Besondere Aktenkenntnis zur sachgerechten Vernehmung erforderlich, persönlicher Eindruck vom Zeugen erscheint wichtig[a]	Geringe Bedeutung der Sache, große Entfernung zum Vernehmungsort, Vernehmung im Ausland im Wege der Rechtshilfe erforderlich[b]

[a] Die Einführung dieser Eindrücke ist allerdings nur möglich, wenn sie in das zu verlesende Protokoll der richterlichen Vernehmung eingeflossen sind; ein mündlicher Bericht des beauftragten Richters wäre unzulässig (BGHSt 45, 354 [359 ff.])
[b] Vgl. dazu näher KK-Gmel § 223 Rn. 25

auch keine Gefährdung des Untersuchungszwecks infolge der Anwesenheit von K. Weil die kommissarische Vernehmung als vorgezogener Teil der Hauptverhandlung fungiert[20] und somit unzulässigerweise in Abwesenheit gegen den Angeklagten prozediert worden war, hob der BGH dessen Verurteilung auf. Zwar bedarf es keiner tatsächlichen Anwesenheit des Angeklagten im Vernehmungstermin; eine Teilnahme muss ihm aber zumindest ermöglicht werden.

> **Wiederholungsfragen zum 13. Kapitel**
> 1. Wo ist das Beschleunigungsgebot normiert? (Rn. 692)
> 2. Welche Folgen kann seine Verletzung haben? (Rn. 694 f.)
> 3. Warum kann die Selbstladung von Zeugen vorteilhaft sein? (Rn. 701)
> 4. Welchen Zwecken dient eine kommissarische Vernehmung? (Rn. 707)
> 5. Was bedeutet „sicheres Geleit"? (Rn. 705 f.)

---

[20] BGHSt 9, 24 (27).

14. Kapitel. Die Hauptverhandlung im Überblick

I. Zielsetzung und Ablauf

1. Das Ziel der Hauptverhandlung

In formaler Hinsicht muss die Hauptverhandlung am Ende zu einer Entscheidung über den Anklagevorwurf (soweit er im Eröffnungsbeschluss zugelassen wurde[1]) führen. Eine solche Entscheidung kann aus einer Verurteilung, einem Freispruch (einschließlich einer Einstellung nach § 260 III wegen eines Verfahrenshindernisses), einer Einstellung aus Opportunitätsgründen oder auch aus einer Mischung mehrerer dieser Entscheidungsformen bestehen.

709

Beispiel (unterschiedliche Entscheidungen in derselben Hauptverhandlung):
Marco G. war wegen schweren Raubes in vier Fällen, wegen einer Vergewaltigung und wegen eines (geringfügigeren) Vergehens gegen das BtMG angeklagt worden. Während der Hauptverhandlung stellte das Gericht auf Antrag der Staatsanwaltschaft den Verstoß gegen das BtMG gemäß § 154 II im Hinblick auf die verbleibenden Vorwürfe vorläufig ein. Im späteren Urteil wurde G. wegen schweren Raubes in drei Fällen zu einer Gesamtfreiheitsstrafe von sieben Jahren verurteilt und im Übrigen (also hinsichtlich des letzten Raubes sowie der Vergewaltigung) freigesprochen. – Mit Urteil und vorangegangener Teileinstellung zusammen hat das Gericht den gesamten Verfahrensgegenstand, d. h. die angeklagten prozessualen Taten im Sinne von § 155 I, vollständig erledigt. Es darf nämlich am Ende des Hauptverfahrens keine verfahrensgegenständliche prozessuale Tat unentschieden verbleiben. Andernfalls müsste das Gericht – wenn auch nur wegen dieser verbleibenden Tat – entweder im Beschlusswege

710

---

[1] Zu Teileröffnungen bzw. Änderungen am Anklagevorwurf siehe oben Rn. 696 f.

eine Einstellungsentscheidung treffen[2] oder aber eine weitere Hauptverhandlung anberaumen, um darin durch ein weiteres Urteil abschließend zu befinden.

711 Tatsächlich endet nahezu die Hälfte der Hauptverfahren mit einer (zumindest teilweisen) Verurteilung des Angeklagten, wenngleich auch der Anteil der Opportunitätseinstellungen nicht ganz unbeträchtlich ist.

▶ Nähere Informationen zu den Verfahrensergebnissen finden sich auf ET 14-01.

712 In *materieller Hinsicht* selbst soll die Hauptverhandlung zu
einem materiell richtigen, prozessual korrekt gewonnenen und Rechtsfrieden stiftenden Ergebnis gelangen.[3]
Die *Erforschung der Wahrheit* bleibt damit zwar ein – von § 244 II sogar explizit vorgegebenes – Ziel.[4] Es wird jedoch in erheblichem Umfang durch das Erfordernis einer prozessual ordnungsgemäßen Sachverhaltserforschung relativiert. Die Prozessregeln aber eliminieren bestimmte Erkenntnismittel (z. B. den berechtigt die Aussage verweigernden Zeugen) und bestimmte Erkenntnismethoden aus der Sachverhaltserforschung (z. B. unerlaubte Lauschangriffe oder die in § 136a genannten Vernehmungsmethoden). Schon dies führt häufig zu Entscheidungen, die nicht auf der Basis materieller Wahrheit ergehen, sondern eine *prozessuale Wahrheit* zu Grunde legen.

713 **Beispiel (Tatopfer schweigt):**[5]
Arnold P. stand im Verdacht, seine minderjährige Enkeltochter *Nora P.* sexuell missbraucht zu haben. Im Verlaufe des Ermittlungsverfahrens äußerte sich *Nora P.* gegenüber einer psychologischen Sachverständigen ausführlich und *Arnold P.* stark belastend zum Tatgeschehen. In der Hauptverhandlung verweigerte sie aber nach § 52 die Aussage mit der Folge, dass gemäß § 252 ihre gesamten früheren Angaben, einschließlich der gegenüber der Sachverständigen gemachten, unverwertbar blieben. Die verbleibenden Beweise genügten nicht, um *Arnold P.* zu überführen, der deshalb freizusprechen war. – Man kann objektiv mit einiger Sicherheit von einem tatsächlich stattgefundenen, materiell strafwürdigen sexuellen Missbrauch durch *Arnold P.* ausgehen. Sein Freispruch entspricht daher nicht der materiellen Wahrheit und erfolgt dennoch in jeder Hinsicht ordnungsgemäß. Indem das Strafverfahrensrecht aus Gründen der Menschenwürde, des Schutzes der Familie und der Privatsphäre bestimmte Erkenntnisse nicht zulässt, muss es notgedrungen in Kauf nehmen, nicht in jedem Fall eine dem materiellen Strafrecht entsprechende Entscheidung erzielen zu können.

---

[2] Dies mag entweder eine Opportunitätseinstellung sein oder eine Verfahrenseinstellung wegen eines Verfahrenshindernisses nach § 206a f. sein.
[3] ROXIN/SCHÜNEMANN § 1 Rn. 3.
[4] Vgl. MEYER-GOßNER vor § 226 Rn. 1; HENKEL S. 321 f.
[5] Verkürzter und abgewandelter Sachverhalt nach BGHSt 46, 189.

I. Zielsetzung und Ablauf

Eine weitere, häufig nicht zu überwindende Hürde auf dem Weg zu einer materiell richtigen Entscheidung bilden die ganz gewöhnlichen *menschlichen Unzulänglichkeiten*. Der Richter, der die Tat nicht selbst wahrgenommen hat, ist darauf angewiesen, sie anhand der ihm zur Verfügung stehenden Beweismittel zu rekonstruieren. Dabei gelingt die Erkundung des Tatgeschehens in den wenigsten Fällen allein mittels objektiver Beweise (z. B. der Aufnahme einer Videoüberwachungskamera) und ist zumeist (auch) auf Zeugen- und Angeklagtenangaben angewiesen. Diese aber sind selbst bei gutem Willen aller Beteiligten auf Grund der völlig normalen Wahrnehmungsdefizite und Erinnerungsverluste häufig unzutreffend.[6] Auch „versteht" wegen unterschiedlicher Sprach- und Sozialkultur mancher Richter nicht (oder deutet es falsch), was ein Zeuge ihm vermitteln möchte. Im subjektiven Bereich, also für Vorsatz und Tatmotive, ist man sogar fast ausschließlich[7] auf Aussagen verwiesen, sofern man sich nicht auf letztlich unsichere Rückschlüsse oder normative Zuschreibungen auf der Basis des objektiven Geschehens verlassen möchte.

714

Die geschilderten rechtlichen und tatsächlichen Erkenntnisschranken lassen die Ergründung der Wahrheit für das Gericht regelmäßig zu einer utopischen Wunschvorstellung werden. Insofern ist es schlicht konsequent, wenn sich das Gesetz als Verurteilungskriterium in § 261 mit der subjektiven *richterlichen Überzeugung* von der Schuld des Angeklagten begnügt (dazu näher Rn. 1042 ff.) und keinerlei empirisch objektivierbaren Nachweis verlangt, denn ein solcher wäre angesichts der unzulänglichen Erkenntnisbasis ein Ding der Unmöglichkeit. Der Richter kann nur versuchen, der Wahrheit möglichst nahe zu kommen, er sollte sich aber niemals der Illusion hingeben, sie im Rahmen einer Hauptverhandlung sicher feststellen zu können.

715

2. Der Ablauf der Hauptverhandlung

a) Die Protokollierung

> **Zur Akte 2:**
> Lesen Sie jetzt bitte das Protokoll der Hauptverhandlung vor dem Schöffengericht Bl. 56–65 durch!

716

Das Hauptverhandlungsprotokoll und seine Inhalte basieren auf den §§ 271–273 und es gewinnt über die Beweiskraftregel des § 274 Bedeutung vor allem für ein etwaiges Revisionsverfahren (dazu aber später Rn. 1164 ff.).

Das vom Protokollführer erstellte und zusätzlich vom Vorsitzenden unterzeichnete Protokoll stellt eine gemeinsame Erklärung beider dar (§ 271). Der Protokollführer („Urkundsbeamter der Geschäftsstelle") ist regelmäßig ein Bediensteter des mittleren Dienstes. Während sich früher viele

---

[6] Dazu näher Rn. 397.
[7] Allenfalls, wenn die Tatmotivation vom Täter schriftlich oder sonst dokumentiert vorliegt, benötigt man einmal keine subjektiven Beweismittel.

717 Gerichte hauptamtliche Protokollführer leisteten, die nur in den Sitzungen tätig waren, wird diese Aufgabe heute zumeist von den Geschäftsstellenbeamten nebenher erledigt. In der Regel müssen diese also „ihre" Richter nicht nur im Dezernat, sondern ebenso in der Sitzung unterstützen. In Strafrichtersachen erlaubt § 226 II sogar, ohne Protokollführer zu verhandeln. Da dann allerdings der Richter selbst das – beim Amtsgericht nicht ganz unaufwendige[8] – Protokoll führen müsste und dadurch von seiner richterlichen Tätigkeit abgelenkt wäre, ignoriert die Praxis diese verfehlte Regelung zu Recht.[9]

718 Welche Angaben zu Beginn in jedes Protokoll gehören, beschreibt § 272, während § 273 anschließend regelt, welche Ereignisse der Hauptverhandlung, sofern sie stattfinden, zu protokollieren sind. Dabei geht es allein um deren inhaltliche Wiedergabe „im wesentlichen" sowie um die Feststellung der Beachtung der *„wesentlichen Förmlichkeiten"* (§ 273 I 1).

719 Zur Akte 2:
Aus diesem Grund gibt das Protokoll beispielsweise auf Bl. 64 zwar wieder, was in den einzelnen Schlussplädoyers am Ende beantragt wurde, aber nicht, was die Beteiligten zur Begründung dieser Anträge in ihren – womöglich sehr langen – Plädoyers im einzelnen vorgetragen haben. Aus demselben Grund heißt es Bl. 62 nur „Der Staatsanwalt gab eine Erklärung ab", und der Leser darf über deren Inhalt sodann rätseln. Zu den „wesentlichen Förmlichkeiten"[10] zählt beispielsweise die Verlesung des Anklagesatzes[11] (Bl. 57, vgl. § 243 III 1), nicht dagegen, welche Zeugen zu welchem Zeitpunkt im Gerichtssaal anwesend waren.[12]

720 Das Protokoll muss am Ende von Vorsitzendem und Protokollführer gemeinsam unterzeichnet und so autorisiert werden (vgl. Bl. 65). Spätere Berichtigungen sind nur eingeschränkt möglich.[13]

b) Überblick über den Gang der Hauptverhandlung

721 Den äußeren Ablauf der Hauptverhandlung schreiben die §§ 243, 244 I, 257, 258, 260 I in recht groben Zügen vor. Die zwischen diesen Vorschriften zu findenden Bestimmungen regeln weitere Einzelheiten (z. B. der Beweisaufnahme), die indes nicht für jede Hauptverhandlung relevant werden.

722 Aufgabe:
Ordnen Sie die Rn. 721 genannten Bestimmungen den Bl. 56 ff. protokollierten Geschehnissen zu!

---

[8] Anders als in Strafkammersachen muss beim Amtsgericht nach § 273 II 1 auch der wesentliche Inhalt der Zeugenaussagen protokolliert werden, vgl. etwa in Verfahren 2 die Aussagen des Zeugen *Hammerstein* Bl. 59 f. einerseits und Bl. 82 andererseits.
[9] Zur eingehenderen Kritik siehe HbStrVf-HEGHMANNS Rn. VI.420 ff.
[10] Gute Übersicht über die wesentlichen Förmlichkeiten bei KK-ENGELHARDT § 273 Rn. 4 f.
[11] BGH NStZ 1986, 374.
[12] BGHSt 24, 280.
[13] Vgl. BGHSt (GS) 51, 298 (304 ff.) sowie Rn. 1187.

I. Zielsetzung und Ablauf

Die Hauptverhandlung beginnt mit dem *Aufruf der Sache* (§ 243 I 1, Bl. 56), womit keine Lautsprecherdurchsage des Protokollführers oder das Ausrufen des Verhandlungsbeginns auf dem Flur durch einen Wachtmeister gemeint ist, sondern die anschließende Eröffnung der Sitzung durch den Vorsitzenden.[14] Das Erscheinen des Gerichts im Saal gehört deshalb noch nicht zur Verhandlung, sondern zu ihren Präliminarien.

723

Es folgt die *Anwesenheitsfeststellung* (§ 243 I, Bl. 56); bereits erschienene Zeugen (zur Sonderrolle des Nebenklägers vgl. unten Rn. 855) werden danach zunächst wieder hinausgeschickt (§ 243 II 1), damit sie ihre Aussage später unbeeinflusst von anderen Darstellungen der Sache (in Anklage oder Angeklagteneinlassung) machen können.

724

Anschließend vernimmt der Vorsitzende die Angeklagten zu ihren persönlichen Verhältnissen (§ 243 II 2, Bl. 57). Gemeint ist hierbei allerdings letztlich nur eine *Feststellung der reinen Personalien*, wie sie § 111 I OWiG auflistet, zu deren Angabe jeder Angeklagte auch verpflichtet ist.[15] Dieses Prozedere dient letztlich der Klärung, ob auch die richtige Person als Angeklagter erschienen ist. Über alles Weitere (z. B. Einkommen oder Vorstrafen) kann der Angeklagte befugtermaßen die Aussage verweigern,[16] und weil er darüber erst anschließend belehrt wird (vgl. § 243 V 1), darf er auch erst später dazu vernommen werden.

725

Als nächstes verliest der Staatsanwalt den *Anklagesatz* (§ 243 III 1, Bl. 57), womit nicht etwa die gesamte Anklage gemeint ist, sondern allein der Abschnitt von den Personalien[17] bis zu den Hinweisen auf Beschränkungen gemäß § 154a, d. h. im Verfahren 2 Bl. 48–49 Mitte.

726

Erst jetzt folgt die *Belehrung über die Aussagefreiheit* (§ 243 V 1, Bl. 57) und – sofern Bereitschaft dazu besteht – die „Vernehmung" der Angeklagten (§ 243 V 2, Bl. 57 f.).

727

Der *Begriff der Vernehmung* ist dabei missverständlich, denn der Sache nach soll der Angeklagte nicht als Beweismittel vernommen, sondern ihm die Möglichkeit zur Stellungnahme eingeräumt werden. Zutreffender wäre daher der Begriff der *Anhörung*.[18] Umstritten ist, in welcher Form der Angeklagte sich äußern darf. Richtigerweise ist dies aber in sein Ermessen zu stellen; will er unbedingt eine vorbereitete Erklärung verlesen, so ist ihm das – vorbehaltlich eines Missbrauchs durch Erklärungen ohne jeden Sachbezug – ebenso zu gestatten wie seine Vertretung durch eine Erklärung seines Verteidigers.[19] Im letzteren Fall muss dann allerdings die Autorisierung dieser Vertretererklärung sichergestellt werden, etwa durch die anschließende Frage an den Angeklagten, ob das Gericht die Erklärung seines Verteidigers in jeder Hinsicht als seine eigene Äußerung ansehen solle.

728

---

[14] HbStrVf-Scheffler Rn. VII.15 ff.
[15] KK-Schneider § 243 Rn. 18 f.; HbStrVf-Scheffler Rn. VII.141 ff.
[16] Meyer-Goßner § 243 Rn. 12; BGH StV 1984, 190 (192).
[17] Die Personalien werden dabei sinnvoll gekürzt, vgl. Heghmanns Arbeitsgebiet Rn. 906.
[18] HbStrVf-Scheffler Rn. VII.176 ff.
[19] Ausführlich dazu HbStrVf-Scheffler Rn. VII.229–261.

▶ Eine nähere Begründung zur Wahlfreiheit des Angeklagten, sich einzulassen wie er will, nebst Hinweisen zur Frage, unter welchen Umständen eine Einlassung (oder alternativ ein Schweigen) für den Angeklagten prozesstaktisch klug ist, finden sich in ET 14–02.

729   An die etwaigen Äußerungen des Angeklagten schließt sich die eigentliche *Beweisaufnahme* an (§ 244 I), in welcher die für die Entscheidung bedeutsamen Zeugen und Sachverständigen gehört, die relevanten Urkunden verlesen und die übrigen Beweisstücke in Augenschein genommen werden.

730   Nach dem Ende der Beweisaufnahme folgen die Schlussvorträge (die sog. *Plädoyers*, § 258 I), und zwar zunächst des Staatsanwalts, dann eines ggf. vorhandenen Nebenklägers und anschließend der Verteidigung.

731   Die *Bedeutung der Plädoyers* sollte im modernen Strafprozess nicht überschätzt werden. Denn zu diesem Zeitpunkt haben sich die Richter – vor allem nach längeren Beweiserhebungen – bereits ein mehr oder weniger klares Bild vom Geschehen gemacht, das zwar noch nicht endgültig feststeht, aber doch zu einer gewissen Vorprägung geführt hat. Wer an dieser Stelle den Prozess noch „umdrehen" will, braucht deshalb schon sehr gute Argumente und sollte sich vor allem nicht allein auf seine Eloquenz verlassen. Viel aussichtsreicher ist es für Verteidigung und Staatsanwaltschaft, schon während der Beweisaufnahme durch Fragen und Anträge Einfluss zu nehmen. Umgekehrt darf man die Plädoyers aber keinesfalls als ein wertloses Schaulaufen begreifen, weil sie dem Gericht häufig genug noch Sachargumente präsentieren, die es selbst bis dahin übersehen oder verkannt hatte. Ihre wichtigste Funktion für das Gericht ist deshalb vielleicht diese argumentative Fehlerkontrolle.

732   Der Angeklagte hat stets das *letzte Wort* (§ 258 II). Danach zieht sich das Gericht zur Urteilsberatung zurück und verkündet im Anschluss daran sein *Urteil* (oder genauer: den Urteilstenor) sowie dessen (mündliche) Begründung (§ 260 I). Eine schriftliche Abfassung der Urteilsgründe erfolgt in aller Regel[20] erst später; dem Gericht stehen dazu im Normalfall fünf Wochen Zeit zur Verfügung (§ 275 I).

c) Aufrechterhaltung der Ordnung während der Sitzung

733   Maßnahmen gegen Störungen der Sitzung sind in den §§ 176 ff. GVG geregelt. Die Aufrechterhaltung der Ordnung obliegt nach § 176 GVG dem Vorsitzenden (sog. *Sitzungspolizei*).

734   Der Begriff der *Ordnung* ist dabei nicht rein äußerlich zu verstehen, sondern *funktional*: Ordnung ist derjenige Zustand, welcher Gericht und Verfahrensbeteiligten die störungsfreie Ausübung ihrer Funktionen ermöglicht, die Aufmerksamkeit der übrigen Anwesenden nicht beeinträchtigt und den „gebührlichen Ablauf der Verhandlung" sichert.[21] Ob auch die fehlende Robe eines Staatsanwalts oder Verteidigers und gar die nicht getragene weiße Krawatte sitzungspolizeiliche Maßnahmen rechtfertigen, ist hochumstritten.[22] Es darf bezweifelt werden, ob das Fehlen solcher Accessoires die gerichtliche Wahrheitsfindung ernsthaft in Frage stellen kann. Mindestens die Vernunft gebietet hier dringend Zurückhaltung.

---

[20] Eine Ausnahme bilden die Verwerfungsurteile nach § 412 (im Strafbefehlsverfahren) und nach § 329 I 1 (im Berufungsverfahren). Sie werden grundsätzlich nebst ihrer kurzen Begründung sofort schriftlich abgefasst und damit bereits in ihrer endgültigen Fassung verkündet.

[21] Frank SCHELLENBERG, Die Hauptverhandlung in Strafsachen, 2. Aufl. 2000, S. 227; MEYER-GOßNER § 176 GVG Rn. 4.

[22] Vgl. dazu OLG Zweibrücken NStZ 1988, 144 (145); Werner BEULKE, Kleider machen Strafverteidiger!? FS Hamm S. 21–39; MEYER-GOßNER § 176 GVG Rn. 11 m. w. N.

I. Zielsetzung und Ablauf

Maßnahmen	Voraussetzungen	Adressaten[a]	Anordnungsbefugnis
Entfernung aus dem Sitzungssaal (§ 177 GVG)	Missachtung einer sitzungspolizeilichen Anordnung	Beschuldigte, Zeugen, Sachverständige, unbeteiligte Personen (insb. Zuhörer und Medienvertreter)	- bzgl. Beschuldigten, Zeugen, Sachverständigen: Gericht - bzgl. Zuhörern und Medienvertretern: Vorsitzender (§§ 177 Satz 2, 178 II GVG)
Ordnungshaft von maximal 24 Stunden (§ 177 GVG)			
Ordnungsgeld bis 1.000 € (§ 178 I GVG)	Ungebühr		
Ordnungshaft bis zu einer Woche (§ 178 I GVG)			

[a] Soweit im Strafverfahren vorkommend.

Abb. 1 Zwangsmaßnahmen und Sanktionen zur Aufrechterhaltung der Sitzungsordnung

§ 176 GVG begründet die Anordnungsbefugnis des Vorsitzenden, nennt aber keine Zwangs- oder Ordnungsmittel. Befolgt ein Ordnungsstörer seine Anordnungen nicht, so ergeben sich die Mittel zur Durchsetzung (insb. das Entfernen aus dem Saal) aus § 177 GVG (s. Abb. 1). 735

Stellt das Verhalten zugleich eine *Ungebühr* dar, so folgen weitere Sanktionsmöglichkeiten aus § 178 I GVG (s. Abb. 1). Der Begriff der Ungebühr ist bedenklich unbestimmt und zudem Wandlungen unterworfen.[23] Er bezeichnet ein dem Ernst des Strafverfahrens nicht gebührendes Verhalten, z. B. Auftreten in unangemessener Kleidung, in alkoholisiertem Zustand oder das – trotz Aufforderung wiederholte – Nichtaufstehen bei Sitzungsbeginn, Vereidigungen oder Urteilsverkündung.[24] 736

Interessanterweise werden *weder Staatsanwälte noch Verteidiger* in den §§ 177 f. GVG genannt, weshalb sie zwar an sich der Sitzungspolizei unterliegen,[25] aber nicht für ein ordnungswidriges Verhalten sanktioniert und insbesondere *nicht aus dem Saal gewiesen werden können*. Stattdessen kann der Vorsitzende gegen sie nur dienstrechtliche bzw. ehrengerichtliche Maßnahmen durch die dafür zuständigen Stellen anregen. Bei unangemessen emotionalem Verhalten (gleich welcher Beteiligter) hilft zur Wiederherstellung der Ordnung aber häufig auch eine kurze Unterbrechung der Sitzung, damit sich die Gemüter wieder abkühlen können.[26] 737

Zeugenbeistände fehlen gleichfalls in den Adressatengruppen der §§ 177 f. GVG, unterliegen aber einer speziellen Sonderregelung in § 68b I 3, 4 StPO. 738

---
[23] SCHELLENBERG (Fn. 21), S. 231.
[24] MEYER-GOSSNER § 178 GVG Rn. 2 ff.; KK-DIEMER § 178 GVG Rn. 1 ff., jeweils mit weiteren Beispielen.
[25] SCHELLENBERG (Fn. 21), S. 228.
[26] SCHELLENBERG (Fn. 21), S. 228.

II. Grundsätze und Strukturen der Hauptverhandlung

739 Das Offizial-, das Legalitäts (Rn. 84 f.) sowie das Opportunitätsprinzip (Rn. 123 ff.) waren bereits als Strukturprinzipien des Ermittlungsverfahren angesprochen worden. Dazu traten bislang die Unschuldsvermutung (Rn. 217), der Anklagegrundsatz (Rn. 610 ff.) und das Beschleunigungsgebot (Rn. 692 ff.) als weitere, auf das gesamte Verfahren wirkende Grundsätze. Das Hauptverfahren prägen nun eine ganze Reihe weiterer Verfahrensgrundsätze, von denen das Gebot des gesetzlichen Richters in Art. 101 I Satz 2 GG ebenfalls bereits erwähnt wurde (Rn. 616). Die übrigen sind:
- der Grundsatz der Öffentlichkeit (§ 169 GVG, Rn. 740 ff.),
- die Aufklärungsmaxime (§ 244 II, Rn. 750 ff.),
- der Unmittelbarkeitsgrundsatz (§§ 250, Rn. 759 ff.),
- das Mündlichkeitsprinzip (§§ 261, 264 I, Rn. 765 ff.),
- der Grundsatz der freien richterlichen Beweiswürdigung (§ 261, Rn. 771, 1040 ff.),
- der Grundsatz in dubio pro reo (Art. 6 II EMRK, Rn. 772, 1049 ff.).

1. Die Öffentlichkeit des Verfahrens

a) Zweck und Inhalt des Grundsatzes

740 Nachdem die Beweisaufnahme des Inquisitionsverfahrens im Geheimen ablief und allein die Urteilsverkündung am „endlichen Gerichtstag" publikumswirksam vonstatten ging, war die Öffentlichkeit der Hauptverhandlung eine der wesentlichen Errungenschaften des reformierten Strafprozesses im 19. Jhdt.[27] Ihr ursprünglicher Zweck bestand in der Kontrolle der Staats- und Justizmacht zum Schutz vor Willkür.[28] Demgegenüber sehen die moderneren Interpretationen die wesentliche Funktion in der Stärkung des Vertrauens in die Tätigkeit der Justiz.[29] Hiermit verbunden mag die jedermann ersichtliche Aufarbeitung von Kriminalität im Sinne positiver Generalprävention das Normbewusstsein der Allgemeinheit stärken.[30]

741 Inhaltlich bedeutet die Öffentlichkeit der Hauptverhandlung
das Recht für Jedermann, ohne Ansehung seiner Zugehörigkeit zu bestimmten gesellschaftlichen Gruppen und unabhängig von bestimmten persönlichen Qualifikationen im Rahmen tatsächlicher Gegebenheiten als Zuhörer teilzunehmen.[31]

---

[27] Übersicht zur Geschichte der Öffentlichkeit bei SK-Velten vor § 169 GVG Rn. 2 ff.

[28] Eb. Schmidt Lehrkommentar I Rn. 401; Claus Roxin, Aktuelle Probleme der Öffentlichkeit im Strafverfahren, FS Peters I S. 393–409 (393); Schlüchter Rn. 438; BGHSt 9, 280 (282).

[29] Hellmann Rn. 646; Henkel S. 324 f.; Paul Bockelmann, Öffentlichkeit und Strafrechtspflege, NJW 1960, 217–221 (217); aber auch schon RGSt 70, 109 (112).

[30] SK-Velten vor § 169 GVG Rn. 18.

[31] BGHSt 28, 341 (343); Meyer-Goßner § 169 GVG Rn. 3.

II. Grundsätze und Strukturen der Hauptverhandlung

Das schließt ein, sich in zumutbarer Weise über Ort und Zeit bestimmter Verhandlungen informieren zu können,[32] beispielsweise durch öffentlichen Aushang oder Terminpläne im Internet.

Vom unbeschränkten Zutritt ausgenommen sind nach § 175 I GVG unter 18 Jahre alte sowie äußerlich in unangemessener Weise erschienene Personen. Ebenfalls beschränkt wird das Zutrittsrecht durch die faktischen Gegebenheiten. Sind alle Sitzplätze im Sitzungssaal belegt, so besteht weder ein Anspruch auf weiteren Zutritt[33] noch hat das Gericht in einen größeren Saal umzuziehen.[34] Umgekehrt wäre dem Gericht die unnötige Wahl eines zu kleinen Saales verboten, der für so wenige Zuhörer Platz bietet, dass sie nicht mehr als Repräsentanten einer Öffentlichkeit angesehen werden können.[35] Eine Mindestzahl von zehn Zuhörerplätzen wird man danach als unabdingbar ansehen müssen, sofern nicht an besonderen Orten verhandelt werden muss (z. B. bei Einnahme eines auswärtigen Augenscheins oder bei einer Vernehmung im Krankenzimmer).

Aufgabe:
Verhandlung in verschlossenem Gerichtsgebäude[36]

Der letzte Teil der Hauptverhandlung gegen *Martin B.* vor dem Landgericht Trier musste aus organisatorischen Gründen am 09.09.1965 zwischen 15.00 und 21.25 Uhr stattfinden. Über die gesamte Verhandlungsdauer hinweg waren Zuhörer im Sitzungssaal anwesend. Während des Schlussvortrags des Verteidigers fiel allerdings – vom Gericht unbemerkt – die Außentür am Haupteingang des Gerichtsgebäudes versehentlich ins Schloss; dadurch wurden Personen, die als weitere Zuhörer diesem Teil der Hauptverhandlung noch beiwohnen wollten, gehindert, den Saal zu erreichen.

War die Öffentlichkeit gewahrt?

Objektiv war im Fall Rn. 743 zwar der Zugang zum Saal (in dem weitere Zuhörer noch Platz gefunden hätten) beschränkt. Eine Verletzung des Öffentlichkeitsgrundsatzes sieht die Rspr. aber in solchen Zugangshindernissen jedenfalls dann nicht, „wenn das Gericht sie trotz aufmerksamer Beachtung der Vorschriften über die Öffentlichkeit des Verfahrens nicht bemerken konnte;" eine dem Gericht nicht erkennbare Beschränkung der Öffentlichkeit gefährde weder das Vertrauen der Allgemeinheit noch des Einzelnen in die Objektivität der Rechtspflege.[37]

---

[32] BVerfG (Kammer) NJW 2002, 814; KK-DIEMER § 169 GVG Rn. 7; BOCKELMANN (Fn. 30), NJW 1960, 218.
[33] BGHSt 21, 72 (73).
[34] KK-DIEMER § 169 Rn. 8; ROXIN (Fn. 29), FS Peters S. 400 ff.
[35] BGHSt 5, 75 (83); BayObLG NJW 1982, 395 f. (ein einziger Zuhörerplatz).
[36] Sachverhalt nach BGHSt 21, 72.
[37] BGHSt 21, 72 (74).

745 Während der Zugang für Pressevertreter und die Berichterstattung über das Prozessgeschehen prinzipiell frei sind, soweit die Persönlichkeitsrechte gewahrt bleiben, verbietet § 169 Satz 2 GVG Ton- und Filmaufnahmen – zu Recht, denn bei Live-Übertragungen aus dem Gerichtssaal wären Persönlichkeitsrechte aller Beteiligten in Gefahr und die Wahrheitsfindung litte unter der zusätzlichen Befangenheit von Angeklagten, Zeugen und Sachverständigen.[38] Allerdings verlangt das BVerfG im Interesse der Rundfunkfreiheit, die Möglichkeit zu Filmaufnahmen vor einer Verhandlung (einschließlich des Einzugs des Gerichts in den Saal vor dem Aufruf der Sache) sowie in Verhandlungspausen einzuräumen.[39]

b) Ausschluss der Öffentlichkeit und nichtöffentliche Verhandlungen

746 Soweit in bestimmten Konstellationen andere gewichtige Interessen, insb. Persönlichkeitsrechte einzelner Beteiligter, durch die Öffentlichkeit der Hauptverhandlung bedroht sind, findet diese auch im Ganzen oder teilweise nichtöffentlich statt (s. Abb. 2). Während dies im Jugendstrafverfahren im Hinblick auf den Persönlichkeitsschutz der Angeklagten sogar unabdingbar ist, bedarf es in allen übrigen Fällen einer gerichtlichen Entscheidung im Einzelfall. Solche Ausschlüsse bleiben in der Praxis allerdings die große Ausnahme; in unserem Verfahren 2 etwa wäre nicht im Entferntesten an einen Ausschluss zu denken gewesen.

747 Der Ausschluss erstreckt sich über das anlassgebende Ereignis hinaus auf Vorgänge, die im unmittelbaren Zusammenhang mit ihm stehen, z. B. die Einnahme eines Augenscheins während einer nichtöffentlichen Zeugenvernehmung. Auch führen die Ausschlüsse nach den §§ 171b, 172 Nr. 4 GVG im Falle des Vorliegens der in § 171b II genannten Straftaten zur Notwendigkeit, die Öffentlichkeit dann auch während der Schlussanträge, also der Plädoyers, auszuschließen (§ 171b III 2), eine fehlerträchtige und nicht unbedingt sinnvolle Regelung.

748 Gleichwohl ist Vorsicht geboten, denn Fehler in der Behandlung des Öffentlichkeitsgrundsatzes sieht das Gesetz als besonders schwerwiegend an: Unberechtigtes Verhandeln unter Ausschluss der Öffentlichkeit führt im Falle der Anfechtung qua Revision zwingend zur Aufhebung des Urteils (§ 338 Nr. 6). Deshalb ist es nach einem Ausschluss der Öffentlichkeit besonders wichtig, diese unverzüglich wiederherzustellen, sobald sich der Ausschlussgrund erledigt hat. Zumindest die *Urteilsverkündung*[40] muss nach § 173 I GVG immer öffentlich erfolgen (sofern nicht die Nichtöffentlichkeit auf § 48 JGG beruht).

749 **Beispiel (Fortdauernder Öffentlichkeitsausschluss nach einer Vernehmung):**[41]
In einem Verfahren wegen Vergewaltigung war die Öffentlichkeit gemäß § 171b GVG während der Zeugenvernehmung des Polizeibeamten *Klaus S.* und der Inaugenscheinnahme einer Bild-Ton-Aufzeichnung der polizeilichen Vernehmung der minderjährigen Geschädigten ausgeschlossen worden. Die Öffentlichkeit war auch noch nicht wiederhergestellt worden, als über die Vereidigung und Entlas-

---

[38] BOCKELMANN (Fn. 30), NJW 1960, 218; HELLMANN Rn. 650.
[39] BVerfGE 119, 309.
[40] Für die Urteilsbegründung kann aber nach § 173 II GVG erneut ein Ausschluss erfolgen.
[41] BGH NJW 2003, 2761.

II. Grundsätze und Strukturen der Hauptverhandlung

Fallgruppen		Dauer	Urteil
Verhandlung allein gegen Jugendliche (§ 48 I JGG)	obligatorisch nichtöffentlich	komplette Hauptverhandlung	nichtöffentlich
wenn zugleich gegen Jugendliche und gegen Heranwachsende/Erwachsene verhandelt wird (§ 48 III JGG)			
zu erwartende Unterbringung (§ 171a GVG)	fakultativer Ausschluss der Öffentlichkeit im Einzelfall	nach Bedarf, notfalls bis letztes Wort	öffentlich
wenn schutzwürdige Interessen von Prozessbeteiligten, Zeugen und Verletzten verletzt würden (§ 171b I GVG)		solange die betreffende Erörterung erfolgt (im Falle einer in §171b II genannten Straftat auch während der Plädoyers [§ 171b III 2 GVG])	
wenn ein jugendlicher Zeuge zu einer Sexualstraftat, einem Tötungsdelikt, Menschenhandel oder der Misshandlung von Schutzbefohlenen vernommen wird (§ 171b II GVG)		während der Vernehmung und der Plädoyers (§ 171b III 2 GVG)	
Gefahren für Staatssicherheit, Ordnung oder Sittlichkeit (§ 172 Nr. 1 GVG)		solange Gefährdung	
Gefährdung eines Zeugen (§ 172 Nr. 1a GVG)		Dauer der Vernehmung bzw. Anwesenheit des Zeugen	
Erörterung bestimmter Geheimnisse (§ 172 Nrn. 2, 3 GVG)		während der Erörterung	
Vernehmung einer Person unter 18 Jahren (§ 172 Nr. 4 GVG)		während der Vernehmung (im Falle einer in § 171b II genannten Straftat auch während der Plädoyers [§171b III 2 GVG])	

Abb. 2 Verhandlungen unter Ausschluss der Öffentlichkeit

sung des Zeugen *S.* befunden, die Hauptverhandlung sodann unterbrochen und Termin zu ihrer Fortsetzung bestimmt wurde. – Die Revision des Angeklagten, der die fehlerhafte Fortdauer der Nichtöffentlichkeit gerügt hatte, blieb erfolglos. Der BGH zählt zu den der Vernehmung unmittelbar zugehörigen Handlungen, die noch während des Ausschlusses der Öffentlichkeit vorgenommen werden können, auch die Entscheidung über die Vereidigung des Zeugen.[42] Nichts anderes könne dann für die Entlassung des Zeugen gelten. Selbst die nichtöffentliche Anordnung der Unterbrechung der Hauptverhandlung im Anschluss an die Zeugenvernehmung sowie die Bestimmung des Termins zur Fortsetzung der Hauptverhandlung seien unbedenklich. Sie erfolgten zwar grundsätzlich in öffentlicher Hauptverhandlung, unterfielen aber nicht dem besonderen Schutze des Öffentlichkeitsgrundsatzes. Denn Handlungen, die auch außerhalb der Hauptverhandlung vorgenommen werden dürften, könnten ebenso gut im Rahmen der Hauptverhandlung während des Ausschlusses der Öffentlichkeit erledigt werden, ohne gegen den Grundsatz der Öffentlichkeit zu verstoßen.[43]

2. Die Aufklärungsmaxime

a) Inhalt

750 Nach § 244 II hat das Gericht „zur Erforschung der Wahrheit die Beweisaufnahme von Amts wegen auf alle Tatsachen und Beweismittel zu erstrecken, die für die Entscheidung von Bedeutung sind." Die darin zum Ausdruck kommende Aufklärungsmaxime (auch als Instruktionsmaxime,[44] Inquisitionsprinzip,[45] Untersuchungs-[46] oder Ermittlungsgrundsatz[47] bezeichnet) steht im Gegensatz zur Verhandlungsmaxime des Zivilprozesses: Nicht die übrigen Beteiligten, sondern *das Gericht steht in der Verantwortung, den angeklagten Tatvorwurf aufzuklären.* Zugleich kommt darin die eigentümliche Rollenverteilung des deutschen Strafverfahrens zum Ausdruck, der gerade kein klassischer Parteiprozess (wie der anglo-amerikanische Strafprozess) ist: Das Gericht bestimmt prinzipiell unabhängig, wie es die Tataufklärung betreiben möchte (§ 155 II) und braucht insb. nicht zu warten, ob ihm bestimmte Beweismittel präsentiert werden, sondern kann diese selbstständig herbeischaffen und nutzen. Dieses Prinzip besitzt Vor- und Nachteile, hat sich aber prinzipiell bewährt.

▶ Nähere Überlegungen zu den Vor- und Nachteilen der Aufklärungsmaxime finden Sie in ET 14–03.

---

[42] BGH NJW 1996, 2663.
[43] BGH NJW 2003, 2761.
[44] So z. B. Henkel S. 102; Hellmann Rn. 684; Zipf S. 87.
[45] Vor allem früher verwendet, Schroeder/Verrel Rn. 245; so etwa bei Rosenfeld S. 71 ff.; Michael Köhler, Inquisitionsprinzip und autonome Beweisführung, 1979.
[46] Peters S. 16, KK-Fischer § 244, Überschrift vor Rn. 27; Schlüchter Rn. 471.
[47] Etwa Roxin/Schünemann § 15 Rn. 3; Beulke Rn. 21.

Eingeschränkt wird die Tätigkeit des Gerichts dennoch in dreierlei Hinsicht: **751**
- Es darf nicht über den Anklagevorwurf hinaus ermitteln, sondern ist allein berechtigt und verpflichtet, die mit der *Anklage vorgeworfene prozessuale Tat* aufzuklären (§ 155 I);
- es darf sich *nur zulässiger Beweise* bedienen und hat dazu die prozessualen Regeln über die Beweiserhebung in der Hauptverhandlung einzuhalten (sog. *Strengbeweisverfahren,* dazu unten Rn. 867 ff.);
- es ist schließlich im Rahmen der §§ 244 III-V, 245 II verpflichtet, auf begründete *Beweisanträge der übrigen Verfahrensbeteiligten* hin auch solche Beweise zu erheben, auf die es von sich aus verzichtet hätte (dazu unten Rn. 986 ff.).

Die *Reichweite der Aufklärungspflicht* steht in Abhängigkeit vom Ziel der Hauptverhandlung: In ihr soll die Schuld des als unschuldig geltenden Angeklagten ohne vernünftigen Zweifel festgestellt oder er andernfalls von dem Vorwurf freigesprochen werden. Die Sachaufklärung ist daher fortzusetzen, bis **752**
- entweder die Schuld des Angeklagten zur (nachvollziehbaren) Überzeugung des Gerichts feststeht oder bis umgekehrt
- ein Schuldbeweis ersichtlich nicht mehr in Betracht kommt.

Das Gericht braucht deshalb möglicherweise gar nicht alle verfügbaren Beweismittel zu nutzen, wenn diese keine neuen, das bisherige Ergebnis in Frage stellende Erkenntnisse mehr erwarten lassen.

Zur Akte 2: **753**
So konnte auf die Vernehmung der Zeugin KOKin *Seydlitz* verzichtet werden (Bl. 62), nachdem die Zeugen *Eftherim, Jäntschke* und *Hammerstein* vernommen worden waren und umfassend ausgesagt hatten. Die Zeugin *Seydlitz* hätte ja allenfalls als deren Vernehmungsperson Angaben über das vormalige Aussageverhalten der Zeugen machen können. Wenn indes keine aufklärungsbedürftigen Diskrepanzen zwischen den Zeugenaussagen in der Hauptverhandlung und im Ermittlungsverfahren auftauchen, bedarf es auch regelmäßig keiner ergänzenden Vernehmung der jeweiligen Vernehmungspersonen.

b) Die Sachleitungsbefugnis des Vorsitzenden

Innerhalb eines mit mehr als nur einer Person besetzten Gerichts kommt dem Vorsitzenden eine Sonderrolle zu, weil das Gesetz ihm nicht nur die Verhandlungsleitung, sondern im Idealfall daneben die gesamte Beweiserhebung und damit die Umsetzung der Aufklärungspflicht auferlegt (§ 238 I). Die übrigen Gerichtsmitglieder und anderen Beteiligten besitzen demgegenüber nur ein sekundäres Fragerecht (§ 240), das wiederum einer inhaltlichen Missbrauchskontrolle durch den Vorsitzenden unterliegt (§ 241). **754**

755 **Zur Akte 2:**
Betrachtet man das Hauptverhandlungsprotokoll hinsichtlich der Beweisaufnahme (Bl. 58 ff.), so wird diese Aufgabenverteilung deutlich: Die Befragung des jeweiligen Zeugen zu seinen Personalien (§ 68 I) sowie die anschließende Veranlassung der ersten Schilderung durch die Zeugen nebst ergänzender Fragen (§ 69 I, II) erfolgt durch die Vorsitzende; erst danach stellen die übrigen Beteiligten, soweit sie es für nötig halten, ergänzende Fragen. Die Reihenfolge folgt üblicherweise derjenigen des § 240 II: Es beginnt die Staatsanwaltschaft, dann folgt – wegen der Gleichstellungsbestimmung in § 397 I 2, 3 – die Nebenklage und erst zum Schluss kommt die Verteidigung an die Reihe. Das benachteiligt freilich die Verteidigung, weil sie auf einen womöglich bereits erschöpften und „kaputtgefragten" Zeugen trifft.[48] Diese Abfolge stellt auch keine zwingende Regel dar; niemand verbietet dem Vorsitzenden dank seiner Sachleitungsbefugnis, eine andere Reihenfolge anzuordnen.[49]

756 Das aus amerikanischen Kriminalfilmen bekannte *Kreuzverhör* wird vom deutschen Strafverfahrensrecht ausschließlich für Zeugen zugelassen, die von Staatsanwaltschaft oder Verteidigung benannt und nicht durch das Gericht von Amts wegen geladen wurden (§ 239).[50] Zudem bedarf es eines – in der Praxis kaum vorkommenden – übereinstimmenden Antrags von Staatsanwaltschaft und Verteidigung, weshalb diese ohnehin in unserem Strafverfahren wenig systemkonforme Regelung letztlich nur auf dem Papier existiert.[51]

757 Zur Verhandlungsleitung des Vorsitzenden zählen auch zahlreiche *Zwischenentscheidungen*, wie etwa über die Reihenfolge der zu vernehmenden Zeugen, die Anordnung, ob Zeugen vereidigt werden, die Entlassung vernommener Zeugen (§ 248 Satz 1) oder der Schluss der Beweisaufnahme (§ 248 I, vgl. Bl. 64 d. A.). Dies alles entscheidet der Vorsitzende allein. Eine Entscheidung des gesamten Gerichts – dann in Gestalt eines Beschlusses – bedarf es generell nur dort, wo das Gesetz einen solchen explizit fordert (z. B. in § 244 VI, 251 IV 1) oder von einer Entscheidung „des Gerichts" spricht (z. B. in den §§ 247 Satz 1, 247a Satz 1).

758 Entscheidungen des Vorsitzenden können von den übrigen Beteiligten beanstandet werden, woraufhin das Gericht durch Beschluss entscheidet (§ 238 II).

3. Das Unmittelbarkeitsprinzip

759 Das Unmittelbarkeitsprinzip soll dem Gericht eine der Wahrheit möglichst nahekommende tatsächliche Urteilsgrundlage verschaffen und verlangt daher
eine Beweiserhebung innerhalb der Hauptverhandlung anhand der sachnächsten Beweismittel.[52]

---

[48] HbStrVf-Scheffler Rn. VII.446.
[49] HbStrVf-Scheffler Rn. VII.448.
[50] KK-Schneider § 239 Rn. 5.
[51] Eb. Schmidt Lehrkommentar II, § 239 Rn. 1.
[52] Werner Beulke, Die Unmittelbarkeit der Beweisaufnahme in der Hauptverhandlung, §§ 250 ff. StPO, JA 2008, 758–763 (758); KK-Pfeiffer/Hannich Einleitung Rn. 9.

II. Grundsätze und Strukturen der Hauptverhandlung

Der in dieser Definition zuerst genannte Aspekt der *formellen Unmittelbarkeit*[53] (Beweisaufnahme durch das Gericht in der Hauptverhandlung) wird aus § 261 (Entscheidung „aus dem Inbegriff der Verhandlung") sowie ergänzend aus Art. 6 III d) EMRK (Fragerecht des Beschuldigten) hergeleitet.[54]

Die *materielle Unmittelbarkeit* folgt aus § 250, der zum Beweis einer von einer Person wahrgenommenen Tatsache *die Vernehmung* (an Stelle schriftlicher Bekundungen) *dieser Person* (an Stelle von Vernehmungsbeamten, Hinweisgeber o. ä.) verlangt und damit Zeugen vom Hörensagen oder Beweissurrogate erst einmal hintanstellt. Um das sachnächste Beweismittel zu bestimmen, ist es freilich wichtig, sich darüber klar zu werden, *was* überhaupt bewiesen werden soll (also die „Sache" zu bestimmen, um sodann das ihr „nächste" Beweismittel auffinden zu können). 760

Zur Akte 2: 761

Geht es beispielsweise um die Tätlichkeiten der Beschuldigten *Schuler*, so wäre nach dem Unmittelbarkeitsprinzip in der Hauptverhandlung der Zeuge *Hammerstein* (Bl. 28 ff.) zu vernehmen (was ja Bl. 59 f. geschehen ist). Wollte man hingegen feststellen, was der Zeuge *Hammerstein* bei seiner polizeilichen Aussage bekundet hatte, so wäre das sachnächste Beweismittel die Vernehmungsbeamtin KOKin *Seydlitz*. Selbstverständlich könnte sein Aussageverhalten auch Rückschlüsse auf das Tatgeschehen selbst erlauben, nur wäre dies eben kein unmittelbarer Beweis und er damit von § 250 (zunächst) untersagt.

Allerdings verbietet das Unmittelbarkeitsprinzip weder generell die Vernehmung von indirekten Zeugen noch die Verlesung von Vernehmungsprotokollen, sondern allein die *Ersetzung* unmittelbarer Zeugen durch sekundäre Erkenntnisquellen. Dagegen ist zum einen deren *Ergänzung* durchaus zulässig. Es dürfte also im Verfahren 2 der Zeuge *Hammerstein* vernommen werden und anschließend auch noch KOKin *Seydlitz*, um beispielsweise aus dem Vorhandensein oder dem Fehlen von Abweichungen im Aussageverhalten des Zeugen Rückschlüsse auf seine Wahrnehmungs- und Erinnerungszuverlässigkeit zu ziehen. Zum anderen bleibt auch der alleinige Rückgriff auf sekundäre Erkenntnisquellen zulässig, sobald der primäre Zeuge ausfällt, etwa durch Tod, schwere Erkrankung oder rechtmäßige Zeugnis- oder Aussageverweigerung. 762

Die beiden Unmittelbarkeitspostulate gelten zudem nicht einmal uneingeschränkt. Die formelle Unmittelbarkeit wird in Fällen der kommissarischen Beweiserhebung durchbrochen, die als teilweise Vorwegnahme der Hauptverhandlung konzipiert ist (§ 223, dazu Rn. 707 ff.). Noch viel zahlreicher sind die Durchbrechungen der materiellen Unmittelbarkeit in den §§ 251 ff., die im Rahmen der Beweiserhebung näher behandelt werden (siehe Rn. 897 ff.). 763

Über *Vor- und Nachteile des Unmittelbarkeitsprinzips* mag man durchaus kontrovers diskutieren. Es führt naturgemäß zu längeren Hauptverhandlungen, als wenn man sich auf die Aufnahme der Erkenntnisse aus dem Ermittlungsverfahren (durch [Ver]Lesen der Vernehmungsprotokolle oder, 764

---

[53] Kategorisierung nach Gerhard Fezer, Strafprozessrecht, 2. Aufl. 1995, Rn. 14.1 f.
[54] Beulke (Fn. 53), JA 2008, 758; KK-Pfeiffer/Hannich Einleitung Rn. 9.

noch allgemeiner, durch Inaugenscheinnahme der Akten) beschränken könnte. Die Strafverfahrensordnungen einiger europäischer Nachbarn (u. a. Frankreich[55] und die Niederlande[56]) lassen dies deshalb zu und erreichen so schnellere Verfahrensabschlüsse.

Geht es um die Zuverlässigkeit des Erkenntnisprozesses, so spricht für das Unmittelbarkeitsprinzip die Möglichkeit, sich selbst ein Bild von den Zeugen sowie ihrem Aussageverhalten zu machen und ihnen ergänzende Fragen zu stellen. Gegen eine (wiederholte) Zeugenvernehmung in der Hauptverhandlung mag man allerdings sowohl die wiederholte psychische Belastung des Zeugen gerade bei Gewalt- und Sexualdelikten („sekundäre Viktimisierung") ins Feld führen als auch die wachsende Unzuverlässigkeit des Zeugenbeweises mit zunehmendem zeitlichen Abstand zur Tat. Die mit § 255a II für einige wenige Delikte begonnene Entwicklung, auf Bild- und Tonaufzeichnungen früherer Vernehmungen zurückzugreifen[57] (an Stelle der unzuverlässigeren schriftlichen Protokolle), mag von daher ein vernünftiges Muster für eine generelle Regelung in einem künftigen Strafverfahren bilden. So könnten Zeugenvernehmungen im Ermittlungsverfahren zeitnah zur Tat aufgezeichnet und diese Aufzeichnung an Stelle einer neuerlichen Zeugenvernehmung in der Hauptverhandlung vorgespielt werden. Dem Beschuldigten wäre freilich die Gelegenheit einzuräumen, an der aufzuzeichnenden Vernehmung mitzuwirken (Art. 6 III d) EMRK), und es müsste bei Bedarf zulässig bleiben, offen gebliebene Fragen mittels ergänzender Befragung des Zeugen in der Hauptverhandlung zu klären.

4. Das Mündlichkeitsprinzip

765 Es fordert nach allgemeinem Verständnis,
nur den in der Hauptverhandlung mündlich vorgetragenen und erörterten Stoff dem Urteil zu Grunde zu legen,[58]
und folgt u.a aus den §§ 261, 264, die eine „Verhandlung" voraussetzen, welche naturgemäß nur mündlich verlaufen kann. Verhandelt wird prinzipiell *in deutscher Sprache* (§ 184 GVG), die ggf. dem Sprachunkundigen in eine ihm verständliche Sprache übersetzt werden muss (Art. 6 III a) EMRK, §§ 185 I 1, 187 GVG).

766 Die soeben wiedergegebene Definition darf freilich nicht so apodiktisch (miss)verstanden werden, wie sie zunächst klingt. Denn manche Dinge kann man schlicht nicht aussprechen bzw. hören, sondern muss sie sehen, weshalb es die Inaugenscheinnahme (z. B. eines Fotos oder einer Tatwaffe) gibt, die durchaus schweigend und ohne mündliche „Erörterung" verlaufen mag, aber dennoch zum von § 261 genannten „Inbegriff der Verhandlung" zählt.[59] Was allerdings verbalisiert werden kann, das unterliegt strikt dem Mündlichkeitsprinzip.

767 Zweck ist es, einem Zuhörer zu erlauben, die Hauptverhandlung vollständig zu verfolgen.[60] Des Mündlichkeitsprinzip ist damit notwendige Voraussetzung des Öffentlichkeitsgrundsatzes.[61]

---

[55] KÜHNE Rn. 1233 ff.
[56] KÜHNE Rn. 1448.
[57] Siehe dazu oben Rn. 407, 414.
[58] KK-PFEIFFER/HANNICH Einleitung Rn. 8; ROXIN/SCHÜNEMANN § 46 Rn. 1; PETERS S. 557.
[59] Vgl. KK-SCHOREIT § 261 Rn. 25.
[60] Die Rn. 778 genannten Ausnahmen fügen sich hier zwar grundsätzlich ein, denn die Inaugenscheinnahme könnte ein Zuschauer prinzipiell mitverfolgen. Bei kleineren Objekten wie Lichtbildern bleibt die Öffentlichkeit indes jedenfalls faktisch ausgeschlossen.
[61] PETERS S. 557.

Zwei praktisch wichtige Folgen zeitigt der Mündlichkeitsgrundsatz in der Hauptverhandlung: 768
- *Urkunden müssen grundsätzlich verlesen werden* (§ 249 I 1). Eine Durchbrechung bildet allein das problematische *Selbstleseverfahren* (§ 249 II), das aber allenfalls in längeren Prozessen und dort bei Urkunden sinnvoll ist, deren Verlesung endlos lange dauern und die Aufnahmefähigkeit der Zuhörer überfordern würde.[62]
- *Anträge* (insb. Beweis- oder Befangenheitsanträge) sind überhaupt erst gestellt, nachdem sie mündlich formuliert (oder verlesen) wurden; ihre schlichte Übergabe im Rahmen der Hauptverhandlung bliebe dagegen folgenlos.

Zur Akte 2: 769

Aus diesem Grund hat RAin *von Dyck* ihren Beweisantrag auch verlesen, bevor sie ihn als Anlage zu Protokoll gab (vgl. Bl. 62, 65a d. A.). Theoretisch hätte sie ihn nach der Verlesung auch gar nicht aus der Hand zu geben brauchen. Wenn sie dies dennoch tat, so zur Arbeitserleichterung für das Gericht. Denn andernfalls hätte die Urkundsbeamtin ihn protokollieren müssen (§ 273 I 1), was bei längeren Anträgen zu einer mühseligen Angelegenheit geraten kann. Die praktizierte Vorgehensweise, Anträge schriftlich zu verfassen, sie zu verlesen und sodann als Protokollanlage zur Verfügung zu stellen, ist deshalb die für alle Beteiligten (einschließlich des jeweiligen Antragsgegners, der ja die Möglichkeit zur Stellungnahme erhalten muss) sinnvollste und glücklicherweise inzwischen auch gebräuchlichste Vorgehensweise.

§ 257a erlaubt es sogar, den Beteiligten die schriftliche Abfassung ihrer Anträge als Pflicht aufzugeben, was jedenfalls bei langen, ausschließlich mündlich vorgetragenen Anträgen sinnvoll sein mag.[63] Ob man dies auch noch mit dem Selbstleseverfahren kombinieren sollte, was § 257a Satz 3 zulässt, erscheint dagegen mehr als fraglich.[64] 770

5. Das Prinzip freier richterlicher Beweiswürdigung

Nach § 261 entscheidet das Gericht über das Beweisergebnis schlussendlich „nach 771 seiner freien, aus dem Inbegriff der Verhandlung geschöpften Überzeugung". Dies bestimmt zum einen das Erkenntnisziel der *Überzeugung* des Richters von der Schuld des Angeklagten als (schon) ausreichende Urteilsgrundlage. Zum anderen kennzeichnet es den Prozess der *Überzeugungsbildung* als frei. Eine nähere Darstellung dazu erfolgt bei der Besprechung der Urteilsfindung (Rn. 1040 ff.).

---

[62] Zur durchaus berechtigten Kritik HbStrVf-Scheffler Rn. VII.734 ff.
[63] KK-Diemer § 257a Rn. 1 f.; kritisch dagegen Rainer Hamm, Was wird aus der Hauptverhandlung nach Inkrafttreten des Verbrechensbekämpfungsgesetzes? StV 1994, 456–459.
[64] HbStrVf-Scheffler Rn. VII.745 ff.

6. Der Satz „in dubio pro reo"

772 Der aus der Unschuldsvermutung (heute positiv genannt in Art. 6 II EMRK) und dem Schuldgrundsatz abgeleitete[65] Imperativ *in dubio pro reo*[66] (im Zweifel für den Angeklagten) kommt noch nicht während der Beweiswürdigung zum Tragen, sondern erst nach deren Abschluss. Er betrifft also nicht die Bewertung einzelner Beweismittel, sondern als Entscheidungssatz erst deren Gesamtschau. Wenn sich dann für den Richter noch (ernsthafte) Zweifel an der Schuld des Angeklagten ergeben, darf er diesen nicht schuldig sprechen.[67] Auch dazu finden Sie Näheres bei der Behandlung der Urteilsfindung (Rn. 1049).

> **Wiederholungsfragen zum 14. Kapitel**
> 1. Was wird während der Hauptverhandlung protokolliert? (Rn. 718 f.)
> 2. Was bedeutet der Begriff „Sitzungspolizei"? (Rn. 733 f.)
> 3. Welche Funktionen kommen der Öffentlichkeit in der Hauptverhandlung zu? (Rn. 740)
> 4. Nennen Sie bitte vier Fälle, in welchen der Ausschluss der Öffentlichkeit erfolgen kann oder muss! (Rn. 746 bzw. Abb. 2)
> 5. Was bedeutet die Unmittelbarkeit der Beweisaufnahme? (Rn. 759 f.)
> 6. Ist danach die Vernehmung mittelbarer Zeugen (z. B. solcher vom Hörensagen) unzulässig? (Rn. 762)
> 7. Können Beweisanträge auch schriftlich gestellt werden? (Rn. 768)

---

[65] HELLMANN Rn. 808; ROXIN/SCHÜNEMANN § 45 Rn. 56.
[66] Reus = „Angeklagter", interessanterweise aber auch „schuldig".
[67] ZIPF S. 195 f.; ROXIN/SCHÜNEMANN § 45 Rn. 56; SK-VELTEN § 261 Rn. 84.

15. Kapitel. Die Beteiligten der Hauptverhandlung

I. Gericht, Urkundsbeamte und Staatsanwaltschaft

1. Anwesenheitspflichten

Zur Akte 2:
Schauen Sie sich bitte noch einmal Bl. 56 an. Das Hauptverhandlungsprotokoll verzeichnet dort insgesamt zwölf anwesende Personen, zu denen später noch verschiedene Zeugen kommen, die allerdings teilweise nur während ihrer Vernehmung im Saal anwesend sind.

Notwendige Beteiligte der Hauptverhandlung sind nach § 226 I (nur) Gericht, Staatsanwalt und Urkundsbeamter der Geschäftsstelle. Angeklagte und Verteidiger werden in dieser Bestimmung nicht genannt, weil es (in allerdings sehr seltenen Fällen) Verfahren in Abwesenheit des Angeklagten (z. B. nach Einspruch gegen einen Strafbefehl gemäß § 411 II oder im Berufungsverfahren nach § 329 II) und (weitaus häufiger, nämlich solange kein Fall notwendiger Verteidigung vorliegt) ohne Verteidiger geben kann. Jenseits dieser Konstellationen ist aber auch die Anwesenheit dieser Beteiligten unabdingbar (dazu Rn. 806 ff., 832). Die Anwesenheit eines Dolmetschers (hier für den Nebenkläger *Eftherim*) ist nach § 185 I 1 GVG immer dann notwendig, wenn mit einer des Deutschen nicht mächtigen Person zu verhandeln ist. Die Bedeutung der Anwesenheitsbestimmungen verstärkt § 338 Nr. 5, der die Abwesenheit eines notwendigen Verfahrensbeteiligten zum absoluten Revisionsgrund qualifiziert.

Aufgabe:
Unerwartet lange Dauer einer Hauptverhandlung
Im Mai 2011 begann VRiLG *Thomas M.* die Hauptverhandlung vor der großen Strafkammer gegen *Christa D.* wegen Verleumdung im Zusammen-

	Wirkung	Dauer der Sitzungsintervalle
Unterbrechung	Die Hauptverhandlung wird nach der Unterbrechung an dem Punkt fortgesetzt, an dem sie unterbrochen worden war	maximal drei Wochen (§229 I), bei längeren Sitzungen bis zu einem Monat[1] (§229 II); bei Krankheit bis zu weiteren sechs Wochen (§229 III); bei Fristüberschreitung gilt die Hauptverhandlung als ausgesetzt (§229 IV 1).
Aussetzung	Die Hauptverhandlung beginnt nach der Aussetzung erneut von Beginn an, alles bislang Geschehene muss ggf. wiederholt werden	(theoretisch) unbegrenzt

[1] Bis zum 1. JuMoG 2004 betrug die Höchstfrist für Unterbrechungen nach § 229 I nur zehn Tage; inzwischen ist die Differenz zwischen den Fällen des 229 I und II nahezu marginal geworden, da Abs. 2 unverändert blieb.

Abb. 1 Unterschiede zwischen Unterbrechung und Aussetzung

hang mit ärztlichen Behandlungen an einem großen Klinikum. Nachdem eine ursprünglich avisierte Verfahrenseinstellung gemäß § 153a II gescheitert war, ergab sich die Notwendigkeit, während der laufenden Hauptverhandlung zahlreiche medizinische Sachverständigengutachten einzuholen. Anfang Juli 2012 wurde es außerdem unerwartet erforderlich, noch einen weiteren Sachverständigen zu bestellen. Ende Juli 2012 allerdings sollte die Dienstzeit von VRiLG *M.* enden, da er wegen Erreichens der Altersgrenze in Pension gehen musste. Der Sitzungsvertreter der Staatsanwaltschaft und die Urkundsbeamtin der Geschäftsstelle hatten für August 2012 zudem jeweils längere Urlaube geplant.

Kann die Hauptverhandlung trotz dieser personellen Ausfälle im August 2012 fortgeführt werden?

2. Unterbrechungen und Aussetzungen einer Hauptverhandlung

776 Idealtypisch beginnt und endet eine Hauptverhandlung zwar an ein und demselben Tag (wie auch in Verfahren 2). Indes ist dies keineswegs zwingend vorgeschrieben und die Durchführung von Hauptverhandlungen über mehrere Wochen und Monate ist sogar durchaus üblich.

777 Allerdings geben die §§ 228 f. hierfür zeitliche Grenzen vor. Das Gesetz unterscheidet dabei zwischen Aussetzungen (§ 228 I 1) und Unterbrechungen (§§ 228 I 2, 229, s. Abb. 1).

778 Die Unterbrechung einer Hauptverhandlung bildet für die Justiz selbstverständlich die viel attraktivere Alternative. Denn eine Aussetzung zwingt – weil alles bislang in der Hauptverhandlung Geschehene wegen des Gebotes der formellen Unmittelbarkeit (Rn. 759) im Grunde „verloren" ist – unter Umständen zu erheblicher

Doppelarbeit. Zudem lässt sich manches auch schlicht nicht wiederholen, denn erkenntnisträchtige Spontan-, Überraschungs- oder Konfrontationsreaktionen von Zeugen beispielsweise lassen sich nur ein einziges Mal hervorrufen; beim zweiten Mal ist der Zeuge vorbereitet und wird sich nicht mehr aus der Reserve locken lassen.

Der *zeitlichen Begrenzung von Unterbrechungen* bedarf es, weil die Richter am Schluss ihr Urteil aus dem Inbegriff der gesamten Hauptverhandlung heraus zu fällen haben. Jede zeitliche Verzögerung aber lässt ihre Eindrücke vom Sitzungsgeschehen in der Erinnerung verblassen oder verfälscht sie gar, was der Urteilsqualität schadet. Man darf deshalb zweifeln, ob § 229 heute, nachdem er auf Grund verschiedener Ausweitungen jetzt im Extremfall eine bis zu 81 Tage währende Unterbrechung zulässt, seiner Aufgabe überhaupt noch gerecht wird.[1] Wer kann denn ernstlich von sich behaupten, Wochen später – selbst mit Hilfe gefertigter Aufzeichnungen – noch alle Details einer zuvor gehörten Zeugenaussage zu erinnern? 779

Wenn § 226 I Regelungen für „die Hauptverhandlung" trifft, so meint dies die einheitliche, höchstens mit Unterbrechungen durchgeführte Sitzung. Kommt es hingegen zu einer Aussetzung, so darf anschließend mit völlig neuem Personal verhandelt werden, weil ja auch die von diesem nicht wahrgenommenen Geschehnisse während zuvoriger Sitzungstage kein Gegenstand der Urteilsfindung mehr sein können. Für Unterbrechungen gilt dagegen das Gebot der personellen Kontinuität, soweit es in § 226 I enthalten ist. 780

3. Gericht

§ 226 bezieht sich zunächst auf die „zur Urteilsfindung berufenen Personen," also sämtliche Richter, gleichgültig ob Berufs- oder Schöffenrichter. Fehlt der Vorsitzende daher auch nur an einem Tag der Hauptverhandlung (und würde er, um § 338 Nr. 5 zu umschiffen, durch einen anderen Richter vertreten), so dürfte er später auch nicht mehr an der Urteilsfindung teilnehmen – ebensowenig wie sein Vertreter, dem ja wiederum andere Teile der Hauptverhandlung fehlen. Als Folge ergäbe sich wegen einer unzureichenden Zahl erkennender Richter der absolute Revisionsgrund des § 338 Nr. 1 (vorschriftswidrige Besetzung des erkennenden Gerichts). Im Aufgabenfall Rn. 775 endet die Hauptverhandlung deshalb zwangsläufig mit der Pensionierung des Vorsitzenden; sie müsste ausgesetzt und später mit einem neuen Vorsitzenden neu begonnen werden. 781

Um bei langen Hauptverhandlungen die Handlungsfähigkeit des Gerichts trotz unerwarteter oder bereits absehbarer Ausfälle von Richtern sicherzustellen (z. B. infolge Todes, schwerer Erkrankung, Ausschluss wegen Befangenheit, Versetzung), erlaubt § 192 GVG die *Beiziehung von Ergänzungsrichtern* und *Ergänzungsschöffen*. Diese sind neben der eigentlichen Gerichtsbesetzung von Anfang an in der Hauptverhandlung anwesend, dürfen aber wegen § 192 GVG zunächst nicht an Beratungen sowie Entscheidungen mitwirken und nehmen daher anfangs eine Art Zuschauerrolle wahr. Beim Ausfall eines Richters springen sie dann für diesen ein und sind ab diesem Zeitpunkt vollwertige Gerichtsmitglieder. Da sie bis dahin an der gesamten Hauptverhandlung 782

---
[1] HbStrVf-Scheffler Rn. VII. 1035 ff.

teilgenommen haben, können sie nach ihrem Eintritt ohne Verstoß gegen § 226 I urteilen. Die Bestellung von Ergänzungsrichtern und -schöffen ist in der Praxis überall dort gebräuchlich, wo mehrmonatige Hauptverhandlungstermine drohen (oder sonst eine augenfällige Gefahr von Richterausfällen aus den genannten Gründen besteht).

4. Sitzungsvertreter der Staatsanwaltschaft

783 Sehr viel weniger strikt regelt § 226 I die Teilnahme eines Staatsanwalts. Denn diese Bestimmung spricht von „der Staatsanwaltschaft" und nicht von „dem Staatsanwalt", weshalb ein Staatsanwalt während laufender Sitzung in persona abgelöst oder auch zeitweilig vertreten werden kann. Es muss nur stets irgendein Sitzungsvertreter zugegen sein.

784 Bei größeren Verfahren (oder bei einer Vielzahl von verteidigten Angeklagten) macht die Staatsanwaltschaft gerne von ihrem Recht Gebrauch, *mehrere Staatsanwälte* gleichzeitig in eine Sitzung zu entsenden (§ 227). Motiv ist zwar weniger die Möglichkeit gegenseitiger Vertretung als die Sicherstellung einer der Material- und Ereignisfülle angemessenen Kompetenz. Als Nebeneffekt ermöglicht dies, bei kurzfristiger Erkrankung eines Sitzungsvertreters dessen Aufgaben ohne nennenswerten Qualitätsverlust vorübergehend alleine durch den in die Sache eingearbeiteten zweiten Staatsanwalt wahrzunehmen.

5. Protokollführer

785 Auch beim Protokollführer verlangt § 226 I nur die Anwesenheit (irgend-)„eines" Urkundsbeamten der Geschäftsstelle, weshalb dessen Auswechselung nicht nur möglich, sondern sogar gebräuchlich ist. § 271 I 1 verlangt dann allerdings die Unterzeichnung des Protokolls durch jeden der eingesetzten Protokollführer.[2]

6. Dolmetscher

786 Dolmetscher sind der Sache nach eigentlich Sprachsachverständige, werden aber gesondert in den §§ 185 ff. GVG geregelt. Sie sind gleichfalls auswechselbar. Die Notwendigkeit ihrer Anwesenheit richtet sich danach, inwieweit die betreffende sprachunkundige Person anwesend zu sein hat (§ 185 I 1 GVG). Dolmetscher sind im Unterschied zu Zeugen und den übrigen Sachverständigen stets zu vereidigen (§ 189 I 1 GVG, vgl. im Verfahren 2 Bl. 57).

787 Im optimalen Fall sollte ein Dolmetscher simultan übersetzen, wozu aber die meisten der in der Praxis auftretenden Personen leider nicht fähig sind, weshalb häufig die Einschaltung eines Dolmetschers die Vernehmungen durch die notwendigen Übersetzungspausen in die Länge zieht. Zudem ist die Gefahr einer – ungewollten – Verfälschung von Aussagen durch eine interpretierende Übersetzung (z. B. von Worten, die entweder keine unmittelbare Entsprechung in der anderen Sprache haben oder umgekehrt dort mehrdeutig sind) nicht zu unterschätzen.

---

[2] Meyer-Gossner § 271 Rn. 13.

I. Gericht, Urkundsbeamte und Staatsanwaltschaft

7. Ausschließung und Befangenheit

Die Wahrnehmung der (Berufs- wie Laien-)Richterrolle setzt Unvoreingenommenheit gegenüber der Person des Beschuldigten und dem zu verhandelnden Vorwurf voraus. Das Gebot der „Neutralität und Distanz des Richters gegenüber den Verfahrensbeteiligten" folgt verfassungsrechtlich aus dem Gebot des gesetzlichen Richters (Art. 101 I 2 GG)[3] und einfachgesetzlich aus Art. 6 I 1 EMRK. Strafprozessual wird es in den §§ 22–31 umgesetzt, und zwar gleichermaßen für Berufsrichter (§§ 22 ff.), Schöffen und Protokollführer (§ 31 I). Die entsprechenden Regeln für Dolmetscher folgen denen der Sachverständigen (§ 191 GVG, § 74 StPO, vgl. dazu Rn. 885).

788

a) Unterschiede zwischen Ausschließung und Befangenheit

Dabei wird zwischen der Ausschließung (§ 22 f.) und der Besorgnis der Befangenheit (§ 24) differenziert. Die *Ausschließungsgründe* knüpfen an eine objektiv vorliegende Nähe zu den Personen des Angeklagten und Verletzten sowie zur Sache als solcher an und enthalten eine *unwiderlegliche Vermutung der Voreingenommenheit*. Die Ausschließung tritt von Gesetzes wegen ein und muss nicht erst geltend gemacht werden.[4]

789

Wenn § 24 I dennoch auch die Ablehnung eines ausgeschlossenen Richters erwähnt, so hat das vorwiegend den Sinn, im Zweifelsfall eine förmliche Entscheidung erzwingen zu können.[5]

790

Die Gründe, warum jemand voreingenommen sein kann, lassen sich jenseits der klar abgrenzbaren Ausschließungsgründe aber nicht enumerativ benennen. Zudem lässt sich die innere Einstellung eines Richters auch gar nicht sicher erkunden (selbst die Ausschließungsgründe liefern dazu übrigens keine Sicherheit; es mag ja durchaus sein, dass ein ausgeschlossener Richter gleichwohl innerlich neutral und distanziert urteilen könnte). Deshalb benennt das Gesetz in § 24 II auch keine spezifischen *Befangenheitsgründe*, sondern spricht nur von (irgend-) „ein[em] Grund", und es fordert zugleich keine tatsächliche Befangenheit des Richters, sondern nur die *Eignung, Misstrauen gegen seine Unparteilichkeit zu rechtfertigen*. Es kommt dabei auf die Sichtweise eines „vernünftigen Angeklagten" an, die jedermann unmittelbar einleuchtet.[6] Ein i. S. v. § 24 II „befangener" Richter ist also ein solcher, der aus objektiver Sicht befangen zu sein scheint.

791

Da die Befangenheit folglich aus einer Außenperspektive heraus beurteilt wird, ist es nur folgerichtig, wenn sie *geltend gemacht werden muss* und nicht wie die Ausschließung von Gesetzes wegen eintritt. Das *Ablehnungsrecht* steht der Staats-

792

---

[3] BVerfG NJW 1967, 1123.
[4] SCHROEDER/VERREL Rn. 158; MEYER-GOSSNER § 22 Rn. 2.
[5] HK-TEMMING § 24 Rn. 1.
[6] BGHSt 21, 334 (341); 43, 16 (18).

anwaltschaft (nebst etwaigem Nebenkläger) sowie dem Beschuldigten (nebst Verteidiger) zu (§ 24 III).[7]

b) Einzelne Ausschließungs- und Befangenheitsgründe

793 Die Ausschließungsgründe nach § 22 Nrn. 1–3 knüpfen an eine *verwandtschaftliche Nähe zum Beschuldigten oder Verletzten* an. Die Nrn. 4 und 5 schließen aus, wer in derselben Sache *bereits in anderer Funktion tätig geworden* ist.

794 **Aufgabe:**
Finanzielle Schädigung von Richtern durch die abzuurteilende Straftat[8]
Die Berliner Straßenreinigungsbetriebe (BSR), eine Anstalt des öffentlichen Rechts, hatten in den Jahren 1999/2000 auf Grund einer Fehlberechnung zu hohe Straßenreinigungsentgelte von den Berliner Grundeigentümern kassiert. Nachdem der Fehler intern erkannt worden war, untersagte der seinerzeitige BSR-Finanzvorstand, der Angeklagte *Arnold G.* dessen Korrektur für die folgenden Abrechnungsperioden. Ihm lag u. a. daran, Planungsrisiken durch das zusätzliche Finanzpolster abzufedern. So gerieten auch die neuen Entgeltsätze überhöht. Auf Betreiben von *G.* wurden sie durch die nichtsahnende Senatsverwaltung genehmigt und sodann von der ebenso nichtsahnenden Sachbearbeiterebene bei der BSR in überhöhte Entgeltrechnungen für die einzelnen Grundstückseigentümer umgesetzt, was in der Abrechnungsperiode 2001/2002 zu weiteren Schäden von immerhin 23 Mio. € führte. In erster Instanz war *G.* von einer Berliner Strafkammer verurteilt worden; seine Revision wurde beim 5. Strafsenat des BGH anhängig. In diesem Senat saßen u. a. drei Richter (*A*, *B* und *C*), die zur fraglichen Zeit in Berlin in Mietwohnungen gewohnt und über die Nebenkostenabrechnungen ihrer Vermieter ebenfalls überhöhte Straßenreinigungskosten gezahlt hatten. Richter *C.* war zudem der Bruder eines der betroffenen Grundeigentümer.
Liegt ein Ausschlussgrund vor?

795 Verletzter der Straftat i. S. v. § 22 Nr. 1 ist nur, wer durch eine Straftat *unmittelbar* in seinen Rechten verletzt wurde.[9] Im Aufgabenfall Rn. 794 waren *A.* und *B.* aber nicht die unmittelbar betrügerisch Geschädigten; das waren allenfalls die Grundeigentümer. Wenn diese ihre Schäden auf Dritte abwälzen konnten, so stellten deren Einbußen nur mittelbare Straftatfolgen dar, weshalb *A.* und *B.* an der Revisionsentscheidung mitwirken durften.[10]

---

[7] Das in § 24 III (wegen § 385 I überflüssigerweise) auch erwähnte Ablehnungsrecht des Privatklägers spielt selbstredend nur im reinen Privatklageverfahren eine Rolle.
[8] Sachverhalt nach BGH NStZ 2009, 342 bzw. BGH NJW 2009, 2900.
[9] Meyer-Gossner § 22 Rn. 6.
[10] BGH NStZ 2009, 342 (343).

I. Gericht, Urkundsbeamte und Staatsanwaltschaft

Zu den ausgeschlossenen Personenkreisen gehören nach § 22 Nr. 3 die *Verwandten in gerader Linie*, d. h. die voneinander abstammenden Personen (§ 1589 Satz 1 BGB), also Kinder, Enkel, Eltern, Großeltern usw. In *gerader Linie verschwägert* ist man gemäß § 1590 I BGB mit den Eltern des Ehegatten (d. h. den Schwiegereltern), dessen Großeltern sowie mit den aus einer anderen Beziehung stammenden Kindern des Ehegatten. Die *Verwandtschaft in der Seitenlinie* betrifft Personen, die von derselben dritten Person abstammen (§ 1589 Satz 2 BGB), wobei sich der Grad nach der Zahl der vermittelnden Geburten bestimmt (§ 1589 Satz 3 BGB). Mit Bruder oder Schwester ist man danach in der Seitenlinie im zweiten Grad verwandt, mit Neffen oder Nichten im dritten Grad. Im Aufgabenfall Rn. 794 war Richter *C.* daher gemäß § 22 Nr. 3 von der Revisionsentscheidung ausgeschlossen.[11] Die *Verschwägerung in der Seitenlinie* betrifft nach § 1590 I BGB die Verwandten des Ehegatten, wobei sich erneut der Grad nach der Zahl der vermittelnden Geburten (jetzt allerdings zum Ehegatten) bestimmt. Der von § 22 Nr. 3 genannte zweite Grad läge daher nur bei den Geschwistern der Ehegatten vor (d. h. Schwager oder Schwägerin).

796

Befangenheitsgründe betreffen regelmäßig das Verhalten des Abgelehnten, insb. seine Äußerungen über den Beschuldigten oder weitere Verfahrensbeteiligte.

797

Beispiel (Äußerungen des Vorsitzenden zur Einlassung des Angeklagten):[12]

Bernd D. war u. a. wegen Körperverletzung und Nötigung angeklagt, die er anlässlich des Streites um eine ihm zustehende Forderung begangen haben sollte. Der Strafrichter versuchte bei der Einvernahme von *D.* zur Sache, dessen möglichst genaue Festlegung auf eine bestimmte Höhe der fraglichen Forderung zu erreichen. Als Bernd *D.* sich schließlich auf einen Betrag festgelegt hatte, der erheblich über dem lag, den eine Zeugin bei ihrer polizeilichen Vernehmung bekundet hatte, bemerkte der Vorsitzende: „Nun haben wir Sie festgenagelt – das werden Sie noch spüren." Anlässlich der weiteren Schilderung des Geschehensablaufes durch den Angeklagten, die dessen polizeilicher Einlassung im Wesentlichen entsprach, schrie der Vorsitzende ihn an: „Herr *D.*, nach Aktenlage lügen Sie unverschämt." – Das BayObLG sah in diesen Äußerungen einen Anlass zum Misstrauen in die Unvoreingenommenheit des Richters. Zwar habe dieser nicht nur das Recht, sondern auch die Pflicht, während der Vernehmung Vorhalte zu machen, ggf. auch in nachdrücklicher Form. Er habe dabei jedoch die gebotene Zurückhaltung an den Tag zu legen und sich ehrverletzender Ausdrücke oder Vorhalte in ungewöhnlich scharfer oder verletzender Form zu enthalten. Niemand brauche den Vorhalt hinzunehmen, er lüge nach Aktenlage unverschämt. Derartige Äußerungen, vorgetragen in einer hervorgehobenen Lautstärke und eingeleitet durch die Ankündigung, er „werde es noch spüren", vermögen auch bei einem vernünftigen Angeklagten den Eindruck zu erwecken, der Vorsitzende habe sich bereits zu diesem Zeitpunkt in einer für ihn nachteiligen Weise fest-

---

[11] BGH NStZ 2009, 342 (343) mit Bespr. Michael HEGHMANNS ZJS 2009, 706–709 (706 f.).
[12] Ausschnitte aus BayObLG NJW 1993, 2948, mit kleineren Modifikationen.

gelegt.[13] Man darf als Richter zwar seine Zweifel an der Darstellung des Angeklagten bekunden, muss aber dabei stets verdeutlichen, dass es sich um eine Momentaufnahme handelt, die sich im weiteren Verlauf der Beweisaufnahme noch ändern mag und jedenfalls unter dem Vorbehalt einer besseren Erkenntnis nach der abschließenden Gesamtschau im Rahmen der Beratung steht.

798 Als Befangenheitsgrund kommt auch *einseitiges prozessuales Verhalten* in Betracht.

> **Beispiel (Eröffnungsbeschluss vor Ablauf der Einlassungsfrist):**[14]
> Gegen *Sabrina K.* war wegen eines Verbrechens gegen das BtMG Anklage zur großen Strafkammer erhoben worden. Der Vorsitzende *A.* verfügte am 29.05.1992 die Zustellung der Anklage an *K.* mit einer Erklärungsfrist von zehn Tagen. Auf Grund eines Geschäftsstellenversehens erfolgte die Zustellung aber zunächst unter einer falschen Anschrift; erst am 13.06.1992 erhielt *K.* die Anklage. Am 16.06.1992 beschlossen VRiLG *A.* sowie die Beisitzer RiLG *B.* und RiLG *C.* die Eröffnung des Hauptverfahrens, der Beschlussentwurf stammte von VRiLG *A.* – Bei dieser Sachlage hielt das LG Berlin die Ablehnung des Vorsitzenden für begründet, nicht aber diejenige der Beisitzer, weil diese keine Kenntnis von dem fehlenden Fristablauf hatten und auf die gemäß § 201 dem Vorsitzenden obliegende ordnungsgemäße Durchführung der Gehörsgewährung vertrauen durften. Der Vorsitzende hatte zwar ebenfalls keine positive Kenntnis von der zunächst fehlgeschlagenen Zustellung und des darauf beruhenden Nichtablaufens der Einlassungsfrist. Der Befangenheitsgrund folge dann aber aus der Geringschätzung des Anhörungsrechts, die darin zum Ausdruck komme, sich nicht einmal anhand der Zustellungsurkunde zu vergewissern, ob der Angeschuldigten bereits ausreichend rechtliches Gehör gewährt worden war.[15]

c) Ablehnungsverfahren

799 Die Ablehnung muss gemäß § 26 gegenüber dem erkennenden Gericht erklärt werden. Dies hat in den Fristen des § 25 zu erfolgen. Befangenheitsgründe sind daher prinzipiell bis zur Vernehmung zur Person, also sogleich nach Beginn der Hauptverhandlung, geltend zu machen. Bei erst später entstehenden (oder bekannt werdenden) Befangenheitsgründen wie im Beispiel Rn. 797 verlangt § 25 II Nr. 2 eine *unverzügliche Ablehnung*.

800 Der Ablehnungsgrund ist dabei *glaubhaft zu machen* (§ 26 II 1). Die Glaubhaftmachung ist ein Zwischending zwischen Beweis und schlichtem Vortrag: „Dem Gericht braucht nicht die volle Überzeugung von der Richtigkeit der behaupteten Tatsachen vermittelt zu werden; vielmehr genügt es, daß ihm durch die beigebrachten Beweismittel in einem nach Lage der Sache vernünftigerweise zur Entscheidung hinreichenden Maße die Wahrscheinlichkeit ihrer Richtigkeit dargetan

---

[13] BayObLG NJW 1993, 2948.
[14] LG Berlin StV 1993, 8.
[15] LG Berlin StV 1993, 8 (9).

wird."[16] Mittel zur Glaubhaftmachung sind eidesstattlich versicherte schriftliche Zeugenbekundungen (§ 26 II 2), Urkunden, anwaltliche Versicherungen und die Berufung auf eine sodann von diesem zu fertigende dienstliche Erklärung des abgelehnten Richters (§ 26 II 3, III) oder der übrigen Richter, der Staatsanwälte und Urkundsbeamten.[17]

Die *Entscheidung* über das Ablehnungsgesuch fällt bei Unzulässigkeit (z. B. wegen Verspätung oder fehlender Glaubhaftmachung) durch das gesamte Gericht (§ 26a II). Über die Begründetheit befindet hingegen nach § 27 das Gericht *ohne den Abgelehnten*; an seine Stelle rückt der vorgesehene geschäftsplanmäßige Vertreter. Über das Gesuch muss nicht sofort entschieden werden; § 29 II erlaubt eine befristete Fortsetzung der Hauptverhandlung. 801

Hat der Befangenheitsantrag Erfolg und ist kein Ergänzungsrichter verfügbar, so kann die Hauptverhandlung wegen des Ausscheidens des abgelehnten Richters und der nunmehr unzureichenden Anzahl von Richtern nicht weiter fortgesetzt werden; es hat ihre Aussetzung und eine Neuterminierung zu erfolgen. 802

d) Befangenheit des Staatsanwalts?

In der Gefahr einer Unvoreingenommenheit steht der Staatsanwalt wegen seiner aktiven Rolle im Ermittlungsverfahren in viel höherem Maße als ein Richter.[18] Aber selbst bei Sitzungsvertretern der Staatsanwaltschaft, die – wie zumindest in kleineren und mittleren Verfahren üblich – nicht selbst die Anklage verfasst haben, kann man vereinzelt Verhaltensweisen beobachten oder Äußerungen vernehmen, welche bei einem Richter einen Befangenheitsgrund darstellten. Gleichwohl sieht das Gesetz kein den §§ 22 ff. entsprechendes Ablehnungsrecht gegenüber Staatsanwälten vor.[19] 803

Wegen der geforderten Unparteilichkeit des Staatsanwalts (§ 160 II) wird allerdings teilweise geschlossen, auch seine Ablehnung müsse zulässig sein, und zwar entweder qua Analogie zu § 24[20] oder über den Umweg des fair-trial-Prinzips.[21] Einige Ländergesetze sehen immerhin Ausschließungsgründe vor, welche § 22 entsprechen.[22] Ein Staatsanwalt, der z. B. mit dem Geschädigten verwandt ist, darf dort daher die Ermittlungen nicht durchführen. 804

---

[16] BGHSt 21, 334 (350).
[17] Eingehend MEYER-GOSSNER § 26 Rn. 8 ff.; HK-TEMMING § 26 Rn. 12 ff.
[18] Vgl. Michael HEGHMANNS, Die prozessuale Rolle der Staatswanwaltschaft, GA 2003, 433–450 (443 ff.).
[19] BVerfGE 25, 336 (345); BGH NJW 1980, 845.
[20] BEULKE Rn. 93; Frank ARLOTH, Zur Ausschließung und Ablehnung des Staatsanwalts, NJW 1983, 207–210 (209 f.); Martin SCHAIRER, Der befangene Staatsanwalt, 1983, S. 30 ff.; ähnlich Klaus TOLKSDORF, Mitwirkungsverbot des befangenen Staatsanwalts, 1989, insb. S. 53 ff.
[21] So angedeutet von BGH NJW 1980, 845 (846); ferner Daniel COMBÉ, Stellung und Objektivität der Staatsanwaltschaft im Ermittlungsverfahren, 2007, S. 140 f.; Dieter SCHEDEL, Ausschließung und Ablehnung des befangenen oder befangen erscheinenden Staatsanwalts, Diss. Gießen 1984, S. 127 ff. (de lege ferenda).
[22] § 11 AGGVG Baden-Württemberg, § 9 AGGVG Berlin, § 7 Niedersächsisches AGGVG, § 14 AGGVG Sachsen-Anhalt.

805 Allerdings gefährdet die staatsanwaltliche Befangenheit den Erlass eines materiell richtigen Urteils weitaus weniger als diejenige des Richters. Immerhin mag die Mitwirkung eines offenkundig befangenen Staatsanwalts, dem das Gericht nicht entschieden entgegentritt, wiederum die Besorgnis einer Befangenheit des Gerichts erwecken. Es hat deshalb in derartigen Fällen auf die *Ablösung des Sitzungsvertreters* hinzuwirken.[23] Ebenso kann der Angeklagte selbst jederzeit beim Behördenleiter auf die Substitution des Sitzungsvertreters drängen (Rn. 204 f.).

II. Der Angeklagte

1. Anwesenheitspflicht

806 Die aus den §§ 230 I, 285 I 1 folgende *Pflicht zur Anwesenheit* des Angeklagten in der Hauptverhandlung (außerhalb der Rn. 774 genannten Verfahren) soll einerseits die Sachverhaltsaufklärung erleichtern[24] und andererseits das Recht auf Gehör gewährleisten[25], und zwar im Sinne fürsorgerischen Zwanges zur Sicherstellung der Gelegenheit, etwas zu sagen.[26] Inzwischen ist die Anwesenheitspflicht vielfach durchbrochen worden, um die Durchführbarkeit der Hauptverhandlung selbst gegen den Willen des Angeklagten (oder auch trotz seiner Anwesenheit) sicherzustellen.

807 Den *gesetzlichen Ausnahmefällen* kommt indes eine sehr unterschiedliche Bedeutung zu. Man kann sie in die Fallgruppen des prinzipiellen Verzichts auf die Anwesenheit, der verhaltensbedingten und der gefährdungsbedingten Abwesenheit unterteilen.

a) Verzicht auf Anwesenheit

808 In einigen Fällen erlaubt das Gesetz, auf die Anwesenheit des Angeklagten in der (gesamten) Hauptverhandlung zu verzichten, weil er adäquat durch einen Verteidiger vertreten werden kann:

809 • Die §§ 232, 233 erlauben *bei geringer Straferwartung* nach entsprechender Warnung in der *Ladung* (§ 232) oder *auf Antrag des Angeklagten* (§ 233), ohne diesen zu verhandeln (siehe Rn. 697). Die Vertretung des Abwesenden durch einen – dazu explizit zu ermächtigenden – Verteidiger ist möglich (§ 234), aber nicht einmal notwendig.

---

[23] LG Mönchengladbach StV 1987, 333 f.; ROXIN/SCHÜNEMANN § 9 Rn. 15.

[24] Der Angeklagte kann dem freilich entgehen, wenn er schweigt; sehr selten bedarf es bereits seiner körperlichen Anwesenheit zur Aufklärung, vgl. Karl-Peter JULIUS, Zur Disponibilität des strafprozessualen Anwesenheitsgebots, GA 1992, 295–306 (299).

[25] MEYER-GOSSNER § 230 Rn. 3; Kurt Rüdiger MAATZ, Die Fortsetzung der Hauptverhandlung in Abwesenheit des Angeklagten, DRiZ 1991, 200–207 (200 f.).

[26] Dazu zu Recht kritisch Ulrich STEIN, Die Anwesenheitspflicht des Angeklagten in der Hauptverhandlung, ZStW 97 (1985), 303–330 (312 ff.).

- Bei Verfahren gegen mehrere Angeklagte wegen mehrerer Taten, an denen nicht 810
  jeweils alle Angeklagten zugleich beteiligt waren, können einzelne Angeklagte
  gemäß § 231c *zeitweilig von der Hauptverhandlung beurlaubt werden,* solange
  nur Anklagevorwürfe verhandelt werden, die sie nicht betreffen.
- Im *Verfahren nach Einspruch gegen einen Strafbefehl* kann der Angeklagte sich 811
  ebenfalls durch seinen – mit besonderer Vertretungsvollmacht versehenen – Verteidiger vertreten lassen (§ 411 II 1).
- Im *Berufungsverfahren* darf sich der Angeklagte gleichfalls durch einen Verteidiger vertreten lassen, nach der bisherigen Rspr. aber nur, sofern dies auch 812
  im erstinstanzlichen Verfahren zulässig war.[27] Dies betraf die bereits genannten
  Abwesenheitsfälle nach den §§ 232, 233, 411 II 1. Vgl. zu dieser inzwischen
  strittigen Frage Rn. 1138.
- Im *Revisionsverfahren* schließlich besteht prinzipiell überhaupt keine Anwesenheitspflicht des Angeklagten (§ 350 II). 813

b) Verhaltensbedingte Abwesenheit
Anders als die Verzichtsfälle knüpfen die Konstellationen verhaltensbedingter Abwesenheit nicht 814
an bestimmte Verfahrensarten oder Vorwurfsgestaltungen an, sondern reagieren auf Störungsfälle
oder einen Boykott durch den Angeklagten. Es soll diesem verwehrt werden, die Hauptverhandlung durch ein verfahrensfremdes Verhalten zu sabotieren:

- Der vermutlich wichtigste Fall ist das *eigenmächtige Sichentfernen* aus einer begonnenen 815
  Hauptverhandlung (§ 231 II). Der Angeklagte muss also zunächst erschienen und zur Sache
  bereits vernommen worden sein. Entfernt er sich zu einem späteren Zeitpunkt, so kann ohne
  ihn zu Ende verhandelt werden, soweit seine Anwesenheit nicht erforderlich erscheint. Das
  wiederum ist vor allem dann der Fall, wenn ihm noch ein rechtlicher Hinweis nach § 265 erteilt
  werden müsste und kein Verteidiger da ist, der diesen für ihn entgegennehmen könnte (§ 234a).
- Eine gewisse Relevanz besitzt auch der Fall der Abwesenheit nach Störung. Wenn der Angeklagte gemäß § 177 GVG *wegen Ungehorsams gegenüber Ordnungsanweisungen aus dem* 816
  Saal entfernt werden musste (Rn. 735 f.), erlaubt § 231b StPO bei weiterhin zu besorgenden
  Störungen, zeitweilig oder sogar dauerhaft ohne ihn weiter zu verhandeln. Allerdings muss das
  Gericht in gewissen Abständen versuchen, ob der Angeklagte sich nicht zwischenzeitlich eines
  Besseren besonnen hat und sich nunmehr ordnungsgemäß zu verhalten gedenkt.[28] Entweder
  im Rahmen seiner Vernehmung zur Sache oder zu einem späteren Zeitpunkt muss er zudem
  die Gelegenheit erhalten, sich zur Anklage zu äußern. Stört er auch dabei, bedarf es allerdings
  keines weiteren Versuches.[29]

---

[27] MEYER-GOSSNER § 329 Rn. 15.
[28] KG StV 1987, 519 f.; KK-GMEL § 231b Rn. 6.
[29] MEYER-GOSSNER § 231b Rn. 8.

817 • Keine praktische Bedeutung hat der im Zuge der Terroristenprozesse in den 1970er Jahren ins Gesetz gelangte[30] § 231a erlangt. Im Falle *vorsätzlich herbeigeführter Verhandlungsunfähigkeit* (z. B. infolge Hungerstreiks) kann dennoch notfalls die gesamte Hauptverhandlung in Abwesenheit des Angeklagten stattfinden. Voraussetzungen sind seine bereits erfolgte richterliche Vernehmung nach Eröffnung des Hauptverfahrens (§ 231a I 2) und die Anwesenheit eines – notfalls jetzt zu bestellenden – Verteidigers (§ 231a IV).

c) Gefährdungsbedingte Abwesenheit

818 Zur Abwehr von Gefahren für Zeugen, Mitangeklagte und sogar den Angeklagten selbst darf dieser vorübergehend aus dem Saal entfernt werden:

819 • Nach § 247 Sätze 1 und 2 darf der Angeklagte während einer Vernehmung aus dem Sitzungssaal entfernt werden, wenn andernfalls die *Gefahr der* (*angstbedingten*) *Falschaussage* von Zeugen und Mitangeklagten bestünde oder bestimmte *Gefahren für das Zeugenwohl* drohten (Rn. 405). Diese praktisch durchaus wichtige Bestimmung ist allerdings nicht ganz unproblematisch zu handhaben, denn der Ausschluss darf nicht während der Entscheidung über die Vereidigung eines Zeugen[31] und seine Entlassung aufrecht erhalten bleiben.[32] Auch dürfen während der Vernehmung keine anderen Beweise erhoben werden, wie das sonst durchaus üblich ist, z. B. die Inaugenscheinnahme von Lichtbildern zusammen mit dem Zeugen.[33]

820 • § 247 Satz 3 gestattet die zeitweise Entfernung ferner, falls die Erörterung seines (i. d. R psychischen) Gesundheitszustandes und seiner Behandlungschancen in seiner Anwesenheit erhebliche *Gesundheitsnachteile für den Angeklagten selbst* befürchten ließe (z. B. eine Suizidgefahr verursachen könnte).

2. Ausbleiben des Angeklagten

821 Gerade in erster Instanz ist ein Nichterscheinen des Angeklagten alles andere als ungewöhnlich. Liegt nun kein Fall eines zulässigen Nichterscheinens vor (siehe dazu insb. Rn. 809, 811), so schließt § 230 I eine Verhandlung in Abwesenheit aus.

---

[30] Eingeführt durch das Ergänzungsgesetz zum 1. StVRG vom 20.12.1974, BGBl. I 3686.
[31] BGHSt 22, 289 (297); BGH NJW 2004, 1187.
[32] BGHSt (GS) 55, 87 (90 f.).
[33] Meyer-Goßner § 247 Rn. 7.

II. Der Angeklagte

> **Aufgabe:**
> Nichterscheinen des Angeklagten in Strafrichtersitzung
> Der bislang strafrechtlich unvorbelastete Angeklagte *Benedikt G.* ist zur Hauptverhandlung vor dem Strafrichter wegen des Vorwurfs der fahrlässigen Trunkenheit im Verkehr nicht erschienen. Der Strafrichter hatte auch – wie üblich – keine Ladung gemäß § 232 verfügt, sondern das normale Ladungsformular für Angeklagte verwenden lassen.
> Was kann oder muss das Gericht tun?

822

Ein „Ausbleiben" liegt begrifflich vor, wenn der Angeklagte entweder in persona nicht erschienen ist oder zwar erschienen, aber – etwa wegen Trunkenheit – verhandlungsunfähig ist.[34] Es wäre nun für den Richter nicht nur unökonomisch, sondern bereits durch den verpflichtenden Wortlaut von § 230 II ausgeschlossen, im Falle eines Ausbleibens einfach einen neuen Termin anzuberaumen und sein Glück ein zweites Mal zu versuchen. Dieser Ausweg bliebe allenfalls, falls keine anderen Alternativen bestünden.

823

Voraussetzung jeder Maßnahme gegen den Nichterschienenen ist freilich seine *ordnungsgemäße Ladung* zum Termin. Den Inhalt eines Ladungsformulars gibt § 216 I vor. Die Nichteinhaltung der einwöchigen *Ladungsfrist* nach § 217 I bleibt zwar nach h. M. erstaunlicherweise unschädlich,[35] sollte aber wenigstens zur regelmäßigen Entschuldigung des Nichterscheinens führen.[36]

824

▶ Ein Beispiel eines Ladungsformulars finden Sie in ET 15-01.

Einer *förmlichen Zustellung* der Ladung – wie im Verfahren 2 auf Bl. 54 angeordnet – bedürfte es von Gesetzes wegen nicht (vgl. § 35 II 2, die Ladungsfrist wird ja nicht durch die Ladung in Gang gesetzt, sondern ist von ihr einzuhalten[37]). Allerdings soll nach § 117 I 1 RiStBV förmlich zugestellt werden, weil andernfalls der Ladungszugang und damit die ordnungsgemäße Ladung nicht nachzuweisen wären.

825

Nach § 230 II sind die Zwangsmittel der Vorführung bzw. Verhaftung des Angeklagten nur bei *unentschuldigtem Ausbleiben* zulässig. Entschuldigt wiederum ist,
wem aus seinem Ausbleiben bei Abwägung aller Umstände billigerweise kein Vorwurf gemacht werden kann.[38]

826

Ausreichende *Entschuldigungsgründe* sind deswegen vor allem:

827

---

[34] BGHSt 2, 300 (304 f.); 23, 331 (334).
[35] Vgl. KK-GMEL § 230 Rn. 10; BGHSt 24, 143 (149 f.); a. A. KMR-ESCHELBACH § 217 Rn. 46; OLG Frankfurt NStZ-RR 1999, 18 (19).
[36] Ähnlich BayObLG NJW 1967, 457.
[37] Deshalb irrig KK-GMEL § 216 Rn. 3; wie hier dagegen MEYER-GOßNER § 216 Rn. 2, der sich zu Recht allein auf Nr. 117 I 1 RiStBV bezieht.
[38] OLG Köln StraFo 2008, 29 f.; KK-GMEL § 230 Rn. 11.

- *Krankheit,* soweit sie Erscheinen oder sachgerechtes Verhandeln unmöglich macht, nicht dagegen jede Krankschreibung, denn die damit bescheinigte Arbeitsunfähigkeit bezieht sich u. U. auf andere krankheitsbedingte Defizite;[39]
- unvorhersehbare und ungewöhnlich lange *Verspätungen öffentlicher Verkehrsmittel* oder Stauzeiten (wobei eine gewisse Zeitreserve bei längerem Anreiseweg eingeplant werden muss), ferner Pannen des Verkehrsmittels;[40]
- *unaufschiebbare berufliche oder private Angelegenheiten,* wozu zwar nicht die gebuchte Urlaubsreise zählt, wohl aber ein Todesfall in der engeren Familie oder die Hochzeit des Kindes;[41]
- *Falschauskünfte* des Gerichts oder des Verteidigers zum Stattfinden des Termins oder zu dessen Anfangszeit.[42]

828 Die von § 230 II primär vorgesehene *Vorführung* erfolgt durch die Polizei. Sie holt den Angeklagten am Morgen des vorgesehenen Terminstages ab und bringt ihn – notfalls zwangsweise – in den Gerichtssaal; ab diesem Zeitpunkt muss der Vorsitzende bei Bedarf gemäß § 231 I 2 Zwang durch die Justizwachtmeister ausüben lassen, damit der Angeklagte auch anwesend bleibt. Wegen des notwendigen Transports durch die Polizei von Aufenthalts- zu Gerichtsort ist eine Vorführung nur über geringere Entfernungen möglich und nur dann, wenn der mutmaßliche Aufenthaltsort des Angeklagten auch bekannt ist. Andernfalls bedarf es des Haftbefehls, den § 230 II alternativ erlaubt.

829 Dieser *Haftbefehl* ist aus Verhältnismäßigkeitsgründen der Vorführung gegenüber nachrangig und wird möglichst auch erst kurze Zeit vor dem vorgesehenen Folgetermin vollstreckt. Es bedarf keines dringenden Tatverdachts und auch keines (weiteren) Haftgrundes.[43] Häufig genügt es in der Praxis, den Angeklagten zu ergreifen, ihn dem Richter vorzuführen und sodann den Haftbefehl (in entsprechender Anwendung von § 116[44]) außer Vollzug zu setzen. Ein solch empfindlicher Warnschuss führt in aller Regel zum freiwilligen pünktlichen Erscheinen des Angeklagten im nächsten Termin.

830 Der Nachteil all dieser Vorgehensweisen ist freilich, die Sache erst in einem späteren, ggf. aufwendigen Folgetermin abschließen zu können. Diese Schwierigkeit umgeht § 408a, der es alternativ zulässt, einen *Strafbefehl zu erlassen,* obschon zunächst Anklage erhoben und das normale Hauptverfahren eröffnet worden war. Voraussetzung ist die Undurchführbarkeit der fraglichen Hauptverhandlung wegen Abwesenheit des Angeklagten, aber auch wegen anderer wichtiger Gründe (§ 408a I 1). Folgerichtig bedarf es keiner Prüfung einer Entschuldigung des Angeklagten, denn ein Verschulden wird hier gar nicht verlangt.[45] Es müssen allerdings die sonstigen Voraussetzungen eines Strafbefehls vorliegen, insb. hinsichtlich der zulässigerweise zu verhängenden Strafhöhen (siehe Rn. 640).

---

[39] Vgl. die zahlreichen Nachweise aus der Rspr. bei MEYER-GOSSNER § 329 Rn. 25.
[40] MEYER-GOSSNER § 329 Rn. 27.
[41] MEYER-GOSSNER § 329 Rn. 28.
[42] OLG Zweibrücken NStZ-RR 2000, 111 f.; MEYER-GOSSNER § 329 Rn. 29.
[43] MEYER-GOSSNER § 230 Rn. 21.
[44] OLG Frankfurt StV 2005, 432.
[45] KK-FISCHER § 408a Rn. 9.

Den Antrag auf Erlass des nachträglichen Strafbefehls kann der Staatsanwalt in der Hauptverhandlung zu Protokoll stellen (§ 408a I 2). Der Richter entspricht ihm, sofern er keine Bedenken, insb. hinsichtlich der beantragten Strafe, hegt. Das weitere Verfahren entspricht dem normalen Strafbefehlsverfahren (siehe Rn. 645). Zwar kann der Angeklagte nach Zustellung des Strafbefehls Einspruch einlegen und damit immer noch eine erneute Hauptverhandlung erzwingen. Erschiene er aber auch zu dieser unentschuldigt nicht, so würde sein Einspruch verworfen und damit wäre das Verfahren rechtskräftig abgeschlossen. Die Vorgehensweise nach § 408a schafft damit zwar keine endgültigen Fakten, verschiebt aber das Risiko einer Verurteilung nachhaltig auf den Angeklagten und verspricht so ein für die Justiz problemloses baldiges Verfahrensende. Nicht umsonst ist diese Vorgehensweise daher beim Ausbleiben des Angeklagten inzwischen deutlich beliebter als die freiheitsbeeinträchtigenden Zwangsmittel nach § 230 II. Es wäre auch im Aufgabenfall Rn. 822 die sachgerechteste Vorgehensweise.

831

III. Der Verteidiger

Die Anwesenheit eines Verteidigers schreibt § 145 I allein für die Fälle notwendiger Verteidigung (Rn. 539 ff.) vor. In allen übrigen Verfahren dürfte an sich ohne Verteidiger verhandelt werden (§ 228 II). Allerdings kann die Verfahrensfairness gleichwohl gebieten, auf die Verhinderung eines Wahlverteidigers Rücksicht zu nehmen,[46] vor allem, wenn das Gericht ohne Inkaufnahme größerer Nachteile in der Lage wäre, die Hauptverhandlung zu verschieben (nicht aber, wenn in näherer Zukunft kein Sitzungstermin mehr frei wäre).

832

Das Ausbleiben des notwendigen Verteidigers führt zur Bestellung eines (anderen) Pflichtverteidigers, ggf. auch zur Kostentragungspflicht des Ausgebliebenen (§ 145 I, IV).

833

Wiederholungsfragen zum 15. Kapitel
1. Was unterscheidet Unterbrechungen von Aussetzungen der Hauptverhandlung? (Rn. 777 und Abb. 1)
2. Was ist ein „Ergänzungsrichter"? (Rn. 782)
3. Woraus folgt die Ersetzbarkeit des Sitzungsvertreters der Staatsanwaltschaft innerhalb derselben Hauptverhandlung? (Rn. 783)
4. Welche Verwandtschaftsgrade zwischen Angeklagtem und Richter führen zur Ausschließung des Richters? (Rn. 796)
5. Wonach beurteilt sich, ob ein Richter befangen ist? (Rn. 791 f.)
6. Wann und wie muss Befangenheit geltend gemacht werden? (Rn. 799 f.)
7. Welche Maßnahmen sind gegen einen ausgebliebenen Angeklagten möglich? (Rn. 828–830)

---

[46] BGH NStZ 1999, 527; MEYER-GOßNER § 228 Rn. 10.

16. Kapitel. Exkurs: Der Verletzte

Zur Akte 2: 834

Schauen Sie sich bitte noch einmal Bl. 43 f., 53, 56–58 und 64 im Hinblick auf die Rolle des Straftatgeschädigten *Eftherim* an! Dieser schließt sich dem (Haupt-)Verfahren als Nebenkläger an. Bei dieser Vorgehensweise handelt es sich aber nur um eine von mehreren Möglichkeiten des – vom Gesetz stets als „Verletzten" bezeichneten – Straftatgeschädigten, seine unterschiedlichen Interessen im Strafverfahren gegen den Beschuldigten zu verfolgen. Andere wären die Privatklage, das Klageerzwingungsverfahren sowie das Adhäsionsverfahren. Hinzu treten bestimmte prozessuale Rechte (z. B. auf Akteneinsicht, § 406e) und Rücksichtnahmen im Rahmen der Beweiserhebung (z. B. § 58a I Nr. 1 i. V. m. § 255a II, § 406 f. StPO, § 24 I Nr. 3 GVG).

I. Zur Rolle des Verletzten im Strafverfahren

Während bereits die RStPO die Privat- und Nebenklage (letztere freilich unter anderen Voraussetzungen als heute) sowie die Klageerzwingung kannte, sind die übrigen Institute bzw. Regelungen neueren Datums. Das Adhäsionsverfahren stammt zwar noch aus dem Jahre 1943[1], aber die nachhaltigsten Stärkungen der Verletztenbeteiligung gehen auf das Opferschutzgesetz 1986[2] sowie die beiden Opferrechtsreformgesetze 2004 und 2009[3] zurück. 835

---

[1] Eingeführt durch die Dritte Verordnung zur Vereinfachung der Strafrechtspflege vom 29.05.1943, RGBl. I 342.
[2] Opferschutzgesetz vom 18.12.1986, BGBl. I 2496.
[3] (1.) Opferrechtsreformgesetz vom 24.06.2004, BGBl. I 1354; 2. Opferrechtsreformgesetz vom 29.07.2009, BGBl. I 2280.

Abb. 1 Der Erfahrungsbericht des Entführungsopfers *Jan Philipp Reemtsma* hat das Opfererlebnis nachhaltig ins öffentliche Bewusstsein gerückt

836 War ursprünglich die Rolle des Verletzten unbestreitbar defizitär,[4] so haben Interessenverbände und populistisch ausgerichtete Kriminalpolitik (s. Abb. 1) inzwischen ein Regelwerk geschaffen, welches durch zu ausgeprägte Mitwirkungsrechte des Verletzten sowohl die Suche nach Wahrheit und Gerechtigkeit erschwert[5] als auch der Ausrichtung des Strafverfahrens auf Erzielung einer präventiv optimierten Wirkung im Wege steht. So ist etwa das mit Rücksicht auf den Verletzten erfolgende Abschneiden einer Tatsacheninstanz in § 24 I Nr. 3 GVG[6] der Qualität der letztlich erzielten Resultate ebenso abträglich wie die Verquickung von Zivil- und Strafrechtspflege, die von der Utopie ausgeht, ein Richter könne zur selben Zeit gleichermaßen spezialisiert und qualitativ hochwertig im Straf- wie im Bürgerlichen Recht entscheiden.[7]

837 Die Ausdehnung der Nebenklage auf letztlich alle Straftaten (§ 395 III) schließlich hat verkannt, welche Interessen ein Nebenkläger außerhalb finanzieller Wiedergutmachung (welche ihm aber die Nebenklage gerade nicht unmittelbar verschafft) verfolgt und was seine prozessuale Stärkung damit bewirkt: Das Interesse an *Genugtuung* mag zwar menschlich nachfühlbar sein, ist indes im Kern *nichts anderes*

---

[4] ROXIN/SCHÜNEMANN vor § 63 Rn. 1
[5] ROXIN/SCHÜNEMANN vor § 63 Rn. 2.
[6] Vgl. zu dieser Problematik *ET 11–04*.
[7] Hans Joachim HIRSCH, Zur Stellung des Verletzten im Straf- und Strafverfahrensrecht, GedS Kaufmann, S. 699–721 (716); MEYER-GOSSNER vor § 403 Rn. 2.

als der Wunsch nach Rache und Vergeltung.[8] Nun soll zwar auch die Strafe Schuld vergelten, aber gerade nicht als Selbstzweck (denn das wäre unverhältnismäßig und damit verfassungswidrig), sondern stets im Rahmen sachlicher, sprich präventiver Bedürfnisse. Mit dem Verletzten dringen aber den Präventionsinteressen entgegengesetzte Bestrebungen in das Strafverfahren, die sich letztlich als gesellschaftlich nachteilig erweisen können: Der Verletzte will den Angeklagten eingesperrt sehen, obschon eine Bewährungsstrafe für dessen künftige Straffreiheit vielleicht sinnvoller wäre, und es lässt sich nicht verkennen, dass eine geschickt agierende Nebenklage auch den Richter dazu bringen mag, sich schlussendlich für eine präventiv schädliche, allein den Verletzten befriedigende Strafe zu entscheiden.

Wer prozessuale Sonderrechte für „den Verletzten" einräumt, hat zudem die Wechselwirkung mit den Beschuldigtenrechten und insb. der *Unschuldsvermutung* zu beachten. Gilt der Beschuldigte als unschuldig, so hat ebenso das Opfer den Status eines bis zum rechtskräftigen Urteil *nur mutmaßlichen Opfers* zu akzeptieren. Dass diese Gleichung kein theoretisches Glasperlenspiel darstellt, belegen gerade die in dieser Hinsicht kritischen Sexualverbrechen, wo der Anteil falscher Beschuldigungen (und damit falscher Opfer) überproportional hoch ist.[9]

838

Angemessen bleibt trotz dieser Überlegungen immerhin die prozessuale Rücksichtnahme auf Opferzeugen, soweit darunter die Wahrheitsfindung nicht leidet, wie sie etwa über die frühzeitige Aufzeichnung von Vernehmungen und deren vernehmungsersetzendes Vorspielen in der Hauptverhandlung (§§ 58a, 255a II) bereits geschieht, aber noch ausbaufähig wäre. Auch ist gegen Akteneinsichts- und Informationsrechte sowie gegen die Zuziehung von Beiständen in geeigneten Fällen (§§ 406d ff.) wenig einzuwenden. Nebenklage und Adhäsionsverfahren sind indes unnütz und wirken zum Teil sogar schädlich; sie wären de lege ferenda zu eliminieren. Das Privatklageverfahren schließlich ist längst nicht mehr zeitgemäß und die entsprechenden Delikte sollten unter Beibehaltung von § 376 stattdessen dem Klageerzwingungsverfahren unterworfen werden.

839

II. Die einzelnen Teilhabemöglichkeiten des Verletzten

Von den in Rn. 834 genannten Möglichkeiten des Verletzten, sich in das Strafverfahren einzuschalten, wurden die Privatklage anstelle staatlicher Strafverfolgung (dazu Rn. 133 f.) sowie die Klageerzwingungsbefugnis (Rn. 178 ff.) bereits erörtert. Die nach dem Privatkläger stärkste Rolle spielt derjenige Verletzte, der sich dem Verfahren – wie der Geschädigte *Eftherim* im Verfahren 2 – als Nebenkläger anschließt.

840

---

[8] ROXIN/SCHÜNEMANN vor § 63 Rn. 4; ebenso kritisch HK-KURTH/WEIßER § 395 Rn. 10 f.; SCHROEDER/VERREL Rn. 349.
[9] Aufschlussreich dazu Else MICHAELIS-ARNTZEN, Die Vergewaltigung, 2. Aufl. 1994.

Abb. 2 Karl Peters (1904–1998); Strafrechtslehrer in Greifswald, Münster und Tübingen

1. Die Nebenklage

a) Die Rolle des Nebenklägers

841 Der Nebenkläger erlangt, wie sich aus der Zusammenschau seiner in § 397 I zusammengestellten Rechte ergibt, in der Hauptverhandlung eine *dem Staatsanwalt angenäherte Stellung*. Das wird auch äußerlich sichtbar, denn der – zumeist von einem Rechtsanwalt in Robe vertretene – Nebenkläger sitzt im Gerichtssaal zumeist auf derselben Seite wie der Staatsanwalt und er kommt auch üblicherweise bei Befragungen, Anhörungen sowie dem Plädoyer unmittelbar nach dem Staatsanwalt zu Wort (siehe Bl. 64 im Verfahren 2). Nach einem berühmten Wort von PETERS (Abb. 2) soll er der „Streitgenosse des Staatsanwalts"[10] sein.

842 Das ist für gewöhnlich eine ganz anschauliche Bezeichnung. Im Einzelfall mögen die „Genossen" freilich auch gegensätzliche Ziele verfolgen, wenn nämlich der Staatsanwalt – der Wahrheit und Gerechtigkeit verpflichtet – den Freispruch des Angeklagten beantragt, dem keine Schuld nachgewiesen ist, während der nur seine persönlichen Interessen verfolgende Nebenkläger ungeachtet der prozessualen Situation weiterhin ungeniert die Verurteilung begehrt.[11]

843 Hinter der Institution der Nebenklage[12] steckt ein doppelter Sinn: Einerseits soll dem (auch materiellen) *Genugtuungsbedürfnis* des Verletzten Rechnung getragen werden, andererseits bewirkt sie (was aus § 395 II Nr. 2 deutlich wird) eine gewisse *Kontrolle der Staatsanwaltschaft*, um einer im Einzelfall zu nachlässigen Verfolgung gegenzusteuern.[13]

---

[10] PETERS S. 583.
[11] Ähnlich SCHLÜCHTER Rn. 78.
[12] Zur Historie der Nebenklage Ursula HÖLZEL, Das Institut der Nebenklage, Diss. Erlangen-Nürnberg 1980, S. 3–74.
[13] SCHROEDER/VERREL Rn. 349; SCHLÜCHTER Rn. 78; Dirk FA-BRICIUS, Die Stellung des Nebenklagevertreters, NStZ 1994, 257–263 (260).

b) Voraussetzungen der Nebenklage

Die Nebenklage setzt, wie schon ihr Name verrät, eine zuvor erhobene öffentliche Klage voraus. Seine prozessuale Stellung erlangt der Nebenkläger durch eine schriftliche *Anschlusserklärung nach Anklageerhebung* (§ 396 I).

844

> **Zur Akte 2:**
>
> Eine solche Anschlusserklärung enthält bereits der Schriftsatz Bl. 43, wenngleich in einer an sich überflüssigen Verklausulierung als Antrag. Da zu diesem Zeitpunkt die Klage noch nicht erhoben worden war, handelt es sich gewissermaßen um eine Erklärung auf Vorrat, die ihre Wirkung erst mit der Anklageerhebung gewinnt (§ 396 I 2). Der Anschluss wäre auch zu einem späteren Zeitpunkt möglich, sogar noch nach einem erstinstanzlichen Urteil (§ 395 IV).

845

Das Gericht hat über die Berechtigung zum Anschluss zu entscheiden (§ 396 II), was es im Verfahren 2 auf Antrag der Staatsanwaltschaft (Bl. 51) zusammen mit der Eröffnungsentscheidung getan hat (Bl. 53). Dieser Beschluss ist allerdings nur deklaratorischer Natur und stellt lediglich fest, ob die Anschlussvoraussetzungen vorliegen oder nicht.[14] Gegen die Entscheidung könnten – je nachdem, wie sie ausfällt – Angeklagter, Staatsanwaltschaft und Nebenkläger Beschwerde einlegen.[15]

846

Hinsichtlich der *materiellen Nebenklagevoraussetzungen* lassen sich vier Fallgruppen unterscheiden (s. Tab. 1).

847

Stets genügt eine *rechtswidrige* Tat, weshalb auch Vollrausch nach § 323a StGB i. V. m. einem der genannten Delikte zum Anschluss berechtigt. Gleichgültig ist, ob Täterschaft oder Teilnahme vorliegt oder es (außer bei den Fällen des § 395 II Nr. 1) beim Versuch geblieben ist.[16]

848

> **Aufgabe: Drängelei auf der Autobahn**[17]
>
> *Klaus H.* hat *Wolfgang S.* angezeigt, weil dieser ihn auf der Autobahn genötigt habe. *Klaus H.* will mit seinem *VW Golf* mit etwa 125 km/h auf der Überholspur gefahren sein, um mehrere vor ihm fahrende Fahrzeuge zu überholen. Schneller habe er nicht fahren können, weil vor ihm andere Fahrzeuge mit derselben Geschwindigkeit ebenfalls überholt hätten. *Wolfgang S.* habe sich mit seinem Pkw *Mercedes* seinem *Golf* bis auf 1,5–2 m. genähert und dabei andauernd Hupe und Lichthupe betätigt. In dieser Form habe er ihn auf einer Strecke von zwei bis drei Kilometern bedrängt, was ihn zunehmend nervös gemacht hätte. Schließlich habe er seine Überholabsicht aufgegeben und sei in voller Fahrt nach rechts in eine Lücke zwischen zwei Fahrzeugen gefahren; dabei habe er bremsen müssen.

849

---

[14] Vgl. näher dazu HbStrVf-Heghmanns Rn. Rn. VI.97 f.
[15] Meyer-Goßner § 396 Rn. 19; zum Beschwerdeverfahren s. o. Rn. 342 ff.
[16] HK-Kurth/Weißer § 395 Rn. 20; Meyer-Goßner § 395 Rn. 3.
[17] Das Geschehen auf der Autobahn ist BGHSt 19, 263 nachgebildet.

Tab. 1 Die einzelnen Konstellationen einer Nebenklageberechtigung

Fallgruppen	Delikte	Berechtigte	Weitere Voraussetzungen
primäre Nebenklagedelikte (§ 395 I)	bestimmte Sexualstraftaten (§§ 174–182); versuchte Tötungen; Aussetzung, Körperverletzungen (§§ 223–226, 340); Freiheitsdelikte (§§ 232–238, 239 III, 239a f., 240 IV); bestimmte nebenstrafrechtliche Tatbestände (u. a. §§ 4 GewSchG, 106 UrhG)	Verletzte	keine
sekundäre Nebenklagedelikte (§ 395 III)	alle übrigen Straftaten	Verletzte	aus besonderen Gründen zur Interessenwahrnehmung geboten
Todesfälle durch Straftaten (§ 395 II Nr. 1)	fahrlässige und vorsätzliche Tötungsdelikte, Straftaten mit Todesfolge (z. B. § 227 StGB)	Hinterbliebene (Kinder, Eltern, Geschwister, Ehe- und Lebenspartner)	keine
Verfahren nach erfolgreicher Klageerzwingung	alle Straftaten	(verletzter) Antragsteller im Klageerzwingungsverfahren	keine

In seiner Beschuldigtenvernehmung hat *Wolfgang S.* bestritten, so nahe aufgefahren zu sein. Auch habe er weder gehupt noch Zeichen mit der Lichthupe gegeben. Gegen *H.* stelle er deshalb seinerseits Strafantrag wegen falscher Verdächtigung. Die Staatsanwaltschaft glaubte allerdings der Darstellung von *H.* und hat *Wolfgang S.* wegen Nötigung (§ 240 I StGB) angeklagt. *H.* erklärte, sich dem Verfahren als Nebenkläger anschließen zu wollen, damit am Ende nicht er bestraft werde.

Wird das Gericht die Nebenklage zulassen?

850 Die früher auf § 229 StGB beschränkte Zulassung nach § 395 III ist inzwischen faktisch auf alle Straftaten ausgedehnt worden, durch die jemand „verletzt" werden kann.[18] Denn die in Abs. 3 genannten Straftatbestände sind, wie das Wort „insbesondere" klarstellt, nur beispielhaft aufgeführt, weshalb auch im Aufgabenfall Rn. 849 die angeklagte einfache Nötigung (die ja nicht unter § 395 I Nr. 4 fiele) genügt. Als weitere Bedingung müssen aber besondere Gründe hinzutreten, derent-

---

[18] Änderung durch das 2. Opferrechtsreformgesetz (Fn. 3).

II. Die einzelnen Teilhabemöglichkeiten des Verletzten

wegen die Nebenklage *zur Interessenwahrnehmung geboten* erscheint. Wiederum nur beispielhaft nennt das Gesetz dazu schwere Folgen der Tat.

Verkehrt wäre es, im Umkehrschluss Straftaten mit kleineren Verletzungen von der Nebenklage gänzlich auszuschließen.[19] Das Gesetz stellt die Frage der *Gebotenheit* in den Vordergrund. Sie wiederum bestimmt sich in erster Linie nach den Funktionen der Nebenklage (Genugtuung, Vergeltung, Reparationsinteressen). Aber auch die Abwehr von Schuldzuweisungen gehört zu den legitimen Interessen eines Straftatgeschädigten. Und wenn dazu Präsenz und Tätigwerden im Verfahren erforderlich erscheinen, so mag dies die Nebenklage ermöglichen.[20] Sofern es allerdings nur um Bagatelldelikte geht und zudem weder Staatsanwaltschaft noch Gericht den Eindruck erwecken, die Interessen des Geschädigten zu vernachlässigen, etwa indem sie unberechtigten Schuldzuweisungen seitens des Beschuldigten ungeprüft nachgeben, wird man nicht sagen können, es bedürfe auch noch der Nebenklage zur Wahrung der Verletzteninteressen. Im Aufgabenfall Rn. 849 dürfte daher das Gericht festzustellen haben, dass *Klaus H.* nicht befugt ist, sich dem Verfahren anzuschließen. 851

Dem Nebenkläger kann auf Antrag ein (nach § 138 III nicht nur anwaltlicher) *Rechtsbeistand* bestellt werden, wenn er durch ein Delikt aus dem Katalog des § 397a I Nrn. 1–3 bzw. als Jugendlicher durch eine Katalogtat nach § 397a I Nr. 4 verletzt wurde. Ist dies nicht der Fall, so erlaubt § 397a II die Beiordnung zusätzlich bei finanzieller Bedürftigkeit und fehlender (zumutbarer) Möglichkeit zur Interessenwahrnehmung in eigener Person. 852

Zur Akte 2: 853

Der Nebenkläger *Eftherim* war zuzulassen, weil mit § 224 StGB eine Katalogtat nach § 395 I Nr. 3 angeklagt worden war. Die Beiordnung eines Rechtsbeistandes hätte er mangels Katalogtat nach § 397a I dagegen nicht verlangen, sondern allenfalls unter Vorlage entsprechender Bescheinigungen Prozesskostenhilfe nach § 397a II beantragen können.

c) Die einzelnen Rechte des Nebenklägers

Die prozessualen Rechte des Nebenklägers ergeben sich insb. aus den §§ 397 I, 400 f. Gegenüber der Staatsanwaltschaft ist seine Stellung allerdings in einigen Punkten abgeschwächt. So bedarf es *keiner Zustimmung des Nebenklägers zu Verfahrenseinstellungen*,[21] es kann in seiner Abwesenheit verhandelt werden[22] und *Rechtsmittel* stehen ihm nur eingeschränkt zur Verfügung (§ 400 I). So vermag er z. B. keine Strafmaßberufung einzulegen und kann sich umgekehrt allein bei Nichtverurteilung wegen des zum Anschluss berechtigenden Nebenklagedelikts der Berufung bzw. der Revision bedienen. Dagegen besitzt er *volle Anwesenheits-, Anhö-* 854

---

[19] So aber HK-Kurth/Weißer § 395 Rn. 32; AK-Rössner § 395 Rn. 25, und wohl auch SK-Velten § 395 Rn. 24.
[20] Vgl. den Fall Weimar/Böttcher, in dem es dem mitverdächtigen Ehemann als Nebenkläger auch darum ging, sich selbst vom Verdacht der Kindestötung reinzuwaschen, vgl. dazu Karsten Altenhain, Angreifende und verteidigende Nebenklage, JZ 2001, 790–801 (792 ff.).
[21] KK-Schoreit, § 153 Rn. 55; Meyer-Goßner § 396 Rn. 18.
[22] Vgl. § 398 II.

rungs-, Frage-, Erklärungs-, Ablehnungs- und Beweisantragsrechte (§ 397 I). Auch das dort nicht genannte Recht zur unmittelbaren Zeugenladung soll ihm zustehen.[23] Zu seinem nur eingeschränkten Akteneinsichtsrecht siehe unten Rn. 863.

855 **Zur Akte 2:**

Wenn – wie meist – der Nebenkläger zugleich Zeuge ist, so erlaubt § 397 I 1 ein Abweichen von der Regelung des § 243 II 1, wonach er in seiner Zeugeneigenschaft bis zu seiner Vernehmung eigentlich den Saal verlassen müsste. Laut Protokoll Bl. 57 ist der Nebenkläger *Eftherim* dennoch aus dem Saal gegangen (während seine Anwältin zugegen blieb). Diese Vorgehensweise ist taktisch geschickt und durchaus üblich. Denn andernfalls wäre der Wert der Zeugenaussage des Nebenklägers gemindert, weil er dann die Einlassungen der Angeklagten gehört hätte und infolgedessen dem Gericht kaum noch den Eindruck vermitteln könnte, ausschließlich aus seiner Erinnerung heraus auszusagen.

2. Das Adhäsionsverfahren

856 Bereits im gewöhnlichen Strafverfahren kann Schadensersatzansprüchen des Verletzten Rechnung getragen werden, etwa qua Täter-Opfer-Ausgleich (§ 46a StGB), mittels Auflagen nach § 153a I Nrn. 1 und 5 oder im späteren Urteil durch Bewährungsauflagen (§§ 56b II Nr. 1, 59a II Nr. 1 StGB). Darüber hinaus kann der Verletzte über einen Adhäsionsantrag (§ 403 f.) seine Ansprüche im Strafverfahren geltend machen. Auf diese Weise werden die sonst getrennt verlaufenden Strafverfahren und Zivilrechtsstreitigkeiten zu einer Sache gebündelt. Der Strafrichter erkennt dann im Falle einer Verurteilung nicht nur auf eine Strafe, sondern wie ein Zivilrichter zugleich auf Schadensersatz, Schmerzensgeld, Zinsen usw.

857 Vorläufer des 1943 zur Förderung der „Volkstümlichkeit" des Strafverfahrens eingeführten[24] Adhäsionsverfahrens war das Verfahren zur Erlangung der „Buße", einer in den §§ 188, 231 a. F. StGB geregelten Ersatzleistung an den Verletzten von Beleidigungs- und Körperverletzungsdelikten, die bis 1975 bestand und welche der Verletzte durch den eigens hierfür vorgesehenen Anschluss als Nebenkläger geltend machen musste (§§ 403 f. a. F. StPO). Trotz der mit ihm erfolgten, erheblichen Ausweitung von Ersatzmöglichkeiten fristete das Adhäsionsverfahren lange Zeit ein *Schattendasein*, weil die Gerichte den Adhäsionsantrag mangels Eignung zur Erledigung im Strafverfahren zunächst ohne Weiteres ablehnen durften[25] (und davon regen Gebrauch machten).[26]

858 Die Idee des Adhäsionsverfahrens ist an sich keine schlechte, nämlich durch die gebündelte Entscheidung sowohl justizielle Ressourcen zu schonen als auch den Beteiligten ein gesondertes Verfahren und damit Zeit und Aufwand zu ersparen. Indes stößt ihre Realisierung auf immense

---

[23] MEYER-GOßNER § 397 Rn. 5; KK-SENGE § 397 Rn. 6; a. A. HK-WEIßER § 397 Rn. 11.

[24] Clemens AMELUNXEN, Die Entschädigung des durch eine Straftat Verletzten, ZStW 86 (1974), 457–470 (460).

[25] Die inzwischen geltenden Regelungen in § 406 I 3–6 haben den Gerichten diesen Ausweg deutlich erschwert.

[26] AMELUNXEN (Fn. 24), ZStW 86 (1974), 460, 463.

II. Die einzelnen Teilhabemöglichkeiten des Verletzten   261

Schwierigkeiten und verursacht systematische Ungereimtheiten, die saldiert zu mehr Nach- als Vorteilen führen. Auf die Frage der fachlichen Kompetenz der Richter war bereits hingewiesen worden (Rn. 836). Zur defizitären Entscheidungsqualität treten unvermeidbare Verzögerungen des Strafverfahrens hinzu. Auch stellt sich, da der Adhäsionskläger zugleich Zeuge sein kann, die Beweislage u. U. anders dar als im Zivilrechtsstreit, wo Kläger und Beklagter nicht zeugenschaftlich vernommen werden könnten. Ein sachlicher Grund für eine solche Besser- oder Schlechterstellung z. B. gegenüber den im Schadensersatzverfahren bei einem gewöhnlichen Verkehrsunfall beteiligten Parteien fehlt. Zusätzlich bestimmen oft gänzlich sachfremde Erwägungen, wer überhaupt in den Genuss eines Adhäsionsverfahrens kommen kann und wer nicht, wenn nämlich die Staatsanwaltschaft aus verfahrensökonomischen Gründen einzelne von mehreren Straftaten nach § 154 I nicht mit anklagt und so den betreffenden Geschädigten den Zugang zum Adhäsionsverfahren verbaut, während dieses den Opfern der angeklagten Delikte offen stünde.[27]

Trotz mehrfacher gesetzgeberischer Anläufe ist das Adhäsionsverfahren von der Praxis bis heute nicht angenommen worden und unbedeutend geblieben.[28]   **859**

▶ Nähere Einzelheiten zur Ausgestaltung des Adhäsionsverfahrens in den §§ 403–406c finden Sie in *ET 16-01*.

3. Sonstige prozessuale Sonderrechte des Verletzten

a) Unterrichtung des Verletzten über seine Rechte

Auch wer sich als Verletzter nicht aktiv (als Privat-, Neben- oder Adhäsisonskläger) am Strafverfahren beteiligt, kann zusätzliche Rechte in Anspruch nehmen, nämlich auf besondere Mitteilungen (§ 406d), Akteneinsicht (§ 406e) und Beistand (§§ 406f f.). Auf diese Rechte ist der Verletzte frühzeitig hinzuweisen (§ 406h).

Zur Akte 2:   **860**

Der Geschädigte *Eftherim* erhielt ein entsprechendes Merkblatt während seiner Vernehmung ausgehändigt (Bl. 26), die zwar formal noch als Beschuldigtenvernehmung verlief, bei welcher aber Klarheit darüber bestand, dass er jedenfalls auch Verletzter einer potenziellen Straftat geworden war. Ebenso geschah es bei dem Zeugen *Hammerstein* (Bl. 30). Hätte die Polizei diese Unterrichtung unterlassen, so hätte die Staatsanwaltschaft die Übersendung der Merkblätter veranlasst (Nr. 4d RiStBV).

▶ Ein Merkblatt für Straftatgeschädigte finden Sie in *ET 16-02*.

---

[27] Weitere Kritik bei AMELUNXEN (Fn. 24), ZStW 86 (1974), 460 ff.; HIRSCH (Fn. 7), S. 716 ff.; Fritz LOOS, Probleme des neuen Adhäsionsverfahrens, GA 2006, 195–210 (197 ff.).
[28] Bei rund 772.000 Strafverfahren vor den Amtsgerichten wurden im Jahre 2011 nicht einmal 2.800 Adhäsionsurteile gefällt. Auf rund 13.900 landgerichtliche Verfahren entfielen rund 320 Adhäsionsurteile, vgl. Rechtspflegestatistik Strafgerichte 2011, S. 24, 62.

b) Besondere Mitteilungsansprüche

861 Ist der Verletzte zugleich Anzeigenerstatter, so erfährt er von einer *Verfahrenseinstellung* bereits wegen § 171. In allen übrigen Fällen kann er gemäß § 406d I ebenfalls eine entsprechende Mitteilung über die Verfahrenseinstellung beantragen. Darüber hinaus kann er den *Ausgang des gerichtlichen Verfahren* erfahren, was andernfalls nur eingeschränkt möglich wäre und die Darlegung eines berechtigten Interesses verlangte (§ 475 I).

862 Im Falle *freiheitsentziehender Sanktionen* kann der Verletzte ferner auf Antrag deren Anordnung, das Vollzugsende sowie den Zeitpunkt der erstmaligen Gewährung von Vollzugslockerungen erfahren (§ 406d II Nr. 2). Mit dieser Regelung soll dem Sicherheitsbedürfnis mancher Verletzter Rechnung getragen werden.[29] Ob derartige Informationen dazu überhaupt geeignet sind (und nicht eher noch – regelmäßig unberechtigte – Ängste verstärken), erscheint indes höchst zweifelhaft.

c) Akteneinsichtsrecht

863 In die Akten erhält der Verletzte (einschließlich des insoweit nicht anders gestellten Nebenklägers)[30] nach § 406e I, II nur Einsicht, sofern er dazu ein berechtigtes Interesse darlegt (insb. zur Durchsetzung von Schadensersatzansprüchen) und keine überwiegenden schutzwürdigen Interessen des Beschuldigten oder anderer Personen entgegenstehen, der Untersuchungszweck nicht gefährdet und das Ermittlungsverfahren nicht erheblich verzögert würde. Zudem kann die Akteneinsicht ausschließlich über einen Rechtsanwalt gewährt werden. Diese Regelung stellt allerdings im Grunde eine Augenwischerei dar, denn das „normale" Akteneinsichtsrecht für Privatpersonen in § 475 I, II bleibt demgegenüber kaum zurück. Zwar soll dort die schlichte Auskunftserteilung Vorrang genießen. Jedoch dürfte es keinem Anwalt schwer fallen darzulegen, warum diese nicht genügt und er deshalb doch die gesamten Akten einsehen muss (§ 475 II, 2. Alt.).

d) Beistand

864 Wie jeder Zeuge (§ 68b) kann sich auch der Verletzte eines *anwaltlichen Beistandes* bedienen, der bei seiner Vernehmung anwesend sein darf (§ 406f I 2). Obschon die Gesetzesregelung den Eindruck erweckt, als könne der Verletztenbeistand nicht ausgeschlossen werden, soll § 68b I 3, 4 auf ihn in seiner Funktion als Zeugenbeistand während einer Vernehmung entsprechend anzuwenden sein.[31] Welche spezifischen Funktionen der Verletztenbeistand darüber hinaus haben soll, ist einigermaßen unklar geblieben.[32]

865 Signifikant über die gewöhnlichen Zeugenrechte hinaus geht allerdings § 406f II, der die Anwesenheit einer nichtanwaltlichen *Vertrauensperson* zwecks psychischer Unterstützung von Opferzeugen gestattet, solange dies nicht den Untersuchungszweck gefährdet.

866 Eine Sonderstellung hat der Beistand eines nach § 395 *zur Nebenklage berechtigten Verletzten*, und zwar schon *vor der entsprechenden Anschlusserklärung*. § 406 g II räumt ihm insb. erweiterte

---

[29] Sabine FERBER, Das Opferrechtsreformgesetz, NJW 2004, 2562–2565 (2563).

[30] MEYER-GOßNER § 406e Rn. 1.

[31] Vgl. MEYER-GOßNER § 406f Rn. 3 (a. E.); RegE 2. Opfer-rechtsreformgesetz, BT-Drs. 16/12098, S. 15 ("Gleichklang" zwischen den beiden Normen).

[32] Vgl. MEYER-GOßNER § 406 f. Rn. 2; RegE 2. Opferrechtsreformgesetz, BT-Drs. 16/12098, S. 36.

II. Die einzelnen Teilhabemöglichkeiten des Verletzten

Anwesenheitsrechte in der (gesamten) Hauptverhandlung und bei anderen richterlichen Vernehmungen ein. Zudem ist die Regelung des § 397a über die Beiordnung eines Beistandes anzuwenden (§ 406 g III; nach IV ist sogar eine einstweilige Beiordnung möglich).

Wiederholungsfragen zum 16. Kapitel
1. In welcher Weise kann sich eine mutmaßlich von einer Straftat geschädigte Person am Strafverfahren beteiligen? (Rn. 834)
2. Unter welchen Voraussetzungen kann sich der Geschädigte einer Beleidigung dem Strafverfahren als Nebenkläger anschließen? (Rn. 850 f.)
3. Wie wird man zum Nebenkläger? (Rn. 844–846)
4. Unter welchen Voraussetzungen kann einem Nebenkläger ein Rechtsbeistand bestellt werden? (Rn. 852)
5. Welchen Zwecken dient das Adhäsionsverfahren? (Rn. 856)

17. Kaptel. Beweisaufnahme und Beweisverwertungsverbote

I. Das Strengbeweisverfahren

Zur Beantwortung der Frage, ob das Gericht sich von der Schuld des Angeklagten ohne Zweifel zu überzeugen vermag (Rn. 771 f.), hat es von Amts wegen das angeklagte Tatgeschehen aufzuklären (Rn. 750 ff.). Es darf sich dazu *nur zulässiger Beweise* bedienen und es hat die prozessualen Regeln über die Beweiserhebung in der Hauptverhandlung einzuhalten. Das dabei ganz wesentliche Unmittelbarkeitsprinzip war bereits erwähnt worden (Rn. 759 ff.), ebenso das Mündlichkeitsprinzip (Rn. 765 ff.). Neben den im Kontext der Bestimmungen über die Hauptverhandlung angesiedelten Regeln der §§ 239–257 enthalten allerdings auch die §§ 48–111, 133–136a, 160–168e etliche Vorschriften, die bis in die Hauptverhandlung hineinwirken, z. B. über die Aussagepflichten und deren Durchbrechungen in den §§ 52 ff. Zudem führt die Verletzung von Vorschriften über die Beweiserhebung im Ermittlungsverfahren häufig zum Verbot der Verwertung der entsprechenden Erkenntnisse in der Hauptverhandlung (Beweisverwertungsverbote, dazu näher Rn. 957 ff.).   867

Wegen seiner formalen wie materiellen Regelungsdichte nennt man diese Form der Beweiserhebung in der Hauptverhandlung über die Frage der Schuld des Angeklagten das *Strengbeweisverfahren*. Zu seinem Gegenstück, dem sog. Freibeweisverfahren, siehe unten Rn. 981 ff.   868

1. Die Beweiserhebung in der Hauptverhandlung

a) Vernehmung des Angeklagten

Der Angeklagte stellt formal kein Beweismittel dar, sondern ein Prozesssubjekt. Gibt er allerdings im Rahmen seiner „Vernehmung" (§§ 243 V 2, 244 I) Erklärungen zum Tatgeschehen oder gar ein Geständnis ab, so können diese Angaben wie Zeugenaussagen zum Beweis seiner Schuld dienen.[1]   869

---

[1] SK-Frister § 243 Rn. 59; HbStrVf-Scheffler Rn. VII.175.

870 **Zur Akte 2:**

Schauen Sie bitte bei Bl. 57 f., 63 nach! Die Angeklagten wurden nach Belehrung über ihre Aussagefreiheit vernommen, jedoch hat zunächst nur die Angeklagte *Schuler* (bestreitende) Angaben gemacht, während die Angeklagte *Kindoro* – offenbar aus taktischen Gründen – zunächst geschwiegen und erst in Anbetracht des (vielleicht als ungünstig empfundenen Beweisergebnisses) gewissermaßen in letzter Minute noch eine geständige Erklärung nachgeschoben hat.

b) Vernehmung von Zeugen

871 **Zur Akte 2:**

Sehen Sie das Hauptverhandlungsprotokoll nochmals im Hinblick auf das Geschehen um die Zeugen *Jäntschke*, *Hammerstein* und *Seydlitz* durch!

Die genannten Zeugen waren allesamt bei Verhandlungsbeginn noch nicht anwesend, weil sie von der Vorsitzenden von vornherein auf einen späteren Zeitpunkt geladen worden waren (vgl. die Verfügung Bl. 54 Ziff. VI). Diese von § 214 II angeregte Vorgehensweise vermeidet unnötige Wartezeiten für die Zeugen und erspart ihnen ebenso unnötige Begegnungen mit den Angeklagten vor Verhandlungsbeginn.

872 Anschließend wurden die Zeugen nach § 57 *über ihre Wahrheitspflicht belehrt*. Im Protokoll sind zudem Belehrungen nach den §§ 52 I, 55 I vermerkt (vgl. Bl. 57), wozu die §§ 52 III, 55 II ebenfalls verpflichten. Allerdings wären diese letzteren Belehrungen entbehrlich, falls eindeutig kein Fall eines entsprechenden Zeugnis- oder Auskunftsverweigerungsrechts vorläge. In der Praxis wird deshalb regelmäßig nur dann nach § 52 belehrt, wenn der Zeuge bei seiner Vernehmung zur Person angibt, mit dem Angeklagten verwandt oder verschwägert zu sein.

873 Die in unserem Verfahren vorgenommene Sammelbelehrung mehrerer Zeugen gleichzeitig erspart dem Gericht zwar Arbeit, hat aber den Nachteil, den Belehrungstext nicht an die individuellen Bedürfnisse einzelner Zeugen anpassen zu können. So ist es etwa sinnvoll, Jugendliche anders anzusprechen als Erwachsene, gerichtserfahrene Zeugen (z. B. Polizeibeamte) anders als nervöse Straftatverletzte, die zum ersten Mal mit der Justiz in Berührung kommen. Vorzugswürdig ist es daher, jeden Zeugen einzeln zu Beginn seiner Vernehmung zu belehren.

874 Zeugen bleiben grundsätzlich[2] bis zu ihrer Vernehmung außerhalb des Saales, damit ihre Aussage nicht von anderweitigen Schilderungen des Angeklagten oder zuvor vernommener Zeugen beeinflusst wird (§ 243 II 1). Die Vernehmung selbst gliedert sich in einen (sehr kurzen) Teil *zur Person* (§ 68 I), in welcher lediglich die Informationen abgefragt werden, die auch im Protokoll angegeben sind (vgl. Bl. 59 für den Zeugen *Jäntschke*), und die ausführlichere Vernehmung zur Sache. Sinn der Abfrage der Personalien ist, das Erscheinen der richtigen Person zu kontrollieren,[3]

---

[2] Zur abweichenden Rolle des zugleich als Nebenkläger fungierenden Zeugen *Eftherim* siehe oben Rn. 869.
[3] BGHSt 23, 244 (245).

I. Das Strengbeweisverfahren

den Beteiligten Erkundigungen über sie zu ermöglichen[4] sowie über die Angabe des Alters Hinweise für die Beurteilung ihrer Zeugnisfähigkeit zu erhalten.

Bei der *Vernehmung zur Sache* sollte der Zeuge zunächst das Geschehen von sich aus schildern (§ 69 I). Je nach den intellektuellen Fähigkeiten des Zeugen und der Intensität seiner Wahrnehmungen kann es indes früher oder später notwendig werden, ihn noch ergänzend zu befragen (§ 69 II). Dies ist zunächst Aufgabe des Vorsitzenden (§ 238 I). Anschließend haben die übrigen Gerichtsmitglieder (§ 240 I), die Staatsanwaltschaft und die Verteidigung (einschließlich des Angeklagten in Person) ebenfalls ein Fragerecht (§ 240 II). 875

Im Anschluss an die Vernehmung ist über die Vereidigung des Zeugen zu entscheiden (§ 59 II 1, vgl. den Protokollvermerk am Schluss jeder Vernehmung). Dabei ist heute die *Nichtvereidigung normativer wie tatsächlicher Regelfall* und die Vereidigung bleibt eine große Ausnahme (§ 59 I), weshalb auch im Verfahren 2 keiner der Zeugen seine Aussage zu beeiden hatte. Zum Ablauf einer etwaigen Vereidigung vgl. die sich weitgehend selbst erklärenden §§ 61–67. Ohnehin bestehen für Jugendliche, psychisch gestörte Personen und mutmaßliche Tatbeteiligte Vereidigungsverbote (§ 60). 876

Die Vernehmung endet mit der *Entlassung* des Zeugen (§ 248). Erst mit ihr wäre auch eine etwaige Falschaussage (§ 153 StGB) vollendet.[5] 877

> **Zur Akte 2:**
>
> Nur der Zeuge *Damman* wurde im unmittelbaren Anschluss an seine Vernehmung entlassen, während dies bei den übrigen Zeugen erst zu einem späteren Zeitpunkt erfolgte (Bl. 61, 62). Bei ihnen wollte man sich die Möglichkeit offenhalten, bei Bedarf noch ergänzende Fragen zu stellen, was am Ende aber allein bei dem Zeugen *Hammerstein* geschah, nachdem der (neue) Zeuge *Hans-Wolfgang Schuler* ausgesagt hatte (Bl. 63). Vernommene, aber noch nicht entlassene Zeugen dürfen übrigens im Saal bleiben, auch wenn dies aus aussagepsychologischen Gründen nicht immer glücklich ist und es vorzuziehen wäre, sie erneut vor der Tür warten zu lassen.[6]

878

Unvernommen entlassen wurde die Zeugin *Seydlitz* (Bl. 62), weil sie allenfalls zu Ablauf und Inhalt der Vernehmungen im Ermittlungsverfahren etwas hätte bekunden können, nach den offenbar vollständigen und glaubhaften Aussagen der übrigen Zeugen dazu aber kein Anlass mehr bestand. An sich hätte sie gleichwohl gemäß § 245 I 1 als geladene und erschienene Zeugin auch vernommen werden müssen. Indes ermöglicht § 245 I 2, im allseitigen Einverständnis von der Erhebung überflüssiger Beweise im Interesse der Verfahrensökonomie abzusehen. In der Praxis geschieht dies recht häufig, wenn wegen eines vorher nicht erwarteten Geständnisses des Angeklagten weitere Beweiserhebungen entbehrlich erscheinen. Hätte 879

---

[4] BGH (GrS) 32, 115 (128); BGHSt 33, 83 (87); HbStrVf-SCHEFFLER Rn. VII.368 ff.
[5] Siehe HEGHMANNS BT Rn. 1870 f.
[6] Vgl. HbStrVf-SCHEFFLER Rn. VII.451; RGSt 2, 53 (54).

im Verfahren 2 allerdings einer der Verfahrensbeteiligten der Entlassung der Zeugin *Seydlitz* widersprochen, so hätte sie ebenfalls noch aussagen müssen.

880 Erscheint ein ordnungsgemäß geladener Zeuge nicht, so könnte gegen ihn ein *Ordnungsgeld* und ersatzweise Ordnungshaft (für den Fall der Nichtbeitreibbarkeit des Ordnungsgeldes) verhängt werden. Die Höhe des Ordnungsgeldes liegt zwischen 5 und 1000 € (Art. 6 I EGStGB), wobei heute gegen erstmals ausgebliebene Zeugen normalerweise Beträge zwischen 100 und 300 €, ersatzweise zwei bis vier Tage Ordnungshaft festgesetzt werden. Zudem trägt der Zeuge die durch sein Ausbleiben entstandenen Kosten (§ 51), die bei einer notwendigen Vertagung im Hinblick auf Verteidigergebühren und Zeugenauslagen schnell recht hohe Summen erreichen können.

881 Zudem wird das Gericht kritisch prüfen, ob es auf den fehlenden Zeugen nicht möglicherweise verzichten kann, weil er zur Sachaufklärung entbehrlich erscheint. Handelt es sich hingegen um einen wichtigen und daher unverzichtbaren Zeugen, so würde er üblicherweise zum nächsten Vernehmungstermin *polizeilich vorgeführt* (§ 51 I 3), weil die präventive Wirkung des verhängten Ordnungsgeldes nicht unbedingt immer genügen wird, um sein künftiges Erscheinen sicher zu stellen. Zur Vorführung siehe Rn. 828.

882 Ordnungsgeld, -haft und Kostenbeschluss werden aufgehoben, falls sich der Zeuge nachträglich *genügend entschuldigt*, was keine Entschuldigung im landläufigen Sinne meint, sondern das Glaubhaftmachen fehlenden Verschuldens am Ausbleiben (z. B. wegen Nichterhalts der Ladung, Krankheit, Unfall oder Stau auf dem Weg zum Gericht).

883 Während das Ausbleiben von Zeugen ein relativ häufig auftretendes Phänomen darstellt, bildet die *grundlose Zeugnisverweigerung* einen absoluten Ausnahmefall. Auch hier können gegen den Zeugen Ordnungsgeld und ersatzweise Ordnungshaft verhängt werden, darüber hinaus aber auch Erzwingungshaft von bis zu sechs Monaten Dauer (§ 70).

c) Sachverständige

884 Prinzipiell sind Gutachten von Sachverständigen *in der Hauptverhandlung mündlich vorzutragen* und ein – zumeist bereits vorhandenes – schriftliches Gutachten stellt dort kein zulässiges Beweismittel dar. Auch wenn für Sachverständige und ihre deshalb notwendige Vernehmung subsidiär die Zeugenregeln gelten (§ 72), so unterscheidet sich ihr Auftritt in der Hauptverhandlung dennoch in vielerlei Hinsicht von demjenigen eines Zeugen. Ähnlichkeiten bestehen immerhin hinsichtlich ihrer Belehrungen (vgl. § 76) und des mündlichen Vortrags ihres Gutachtens, dem ebenfalls eine Vernehmung zur Person vorangeht. Allerdings verlassen Sachverständige bis zu ihrer Vernehmung nicht den Saal und sind vielmehr häufig während der gesamten Verhandlung anwesend, damit sie die Aussagen der Angeklagten und Zeugen bei ihrem Gutachten berücksichtigen können (was z. B. bei Schuldfähigkeitsgutachten geradezu notwendig ist). Aus demselben Grund besitzen sie eine eigene Befragungsmöglichkeit nach § 80 II (wozu sie entweder nach dem Staatsanwalt oder als letzte nach dem Verteidiger das Wort erhalten).

I. Das Strengbeweisverfahren

Nach § 74 kann ein Sachverständiger (und der gemäß § 191 GVG gleich zu behandelnde Dolmetscher) wie ein Richter wegen des Vorliegens eines Grundes nach § 22 I Nrn. 1–4 oder wegen der *Besorgnis der Befangenheit* abgelehnt werden (siehe dazu und zum entsprechenden Verfahren näher Rn. 788 ff.). Keinen Befangenheitsgrund stellt der bloße Umstand der Zugehörigkeit des Sachverständigen zur Polizei (etwa als Sachverständiger des LKA) dar.[7]

885

Die *Vereidigung* eines Sachverständigen stellt § 79 ins gerichtliche Ermessen; in der Praxis ist auch hier die Nichtvereidigung die Regel. Ausbleiben nach ordnungsgemäßer Ladung oder Verweigerung der Gutachtenerstattung haben gemäß § 77 ähnliche Folgen wie bei Zeugen (Rn. 880 ff.).

886

d) Urkundenverlesung und Vorhalt

Urkunden müssen, wenn sie als Beweismittel fungieren sollen, nach § 249 I *in der Hauptverhandlung verlesen* werden (Rn. 428 ff.). Diese dem Mündlichkeitsprinzip geschuldete Vorgehensweise ermöglicht es allen Beteiligten, vom vollständigen Inhalt der betreffenden Schriftstücke Kenntnis zu nehmen.

887

> **Zur Akte 2:**
>
> Aus diesem Grund wurde auch das ärztliche Attest über die Verletzungen des Zeugen *Eftherim* verlesen[8] (Bl. 58). An sich hätte mit den Bundeszentralregisterauszügen ein Gleiches geschehen müssen („Straflisten" i. S. v. § 249 I 2), wenn dort Eintragungen vorhanden gewesen wären, deren Existenz man zu Ungunsten der Angeklagten bei der Strafzumessung hätte verwenden können. Die bisherige Straffreiheit der Angeklagten bedurfte hingegen keines Beweises, weil von ihr bis zum Beweis des Gegenteils wegen der Unschuldsvermutung ohnehin auszugehen war. Daher genügte die schlichte Feststellung, in den Bundeszentralregisterauszügen seien keine Eintragungen enthalten (Bl. 63). Sie wiederum diente eigentlich zum Nachweis gegenüber etwaigen Rechtsmittelgerichten, dass das Schöffengericht seiner Aufklärungspflicht insoweit nachgekommen ist und die bisherige Unauffälligkeit nicht nur vermutet hatte.

888

Die Urkundenverlesung kann zu einem recht zeitraubenden, mühseligen und ermüdenden Geschäft werden, wenn – wie häufig in Wirtschaftsstrafsachen – eine Vielzahl von Urkunden zu verlesen ist, deren Inhalt auch streckenweise nur von geringer Bedeutung sein mag. Hier besteht für die nur zuhörenden Beteiligten die Gefahr, gerade die wichtigen Passagen zu „verschlafen", während das vorlesende Gericht natürlich sehr viel besser weiß, wann entscheidungserhebliche Stellen kommen.

889

Um den Beteiligten das Verlesungsritual in Fällen mit umfangreichem Urkundenmaterial zu ersparen, sieht das Gesetz in § 249 II die Anordnung des sog. *Selbstleseverfahrens* vor. Es verlangt eine positive Kenntnisnahme der Urkunden durch das Gericht einschließlich der Schöffen und die Gelegenheit zur Kenntnisnahme für alle übrigen Beteiligten. Eine Gewähr, dass dabei tatsächlich

890

---

[7] MEYER-GOSSNER § 74 Rn. 7; BGHSt 18, 214 (216 f.).

[8] Zur Frage, warum es überhaupt verlesen werden durfte und nicht der Arzt zu vernehmen war, vgl. unten Rn. 957, 959 f.

alle relevanten Unterlagen auch wirklich von allen Beteiligten erkannt und selbst gelesen wurden, besteht freilich nicht.⁹ Deshalb sollte das Gericht zum Selbstleseverfahren allein in „notstandsähnlichen" Situationen greifen, d. h. bei faktischer Unverlesbarkeit auf Grund der Materialfülle.

891 **Aufgabe:**
Zeuge sagt über Routinegeschehen aus
Gegen *Johannes B.* wurde wegen des Vorwurfs der Leistungserschleichung (§ 265a StGB) anlässlich einer Straßenbahnfahrt vor dem Strafrichter verhandelt. *B.* schwieg in der Hauptverhandlung und der als Zeuge vernommene Kontrolleur *Mike K.* erklärte, er könne sich wegen der Vielzahl ähnlicher Vorfälle an dieses, inzwischen sechs Monate zurückliegende Geschehen nicht mehr erinnern. Darauf verlas das Gericht zwecks Vorhalts *K*s. Strafanzeige vom Tattag, in welcher er die Personalien von *B.* sowie das Tatgeschehen in groben Zügen geschildert hatte. *K.* erklärte daraufhin, wenn er das damals so niedergeschrieben habe, dann werde sich das Geschehen so abgespielt haben.
Ist die Tat von *B.* damit nachzuweisen?

892 Von der Verlesung als Beweismittel streng zu unterscheiden ist die Protokollverlesung zur Gedächtnisstütze oder zur Aufklärung von Widersprüchen zu früheren Aussagen (§§ 253, 254 II), der sog. *Vorhalt*. Wird ein Schriftstück auf diese Weise (insb. dem Angeklagten oder einem Zeugen) „vorgehalten", so ist somit keineswegs der Inhalt des Schriftstücks Gegenstand der Hauptverhandlung geworden oder gar erwiesen. Maßgebend ist vielmehr *die Reaktion des Befragten* auf den Vorhalt.¹⁰ Die Rspr., die in den Fällen von § 253 auch das Verlesene als in die Beweisaufnahme eingebracht ansieht,¹¹ verkennt den entgegenstehenden Wortlaut von § 253 I („zur Unterstützung seines Gedächtnisses").

893 Da der Vorhalt als Vernehmungshilfsmittel fungiert, besitzt ausschließlich die Aussage des Vernommenen irgendeinen Beweiswert. Im Idealfall führt der Vorhalt zur Aufdeckung einer bis dahin verschütteten Erinnerung („Ja, jetzt erinnere ich mich wieder. Genauso war es..."), wobei man dann genau prüfen muss, ob eine derartige Aussage tatsächlich auf der Erinnerung beruht oder nur so dahergesagt wurde, um der unangenehmen Befragung zu entkommen. Während bei „normalen" Zeugen, die nicht täglich vor Gericht stehen, der Vorhalt tatsächlich häufig die Erinnerung zurückbringt, ist sein Ertrag bei „Berufszeugen", die wie Polizeibeamte, Ladendetektive oder Kontrolleure von Verkehrsunternehmen wiederholt vor Gericht stehen, um für sie alltägliche Geschehen zu bezeugen, deutlich geringer. Solange das vorgehaltene Dokumente nicht irgendeinen außergewöhnlichen Umstand in Erinnerung ruft, der dieses Geschehen aus der Sicht des Zeugen aus der Masse ähnlicher Vorfälle hervorhebt, werden bestenfalls Äußerungen wie diejenige im Aufgabenfall Rn. 892 erlangt werden. Diese besagt aber im Grunde nur, der Zeuge

---
⁹ HbStrVf-Scheffler, Rn. VII.734 ff., auch mit weiterer Kritik am Selbstleseverfahren.
¹⁰ SK-Velten § 253 Rn. 5 ff., 16; Roxin/Schünemann § 46 Rn. 25.
¹¹ BGHSt 3, 199 (201); 281 (283); Meyer-Goßner § 253 Rn. 1; KK-Diemer § 249 Rn. 42.

verfasse seiner Meinung nach seine Strafanzeigen stets richtig und vollständig. Eine Aussage über den konkreten Fall und ein Tatnachweis ist damit nicht zu erlangen.

▶ Ergänzende Hinweise zur Falllösung (und zu den Gefahren von Vorhalten für die Wahrheitsfindung) befinden sich auf ET 17-01.

Ebensowenig dient die *Urkundenverlesung nach § 251 III* dem Urkundenbeweis, da sie nur zu „anderen Zwecken als unmittelbar der Urteilsfindung" vorgenommen werden darf. Bei ihr geht es regelmäßig darum zu erkennen, ob es lohnt, eine Person noch als Zeugen zu laden, oder ob diese vermutlich gar nichts Sachdienliches aussagen könnte. Auch der Inhalt des so Verlesenen muss daher bei der späteren Urteilsfindung ignoriert werden.

894

e) Augenscheinseinnahme

Die *Augenscheinseinnahme* regelt das Gesetz nicht näher.[12] Zu ihrem Ablauf siehe oben Rn. 430, 432. Auch Urkunden werden häufig nach ihrer Verlesung noch in Augenschein genommen, wenn neben dem Textinhalt beispielsweise dessen Anordnung, die (Unter-)Schrift oder Abbildungen beweisbedeutsam sein können.

895

> **Zur Akte 2:**
>
> Hier wurde lediglich das Messer als Tatwaffe in Augenschein genommen (Bl. 58), weil ja dessen Eigenschaft als gefährliches Werkzeug i. S. v. § 224 I Nr. 2 StGB aufzuklären war.[13]

896

2. Vernehmungsersetzende Maßnahmen – die Durchbrechungen des Unmittelbarkeitsprinzips

a) Überblick

Nach dem (materiellen) Unmittelbarkeitsprinzip genießt die Zeugenvernehmung bekanntlich grundsätzlichen Vorrang vor der Verlesung früherer Aussagen (Rn. 760 ff.). Allerdings stehen häufig die benötigten Zeugen nicht ohne Weiteres zur Verfügung (z. B. infolge Krankheit, unzumutbarer Anreisewege oder der berechtigten Inanspruchnahme von Aussageverweigerungsrechten). Zudem erschien dem Gesetzgeber die zeit- und kostenaufwendige Vernehmung von Zeugen und Sachverständigen selbst bei Routinefragen (wie einer Blutalkoholbestimmung) oder unwesentlicheren Nebenaspekten (z. B. der genauen Schadenshöhe bei einer Sachbeschädigung) nicht opportun.

897

Daher enthalten die §§ 251–256 zahlreiche Durchbrechungen des Unmittelbarkeitsprinzips, die eine vernehmungsersetzende Verlesung von Vernehmungsproto-

898

---

[12] Die Protokollierungsregel des § 86 gilt nur außerhalb der Hauptverhandlung, vgl. MEYER-GOßNER § 86 Rn. 16 f.
[13] Zum Begriff des gefährlichen Werkzeugs siehe HEGHMANNS BT Rn. 403 ff.

kollen, Gutachten und anderen Urkunden sowie eine vernehmungsersetzende Inaugenscheinnahme der Videoaufzeichnung von Vernehmungen gestatten (s. Tab. 1).

899 Die Übersicht Tab. 1 bedarf freilich noch der Ergänzung, weil an Stelle einer Verlesung eines Vernehmungsprotokolls teilweise auch die *Vernehmung der Vernehmungsperson* treten kann. Insgesamt ergibt sich dadurch ein noch komplexeres Bild.

900 Außerdem ist die prinzipielle Ersetzbarkeit eines Beweismittels nicht gleichbedeutend mit seiner *Ersetzbarkeit im konkreten Fall*. So existieren einzelne spezielle Ausnahmen von der Ersetzbarkeit (z. B. § 252). Selbstverständlich darf das zu verlesende Schriftstück auch *keinem Beweisverwertungsverbot* (z. B. nach § 136a) unterliegen.

901 Bei richterlichen Protokollen ist u. a. die *Einhaltung der Formvorschriften* der §§ 168, 168a sowie der *Benachrichtigungspflichten* und *Anwesenheitsrechte* unabdingbar (§ 168c), andernfalls bleibt das betreffende Protokoll als richterliche Vernehmungsniederschrift nach § 251 II unverlesbar.[14] Sofern es wenigstens die geringeren Anforderungen an eine nichtrichterliche Vernehmung erfüllt (was z. B. der Fall wäre, wenn allein die Benachrichtigungspflichten nach § 168c missachtet wurden), kann es als solche behandelt werden, falls zugleich ein Fall des § 251 I vorläge.[15]

902 Vor allem aber verbietet manchmal die *Amtsaufklärungspflicht*, sich als einziges Beweismittel auf ein aussagearmes Protokoll zu stützen, solange das originäre Beweismittel prinzipiell verfügbar bleibt (z. B. der Polizeibeamte im Fall des § 256 I Nr. 5). Wenn nämlich das an sich verlesbare Schriftstück wichtige Fragen offen lässt, die sein Urheber wahrscheinlich beantworten könnte, so muss das Gericht diesen dennoch ergänzend persönlich vernehmen.[16]

903 Die folgenden Ausführungen behandeln die wichtigeren Fallkonstellationen der Aussageersetzung, während praxisferne Situationen ausgeblendet bleiben. Zu letzteren zählen z. B. die Ersetzung von Sachverständigenvernehmungen durch Verlesen ihrer früheren richterlichen Vernehmung nach § 251 II (da es solche Fälle praktisch nicht gibt) oder die Verlesung von gerichtsärztlichen Erklärungen nach § 256 I Nr. 1 c) (da allein in Bayern relevant[17]).

b) Ersetzung von Zeugenaussagen

904 § 251 spricht neben Zeugen und Sachverständigen auch von *„Mitbeschuldigten"*. Dies meint nicht die gegenwärtig Mitangeklagten (zu ihnen unten Rn. 950), sondern früher als Beschuldigte in derselben Sache Vernommene, die jetzt – infolge Einstellung des Verfahrens oder Abtrennung – in dem laufenden Verfahren gegen den Angeklagten formell als Zeugen auftreten.[18] Ihre gesonderte Nennung in § 251 hat

---

[14] BGH NStZ 1998, 312 (313); BGH(P) NStZ 1981, 95; KK-Diemer § 251 Rn. 16.
[15] BGHSt 22, 118 (120); Meyer-Goßner § 251 Rn. 15; KK-Diemer § 251 Rn. 10.
[16] Meyer-Goßner § 251 Rn. 8, § 256 Rn. 2.
[17] Meyer-Goßner § 256 Rn. 17; gemeint sind hier weder „Gerichtsmediziner" i. S. v. rechtsmedizinischen Sachverständigen noch Amtsärzte.
[18] KK-Diemer § 251 Rn. 2; BGHSt 10, 186 (188 f.).

I. Das Strengbeweisverfahren

Tab. 1 Ersetzbare Beweismittel

Beweismittel	Ersetzbar durch	Voraussetzungen	Vorschrift
Zeugen, Sachverständige, Mitbeschuldigte	Verlesung Vernehmungsprotokoll/schriftliche Äußerung (bei Zeugen auch Videoaufzeichnung, § 255a I)	allseitiges Einverständnis	§ 251 I Nr. 1, II Nr. 3
		Tod, Unvernehmbarkeit auf absehbare Zeit	§ 251 I Nr. 2
		allein zwecks Feststellung einer Schadenshöhe	§ 251 I Nr. 3
	Verlesung richterlicher Vernehmungsprotokolle (bei Zeugen auch Videoaufzeichnung richterlicher Vernehmung, § 255a I)	Krankheit, Gebrechlichkeit, andere Hindernisse stehen der Vernehmung auf längere Zeit entgegen	§ 251 II Nr. 1
		Unzumutbarkeit des Erscheinens	§ 251 II Nr. 2
Zeuge (jetzt oder zur Tatzeit unter 18 Jahre alt)	Vorspielen von Videoaufzeichnung richterlicher Vernehmung	Angeklagter und Verteidiger hatten Gelegenheit zur Mitwirkung an Vernehmung	§ 255a II
Zeuge (Strafverfolgungsbehörde)	Verlesen von Berichten	nicht über Angaben vernommener Zeugen	§ 256 I Nr. 5
Zeugen, Sachverständige	Verlesen schriftlicher Erklärung/Gutachten	von öffentlicher Behörde/allgemein vereidigten Sachverständigen (und gerichtsärztlicher Dienst in Bayern)	§ 256 I Nr. 1
Sachverständige	Verlesen von Gutachten	nur über Auswertung Fahrtenschreiber/Blutalkoholbestimmung/Blutgruppenbestimmung	§ 256 I Nr. 4
Ärzte	Verlesen von Attesten	nur zum Beweis (nicht schwerer) Körperverletzung	§ 256 I Nr. 2
	Verlesen ärztlicher Berichte	Nur über Blutentnahmen	§ 256 I Nr. 3
Angeklagte	Verlesen richterlicher Geständnisse	keine	§ 254

vorwiegend klarstellende Funktion und für sie gelten die folgenden Überlegungen zu den originären Zeugen daher entsprechend.

aa) Einvernehmen über die Ersetzung des Zeugen

905 Unabhängig vom Grund des Fehlens kann eine Zeugenaussage nach § 251 I Nr. 1, II Nr. 3 durch Verlesen jeder schriftlichen Erklärung des Zeugen und jedes Vernehmungsprotokolls, gleich welcher Art, ersetzt werden, wenn *alle Beteiligten mit der Verlesung einverstanden* sind. Dieser Fall ist allerdings eher hypothetischer Natur, denn natürlich kennen die Beteiligten regelmäßig die schriftliche Aussage bereits qua Akteneinsicht. Sollte sie von Bedeutung für das Beweisergebnis sein, so wird die von ihr benachteiligte Seite regelmäßig daran interessiert sein, den Zeugen doch noch persönlich zu hören, um von ihm weitere Einzelheiten zu erfahren, welche die frühere Aussage relativieren oder in Frage stellen könnten. Dann aber wäre es geradezu kunstfehlerhaft, das Einverständnis in die Verlesung zu erteilen.

906 Unterschiedlich werden nichtrichterliche und richterliche Protokolle hier nur insoweit behandelt, als § 251 I Nr. 1 das Vorhandensein eines Verteidigers verlangt, während bei § 251 II Nr. 3 die Zustimmung eines Verteidigers nur erforderlich ist, wenn ein solcher auch am Verfahren teilnimmt.[19]

907 Die Frage einer *Vernehmung der Verhörsperson* stellt sich in den Einverständnisfällen nicht, weil der zu ersetzende Zeuge ja an sich verfügbar wäre und es daher – wegen des Fehlens einer speziellen Rechtsgrundlage nach dem Muster von § 251 I Nr. 1 – das Unmittelbarkeitsprinzip verletzen würde, vernähme man an seiner Stelle nur seine Verhörsperson.

bb) Der Zeuge steht nicht mehr zur Verfügung

908 Gemeint sind hier diejenigen Fälle, wo eine Vernehmung des Zeugen überhaupt nicht mehr möglich ist, weil er tot, langfristig vernehmungsunfähig erkrankt, unauffindbar oder nicht greifbar ist (z. B. infolge einer behördlichen Auskunftssperre über die Anschrift einer V-Person,[20] beim Auslandsaufenthalt einer einreiseunwilligen Person).

909 **Aufgabe:**
Vergewaltigungsopfer aus dem Ausland[21]
Die in den Niederlanden wohnende *Lieke R.* hatte ihren Urlaub in Deutschland verbracht und soll dabei von *Markus C.* vergewaltigt worden sein. Unmittelbar nach diesem Vorfall war sie polizeilich vernommen worden und anschließend heimgereist. Sie weigerte sich nun, zur Hauptverhandlung gegen *C.* erneut nach Deutschland einzureisen.
Können stattdessen das Protokoll ihrer polizeilichen Vernehmung verlesen oder die sie vernehmende Polizistin als Zeugin gehört werden?

---

[19] KK-Diemer § 251 Rn. 29; Putzke/Scheinfeld Rn. 635.

[20] Vgl. zu diesen Konstellationen Werner Beulke, Die Unmittelbarkeit der Beweisaufnahme in der Hauptverhandlung, §§ 250 ff. StPO, JA 2008, 758–763 (762 f.).

[21] (Vereinfachter) Sachverhalt nach BGH StV 1993, 232.

Der im Aufgabenfall einzig in Betracht kommende § 251 I Nr. 2 spricht davon, ein 910
Zeuge könne in absehbarer Zeit „gerichtlich nicht vernommen werden". Das erfasst nicht allein die Vernehmung in der Hauptverhandlung, sondern auch im Wege kommissarischer (gerichtlicher) Vernehmung (§ 223, vgl. oben Rn. 707 f.). Da die Niederlande als EU-Mitglied im Wege des Rechtshilfeverkehr eine kommissarische Vernehmung von *Lieke R.* an ihrem Wohnort ohne Probleme ermöglichen würden, konnte sie also in überschaubarer Zeit gerichtlich vernommen werden, weshalb hier keine Protokollverlesung zulässig wäre.[22]

Anders läge es nur, wenn aus besonderen Gründen die kommissarische Vernehmung eines Zeugen 911
ersichtlich ungenügend bliebe, weil z. B. eine Gegenüberstellung mit dem Angeklagten erforderlich wäre oder sich das (gesamte) Gericht einen persönlichen Eindruck von dem Zeugen machen müsste. Dann darf auch die – dann zwecklose – kommissarische Vernehmung unterbleiben und auf § 251 I Nr. 2 zurückgegriffen werden.[23]

1. *Verlesungen* 912
In den Rn. 908 genannten Fällen erlaubt § 251 I Nr. 2 die Verlesung schriftlicher Erklärungen des betreffenden Zeugen und der *Protokolle all seiner Vernehmungen* (a maiore ad minus einschließlich der richterlichen Vernehmungsprotokolle). Jenseits der Todesfälle gilt dies indes nur, wenn das Hindernis „in *absehbarer Zeit*" besteht. Während das Schrifttum hier z. T. annimmt, „absehbar" sei bis zur Grenze rechtsstaatswidrigen Verfahrens oder der Gefahr anderweitiger Beweisverluste auszulegen,[24] wird der Begriff überwiegend durch eine Abwägung der Bedeutung des Beweismittels, des Vorwurfs und des Interesses an einer baldigen Klärung (z. B. wegen Inhaftierung des Angeklagten, drohender Beweisverluste) bestimmt.[25] Je wichtiger ein Zeuge und je schwerer der Tatvorwurf, desto länger muss das Gericht auf den Zeugen warten, bevor es zur Verlesung schreiten darf. Im Ergebnis kann freilich bereits eine dreimonatige krankheitsbedingte Abwesenheit genügen,[26] wenn es um leichtere Straftaten oder unwichtigere Zeugen geht.

Sofern eine Protokollverlesung im konkreten Fall zulässig wäre, kann diese wiederum ersetzt oder 913
ergänzt werden durch das Vorspielen einer Bild-Ton-Aufzeichnung der Vernehmung (§ 255a I).

2. *Vernehmung von Verhörspersonen* 914
Sie kann hier ohne Weiteres durchgeführt werden, weil die Verhörsperson das unmittelbare und erreichbare Beweismittel darstellt. Ihre Vernehmung ist – neben der zulässigen Protokollverlesung – aber häufig entbehrlich, sofern sich nicht aus dem Protokoll Fragen oder Widersprüche ergeben (siehe Rn. 902). Denn es wäre

---

[22] SK-Velten § 251 Rn. 16; KK-Diemer § 251 Rn. 14; BGH StV 1993, 232.
[23] KK-Diemer § 251 Rn. 14; BGH StV 1993, 232.
[24] SK-Velten § 251 Rn. 21.
[25] BGHSt 22, 118 (120); BGHR StPO § 251 Bemühungen 1; KK-Diemer § 251 Rn. 13; Schlüchter Rn. 534.4 (dort Fn. 474).
[26] BGH NStZ 2003, 562.

illusionär zu erwarten, ein Vernehmungsbeamter würde sich noch an derart viele Einzelheiten und Daten erinnern, wie sie in einem normalen Vernehmungsprotokoll auftauchen. Geht es also allein um den Vernehmungsinhalt, wird das Protokoll das verlässlichere Beweismittel und seine Verlesung daher vorzugswürdig sein. Die Vernehmung der Verhörsperson kommt demgegenüber vor allem in Betracht, um die im Protokoll regelmäßig nicht oder nur unzureichend dokumentierten Umstände wie die Stimmung des Zeugen, seine Artikulationsfähigkeit und sein Denkvermögen zu erfahren oder besagten Unklarheiten oder Widersprüchen nachzugehen.

cc) Der Zeuge ist gegenwärtig nicht verfügbar

915 Während bei Ausfällen von unabsehbarer Dauer die Ersetzung der Vernehmung durch Verlesungen in großem Umfang möglich ist (Rn. 912 f.), stellt sich der gerichtliche Handlungsspielraum als deutlich kleiner dar, wenn es um Erkrankungen und andere Ausfälle von kürzerer Dauer geht. Insbesondere die Ergebnisse früherer polizeilicher Vernehmungen können hier nicht eingeführt werden.

916 1. *Verlesung*
Nach § 251 II Nr. 1 dürfen bei Vernehmungshindernissen, die „für eine längere oder ungewisse Zeit" bestehen, *ausschließlich richterliche Vernehmungsprotokolle* verlesen werden (über die man in gewöhnlichen Strafsachen höchst selten verfügt und die vorwiegend in Fällen schwerer Sexualstraftaten oder bei drohendem Beweisverlust produziert werden). „Ungewiss" erfasst auch Fälle unklarer Genesungsprognose, während man für § 251 I Nr. 2 Klarheit über die Nichtgenesung in absehbarer Zeit gewinnen musste. Ebenso kann der Begriff der „längeren Zeit" deutlich schneller angenommen werden als derjenige des „in absehbarer Zeit nicht" in § 251 I Nr. 2. Auch hier existieren keine festen Grenzen, sondern es ist in gleicher Weise wie bei Abs. 1 zwischen der Bedeutung des Beweismittels, dem Umfang des Vorwurfs und des Interesses an einer baldigen Klärung abzuwägen.[27] Wenige Wochen sind indes niemals als „längere Zeit" einzustufen.

917 Eine im konkreten Fall zulässige Protokollverlesung könnte auch hier durch das Vorspielen einer Bild-Ton-Aufzeichnung der Vernehmung ersetzt oder ergänzt werden (§ 255a I).

918 2. *Vernehmung von Verhörspersonen*
Da der Zeuge prinzipiell verfügbar bleibt und für zwar längere Zeit, aber eben nur vorübergehend ausfällt, verstieße die Vernehmung nichtrichterlicher Verhörspersonen an seiner Stelle gegen das Unmittelbarkeitsprinzip. Allerdings kann man, solange und soweit § 251 I Nr. 2 das richterliche Protokoll als Urkundenbeweis zulässt, das insoweit ja unmittelbarere *Zeugnis des vernehmenden Richters* ergänzend heranziehen (zur Zweckmäßigkeit siehe insoweit aber Rn. 914).

dd) Der verfügbare Zeuge kann zu keiner Sachaussage gezwungen werden

919 Gemeint sind hier die Fälle, in denen Zeugen zwar greifbar wären, aber (befugt) *Auskunft oder Zeugnis verweigern* (§§ 52 ff.), einschließlich des Schweigens auf Grund nicht erteilter Aussagegenehmigungen nach § 54 (z. B. bei V-Personen).

---

[27] KK-Diemer § 251 Rn. 27; SK-Velten § 251 Rn. 36; BGHSt 32, 68 (73, zu § 251 a. F.).

I. Das Strengbeweisverfahren

1. Verlesungen

In diesen Fällen greifen § 251 I, II nicht, denn diese Bestimmungen sprechen von nicht vernehmbaren oder nicht erscheinenden Zeugen. Die hier fraglichen Personen könnten aber erscheinen und immerhin zur Person vernommen werden. Verlesungen ihrer früheren Aussagen scheiden daher mangels einer das Verbot des § 250 durchbrechenden Rechtsgrundlage aus.[28] Eines Rückgriffs auf § 252 bedarf es gar nicht erst.

920

Aus demselben Grund dürfen ersatzweise auch keine Bild-Ton-Aufzeichnungen früherer Vernehmungen vorgespielt werden (§ 255a I).

921

2. Vernehmung von Verhörspersonen

Folgerichtig kann in solchen Fällen nur die Heranziehung der jeweiligen Verhörsperson weiterhelfen. Ihr steht das Unmittelbarkeitsprinzip diesmal nicht im Wege, weil ja infolge der Aussageverweigerung kein unmittelbarer Beweis zu erlangen ist. Allerdings hindern in bestimmten Fallgestaltungen Verwertungsverbote, auf Verhörspersonen zuzugreifen. Die in Praxis wie Fallbearbeitung bedeutendste Konstellation ist dabei diejenige des § 252. Diese Vorschrift bezweckt, das Zeugnisverweigerungsrecht insb. des § 52 zu stärken, das den Zeugen davor schützen soll, in Erfüllung seiner Wahrheitspflicht illoyal gegenüber den engsten Verwandten handeln (oder aus dieser Not heraus lügen) zu müssen.[29] Dem Zeugen, dem die Tragweite seiner Aussage möglicherweise erst in der Hauptverhandlung vollständig bewusst wird,[30] soll auch erst dort die endgültige Entscheidung darüber abverlangt werden, ob er als Beweismittel gegen seinen Angehörigen fungieren will.

922

> **Beispiel (Tochter verweigert die Aussage gegen ihren Vater):**[31]
>
> *Ferdinand G.* war wegen des Vorwurfs angeklagt worden, mit seiner Tochter *Veronika* Inzest (§ 173 I StGB) begangen zu haben. In der Hauptverhandlung verweigerte die Tochter ihr Zeugnis; bei ihrer Vernehmung durch den Polizeikommissar *H.* und vor dem Ermittlungsrichter *R.* hatte sie den Angeklagten, der den Vorwurf in Abrede stellte, noch belastet. Ohne diese Angaben zu verwerten, sprach das Landgericht G. frei. – Der BGH hob dieses Urteil wegen unzureichender Sachverhaltsaufklärung auf, weil das Landgericht R. nicht zeugenschaftlich vernommen habe. Zwar lasse der Wortlaut von § 252 nur auf ein Verlesungsverbot schließen, aber ein solches bliebe sinnlos, weil eine Verlesung ohnehin nicht zulässig sei[32] (vgl. oben Rn. 920). Deshalb müsse § 252 *als ein Verwertungsverbot ausgelegt* werden, welches auch die Vernehmung von Verhörspersonen ausschließe. Denn andernfalls besäße der zeugnisverweigerungsberechtigte Zeuge gar keine echte Aussagefreiheit, müsste er doch befürchten, sein Schweigen könne durch Einführung seiner früheren Aussagen entwertet werden.[33] Dennoch

923

---

[28] BGHSt 51, 325.
[29] MEYER-GOßNER § 52 Rn. 1; PETERS, S. 348 f.; HbStrVf-SCHEFFLER Rn. VIII.387.
[30] Ulrich EISENBERG, Zur „besonderen Qualität" richterlicher Vernehmung im Ermittlungsverfahren, NStZ 1988, 488–489 (489).
[31] BGHSt 2, 99.
[32] BGHSt 2, 99 (102).
[33] BGHSt 2, 99 (104 f.).

macht der BGH seither eine wichtige Ausnahme, weil er die *Vernehmung einer richterlichen Verhörsperson* zulässt. Denn diese müsse den Zeugen auch schon im Ermittlungsverfahren über sein Zeugnisverweigerungsrecht belehren. Wenn er sich dann in Kenntnis seines Schweigerechts äußere, so müsse er sich daran ebenso festhalten lassen wie wenn er in der Hauptverhandlung zunächst aussage und sich erst irgendwann im Laufe seiner Vernehmung zum Schweigen entschließe.[34]

924 An dieser differenzierenden Linie hat die Rspr. bis heute festgehalten,[35] obschon das seinerzeit zutreffende Argument, die Polizei brauche einen Zeugen nicht nach § 52 zu belehren, heute überholt ist (vgl. § 163 III 1 i. V. m. § 52 III). Vielmehr stützt die Rspr. sich mittlerweile darauf, richterlichen Protokollen werde generell ein größeres Vertrauen entgegengebracht (vgl. die Differenzierung in § 251).[36] Tatsächlich ist dieses Vertrauen indes ungerechtfertigt, da der Ermittlungsrichter im Unterschied zu Polizeibeamten nicht in den Genuss einer vernehmungstechnischen Ausbildung gelangt.[37] Seine Qualität als Zeuge leidet zusätzlich unter seinem geringen Bezug zum jeweiligen Verfahren, mit dem er regelmäßig nur ein einziges Mal, nämlich anlässlich der betreffenden Vernehmung, in Kontakt gerät, was im Zusammenspiel mit der Gleichartigkeit seiner sonstigen (Vernehmungs-)Tätigkeit eine konkrete Erinnerung an eine einzelne Vernehmung kaum zulässt.[38] Heute ist daher eine Differenzierung nach der Funktion des Vernehmenden nicht mehr begründbar[39] und man müsste sich eigentlich entscheiden zwischen einer – im Ergebnis vorzugswürdigen – generellen Zulassung der Vernehmung (was § 252 gegenstandslos machte) oder einer ebenso ausnahmslosen Unverwertbarkeit[40] (was für Beziehungsstraftaten untragbar erscheint und den Zeugenschutz überzöge).[41]

▶ Vertieferes zur Thematik des § 252 auf ET 17-02.

925 Die Vernehmung der richterlichen Verhörsperson setzt eine tatsächlich erfolgte, ordnungsgemäße Belehrung über die Aussagefreiheit voraus. Fehlt es daran oder bestand zum Vernehmungszeitpunkt noch gar kein Aussageverweigerungsrecht (z. B. weil Zeugin und Beschuldigter sich erst später verlobten), so konnte der Zeuge selbstverständlich auch kein Wahlrecht zwischen Aussage und Schweigen ausüben, weshalb er dann auch später nicht an seiner Aussage festgehalten werden darf. In diesem Fall dürfte nicht einmal der Richter als Vernehmungsperson zum Aussageinhalt vernommen werden.[42]

926 Ferner soll trotz bestehenden Verwertungsverbotes der die Aussage verweigernde Zeuge *die Verwertung der früheren Vernehmungsergebnisse gestatten können*,[43] welche sodann durch Verneh-

---

[34] BGHSt 2, 99 (106 ff.).
[35] BGHSt 27, 231 (232); BGHR StPO § 252 Vernehmung 1; Verwertungsverbot 18.
[36] BGHSt 21, 218 (219); LR[25]-GOLLWITZER § 251 Rn. 6; KK-DIEMER § 252 Rn. 26.
[37] EISENBERG (Fn. 29), NStZ 1988, 489.
[38] Ebenso ROXIN/SCHÜNEMANN § 46 Rn. 29 (dort Fn. 17).
[39] PETERS S. 321; HbStrVf-SCHEFFLER Rn. VII.389.
[40] Dafür PETERS S. 321; wohl auch ROXIN/SCHÜNEMANN § 46 Rn. 29.
[41] So wohl HbStrVf-SCHEFFLER Rn. VII.390.
[42] BGHSt 27, 231 (232); KK-DIEMER § 252 Rn. 28.
[43] BGHSt 45, 203 (205 ff.); BGH NStZ-RR 2006, 181 (183); Knut AMELUNG, Prinzipien der strafprozessualen Verwertungsverbote, Ged Schlüchter S. 417–433 (430).

mung selbst nichtrichterlicher Vernehmungsbeamter in die Hauptverhandlung eingeführt werden könnten. In diesem Fall sagt der verweigerungsberechtigte Zeuge in der Hauptverhandlung nicht aus, sondern verweist das Gericht gewissermaßen auf seine früheren Angaben. Allerdings entzieht er sich damit der Konfrontation mit dem Angeklagten, auf welche dieser wiederum ein Recht hat (Art. 6 III d EMRK)[44] und die ihm nur aus wichtigen Gründen (z. B. des Zeugenschutzes oder wegen Unerreichbarkeit des Zeugen) vorenthalten werden darf.[45] Im Ergebnis überließe man dem Zeugen die Wahl, ob er schriftlich (qua früherer Vernehmung) oder mündlich (in der Hauptverhandlung) „aussagen" will. Damit stellte man letztlich das Unmittelbarkeitsprinzip zur Disposition des Zeugen, und zwar ohne sachlich rechtfertigenden Grund.[46] Denn der Zeuge wäre nicht mehr dem Konflikt zwischen Wahrheitspflicht und Loyalität gegenüber seinem Angehörigen ausgesetzt, der alleinige Grund seiner Aussagefreiheit ist.[47] Vielmehr bliebe ihm lediglich erspart, *den Angeklagten von Angesicht zu Angesicht* zu belasten. Um daraus resultierende Aussagehemmungen zu beseitigen, stünden aber als ebenso taugliche Maßnahmen seine Vernehmung in Abwesenheit des Angeklagten (§ 247) oder per Videokonferenz (§ 247a) zur Verfügung. Diese böten zugleich den Vorteil, eine aktuelle Befragung des Zeugen wenigstens durch Gericht und Verfahrensbeteiligte zu ermöglichen, weshalb sie eine deutlich bessere Wahrheitsfindung gestatten. Im Ergebnis ist deshalb eine Verwertbarkeit einer nach § 252 an sich unverwertbaren Aussage qua Zustimmung des Zeugen abzulehnen.[48]

Aufgabe: 927
Arzt verweigert die Aussage über seinen Patienten[49]

Charlotte N. war angeklagt, ihrem Ehemann Norbert N. mit einem Butterflymesser zwei Stichverletzungen in den linken Oberkörper versetzt zu haben, nachdem dieser sich schützend vor seine neue Partnerin Bernadette P. gestellt hatte, der Charlotte N. das Gesicht zerschneiden wollte. Norbert N. hatte im Ermittlungsverfahren den ihn behandelnden Arzt Dr. S. von der Schweigepflicht entbunden; Dr. S. war daraufhin von der Kriminalbeamtin K. zu den entstandenen Verletzungen befragt worden. In der Hauptverhandlung verweigerten sowohl der Geschädigte (gemäß § 52) als auch Dr. S. (gemäß § 53 I Nr. 3), dessen Schweigepflichtsentbindung Norbert N. mittlerweile widerrufen hatte, die Aussage.

Darf das Gericht die Angaben des behandelnden Arztes Dr. S. über die Verletzungen des Geschädigten durch Vernehmung von K. in die Hauptverhandlung einführen?

---

[44] EGMR NJW 2006, 2753 (2755); BGHSt 51, 150 (154 f.).
[45] MEYER-GOSSNER Art. 6 EMRK Rn. 22b; EGMR NJW 2006, 2753 (2755); NJW 2003, 2893 (2894); Claus ROXIN, Steht im Falle des § 252 StPO die Verwertbarkeit der früheren Aussage zur Disposition des Zeugen? FS Rieß S. 451–463 (457 f.).
[46] ROXIN (Fn. 44), FS Rieß S. 455 f.; Werner BEULKE, Der Grundsatz der Unmittelbarkeit in der Hauptverhandlung, in: Reinhard BÖTTCHER u. a. (Hrsg.), Verfassungsrecht, Menschenrechte, Strafrecht – Kolloquium für Gollwitzer zum 80. Geburtstag, 2004, S. 1–19 (6 f., 10 f.).
[47] MEYER-GOSSNER § 52 Rn. 1; BGHSt 2, 351 (354).
[48] Ebenso Claudia KEISER, Der Zeuge als Herr des Verfahrens? NStZ 2000, 458–460; ROXIN (Fn. 44), FS Rieß S. 455 ff.; BEULKE (Fn. 45), S. 11.
[49] BGH NStZ 2012, 281; Besprechung von Christian JÄGER JA 2012, 472–474; ähnlich gelagert BGHSt 18, 146, allerdings dort zuvorige richterliche Vernehmung des Arztes.

928 An sich bezieht sich das Verwertungsverbot des § 252 nicht allein auf § 52, sondern auf alle Aussageverweigerungsrechte und somit auch auf diejenigen der Berufsgeheimnisträger und ihrer Helfer in den §§ 53 f.[50] Allerdings setzt § 252 ein (in beiden Vernehmungssituationen bestehendes) „Recht, das Zeugnis zu verweigern", voraus, also eine echte Entscheidungsfreiheit des Zeugen. Für einige der Berufsgeheimnisträger (u. a. für Ärzte) besteht aber keine Aussage*wahl*möglichkeit. Solange sie nämlich nicht von ihrer Schweigepflicht entbunden sind, müssen sie schweigen, weil ihnen andernfalls Strafe droht (§ 203 I StGB). Sind sie aber entbunden, müssen sie aussagen, um sonst drohenden Ordnungsmitteln zu entgehen (§ 70). § 252 bleibt damit im Aufgabenfall Rn. 927 unanwendbar, weshalb der Vernehmung selbst nichtrichterlicher Vernehmungsbeamter – nach dem Ausfall der unmittelbaren Erkenntnisquelle qua Aussageverweigerung – kein Hindernis im Wege steht.[51] Aus dem Katalog des § 53 I kommen deshalb im Ergebnis an sich[52] nur die Geheimnisträger nach den Nrn. 1, 4 und 5 in den Genuss eines Verwertungsverbotes nach § 252.

929 Keine Schwierigkeiten bereitet die Auskunftsverweigerung nach § 55, die schon kein Recht wahrnimmt, „das [komplette] Zeugnis zu verweigern", wie es § 252 voraussetzt, sondern eben nur, zu bestimmten Aussagethemen zu schweigen. Es können daher über frühere Bekundungen des jetzt nach § 55 schweigenden Zeugen alle Vernehmungsbeamten in der Hauptverhandlung vernommen werden,[53] und zwar selbst bei fehlerhaft unterbliebener Belehrung anlässlich der früheren Vernehmung.[54]

930 Die in Teilen des Schrifttums vertretene Ansicht, das Anwendungsfeld des § 252 sei auf die Fälle der Auskunftsverweigerung nach § 55 auszudehnen,[55] verkennt den begrenzten Schutzbereich des § 55. Während die §§ 52, 53 f. jeweils auch Geheimhaltungsinteressen jenseits derjenigen des Zeugen wahren sollen (und zwar regelmäßig auch im Interesse des Angeklagten), dient § 55 ausschließlich dem Schutz des Zeugen[56] und jedenfalls nicht dem des Angeklagten. Es steht aber alleine eine Verwertung zum Nachteil des Angeklagten (und nicht etwa des Zeugen) in Rede. Von daher bestehen keine Bedenken, seine früheren Aussagen auch dann umfassend gegen den Angeklagten einzusetzen, wenn der Zeuge nunmehr befugt schweigt. Insoweit ähnelt die Situation eher

---

[50] BGHSt 17, 245 (246); OLG Dresden NStZ-RR 1997, 238; MEYER-GOßNER § 252 Rn. 1, 3 f.

[51] BGHSt 18, 146 (149 f.); BGH NStZ 2012, 281; krit. Anm. Klaus GEPPERT, NStZ 2012, 282 f.

[52] Theoretisch geht zwar das Aussageverweigerungsrecht nach § 53 weiter als die Strafdrohung nach § 203 StGB, die nur fremde Geheimnisse schützt, weshalb auch den übrigen Berufsgeheimnisträgern eine (bescheidene) Aussagefreiheit hinsichtlich geheimer Informationen aus der Berufstätigkeit zustehen kann. Es ist allerdings nur schwer vorstellbar, wie solchen Informationen einmal ein strafprozessualer Beweiswert zukommen könnte.

[53] BGHSt 6, 209 (211); 17, 245 (247).

[54] BGHSt 17, 245 (246); vgl. ferner oben Rn. 402.

[55] Eb. SCHMIDT Lehrkommentar Teil II § 252 Rn. 3; Rudolf RENGIER, Die Zeugnisverweigerungsrechte im geltenden und künftigen Strafverfahrensrecht, 1979, S. 236; Klaus GEPPERT, Das Beweisverbot des § 252 StPO, Jura 1988, 305–314 (312 f.).

[56] Soweit § 55 ferner die Angehörigen des Zeugen nennt, geht es um Personen, die nicht im laufenden Verfahren involviert sind (sonst läge ein Fall des § 52 vor). Ein Bedürfnis, diese Personen gerade in diesem – sie nichts angehenden – Verfahren zu schützen, ist genauso wenig zu erkennen.

derjenigen des schweigenden Mitangeklagten, dessen frühere Angaben ebenfalls unproblematisch eingeführt werden können (siehe unten Rn. 950 ff.).

ee) Dem Zeugen soll die Aussage erspart werden

Das Gesetz erlaubt weitere Durchbrechungen des Unmittelbarkeitsprinzips aus Gründen des *Zeugenschutzes* sowie der *Verfahrensökonomie*. Die einschlägigen Fallgestaltungen der §§ 251 I Nr. 3, II Nr. 2, 255a II, 256 I erlauben freilich allesamt explizit nur Verlesungen und/oder das Vorspielen vorhandener Bild-Ton-Aufzeichnungen. Die ersatzweise Vernehmung von (richterlichen oder nichtrichterlichen) Vernehmungsbeamten bleibt demgegenüber unzulässig, weil der originäre Zeuge als das unmittelbare Beweismittel ja prinzipiell verfügbar bleibt und das Gesetz seine Ersetzung durch einen mittelbaren Zeugen nicht zulässt, weshalb insoweit § 250 fortwirkt. 931

1. *Unzumutbare Anreise* 932
§ 251 II Nr. 2 gestattet die Ersetzung einer Zeugenvernehmung durch die Verlesung eines vorherigen *richterlichen Vernehmungsprotokolls* (sowie i. V. m. § 255a I auch das Vorspielen einer Videoaufzeichnung), sofern dem Zeugen eine weite Anreise angesichts der Bedeutung seiner Aussage nicht zuzumuten ist. Wie bei § 251 I Nr. 2, II Nr. 1 (Rn. 912, 916) existieren auch für die Zumutbarkeitsgrenze keine festen Werte, sondern es bedarf erneut einer Abwägung, und zwar diesmal zwischen der Bedeutung des Zeugen für den Tatnachweis, der Bedeutung des Tatvorwurfs, dem Interesse an einer schnellen Klärung (z. B. wegen Inhaftierung des Angeklagten) und des dem Zeugen zuzumutenden Aufwandes, vor Gericht zu erscheinen.[57] Hinsichtlich des Zeugen spielen hier neben der objektiven Entfernung auch alters- oder krankheitsbedingte Erschwernisse, berufliche Verhinderung oder finanzieller Aufwand (z. B. bei notwendigem Abbruch eines Auslandsurlaubs) eine Rolle. Wegen eines Ladendiebstahls braucht eine gebuchte Urlaubsreise ins Ausland nicht storniert zu werden (Verlesung dann zulässig), wegen eines Raubes müsste ein wichtiger Tatzeuge dies hingegen auf sich nehmen[58] (Verlesung unzulässig).

2. *Feststellung von Vermögensschäden* 933
Schriftstücke und Vernehmungsprotokolle jeder Art sind nach § 251 I Nr. 3 anstelle einer Zeugenvernehmung verlesbar, solange es alleine um die Feststellung eines Vermögensschadens oder dessen Höhe geht. Da derartige Beweiserhebungen regelmäßig für die Schuldfrage von sekundärer Bedeutung sind und es zudem insoweit oft keiner Würdigung hinsichtlich der Glaubhaftigkeit bedarf, verzichtet das Gesetz zur Verfahrensvereinfachung hier auf das unmittelbare Beweismittel. Die Bedeutung dieser Bestimmung ist freilich wohl gering, denn zumeist dürfte es um Reparaturrechnungen gehen, die – zum Beweis der Erteilung einer solchen Rechnung gegenüber dem Geschädigten – ohnedies schon nach § 249 I verlesbar sind.

---

[57] KK-Diemer § 251 Rn. 28; SK-Velten § 251 Rn. 37.
[58] Vgl. BGHSt 9, 230 (es ist einer 30-jährigen, gesunden [und einzigen] Tatzeugin einer Aussageerpressung zuzumuten, aus Kanada einzufliegen).

934 3. *Ermittlungshandlungen der Strafverfolgungsbehörden*
Die noch relativ neue Bestimmung des § 256 I Nr. 5[59] erlaubt die Verlesung von *Ermittlungsberichten*, um die Inanspruchnahme ermittelnder Polizeibeamten durch Gerichtstermine zu begrenzen.

935 **Zur Akte 2:**
Ein solcher (partiell) verlesbarer Bericht wäre die Sachverhaltsschilderung von KK *Kostner* Bl. 4 f. d. A. Allerdings schließt § 256 I Nr. 5 die Ergebnisse von Vernehmungen aus. Daher bleiben die Abschnitte unverlesbar, in welchen über die Angaben der Zeugen *Hammerstein* und *Jänschke* berichtet wird (Bl. 5 Mitte). Käme es darauf an, was diese Zeugen damals angegeben hatten, so müsste KK *Kostner* also in der Hauptverhandlung als Zeuge aussagen. Ein gleiches gälte für seine Angaben über das, was die Rettungssanitäter vor Ort zu den Verletzungen des Geschädigten *Eftherim* mitgeteilt hatten (Bl. 4 oben), denn auch dazu dürften diese befragt, also „vernommen" worden sein. Uneingeschränkt verlesbar wäre demgegenüber der Bericht von KOK in *Seydlitz* über die Durchsuchung der Wohnung der Beschuldigten *Kindoro* (Bl. 23).

936 Die von § 256 I Nr. 5 zugelassene Ausnahme vom Unmittelbarkeitsprinzip erscheint *nicht ganz unbedenklich*, weil erfahrungsgemäß polizeiliche Berichte nicht immer vollständig und erschöpfend sind.[60] Denn oft ist zum Zeitpunkt ihrer Erstellung noch gar nicht klar, welche Details später bei der Beweisführung eine wichtige Rolle spielen werden und welche nicht. Auf der anderen Seite sind sie im Zweifel präziser, als es eine entsprechende Zeugenaussage infolge des Zeitablaufs noch sein könnte.[61] Allerdings darf die ergänzende Vernehmung des Beamten bei Zweifeln an der Richtigkeit oder Vollständigkeit der Urkunde nicht mit dem schlichten Hinweis abgetan werden, man habe schließlich schon die Urkunde verlesen und damit sei alles geklärt.[62]

937 4. *Jugendliche Zeugen*
Während die zuletzt genannten Fallgruppen weniger wichtige Beweismittel betreffen, wird in den Fällen des § 255a II regelmäßig das wichtigste, oft sogar das einzige Beweismittel ersetzt, obschon es an sich zur Verfügung stünde. Hier geht es auch nicht um die Verfahrensökonomie, sondern um den Zeugenschutz. Die Zeugenvernehmung darf dabei ausschließlich durch eine *Bild-Ton-Aufzeichnung einer zuvorigen richterlichen Vernehmung* des Zeugen ersetzt werden. Immerhin ist der Beweiswert einer solchen Aufzeichnung deutlich höher als der jedes denkbaren Protokolls, weil man immerhin den Zeugen während seiner Aussage vor Augen hat und diese unzweifelhaft komplett erfährt (was von Vernehmungsprotokollen, die stets Zusammenfassungen und sprachliche Glättungen enthalten, niemals erwartet werden darf).

938 Die Versagung der Konfrontation des Angeklagten mit dem Zeugen (Art. 6 III d EMRK) an dieser zentralen Stelle der Beweiserhebung lässt sich indes nur rechtfertigen, weil es zum einen um eine besonders gefährdete Personengruppe geht

---

[59] Eingeführt 2004 durch das 1. JuMoG (BGBl. I 2198).
[60] Vgl. SK-VELTEN § 256 Rn. 16 mit weiterer Kritik.
[61] KK-DIEMER § 256 Rn. 9a.
[62] SK-VELTEN § 256 Rn. 16.

(jugendliche Opfer bestimmter Sexual- und Gewaltstraftaten) und zum anderen, weil und soweit „der Angeklagte und sein Verteidiger Gelegenheit hatten, an dieser [Bild-Ton-Aufzeichnung] mitzuwirken." Sie müssen also von dem Vernehmungstermin benachrichtigt worden sein, an ihm teilnehmen gekonnt sowie Fragen an den Zeugen stellen gedurft haben.[63]

Aufgabe: 939
Vernehmung eines Kindes im Verfahren gegen seine Eltern[64]
Am 12. April 2002 verstarb *Ceylan B.*, die dreijährige Tochter der Angeklagten *Yilmaz* und *Mehrije B.*, an den Folgen von Misshandlungen, welch ihr die Angeklagten in der vorangegangenen Nacht zugefügt haben sollen. Da deren fünfjähriger Sohn *Mirsad B.* als Tatzeuge in Betracht kam, beantragte die Staatsanwaltschaft dessen richterliche Vernehmung. Der Ermittlungsrichter bestimmte daraufhin Termin zur Vernehmung *Mirsads*, verständigte hiervon die Verteidiger der Angeklagten und schloss beide Angeklagten gemäß § 168c III von der Anwesenheit bei der Vernehmung mit der Begründung aus, es sei zu befürchten, das Kind werde in ihrer Gegenwart nicht die Wahrheit sagen. Am 29.04.2002 wurde *Mirsad* in Anwesenheit des Verteidigers der Angeklagten *Mehrije B.* (und in Gegenwart eines ihm bestellten Ergänzungspflegers zur Ausübung seines Zeugnisverweigerungsrechts nach § 52) als Zeuge vernommen. *Mirsad* gab an, die Angeklagten hätten seine Schwester und ihn selbst misshandelt, wobei *Yilmaz B.* sie sogar mit einem Gürtel geschlagen habe. Die Vernehmung wurde von zwei Kameras aus verschiedenen Positionen aufgenommen und auf Videoband aufgezeichnet.
Kann diese Aufzeichnung nach § 255a II vorgespielt werden?

Es ist zwar nicht notwendig, die Rechte zur Mitwirkung auch tatsächlich wahrzunehmen. Erscheint deshalb ein Verteidiger – wie im Aufgabenfall Rn. 939 derjenige von *Yilmaz B.* – auf die Nachricht von einem (zeitlich zumutbaren) Termin nicht, so berührt das die Vorspielbarkeit der Aufzeichnung keineswegs.[65] Allerdings konnten die Angeklagten hier nicht in eigener Person mitwirken. Wenngleich ihre Ausschließung nach § 168c III rechtens war, so brachte sie die Angeklagten doch um jede Möglichkeit, durch Fragen oder Vorhalte den Beweiswert der Aussage von *Mirsad B.* in Frage zu stellen, weshalb der BGH eine Verwertbarkeit der Aufzeichnung zu Recht verneinte.[66] 940

---

[63] HK-JULIUS § 255a Rn. 10; MEYER-GOßNER § 255a Rn. 8a; SK-VELTEN § 255a Rn. 23 f.
[64] Verkürzter Sachverhalt nach BGHSt 49, 72.
[65] KK-DIEMER § 255a Rn. 11; SK-VELTEN § 255a Rn. 22.
[66] BGHSt 49, 72 (81 f.); ebenso jetzt KK-DIEMER § 255a Rn. 10 (anders noch die 5. Aufl. am selben Ort).

c) Ersetzung von Sachverständigen (und sachverständigen Zeugen)

941 In den Fällen des § 251 I kann die prinzipiell erforderliche Aussage des Sachverständigen in der Hauptverhandlung (siehe dazu Rn. 884) durch die Verlesung eines schriftlichen Gutachtens ersetzt werden, wobei insoweit dieselben Kriterien gelten (Einverständnis, Tod, Unvernehmbarkeit in absehbarer Zeit sowie zur Feststellung von Vermögensschäden, siehe oben Rn. 905 f., 908 ff., 933). Fälle des § 251 II sind in Ermangelung richterlicher Vorabvernehmung von Sachverständigen dagegen unrealistisch.

942 Wesentlich bedeutender ist § 256 I Nrn. 1–4, der aus verfahrensökonomischen Gründen erlaubt, auf die Vernehmung bestimmter Sachverständiger (oder sachverständiger Zeugen) zu verzichten und statt ihrer ein schriftliches Gutachten zu verlesen, wobei es entweder um Routineuntersuchungen geht oder aber den betreffenden Sachverständigen kraft ihres Amtes ein gewisser Vertrauensvorschuss entgegengebracht wird.

aa) Besonders kompetente Sachverständige (§ 256 I Nr. 1)

943 Diese Bestimmung privilegiert
- *Sachverständige öffentlicher Behörden*, u. a. der Landeskriminalämter[67] (die zahlreiche kriminaltechnische Untersuchungen vornehmen, u. a. zu Schusswaffen, Fingerspuren, Zusammensetzung und Wirkstoffgehalt von Rauschgiften) und die Institute für Rechtsmedizin an öffentlichen Universitäten[68] (die u. a. DNA-Analysen erstellen und Todesursachen feststellen). Eine Grenze bildet die *Aufklärungsmaxime*: Handelt es sich nicht um ein Routinegutachten oder bedarf es einer persönlichen Anschauung des Gutachters, so wäre die alleinige Verlesung nicht ausreichend.[69] So läge es etwa bei ungewöhnlichen Todesfällen, wo der Autopsiebericht ungenügend wäre und man den obduzierenden Rechtsmediziner persönlich hören müsste.
- *allgemein vereidigte Sachverständige.* Ihnen wird wie den Behördengutachtern besondere Erfahrung und Fachautorität unterstellt,[70] weshalb es ihrer persönlichen Anhörung im Zweifel nicht mehr bedarf, solange nicht auch hier das Amtsaufklärungsprinzip im Einzelfall etwas anderes gebietet.
- *Ärzte des (bayerischen) gerichtsärztlichen Dienstes.*[71]

---

[67] BGH NJW 1968, 206; Meyer-Goßner § 256 Rn. 13.
[68] BGH NJW 1967, 299; siehe aber auch BGH NStZ 1984, 231 (muss im Auftrag des Krankenhausleiters erstattet werden).
[69] BGHSt 1, 94 (96); Meyer-Goßner § 256 Rn. 2.
[70] Meyer-Goßner § 256 Rn. 16.
[71] Gemeint ist hier nicht etwa der (städtische) Amtsarzt.

bb) Atteste über Körperverletzungen (§ 256 I Nr. 2)

Zur Akte 2: 944

Das Attest Bl. 27 über die Verletzungen des Geschädigten *Eftherim* wurde nach § 256 I Nr. 2 in der Hauptverhandlung verlesen (Bl. 58), weshalb der ausstellende Arzt *Dr. Müller* nicht mehr als sachverständiger Zeuge auszusagen brauchte. Gerechtfertigt ist diese Vereinfachung, weil das Stellen von Verletzungsdiagnosen zur Routinetätigkeit der Ärzte zählt und man daher von der prinzipiellen Vollständigkeit und Richtigkeit des Attestierten ausgehen kann.

Eingeschränkt wird die Verlesbarkeit durch die thematische Begrenzung auf „Körperverletzungen, die nicht zu den schweren gehören", wobei der Begriff der *schweren Körperverletzung* denjenigen des § 226 StGB meint. Verlesbar sind daher allein Atteste zum Nachweis angeklagter Straftaten nach den §§ 223, 224 und 229 StGB.[72] Soll die Verletzung zugleich weitere Straftaten belegen (z. B. eine Vergewaltigung oder einen Raub), bliebe eine Verlesung prinzipiell unzulässig. 945

Hiervon macht die Rspr. allerdings eine Ausnahme, solange es nur um die Feststellung einer Verletzung geht, die per se kein Indiz für die weitere Straftat liefern kann, oder wenn die andere Straftat bereits restlos aufgeklärt ist. 946

Beispiel: (Verletzungen einer sexuell genötigten Frau):[73]

Kay T. verfolgte in der Nacht die ihm unbekannte *Eileen J.*, die aus einer Diskothek kam, zu einem nahen Parkplatz, wo ihr Fahrrad stand, und bot ihr seine Begleitung an. Als sie nicht reagierte, packte er sie an den Oberarmen und stieß sie in ein Dornengebüsch. Nach einem Gerangel zerrte er sie zu einem etwa 20 m entfernten, schlecht beleuchteten Teil des Parkplatzes, wo er sie zwang, mit ihren Händen sein Geschlechtsteil zu berühren. Im späteren Strafverfahren gegen *T.* verlas die Strafkammer ein ärztliches Attest über die durch den Stoß in das Gebüsch entstandenen Hautverletzungen von *Eileen J.* Den Umstand dieser Verletzungen wertete sie sodann als Indiz gegen den die Tat bestreitenden *T.* – Der BGH hielt die Verlesung nach § 256 I Nr. 2 in diesem Fall für zulässig, weil es alleine um die Feststellung der Verletzung als solcher ging und die Art der Verletzung an sich keinen Rückschluss auf die sexuelle Nötigung erlaubte. Dies läge anders, wenn es etwa um Unterleibsverletzungen gegangen wäre oder um Verletzungen eines Raubopfers zum Nachweis der tatbestandlichen Gewaltausübung.[74] Hier dagegen handelte es sich noch nicht um diejenige Gewalt, die schließlich die sexuelle Nötigung ermöglichte, sondern die Indizwirkung ergab sich erst, weil *J.* als Zeugin ausgesagt hatte, der Täter habe sie zunächst in ein

---

[72] SK-VELTEN § 256 Rn. 28; MEYER-GOßNER § 256 Rn. 20.
[73] BGHSt 57, 24.
[74] BGHSt 33, 389 (393). Diese Entscheidung macht allerdings dann eine Ausnahme, wenn der Raub bereits restlos geklärt ist und es allein noch um den Umfang der mitangeklagten Körperverletzung geht.

Gebüsch gestoßen, und dieser Stoß durch die Verletzungen belegt werden konnte. Zu dieser Indizwirkung hätte ein Arzt nichts sagen können, weshalb von ihm nur die Feststellung der Dornenverletzungen als solche zu verlangen war, was als Routinetätigkeit qua Verlesung einführbar blieb. Anders läge es bei Vaginalverletzungen, wo er etwas dazu sagen könnte, ob diese mit typischen Verletzungen eines gewaltsamen sexuellen Verkehrs in Einklang stünden. In solchen Fällen genügt die Verlesung daher nicht.[75]

cc) Ärztliche Blutentnahmeberichte (§ 256 I Nr. 4)

947 **Zur Akte 2:**

Hier geht es um Berichte wie denjenigen Bl. 10 d. A. Auch insoweit handelt es sich um ärztliche Routinetätigkeit. Außerdem könnte im Falle seiner Vernehmung ohnehin kaum eine Erinnerung des Arztes an die konkrete Entnahme erwartet werden.

dd) Blutalkoholgutachten und andere Routineuntersuchungen (§ 256 I Nr. 4)

948 **Zur Akte 2:**

Im Hinblick auf diese Bestimmung konnte das Blutalkoholgutachten Bl. 33 d. A. in der Hauptverhandlung verlesen werden (Bl. 58). Blutalkoholgutachten werden standardisiert vorgenommen,[76] sind methodisch einheitlich und zuverlässig. Daher bedarf es keiner Erläuterung im Einzelfall und ihre Verlesung genügt. Das gilt für Rückrechnungen eines gemessenen Alkoholgehaltes auf den früheren Tatzeitpunkt allerdings nur, solange es um kurze Rückrechnungszeiträume von maximal zwei Stunden geht. Andernfalls bedürfte es – wegen der entstehenden Unsicherheiten – einer genaueren Aufklärung durch Anhörung des Sachverständigen.

949 Die in § 256 I Nr. 4 weiter genannten Fahrtenschreiberauswertungen und Blutgruppenuntersuchungen – beide heute ohnehin kaum noch von forensischer Relevanz[77] – stellen ebenfalls derartige Routineuntersuchungen dar.

d) Erklärungen Angeklagter

950 Die Einführung früherer Angaben des (jetzt schweigenden oder bestreitenden) Angeklagten fällt durchweg leichter als bei Zeugen. Dabei macht die Rspr. keinen Unterschied zwischen den Angaben des (alleinigen) Angeklagten und denjenigen eines etwaigen, in dem selben Verfahren *Mitangeklagten* (nicht zu verwechseln mit dem [früheren] „Mitbeschuldigten" in § 251). Im Ergebnis können daher nicht nur

---

[75] BGHSt 57, 24 (27).
[76] Siehe dazu HEGHMANNS BT Rn. 483 bzw. CD 14-04.
[77] Fahrtenschreiber brauchen heute nicht mehr gutachterlich ausgewertet werden, weil die entsprechenden Aufzeichnungen inzwischen auch für Laien verständlich sind. Blutgruppengutachten sind heute durch DNA-Untersuchungen wissenschaftlich überholt.

die eigenen Angaben eingeführt werden, sondern auch solche der mitangeklagten Tatgenossen.[78]

Zur Akte 2:

951

Nachdem die Angeklagte *Kindoro* (zunächst) keine Angaben gemacht (Bl. 57) und die Angeklagte *Schuler* ihren Tatbeitrag geleugnet hatte (Bl. 57 f.), stellte sich die Frage, ob ihre früheren Angaben zu Beweiszwecken in die Hauptverhandlung eingeführt werden könnten. Beide Angeklagten hatten Angaben gegenüber PK *Feldbrügge* gemacht (Bl. 7), wobei die bestreitende Einlassung der Angeklagten *Kindoro* für Beweiszwecke uninteressant war, während die Angeklagte *Schuler* seinerzeit eigene Schläge gegen den Zeugen *Hammerstein* zugegeben hatte, die sie in der Hauptverhandlung in Abrede nahm. Die Angeklagte *Schuler* hat sich im weiteren Verfahren nicht mehr geäußert, während die Angeklagte *Kindoro* später vor dem Haftrichter noch zumindest hinsichtlich der ihr vorgeworfenen gefährlichen Körperverletzung eine jedenfalls im Grundsatz geständige Einlassung abgegeben hat (Bl. 39), über deren Einführung in die Hauptverhandlung sicherlich nachzudenken gewesen wäre, hätte sich diese Angeklagte nicht am Ende doch noch geäußert (Bl. 63).

aa) Frühere, nicht vor dem Richter abgegebene Erklärungen

Es existiert (im Unterschied zu Zeugen, wo § 252 entgegensteht) kein Verwertungsverbot für frühere Angaben des Angeklagten. Daher können sowohl die richterlichen als auch die *polizeilichen Vernehmungsbeamten* (wie im Verfahren 2 PK *Feldbrügge*, Bl. 61) zu früheren Beschuldigteneinlassungen zeugenschaftlich vernommen werden[79] (sofern nicht im Einzelfall ein Beweisverwertungsverbot existiert[80]).

952

Dagegen scheidet die *Protokollverlesung* an Stelle einer Vernehmung der Vernehmungspersonen aus,[81] was bereits aus dem Unmittelbarkeitsprinzip folgt und zudem durch die Rückausnahme in § 256 I Nr. 5 nochmals verdeutlicht wird. *Schriftliche Äußerungen des Angeklagten* hingegen dürfen ohne Weiteres verlesen werden.[82]

953

bb) Frühere Angaben vor einem Richter (§ 254 I)

Richterliche Protokolle von Beschuldigtenvernehmungen können demgegenüber ohne Weiteres nach § 254 I an Stelle der Vernehmung des Richters verlesen werden. Im Verfahren 2 hätte es dem Gericht also freigestanden, das Protokoll Bl. 39 zu

954

---

[78] BGHR StPO § 254 Abs. 1, Vernehmung, richterliche 5.
[79] BGHSt 3, 149 (150); 22, 170 (171); BEULKE Rn. 416; a. A. Helmut FRISTER, Plädoyer für die Streichung der Vorschriften über die Unmittelbarkeit der Beweisaufnahme, FS Fezer S. 211–226 (224), der wie bei § 252 ein Verwertungsverbot annimmt.
[80] Ein solches wird von der Verteidigung der Angeklagten *Schuler* hier ins Feld geführt, vgl. Bl. 61. Zu dieser Frage siehe unten Rn. 982.
[81] BGHSt 1, 337 (339); MEYER-GOẞNER § 254 Rn. 6; BEULKE Rn. 416.
[82] BGHSt 39, 305 (306); ROXIN/SCHÜNEMANN § 46 Rn. 18.

verlesen. Dabei darf man sich vom Wortlaut des § 254 I nicht verwirren lassen: Mit „Geständnis" ist keine die Tat in vollem Umfang einräumende Aussage gemeint. Vielmehr ist der Begriff hier im Sinne eines *Zugestehens von relevanten Tatsachen* zu verstehen,[83] weshalb sogar eine bestreitende Einlassung ein „Geständnis" beinhalten kann (z. B. beim Vorwurf des § 142 StGB, nicht das eigene, sondern ein vorweg fahrendes Fahrzeug habe den Unfall verursacht, weil damit jedenfalls die eigene Anwesenheit am Tatort zugestanden wird[84]).

955 Als richterliche Geständnisse gelten im Übrigen Erklärungen vor jedem (beliebigen) Richter, also etwa auch vor einem Zivilrichter. Allerdings ist die Sonderstellung des richterlichen Protokolls nur gerechtfertigt, solange der Angeklagte in dieser Vernehmung über seine Aussagefreiheit als Beschuldigter belehrt worden war und er dort nicht aussagen musste (wie es aber z. B. im Insolvenzverfahren nach § 97 I InsO der Fall ist).

956 § 254 I steht einer *Vernehmung des Richters* nicht im Wege (Rn. 952), die freilich selten zweckmäßig sein dürfte (Rn. 914). Zu § 254 II, der nur einen Vorhalt erlaubt, siehe oben Rn. 891 ff.

II. Beweisverwertungsverbote

1. Übersicht und Terminologie

957 Wenn ein Beweismittel nach den vorstehenden Regeln ordnungsgemäß in die Hauptverhandlung eingeführt werden könnte, so ist dies keineswegs gleichbedeutend mit seiner Verwertbarkeit im Rahmen der Beweiswürdigung zur Urteilsfindung. Vielmehr existieren zahlreiche Beweisverwertungsverbote, die entweder *bestimmte Themen* per se aus dem Strafprozess heraushalten sollen (insb. aus dem Kernbereich der Persönlichkeitssphäre, sog. *selbstständige Beweisverwertungsverbote*) oder ihren Grund in einer regelwidrigen Beweiserhebung finden (sog. *unselbstständige Beweisverwertungsverbote*[85], s. Abb. 1).

958 Der *Begriff der Beweisverwertung* meint in diesem Kontext allein die Verwertung als Indiz zum Nachweis der Tatschuld im richterlichen Urteil. Ein generelles *Verwendungsverbot* ist damit außerhalb gesetzlicher Spezialregelungen – Beispiele finden sich in § 97 I 3 InsO, § 100d V StPO (in verklausulierter Form) und deutlicher in § 393 II AO – nicht verbunden. So dürfen Ermittlungen, die über § 161 I hinaus keiner besonderer Eingriffslegitimation bedürfen, auch auf der Basis rechtswidrig erlangter Erkenntnisse weitergeführt werden (sog. *Spurenansatz*, siehe bereits Rn. 83, 535). Noch nicht abschließend geklärt ist, wie es sich mit Ermittlun-

---

[83] Friedrich DENCKER, Zum Geständnis im Straf- und Strafprozeßrecht, ZStW 102 (1990), 51–79 (68 f.); RGSt 54, 126 (127 f.).

[84] Zu weiteren Beispielen siehe RGSt 54, 126 (128).

[85] Terminologie nach Klaus ROGALL, Gegenwärtiger Stand und Entwicklungstendenzen der Lehre von den strafprozessualen Beweisverboten, ZStW 91 (1979), 1–44 (3).

II. Beweisverwertungsverbote

Beweiserhebungsverbot	Beweisverwertungsverbote	
	unselbstständige	selbstständige
ein bestimmter Beweis darf überhaupt nicht erhoben werden, weil das Prozessrecht ihn dem Zugriff der Strafverfolgungsbehörden von vornherein entzieht (z.B. Verlesungen nach § 252)	knüpfen an rechtswidrige Beweiserhebungen an (z.B. eine rechtswidrige TKÜ) und eliminieren die dadurch gewonnenen Erkenntnisse aus dem Entscheidungsprozess	erfassen rechtmäßig erhobene Beweise, die jedoch, weil sie bestimmte Beweisthemen betreffen, nicht gegen den Beschuldigten eingesetzt werden sollen (z.B. intime Tagebücher)

Abb. 1 Beweiserhebungs- und Beweisverwertungsverbote

gen verhält, die das Vorliegen zusätzlicher Voraussetzungen verlangen (wie etwa die Durchsuchung nach § 102 den sog. Auffindeverdacht[86]). Soweit das Vorliegen dieser Voraussetzungen gegenüber einem zur Entscheidung befugten Richter nachzuweisen wäre[87] (wie im angesprochenen Fall der Durchsuchung), ist auch hier richtigerweise von einer „Verwertung" auszugehen, weshalb ein Verwertungsverbot zugleich solche qualifizierten Ermittlungen sperrt.[88]

Unselbstständige Beweisverwertungsverbote folgen aus Verstößen gegen *Beweiserhebungsverbote,* gelegentlich auch nach der ursprünglichen Bezeichnung von BELING[89] als *Beweisverbote* bezeichnet.[90] Unter ihnen mag man systematisch unterscheiden[91] zwischen

- *Beweisthemenverboten,* bei denen bestimmte Tatsachen der Hauptverhandlung nicht zugänglich sein sollen (z. B. § 100c V 1: Kernbereich privater Lebensgestaltung);
- *Beweismittelverboten,* die einzelne Beweismittel aus der Beweisführung eliminieren (z. B. §§ 52 f.: bestimmte die Aussage verweigernde Zeugen dürfen nicht zur Sache vernommen werden; §§ 97 I, 148 I: Verteidigerpost [Rn. 492]);

959

---

[86] Siehe dazu Rn. 448 ff.

[87] Das gilt unabhängig davon, ob im Einzelfall ausnahmsweise eine Gefahr im Verzuge die richterliche Entscheidung entbehrlich macht. Maßgebend sind hier die gesetzlichen Vorstellungen für den normativen Regelfall.

[88] Christoph PITSCH, Strafprozessuale Beweisverbote, 2009, S. 83; HbStrVf-DALLMEYER Rn. II.408 f.

[89] Ernst BELING, Die Beweisverbote als Grenzen der Wahrheitserforschung im Strafprozess, 1903 (Nachdruck 1977), S. 3.

[90] So etwa PETERS S. 296; Gerald GRÜNWALD, Beweisverbote und Verwertungsverbote im Strafverfahren, JZ 1966, 489–500. Die Terminologie ist allerdings uneinheitlich, denn ROGALL (Fn. 84), ZStW 91 (1979), 7, verwendet den Begriff des Beweisverbots als Oberbegriff für Beweiserhebungs- und -verwertungsverbote.

[91] So etwa SCHROEDER/VERREL Rn. 127; BEULKE Rn. 455; Ulrich SCHROTH, Beweisverwertungsverbote im Strafverfahren, JuS 1998, 969–980 (969).

- *Beweismethodenverbote*, bei denen bestimmte Vorgehensweisen der Beweisgewinnung untersagt sind (z. B. § 105: Durchsuchung ohne richterliche Anordnung und ohne Gefahr im Verzug; § 136a I, II: bestimmte Vernehmungsmethoden).

Für die Fallbearbeitung bleibt diese Systematisierung allerdings ohne Belang.[92] Da die einzelnen Verbote – soweit relevant – bereits erläutert wurden, wird es im Folgenden alleine um die Beweisverwertungsthematik gehen.

960 Bei den unselbstständigen Beweisverwertungsverboten existiert allerdings *kein Automatismus zwischen Beweiserhebungsfehler und tatsächlicher Unverwertbarkeit.* Ebensowenig folgt bei den selbstständigen Beweisverwertungsverboten aus jeder thematischen Berührung der Persönlichkeitssphäre sogleich die Unzulässigkeit der Beweisverwertung. Ohne Weiteres unverwertbar sind Erkenntnisse nur, soweit dies von Gesetzes wegen explizit angeordnet wird (wie etwa in den §§ 136a III 2, 81c III 5, 100c V 3 StPO, § 393 II AO; §§ 3a Satz 8, 5a Satz 2 G 10).

961 In allen übrigen Fällen bedarf es nach heute wohl einhelliger Auffassung einer *differenzierenden Betrachtung.* Unbedeutende Verstöße bei der Beweisgewinnung ohne jegliche Relevanz für das Verfahrensergebnis dürfen zweifellos nicht schematisch zur Unverwertbarkeit des betreffenden Beweismittels führen. Über die Konzeption einer tauglichen differenzierenden Lösung wird indes heftig gestritten. Rspr. und Teile des Schrifttums wollen hier eine Abwägung im Einzelfall vornehmen (Rn. 962 f.). Außerdem gesteht die Rspr. nur demjenigen (verteidigten) Angeklagten die Unverwertbarkeit zu, der in Hauptverhandlung der Verwertung dezidiert widerspricht (Rn. 969 ff.).

2. Unselbstständige Beweisverwertungsverbote und ihre theoretische Konzeption

a) Die Abwägungslösung und ihre Alternativen

962 Die Rspr. verfolgt seit langem die sog. *Abwägungslösung,*[93] deren dogmatische Begründung vor allem ROGALL zuzuschreiben ist. Er versteht sie als Lösung eines dem Rechtsstaatsprinzip immanenten Spannungsverhältnisses zwischen rechtsstaatlichem Prozedieren und Strafgerechtigkeit, welches eine für den Einzelfall differenzierende, abwägende Lösung gebiete.[94] Die Rspr. berücksichtigt dabei vor allem folgende Gesichtspunkte:
- das *Gewicht des Verfahrensverstoßes,* weshalb ein willkürlicher Verstoß gegen elementare Schutzvorschriften wie den Richtervorbehalt bei einer Durchsuchung (§ 105) i. d. R zur Unverwertbarkeit dabei beschlagnahmter Beweismittel führt, während nur versehentliche Verstöße die Verwertbarkeit nicht in Frage stellen;[95]

---

[92] Ähnlich schon ROGALL (Fn. 84), ZStW 91 (1979), 3.
[93] BGHSt 19, 325 (332 f.); 24, 125 (130); 37, 30 (32); 54, 69 (87).
[94] ROGALL (Fn. 84), ZStW 91 (1979), 21, 29 ff.; ebenso HELLMANN Rn. 784; KK-PFEIFFER/HANNICH Einleitung Rn. 120.
[95] BVerfG NJW 2005, 1917 (1923); BGHSt 53, 112 (116).

- die *Schwere der Tat*, was dazu führt, dass bei schweren Verbrechen Verfahrensfehler eher folgenlos bleiben als bei Bagatelldelikten;[96]
- die Frage, ob der Beweis auch auf rechtmäßigem Wege erlangt worden wäre,[97] sog. *hypothetischer Ersatzeingriff*. Hier geht es um die Frage, ob der Verfahrensverstoß zu einem ungerechtfertigten Vorteil in der Beweisführung geführt hat oder ob man auch auf legalem Wege dasselbe Resultat erzielt hätte;
- die *Relevanz des konkreten Beweismittels für den Tatnachweis*. Je wesentlicher ein fehlerhaft erlangtes Beweismittel für die Beweisführung ist, desto eher akzeptiert die Rspr. seine Verwertung im Interesse der Strafverfolgung.[98]

Die Abwägungslösung[99] führt allerdings zu im Einzelfall nicht immer vorhersehbaren Resultaten, was indes kaum verwundern darf, sobald sich eine Entscheidung aus dem Zusammenspiel von mehr als zwei Faktoren mit jeweils im Einzelfall graduell unterschiedlichem Gewicht ergeben soll. Als zwangsläufige Folge ist eine kaum übersehbare Judikatur entstanden, was für die Praxis wenig erfreulich ist. Im Rahmen der Fallbearbeitung besitzt ein solches Abwägungsmodell allerdings den Vorzug, häufig zu keiner eindeutig richtigen oder falschen Lösung zu führen. Eine verlässliche Grenze dessen, was zulässigerweise gegen einen Beschuldigten an Beweisen eingesetzt werden kann und was nicht, zieht die Abwägungslösung deswegen nicht, weshalb sie als *rechtsstaatlich bedenkliche Scheinlösung* abzulehnen ist. 963

Vorzugswürdig ist vielmehr ein Modell, das unter Verzicht auf diffuse Abwägungsvorgänge vorgeht. Die dazu bisher im Schrifttum vertretenen Ansätze[100] leiden überwiegend daran, keine vollständig schlüssige Erklärung dafür zu bieten, wie sie ihre jeweiligen differenzierenden Annahmen von Verwertungsverboten rechtfertigen können. Richtigerweise ist umgekehrt vorzugehen: Die positive Normierung einzelner Beweisverwertungsverbote durch den Gesetzgeber führt im Gegenschluss dazu, *an die Verletzung von Beweiserhebungsregeln ohne Weiteres kein Verwertungsverbot zu knüpfen*. Das ermöglicht es, punktuelle Ausnahmen einer Unverwertbarkeit mit jeweils spezifischen Erwägungen zu rechtfertigen. Wenn man so vorgeht, gelangt man zunächst zu der aus dem Rechtsstaatsgebot abzuleitenden Forderung einer Unverwertbarkeit bei *vorsätzlicher oder willkürlicher Rechtsverletzung* im Rahmen der Beweiserhebung. Auf so gewonnene Beweise darf kein Rechtsstaat eine Verurteilung stützen.[101] Zum anderen folgt aus dem Prinzip der (aus dem Fairnessgebot abgeleiteten) Waffengleichheit, *durch rechtswidriges Ermittlungsverhalten beeinträchtigte Verteidigungspositionen* des Beschuldigten mittels entsprechender Verwertungsverbote wiederherzustellen. Eine solche kausale Beeinträchtigung liegt dann vor, wenn ein *hypothetischer Ersatzeingriff* nicht mit 964

---

[96] Besonders deutlich bei den Tagebuchentscheidungen, vgl. BGHSt 34, 397 (401).
[97] BGH NStZ 1989, 375 (376) m. Anm. Claus ROXIN, NStZ 1989, 376–379.
[98] BGHSt 19, 325 (332 f.); 34, 397 (401).
[99] Siehe dazu BGHSt 24, 125 (130); 38, 214 (219 f.); 47, 172 (179); 53, 112 (116 f.); ROXIN (Fn. 96), NStZ 1989, 379. Weitere Kriterien bei HbStrVf-DALLMEYER Rn. II.392.
[100] Siehe dazu näher in *ET 17-03*.
[101] Ähnlich insoweit RANFT Rn. 1611.

überwiegender Wahrscheinlichkeit im Verlaufe des weiteren Verfahrens denselben Beweis erbracht hätte. Dagegen darf die Schwere der Straftat oder die Relevanz eines Beweismittels keine Rolle spielen – oder sollte etwa gegen den (möglicherweise auch unschuldig) des Totschlags Verdächtigen weniger rechtsstaatlich vorgegangen werden dürfen als gegen den (möglichen) Ladendieb?

▶ Zu einer vertiefenden Ableitung der hier vertretenen Lösung sowie zu anderen Konzepten im Schrifttum siehe ET 17-03.

965 Die Bejahung eines Beweisverwertungsverbotes führt als Belastungsverbot im Übrigen ausschließlich dazu, die Verwertung zu Ungunsten des Angeklagten zu hindern, während entlastende Indizien verwertbar bleiben.[102] Andernfalls würde man dem Unrecht der verbotenen Beweiserhebung das weitere Unrecht einer materiell unrichtigen Verurteilung des Angeklagten hinzufügen.

966 Ist der Beweisverstoß durch Private erfolgt (z. B. qua verbotener Telefonaufzeichnung) und auch nicht dem Staat wegen seiner Veranlassung zuzurechnen (wie etwa bei der Hörfalle[103]), so gelten ebenfalls andere Maßstäbe.[104] Hier ist maßgebend, ob die prozessuale Verwertung den geschehenen Rechtsverstoß wiederholt oder vertieft und somit staatliches Unrecht dem privaten hinzufügt.[105] Anzunehmen wäre das beispielsweise bei der angesprochenen Tonbandaufzeichnung, weil auch deren Einführung in den Strafprozess § 201 I Nr. 2, II Nr. 2 StGB erfüllte, wohingegen die Verwertung eines durch Täuschung oder gewaltsam erlangten Geständnisses das Persönlichkeitsrecht des Aussagenden im Strafverfahren nicht erneut verletzt.[106] Hier wird das Gericht allerdings besonders sorgfältig zu würdigen haben, inwieweit es so erschlichenen oder erzwungenen Angaben trauen darf.

967 Zur Akte 2:

Eine fehlerhafte Ermittlungshandlung stellte die Befragung der Beschuldigten durch PK *Feldbrügge* ohne zuvorige Belehrung dar (Bl. 7 d. A., vgl. dazu bereits oben Rn. 228), bei welcher die Beschuldigte *Schuler* sie selbst belastende Angaben gemacht hatte. Nach h. M. und Rspr. entsteht hierdurch ein Verwertungsverbot (Rn. 230), in dessen Folge im Falle eines Widerspruchs des Verteidiger in der Hauptverhandlung PK *Feldbrügge* nicht dazu befragt werden dürfte, was ihm die Beschuldigte *Schuler* seinerzeit erklärt hatte. Tatsächlich hatte PK *Feldbrügge* hierzu bereits von sich aus Angaben gemacht, weshalb die Verteidigerin erst nachträglich widersprechen konnte (Bl. 61). In diesem Fall darf das Gericht

---

[102] Friedrich DENCKER, Verwertungsverbote im Strafprozeß, 1977, S. 73 ff.; BEULKE Rn. 457; dagegen MEYER-GOßNER § 136a Rn. 27; offen gelassen von BGH NStZ 2008, 706 f.
[103] Zur sog. Hörfallenentscheidung BGHSt (GS) 42, 139, siehe oben Rn. 247 f.
[104] Karl-Heinz NÜSE, Zu den Beweisverboten im Strafprozeß, JR 1966, 281–288 (285).
[105] GRÜNWALD (Fn. 89), JZ 1966, 496 f.; BGHSt 14, 358 (363 ff.).
[106] Anders ROXIN/SCHÜNEMANN § 25 Rn. 65 (ohne nähere Darlegung); ROGALL (Fn. 84), ZStW 91 (1979), 41 f. (unter unzutreffendem Verweis auf die Schutzpflicht des Staates, die gegenüber der abgeschlossenen Menschenrechtsverletzung aber ins Leere greift).

	Abwägungslösung (Rspr., h.M.)	**eigener Vorschlag**
1. Vorfrage	existiert ein *spezielles Verwertungsverbot* (z.B. §136a III 2)? *Resultat* ggf.: Verwertungsverbot (*Ende der Prüfung*)	
2. Prüfung der Voraussetzungen eines Verwertungsverbotes	*Abwägung* von Gewicht und Folgen des Verfahrensverstoßes, Strafverfolgungsinteresse, hypothetischem Ersatzeingriff und Bedeutung des Beweismittels *Resultat*: ggf. Verwertungsverbot, (falls geltend gemacht, siehe *nächste Prüfungsstufe*) oder auch nicht (dann *Ende der Prüfung*) - häufig sind beide Resultate als Folge der Abwägung vertretbar -	a) *willkürliches* oder *vorsätzliches* Handeln? (dann Verwertungsverbot) b) *Beeinträchtigung einer Verteidigungsposition* des Beschuldigten, ohne die der fragliche Beweis wahrscheinlich im Ergebnis nicht erlangt worden wäre? (dann Verwertungsverbot) *Falls a) und b) nicht zutreffen*: Verwertbarkeit
3. Geltendmachung	*Widerspruch* durch verteidigten bzw. entsprechend belehrten Angeklagten (siehe Rn.**969**.ff.)? *Falls ja*: Verwertungsverbot *Falls nein*: Verwertbarkeit	– entfällt –

Abb. 2 Prüfung eines unselbstständigen Verwertungsverbotes (nach festgestelltem Beweiserhebungsfehler)

die betreffenden Angaben im Urteil nicht berücksichtigen.[107] Nach der hier vertretenen Lösung besteht ebenfalls ein Verwertungsverbot, weil der – wohl unvorsätzliche – Belehrungsfehler zur Aufgabe des Schweigerechts geführt und damit die Verteidigungsposition der Beschuldigten geschwächt hatte. Zu einer entsprechenden Äußerung hätte man die Beschuldigte, wie der weitere Verlauf vermuten lässt, bei ordnungsgemäßer Belehrung wahrscheinlich nicht bewegen können (hypothetischer Ersatzeingriff), woraus das Verwertungsverbot folgt.

Tatsächlich führt die hier vertretene Auffassung nur dort zu wesentlich anderen Resultaten als die Abwägungslösung, wo diese die Schwere der Straftat als maßgebendes Abwägungskriterium bemüht. Vom Prüfungsaufbau her ergeben sich aber für die Fallbearbeitung einige Unterschiede (Abb. 2): 968

b) Das Widerspruchserfordernis
Zugleich mit der Anerkennung eines Beweisverwertungsverbotes im Falle unterlassener Beschuldigtenbelehrung (Rn. 230) hat der BGH im Jahre 1992 dem bis dahin 969

---
[107] Das Schöffengericht hat im Urteil diese Angaben tatsächlich unberücksichtigt gelassen, vgl. die späteren Urteilsgründe (insb. Bl. 72 oben).

nur sporadisch genannten Widerspruchserfordernis zum Durchbruch verholfen.[108] Seither kann sich kein Angeklagter mehr auf ein Beweisverwertungsverbot berufen, wenn er der Verwertung nicht spätestens unmittelbar nach der betreffenden Beweiserhebung im Rahmen der von § 257 genannten Erklärung widersprochen hat.[109] Maßgebend ist zudem die *erstmalige Verwertung*; ein erst in der Berufungsinstanz erhobener Widerspruch käme zu spät.[110]

970 **Zur Akte 2:**

Aus diesem Grund hat RAin *van Dyck* bereits während der Vernehmung des Zeugen PK *Feldbrügge* der Verwertung seiner Aussage hinsichtlich der darin wiedergegebenen Angaben der Angeklagten *Schuler* widersprochen (Bl. 61). Der späteste Zeitpunkt für diesen Widerspruch wäre der Moment nach der Entlassung des Zeugen gewesen (Bl. 62).

971 Den Widerspruch verlangt die Rspr. allerdings allein *vom verteidigten Angeklagten*. Wer ohne Verteidiger in der Hauptverhandlung auftritt, muss nur dann widersprechen, wenn er vom Gericht zuvor über das Widerspruchserfordernis aufgeklärt worden ist.[111]

▶ Eine vertiefende kritische Betrachtung der Widerspruchslösung finden Sie auf ET 17-04.

3. Die selbstständigen Beweisverwertungsverbote

972 Selbstständige Beweisverwertungsverbote entfalten ihre Wirkung selbst nach rechtmäßiger Beweiserhebung. Nicht unzulässiges Vorgehen der Strafverfolgungsbehörden bildet deshalb ihren materialen Grund, sondern die Berührung bestimmter Geheimsphären, insb. des *Kernbereichs der Persönlichkeitssphäre*, der als Folge von Menschenwürde- und Persönlichkeitsschutz (Art. 1 I, 2 II 2 GG) auch für Strafverfolgungszwecke unantastbar zu bleiben hat. Selbstständige Verwertungsverbote entfalten ihre Wirkung deshalb auch unabhängig von einem Widerspruch gegen die Verwertung.

973 Teilstücke des Kernbereichs der Persönlichkeitssphäre sind bereits einfachgesetzlich jeglicher Verwertung entzogen. So verbieten die §§ 100a IV 2, 100c V III, solche Erkenntnisse aus dem Kernbereich der Persönlichkeit zu verwerten, die qua – zulässiger – Telekommunikations- bzw. Wohnraumüberwachung erlangt wurden. Unmittelbar aus der Verfassung abgeleitet wird ferner die Unverwertbarkeit von

---

[108] BGHSt 38, 214 (225 f.); BEULKE Rn. 460a m. w. N.
[109] BGHSt 39, 349 (352 f.); 42, 15 (22 f.); OLG Hamm NStZ-RR 2010, 148 (149); HbStRVf-DALLMEYER Rn. II.410 ff.
[110] RANFT Rn. 351; OLG Stuttgart NStZ 1997, 405; BGHSt 50, 272 (274 f. für das Verfahren nach Zurückverweisung durch das Revisionsgericht).
[111] BGHSt 38, 214 (226); KK-DIEMER § 136 Rn. 28; MEYER-GOßNER § 136 Rn. 25, HbStRVf-SCHEFFLER Rn. VII.651.

II. Beweisverwertungsverbote

Tagebuchaufzeichnungen[112] und *Tonaufnahmen*.[113] Die Rspr. nimmt allerdings auch hier noch eine Abwägung gegen die Strafverfolgungsinteressen vor und gelangt so in Fällen schwerster Kriminalität dennoch zur Verwertbarkeit.[114] Gegen derartige Abwägungen sind indes dieselben Bedenken zu erheben wie im Rahmen der unselbstständigen Verwertungsverbote,[115] weshalb im Ergebnis bereits die Tangierung des unantastbaren Kernbereichs der Persönlichkeitssphäre für die Entstehung des Verwertungsverbotes zu genügen hat. Für akustische Überwachungen ist dies inzwischen auch anerkannt; sie sind abwägungsfest.

> **Beispiel: (Beschuldigter führt Selbstgespräche im überwachten Auto):**[116]
>
> Gegen *Daniel S.*, seine Schwester und deren Ehemann bestand der Verdacht, die getrennt lebende Ehefrau des *S.*, *Ligaya S.*, getötet zu haben, deren Leiche man allerdings nicht gefunden hatte. Deshalb wurde mit ermittlungsrichterlicher Gestattung gem. § 100 f. das Auto von *Daniel S.* elektronisch überwacht. Auf diese Weise wurden, als er sich alleine im Auto befand, an mehreren Tagen auch seine Selbstgespräche aufgezeichnet. Dabei fielen u. a. folgende Bemerkungen „... die Ligaya ist schon lange tot, die wird auch nicht wieder ... kannste natürlich nicht sagen." Einige Tage später: „oho I kill her ... oh yes, oh yes... and this is my problem ...", und „... langweilig, der das Gehirn rausprügeln ... kann ich dir sagen, joh und weg damit ... werde auch keine mehr wegknallen ... nö, wir haben sie tot gemacht ...". Schließlich war aus einem weiteren Selbstgespräch vom selben Tag herauszuhören: „...ist eben lebenslang und fertig aus, lebenslang ... war nicht alt ...". Das Schwurgericht verurteilte *Daniel S.* u. a. deshalb, weil es die Selbstgespräche als belastende Indizien verwertete. – Der BGH hob dieses Urteil auf, weil die Selbstgespräche (anders als Zwiegespräche) einem „lauten Denken" gleich dem Kernbereich der Persönlichkeitsentfaltung zuzuordnen seien. Der rechtlich geringere Schutz des Aufenthaltsorts im Auto gegenüber der Wohnung i. S. von Art. 13 I GG ändere hieran nichts, zumal an sich überhaupt kein Risiko einer Außenwirkung der spontanen Äußerungen bestanden hätte. Die Nichtöffentlichkeit der Gesprächssituation entspräche daher derjenigen in einer Wohnung.[117]

974

Auch Geheimnisse jenseits des Kernbereichs werden zum Teil durch positiv geregelte Verwertungsverbote geschützt. So verbietet § 393 II AO die Verwertung von Erkenntnissen, die dem Steuergeheimnis unterliegen (freilich nur solange, wie die Verfolgung einer Straftat nicht im

975

---

[112] BGHSt 19, 325.
[113] BVerfG NJW 1973, 891 (892 f.) = BVerfGE 34, 238.
[114] BGHSt 19, 325 (332 f.) 34, 397 (401); BVerfG NJW 1973, 891 (893); zustimmend RANFT Rn. 1603.
[115] Siehe Rn. 963 bzw. *ET 17-03*.
[116] BGH NJW 2012, 945.
[117] BGH NJW 2012, 945 (946).

„zwingenden öffentlichen Interesse" liegt) und § 97 I 3 InsO jegliche strafprozessuale Verwendung von Auskünften des Gemeinschuldners im Insolvenzverfahren.

Dagegen stellen § 190 StGB und § 51 BZRG keine Verwertungsverbote im eigentlichen Sinne dar, sondern Tatsachenfiktionen.[118]

4. Fernwirkung von Verwertungsverboten

976 Ist die Verwertung eines Beweises verboten, stellt sich gelegentlich die weitere Frage, inwieweit Erkenntnisse, die erst infolge der unverwertbaren Information gewonnen wurden, wenigstens ihrerseits verwertbar bleiben. Diese Problematik wird unter dem Stichwort der Fernwirkung von Verwertungsverboten diskutiert.

977 **Beispiel (Zeuge wird auf Grund unverwertbarer Aussage ermittelt):[119]**
Im Beispielsfall Rn. 243 (verbotenes, durch die Polizei initiiertes Aushorchen des in U-Haft einsitzenden *Klaus T.* durch den ihm in die Zelle gelegten Mitgefangenen *Ali Y.*) hatte *Ali Y.* von *Klaus T.* auch erfahren und dem Kriminalbeamten *D.* gesagt, ein gewisser *Hüseyin* habe mit dem Angeklagten einen Raubüberfall bei Hannover geplant. Daraufhin hatte die Polizei den ihr bislang unbekannten *Hüseyin P.* ermittelt und vernommen. Dieser gab seine Beteiligung an dem angeklagten Raubüberfall in *L.* zu und sagte in der Hauptverhandlung gegen *T.* entsprechend aus. – Obschon die Person des *P.* nur mittels der ihrerseits unverwertbaren Aussage von *Ali Y.* bekannt geworden war, ließ der BGH die Verwertung der Aussage von *P.* zu. Eine generelle Fernwirkung von Beweisverwertungsverboten sei sowohl zur Wahrung einer wirksamen Verbrechensbekämpfung als auch deshalb abzulehnen, weil sich kaum jemals feststellen lasse, ob die Polizei den Zeugen ohne den Verstoß nicht auch gefunden hätte.[120] Ein Fehler dürfe nicht zur Lahmlegung des gesamten Strafverfahrens führen.[121] Andererseits hat der BGH – unter Zustimmung eines Teils der Literatur[122] – vereinzelt Fernwirkungen angenommen,[123] vor allem dann, wenn der Verfahrensverstoß *auf die nachfolgende Beweiserhebung fortwirkt*, etwa durch Vorhalt unzulässig erlangter Beweismittel[124] oder beim Fortwirken von Drohungen, die in einer früheren Vernehmung ausgesprochen worden waren und während einer nachfolgenden Vernehmung noch „in der Luft hingen".[125]

---

[118] DENCKER (Fn. 100), S. 34.
[119] BGHSt 34, 362.
[120] BGHSt 34, 362 (364 f.).
[121] BGHSt 22, 129 (136); 32, 68 (71); BGH NStZ 1984, 275 m. Anm. Jürgen WOLTER, NStZ 1984, 276–278.
[122] Eine ähnliche Position wie die Rspr. vertreten ROXIN/SCHÜNEMANN § 24 Rn. 59 ff., 64; SCHLÜCHTER Rn. 352.3.
[123] BGHSt 29, 244 (Verwertungsverbot nach § 7 III G 10 a. F.).
[124] BGHSt 27, 355 (358).
[125] BGHSt 17, 364 (367 f.).

II. Beweisverwertungsverbote

Im Gegensatz zu dieser restriktiven Auffassung wird im Schrifttum teilweise eine weitere Fernwirkung von Verwertungsverboten gefordert.[126] Vorbild sind die USA mit ihrer *fruit of the poisoned tree doctrine*,[127] die dort indessen primär eine disziplinierende Funktion gegenüber der Polizei ausüben soll.[128] Die Notwendigkeit dazu folgt u. a. aus der teilweisen Wählbarkeit von (insb. ländlichen) Polizeibeamten und darauf beruhender unprofessioneller Ausbildung sowie der Parteistruktur des anglo-amerikanischen Strafverfahrensrechts, zwei Faktoren, die in vergleichbarer Form hier nicht existieren.[129] Heute herrschen in Deutschland deshalb differenzierende Auffassungen vor. Sie stellen teilweise in Fortschreibung der Abwägungslösung in wertender Gesamtschau auf die Schwere des Verstoßes, den Schutzbereich der verletzten Beweiserhebungsnorm und das Gewicht des unrechtmäßig erlangten Beweisvorteils ab.[130] Andere legen die Betonung auf die Frage, ob das weitere Beweismittel auch bei legalem Vorgehen von den Strafverfolgungsbehörden entdeckt worden wäre (sog. *hypothetischer Ersatzeingriff*).[131]

978

Aus den bereits dargestellten Gründen[132] sind abwägende Lösungen letztlich untauglich, klare Richtlinien zu liefern. In den Fällen einer *Fortwirkung des Rechtsverstoßes* (Rn. 977) ist ohnehin stets ein Verbot der Verwertung auch weiterreichender Erkenntnisse anzunehmen[133]. Im Übrigen bedarf es einer über die unmittelbare Unverwertbarkeit hinausgehenden Kompensation eines Beweiserhebungsfehlers immer dann, *wenn das weitere Beweismittel nicht ohnehin mit Wahrscheinlichkeit entdeckt worden* wäre. Andernfalls verschöbe sich die Verfahrensbalance, die durch die hier vertretene Lösung gewahrt werden soll, gewissermaßen durch die Hintertür doch wieder zu Gunsten des rechtswidrig agierenden Staates. Im Beispielsfall Rn. 977 hätte deshalb die Aussage des Zeugen *Hüseyin P.* nicht verwertet werden dürfen, es sei denn, seine Entdeckung wäre auch ohne das verbotene Aushorchen auf Grund anderweitiger Ermittlungen zu erwarten gewesen.

979

Zu einer Fernwirkung kommt es ferner dort, wo der Gesetzgeber selbst explizit jede weitere Nutzung einer Information untersagt hat, was er durch die Installation eines *Verwendungsverbotes* zu bewirken vermag (siehe Rn. 958).

980

---

[126] So GRÜNWALD (Fn. 89), JZ 1966, 500; Knut AMELUNG, Informationsbeherrschungsrechte im Strafprozeß, 1990, S. 49 f.; Silke HÜLS, Der Richtervorbehalt – seine Bedeutung für das Strafverfahren und die Folgen von Verstößen, ZIS 2009, 160–169 (167 f.).

[127] Fruit of the poisoned tree = (vergiftete) Frucht des vergifteten Baumes. Diese Metapher soll verdeutlichen, das die Rechtswidrigkeit (und Unverwertbarkeit) des einen Beweises dazu führt, dass auch alle daraus hervorgehenden Beweise ihrerseits rechtswidrig (und unverwertbar) sind.

[128] Heinz WAGNER, Anmerkung zu BGHSt 34, 362, NStZ 1989, 34 f. (35); eingehende Darstellung bei Kai AMBOS, Beweisverwertungsverbote, 2010, S. 128 ff.

[129] ROXIN/SCHÜNEMANN § 24 Rn. 60; SCHROEDER/VERREL Rn. 133; KÜHNE Rn. 912; anders Gerald GRÜNWALD, Anmerkung zu BGHSt 34, 362, StV 1987, 470–473 (472 f.), der eine Disziplinierungsfunktion auch in Deutschland für erforderlich hält.

[130] HELLMANN Rn. 484; PUTZKE/SCHEINFELD Rn. 401; WOLTER (Fn. 118), NStZ 1984, 277 f.; PITSCH (Fn. 87), S. 316.

[131] BEULKE Rn. 483; z. T. auch MEYER-GOSSNER Einleitung Rn. 57c.

[132] Siehe Rn. 978 bzw. *ET 17-03*.

[133] ROXIN/SCHÜNEMANN § 24 Rn. 61, 64.

III. Das Freibeweisverfahren

981 Im Unterschied zum bislang besprochenen Strengbeweisverfahren verzichtet das Freibeweisverfahren auf einige Einschränkungen der Beweiserhebung, die sich insb. aus dem Unmittelbarkeitsprinzip ergeben (Rn. 759 ff.). So dürfen Fragen etwa durch telefonische Rückfragen oder durch einen Blick in die Akten (ohne deren formelle Verlesung oder Inaugenscheinnahme) geklärt werden[134] (s. Abb. 3).

982 Diese weniger formelle Form der Beweiserhebung dient der Verfahrenserleichterung bei Fragestellungen von keiner unmittelbaren Relevanz für das Urteil; sie entspricht im Übrigen dem Vorgehen im gesamten Ermittlungsverfahren. Im Hauptverfahren findet das Freibeweisverfahren dagegen nur statt, wo es gerade nicht um die Klärung von Umständen geht, die für das Urteil von unmittelbarer Bedeutung sind.

983 **Aufgabe:**
Ein angeblich kranker Zeuge erscheint nicht
In einer mehrtägigen Hauptverhandlung gegen *Lukas A.* wegen des Verdachts eines Einbruchdiebstahls hatte der Hauptbelastungszeuge *Kaspar W.* am ersten Verhandlungstag, dem 05.03., ausgesagt, er habe *A.* am Tattage beim Herausklettern aus dem Haus des Geschädigten beobachtet und diesen sicher als den Täter erkannt. *Kaspar W.* war nach seiner Vernehmung entlassen worden. Nachdem sich im Laufe des weiteren Verfahrens Zweifel an seiner Aussage ergeben hatten, weil *A.* ein – wenngleich nicht völlig sicheres – Alibi geltend machte, lud das Gericht *Kaspar W.* zu einer ergänzenden Vernehmung auf den 12.03. Am fraglichen Tag erschien *W.* jedoch nicht und ließ telefonisch in der Geschäftsstelle des Gerichts mitteilen, er sei krank.
Die Gerichtsvorsitzende unterbrach daraufhin an diesem Tag um 9.30 Uhr die Hauptverhandlung und ordnete eine sofortige amtsärztliche Untersuchung des Zeugen *W.* an. Der Amtsarzt Dr. *Gerald H.* suchte *W.* noch am selben Vormittag auf und teilte der Vorsitzenden nach erfolgter Untersuchung in einer Verhandlungspause telefonisch mit, *W.* simuliere und sei offensichtlich gesund. Im übrigen sei dies auch für den Zeugen typisch; er wisse aus früheren Untersuchungen des *W.*, dass dieser unter einer leichten paranoid-halluzinatorischen Schizophrenie leide, weshalb er zum einen jede Vernehmung scheue und zum anderen seine Angaben auch nur bedingt zuverlässig seien.
Wie kann die Vorsitzende ihr Wissen zur Grundlage des weiteren Verfahrens machen?

984 Zu den im Freibeweis zu klärenden Fragen gehören das Vorliegen der Prozessvoraussetzung[135] (z. B., ob ein erforderlicher Strafantrag vorliegt) sowie alle sonstigen

---

[134] HK-Julius § 244 Rn. 6; BGH NStZ 1984, 134; Hans Werner Többens, Der Freibeweis und die Prozeßvoraussetzungen im Strafprozeß, NStZ 1982, 184–187 (184).
[135] RGSt 10, 253 (254), BGHSt 16, 164 (166).

III. Das Freibeweisverfahren

	Strengbeweisverfahren	Freibeweisverfahren
Wo anzuwenden	zu Schuld und Straffrage als *Grundlage des Urteils*	- zu Schuld -und Straffrage *außerhalb der Urteilsvorbereitung* - zu anderen Fragen als Schuld und Strafe
Regeln	- nur gesetzliche Beweismittel - Erhebung nach den Regeln der §§ 238 ff. - Erhebung in der Hauptverhandlung	- jede Erkenntnisquelle - jede denkbare und nicht verbotene Beweiserhebung - Einbringung der Ergebnisse in die Hauptverhandlung durch deren mündlicheErörterung

Abb. 3 Streng- und Freibeweisverfahren

Verfahrensfragen (z. B., ob der Angeklagte in Haft zu nehmen ist, ob ein Zeuge geladen werden kann,[136] oder auch, wie im Aufgabenfall Rn. 983, ob Zwangsmittel gegen einen Zeugen wegen dessen unentschuldigten Ausbleibens ergriffen werden dürfen).[137] Fragen der Glaubwürdigkeit von Zeugen (wie im Aufgabenfall dessen psychische Störung) betreffen hingegen unmittelbar den Beweis der Schuldfrage und müssten daher im Strengbeweiswege eingeführt werden (s. Abb. 3), d. h. im Aufgabenfall durch Anhörung des Dr. *H.* als sachverständigem Zeugen in der Hauptverhandlung.

Problematisch sind prozessuale Tatsachen, die auf die Schuldfrage durchschlagen, ohne diese unmittelbar zu klären, etwa, ob ein Beschuldigter vor seiner Vernehmung belehrt worden ist. Es handelt sich um eine Frage, die die Zulässigkeit einer prozessualen Handlung betrifft (die Vernehmung des Vernehmungsbeamten) und die von der Rspr. daher als im Freibeweisverfahren aufklärbar angesehen wird.[138] Bei Tatsachen mit unmittelbarer Bedeutung für Verfahren und Urteil (sog. *doppelrelevante Tatsachen*) bedarf es hingegen des Strengbeweises.

985

> **Beispiel (unklares Alter des Angeklagten):**[139]
> Dem Angeklagten *Mehmet D.* wurde ein im März 1980 begangenes Verbrechen gegen das BtMG zur Last gelegt. Als Geburtsdatum des Angeklagten war in seinem Pass der 19.05.1958 eingetragen. Zudem war er unter diesen Personalien bereits in mehreren Strafverfahren abgeurteilt worden. Auch in der anhängigen Sache gingen Staatsanwaltschaft und angerufene (allgemeine) Strafkammer deshalb von dem Geburtsjahr 1958 aus und behandelten *D.* hinsichtlich der ihm angelasteten Straftat als Erwachsenen. In der Hauptverhandlung behauptete *D.* nun, er sei in Wirklichkeit am 19.05.1960 geboren, aber von seinem Vater bei den türkischen Behörden mit falschem Geburtsdatum angemeldet worden, was dort

---

[136] BGH NStZ 1984, 134.
[137] HK- JULIUS § 244 Rn. 6.
[138] BGHSt 16, 164 (166); ROXIN/SCHÜNEMANN § 24 Rn. 5.
[139] BGH StV 1982, 101.

unschwer auch Jahre nach der Geburt möglich sei und aus unterschiedlichen Beweggründen heraus häufig gemacht werde. Zum Beweis hierfür und für das sich daraus ergebende Heranwachsendenalter zur Tatzeit beantragte der Angeklagte die Vernehmung seiner drei älteren Schwestern, was die Strafkammer ablehnte. Zur Begründung führte sie im Urteil aus, sie habe sich im Freibeweisverfahren schon auf Grund anderer Beweismittel und Anhaltspunkte die Überzeugung von der Richtigkeit des im Pass angegebenen Geburtsdatums verschafft. – Der BGH hob diese Entscheidung auf, weil das Alter des Angeklagten nicht nur für die Gerichtszuständigkeit (Jugendkammer statt allgemeiner Strafkammer), sondern auch für die Straffrage (Sanktion nach dem JGG oder dem StGB) und selbst bei Anwendung des allgemeinen Strafrechts (§ 105 JGG) für die Frage der Reife des Angeklagten und damit für die Strafhöhe Bedeutung habe. Es handele sich daher um eine Frage, die nicht allein im Freibeweisverfahren geklärt werden durfte, sondern ggf. auch die strengbeweisliche Vernehmung der Schwestern erfordert hätte.[140]

Wiederholungsfragen zum 17. Kapitel
1. Welche Maßnahmen sind gegen einen zur Hauptverhandlung unentschuldigt ausgebliebenen Zeugen zulässig? (Rn. 880)
2. Was ist und was beweist ein Vorhalt? (Rn. 891–893)
3. Was bedeutet „in absehbarer Zeit" in § 251 II? (Rn. 912)
4. Wie kann die frühere Aussage eines jetzt befugt die Aussage verweigernden Zeugen in die Hauptverhandlung eingeführt werden? (Rn. 920–922)
5. Wie kann nach Auffassung der Rspr. das Verbot des § 252 durchbrochen werden? (Rn. 923 f.)
6. Besteht auch für frühere Aussagen eines jetzt nach § 55 schweigenden Zeugen ein Beweiserhebungsverbot? (Rn. 929)
7. Welche Gutachten sind verlesbar? (Rn. 943 f.)
8. Können frühere Angaben des Angeklagten verlesen werden? (Rn. 954 f.)
9. Wie können frühere nichtrichterliche Angaben des Angeklagten in die Hauptverhandlung eingeführt werden? (Rn. 952)
10. Wie unterscheiden sich selbstständige und unselbstständige Beweisverwertungsverbote? (Rn. 957, 959, 972)
11. Wann folgt nach h. M. aus einem Verfahrensverstoß ein Verwertungsverbot? (Rn. 962)
12. Sind unselbstständige Verwertungsverbote von Amts wegen zu beachten? (Rn. 969)
13. Inwieweit sind Fernwirkungen von Beweisverwertungsverboten anerkannt? (Rn. 978)
14. Welche Fragen können auch innerhalb der Hauptverhandlung im Freibeweisverfahren geklärt werden? (Rn. 982–984)

---

[140] BGH StV 1982, 101.

18. Kapitel. Das Beweisantragsrecht

I. Sinn des Beweisantragsrechts

Bei dem Recht der Beteiligten, Beweisanträge zu stellen, die nur unter bestimmten Voraussetzungen zurückgewiesen werden können, handelt es sich um eine der stärksten Möglichkeiten zur Einflussnahme auf Beweisaufnahme und Urteil. In einem gewissen Widerspruch dazu steht die Regelungsarmut innerhalb der StPO. Diese setzt die Existenz eines Beweisantragsrechts in der Hauptverhandlung beinahe stillschweigend voraus und spricht von zu stellenden Beweisanträgen nur im Rahmen der Vorbereitungsphase der Hauptverhandlung (§ 219) sowie in der eher untypischen Situation selbstgeladener Zeugen und Sachverständiger (§ 245 II 1). Ausführlicher regelt sie allein die Ablehnung von Beweisanträgen (§ 244 III-V, § 245 II 2, 3, § 246).[1]

Wenngleich alle Beteiligten Beweisanträge zu stellen vermögen (also auch Staatsanwaltschaft und etwaige Nebenkläger), bildet das Beweisantragsrecht in erster Linie eine der *stärksten Verteidigungswaffen des Angeklagten*. Es stellt eine notwendige Ergänzung zum gerichtlichen Amtsaufklärungsprinzip dar und trägt in dieser Funktion mehreren Schwächen einer allein dem Gericht überlassenen Aufklärung Rechnung:
- der *unterschiedlichen Informationslage*. Während das Gericht zunächst nur diejenigen Beweismittel kennt, die sich im Ermittlungsverfahren ergeben haben, mag der Angeklagte über zusätzliche, nur ihm zugängliche Erkenntnisquellen verfügen;
- dem Umstand einer *subjektiv unterschiedlichen Interpretation von Informationen* und der Notwendigkeit, ihnen nachzugehen;[2]

---

[1] Grund ist die Entwicklung des Beweisantragsrechts durch die Rspr., vgl. Edda WEßLAU, Der blinde Fleck – eine Kritik der Lehre vom Beweisantragsrecht, FS Fezer S. 289–310 (302).

[2] WEßLAU (Fn. 1), FS Fezer S. 305.

- der (allzu menschlichen) *Fehlbarkeit des Gerichts*, das gelegentlich in seiner Auffassung, bereits alles Sachdienliche ermittelt zu haben, korrigiert werden muss, um zu einer vollständigen und zutreffenden Beurteilungsgrundlage zu gelangen.

988 Dank der unterschiedlichen Maßstäbe in § 244 II einerseits (nur alle für die Entscheidung voraussichtlich bedeutsamen Beweise sind vom Amts wegen zu erheben) und in § 244 III-V andererseits (Beweisanträge dürfen allein in eng begrenzten Ausnahmefällen zurückgewiesen werden) kann der Beweisantragsteller das Gericht zu Beweiserhebungen zwingen, die es von Amts wegen nicht vorzunehmen bräuchte. Dies allein verdeutlicht bereits den Charakter des Beweisantragsrechts als Gestaltungsmacht, die weit darüber hinausgeht, dem Gericht (freundliche) Hinweise auf bislang Unerkanntes zu vermitteln. Mit diesem Gestaltungsrecht trägt das Strafverfahrensrecht vielmehr dem strukturellen Machtungleichgewicht zwischen Angeklagtem einerseits und Gericht sowie Staatsanwaltschaft andererseits Rechnung, denen andernfalls eine nahezu vollkommene Definitionshoheit über den aufzuklärenden Sachverhalt zukäme.[3] So aber vermag der Angeklagte selbst ein unwilliges Gericht zu zwingen, weitere Informationen zur Kenntnis zu nehmen und so zur besseren Urteilserkenntnis zu gelangen.

II. Beweisanträge und verwandte Erklärungen

1. Die verschiedenen Beweisbegehren

989 **Zur Akte 2:**
Lesen Sie bitte den Antrag Bl. 65a, der in der Hauptverhandlung von der Verteidigerin RAin *van Dyck* gestellt worden war und dem das Gericht anschließend nachgegangen ist (Bl. 62 f.).

990 Ob überhaupt ein Beweisantrag oder aber eine andere Antragsform vorliegt, ist deswegen von Bedeutung, weil allein Beweisanträge privilegiert werden, indem sie nur unter den eingeschränkten Voraussetzungen von § 244 III-V zurückgewiesen werden können. Die im Gesetz nicht ausdrücklich geregelten *Beweisermittlungsanträge* und *Beweisanregungen* unterfallen dagegen dem Maßstab des § 244 II, können also nur bei erkennbarer Sachdienlichkeit Erfolg haben.

991 Die Merkmale eines Beweisantrages lassen sich aus § 219 erschließen: Er muss ein (konkretes) *Beweismittel* nennen, bestimmte *Beweistatsachen* aufführen, über die Beweis erhoben werden soll, und die Beweiserhebung *verlangen* (s. Tab. 1). Fehlt es an einem Verlangen, so kann allenfalls eine Beweisanregung vorliegen,

---

[3] Ähnlich ROXIN/SCHÜNEMANN § 45 Rn. 6.

II. Beweisanträge und verwandte Erklärungen

Tab. 1 Beweisantrag, Beweisermittlungsantrag und Beweisanregung

	Beweisantrag (§ 219)	Beweisermittlungsantrag	Beweisanregung
Beweistatsache	muss behauptet werden	Thema muss zwar genannt werden, kann aber als Fragestellung offenbleiben	
Beweismittel	muss konkret benannt werden	kann offenbleiben	
Intensität d. Begehrens	Verlangen	Verlangen	Vorschlag
Entscheidung des Gerichts	Beschluss (§ 244 VI)	Beschluss (*str.*[a])	formlos
Kriterien	§ 244 III-V (bzw. § 245 II bei gestellten Beweismitteln[b])	Amtsermittlungsprinzip (§ 244 II)	

[a] Wie hier SCHELLENBERG S. 150; a. A. BGHSt 6, 128 (129); KK-FISCHER § 244 Rn. 101 (ausdrückliche Entscheidung durch Verfügung des Vorsitzenden genügt, Beschluss zwar zulässig, aber nicht erforderlich)
[b] Siehe dazu unten Rn. 1044

> **Aufgabe:**
> Antrag zur Schuldunfähigkeit
> Stellen Sie sich vor, im Verfahren 2 hätte RAin *van Dyck* auch noch folgenden Antrag gestellt: „Zur Frage der alkoholbedingten Schuldunfähigkeit der Angeklagten *Schuler* beantrage ich die Einholung eines psychiatrischen Sachverständigengutachtens."
> Handelt es sich um einen Beweisantrag?

992

mangelt es an einem konkret benannten Beweismittel und/oder einer Beweistatsache (und soll sich beides vielmehr erst im Laufe der anzustellenden Nachforschungen ergeben), so kommt ein Beweisermittlungsantrag in Betracht.

Grundsätzlich ist bei allen Beweismitteln mitzuteilen, wo sie das Gericht zu finden vermag. Bei erst noch zu ladenden Zeugen bedarf es daher der Angabe einer ladungsfähigen Anschrift, bei noch beizuziehenden sächlichen Beweismitteln ihres Fundortes. Im Aufgabenfall Rn. 992 darf hingegen die fehlende namentliche Benennung eines Sachverständigen nicht stören, weil gemäß § 73 I ohnehin das Gericht den Gutachter auszuwählen hätte und es sich bei der Nennung bestimmter Sachverständiger daher letztlich um unverbindliche Vorschläge handelt. Das Beweismittel ist folglich – anders wäre es beim Zeugenbeweis – für einen Beweisantrag ausreichend konkretisiert worden. Allerdings wird keine Beweisbehauptung aufgestellt, sondern zum einen nur eine Frage gestellt, die zum anderen nicht einmal eine Tatsache, sondern primär eine rechtliche Bewertung zum Gegenstand hat. Immerhin werden deren Anknüpfungstatsachen (alkoholische Beeinflussung) mitgeteilt, weshalb eine Auslegung des Antrags einen noch ausreichenden Tatsachenbezug zu Tage fördert. Wegen des fragenden Charakters liegt indes kein Beweis-, sondern nur ein Beweisermittlungsantrag vor (den das Gericht in Anwendung von § 244 II ablehnen könnte: Anhaltspunkte für eine Schuldunfähigkeit haben sich

993

bislang im Verhalten der Angeklagten nicht gezeigt, weshalb insoweit zurzeit keine weitere Aufklärung veranlasst erscheint).

994 Hätte den betreffenden Antrag übrigens ein unverteidigter Angeklagter gestellt, so hätte es die *Fürsorgepflicht* der Vorsitzenden geboten, zumindest auf eine zulässige Formulierung als Beweisantrag hinzuwirken.

995 **Zur Akte 2:**

Nach den genannten Kriterien handelt es sich bei dem Antrag Bl. 65a hingegen tatsächlich um einen ordnungsgemäßen Beweisantrag. Da der Zeuge zum einen von der Verteidigung mitgebracht wurde und daher zur sofortigen Verfügung stand, zum anderen aber in jedem Fall offenkundig über die Anschrift der Angeklagten *Schuler* hätte geladen werden können, genügte auch sein Name ohne Angabe seiner Anschrift.

996 Die Verteidigung hat in ihrem Antrag sogar das vom BGH in letzter Zeit betonte Erfordernis der sog. *Konnexität* zwischen Beweismittel und Beweistatsache bedacht und dazu Erläuterungen geliefert. Dieses – umstrittene – Erfordernis ist nur erfüllt, wenn dem Gericht eine Verbindung zwischen Beweistatsache und Beweismittel dargelegt werden kann.[4] Es muss plausibel gemacht werden, warum der Zeuge überhaupt bekunden kann, was er bekunden soll. Ein Beweisantrag, der stattdessen (scheinbar) ins Blaue hinein gestellt wird, wäre deswegen mangels Konnexität gar kein Beweisantrag (sondern ein Beweisermittlungsantrag).[5] So wäre es auch dem Antrag Bl. 65a widerfahren, hätte sein letzter Satz gefehlt.

2. Beweisanträge und ihre Behandlung

a) Die einzelnen Prüfungsschritte

997 Für die weitere gerichtliche Prüfung eines – als solchem erkannten – Beweisantrages ergeben sich sodann folgende *drei Prüfungsschritte*:

998 • Wurde der Antrag *zulässig gestellt*? Wegen des Mündlichkeitsprinzips (Rn. 765 ff., 768) bedürfte es dazu des mündlichen Vortrages (bzw., wie im Aktenfall geschehen, der Verlesung), im Fall des § 257a (Rn. 770) wäre der Antrag mündlich und schriftlich zu stellen.

999 Nach § 246 I hindert übrigens die späte Stellung eines Beweisantrages keineswegs seine Zulässigkeit, weshalb noch bis zum Beginn der Urteilsverkündung Anträge gestellt werden können[6] (und selbst danach, jedoch brauchen diese nicht mehr beschieden zu werden[7]). Die *Verspätung* steht ebensowenig der Begründetheit im Wege, sondern löst nur ggf. besondere Rechte der übrigen Beteiligten aus (§ 246 II, III).

---

[4] BGHSt 40, 3 (6); BGH NStZ 1999, 522; BGH NStZ 2008, 708. Kritisch HbStrVf-SCHEFFLER Rn. VII 804 f.; KK[5]-HERDEGEN § 244 Rn. 48a; anders jetzt KK-FISCHER § 244 Rn. 82 ff.
[5] KK-FISCHER § 244 Rn. 82, 84.
[6] RGSt 68, 88 (89).
[7] MEYER-GOẞNER § 244 Rn. 33.

Beweismittel	Zeugen	Sach-verständige	Urkunden	Augenscheins-objekte
anwendbare Bestimmungen	§ 244 III 2, V2 (Rn. 1033 ff.)	§ 244 III 2, IV (Rn. 1023 ff.)	§ 244 III 2 (Rn. 1026)	§ 244 III 2, V1 (Rn. 1027)

Abb. 1 Ablehnungsgründe für die einzelnen Beweismittel

- Ist die begehrte *Beweiserhebung zulässig* (§ 244 III 1)? Unzulässigkeit läge vor, sofern es sich um ein im Strengbeweisverfahren der StPO nicht vorgesehenes Beweisverfahren handelte oder wenn ein Beweiserhebungsverbot vorläge.[8] Kommt nur ein selbstständiges Beweisverwertungsverbot in Betracht, so besteht jedenfalls Unzulässigkeit, sobald die Erlangung verwertbarer Informationen auszuschließen ist.

1000

- Ist der *Beweisantrag begründet* (§ 244 III-V)? Insoweit geht das Gesetz von einer prinzipiellen Begründetheit aus, die nur ausnahmsweise entfällt, nämlich bei Eingreifen eines der in § 244 III-V normierten Ablehnungsgründe (dazu sogleich Rn. 1002 ff.).

1001

b) Die Fälle der Unbegründetheit eines Beweisantrags

Die Bestimmungen in § 244 III-V mögen nicht auf den ersten Blick verständlich erscheinen; sie enthalten aber eine relativ klare Struktur. Während § 244 III sich auf alle Beweismittel bezieht, finden sich in den Abs. 4 und 5 Sonderregeln für einzelne Beweismittelgattungen (s. Abb. 1).

1002

aa) Zeugen

Für im Inland zu ladende Zeugen[9] liefert § 244 III 2 die einzigen Prüfungskriterien. Diese lassen sich in drei Gruppen aufteilen, welche an die Beweistatsache, das Beweismittel und das Antragsmotiv anknüpfen (s. Abb. 2).

1003

(1) Offenkundigkeit

Eine Tatsache ist offenkundig, sobald sie (oder ihr Gegenteil) entweder *allgemeinkundig oder gerichtsbekannt* ist.[10] Unter *Allgemeinkundigkeit* fällt alles, worüber sich ein verständiger und lebenserfahrener Mensch ohne besondere Sachkunde mittels allgemein zugänglicher Erkenntnismittel (Lexika, Internet) jederzeit zuverlässig unterrichten kann.[11]

1004

---

[8] MEYER-GOßNER § 244 Rn. 49.
[9] Für Auslandszeugen siehe unten Rn. 1037.
[10] BGHSt 6, 292 (293); KK-FISCHER Rn. 131; ALSBERG/NÜSE/MEYER S. 534 ff.
[11] BGHSt 6, 292 (293); KK-FISCHER Rn. 132; RANFT Rn. 1560.

Anknüpfungsobjekt	Ablehnungsgrund
die zu beweisende *Tatsache* ...	ist offenkundig (Rn. 1004 ff.)
	ist bereits erwiesen (Rn. 1007 f.)
	ist für die Entscheidung ohne Bedeutung (Rn. 1009 f.)
	kann als wahr unterstellt werden (Rn. 1001 f.)
das *Beweismittel* ist ...	völlig ungeeignet (Rn. 1013 f.)
	unerreichbar (Rn. 1016 f.)
Antragsmotiv ist...	eine Prozessverschleppungsabsicht (Rn. 1018 ff.)

Abb. 2 Die Systematik der Ablehnungsgründe in § 244 III 2

1005 **Beispiel (systematische Judenvernichtung als allgemeinbekannte Tatsache):**[12]
Der u. a. wegen Volksverhetzung[13] angeklagte *Ronald D.* hatte auf einer von ihm organisierten Veranstaltung einen Vortrag des amerikanischen Referenten *Fred L.* übersetzt, in welchem dieser die Existenz von Gaskammern in den Konzentrationslagern *Auschwitz*, *Birkenau* und *Majdanek* bestritt. In der gegen ihn gerichteten Hauptverhandlung stellte *Ronald D.* den Antrag auf Vernehmung eines Sachverständigen, der bekunden sollte, nach physikalisch-chemischen Erkenntnissen und Rückschlüssen (zum einen das Fehlen von Zyanid-Rückständen am Mauerwerk der betreffenden Lagergebäude, zum anderen die Wirkung des Giftgases Zyklon B) hätte eine Massenvernichtung von Juden in *Auschwitz* nicht stattgefunden haben können. — Ein solcher Beweisantrag ist wegen Offenkundigkeit des Gegenteils der behaupteten Tatsache zurückzuweisen; die Judenvernichtung in den Gaskammern der Konzentrationslager ist durch Berichte zahlreicher Zeitzeugen, Aufnahmen und auch Gerichtsverfahren allgemeinkundig, weshalb eine (erneute) Beweisaufnahme darüber überflüssig wäre.[14]

1006 *Gerichtsbekannt* sind Tatsachen, die das erkennende Gericht, mindestens aber eines seiner Mitglieder, im Rahmen seiner amtlichen Tätigkeit zuverlässig in Erfahrung gebracht hat.[15] Allerdings gilt dies nicht für diejenigen Tatsachen, die unmittelbar für Einzelheiten der Tatausführung erheblich wären.[16] Sie können also nicht deshalb als gerichtsbekannt gelten, weil dasselbe Gericht den Tatablauf in einem

---

[12] Kombinierter, vereinfachter Sachverhalt nach BGHSt 40, 97 und BGHSt 47, 278.
[13] Heute § 130 III StGB.
[14] BGHSt 47, 278 (280); 40, 97 (99).
[15] SCHELLENBERG S. 158; RANFT Rn. 1561; BGHSt 6, 292 (293 f.).
[16] BGHSt 45, 354 (358); KK-FISCHER § 244 Rn. 140.

II. Beweisanträge und verwandte Erklärungen

Parallelprozess gegen Mittäter bereits geklärt zu haben meint. Dagegen kann z. B. der Stand eines anderen Verfahrens oder dort geschehene Vorfälle (z. B. die Aussageverweigerung eines Zeugen) als gerichtskundig gelten.[17] Auch privat erlangtes Richterwissen führt nicht zur Gerichtskundigkeit.[18]

(2) Erwiesenheit 1007
Eine Tatsache, von welcher das Gericht bereits überzeugt ist, bedarf selbstverständlich keines weiteren Beweises. Das gilt – im Unterschied zur Offenkundigkeit – aber nur für die behauptete Tatsache und *nicht für ihr Gegenteil*. Es steht deshalb stets der Weg offen, eine Überzeugung des Gerichts durch einen das Gegenteil behauptenden Beweisantrag zu erschüttern.[19]

Zu dem Resultat, etwas sei bereits bewiesen, kann das Gericht natürlich nur über eine vorläufige 1008
Würdigung des bisherigen Beweisergebnisses gelangen. Hat das Gericht auf Grund dessen einen Beweisantrag wegen Erwiesenheit abschlägig beschieden und gelangt es im späteren Verlauf der Hauptverhandlung zu einer anderen Sicht, so muss es den Antragsteller darauf hinweisen, um ihm so Gelegenheit zu bieten, seinen Beweisantrag erneut zu stellen.[20]

(3) Bedeutungslosigkeit 1009
Dieser Zurückweisungsgrund betrifft Tatsachen, die selbst im Falle ihres Nachweises keinen Einfluss auf die Entscheidung hätten, weil es auf die betreffende Frage aus rechtlichen Gründen nicht mehr ankommt (z. B. wegen ohnehin eingetretener Verjährung), weil kein Zusammenhang mit der Schuld- oder Straffrage besteht oder weil eine Tatsache zwar Rückschlüsse erlauben würde, diese aber nicht zwingend sind und das Gericht diese Rückschlüsse auch nicht ziehen würde[21] (was natürlich erneut eine vorläufige Beweiswürdigung voraussetzt).

Beispiel (Zeuginnen sollen zu Tatmotiven aussagen):[22] 1010
Andrzej W. war wegen eines Raubüberfalles angeklagt, den er gestanden hatte. Mit dem Ziel einer Strafmilderung über die Anwendung von § 21 StGB beantragte er die Vernehmung der Zeuginnen *Tatjana R.* und *Mirjam B.*, mit denen er vor bzw. nach der Tat befreundet gewesen war, zum Beweis der Tatsache, dass er die Tat ausschließlich begangen hatte, um den zukünftigen Erwerb von Drogen für den Eigenbedarf zu sichern. *Tatjana R.* werde bekunden, er habe ihr kurz

---

[17] KK-Fischer § 140 Rn. 138.
[18] OLG Frankfurt StV 1983, 192 (193); Alsberg/Nüse/Meyer S. 546 f.
[19] KK-Fischer § 140 Rn. 148; Schellenberg S. 160.
[20] Schellenberg S. 160.
[21] Meyer-Goßner § 244 Rn. 56; Schellenberg S. 159; Alsberg/Nüse/Meyer S. 588 ff.
[22] BGH NJW 1988, 501.

vor der Tat mitgeteilt, sich bald um die Finanzierung seines weiteren Drogenkonsums keine Sorgen mehr machen zu müssen. Er sei entschlossen, sich hierfür Geld zu beschaffen. Die Zeugin *Mirjam B.* hingegen werde bekunden, ihr habe der Angeklagte mitgeteilt, er habe die Tat nur begangen, um seinen weiteren Drogenkonsum zu finanzieren. Darüber hinaus werde diese Zeugin aussagen, das erbeutete Geld habe nahezu ausschließlich der Finanzierung seines Drogenbedarfs gedient. Die Strafkammer wies diese Beweisanträge wegen Bedeutungslosigkeit der behaupteten Tatsachen zurück. — Der BGH bestätigte im Ergebnis diese Entscheidung. Zum Nachweis des behaupteten Tatmotivs seien die Zeuginnen freilich bereits ungeeignete Beweismittel (siehe dazu unten Rn. 1013 ff.), denn die Motivation, die *Andrzej W.* zur Begehung der Tat bestimmte, stelle einen inneren Vorgang dar, den die Zeuginnen nicht unmittelbar erfassen und schildern könnten. Anders verhalte es sich bei den ihr Wissen gestellten Wahrnehmungen. Insoweit handele es sich um Hilfstatsachen, die Rückschlüsse auf eine bestimmte Willensbildung bei *Andrzej W.* zuließen. Der Tatrichter dürfe derartige Tatsachen dennoch als bedeutungslos ansehen, wenn sie selbst für den Fall ihres Erwiesenseins die Entscheidung nicht beeinflussen könnten, weil sie nur mögliche, nicht aber zwingende Schlüsse zulassen und das Gericht in freier Beweiswürdigung diesen möglichen Schluss nicht ziehen will, weil es ihn im Hinblick auf die übrige Beweislage für falsch hält; bei dieser Prüfung dürfe das Gericht allerdings weder die Wahrheit der Beweistatsache noch den Wert des angebotenen Beweismittels in Frage stellen. Hier sei die Strafkammer auch für den Fall antragsgemäßer Angaben der Zeuginnen nicht gehindert gewesen, stattdessen den eigenen Angaben des Angeklagten zu folgen, die er in gleichbleibender Weise vor der Polizei, gegenüber dem psychiatrischen Sachverständigen und in der Hauptverhandlung gemacht hatte. Demzufolge war die Beschaffung von Drogen keinesfalls das vorrangige Motiv für die Begehung der Tat gewesen: Vielmehr wollte er der Zeugin *Seda V.*, einer Prostituierten, bei der er wohnte, nicht länger „auf der Tasche liegen" und nach erfolgreicher Tatdurchführung Deutschland „mit etwas Geld" verlassen.[23] Dann aber waren die behaupteten Tatsachen bedeutungslos.

(4) Wahrunterstellung

1011 Durch eine Wahrunterstellung wird das vom Antragsteller gewünschte Beweisergebnis ohne Beweisaufnahme als richtig fingiert.[24] Das Gericht erspart sich also Arbeit und gibt gewissermaßen „klein bei". Weil auf diese Weise eine prozessuale an die Stelle der materiellen Wahrheit tritt, bleibt der Anwendungsbereich der Wahrunterstellung allerdings eng begrenzt:
- Es muss sich um eine *für den Angeklagten günstige* Tatsache handeln („zur Entlastung"), weshalb aus ihr für ihn ungünstige Rückschlüsse nicht gezogen werden dürfen.[25]

---

[23] BGH NJW 1988, 501 (502).
[24] ALSBERG/NÜSE/MEYER S. 651.
[25] BGHSt 1, 137 (138 f.); MEYER-GOßNER § 244 Rn. 70.

- Die Tatsache hat eine „*erhebliche*" zu sein, die gerichtliche Entscheidung also auf Grund der Wahrunterstellung anders auszufallen, als sie unter Zugrundelegung des nachgewiesenen Gegenteils ergangen wäre. Zwischen den Zurückweisungsgründen der Bedeutungslosigkeit und der Wahrunterstellung besteht daher ein Exklusivitätsverhältnis.[26]
- Das Gericht darf keine realistisch erscheinende Möglichkeit, mittels der beantragten oder einer anderen Beweiserhebung doch noch zu einem abweichenden Resultat zu gelangen, durch eine Wahrunterstellung ausschließen. Es muss also bereits eine *gewisse Wahrscheinlichkeit für die Richtigkeit* der behaupteten Tatsache sprechen und es dürfen *keine alternativen Beweismittel erreichbar* sein.[27]

In der Praxis werden vor allem Strafzumessungstatsachen als wahr unterstellt, insb. Behauptungen zum Vorliegen der Eingangsvoraussetzungen von § 21 StGB, die andernfalls nur durch aufwendige Sachverständigengutachten zu klären wären. 1012

(5) Völlig ungeeignete Beweismittel 1013
Dieser Fall liegt vor, wenn der Zeuge nach sicherer Lebenserfahrung nichts Sachdienliches zu der in sein Wissen gestellten Behauptung wird beitragen können.[28]

Aufgabe: 1014
Zeugen aus Schnellrestaurant sollen zu Besucher aussagen[29]

Dem Angeklagten *Manfred T.* wurde zur Last gelegt, am 25.02.1997 eine Sparkassenfiliale in Nürnberg überfallen zu haben. In der Hauptverhandlung stellte sein Verteidiger den Beweisantrag auf Vernehmung von namentlich aufgeführten Bedienungskräften eines Schnellrestaurants, die bekunden sollten, *T.* habe sich zur (16 Monate zurückliegenden) Tatzeit in diesem Restaurant aufgehalten.
Sind die Zeugen völlig ungeeignete Beweismittel?

Konstellationen völliger Ungeeignetheit liegen nicht nur vor, wenn beispielsweise Blinde zu visuellen Wahrnehmungen aussagen sollen, sondern vor allem dann, wenn ein Zeuge zu inneren Tatsachen einer anderen Person befragt werden soll (vgl. den Beispielsfall Rn. 1010). Ein Gleiches gilt, wenn eine Erinnerungsmöglichkeit ausgeschlossen erscheint. Im Aufgabenfall Rn. 1014 war dies anzunehmen. Die Sache lag längere Zeit zurück, das Bedienen von Kunden in einem Schnellrestaurant dauert nicht lange und stellt einen für die Zeugen unbedeutenden Vorgang dar, den sie täglich vielfach erleben. Zudem müssten sich die Zeugen nicht nur an die (nicht sonderlich markante) Person des Angeklagten und den Tag, sondern auch noch an 1015

---

[26] BGH NStZ-RR 2003, 268 f.; BGH NStZ 2004, 51.
[27] ALSBERG/NÜSE/MEYER S. 670 ff.; KK-FISCHER § 244 Rn. 184.
[28] BGH StV 1993, 508; ALSBERG/NÜSE/MEYER S. 601 ff.; KK-FISCHER § 244 Rn. 149.
[29] Sachverhaltsausschnitt aus BGH NStZ 2000, 156.

die (relativ genaue) Uhrzeit erinnern.[30] Sollten allerdings konkrete, besondere Umstände dennoch eine Erinnerbarkeit vermuten lassen, so fehlt es an der völligen Ungeeignetheit.[31]

1016 (6) Unerreichbarkeit
Sie kann angenommen werden, falls trotz zumutbarer Bemühungen des Gerichts der Aufenthaltsort eines Zeugen entweder nicht zu ermitteln oder aber sein Erscheinen vor Gericht selbst über die Anwendung von Zwangsmitteln nicht zu bewirken ist.

1017 Unerreichbarkeit liegt hingegen noch nicht vor, wenn eine Ladung des Zeugen als unzustellbar zurückkommt, weil der „Empfänger nicht zu ermitteln" ist. Hier bedarf es vielmehr zunächst ergänzender Ermittlungen beim Einwohnermeldeamt oder durch die Polizei.[32]

1018 (7) Prozessverschleppungsabsicht
Eine Ablehnung wegen Prozessverschleppungsabsicht setzt dreierlei voraus:
- in objektiver Hinsicht eine *erhebliche Verfahrensverzögerung* durch die begehrte Beweiserhebung;
- die objektive *Aussichtslosigkeit* der begehrten Beweiserhebung für die weitere Sachaufklärung;
- subjektiv die *Verfahrensverzögerung als einziges Motiv* des Antragstellers.[33]

Die Beurteilung der Aussichtslosigkeit setzt eine Prognose auf der Basis des bisherigen Beweisergebnisses voraus. Da der Antragsteller selbstredend keine Verzögerungsmotivation einräumen wird, bedarf es auch insoweit einer Würdigung sämtlicher Umstände. Als deren Ergebnis muss das Gericht zu der Überzeugung gelangen, es werde eine sinnlose Verfahrensverzögerung eintreten und diese sei auch bezweckt.[34] Wegen seiner sehr engen Voraussetzungen greift der Ablehnungsgrund der Prozessverschleppung nur höchst selten und spielt daher in der prozessualen Praxis bislang kaum eine Rolle.[35]

1019 Das mag sich freilich ändern, falls das Modell der Fristsetzung für Beweisanträge Schule macht, weil dann die Fristüberschreitung als beachtliches Indiz für die Verschleppungsabsicht wirkt (siehe dazu unten Rn. 1039).

---

[30] BGH NStZ 2000, 156 (157).
[31] Vgl. BGH NJW 1989, 1045 f., wo Zeugen aus dem jugoslawischen Heimatdorf des Angeklagten dessen dortigen Besuch während des Tatzeitraumes bekunden sollten. Es war vorgetragen worden, der Angeklagte habe mit den Zeugen zusammen Heu eingefahren und anschließend im Haus des einen Zeugen, seines Schwagers, gesessen. Hier hielt der BGH entsprechende Aussagen nicht von vornherein für ausgeschlossen.
[32] BGH NStZ 1982, 78; NStZ 1983, 422; OLG München NStZ-RR 2007, 50 f.
[33] ALSBERG/NÜSE/MEYER S. 639; Karl KRÖPIL, Zur Entstehung und zum Begriff des Ablehnungsgrundes der „Prozeßverschleppung", AnwBl 1999, 15–20 (19); BGHSt 21, 118 (121); BGH NStZ 1982, 391; MEYER-GOSSNER § 244 Rn. 67.
[34] BGHSt 29, 149 (151); MEYER-GOSSNER § 244 Rn. 68.
[35] ALSBERG/NÜSE/MEYER S. 643 f.

II. Beweisanträge und verwandte Erklärungen

Eine *erhebliche Verzögerung* wurde bislang verneint, falls die Beweiserhebung innerhalb des Unterbrechungszeitraumes von § 229 I durchgeführt werden könnte.[36] Die neuere Rspr. tendiert allerdings zu einer Aufgabe des Verzögerungserfordernisses,[37] was insofern konsequent wäre, als eine nicht sachdienliche, zu verfahrensfremden Zwecken eingesetzte Beweiserhebung nicht nur dann vermieden werden sollte, wenn sie den Prozess in die Länge zieht, sondern als sachfremdes Agieren im Verfahren überhaupt nichts zu suchen hätte. Wegen der Unsicherheiten, die mit der Beurteilung der verbleibenden Kriterien verbunden sind (Rn. 1018), stellt das Verzögerungserfordernis aber ein Korrektiv dar, um vorschnellen Fehlinterpretationen der Intentionen eines Antragstellers zumindest ein Stück weit entgegen zu wirken.

1020

(8) Auslandszeugen

Für im Ausland zu ladende Zeugen enthält § 244 V 2 einen inhaltlichen Verweis auf das Amtsaufklärungsprinzip in § 244 II, womit dieses insoweit zum letztlich einzigen Prüfungsmaßstab (und das Beweisantragsrecht für diese Zeugen im Ergebnis gegenstandslos) wird.

1021

> **Zur Akte 2:**
>
> Prüft man den Antrag Bl. 65a anhand der obigen Kriterien durch, so kam seine Ablehnung tatsächlich nicht in Betracht. Insb. ist die Beweistatsache von Bedeutung: Hätte der Zeuge *Hammerstein* die Angeklagte *Schuler* angegriffen, so wäre ihr Handeln möglicherweise unter dem Aspekt der Notwehr gerechtfertigt gewesen.

1022

bb) Sachverständige

Von den soeben besprochenen Ablehnungsgründe des § 244 III 2 ist für Sachverständige vor allem die *völlige Ungeeignetheit* bedeutsam. Sie liegt dann vor, wenn dem Sachverständigen *keine Anknüpfungstatsachen* für sein Gutachten zur Verfügung gestellt werden können[38] (z. B.: Frage der Todesursächlichkeit von Schnittverletzungen, wenn die Leiche inzwischen nicht mehr existiert und zehn Jahre zuvor, bereits im verwesten Zustand, seziert worden war, wobei man seinerzeit neben nur noch unsicher zu bestimmenden Schnittverletzungen auch eindeutig zwei schwere Schussverletzungen gefunden hatte[39]). Scheitern muss ebenfalls ein Antrag auf Anhörung eines Sachverständigen, dessen Fachgebiet mit den zur Beantwortung der Beweisfrage notwendigen Kenntnissen nichts zu tun hat[40] oder wenn das entspre-

1023

---

[36] ALSBERG/NÜSE/MEYER S. 640; KK-FISCHER § 244 Rn. 177; BGH NStZ 1982, 391; BGH StV 1986, 418 (420).

[37] BGHSt 51, 333 (342 ff., obiter dictum); zust. KK-FISCHER § 244 Rn. 178; kritisch MEYER-GOßNER § 244 Rn. 67, jeweils m. w. N.

[38] KK-FISCHER § 244 Rn. 154.

[39] BGHSt 14, 339 (342 f.).

[40] ALSBERG/NÜSE/MEYER S. 606.

chende Gebiet gar nicht als wissenschaftliches Fachgebiet existiert (wie z. B. die Parapsychologie[41]).

Über § 243 III 2 hinaus bietet § 244 IV aber noch zwei weitere Ablehnungsgründe:

1024 (1) *Entbehrlichkeit der Begutachtung wegen eigener Sachkunde des Gerichts* (§ 244 IV 1). Eine solche Sachkunde kann allerdings nur angenommen werden, wo der Richter[42] entweder (zufällig) spezifische Kenntnisse besitzt, die einem Sachverständigen ebenbürtig sind, oder aber dort, wo die richterliche Erfahrung sie ihm in adäquater Weise vermittelt. Dies wird insb. bei Glaubwürdigkeitsfragen vermutet (nicht aber bei ungewöhnlichen Umständen, z. B. kindlichen Opfern von Sexualstraftaten oder mutmaßlich psychisch gestörten Zeugen).[43]

1025 (2) *Bereits erfolgter Nachweis des Gegenteils der behaupteten Tatsache* (§ 244 IV 2). Mit dieser Bestimmung soll eine wiederholte Begutachtung vermieden werden, sofern bereits ein erstes Sachverständigengutachten dem Gericht aus seiner Sicht die notwendige Klarheit verschafft hat. Das Gesetz erlaubt den *Gegenbeweis* dennoch in vier Konstellationen:
- *zweifelhafte Sachkunde* des ersten Gutachters;
- es wurden *unzutreffende Anknüpfungstatsachen* zu Grunde gelegt (z. B., weil sich im weiteren Verlauf der Beweisaufnahme neue Erkenntnisse ergeben haben[44]);
- *Widersprüchlichkeiten* innerhalb des Gutachtens;
- *überlegene Forschungsmittel* des beantragten Zweitgutachters.

cc) Urkunden

1026 Da für Urkunden (Rn. 428, 431) keine spezifischen Beweisantragsregeln existieren, gelten insoweit allein § 244 III 2 und damit die Ausführungen Rn. 1003 ff. entsprechend.

dd) Augenscheinsobjekte

1027 Die Bestimmung des § 244 V 1 enthält für Augenscheinsobjekte (Rn. 428, 432) inhaltlich ebenfalls eine Bezugnahme auf § 244 II, womit das Amtsaufklärungsprinzip zum alleinigen Maßstab wird[45] (und die engeren Voraussetzungen in § 244 III gegenstandslos werden). Im Grunde besteht daher auch für den Augenscheinsbeweis (wie bereits für die Auslandzeugen, Rn. 1021) überhaupt kein besonderes Beweisantragsrecht.

---

[41] BGH NJW 1978, 1207.

[42] Bei einem Kollegialgericht genügt dabei die Fachkunde eines der Richter, wenn er diese seinen Kollegen vermitteln kann, vgl. BGHSt 12, 18 (19); ALSBERG/NÜSE/MEYER S. 714 f.

[43] KK-FISCHER § 244 Rn. 51 ff.; ALSBERG/NÜSE/MEYER S. 699 ff.

[44] Allerdings kann das Gericht dann auch den Erstgutachter um eine Ergänzung seines Gutachtens bitten und anschließend den nunmehr unbegründet gewordenen Beweisantrag zurückweisen.

[45] Vgl. BGH NStZ 1981, 310; NStZ 1988, 88.

c) Der Sonderfall der gestellten Beweismittel

Macht ein Beteiligter von seinem Selbstladungsrecht Gebrauch,[46] so gelten für den auch insoweit noch erforderlichen Beweisantrag (§ 245 II 1) die besonderen Regeln des § 245 II 3. Vergleicht man die dortigen Ablehnungsgründe mit denen aus § 244 III, dann ergeben sich zwei Unterschiede: Zum einen fehlt die Wahrunterstellung in § 245 II, zum anderen ist die Ablehnung wegen Bedeutungslosigkeit noch etwas enger formuliert („kein Zusammenhang"). 1028

Zur Akte 2: 1029

Der Beweisantrag Bl. 65a bezieht sich *nicht* auf einen i. S. v. § 245 II geladenen Zeugen, denn dazu hätte die Angeklagte die Ladungsprozeduren (siehe Rn. 702) einzuhalten gehabt.[47] Anträge auf Vernehmung formlos mitgebrachter („gestellter") Zeugen wie dem Zeugen *Schuler* werden daher nach § 244 III 2 und nicht nach § 245 II 3 behandelt.

d) Entscheidung

Über Beweisanträge entscheidet das Gericht per Beschluss (§ 244 VI). Dieser Beschluss ist nicht unmittelbar anfechtbar (§ 305 Satz 1), weshalb eine fälschliche Zurückweisung eines Beweisantrages nur zusammen mit dem Urteil im Wege der Revision angegriffen werden kann. 1030

3. Beweisermittlungsanträge und Beweisanregungen

Über beide Begehren (zur Unterscheidung siehe Tab. 1 und Rn. 991) ist nach Maßgabe des *Aufklärungsprinzips* zu entscheiden (Rn. 750 ff.). Das Gericht hat den Anträgen bzw. Anregungen daher nachzugehen, soweit sie einen Bezug zu Schuld- oder Straffrage aufweisen und die Beweiserhebung zur Klärung des Beweisthemas sachdienlich erscheint. Dabei sind zwei Konstellationen zu unterscheiden: 1031
- Das Gericht hat sich auf Grund der bisherigen Beweiserhebung zu der fraglichen Beweisfrage *noch kein abschließendes Urteil* bilden können. In diesem Fall gebietet die Aufklärungspflicht, jedes geeignet erscheinende Aufklärungsmittel zu nutzen. Wenn die begehrte Beweiserhebung daher einen Erkenntnisfortschritt als möglich erscheinen lässt, so ist diese Möglichkeit zu ergreifen.[48]
- Nach der bisherigen Beweisaufnahme erscheint die Beweisfrage dem Gericht als *geklärt*. Hier ist das Gericht zu weiterer Aufklärung nur dann verpflichtet, wenn die erstrebte Ermittlung *bei realistischer Betrachtung* geeignet erscheint, begründete Zweifel an seiner Überzeugung zu wecken.[49]

---

[46] Siehe dazu für Angeklagten und Staatsanwaltschaft oben Rn. 712 f., für den Nebenkläger Rn. 868.
[47] Vgl. KK-FISCHER § 245 Rn. 24; ALSBERG/NÜSE/MEYER S. 815 f.
[48] BGHSt 10, 116 (118).
[49] BGH NStZ-RR 1996, 299; BGH NStZ 1994, 247 (248); enger noch BGHSt 23, 176 (188, „entfernte Möglichkeit einer Änderung der … Vorstellung"); dagegen zutreffend Gunter WIDMAIER, Anmerkung zu BGH NStZ 1994, 247, NStZ 1994, 248–250 (249 f.).

1032 **Beispiel (Suche nach einem Alibizeugen):**

In dem Strafverfahren gegen *Dominik D.* wegen eines Mordversuches war die bisherige Beweisaufnahme nach Ansicht der Verteidigung schlecht für den Mandanten ausgegangen, der die Tat bestritt. Deshalb beantragte die Verteidigung „zum Beweis der Tatsache, dass der Angeklagte zur Tatzeit (21.02.2009, 22.30 Uhr) gar nicht am Tatort in *Nürnberg* gewesen sein kann, die Vernehmung des Türstehers „Matze" der Diskothek *„Number One"* in *Würzburg*. „Matze" wird bekunden, der Angeklagte habe am Tattage gegen 22.00 Uhr in der Diskothek einen Streit mit ihm gehabt." — Zwar liegt eine Beweisbehauptung mit Sachbezug vor (Anwesenheit in *Würzburg* zur ungefähren Tatzeit), aber das Beweismittel wurde nicht in ladungsfähiger Weise benannt, weil „Matze" erst noch namentlich ermittelt werden müsste. Daher handelte es sich um einen Beweisermittlungsantrag, zu dessen Beurteilung drei Aspekte eine Rolle spielen, nämlich die Beweiserheblichkeit der Tatsache, die Erreichbarkeit des Beweismittels und seine voraussichtliche Aussagekraft: Zum einen bildet ein ggf. bekundetes Alibi natürlich immer einen Anlass zum Überdenken des bisherigen Beweisresultats, d. h. es ginge um einen wichtigen Aspekt des Tatnachweises. Zum zweiten ist der Zeuge immerhin einigermaßen genau bezeichnet worden, weshalb die Polizei bei der Diskothek nachfragen und, falls es „Matze" wirklich gäbe, ihn vermutlich identifizieren könnte. Schließlich spricht auch nichts gegen eine Beweismöglichkeit. Hätte es sich um ein bestelltes, falsches Alibi gehandelt, wäre wohl gleich der Name des Zeugen benannt worden. Zudem soll dieser einen Streit mit dem Angeklagten gehabt haben, was zum einen nicht nahe legt, es handele sich um einen Sympathisanten des Angeklagten, zum anderen aber auch die Erinnerbarkeit des Geschehens als möglich erscheinen lässt. Normalerweise hätte der Antrag daher Erfolg. Anders könnte es aussehen, falls die Beweislage bereits völlig unerschütterlich erschiene, etwa die Tatwaffe mit den Fingerabdrücken des Angeklagten unmittelbar nach der Tat am Tatort gefunden worden wäre. Dann wäre die wahrheitsgetreue Bekundung eines Alibis unrealistisch.

III. Hilfsbeweisanträge

1033 Beweisanträge können auch bedingt gestellt werden; man spricht dann verallgemeinernd von einem Hilfsbeweisantrag,[50] obschon sich hinter diesem Begriff – je nach gesetzter Bedingung – mehrere unterscheidbare Antragsformen verbergen können (Rn. 1037). Die für die Verteidigung[51] gebräuchlichste Form ist, den Beweisantrag nur für den Fall zu stellen, dass das Gericht in der Urteilsberatung zu einem Schuldspruch kommt (Hilfsbeweisantrag i. e. S.).

---

[50] Vgl. BGH NStZ 1995, 98, wo von einem Hilfsbeweisantrag die Rede ist, obschon es sich genau genommen um einen Eventualbeweisantrag handelt (siehe Rn. 1053).

[51] Die Staatsanwaltschaft könnte umgekehrt die Beweiserhebung nur für den Fall beantragen, dass das Gericht zu keinem Schuldspruch kommt.

> **Beispiel (Sachverständigenbeweisantrag für den Fall eines Schuldspruchs):** 1034
> Der eines gemeinschaftlichen Raubüberfalles angeklagte, 24-jährige *Tobias H.* hatte seine Tatbeteiligung bestritten. Aus Sicht der Verteidigung erschien nach Durchführung der Beweisaufnahme eine Verurteilung allerdings nicht unwahrscheinlich. Im Schlussplädoyer beantragte der Verteidiger daher in erster Linie einen Freispruch, stellte aber „für den Fall, dass die Strafkammer in der Schlussberatung dennoch zu einem Schuldspruch gelangt, den Antrag auf Anhörung eines psychiatrischen Sachverständigen. Dieser wird bekunden, dass der Angeklagte seit Jahren an einer auf den Unfalltod seiner Eltern zurückzuführenden depressiven Störung leidet, derentwegen seine Fähigkeit, sich bei einer Tatbegehung durch seine Freunde von diesen zu distanzieren und bei der Tat nicht mitzumachen, stark herabgesetzt war. Aus diesem Befund wird die Strafkammer die Anwendung des § 21 StGB folgern müssen." — Über einen Hilfsbeweisantrag ist nur dann zu entscheiden, wenn die an ihn geknüpfte Bedingung eintritt, das Gericht also in der Urteilsberatung dazu käme, eine Tatbegehung durch *Tobias H.* anzunehmen. Für diesen Fall müsste das Gericht nunmehr die Begründetheit des Antrags prüfen. Hielte es ihn für begründet, so hätte es erneut in die Beweisaufnahme einzutreten und die beantragte Begutachtung zu veranlassen (an deren Anschluss die Beweisaufnahme erneut zu schließen und zu plädieren sowie ein zweites Mal über das Urteil zu beraten wäre). Ließe sich der Antrag dagegen zurückweisen, so kann dies *in den Urteilsgründen* geschehen. Es erfolgt also kein gesonderter Beweisbeschluss mehr, sondern das Gericht verkündet nach seiner Beratung das Urteil und erläutert in dessen Gründen, warum es dem Beweisantrag nicht gefolgt ist. In die hilfsweise Stellung des Antrags wird nämlich konkludent der *Verzicht auf eine Vorabbescheidung* in einem gesonderten Beschluss hineingelesen.[52] Im Beispiel läge eine Wahrunterstellung nahe, sofern das Verhalten des Angeklagten mit der behaupteten Störung jedenfalls nicht im Widerspruch stünde. Das Gericht hätte dann von der Störung auszugehen, könnte das Vorliegen der übrigen Voraussetzungen des § 21 StGB ohne sachverständigen Rat nicht ausschließen und hätte auch die von der Verteidigung offensichtlich allein erstrebte Strafmilderung vorzunehmen.

Hilfsbeweisanträge sind prozessökonomisch durchaus sinnvoll: Es soll nicht um der Beweiserhebung willen vorgegangen, sondern nur dort weiter aufgeklärt werden, wo es prozessual auch sinnvoll erscheint. Hilfsanträge stellen zudem *prozesstaktisch effektive*, aber auch *nicht ganz risikolose Instrumente* dar. Einerseits kann man damit das ohnehin zweifelnde Gericht möglicherweise bewegen, sich der eigenen Auffassung in der Schuldfrage anzuschließen, indem man deren Gegenteil durch eine für diesen Fall durchzuführende, aufwendige Beweiserhebung möglichst unattraktiv gestaltet. Andererseits erfährt der Antragsteller erst mit Urteilsverkündung von einem etwaigen Misserfolg seines Hilfsantrages; er erhält also, anders als bei einem unbedingt gestellten Beweisantrag, keine Gelegenheit mehr, eventuelle Fehler seines Antrages auszubessern oder durch alternative Beweisanträge noch auf das Beweisergebnis einzuwirken. 1035

---

[52] BGHSt 52, 355 (360 f.); KK-FISCHER § 244 Rn. 92.

1036   **Aufgabe:**
Hilfsbeweisantrag für den Fall der Verurteilung zu vollstreckbarer Freiheitsstrafe[53]
Gegen den Beamten im Bundesverteidigungsministerium *Peter G.* wurde u. a. wegen Bestechlichkeit verhandelt. Sein Verteidiger beantragte im Schlussplädoyer für den Fall, dass das Gericht zur Verhängung einer Freiheitsstrafe ohne Bewährung gelangen würde, die Vernehmung etlicher weiterer Zeugen. In das Wissen dieser Zeugen wurden Tatsachen gestellt, die unmittelbar ergeben hätten, dass *Peter G.* weder die Bereitschaft zur Verletzung seiner Dienstpflichten gezeigt, noch solche Pflichten verletzt oder mit den Vertretern der projektbeteiligten Firmen Unrechtsvereinbarungen getroffen habe, weshalb es an den Voraussetzungen für einen Schuldspruch wegen Bestechlichkeit fehle.
Welche Bedenken bestehen gegen diesen Hilfsbeweisantrag?

1037 Es können im Prinzip unterschiedliche auslösende Geschehen mit einem bedingt gestellten Antrag verknüpft werden. Üblicherweise[54] unterscheidet man deshalb:
- *Hilfsbeweisanträge* (*i. e. S.*): Solche Anträge werden für den Fall des Scheiterns eines Hauptantrages gestellt (z. B. des Antrages auf Freispruch). Im Beispielsfall Rn. 1034 handelt es sich um eine solche Konstellation;
- *Eventualbeweisanträge*: Sie gelten als für den Fall gestellt, dass ein bestimmtes Begründungselement des Sachurteils vom Gericht anders gesehen wird, als es der Antragsteller wünscht, z. B. ein bestimmtes Tatmotiv (etwa Habgier, Gewerbsmäßigkeit) angenommen, ein minder schwerer Fall verneint oder die Glaubwürdigkeit eines Zeugen bejaht wird;[55]
- *prozessual bedingter Antrag*: Hier knüpft der Antrag an ein prozessuales Ereignis oder Verhalten an. Sollte beispielsweise die Staatsanwaltschaft ihrerseits an einem bereits gestellten Beweisantrag festhalten, so mag der Verteidiger für diesen Fall hilfsweise seinerseits eine bestimmte Beweiserhebung beantragen.[56]

1038 Unzulässig wird eine Verknüpfung von Bedingung und Antrag aber, sobald sich Bedingung und Beweisziel logisch widersprechen. Im Aufgabenfall Rn. 1036 läge ein solcher logischer Bruch vor, denn nur für den Fall einer bestimmten Strafzumessungsentscheidung soll mittels der Beweiserhebung die Grundlage einer Verurteilung überhaupt angegriffen werden. Der Antragsteller verhält sich damit widersprüchlich, weil er im Falle bestimmter milder Strafen die Schuld anerkennt, sie aber andernfalls in Abrede nimmt. Der Antrag wird deswegen im Urteil als unzulässig zurückgewiesen werden.[57]

---

[53] Sachverhalt nach BGHSt 40, 287 (leicht verändert).

[54] Vgl. Reinhold SCHLOTHAUER, Hilfsbeweisantrag – Eventualbeweisantrag – bedingter Beweisantrag, StV 1988, 542–548; KK-FISCHER § 244 Rn. 88 ff.

[55] KK-FISCHER § 244 Rn. 90; BGH NStZ 1995, 98; SCHLOTHAUER (Fn. 56), StV 1988, 546.

[56] SCHLOTHAUER (Fn. 56), StV 1988, 548; KK-FISCHER § 244 Rn. 91.

[57] BGHSt 40, 287 (289 f.).

IV. Einschränkungen des Antragsrechts?

Die Kehrseite des beschriebenen starken Beweisantragsrechts ist die Gefahr seines extensiven Ge- oder gar Missbrauchs.[58] Als Folge entzündete sich in der Vergangenheit eine lebhafte Diskussion um die Einschränkung des Beweisantragsrechts und um die Einführung sogenannter *Missbrauchsklauseln*.[59] Die rechtspolitische Diskussion ist insoweit zwar inzwischen abgeflaut und im Vordergrund der Aufmerksamkeit steht heute die Vorverlagerung von Beweiserhebungen ins Ermittlungsverfahren und daran anknüpfende Einschränkungen des Unmittelbarkeitsprinzips (siehe dazu die bereits Gesetz gewordenen Ansätze des Vorspielens von Videoaufnahmen früherer Vernehmungen, Rn. 937 ff.). Ein Grund hierfür mag allerdings auch in der Entwicklung der höchstrichterlichen Rspr. liegen, die inzwischen zwei Instrumente gegen eine missbräuchliche Inanspruchnahme des Beweisantragsrechts entwickelt hat, nämlich zum einen durch die Anweisung, *Beweisanträge nur noch über den Verteidiger* zu stellen,[60] zum anderen durch die *Festlegung eines spätesten Zeitpunkts für eine Antragstellung*, nach dessen Verstreichen weiteren Beweisanträgen mit der Vermutung begegnet werde, sie dienten allein der Prozessverschleppung (§ 244 III 2).[61]

1039

▶ Beispiele für missbräuchliche Antragstellungen sowie eine genauere Darstellung der von der Rspr. dagegen entwickelten Instrumente findet sich in ET 18-01.

Wiederholungsfragen zum 18. Kapitel
1. Welche Elemente enthält ein Beweisantrag? (Rn. 990)
2. Was unterscheidet einen Beweis von einem Beweisermittlungsantrag? (Rn. 991 und Tab. 1)
3. In welchen drei Schritten ist ein Beweisantrag zu prüfen? (Rn. 997–1001)
4. Wonach fragt das Kriterium der Konnexität bei einem Beweisantrag? (Rn. 996)
5. Unter welchen Voraussetzungen kann eine Wahrunterstellung erfolgen? (Rn. 1011)
6. Wann ist einem Beweisermittlungsantrag nachzugehen? (Rn. 1031)
7. Wann wird über einen Hilfsbeweisantrag (i. e. S.) entschieden? (Rn. 1033 f.)

---

[58] Kay NEHM/Lothar SENGE, Ursachen langer Hauptverhandlungen – dargestellt am Beispiel von 3 Strafverfahren, NStZ 1998, 377–389; vgl. ferner die Fallschilderung in BGHSt 38, 111 (112).
[59] BEULKE Rn. 126a; Hans KUDLICH, (Nichts) Neues zum Missbrauch des Beweisantragsrechts, HRRS 2005, 10–15: Hinrich RÜPING, Der Mißbrauchsgedanke im Strafprozeßrecht und sein Mißbrauch, JZ 1997, 865–869, jeweils m. w. N.
[60] BGHSt 38, 111 (114).
[61] BGH NJW 2005, 2466 (2468).

19. Kapitel. Die Urteilsfindung

I. Die freie richterliche Beweiswürdigung

Nach § 261 entscheidet das Gericht über das Beweisergebnis „nach seiner freien, aus dem Inbegriff der Verhandlung geschöpften Überzeugung". Dies kennzeichnet zum einen das Erkenntnisziel der *Überzeugung* des Richters von der Schuld des Angeklagten als (schon) ausreichende Urteilsgrundlage, zum anderen den Prozess der *Überzeugungsbildung* als frei.

1040

Diese „freie" Überzeugungsbildung versteht sich als bewusste Umkehr vom klassischen Inquisitionsprozess, der gesetzliche Beweisregeln aufgestellt hatte, etwa über den vollen Schuldbeweis durch zwei oder drei glaubhafte Zeugen.[1]

1041

1. Die richterliche Überzeugung

Mit der Überzeugung wird keine objektive Wahrscheinlichkeitskategorie, sondern eine subjektive Bewertung als Ziel der Beweiswürdigung benannt. Das mag zunächst verwundern, ist aber die zwangsläufige Folge der Unmöglichkeit, aus einer Mehrzahl unterschiedlicher Beweise mittels empirischer Methodik eine objektive Tatwahrscheinlichkeit abzuleiten. Es mag zwar Konstellationen geben, in welchen allein objektive, in ihrem Beweiswert quantifizierbare Beweismittel benötigt werden (z. B. bei DNA-Spuren[2]). Regelmäßig treten in einer Beweisaufnahme aber auch Zeugen- und Beschuldigtenangaben hinzu, die sich jeder rational schlüssigen empirischen Bewertung und quantitativen Abwägung entziehen. Wer in einer solchen Situation zu einem Ergebnis gelangen möchte, ist auf eine subjektive Be-

1042

---

[1] Gerhard FEZER, Tatrichterlicher Erkenntnisprozeß – „Freiheit" der Beweiswürdigung, StV 1995, 95–101 (95 f.); Bertram SCHMITT, Die richterliche Beweiswürdigung im Strafprozess, 1992, S. 143 ff.; siehe ferner den Abdruck des einschlägigen Art. 67 CCC in ET 02-01.

[2] Der Rspr. genügen freilich auch hier selbst hohe Wahrscheinlichkeiten nicht, vgl. BGHSt 38, 320.

wertung angewiesen, die von jedem Betrachter in Abhängigkeit von seinen Einstellungen und Vorkenntnissen zumindest in Nuancen unterschiedlich vorgenommen wird.³

1043 **Zur Akte 2:**

Betrachten Sie bitte die in der Hauptverhandlung abgegebenen Aussagen der Angeklagten *Schuler* (Bl. 57 f.), des Zeugen *Hammerstein* (Bl. 59) und des Zeugen *Hans-Wolfgang Schuler* (Bl. 62 f.) einmal im Zusammenhang! Man mag die Angaben des Zeugen *Hammerstein* für wahrscheinlicher halten, weil sie „ins Bild [des übrigen Geschehens] passen" und das Ehepaar *Schuler* zudem ein gutes Motiv hätte zu lügen. Dennoch kann sie keineswegs als die objektive Wahrheit gelten. Denn zum einen mag das „Bild" ja seinerseits durch Vorurteile oder Fehlwahrnehmungen unrichtig entstanden sein, zum anderen mag der Zeuge *Hammerstein*, wenn die Angaben der Angeklagten *Schuler* stimmen sollten, ebenfalls ein Motiv haben, eigenes Fehlverhalten zu vertuschen. Wer in einer solchen Lage meint, sagen zu können, die Tatwahrscheinlichkeit betrage 70, 83 oder gar 100%, betrügt sich im besten Fall selbst und ist im schlechtesten Fall böswillig oder schlicht dumm.

1044 Da das Strafverfahren aber schlussendlich zu einer Entscheidung gelangen muss, ist es notwendig, sich mit einer subjektiven Einschätzung zu begnügen, wobei mit der „Überzeugung" immerhin eine eindeutige, *keinen ernsthaften Zweifeln des Entscheidenden* (nicht: dritter Personen) mehr zugängliche Stellungnahme, eine *Gewissheit* verlangt wird.⁴ Zur Bedeutung subjektiver Zweifel siehe Rn. 772 ff.).

2. Die „Freiheit" der Überzeugungsbildung

1045 Die „freie" Beweiswürdigung bzw. Überzeugungsbildung erlaubt jedoch keineswegs eine willkürliche Entscheidungsfindung, sondern begründet allein eine Freiheit von Beweisregeln, die den Richter positiv zwängen, zu bestimmten Ergebnissen zu gelangen.⁵ Die Freiheit findet hingegen ihre Grenzen, wo ein richterliches Ergebnis gegen bestimmte Minimalregeln verstößt. Man kann von daher die freie Beweiswürdigung am besten mit dem verwaltungsrechtlichen *Beurteilungsspielraum* vergleichen:⁶ Innerhalb bestimmter Grenzen und unter Beachtung grundlegender Regeln ist der Richter frei, sich für das von ihm für richtig empfundene

---

³ Roxin/Schünemann § 45 Rn. 43; BGHSt 10, 208 (209); Henkel S. 351.
⁴ BGHSt 10, 208 (209 f.); Henkel S. 351; KK-Schoreit § 261 Rn. 2.
⁵ SK-Velten § 261 Rn. 5; Schmitt (Fn. 64), S. 188.
⁶ Ähnlich Schmitt (Fn. 64), S. 523, der allerdings den – m. E. irreführenden – Begriff des Ermessensspielraums benutzt. Der Tatrichter besitzt kein Ermessen in dem Sinne, wie es etwa das Verwaltungsprozessrecht versteht. Er soll nicht zwischen mehreren gleich richtigen Ergebnissen wählen, sondern er soll idealiter die für ihn einzig richtige Entscheidung treffen.

I. Die freie richterliche Beweiswürdigung

Ergebnis zu entscheiden; eine revisionsgerichtliche Korrektur ist ausgeschlossen.[7] Überschreitet er hingegen die Grenzen (indem er zu einem objektiv unwahrscheinlichen Ergebnis gelangt[8]) oder verletzt er bestimmte Entscheidungsregeln (indem er sein Ergebnis mit unlogischen, widersprüchlichen Erwägungen begründet[9] oder wesentliche Aspekte außer Acht lässt[10]), so unterliegt seine Entscheidungsfindung der revisionsgerichtlichen Kontrolle.

Die *revisionsgerichtliche Kontrolldichte* hat dabei im Laufe der Zeit deutlich zugenommen.[11] Während der BGH in den 1950er Jahren noch sehr zurückhaltend darin war, tatrichterliche Beweiswürdigungsfehler zu formulieren,[12] kann man inzwischen davon sprechen, die subjektive Gewissheit des Richters habe „auf einem objektiven Fundament" zu ruhen.[13] Damit ist weniger eine Verschärfung der Entscheidungsregeln (Rn. 1042 ff.) gemeint. Vielmehr verengen sich vor allem die Grenzen des Entscheidungsspielraumes. Es genügt also immer weniger, die Entscheidung in sich schlüssig zu begründen, sie muss auch zunehmend einer materiellen Richtigkeitskontrolle standhalten.[14]

1046

Die wichtigsten, aus Verstößen gegen die anerkannten Regeln der Entscheidungsfindung resultierenden, revisiblen Fehler bei der Beweiswürdigung sind:[15]
- das Verkennen des Erkenntnisziels, also das Zugrundelegen eines unzutreffenden Begriffs der richterlichen Überzeugung (Rn. 1042, 1044);
- die Nichtbeachtung wesentlicher tatsächlicher Umstände;
- der Verstoß gegen Denkgesetze, u. a. gegen das Gebot der Widerspruchsfreiheit;
- die Nichtbeachtung gesicherter wissenschaftlicher Erkenntnisse;
- das Außerachtlassen allgemeingültiger Erfahrungssätze;
- die Verwertung unverwertbarer Beweismittel (einschließlich des Schweigens des Angeklagten);
- der Verstoß gegen den Zweifelssatz (dazu näher Rn. 1049).

1047

▶ Beispiele und nähere Erläuterungen zu den Fallgruppen revisibler Fehler bei der Beweiswürdigung finden Sie auf ET 19-01.

Neben die genannten Fehler treten die sog. *Darstellungsmängel*. Sie betreffen nicht den eigentlichen Beweiswürdigungsvorgang, sondern seine Dokumentation in den schriftlichen Urteilsgründen.[16] Das Revisionsgericht kann hier mangels ausreichender Darlegung die tatrichterliche Beweiswürdigung nicht auf die vorstehenden Fehler hin überprüfen; dies genügt zur Urteilsaufhebung.

1048

---

[7] Vgl. BGHSt 10, 208 (209 f.); 29, 18 (19 f.).
[8] BGHSt 29, 18 (20 f.); SK-Velten § 261 Rn. 42; HbStrVf-König Rn. X.332 ff.
[9] BGH NStZ-RR 2003, 16; SK-Velten § 261 Rn. 41; HbStrVf-König Rn. X.324 ff.
[10] BGH NJW 1992, 252; SK-Velten § 261 Rn. 34; HbStrVf-König Rn. X.329 ff.
[11] Peters S. 644 ff.
[12] Vgl. BGH NJW 1951, 325; BGHSt 10, 208.
[13] Peters S. 644; vgl. ferner Fezer (Fn. 64), StV 1995, 100; BGH StV 1993, 510 (511).
[14] Gerhard Herdegen, Die Überprüfung der tatsächlichen Feststellungen durch das Revisionsgericht auf Grund der Sachrüge, StV 1992, 527–534 (531, 533 f.); Schmitt (Fn. 64), S. 389.
[15] Vgl. HbStrVf-König Rn. X.319 ff.; Martin Niemöller, Die strafrichterliche Beweiswürdigung in der neueren Rechtsprechung des Bundesgerichtshofs, StV 1984, 431–442.
[16] Vgl. SK-Velten § 261 Rn. 32 f.; BGHR § 261 StPO Beweiswürdigung 13 und 37.

3. In dubio pro reo

1049 Als Ergebnis seiner Beweiswürdigung entsteht dem Strafrichter ein subjektives Bild von der Wahrscheinlichkeit der Täterschaft des Angeklagten. Ist er sich dessen Schuld sicher, so besitzt er die notwendige Überzeugung (§ 261) und muss verurteilen. Allerdings werden ihm am Ende gelegentlich Bedenken bleiben, weil ihm alternative, die Schuld dieses Angeklagten ausschließende Abläufe möglich erscheinen. Er wird somit an der Schuld des Angeklagten zweifeln. Bei derartigen Zweifeln verbietet der Satz des in dubio pro reo, den Angeklagten zu verurteilen; der Richter hat dann von der dem Angeklagten jeweils günstigeren Version auszugehen.[17]

1050 *Rein theoretische Zweifel* dürfen die Verurteilung dagegen nicht hindern, sondern es muss sich um *ernsthaft in Betracht kommende Alternativen* handeln. Besteht für eine dem Angeklagten günstigere Erklärung überhaupt kein tatsächlicher Anhaltspunkt, dann darf das Gericht sie nicht einfach zum Anlass nehmen, an einem ansonsten klaren Sachverhalt zu zweifeln.[18]

▶ Ein Beispiel für eine rein theoretische Zweifelssituation findet sich auf ET 19-02.

1051
Aufgabe:
Zweifel an Verjährungseintritt[19]

Franziska G. war wegen eines Betruges zum Strafrichter angeklagt worden. Am Schluss der Hauptverhandlung war dieser von der Begehung des Betruges durch *G.* überzeugt. Unklar war allerdings die genaue Tatzeit geblieben, da sich das betrügerische Geschäft nicht mehr auf einen genauen Tag datieren ließ. Es war deshalb letzten Endes nicht auszuschließen, dass die Tatzeit bereits länger als fünf Jahre vor der ersten verjährungsunterbrechenden Handlung lag.

Kann *Franziska G.* dennoch verurteilt werden?

1052 Der Grundsatz des in dubio pro reo geht trotz seiner heutigen verfassungsrechtlichen Fundierung im Schuldprinzip sowie in der Unschuldsvermutung (Art. 6 II EMRK) bereits auf römisch-rechtliche Quellen zurück.[20] Die Verankerung im Schuldprinzip lässt allerdings die Deutung zu, der Zweifelssatz gälte nicht für Fragen jenseits der Schuld.[21] Richtigerweise ist er aber als ein elementares Prinzip rechtsstaatlichen Verfahrens anzusehen, weshalb auch Zweifel an der legitimen Verfolgbarkeit des Angeklagten (z. B. wegen eingetretener Verjährung) seine Verurteilung hindern.[22]

---

[17] SK-VELTEN § 261 Rn. 76; PETERS S. 287 f.; KK-PFEIFFER/HANNICH Einleitung Rn. 19.
[18] BGH NStZ-RR 2005, 147; BGH NJW 2002, 2188 (2189).
[19] Sachverhalt nach Motiven aus BGHSt 18, 274.
[20] SK-VELTEN § 261 Rn. 75; eingehend Jan ZOPFS, Der Grundsatz „in dubio pro reo", 1999.
[21] RGSt 65, 250 (255); wohl auch RGSt 53, 324.
[22] AK-LOOS § 206a Rn. 25; SK-PAEFFGEN § 206a Rn. 19; KK-PFEIFFER/HANNICH Einleitung Rn. 19.

Der BGH hat es zwar bislang vermieden, sich derart grundsätzlich festzulegen, die Geltung des in dubio-Satzes aber inzwischen vielfach jenseits der Schuld zugelassen.[23]

II. Die Wahlfeststellung

Vermag sich das Gericht schlussendlich keine Überzeugung von einem einzigen, bestimmten Geschehensablauf zu bilden, kann es aber andererseits alle alternativen straflosen Verläufe ausschließen, so besteht die Möglichkeit zu einer *wahlweisen Verurteilung*.

1053

> **Beispiel (Halter- oder Fahrerverantwortlichkeit für Verkehrsunfall)[24]**
>
> Der Angeklagte *Siegmund A.* hatte entweder in alkoholbedingt fahruntüchtigem Zustand selbst seinen Pkw geführt oder als mitfahrender Halter den für ihn erkennbar absolut fahruntüchtigen *Stefan S.* nach gemeinschaftlichem Alkoholgenuss fahren lassen. Obwohl die Spuren auf *Stefan S.* als Fahrer hindeuteten, hatte das Schöffengericht nicht mit hinreichender Sicherheit feststellen können, ob der Pkw von *A.* oder von *S.* gesteuert worden war, als er wegen der Fahruntüchtigkeit des Fahrers auf die linke Fahrbahnseite geriet und gegen einen entgegenkommenden Pkw prallte, wodurch dessen Fahrer sowie *Stefan S.* getötet wurden. – Nicht wegen des eigenhändigen Vergehens nach § 315c StGB, wohl aber wegen fahrlässiger Tötung konnte *Siegmund A.* im Wege der *gleichartigen Wahlfeststellung*[25] verurteilt werden, denn nach jedem der beiden Verläufe (selbst Fahrer oder zulassender Halter und Mitfahrer) hatte *A.* in zurechenbarer Weise pflicht- und sorgfaltswidrig eine Ursache für den Tod von *S.* sowie des Fahrers des entgegenkommenden Fahrzeugs gesetzt und damit § 222 StGB verwirklicht.[26] Weitere Verläufe, die straflos gewesen wären (z. B. Fahrt durch *S.* ohne Gestattung durch *A.*), hatte das Gericht ausschließen können (falls nicht, hätte es freizusprechen gehabt). *A.* konnte daher „wegen fahrlässiger Tötung" verurteilt werden. Im Urteilstenor wird die gleichartige Wahlfeststellung nicht weiter erwähnt; sie wird vielmehr erst aus den Urteilsgründen ersichtlich.

1054

Eine *ungleichartige Wahlfeststellung*[27] lässt sich hingegen bereits dem Urteilstenor entnehmen.

1055

---

[23] BGHSt 18, 274 (277 f.) für die Verjährung; vgl. im Übrigen die Übersicht bei SK-Paeffgen § 206a Rn. 16 f.
[24] Sachverhalt mit Änderungen nach OLG Karlsruhe NJW 1980, 1859.
[25] Zur gleichartigen Wahlfeststellung siehe näher Rengier AT § 57 Rn. 17 ff.
[26] OLG Karlsruhe NJW 1980, 1859 f.
[27] Zu ihr siehe näher Rengier AT § 57 Rn. 21 ff.

> **Beispiel (Diebstahl oder Hehlerei)[28]**
>
> Bei dem Angeklagten *Frank R.*, der sich nicht zur Sache äußerte, war Diebesgut gefunden worden. Nach Durchführung der Beweisaufnahme hielt die Strafkammer nur drei verschiedene Abläufe für möglich: 1) *R.* hatte die Beute bei dem zu Grunde liegenden Einbruch als Täter oder Mittäter erhalten; 2) *R.* hatte bei dem Einbruch als Gehilfe mitgewirkt und die Beute sodann als Hehler erhalten; 3) *R.* war an dem Einbruch unbeteiligt geblieben und hatte sich allein als Hehler betätigt. – Wegen der rechtsethischen und psychologischen Vergleichbarkeit[29] von Diebstahl und Hehlerei war zwischen beiden Delikten in den Alternativen (1) und (3) eine Wahlfeststellung möglich. In der Alternative (2) hätte *R.* hingegen ein weiteres Delikt begangen, weshalb insoweit keine Wahlfeststellung möglich gewesen wäre. Andererseits hätte er dort (auch) eine täterschaftliche Hehlerei begangen, weshalb man die Vergleichbarkeit aller drei Alternativen herstellen kann, indem man in Alternative (2) zu Gunsten von *R.* die Möglichkeit einer (zusätzlichen) Beihilfe unbeachtet lässt. *R.* konnte daher – gewissermaßen als kleinster gemeinsamer Nenner aller drei Alternativen – „wegen Diebstahl oder Hehlerei" verurteilt werden.[30]

1056 Bereits die *Anklage lässt sich wahlweise erheben*, wenn schon das Ermittlungsverfahren keine Klärung erwarten lässt, welche von zwei Tatalternativen am Ende nachzuweisen sein wird.[31] Auf diese Weise werden beide Abläufe Gegenstand der gerichtlichen Untersuchung i. S. v. § 155 I und es braucht ggf. nicht zu der misslichen Situation einer Nachtragsanklage zu kommen (Rn. 1061 ff.).

III. Die Anklage hat die Straftat unzutreffend erfasst

1057 Wenngleich es im Verfahren 2 in erster Instanz zu einer Verurteilung gekommen ist, die spiegelbildlich der Anklage entsprach, so ist das keinesfalls immer so (oder auch nur der Regelfall).[32] Neben dem Fall fehlender Nachweisbarkeit (mit der Folge von Freisprüchen oder Teilfreisprüchen, siehe Rn. 1087 f.) stellt sich häufig das angeklagte Geschehen als in tatsächlicher Hinsicht von der Anklage abweichend dar. Das nachweisbare Verhalten des Angeklagten mag dann weiterhin strafbar erscheinen, aber vielleicht nach einem anderen Straftatbestand. In einer solchen Situation verlangt § 264 prinzipiell, den Angeklagten aus den sachlich zutreffenden rechtlichen Gesichtspunkten heraus zu verurteilen. Im Extremfall kann aber am Ende die nachgewiesene Tat sogar außerhalb des angeklagten prozessualen (d. h. historischen) Tatgeschehens (siehe Rn. 168 f.) liegen. Um einerseits das Verfahren

---

[28] BGHSt 15, 63.
[29] Zu diesem Kriterium der ungleichartigen Wahlfeststellung vgl. Rengier AT § 57 Rn. 25 f.; BGHSt 9, 390 (394 f.).
[30] BGHSt 15, 63 (65 f.).
[31] Beispiel einer wahlweisen Anklage bei HEGHMANNS Arbeitsgebiet Rn. 808.
[32] Selbst im Verfahren 2 erfolgt in der Berufungsverhandlung immerhin ein Teilfreispruch, vgl. Bl. 85 d. A.

dennoch abschließen zu können und andererseits dem Angeklagten eine angemessene Verteidigung selbst gegen einen modifizierten Tatvorwurf zu gestatten (anstatt ihn mit bislang Unerkanntem zu überrumpeln), lassen die §§ 265, 266 thematische Abweichungen des Urteilsspruchs gegenüber dem Anklagevorwurf zwar zu, aber nur unter bestimmten Bedingungen. Der sog. *rechtliche Hinweis* (§ 265) spielt sich dabei noch innerhalb der angeklagten prozessualen Tat ab, während die *Nachtragsanklage* (§ 266) das Prozessgeschehen über diese hinaus ausdehnt.

1. Veränderungen des rechtlichen Gesichtspunktes (§ 265)

Mit Hilfe des § 265 kann (und muss) auf *rechtliche oder auch tatsächliche Veränderungen innerhalb der angeklagten Tat* reagiert werden. Ein solcher Fall läge etwa vor, wenn sich der angeklagte Totschlag doch als Mord (aus zuvor übersehenen unerkannten Beweggründen) herausstellt oder sich die gefährliche nach § 224 I Nr. 4 StGB mangels nachgewiesener Mitwirkung eines Beteiligten als nur einfache Körperverletzung. Dass sich hinter der rechtlichen gelegentlich auch tatsächliche Veränderungen verbergen, bleibt unschädlich (z. B.: Das angeklagte Eindringen in das Wohnhaus mittels eines Dietrichs entpuppt sich als Einsteigen durch ein Fenster.).

1058

In derartigen Fällen verlangt § 265 von dem Vorsitzenden, den Angeklagten so früh als möglich, jedenfalls aber innerhalb der Hauptverhandlung,[33] darauf hinzuweisen, dass und warum er ggf. auch nach einem bestimmten anderen Strafgesetz verurteilt werden kann. Im Regelfall wird dem Angeklagten dabei der Text der nunmehr einschlägigen Strafvorschrift vorgelesen. Sodann ist ihm Gelegenheit zu gewähren, seine Verteidigung darauf einzurichten (§ 265 I), etwa durch Anordnung einer Verhandlungspause oder einer Unterbrechung nach § 229 I, II. Im – sehr seltenen – Ausnahmefall kann die Veränderung sogar zum Anspruch auf Aussetzung und Neubeginn der Hauptverhandlung führen (§ 265 III).[34]

1059

Beispiel (Nicht angeklagte Geschehnisse während einer Trunkenheitsfahrt werden bekannt)[35]

1060

Joachim F. hatte mit seinem Pkw und einer BAK von 1,9 g ‰ in der Stadt *D.* einen Verkehrsunfall verursacht, bei dem *Klaus T.* verletzt worden war. Um nicht belangt zu werden, fuhr *Joachim F.* mit seinem noch fahrtüchtigen Pkw mit hoher Geschwindigkeit davon. Schließlich kam er etliche Kilometer weiter auf einer Landstraße von der Fahrbahn ab und rutschte mit seinem Pkw in einen Graben, wo er später von einem Streifenwagen aufgefunden wurde. Da er mit dem Geschehen in *D.* zunächst nicht in Verbindung gebracht wurde, klagte ihn die Staatsanwaltschaft nur wegen eines Vergehens nach § 316 I StGB an. Erst in der Hauptverhandlung stellte sich seine Verantwortlichkeit für das weitere Unfallge-

---

[33] MEYER-GOßNER § 265 Rn. 32.
[34] Vgl. den Fall BGHSt 48, 183 (bei angeklagter Nichtanzeige eines Raubes [§ 138 I Nr. 7 StGB] Hinweis auf Anstiftung zum Mord).
[35] Abgeänderter Sachverhalt nach BGHSt 23, 141.

schehen in *D.* heraus. – Zwar unterbricht ein Unfallgeschehen materiellrechtlich die Handlung, weshalb die anschließende Unfallflucht (§§ 142, 316 StGB) in Tatmehrheit (§ 53) zu dem Fahrtgeschehen bis einschließlich des Unfalls steht.[36] Prozessual bildet aber die gesamte Fahrt bis zum Abkommen von der Fahrbahn ein einheitliches historisches Geschehen.[37] Als Folge erfasste die Anklage wegen eines rechtlichen Teilaspektes (§ 316 I) in Wahrheit auch den rechtlichen Teilaspekt der Unfallverursachung (§§ 315c I Nr. 1 a), 229 StGB). Es genügte daher ein rechtlicher Hinweis nach § 265, um *F.* in demselben Verfahren wegen sämtlicher begangener Vergehen aburteilen zu können.

2. Nachtragsanklage

1061 Stellt sich hingegen in der Hauptverhandlung ein Sachverhalt heraus, der nicht Gegenstand der angeklagten prozessualen Tat ist, so kann er nur durch eine neue Anklage, ggf. in der Form der Nachtragsanklage nach § 266, zum Objekt gerichtlicher Untersuchung gemacht werden. Die Bestimmung der Grenzen einer angeklagten prozessualen Tat fällt dabei nicht immer leicht.[38]

1062 **Aufgabe:**
Wechsel zwischen Hehlerei und Raub[38]
Boguslaw L. war wegen eines am 19.12.1983 verübten Raubüberfalls auf den Kassenboten der Kreissparkasse in S. angeklagt worden. In dem geraubten Koffer befanden sich neben wertlosen Bankunterlagen auch zwei Aktienurkunden. Diese Aktien wurden später von *L.* an einen Bekannten übergeben, bei dem sie gefunden wurden und der sodann angab, sie von *L.* erhalten zu haben. In der Hauptverhandlung erklärte *Boguslaw L.*, der bis dahin geschwiegen hatte, er habe die Aktien seinerseits am 20.12.1983 in einer Kneipe von einem ihm Unbekannten für einen Bruchteil ihres Wertes gekauft. Das Opfer des Raubüberfalls vermochte *L.* nicht zu identifizieren und auch ansonsten ergaben sich keine konkreteren Hinweise auf seine Raubbeteiligung, weshalb das Gericht von der Glaubhaftigkeit von *L*s. Angaben ausging.
Wie kann *L.* verurteilt werden?

1063 Bei zeitlicher und räumlicher Nähe angeklagter Beschaffungs- und tatsächlich begangener Hehlereitaten ist die Annahme einer prozessualen Tatidentität nach der Rspr. durchaus möglich.[39] Im Aufgabenfall Rn. 1062 fand die Hehlerei aber an einem anderen Tag und Ort statt als der angeklagte Raubüberfall, weshalb hier der

---

[36] Siehe Heghmanns BT Rn. 547 f.; BGHSt 21, 203.
[37] BGHSt 23, 141 (144 ff.).
[38] Abgeänderter Sachverhalt aus BGHSt 35, 60.
[39] BGHSt 35, 86 (88).

III. Die Anklage hat die Straftat unzutreffend erfasst

angeklagte Tatrahmen überschritten würde.[40] Damit bedürfte es gemäß § 266 der (mündlichen) Erhebung einer Nachtragsanklage, damit es zu einem Schuldspruch wegen Hehlerei kommen kann (neben dem in jedem Fall notwendigen Freispruch wegen des angeklagten, aber nicht erweisbaren Raubes).

Inhaltlich entspricht die Nachtragsanklage einer normalen Anklageschrift ohne Wesentliches Ergebnis der Ermittlungen (§ 266 II 2 i. V. m. § 200 I). Sie wird vom Sitzungsvertreter der Staatsanwaltschaft während der laufenden Hauptverhandlung mündlich vorgetragen, sobald sich der hinreichende Tatverdacht wegen der neuen Tat ergeben hat. Zur Erhebung der Nachtragsanklage bedarf es allerdings der *Zustimmung des Angeklagten*, der auf den weiteren Tatvorwurf ja überhaupt nicht vorbereitet ist. Verweigert er seine Zustimmung, so kann wegen dieser Tat alternativ nur *ein neues Ermittlungsverfahren* durch die Staatsanwaltschaft eingeleitet werden. In diesem würde die betreffende Tat dann auf normalem Wege angeklagt und es müsste wegen ihr ein weiteres Zwischen- und Hauptverfahren stattfinden. Um dies zu vermeiden und schnell Klarheit über das weitere Schicksal zu gewinnen, ist die Zustimmungserteilung durch Angeklagte aber keineswegs ungewöhnlich.

1064

▶ Ein Beispiel einer Nachtragsanklage befindet sich in ET 19-03.

Das *Gericht* hat sodann zu beschließen, ob es die Nachtragsanklage in das laufende Verfahren einbeziehen will oder nicht, wobei es sich um eine Ermessensentscheidung handelt.[41] Bei ihr wird, sofern hinreichender Tatverdacht vorliegt, vor allem zu berücksichtigen sein, in welchem Maße sich die Hauptverhandlung infolge der Nachtragsanklage voraussichtlich verlängern dürfte.

1065

3. Unzuständigkeit des Gerichts

Infolge einer veränderten Einschätzung der angeklagten Straftat kann es im Einzelfall zur *sachlichen Unzuständigkeit* des erkennenden Gerichts kommen (z. B., wenn sich die zum Strafrichter angeklagte Körperverletzung als Mordversuch entpuppt). Auch kann sich die Strafgewalt des Amtsgerichts von vier Jahren Freiheitsstrafe (§ 24 II GVG) als unzulänglich erweisen. In diesen Fällen erlaubt § 270 die (bindende) Verweisung an das zuständige höhere Gericht. Für den umgekehrten Fall bleibt die Sache aber bei dem an sich unzuständigen höheren Gericht (§ 269).

1066

Keinen Fall dieser Art stellt die Zuständigkeit der Schwurgerichte, der Wirtschafts- und Staatsschutzstrafkammern im Verhältnis zu den allgemeinen Strafkammern dar, wie § 6b klarstellt. Hier kann nur der Angeklagte, und das auch nur bis zum Beginn seiner Vernehmung zur Sache, durch eine Rüge der Unzuständigkeit die Verweisung an die zuständige Spezialkammer erreichen;[42] andernfalls bleibt das an sich unzuständige Gericht zur Entscheidung in der Sache berufen.

1067

---

[40] BGHSt 35, 60 (62 ff.); dort war zwar der zeitliche Zwischenraum größer, aber gleichwohl handelt es sich auch im Aufgabenfall um ein völlig anders geartetes historisches Geschehen.
[41] Meyer-Goßner § 266 Rn. 15; LR-Gollwitzer § 266 Rn. 20.
[42] Meyer-Goßner § 6a Rn. 12.

1068 Entsprechendes gilt, sollte sich die *örtliche Unzuständigkeit* herausstellen. Auch hier bleibt das Verfahren bei dem unzuständigen Gericht, sofern nicht der Angeklagte bis zum Beginn seiner Vernehmung zur Sache eine entsprechende Rüge erhebt (§ 16). Tut er dies, so stellt das Gericht das Verfahren wegen eines Verfahrenshindernisses ein[43] und die Staatsanwaltschaft muss ggf. bei dem richtigen Gericht erneut Anklage erheben.

IV. Abgesprochene Urteile

1069 Idealtypisch gelangt das Gericht mittels seiner Beweiswürdigung auf Grund einer erschöpfenden Beweiserhebung zu seinem Urteilsspruch über die Schuld (und ggf. Bestrafung) des Angeklagten. Andererseits existiert – vermutlich seit langem – das Phänomen der Absprachen: Zur Abkürzung der Beweisaufnahme vereinbaren Gericht, Staatsanwaltschaft und Verteidigung eine geständige Einlassung des Angeklagten, der im Gegenzug zu einer milderen als der ansonsten verwirkten Strafe verurteilt wird. Einer breiteren Fachöffentlichkeit ist diese Praxis erst im Jahre 1982 durch einen – seinerzeit unter einem Pseudonym erschienenen – Aufsatz eines Strafverteidigers[44] bewusst geworden. Nachdem zunächst der BGH in einer Reihe von Entscheidungen (anhand fehlgeschlagener oder nicht erfüllter Absprachen) letztlich vergebens versucht hatte, die in den gerichtlichen Beratungszimmern insgeheim und regellos wuchernde Absprachepraxis durch Regularien einzugrenzen,[45] hat der Gesetzgeber nach längerer rechtspolitischer Diskussion im Jahre 2009 eine gesetzliche Regelung der „Verständigung" in die StPO aufgenommen,[46] deren zentrale Bestimmung § 257c bildet.

1070 Vereinbarungen über Schuld und Strafe haben ihre Heimat im anglo-amerikanischen Parteiverfahren,[47] stellen im kontinentaleuropäischen, von der Amtsaufklärungsmaxime und dem Schuldgrundsatz beherrschten Strafverfahren aber einen Fremdkörper dar, der sich mit etlichen Straf- und Verfahrensprinzipien nicht verträgt. Auf der anderen Seite lässt sich ein praktisches Bedürfnis für summarische Strafverfahren angesichts begrenzter justizieller Kapazitäten kaum ignorieren. Der Gesetzgeber wäre freilich besser beraten gewesen, für geeignete Fälle einen separaten konsensualen Verfahrenstyp vorzusehen, statt die Verständigung in das normale Strafverfahren zu integrieren, wo es als Fremdkörper nur zu Verwerfungen führen kann.[48]

---

[43] BGHSt 18, 1 (2).

[44] Detlef DEAL (Mauschelhausen), Der strafprozessuale Vergleich, StV 1982, 545–552. Hinter dem Pseudonym verbarg sich, wie man heute weiß, der Strafverteidiger Hans-Joachim WEIDER.

[45] Grundlegend BGHSt 42, 195 sowie BGHSt(GS) 50, 40.

[46] Gesetz zur Regelung der Verständigung im Strafverfahren vom 29.07.2009, BGBl. I 2353. Zur Verfassungsmäßigkeit des Gesetzes vgl. BVerfG NJW 2013, 1058.

[47] Ausführliche Darstellung der US-amerikanischen Praxis des plea bargaining bei Karl F. SCHUMANN, Der Handel mit Gerechtigkeit, 1977; Andreas RANSIEK, Zur Urteilsabsprache im Strafprozess: ein amerikanischer Fall; ZIS 2008, 116–122.

[48] Vgl. zur Kritik im Übrigen statt vieler ROXIN/SCHÜNEMANN § 44 Rn. 64; BEULKE Rn. 394a; HELLMANN Rn. 690; RANSIEK (Fn. 110), ZIS 2008, 122.

▶ Eine ausführlichere Kritik des Verständigungsgesetzes findet sich auf ET 19-04.

Die heutige Regelung *erlaubt* den Gerichten, sich in geeigneten Fällen mit Angeklagtem und Staatsanwaltschaft zu verständigen. *Geeignet* sind Verfahren, in denen sich eine Verständigung auch „lohnt", wo also durch das anzustrebende Geständnis (§ 257c II 2) eine entweder umfangreiche oder (z. B. für das Opfer) belastende Beweiserhebung erspart werden kann. Das Gericht kann dazu einen *verengten Strafrahmen* angeben, innerhalb dessen es die Strafe im Falle eines Geständnisses ansiedeln würde (§ 257c III 1, 2). Dieser Strafrahmen liegt selbstverständlich niedriger als im Falle einer Verurteilung nach streitig durchgeführter Beweisaufnahme (sog. „Sanktionsschere"). Verständigungen sind im Übrigen *nur über die Strafhöhe zulässig*; weder Einzelheiten des Schuldspruchs (etwa: Totschlag statt Mord) noch Maßregeln der Besserung und Sicherung (z. B. die Sicherungsverwahrung oder die Unterbringung in einer Entziehungsanstalt) oder Modalitäten der Strafvollstreckung (z. B. die Unterbringung im offenen Strafvollzug) dürfen vereinbart werden (§ 257c II 1, 3). Akzeptieren die Beteiligten den Strafvorschlag, ist die Verständigung wirksam vereinbart (§ 257c III 4) und kann anschließend beiderseits erfüllt werden. 1071

Das Gericht ist nach verabredeter Verständigung *an seine Strafzusagen gebunden*, solange es den Strafrahmen noch als schuldangemessen ansieht und der Angeklagte seinerseits „leistet" (vgl. § 257c IV 1, 2). Meint es (z. B. auf Grund der qua Geständnis erlangten Informationen), eine höhere Strafe sei vonnöten, oder verhält sich der Angeklagte verständigungsungetreu, so entfällt die Bindung. Ein im Zuge der Verständigung abgegebenes Geständnis unterliegt sodann allerdings zum Schutze des Angeklagten einem Verwertungsverbot (§ 257c IV 3). 1072

Das auf Grund einer Verständigung ergangene Urteil kann nicht nur uneingeschränkt mit Rechtsmitteln angegriffen werden.[49] Es darf sogar überhaupt *nicht auf Rechtsmittel verzichtet* werden, wie § 302 I 2 zum Schutze des Angeklagten explizit bestimmt. 1073

V. Die Urteilsberatung

Die Beratung über das Urteil erfolgt *nichtöffentlich und geheim* (§§ 43, 45 I 2 DRiG; strafbewehrt nach § 353b I Nr. 1 StGB[50]). Das bedingt regelmäßig einen Rückzug in ein Beratungszimmer; nur der allein entscheidende Strafrichter kann über das Urteil auch im Sitzungssaal nachdenken. Referendare dürfen allerdings zu Ausbildungszwecken zur Beratung zugelassen werden (§ 193 I GVG). 1074

Die Beratung wird vom Vorsitzenden geleitet (§ 194 I GVG). Sie wird nacheinander Prozessvoraussetzungen, Schuldfrage, Straffrage und Kosten thematisieren und das Gericht wird anschließend in derselben Reihenfolge abstimmen, wobei *unterschiedliche Mehrheiten* erforderlich sind (s. Tab. 1). 1075

Über die Schuldfrage wird im Ganzen abgestimmt. Würde man dies nämlich „scheibchenweise" 1076

---
[49] MEYER-GOßNER § 257c Rn. 32a.
[50] OLG Köln NJW 2005, 1000.

Tab. 1 erforderliche Mehrheiten bei der Urteilsabstimmung

Beratungsthema	Mehrheitserfordernisse
Prozessvoraussetzungen[a]	Einfache Mehrheit (§ 196 I GVG)
Schuld	Zweidrittelmehrheit (§ 263 I StPO, entspricht 2 von 3 Richtern [Schöffengericht] bzw. 3 von 4 Richtern [erweitertes Schöffengericht] und 4 von 5 Richtern [Strafkammer, Strafsenat])
Strafe und andere Rechtsfolgen	
Kosten und andere Nebenentscheidungen	Einfache Mehrheit (§ 196 I GVG)

[a] Einschließlich Verjährung, vgl. § 263 III

tun, so könnte der Angeklagte verurteilt werden, obschon einer der Richter ihn nicht für den Täter, ein zweiter für gerechtfertigt und der dritte für schuldunfähig hält. Bei der richtigerweise vorzunehmenden *Totalabstimmung* würde er hingegen in derselben Konstellation freigesprochen.[51]

1077 Abgestimmt wird in der *Reihenfolge* Berichterstatter-Schöffen-Beisitzer-Vorsitzender. Innerhalb der Gruppen stimmt der jüngste bzw. dienstjüngste Richter zuerst (§ 197 GVG). Diese Regelung soll die Unabhängigkeit der Schöffen und jüngeren Richter sichern.[52] Tatsächlich dominieren freilich die professionellen Richter (und dort die älteren) häufig schon die Beratung und determinieren damit faktisch auch die Abstimmungsergebnisse.

VI. Das Urteil und seine Gründe

1. Die mündliche Urteilsverkündung

1078 Zur Akte 2:

Lesen Sie jetzt bitte zunächst noch einmal das Protokoll über die Urteilsverkündung (Bl. 65 d. A.).

Der verkündete Urteilstenor enthält jeweils den *Schuldspruch* („wegen gefährlicher Körperverletzung"[53]) und den *Strafausspruch* („...zu einer Freiheitsstrafe von einem Jahr verurteilt. Die Vollstreckung der Strafe wird zur Bewährung ausgesetzt."). Notwendig ist ferner eine *Kostenentscheidung*.[54] Je nach Verfahrenssituation sind außerhalb des Urteilstenors weitere Nebenentscheidungen zu verkünden (hier zur Aufhebung des Haftbefehls und der Bewährungsbeschluss [Bl. 65b], § 268a I). Zusätzlich werden die angewendeten Strafvorschriften genannt.

1079 Der Urteilstenor („Urteilsformel") ist als Ergebnis der Beratung schriftlich abzufassen und sodann *mittels Verlesen zu verkünden* (§ 268 II 1). Dazu haben sich alle Anwesenden zu erheben. Nach der Verlesung des Tenors setzt man sich wieder

---

[51] Peters S. 488; Roxin/Schünemann § 49 Rn. 14.
[52] Peters S. 485.
[53] Man könnte aber genauso gut tenorieren: „Die Angeklagte *Kindoro* ist der gefährlichen Körperverletzung schuldig. Sie wird zu einer Freiheitsstrafe von einem Jahr verurteilt, deren Vollstreckung zur Bewährung ausgesetzt wird."
[54] Vgl. die ausführliche Darstellung bei Haller/Conzen Rn. 689–699.

VI. Das Urteil und seine Gründe

und der Vorsitzende erläutert – in der Regel ohne vorherige schriftliche Ausformulierung – die *wesentlichen Gründe*, warum die Entscheidung so und nicht anders gefallen ist (§ 268 II 2).

Das führt notwendigerweise zu einer Abweichung zwischen mündlich verkündeter Kurzfassung und endgültiger, vollständiger und schriftlicher Version der Urteilsgründe; nur letztere sind am Ende maßgebend und bilden die Grundlage für eine etwaige Überprüfung in der Rechtsmittelinstanz. Die mündliche Urteilsbegründung dient vorwiegend der Erläuterung und soll die Beteiligten in die Lage versetzen zu entscheiden, ob sie das Urteil akzeptieren können oder innerhalb der (kurzen) Frist von einer Woche ein Rechtsmittel einlegen wollen (§ 314 I bzw. § 341 I). Deshalb ist der Angeklagte auch über die jeweils statthaften Rechtsmittel (siehe Rn. 1105 f.) zu belehren (§ 35a). 1080

Es ist allerdings auch möglich, noch in der Hauptverhandlung einen *Rechtsmittelverzicht* zu erklären (§ 302 I 1). Geschieht dies allseitig, so wird das Urteil sofort rechtskräftig (zur Rechtskraftwirkung später bei Rn. 1219 ff.).[55] 1081

Motive für einen solchen Rechtsmittelverzicht können der Wunsch sein, Sicherheit zu erhalten, dass auch die Gegenseite kein Rechtsmittel mehr einlegt, oder einen möglichst frühen Beginn von Sperrfristen (§ 69a StGB) oder Bewährungsfristen zu erreichen. Das größte Interesse an einem sofort rechtskräftigen Urteil hat allerdings im Zweifel das Gericht, weil es damit sofort ein abgekürztes schriftliches Urteil abfassen kann (§ 267 IV, V 2, Rn. 1092 f.). 1082

Nach Abschluss der mündlichen Urteilsbegründung kann der Urteilstenor in der Sache durch das erkennende Gericht nicht mehr verändert werden, sondern nur noch durch ein Rechtsmittelgericht. Zulässig sind dagegen: 1083
- Veränderungen *während der laufenden Urteilsverkündung*, falls dem Gericht ein Fehler (z. B. eine vergessene Kostenentscheidung) auffällt. In diesem Fall kann die Verkündung abgebrochen, nachberaten (oder sogar erneut in die Beweisaufnahme eingetreten) werden.[56]
- Nachträgliche Berichtigungen von *Schreibversehen oder offensichtlichen Unrichtigkeiten*. Allerdings darf nicht im Gewande einer Berichtigung eine sachliche Abänderung des Urteils erfolgen.[57] Unzulässig wäre es daher, die versehentliche Verurteilung wegen „fahrlässiger Körperverletzung" in die sachlich an sich richtige der „vorsätzlichen Körperverletzung" zu ändern[58] oder auf diesem Wege eine vergessene Kostenentscheidung nachzuholen.[59] Zudem muss der Fehler für alle Beteiligten offenkundig sein. Bejaht wird dies etwa, wenn im Tenor eine Verurteilung in 26 Fällen verkündet wird, die Urteilsgründe aber 36 nachgewiesene Fälle schildern, oder ein schlichter Zählfehler vorliegt.[60] Die Berichtigung erfolgt durch Beschluss außerhalb der Hauptverhandlung, der seinerseits mit der Beschwerde angreifbar ist (sofern nicht ohnehin Berufung oder Revision eingelegt wurden).[61]

---

[55] Zu Einzelheiten und Problemen des Rechtsmittelverzichts grundlegend Friedrich DENCKER, Willensfehler bei Rechtsmittelverzicht und Rechtsmittelzurücknahme im Strafprozeß, 1972.
[56] BGHSt 25, 333 (335 f.).
[57] BGHSt 3, 245 (247); BGH NStZ 1991, 195; MEYER-GOßNER § 268 Rn. 10 f.
[58] OLG Zweibrücken NStZ-RR 2008, 381.
[59] OLG Karlsruhe NStZ-RR 1997, 157 (158).
[60] BGH NStZ 2000, 286.
[61] MEYER-GOßNER § 268 Rn. 12.

2. Das schriftliche (verurteilende) Urteil

1084 Die Abfassung der schriftlichen Urteilsgründe ist in § 267 relativ detailliert, aber auch unübersichtlich geregelt. Das Urteil muss spätestens *nach fünf Wochen fertiggestellt* sein (§ 275 I 2); die Frist verlängert sich nur bei mehr als dreitägiger Hauptverhandlung. Ihre Nichteinhaltung stellt einen absoluten Revisionsgrund dar (§ 338 Nr. 7).

1085 Zur Akte 2:

Auf dem schriftlichen Urteil befindet sich Bl. 68 ein Stempel „Urteil zur Geschäftsstelle gelangt am …", der die Einhaltung der genannten Frist des § 275 I 2 dokumentieren soll.

Lesen Sie jetzt bitte das schriftliche Urteil durch. Es folgt einem standardisierten Aufbau und beginnt mit dem sog. „Rubrum", das die Sache kennzeichnet („In der Strafsache gegen … wegen gefährlicher Körperverletzung"), nennt sodann alle in der Verhandlung anwesenden Beteiligten und geht anschließend in den Urteilstenor (Rn. 1078 f.) über. Die Urteilsgründe beginnen mit den Feststellungen zu den (insb. für die Strafzumessung relevanten) persönlichen Verhältnissen der Angeklagten (I.). Sodann folgen die Tatfeststellungen (II.), an die sich die Beweiswürdigung anschließt (III.). Im Abschnitt IV. finden sich sowohl die Subsumtion unter die einschlägigen Strafvorschriften als auch die Strafzumessungserwägungen.[62] Den Abschluss bildet die Kostenentscheidung (V.) und die Unterschrift aller Berufsrichter, in unserem Fall also allein der Vorsitzenden.[63]

1086 Ausweislich der Tatfeststellungen ist das Schöffengericht der Version des Zeugen *Hammerstein* über die Auseinandersetzung mit der Angeklagten *Schuler* gefolgt (Bl. 70), denn offenbar hat es die Aussage des Zeugen *Hans-Wolfgang Schuler* für erlogen gehalten (Bl. 71). Hinsichtlich des Zeugen PK *Feldbrügge* hat das Gericht tatsächlich ein Verwertungsverbot wegen der seinerzeit unterbliebenen Belehrung der Beschuldigten angenommen (Bl. 72). Bei der Strafzumessung ist es zur Verhängung unterschiedlicher Strafarten wegen des deutlich überwiegenden Unrechtsgehalts der Tat der Angeklagten *Kindoro* gekommen. Hätte man gegen die Angeklagte *Schuler* an Stelle der Geldstrafen ebenfalls Freiheitsstrafen verhängen wollen, so wäre die Sperre des § 47 StGB zu überwinden gewesen; das Erfordernis, durch Freiheitsstrafe präventiv auf diese Angeklagte einzuwirken, lag aber offenkundig nicht vor. Sie war bislang unbestraft und das präventive Versagen von Geldstrafen daher nicht ohne weiteres anzunehmen.

Zur Kostenentscheidung vgl. unten Rn. 1094 ff.

---

[62] Beides wird häufig auch in getrennten Abschnitten abgehandelt.
[63] Zu einer ausführlicheren Darstellung siehe HALLER/CONZEN Rn. 711 ff.

3. Das freisprechende Urteil

Ein (komplett) freisprechender Urteilstenor lautet in der Regel: „Der Angeklagte wird auf Kosten der Landeskasse, die auch seine notwendigen Auslagen zu erstatten hat, freigesprochen."

1087

Ein *Teilfreispruch* würde dagegen tenoriert: „Der Angeklagte ist des ... schuldig. Im Übrigen wird er freigesprochen." Teilfreisprüche erfolgen schon, sobald wegen einer von mehreren materiell tatmehrheitlich angeklagten Taten kein Schuldspruch ergehen kann.[64] Insoweit ist also im Verfahrensrecht ausnahmsweise einmal nicht die prozessuale Tat, sondern der Tatbegriff der §§ 52 f. StGB maßgebend.

1088

Die frühere, heute überholte Unterscheidung zwischen einem Freispruch wegen erwiesener Unschuld und mangels Beweises (die auch nicht den Tenor betraf, sondern nur in den Urteilsgründen auftauchen musste) besaß ihre Bedeutung allein für die Auslagenentscheidung. Gemäß § 467 II 2 a. F.[65] war nämlich die volle Auslagenerstattung gegenüber dem Angeklagten nur bei erwiesener Unschuld obligatorisch, während beim sog. „Freispruch zweiter Klasse", dem Freispruch mangels Beweises, die Auslagenerstattung im Rahmen einer Ermessensentscheidung abgelehnt werden konnte.[66] Die Neufassung des heutigen § 467 I, die vor allem der Unschuldsvermutung Rechnung tragen wollte,[67] ordnet nun bei jedem Freispruch die prinzipiell vollständige[68] Auslagenerstattung an. Wenn sich Gerichte heute dennoch in freisprechenden Urteilen mit der Verdachtslage auseinandersetzen, so ist dies vor allem der Rspr. der Revisionsgerichte geschuldet, die den Anspruch erheben, Vollständigkeit und Schlüssigkeit der Gründe auch freisprechender Erkenntnisse überprüfen zu wollen.[69]

1089

Die Gestaltung freisprechender Urteilsgründe folgt nicht dem Rn. 1085 geschilderten Aufbau, sondern den jeweiligen Zweckmäßigkeitserwägungen, denn nach § 267 V 1 muss nur mitgeteilt werden, woran eine Schuldfeststellung letztlich scheiterte. Es braucht also nicht dargestellt zu werden, was alles erwiesen ist, sondern nur, welcher der notwendigen rechtlichen oder tatsächlichen Umstände gerade gefehlt hatte.[70]

1090

Dem freisprechenden Urteil verwandt ist das *Einstellungsurteil* (§ 260 III). Es lautet im Tenor: „Das Verfahren gegen den Angeklagten wird auf Kosten der Landeskasse[71] eingestellt" und ergeht, wenn sich erst in der Hauptverhandlung das Vorliegen eines Verfahrenshindernisses heraus-

1091

---

[64] BGHR StPO § 260 Abs. 1 Teilfreispruch 7; KK-Schoreit § 260 Rn. 21.
[65] Änderung durch Art. 2 Nr. 25 EGOWiG v. 24.05.1968 (BGBl. I 503).
[66] Eb. Schmidt Lehrkommentar II § 467 Rn. 7; zur historischen Entwicklung verschiedener Freispruchsarten vgl. Kristian Kühl, Unschuldsvermutung, Freispruch und Einstellung, 1983, S. 45 ff.
[67] Ralf Krack, Die Rehabilitierung des Beschuldigten im Strafverfahren, 2002, S. 123.
[68] Die engen Ausnahmetatbestände in § 467 II, III knüpfen insb. an vermeidbare Verfahrensverzögerungen oder -inszenierungen seitens des Beschuldigten an. Lediglich § 467 III Nr. 2 (Nichtverurteilung wegen Verfahrenshindernis) erinnert noch etwas an die alte Differenzierung.
[69] Vgl. Kühl (Fn. 130), S. 6 f.
[70] Ausführlichere Darstellung bei Haller/Conzen Rn. 757 ff.
[71] Wegen der hier oft nicht erfolgenden Auslagenerstattung siehe § 467 III Nr. 2 sowie näher auf ET 19-06.

stellt.⁷² Beispiel wäre die Rücknahme eines Strafantrages, der (wie bei § 123 StGB) nicht durch die nachträgliche Bejahung des besonderen öffentlichen Interesses an der Strafverfolgung durch den Sitzungsvertreter der Staatsanwaltschaft ersetzt werden kann (wie dies bei § 303c StGB geschehen könnte).

4. Abgekürzte schriftliche Urteile

1092 Sofern das Urteil rechtskräftig wird (z. B., weil innerhalb einer Woche [§§ 314 I, 341 I] keine Rechtsmittel eingelegt werden oder weil ein Rechtsmittelverzicht erklärt wird), braucht das Gericht das schriftliche Urteil nicht in der Rn. 1084 ff., 1090 f. skizzierten vollständigen Form abzufassen, sondern darf sich auf eine abgekürzte Fassung beschränken (§ 267 IV, V 2). Erforderlich sind dann im Falle einer Verurteilung nur noch die *Tatfeststellungen und die Angabe der angewendeten Strafvorschriften*, beim Freispruch allein der Hinweis, ob eine Strafbarkeit aus tatsächlichen oder rechtlichen Erwägungen scheiterte. Bei Verurteilungen zu Geldstrafen (einschließlich Fahrverbot und Fahrerlaubnismaßregeln) darf das Gericht sogar die Tatfeststellungen durch einen *Verweis auf Anklage oder Strafbefehl* ersetzen (§ 267 IV 1, 2. Halbsatz).

1093 Allerdings ist es häufig wenig sinnvoll, derart extreme Abkürzungen vorzunehmen. Denn im Falle erneuter Straffälligkeit kann ein Gericht wichtige Hinweise zum persönlichen Werdegang, zu den Gründen, warum die frühere Strafe so und nicht anders erging, und damit auch zur Warnfunktion der Vorstrafe häufig nur aus den Urteilsgründen des früheren Urteils entnehmen. Zudem soll das Urteil ja auch den Angeklagten ansprechen und präventiv motivieren. Die mündlichen Urteilsgründe hat er aber im Zweifel kaum wahrgenommen und jedenfalls schnell vergessen, weshalb alleine das schriftliche Urteil diese Funktion zu erfüllen vermag. Vorzugswürdig ist es daher, von den Abkürzungsmöglichkeiten vor allem bei der Beweiswürdigung und der rechtlichen Subsumtion Gebrauch zu machen, sonst aber nicht.

▶ Wie ein abgekürztes Urteil im Verfahren 2 aussähe, falls alle Beteiligten das Urteil akzeptiert hätten, können Sie in ET 19-05 nachschauen.

5. Kostenentscheidung

1094 Jede das Verfahren beendende gerichtliche Entscheidung (z. B. Urteil, Einstellungsbeschluss) muss eine Kosten und eine Auslagenentscheidung enthalten (§ 464 I, II). Kostenentscheidungen in Strafurteilen basieren auf dem Veranlasser- bzw. Verursacherprinzip:⁷³ Grundsätzlich hat der Verurteilte die Kosten zu tragen (§ 465), während der Freigesprochene kostenfrei zu stellen ist und die Staatskasse darüber hinaus seine Anwaltskosten (sie zählen zu den „notwendigen Auslagen") zu erstatten hat (§ 467). Allerdings gibt es daneben zahlreiche Ausnahme-, Sonder- und Ermessensregeln.⁷⁴

1095 Unter den Begriff der *Kosten* fallen nach § 464a I zum einen die im GKG bestimmten Gebühren. Für das Strafverfahren sind diese aus § 3 II GKG i. V. m. Teil 3 der Anlage 1 zum GKG ersichtlich; sie richten sich nach Instanz, Verfahrensart und Strafhöhe (z. B. 240 € für die erstinstanzliche Verurteilung der Angeklagten *Kindoro*). Zum anderen gehören dazu die Auslagen der Staatskasse. Diese beinhalten u. a. die Entschädigungen für Zeugen und Sachverständige nach dem JVEG sowie Zahlungen an Pflichtverteidiger.

---

⁷² Wird das Hindernis vor der Hauptverhandlung bemerkt, kann nach § 206a verfahren werden.
⁷³ HbStrVf-Theobald Rn. XIII.5.
⁷⁴ HbStrVf-Theobald Rn. XIII.77; eingehende Darstellung ders. Rn. XIII.78–206.

1096 Zu den *notwendigen Auslagen* der Angeklagten gehören insb. die bereits erwähnten Kosten der von ihnen selbst mandatierten Verteidiger. Ferner fallen auch Reisekosten zum Termin und Verdienstausfälle darunter (§ 464a II).

Zur Akte 2:
1097 Schauen Sie sich noch einmal die Kostenentscheidungen des Urteils Bl. 69 an! Die von der unterschiedlichen Strafhöhe beeinflussten Verfahrenskosten trägt jede der Angeklagten nur, soweit sie sie selbst betreffen. Über die *notwendigen Auslagen der Angeklagten* brauchte das amtsgerichtliche Urteil keinen Ausspruch zu enthalten, weil im Falle einer Verurteilung keine Erstattung der von den Angeklagten gegenüber ihren Verteidigern geschuldeten bzw. bereits verauslagten Gebühren erfolgt, sie also im Ergebnis entsprechend dem Gedanken von § 465 bereits belastet sind.[75]

1098 Für die *Auslagen einer Nebenklage* gelten nach § 472 I 1 grundsätzlich entsprechende Regelungen: Wird der Angeklagte verurteilt, trägt er die Kosten (Ausnahme: Unbilligkeit [§ 472 I 2]). Im Falle des Freispruchs bleibt der Nebenkläger auf seinen Auslagen sitzen, d. h. es erfolgt auch keine Erstattung aus der Staatskasse.[76]

1099 Bei umfangreicheren Hauptverhandlungen können sich die dem Angeklagten zur Last fallenden Verfahrenskosten schnell zu hohen Beträgen summieren. Allerdings erlaubt das Kostenrecht der Vollstreckungsbehörde, *vom Ansatz der ausgeurteilten Kosten gegen den Angeklagten abzusehen*,[77] wovon insb. Gebrauch gemacht wird, falls der Angeklagte bekanntermaßen mittellos ist oder eine Freiheitsstrafe zu verbüßen hat.

▶ Eine zusammenfassende Darstellung der wichtigsten Kostenaspekte finden Sie auf ET 19-06.

Wiederholungsfragen zum 19. Kapitel
1. Warum stellt das Gesetz für den Schuldspruch auf die richterliche Überzeugung ab und fordert keine objektive Beweisbarkeit? (Rn. 1042, 1044)
2. Welche Grenzen hat die „freie" richterliche Beweiswürdigung? (Rn. 1047)
3. Was muss geschehen, um den des Raubes Angeklagten wegen Diebstahls verurteilen zu können, wenn sich in der Hauptverhandlung zwar die Wegnahme, nicht aber die Gewaltausübung nachweisen lässt? (Rn. 1058 f.)
4. Wann bedarf es einer Nachtragsanklage? (Rn. 1061)
5. Worüber sind Absprachen zulässig und worüber nicht? (Rn. 1071)
6. Wer trägt die Verfahrenskosten? (Rn. 1094)
7. Was sind „notwendige Auslagen"? (Rn. 1096)

---

[75] HbstrVf-THEOBALD Rn. XIII.80.
[76] MEYER-GOßNER § 472 Rn. 2.
[77] Vgl. für Nordrhein-Westfalen die §§ 15 I, 16 II Einforderungs- und Beitreibungsanordnung vom 01.08.2011 (JMBl. NRW S. 154) i. V. m. § 10 Kostenverfügung NRW vom 18.12.2001 (JMBl. NRW 2002S. 21) i. d. F. vom 24.07.2009.

Teil V
Das Rechtsmittelverfahren

20. Kapitel. Überblick und Gemeinsames

I. Rechtsmittel und Rechtsbehelfe

Wird ein verkündetes Urteil nicht mit Erfolg durch ein statthaftes Rechtsmittel angegriffen, so erwächst es in Rechtskraft. Im Falle einer Verurteilung kann es damit auch vollstreckt werden. Zu weiteren Rechtskraftwirkungen siehe unten Rn. 1219 ff.

Die Strafprozessordnung kennt insgesamt *drei Rechtsmittel* (s. Tab. 1): Die (schon Rn. 338 ff. behandelte) Beschwerde (§§ 304 ff.) sowie die *Berufung* (§§ 312 ff.) und die *Revision* (§§ 333 ff.). Während die Beschwerde nur gegen richterliche Beschlüsse und Verfügungen statthaft ist, können gegen Urteile ausschließlich Berufung und/oder Revision eingelegt werden. Das Charakteristikum der Rechtsmittel ist ihr *Devolutiveffekt:* Durch sie wird die Sache zur Entscheidung einem höheren Instanzgericht vorgelegt.

Von den Rechtsmitteln zu unterscheiden sind die *Rechtsbehelfe* (s. Tab. 1). Ihnen fehlt der Devolutiveffekt, weshalb über sie entweder dasselbe Gericht oder aber ein anderes, nicht innerhalb des Instanzenzuges übergeordnetes Gericht (wie das BVerfG bei der Verfassungsbeschwerde) entscheidet.

Die *Menschenrechtsbeschwerde* nach Art. 34 EMRK zum EGMR stellt im Übrigen keinen Rechtsbehelf im eigentlichen Sinne dar,[1] weil sie im Erfolgsfall zwar zu einer Entschädigung führt (Art. 41 EMRK), es aber erst noch der Wiederaufnahme bedarf, um diesen Erfolg auch gegen das konkrete Strafverfahren und sein Ergebnis zu wenden (siehe dazu unten Rn. 1239).

1100

1101

1102

1103

II. Das System von Berufung und Revision

Tatsächlich wird die überwiegende Zahl aller Urteile gar nicht angefochten, sondern von allen Beteiligten akzeptiert. Dabei übersteigt die Anfechtungsquote der landgerichtlichen Urteile diejenige der Amtsgerichte. Im Gegensatz dazu liegt die Erfolgsquote der wenigen durchgeführten Berufungen relativ hoch.

1104

---

[1] ROXIN/SCHÜNEMANN § 53 Rn. 3.

Tab. 1 Übersicht über Rechtsmittel und Rechtsbehelfe

	Bezeichnung	Wogegen statthaft?	Wer entscheidet?
Rechtsmittel	*Beschwerde* (Rn. 340 ff.)	Beschlüsse, richterliche Verfügungen	nächsthöheres Gericht
	Berufung (Rn. 1111 ff.)	Urteile des AG	(kleine) Berufungsstrafkammer am LG
	Revision (Rn. 1149 ff.)	Urteile von AG, LG und Staatsschutzsenat des OLG	Strafsenate des OLG oder des BGH
Rechtsbehelfe	Einspruch (§ 410 ff., Rn. 645)	Strafbefehl	dasselbe Gericht
	Wiedereinsetzung in den vorigen Stand (§§ 33a, 44 ff., 356a, Rn. 180)	Versäumung von Fristen	das Gericht, das bei rechtzeitigem Tätigwerden entschieden hätte (§ 46 I)
	Wiederaufnahme des Verfahrens (§§ 359 ff., Rn. 1234 ff.)	Urteile	anderes Gericht gleicher Ordnung (§ 140a GVG)
	Haftprüfungsantrag (§§ 117 ff., 122, Rn. 326 ff.)	Zurzeit vollzogene Haftbefehle	Haftrichter, z. T. OLG
	Anhörungsrüge (§ 311a)	Beschwerdeentscheidungen	dasselbe Gericht
	Verfassungsbeschwerde (§§ 90 ff. BVerfGG)	Alle Akte öffentlicher Gewalt	BVerfG

▶ Zahlenmaterial zu Berufung und Revision finden Sie in ET 20-01.

1105 Gegen Urteile des Amtsgerichts sind alternativ Berufung und (Sprung-)Revision zulässig (§§ 312, 335). Über die Berufungen entscheidet die (kleine) Berufungsstrafkammer des Landgerichts (§§ 74 III, 76 I GVG, s. Abb. 1).

1106 Die Berufungsurteile sind ihrerseits mit der Revision angreifbar (§ 333). Sowohl über die Sprungrevision als auch über die Revision gegen Berufungsurteile entscheidet das OLG (§ 121 I Nr. 1 b GVG, § 335 II StPO).

1107 Erstinstanzliche Strafkammerurteile der Landgerichte können hingegen ausschließlich mit der Revision angefochten werden (§ 333), über welche der BGH befindet (§ 135 I GVG). Somit ergibt sich ein teils zwei-, teils dreizügiger Instanzenzug.

1108 Zur Besetzung der erstinstanzlichen Gerichte sei an Rn. 624 ff. erinnert. Die Besetzung der Rechtsmittelgerichte folgt dem Gedanken, es sollten über ein Rechtsmittel jedenfalls nicht weniger Richter zu erkennen haben, als über das angefochtene Urteil entschieden hatten (s. Abb. 2). Deswegen wird die kleine Strafkammer um einen weiteren Beisitzer erweitert, sofern eine Berufung gegen ein Urteil des erweiterten Schöffengerichts zu verhandeln ist (§ 76 VI GVG). Zudem sind auch allein in der kleinen Strafkammer weiterhin Schöffen beteiligt (§ 76 I GVG), weil sie als einziger Spruchkörper noch eine Tatsacheninstanz darstellt.

II. Das System von Berufung und Revision

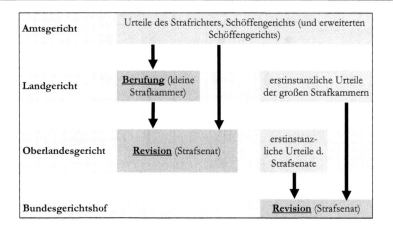

Abb. 1 Rechtsmittelzüge in allgemeinen Strafsachen

Da es in der Revision dagegen um eine reine Rechtskontrolle geht, sind die Revisionssenate der Oberlandesgerichte und des Bundesgerichtshofes auch nur noch mit drei bzw. fünf Berufsrichtern besetzt (§§ 122 I, 139 I GVG).

Es mag zwar auf den ersten Blick seltsam anmuten, ausgerechnet für die unbedeutenderen Strafverfahren, die beim Amtsgericht ihren Ausgang nehmen, kumulativ zwei Rechtsmittel vorzusehen, während in den gemeinhin für die Beteiligten bedeutsameren Strafkammerverfahren nur die – zudem weniger kontrollintensive – Revision statthaft ist. Dieses Rechtsmittelsystem beruht aber auf der zutreffenden Erwägung einer höheren Fehlerquote in den amtsgerichtlichen Massenverfahren, für die jeweils deutlich weniger Zeit (und Richterpersonal) zur Verfügung steht als für eine Verhandlung vor der Strafkammer. Das Gesetz vertraut deshalb zu Recht in stärkerem Maße auf die Richtigkeit der Strafkammerurteile und verzichtet aus diesem Grunde auf deren Überprüfung in einer weiteren Tatsacheninstanz.

Bei der *Berufung* findet idealtypisch ein *komplettes zweites Hauptverfahren* vor der Berufungsstrafkammer statt. Infolge der Berufungseinlegung sind die Ergebnisse des amtsgerichtlichen Verfahrens prinzipiell vom Tisch, weshalb auch nicht das Urteil des Amtsgerichts als Berufungsgegenstand geprüft wird. Vielmehr hat die Berufungsstrafkammer sich ein originäres eigenes Bild von der Berechtigung der Anklagevorwürfe zu machen und völlig unabhängig von den Resultaten der Vorinstanz zu urteilen.

Etwas anderes gilt nur, falls die *Berufung beschränkt* wird (§ 318). Beispielsweise kann ein Angeklagter den Schuldspruch des amtsgerichtlichen Urteils akzeptieren und seine Berufung auf den Rechtsfolgenausspruch beschränken. Das Berufungsgericht hat in diesem Fall auf der Basis der Tatfeststellungen des Amtsgerichts ausschließlich über die Strafhöhe zu entscheiden. Es sind sogar noch weitergehende Beschränkungen möglich, etwa auf die Frage der Strafaussetzung einer bestimmten

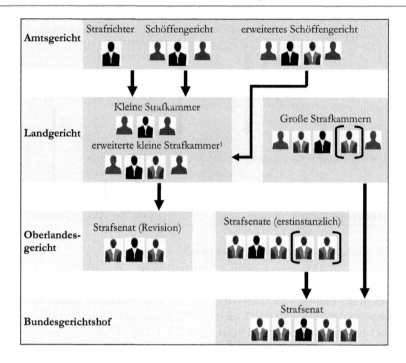

Abb. 2 Die Besetzung der Rechtsmittelgerichte (im Verhältnis zu den Eingangsgerichten)

Freiheitsstrafe zur Bewährung.[2] Ebenso könnten Verurteilungen (oder seitens der Staatsanwaltschaft Freisprüche) hinsichtlich einzelner von mehreren Taten isoliert angegriffen werden, wobei dann freilich notgedrungen zumindest auch über eine neue Gesamtstrafe durch das Berufungsgericht zu befinden wäre. Entscheidend ist, ob sich einzelne Aspekte des angegriffenen Urteils getrennt prüfen lassen, ohne dabei in Widerspruch mit den nicht angegriffenen Teilen zu geraten.[3] Sofern das nicht möglich ist, wäre eine Beschränkung unwirksam und als Folge gälte das gesamte Urteil als angefochten.[4]

1113 In der *Revision* werden dagegen *Urteil und Verfahren lediglich auf Fehler bei der Rechtsanwendung kontrolliert* (§ 337). Beurteilungsgrundlage stellt dabei zum einen das schriftliche Urteil dar, das aber nur auf Rechtsfehler hin untersucht werden kann, die sich aus ihm selbst heraus ergeben (z. B. auf eine falsche Subsumtion der wiedergegebenen Tatfeststellungen unter das Strafgesetz oder auf eine unzureichende, in sich widersprüchliche oder gegen Denkgesetze verstoßende Be-

---

[2] MEYER-GOßNER § 318 Rn. 20a; BGHSt 24, 164 (165).
[3] MEYER-GOßNER § 318 Rn. 5 ff.
[4] BGHSt 21, 256 (258); MEYER-GOßNER § 318 Rn. 32.

gründung). Zum anderen wird der im Protokoll dokumentierte Verfahrensablauf auf Verfahrensfehler hin untersucht (wobei dem Revisionsgericht hierzu ergänzende Feststellungen möglich sind).[5]

In jedem Fall bedarf es aber einer zusätzlichen Rüge der angeblichen Fehler durch den Revisionsführer. Die Revisionsprüfung ist sodann auf die gerügten Fehler beschränkt (§§ 344, 352 I). Angesichts dieses begrenzten Prüfungsumfanges sowie der eingeschränkten Kontrollmethodik ist es nur konsequent, wenn eine *Revisionshauptverhandlung* zwar möglich ist, sie sich aber eher als eine Art Erörterungstermin darstellt; Beweise werden dort nicht mehr erhoben (§§ 350, 351). In der weit überwiegenden Zahl der Verfahren wird zudem ganz ohne Hauptverhandlung im Beschlusswege nach § 349 entschieden.[6]

1114 Wenngleich es keine entsprechende Bestimmung in der StPO gibt, so ist doch die Beschränkbarkeit der Revision in gleicher Weise anerkannt wie bei der Berufung (Rn. 1112).[7]

III. Die Rechtsmitteleinlegung

1. Frist und Form

1115 Berufung und Revision sind jeweils *eine Woche nach Verkündung des Urteils* schriftlich oder zu Protokoll bei demjenigen Gericht einzulegen, dessen Urteil angefochten wird (§§ 314, 341). Diese Fristen sind *nicht verlängerbar*.[8]

2. Bezeichnung des Rechtsmittels

1116
> Zur Akte 2:
> Lesen Sie jetzt bitte Bl. 66 f., 76–86 d. A. im Überblick durch!

Beide Verteidiger haben fristgerecht nicht etwa Berufung (oder Sprungrevision, siehe Rn. 1105) eingelegt, sondern ein nicht näher bezeichnetes, sog. *unbenanntes* „*Rechtsmittel*" (Bl. 66 f.). Diese Praxis ist zulässig, weil niemand ohne Kenntnis der schriftlichen Urteilsgründe, die aber regelmäßig erst nach Ablauf der Rechtsmittelfrist vorliegen werden,[9] ermessen kann, ob eine Revision überhaupt sinnvoll ist.

---

[5] MEYER-GOSSNER § 337 Rn. 11.
[6] Nach der Rechtspflegestatistik 2011, Reihe 2.3 (Strafgerichte), S. 126, 152, standen bei den Oberlandesgerichten 215 Urteile auf Grund einer Revisionshauptverhandlung 5.499 Beschlüssen ohne mündliche Verhandlung gegenüber. Beim BGH waren es 147 Urteile und 2.662 Beschlüsse.
[7] MEYER-GOSSNER § 344 Rn. 4 ff.
[8] Bei unverschuldeter Fristüberschreitung ist Wiedereinsetzung in den vorigen Stand nach den §§ 44 ff. möglich.
[9] Siehe oben Rn. 1101.

Man müsste daher aus Sicherheitsgründen stets Berufung einlegen, weil diese eine umfassendere Überprüfung erlaubt. Die Alternative der Sprungrevision nach § 335 liefe damit leer.[10] Aus dieser Erwägung heraus erachtet die Rspr. es als zulässig, zunächst ein unbenanntes Rechtsmittel einzulegen und sich später zu entscheiden, ob dieses als Berufung oder Revision durchgeführt werden soll. Die damit eröffnete Wahlmöglichkeit besteht bis zum Ablauf der Revisionsbegründungsfrist und endet daher einen Monat nach Zustellung der schriftlichen Urteilsgründe (§ 345 I). Erfolgt bis dahin keine den Anforderungen einer Revision genügende Begründung, so stünde als zulässige Alternative nur noch die Berufung mit ihren weniger strengen formalen Anforderungen offen. Zu Gunsten des Rechtsmittelführers wird seine unbestimmte Anfechtung dann als Berufung behandelt[11] (siehe dazu Bl. 75–77 d. A.).

1117 Im Übrigen bliebe eine irrig falsche Bezeichnung des Rechtsmittels auf Grund der *falsa demonstratio non nocet*-Regelung in § 300 folgenlos. Wer daher als Rechtsunkundiger „Beschwerde" gegen ein Urteil einlegt, erleidet wegen dieses Fehlers keinen Nachteil. Vielmehr wird sein Rechtsmittel in dasjenige zulässige Rechtmittel umgedeutet, welches am ehesten den erstrebten Erfolg verspricht.[12]

1118 Entscheidend für die taktisch *richtige Wahl des Rechtsmittels* gegen ein amtsgerichtliches Urteil ist, welches Endziel verfolgt werden soll und ob das Urteil erster Instanz bzw. das Verfahren Rechtsfehler aufweisen, die seine Aufhebung durch das Revisionsgericht erwarten lassen. Sollte dies der Fall sein, so kann sich eine Revision empfehlen, weil dann nach Urteilsaufhebung und Zurückverweisung (§ 354 II 1) erneut zwei Instanzen blieben, die eigenen Argumente vorzutragen. Auch mag es der Verteidigung manchmal nützen, Zeit zu gewinnen, um für die Strafzumessung, die Frage der Strafaussetzung und insb. zu den Maßregeln der §§ 69, 69a StGB eine bessere Ausgangslage zu gewinnen. Erscheinen die Erfolgsaussichten einer Revision dagegen als gering, wäre es geradezu kunstfehlerhaft, sie zu wählen. Denn bei ihrem Scheitern wäre das Urteil endgültig rechtskräftig und die Möglichkeit der Berufung verspielt.

1119 Wird ein Urteil gleichzeitig mit der Berufung (z. B. durch die StA) und mit der Revision (z. B. durch den Angeklagten) angefochten, so genießt die *Berufung Vorrang* (§ 335 III), weil sie zum einen die umfassendere Prüfung erlaubt und zum anderen gleichzeitige unterschiedliche Rechtsmittel vermieden werden sollen. Die Revision des anderen Beteiligten wird dann ebenfalls als Berufung behandelt. Dasselbe gilt, wenn zwei Angeklagte ihre Rechtsmittel unterschiedlich wählen; selbst eine Trennung der Verfahren könnte daran nichts ändern.[13]

---

[10] BGHSt 2, 63 (65 f.).
[11] BGHSt 2, 63 (69 ff.).
[12] OLG Hamm NJW 2003, 1469 (1470).
[13] RGSt 63, 194 (195); OLG Zweibrücken MDR 1986, 778 (779).

3. Beschwer

Auch zur Urteilsanfechtung bedarf es der sog. *Beschwer* (siehe dazu bereits Rn. 346 ff.). Die Beschwer kann sich allein aus der Urteilsformel ergeben und darf nicht erst aus den Urteilsgründen folgen.[14]

1120

> **Beispiel (Verfahrenseinstellung nach Schuldfeststellung wegen Verjährung):[15]**
>
> Der Polizeibeamte *Karl S.* hatte bis August 1947 pflichtwidrig keine Ermittlungen gegen den erheblich vorbestraften *Fritz R.* wegen eines diesem vorgeworfenen Raubes geführt und dadurch über längere Zeit hinweg dessen Bestrafung verhindert. *Karl S.* selbst wurde aber erst 1958 wegen persönlicher Begünstigung im Amt[16] angeklagt, als seine Tat bereits verjährt war. Dies hatte die angerufene Strafkammer zunächst verkannt und daher noch eine Beweisaufnahme durchgeführt. Am Ende stellte sie das Verfahren gegen den Angeklagten dennoch wegen Verjährung gemäß § 260 III durch Urteil ein,[17] nicht ohne in den schriftlichen Urteilsgründen darzulegen, sie gehe auf Grund der Beweisaufnahme von einer Schuld des Angeklagten aus. *Karl S.* legte gegen das Urteil Revision ein, weil er wegen der Ausführungen des Urteils zu seiner Schuld Nachteile in dem gegen ihn laufenden Disziplinarverfahren fürchtete. – Der BGH verwarf die Revision als unzulässig, denn es genüge für ihre Zulässigkeit nicht, wenn der Inhalt der Urteilsgründe den Angeklagten in irgendeiner Weise belaste. Vielmehr müsse der Urteilsspruch selbst unmittelbar nachteilig gegen ihn wirken.[18] Das aber war nicht der Fall, weil die Verfahrenseinstellung keine zuvorige Schuldfeststellung bedingt und daher aus ihr nicht auf ein Verschulden geschlossen werden kann.

IV. Das Verschlechterungsverbot

Mit dem in den §§ 331 I, 358 II für Berufung wie Revision verankerten Verbot der *reformatio in peius* soll dem Verurteilten eine unbefangene Entscheidung ermöglicht werden, ob er ein Urteil im Rechtsmittelwege überprüfen lassen will.[19] Zugleich soll den Rechtsmittelgerichten verwehrt werden, gewissermaßen durch die Hintertür per Strafschärfung eine „Missbrauchsgebühr" als Sanktion für die Rechtsmitteleinlegung zu verhängen. Freilich gilt das Verschlechterungsverbot nur, solange alleine Rechtsmittel zu Gunsten des Verurteilten durchgeführt werden. Sobald hingegen die Staatsanwaltschaft ihrerseits ein Rechtsmittel zu Ungunsten des Angeklagten betreibt, steht der Weg zu einer Strafschärfung offen.

1121

---

[14] BGHSt 7, 153; Meyer-Goßner vor § 296 Rn. 13.
[15] Abgeänderter Sachverhalt nach BGHSt 13, 75.
[16] Die persönliche Begünstigung im Amt (§ 346 StGB a. F.) entspricht der heutigen Strafvereitelung im Amt (§ 258a StGB).
[17] Zum Einstellungsurteil s. o. Rn. 1108.
[18] BGHSt 13, 75 (77).
[19] BGH NJW 1977, 1544.

1122 Die Staatsanwaltschaften legen deshalb gelegentlich ihre Berufungen nur ein, weil sie damit rechnen, auch der Angeklagte werde ein Rechtsmittel einlegen. Taktisches Ziel dieses „Mitgehens" ist, mit dem Druckmittel der möglichen Verschlechterung des Verfahrensresultats eine (beiderseitige) Rechtsmittelrücknahme mit der Verteidigung zu vereinbaren.

1123 **Aufgabe:**
Schärfung des Schuldspruchs
Tobias F. war wegen räuberischen Diebstahls in Tateinheit mit Körperverletzung angeklagt worden; er soll nach einem Ladendiebstahl auf der Flucht einen Kaufhausdetektiv geschlagen haben. Das Schöffengericht hatte ihn aber nur wegen (einfachen) Diebstahls und wegen Körperverletzung zu einer Gesamtfreiheitsstrafe von sechs Monaten unter Strafaussetzung zur Bewährung verurteilt, da es Zweifel an der Besitzerhaltungsabsicht während der Gewaltausübung hegte. Gegen dieses Urteil legte *Tobias F.* Berufung mit dem Ziel seines Freispruchs ein. Am Ende der Berufungshauptverhandlung gelangte die kleine Strafkammer allerdings zu der Überzeugung, *F.* habe tatsächlich nicht nur einen Diebstahl, sondern sogar einen räuberischen Diebstahl begangen.
Kann sie *Tobias F.* nach § 252 StGB verurteilen?

1124 Das Verbot der *reformatio in peius* betrifft alleine die Rechtsfolgen, nicht aber den Schuldspruch. Dieser kann in der Rechtsmittelinstanz also ohne Weiteres auch zum Nachteil des Angeklagten korrigiert werden. Allerdings dürfen daraus keine Folgerungen über den Strafausspruch der ersten Instanz hinaus getroffen werden. Das Rechtsmittelgericht hätte also im Fall Rn. 1123 die gesetzliche Mindeststrafe nach den §§ 252, 249 I StGB zu ignorieren und dürfte *F.* zwar wegen räuberischen Diebstahls verurteilen, für dieses Verbrechen aber wiederum nur ein halbes Jahr Freiheitsstrafe auf Bewährung verhängen.

1125 Ob eine Änderung der Rechtsfolgen zum Nachteil des Angeklagten vorliegt, falls im zweiten Urteil Vergünstigungen und Verschlechterungen aufeinandertreffen, ist im Wege einer Abwägung zu entscheiden.[20]

Beispiel (Berufungsgericht verhängt längere Strafe, bewilligt aber Bewährung):[21]
Das Schöffengericht des AG Neuruppin hatte *Lukas B.* am 07.11.2007 wegen versuchten gemeinschaftlichen Raubes in Tateinheit mit gefährlicher Körperverletzung unter (fehlerhafter) Einbeziehung einer Verurteilung durch das AG Perleberg vom 31.01.2007 (ein Jahr sechs Monate Freiheitsstrafe auf Bewährung) zu einer Gesamtfreiheitsstrafe von drei Jahren verurteilt. Auf die auf den Rechtsfolgenausspruch beschränkte Berufung von *B.* hin sah die Berufungsstraf-

---

[20] HK-RAUTENBERG § 331 Rn. 12; MEYER-GOßNER § 331 Rn. 12.
[21] Ins allgemeine Strafrecht verlegter Sachverhalt des OLG Brandenburg NStZ-RR 2008, 388.

kammer in ihrem Urteil vom 28.03.2008 richtigerweise von der Einbeziehung der Vorentscheidung ab und verurteilte *B.* seinerseits zu einer Freiheitsstrafe von einem Jahr zehn Monaten unter Strafaussetzung zur Bewährung. – Das OLG Brandenburg hob diese Verurteilung auf, denn die Addition der Strafen aus den Urteilen vom 31.01.2007 und 28.03.2008 führte nunmehr zu einer Gesamtstrafenlänge von drei Jahren vier Monaten und lag damit über der angefochtenen Gesamtfreiheitsstrafe aus dem Urteil vom 07.11.2007. Zwar waren beide verbleibenden Strafen nunmehr Bewährungsstrafen. Jedoch sei ein späterer Widerruf der Strafaussetzungen nicht auszuschließen und für diesen Fall hätte *Lukas B.* letztlich eine längere Zeit im Strafvollzug zu verbringen gehabt als nach dem angefochtenen Urteil des Schöffengerichts Neuruppin.[22] Die Berufungsstrafkammer hätte daher in ihrem Urteil auf eine maximale Strafe von einem Jahr und sechs Monaten – gleichgültig, ob mit oder ohne Bewährung – erkennen dürfen, um dem Gebot des § 331 I zu genügen.

Ebensowenig zulässig wäre der umgekehrte Fall einer Strafreduzierung unter nunmehriger Versagung einer zuvor bewilligten Bewährung[23] (Beispiel: Das Amtsgericht verurteilt zu neun Monaten Freiheitsstrafe unter Strafaussetzung zur Bewährung, die Berufungsstrafkammer verhängt zwar nur fünf Monate, diese aber ohne Bewährung).

1126

> **Wiederholungsfragen zum 20. Kapitel**
> 1. Was unterscheidet Rechtsmittel von Rechtsbehelfen? (Rn. 1101 f.)
> 2. Welche Rechtsmittel sind gegen erstinstanzliche Urteile des Amtsgerichts, welche gegen solche des Landgerichts statthaft? (Rn. 1105)
> 3. Binnen welcher Frist sind Berufung und Revision einzulegen? (Rn. 1115)
> 4. Welchen Zweck verfolgt das Verschlechterungsverbot? (Rn. 1121)
> 5. Wann sind dennoch Verschlechterungen des erstinstanzlichen Urteils zulässig? (Rn. 1121, 1124)

---

[22] OLG Brandenburg NStZ-RR 2008, 388.
[23] OLG Frankfurt, NJW 1964, 368.

21. Kapitel. Die Berufung

I. Der Sonderfall der Annahmeberufung

Für Berufungen gegen *Verurteilungen zu geringfügigen Geldstrafen* von nicht mehr als 15 Tagessätzen (und gegen Freisprüche auf geringfügige Strafanträge der Staatsanwaltschaft hin) existiert mit § 313 eine spezielle Zulässigkeitsschranke. Hier bedarf es einer zuvorigen Annahme der Berufung, die zu erfolgen hat, sofern die Berufung *nicht offensichtlich unbegründet* erscheint (§ 313 II). Im Ergebnis sind damit in den betreffenden Bagatellsachen offensichtlich unbegründete[1] Berufungen bereits unzulässig. Die mit der Hürde des Annahmeerfordernisses beabsichtigte Entlastung der Strafrechtspflege gelingt indes in der Praxis kaum,[2] denn eine offensichtliche Unbegründetheit wird im Zweifel nur vorliegen, wenn die Berufung nicht, das amtsgerichtliche Urteil aber in sich schlüssig und überzeugend begründet wurde.[3]

1127

Über die Annahme entscheidet das Berufungsgericht durch (unanfechtbaren) Beschluss gemäß § 322a nach Aktenlage.

1128

II. Die Durchführung des Berufungsverfahrens

1. Vorbereitung der Berufungshauptverhandlung

Eine verspätete oder aus anderen Gründen (z. B. mangels Beschwer) *unzulässige Berufung* kann das Berufungsgericht ebenfalls ohne Hauptverhandlung per Beschluss nach § 322 I verwerfen.

1129

---

[1] Zu diesem problematischen Begriff, der auch in der Revisionsinstanz Bedeutung erlangt, vgl. Rn. 1227 bzw. ET 20-02.
[2] Im Jahre 2011 kamen auf insgesamt 51.527 Berufungen 278 Nichtannahmeentscheidungen (Rechtspflegestatistik Reihe 2.3 [Strafgerichte] 2011, S. 86).
[3] Vgl. HK-RAUTENBERG § 313 Rn. 9; Wolfgang FEUERHELM, Die Annahmeberufung im Strafprozeß, StV 1997, 99–106 (103); Klaus TOLKSDORF, Zur Annahmeberufung nach § 313 StPO, FS Salger S. 393–409 (407 f.).

1130 Keine Zulässigkeitsvoraussetzung stellt allerdings die *Begründung* der Berufung und die Einhaltung der dazu in § 317 genannten Frist dar; eine verspätet eingereichte Begründung ist vielmehr ebenso zu beachten wie eine fristgerechte und selbst ohne jede Begründungsschrift bleibt eine Berufung – anders als die Revision – zulässig.

1131 **Zur Akte 2:**

Beide Verteidiger haben ihre (als Berufung zu behandelnden, Rn. 1116) Rechtsmittel nicht begründet, was auch keineswegs unüblich ist. Denn sofern keine neuen Fragestellungen entstanden sind, erschöpfte sich eine Berufungsbegründung ohnehin in Wiederholungen des vorprozessualen oder erstinstanzlichen Vorbringens. Eine Berufungsbegründung wird für die Verteidigung daher nur sinnvoll sein, falls neue Tatsachen oder Beweise vorgetragen, die Berufung beschränkt (Rn. 1112) oder das präzise Ziel der Berufung dem Gericht vermittelt werden soll. Die Staatsanwaltschaft hingegen ist nach Nr. 156 I RiStBV verpflichtet, ihre Berufung in jedem Falle zu rechtfertigen.

1132 Die Akten gelangen stets durch Vermittlung der Staatsanwaltschaft zum Berufungsgericht (§ 320 f., vgl. Bl. 77 d.A., hier sogar noch unter Einleitung eines neuen Ermittlungsverfahrens gegen den Zeugen *Schuler*, weil das Schöffengericht von dessen Falschaussage ausgegangen war). Im Regelfall, wenn sich keine aufklärungsbedürftigen Vorfragen aufdrängen, wird das Berufungsgericht sodann baldmöglichst einen *Termin zur Berufungshauptverhandlung* anberaumen, wofür die erstinstanzlichen Regeln entsprechend gelten (§ 323). Bei der Auswahl der Zeugen sind die Erfahrungen der ersten Instanz zu berücksichtigen; auf die Ladung unergiebiger Zeugen kann verzichtet werden (§ 323 II 1). Das gilt insbesondere, weil § 325 die Verlesung der in der ersten Instanz entstandenen Protokolle über Zeugenvernehmungen gestattet und so das Unmittelbarkeitsprinzip ein weiteres Mal durchbricht.

1133 Die erwähnte *Protokollverlesung* gemäß § 325 an Stelle einer Zeugenvernehmung ist allerdings nur zulässig, wo es nicht darauf ankommt, sich zur Beurteilung der Glaubhaftigkeit einer Aussage einen persönlichen Eindruck von dem Zeugen zu verschaffen, da andernfalls ein Verstoß gegen § 244 II vorläge. Im Ergebnis werden daher ebenfalls nur weniger bedeutsame Zeugen im Hinblick auf § 325 ungeladen bleiben können.[4]

1134 **Zur Akte 2:**

Aus diesem Grund hat der Vorsitzende der Berufungsstrafkammer auch allein von der Ladung der Zeugin *Popp* abgesehen, die vor den entscheidenden Geschehnissen in die Küche geflüchtet war und daher nichts Wesentliches zur Aufklärung beitragen konnte (vgl. Ziff. 1 der Verfügung Bl. 78 bzw. Bl. 60 d.A.).

---

[4] HK-Rautenberg § 325 Rn. 5 f.

2. Verwerfung der Berufung wegen Ausbleibens des Angeklagten

Zur Akte 2:

Lesen Sie jetzt bitte die ersten beiden Seiten des Protokolls der Berufungshauptverhandlung (Bl. 79 f.).

Die Berufung der Angeklagten *Kindoro* wurde gemäß § 329 I 1 verworfen, weil sie der Berufungshauptverhandlung ferngeblieben ist. Ein derartiges „Versäumnisurteil" kennt das Strafverfahren ansonsten nur noch im Verfahren auf Einspruch gegen einen Strafbefehl (§ 412), während im Übrigen der Grundsatz gilt, nicht ohne den Angeklagten zu verhandeln (§ 230 I). Die hier zum Einsatz kommende Ausnahmebestimmung will es dem Angeklagten verwehren, den Eintritt der Rechtskraft seiner erstinstanzlichen Verurteilung durch die Verweigerung seiner Mitwirkung im Verfahren über eine selbst eingelegte Berufung beliebig hinauszuzögern.[5]

Voraussetzung der beschriebenen Verwerfung ist zum einen die *ordnungsgemäße Ladung* des Angeklagten.[6] Dieser muss zumindest die Möglichkeit gehabt haben, sich in zumutbarer Weise (z. B. durch Abholung eines niedergelegten Schriftstückes vom Postamt) über den Termin zu informieren. Zum anderen darf nach § 329 I 1 *keine ausreichende Entschuldigung* vorliegen. Dabei geht es nicht etwa um das Sichentschuldigen i.S. einer rechtzeitigen Mitteilung der Verhinderung, sondern um das Vorliegen eines materiellen Entschuldigungsgrundes, wie Verhandlungs- oder Reiseunfähigkeit infolge einer Erkrankung, einem Unfall auf dem Weg zum Gericht oder eine unvorhersehbare Verspätung von Verkehrsmitteln („übliche" Bahnverspätungen entschuldigen hingegen nicht).[7] Anhaltspunkten für das Vorliegen eines solchen Entschuldigungsgrundes muss die Berufungsstrafkammer von Amts wegen nachgehen.[8]

Zur Akte 2:

Hinweise für eine Entschuldigung der Angeklagten *Kindoro* fehlten; nicht einmal ihr Verteidiger konnte sich ihr Fernbleiben erklären (Bl. 80). Bei dieser Sachlage *musste* die Strafkammer die Berufung ohne weitere Nachforschungen gemäß § 329 I verwerfen („so *hat* das Gericht ... zu verwerfen."). Es handelt sich um ein reines Prozessurteil ohne Prüfung der materiellstrafrechtlichen Sachlage.

Eine Ausnahme bestünde nur, sofern eine zulässige Vertretung durch einen Verteidiger erfolgt wäre. Das aber wäre wiederum nach bisher herrschender Auffassung nur zulässig, falls bereits erstinstanzlich eine solche Vertretungsbefugnis bestanden hätte, also im Strafbefehlsverfahren nach Einspruch (§ 411 II) oder in Abwesenheit (§ 234) verhandelt worden war.[9] Ein solcher Fall lag im Verfahren 2 indes nicht vor. Inzwischen hat allerdings der EGMR einen Verstoß gegen Art. 6 III c) EMRK auch jenseits des Kreises erstinstanzlicher Vertretungsbefugnis festgestellt, falls ein vertretungswilliger Verteidiger anwesend ist und die Berufung dennoch nach

---

[5] HK- RAUTENBERG § 329 Rn. 1; SCHROEDER/VERREL Rn. 315; kritisch PETERS S. 630.
[6] HK- RAUTENBERG § 329 Rn. 16; BGHSt 24, 143 (149).
[7] BGHSt 17, 391 (396); HK- RAUTENBERG § 329 Rn. 20; MEYER-GOßNER § 329 Rn. 18, 25 ff.
[8] BayObLG NStZ-RR 1999, 143.
[9] HK- RAUTENBERG § 329 Rn. 15; eingehend dazu Robert ESSER, (Nichts) Neues aus Straßburg – Effektive Verteidigung bei Nichterscheinen des Angeklagten zu Beginn der Hauptverhandlung in der Berufungsinstanz (§ 329 Abs. 1 S. 1 StPO), StV 2013, 331–339 (331).

§ 329 I 1 verworfen wird.[10] Eine menschenrechtskonforme Auslegung von § 329 I 1 dürfte vor diesem Hintergrund darauf hinauslaufen, die dort erwähnte „Zulässigkeit" zumindest auf alle Fälle auszudehnen, in welchen der Vertretungswunsch des Angeklagten ausreichend dokumentiert ist.[11]

1139 Nach § 329 III wäre der Angeklagten *Kindoro* gegen das Verwerfungsurteil der – von ihr aber im weiteren Verfahren nicht gestellte – Antrag auf *Wiedereinsetzung in den vorigen Stand* geblieben, in welchem sie das fehlende Verschulden darzulegen und glaubhaft zu machen gehabt hätte. Hielte das Berufungsgericht auf Grund dessen eine Entschuldigung immer noch nicht für überwiegend wahrscheinlich, so müsste es den Antrag ohne weitere Nachforschungen zurückweisen. Ein erfolgreicher Wiedereinsetzungsantrag versetzt das Verfahren hingegen wieder in den vorherigen Stand. Die Angeklagte wäre in diesem Fall zu einer neuen Berufungshauptverhandlung zu laden gewesen.

1140 Daneben bleibt gegen ein Verwerfungsurteil die *Revision* statthaft, die aber allein die Voraussetzungen der Verwerfung zu prüfen hätte, insb., ob angesichts der dem Berufungsgericht erkennbaren Sachlage zum Zeitpunkt des Verwerfungsurteils eine ausreichende Entschuldigung vorlag oder das Gericht sich wenigstens zu weiteren Nachforschungen hätte veranlasst sehen müssen.[12] Erst nachträglich vorgebrachte Entschuldigungsgründe mögen daher zwar eine Wiedereinsetzung rechtfertigen (Rn. 1139); in der Revision blieben sie hingegen unberücksichtigt.

3. Verlauf der Berufungshauptverhandlung

1141 **Zur Akte 2:**

Lesen Sie jetzt bitte das weitere Protokoll über die Berufungshauptverhandlung (Bl. 81–86).

Mit der Verwerfung der Berufung der Angeklagten *Kindoro* (wodurch das Urteil erster Instanz gegen sie rechtskräftig wird) richtet sich das weitere Verfahren ausschließlich gegen die Angeklagte *Schuler*. Im Unterschied zum erstinstanzlichen Verfahren erfolgt keine Verlesung der Anklage. Stattdessen wird über den bisherigen Verfahrensverlauf berichtet und das Urteil des Amtsgerichts auszugsweise verlesen (Bl. 81, vgl. § 324 I). Der anschließende Verlauf – mit einer erneut umfangreichen Beweisaufnahme – entspricht weitgehend einem erstinstanzlichen Verfahren.

1142 Unterschiede ergeben sich im Übrigen
- bei der *Protokollierung* der Zeugenaussagen, deren Inhalte nun nicht mehr erfasst werden, weil § 273 II 1 dies für die Berufung nicht verlangt;
- hinsichtlich der Rn. 1133 bereits erwähnten *Verlesung der erstinstanzlichen Aussagen* weniger bedeutsamer Zeugen anstelle ihrer erneuten Vernehmung (§ 325, hier bei der Zeugin *Popp* an sich geplant; nach der Verwerfung der Berufung

---

[10] EGMR StraFo 2012, 490.
[11] Esser (Fn. 33), StV 2013, 338 f.; Meyer-Goßner § 329 Rn. 15; a. A. OLG München StV 2013, 301.
[12] Zu weiteren Einzelheiten siehe Meyer-Goßner § 329 Rn. 48 f.

der Angeklagten *Kindoro* konnte aber selbst darauf verzichtet werden, weil die Zeugin zu dem verbleibenden Vorwurf gegenüber der Angeklagten *Schuler* gar nichts berichtet hatte);
- durch eine umgekehrte *Reihenfolge der Plädoyers* (Bl. 85). Nach § 326 ist nämlich der „Beschwerdeführer", also derjenige, der Berufung eingelegt hat, zuerst zu hören. Bei beiderseitiger Berufung hingegen plädiert erneut der Staatsanwalt als erster.[13] Am *letzten Wort* des Angeklagten ändert sich dadurch indes nichts.

In der Sache selbst ist zum einen der rechtliche Hinweis (§ 265, vgl. dazu Rn. 1058 ff.) auf eine Nötigung hervorzuheben (Bl. 84), wegen derer die Angeklagte am Ende zusätzlich schuldig gesprochen wird (Bl. 85, vgl. dazu Rn. 1123 f.: kein Verstoß gegen das Verbot der reformatio in peius). Man beachte zum anderen den Antrag auf Zeugenvernehmung der früheren Mitangeklagten *Kindoro* (Bl. 84, 86). Nachdem sie ordnungsgemäß durch Verwerfung ihrer Berufung als Mitangeklagte aus dem Verfahren ausgeschieden ist, nimmt sie im weiteren Verfahren potenziell die Stellung einer Zeugin ein. Allerdings mangelte es dem Antrag an der erforderlichen Konnexität zwischen Beweistatsache und Beweismittel (vgl. dazu Rn. 996), weshalb er nicht als Beweisantrag anerkannt und als solcher zurückgewiesen wurde (Bl. 84). Auch von Amts wegen (§ 244 II) brauchte sich die Strafkammer nicht zu der Beweiserhebung gedrängt zu fühlen, da nicht ersichtlich ist, was die Zeugin zum Geschehen betreffend die Angeklagte *Schuler* Sachdienliches hätte bekunden können.

1143

4. Das Berufungsurteil

> **Zur Akte 2:**
> Lesen Sie jetzt das Berufungsurteil Bl. 88–94 durch!

1144

Im Unterschied zum Amtsgericht hielt das Berufungsgericht den Vorwurf der versuchten gefährlichen Körperverletzung nicht für nachweisbar, weshalb das Urteil insoweit aufzuheben und die Angeklagte freizusprechen war. Um hier keine unnötige Verwirrung zu stiften, hat die Berufungsstrafkammer aber nicht nur diesen Urteilsteil geändert, sondern das Urteil insgesamt aufgehoben und neu gefasst, zumal sich auch der Strafausspruch notwendigerweise ändern musste.

Das Berufungsgericht entscheidet durch Urteil in der Sache (§ 328 I). Eine Zurückverweisung an das Eingangsgericht gibt es grundsätzlich nicht (mehr), denn § 328 II lässt ausdrücklich[14] nur noch eine Verweisung an ein anderes Gericht bei Unzuständigkeit des erstinstanzlichen Gerichtes

1145

---

[13] HK- RAUTENBERG § 326 Rn. 1.

[14] Weitere Ausnahme: Falls das Berufungsgericht zu der Auffassung gelangt, das Amtsgericht habe gemäß § 412 i.V.m. § 329 I den Einspruch gegen einen Strafbefehl zu Unrecht verworfen (z. B. wegen nicht ordnungsgemäßer Ladung des Angeklagten), kann es ebenfalls an das Ausgangsgericht zurückverweisen, vgl. BGHSt 36, 139 (142 f.); MEYER-GOßNER § 412 Rn. 10. Bis 1987 ließ § 328 II 1 a.F. hingegen nicht generell die Zurückverweisung zu: „Leidet das Urteil an einem Mangel, der die Revision wegen Verletzung einer Rechtsnorm über das Verfahren begründen würde, so kann das Berufungsgericht unter Aufhebung des Urteils die Sache, wenn die Umstände des Falles es fordern, zur Entscheidung an das Gericht des ersten Rechtszuges zurückverweisen."

zu (z. B. bei Verurteilung eines Heranwachsenden durch einen Strafrichter: Verweisung durch die kleine Strafkammer an den Jugendrichter).

1146 Für die Abfassung des schriftlichen Berufungsurteils gelten dieselben Regeln wie in der ersten Instanz (Rn. 1084 ff.).

1147 Die *Kostenentscheidung* ist im Verfahren 2 eher untypisch für ein Berufungsurteil, denn im Regelfall wäre nach der für Rechtsmittelentscheidungen einschlägigen Bestimmung des § 473 allein über die Kosten der Berufungsinstanz zu befinden gewesen, während es im Übrigen bei der Kostenregelung aus der Ausgangsentscheidung bliebe. Dies ist hier nur deshalb anders, weil das Berufungsgericht bei einer der Taten zu einer anderen Beantwortung der Schuldfrage gelangt ist, womit sich insoweit die Kostenentscheidung des Amtsgerichts ebenfalls als in der Sache unzutreffend herausgestellt hat und einer Korrektur bedurfte. Einer exakten Quotelung bedarf es hier nicht, weshalb die Strafkammer die den Gesetzestexten der §§ 465 I 1, 467 I entlehnte, recht unbestimmte Formulierung „soweit sie verurteilt wurde" verwenden konnte. Erst der Kostenbeamte wird später anlässlich der Kostenrechnung den Anteil von Freispruch und Verurteilung quotieren.

1148 Die Kostenverteilung im Falle einer Abänderung des angefochtenen Urteils in der Rechtsmittelinstanz führt zu teilweise seltsamen Konsequenzen. Wenn das Amtsgericht den Angeklagten zu Unrecht freigesprochen hatte und das Landgericht dies korrigiert, hat der Angeklagte die Kosten beider Instanzen zu tragen.[15] Die dafür verantwortliche Erwägung, er habe durch seine Tat letztlich auch beide Instanzen veranlasst, wird dann fragwürdig, wenn er im Einzelfall für die ursprüngliche Fehlentscheidung gar nicht verantwortlich war. Von einer gerichtlichen Fehlentscheidung in erster Instanz soll der am Ende verurteilte Angeklagte in kostenrechtlicher Hinsicht jedoch ebensowenig profitieren wie der am Ende Freigesprochene durch sie Nachteile erleiden darf.

Wiederholungsfragen zum 21. Kapitel
1. Wann bedarf eine Berufung der zuvorigen „Annahme"? (Rn. 1127)
2. Muss eine Berufung begründet werden? (Rn. 1130)
3. Was geschieht, wenn der Angeklagte zur Berufungshauptverhandlung nicht erscheint? (Rn. 1135 f., 1138)
4. Welche Erleichterungen enthält das Gesetz für die Beweisaufnahme in der Berufungsinstanz? (Rn. 1132 f.)
5. Wie entscheidet das Berufungsgericht über die Berufung? (Rn. 1145)

---

[15] MEYER-GOßNER § 465 Rn. 3.

22. Kapitel. Die Revision

I. Einlegung und Begründung der Revision

Nach fristgerechter Einlegung (siehe oben Rn. 1115) hat der Revisionsführer seine Revision zusätzlich schriftlich zu begründen (§ 344), wofür § 345 *weitere Formerfordernisse* aufstellt: **1149**

- Die Begründung muss *binnen eines Monats* nach Zustellung der schriftlichen Urteilsgründe vorgelegt werden (§ 345 I 2; der in Satz 1 geregelte Fall kommt in der Praxis nicht vor).
- Sie hat entweder *durch Verteidiger- bzw. Anwaltsschriftsatz* zu erfolgen oder ist *zu Protokoll der Geschäftsstelle des Gerichts* zu erklären, dessen Urteil angefochten wird.[1] Ein anderes Gericht darf der Angeklagte dazu nur bemühen, falls er sich nicht auf freiem Fuß befindet (vgl. § 299).
- Es müssen sog. „*Revisionsanträge*" gestellt werden (§ 344 I), damit das Revisionsgericht ersehen kann, was der Revisionsführer erreichen möchte. Entbehrlich sind solche Anträge nur, wo ersichtlich die vollständige Urteilsaufhebung begehrt wird oder nur eine solche in Betracht kommt. Könnte es dem Revisionsführer aber möglicherweise auch allein um die Aufhebung des Strafausspruchs gehen und lässt sich der genaue Umfang des Revisionsbegehrens selbst durch Auslegung nicht ermitteln, so führen fehlende Anträge zur Unzulässigkeit der Revision.[2]

Wenn die Revision wegen Missachtung der genannten Formalien nicht in zulässiger Weise erhoben worden ist, verwirft sie (durch Beschluss) bereits das Gericht, dessen Urteil angegriffen wurde (§ 346 I).

Es war schon Rn. 1113 auf den begrenzten Umfang der revisionsgerichtlichen Prüfung hingewiesen worden. Aus § 344 II ergibt sich insoweit eine Unterscheidung zwischen der *Sachrüge* einerseits und der *Prozess- oder Verfahrensrüge* andererseits. Vereinfacht gesagt: **1150**

---
[1] Meyer-Gossner § 345 Rn. 19.
[2] HK-Temming § 344 Rn. 2.

Die Sachrüge betrifft die Anwendung des materiellen Strafrechts auf den festgestellten Sachverhalt (einschließlich der Strafzumessung), die Prozessrüge das prozessual ordnungsgemäße Zustandekommen der Sachverhaltsfeststellungen.³

1151 Zum Anwendungsfeld der Sachrüge zählt freilich auch die Problematik, ob der dargestellte Sachverhalt die Subsumtion überhaupt tragen kann, ob er frei von Widersprüchen, Lücken und Unklarheiten ist und die Beweise erschöpfend gewürdigt worden sind.⁴ Für derartige *Fehler der Beweiswürdigung* genügt die Sachrüge deshalb, weil sie nicht das Zustandekommen der Tatfeststellungen berühren, sondern die aus diesen zu ziehenden Schlussfolgerungen, also die Anwendung des materiellen Rechts.

1152 Die Unterscheidung zwischen Verfahrens- und Sachrügen wirkt sich in zweierlei Hinsicht aus:
- Es ergeben sich zunächst unterschiedliche inhaltliche *Begründungsanforderungen*. Die Sachrüge braucht nur als solche erklärt, aber nicht näher begründet zu werden (ausreichend ist daher schon die pauschale Wendung: „Ich rüge die Verletzung materiellen Rechts"). Demgegenüber bedarf es für jede Verfahrensrüge nach § 345 II einer näheren Darlegung, nämlich durch Angabe der verletzten Rechtsnorm sowie der den Mangel begründenden Tatsachen, damit das Revisionsgericht die Fehlerhaftigkeit bereits allein anhand der Revisionsbegründung und ohne ergänzenden Blick in Urteil oder Protokoll beurteilen kann.

1153 - Die *gerichtliche Prüfungsbefugnis* reicht unterschiedlich weit: Während das Revisionsgericht auf die Sachrüge hin das gesamte Urteil in materiellrechtlicher Hinsicht zu prüfen hat, verwehrt ihm § 352 I bei Verfahrensrügen den Zugriff auf all jene Verfahrensfehler, die in der Revisionsbegründung nicht ordnungsgemäß gerügt und begründet wurden. Diese Regelung bürdet dem Verteidiger eine große Verantwortung dafür auf, innerhalb der Revisionsbegründungsfrist auch alle Fehler zu finden und ordnungsgemäß zu rügen. Ein Nachschieben von Gründen vermag nämlich keine bis dahin ungerügten Verfahrensfehler doch noch zum Gegenstand der Prüfung zu machen.⁵

1154 **Aufgabe:**
Materiellrechtliche und prozessuale Fehler des Berufungsgerichts
Sehen Sie in Verfahren 2 das Protokoll der Berufungshauptverhandlung (Bl. 79–86), soweit es das Verfahren gegen die Angeklagte *Schuler* betrifft, sowie das schriftliche Berufungsurteil (Bl. 88–94) auf das Vorliegen möglicher Rechtsanwendungsfehler hin durch!

---

³ Vgl. BGHSt 19, 273 (275); SK-Frisch § 337 Rn. 22 ff.
⁴ Meyer-Goßner § 337 Rn. 26 ff.; BGHSt 3, 213 (215); 14, 162 (164 f.); zu Einzelheiten Hans Peter Brause, Zum Zeugenbeweis in der Rechtsprechung des BGH, NStZ 2007, 505–512.
⁵ BGHSt 17, 337 (339).

> **Zur Akte 2:**
>
> Überprüfen Sie Ihr Ergebnis anhand der Revisionsbegründung Bl. 96–98! Die Revision führt drei materielle und eine prozessuale Rüge aus.

Die Begründung geht hinsichtlich der Sachrügen über den notwendigen Mindestinhalt hinaus (Rn. 1152). Dies bleibt ungefährlich (vgl. § 352 II), solange dem Revisionsgericht verdeutlicht wird, die Rüge solle nicht auf die ausdrücklich genannten Fehler des materiellen Rechts begrenzt erhoben sein,[6] und ist sogar grundsätzlich empfehlenswert. Es wäre nämlich töricht, darauf zu vertrauen, das Revisionsgericht werde schon von sich aus alle versteckten Fehler auch ohne weitere Hinweise finden.

Der Begründungsstil bei der Verfahrensrüge (hier der Verletzung von § 275 I 2) ist demgegenüber ein völlig anderer. Wegen des Gebots von § 344 II 2, die den Mangel enthaltenden Tatsachen anzugeben, hätte insoweit keineswegs der schlichte Hinweis genügt, das schriftliche Urteil sei entgegen § 275 I 2 zu spät zur Akte gelangt. Vielmehr waren das Ende der Hauptverhandlung und der Zeitpunkt der Urteilsabsetzung präzise zu benennen, weil dies diejenigen Tatsachen sind, aus welchen sich der Verfahrensfehler ergeben konnte. Zweckmäßigerweise geschieht dies wie in unserem Fall durch wörtliche Zitate aus Urteil oder Protokoll.

> **Zur Akte 2:**
>
> Lesen Sie zum weiteren Verfahrensgang jetzt Bl. 95, 99–101 d.A. Der daraus ersichtliche Ablauf des weiteren Verfahrens entspricht den Regelungen in § 347.

Nach Eingang der Revisionsbegründung hat die Staatsanwaltschaft eine sog. *Gegenerklärung* abgegeben (§ 347 I 2, Bl. 101). Eine solche stellt keine inhaltliche Stellungnahme zu den erhobenen Rügen dar (das ist allein Aufgabe der Generalstaatsanwaltschaft, vgl. Bl. 102 ff.). Sie soll vielmehr die revisionsgerichtliche Prüfung erleichtern, indem sie die zur Beurteilung der Rügen notwendigen Fakten hervorhebt (Nr. 162 RiStBV).[7] Vor dem Hintergrund der strengen Formalanforderungen an die Begründung von Verfahrensrügen ist es in der Praxis üblich, Gegenerklärungen nur abzugeben, wenn Revisionsrügen erhoben wurden, welche die sie begründenden Tatsachen unrichtig oder unvollständig wiedergeben. Das war hier der Fall, weil die dienstliche Erklärung zur verspäteten Urteilsabsetzung in der Revisionsbegründung fehlte (sie war Rechtsanwältin *van Dyck* ja unbekannt geblieben).

II. Die revisionsrechtliche Prüfung

1. Prüfungsreihenfolge

Auch das Revisionsgericht hat vorab das Vorliegen der *Verfahrensvoraussetzungen* zu prüfen. Jedenfalls, soweit es sich dabei um sog. Befassungsverbote (wie Unzuständigkeit, Fehlen von Anklage oder Eröffnungsbeschluss) handelt, geschieht

---

[6] Vgl. HbStrVf-König Rn. X.307.
[7] Wolfgang Kalf, Die Gestaltung der staatsanwaltschaftlichen Gegenerklärung, NStZ 2005, 190–195 (190).

dies sogar von Amts wegen, d. h. notfalls *ohne entsprechende Revisionsrüge*.[8] Nach h.M. gilt dies aber ebenso bei bloßen Bestrafungshindernissen (wie Verjährung, fehlendem Strafantrag oder Amnestie).[9]

1160 Im Übrigen folgt die *Prüfungsreihenfolge* in der Praxis Zweckmäßigkeitserwägungen: Wenn auf eine bestimmte Rüge hin das gesamte Urteil aufzuheben wäre, so genießt sie Vorrang vor solchen Rügen, die z. B. allein die Straffrage oder nur eine von mehreren Taten betreffen.[10] In der Regel wird daher den Verfahrensrügen der Vorrang gebühren.

2. Verfahrensrügen

a) Prüfungsabfolge

1161 Da Verfahrensrügen besonderen Darlegungserfordernissen zu genügen haben (Rn. 1153, 1156) und sie andernfalls mangels ordnungsgemäßer Erhebung gar nicht erst behandelt werden,[11] prüft das Revisionsgericht zunächst die formale Vollständigkeit der zu erörternden Rüge.

1162 Ist diese ordnungsgemäß ausgeführt worden, so orientieren sich die weiteren Überlegungen an dem in Abb. 1 skizzierten Schema.

b) Vorliegen eines Rechtsverstoßes

1163 Zur Akte 2:

Der gerügte prozessuale Fehler einer Verletzung von § 275 I 2 lag tatsächlich nicht vor, denn die Fristüberschreitung ging auf eine unvorhersehbare richterliche Erkrankung und damit auf einen nach § 275 I 4 die Fristüberschreitung legitimierenden Hinderungsgrund[12] zurück.

1164 Ein Verfahrensmangel *muss vom Revisionsführer bewiesen werden*, wobei der Zweifelssatz hier nicht gilt,[13] weil es um keine Schuldfeststellung geht. Beweisgrundlage ist vorrangig das nach § 274 mit erhöhter Beweiskraft ausgestattete Protokoll, hilfsweise das schriftliche Urteil, soweit es sich überhaupt zu Verfahrensvorgängen verhält.[14] Soweit Protokoll und Urteil keinen Beweis zu liefern vermögen, ist das Geschehen im Freibeweisverfahren (Rn. 981 ff.) zu klären.[15]

1165 Die aus § 274 abzuleitende *erhöhte Beweiskraft des Protokolls* betrifft ausschließlich die „wesentlichen Förmlichkeiten" der Hauptverhandlung (siehe dazu

---

[8] Meyer-Goßner § 352 Rn. 2; KK-Kuckein § 352 Rn. 3.
[9] Schroeder/Verrel Rn. 319; HbStrVf-König Rn. X.82 ff.; BGHSt 6, 304 (306); 29, 94.
[10] HK-Temming § 352 Rn. 6; KK-Kuckein § 352 Rn. 19.
[11] KK-Kuckein § 352 Rn. 12; HK-Temming § 352 Rn. 4.
[12] Vgl. Meyer-Goßner § 275 Rn. 13.
[13] BGHSt 16, 164 (167).
[14] Meyer-Goßner § 337 Rn. 11.
[15] BGHSt 22, 26 (28); Meyer-Goßner § 274 Rn. 8.

II. Die revisionsrechtliche Prüfung

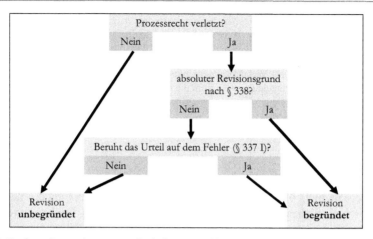

Abb. 1 Prüfung einer ordnungsgemäß erhobenen Verfahrensrüge

Rn. 718 f.). Diese müssen sich aus dem Protokoll ergeben. Sind sie dort nicht erwähnt, gelten sie als ungeschehen und ein *Gegenbeweis wird unzulässig*.[16] Fehlt also im Protokoll die Feststellung der Erteilung des letzten Wortes an den Angeklagten, gilt dieses als nicht erteilt, auch wenn das Gegenteil nachgewiesen werden könnte. Diese Fiktion verfolgt den Zweck, den Revisionsgerichten schwierige eigene Feststellungen zu ersparen,[17] mag aber im Einzelfall zu in der Sache unrichtigen Ergebnissen führen.

Solche zu vermeiden, existieren mehrere *Einschränkungen der erhöhten Beweiskraft*, die überwiegend von der Rspr. entwickelt wurden. So entfällt die Beweiskraft

- im Falle nachgewiesener *Fälschung* des Protokolls bereits von Gesetzes wegen (§ 274 Satz 2), ein freilich eher theoretischer Fall;
- falls einer der Unterzeichner des Protokolls (§ 271 I 1) sich von einer Formulierung *distanziert*, was auch nachträglich geschehen kann;[18]
- bei *offensichtlichen Lücken* (z. B.: das Protokoll enthält einen Vermerk über die Wiederzulassung der Öffentlichkeit, aber nichts über deren zuvorigen Ausschluss[19]), bei *Unklarheiten* oder *Widersprüchlichkeiten*;[20]
- bei *sicherer Kenntnis von der Unrichtigkeit* des Protokolls darf sich die Revision zudem nicht auf die unrichtige Protokollformulierung berufen.[21] Dagegen hindern bloße Zweifel an der Richtigkeit den Revisionsführer noch nicht, sich auf die fragliche Protokollstelle zu stützen.[22]

1166

---

[16] Vgl. BGHSt 26, 281 (283); 36, 354 (358).
[17] Eb. SCHMIDT Lehrkommentar II § 274 Rn. 14.
[18] BGHSt 4, 364.
[19] BGHSt 17, 220 (221).
[20] BGHSt 16, 306 (308).
[21] BGHSt 51, 88 (93 f.) mit ablehnender Anmerkung Sascha MIKOLAJCZYK ZIS 2006, 541–544.
[22] MEYER-GOßNER § 274 Rn. 21.

1167 Ferner kann das Protokoll *nachträglich berichtigt* werden, nach neuerer Rspr. des BGH selbst dann noch, wenn sich die Revision bereits auf die ursprüngliche Protokollformulierung zum Beweis einer Verfahrensrüge bezogen hatte (sog. *Rügeverkümmerung*).[23] Die betreffende Entscheidung des Großen Senats hat heftige Kritik erfahren,[24] und zwar auch, weil sie sich zur Begründung auf eine angeblich gesunkene Verfahrenskultur innerhalb der Rechtsanwaltschaft berufen hat.[25] In der Tat vermag es kaum einzuleuchten, warum die eine erfolgreiche Revisionsrüge verhindernde unwahre Protokollierung unangreifbar bleiben sollte, im umgekehrten Fall aber das Protokoll nach Belieben berichtigt werden darf.

1168 **Zur Akte 2:**
Die Erkrankung des Vorsitzenden erfolgte außerhalb der Hauptverhandlung. Da sie deshalb nicht über das Protokoll in die Entscheidungsfindung des Revisionsgerichts einfließen kann, ist die Kenntniserlangung qua Freibeweisverfahren eröffnet, was dem Revisionsgericht überhaupt erst ermöglicht, die andernfalls unbeachtliche dienstliche Erklärung des Vorsitzenden Bl. 95 (einen schlichten Aktenbestandteil) zur Kenntnis zu nehmen.

c) Die Beruhensfrage

1169 Die Feststellung eines Verfahrensfehlers alleine genügt indes nicht, denn § 337 I verlangt zusätzlich ein *Beruhen des Urteils auf dem Fehler*, wobei freilich bereits die *Möglichkeit* für eine anderslautende Entscheidung im Falle fehlerfreien Vorgehens genügt.[26] Es braucht also keine Kausalität zwischen Fehler und Urteil nachgewiesen zu werden, sondern es genügt, sobald eine solche Kausalität nicht ausgeschlossen erscheint. Umgekehrt ist die Revision also nur dann unbegründet, wenn der Fehler nachgewiesenermaßen ohne Auswirkungen auf das Urteil geblieben war.

1170 **Beispiel (Nichterteilung des letzten Wortes):[27]**
Gegen *Robert F.* wurde vor der großen Strafkammer wegen mehrerer Raubüberfälle verhandelt. Fall 13 der Anklageschrift betraf einen Vorwurf mittelbarer Falschbeurkundung (§ 271 I StGB). *Robert F.* war in vollem Umfang geständig. Nach Schluss der Beweisaufnahme, Plädoyers und letztem Wort des Angeklagten trat die Strafkammer nochmals in die Beweisaufnahme ein, um dem Angeklagten gemäß § 265 den rechtlichen Hinweis zu erteilen, dass im Fall 13 auch eine Anstiftung zur Falschbeurkundung im Amt (§§ 348, 26 StGB) in Betracht käme. Danach wurde die Beweisaufnahme erneut geschlossen und Staatsanwalt sowie Verteidiger bezogen sich laut Protokoll auf ihre zuvor gestellten Schlussanträge. Das Protokoll erhält keinen Hinweis auf eine erneute Erteilung

---

[23] BGHSt(GS) 51, 298.

[24] Camilla BERTHEAU, Rügeverkümmerung – Verkümmerung der Revision in Strafsachen, NJW 2010, 973–977; Heinz WAGNER, Die Beachtlichkeit von Protokollberichtigungen für das Revisionsverfahren, GA 2008, 442–462.

[25] Vgl. BGHSt(GS) 51, 298 (311 ff.).

[26] BGHSt 1, 346 (350); 9, 362 (364); 21, 288 (291 f.); Gerhard HERDEGEN, Die Beruhensfrage im strafprozessualen Revisionsrecht, NStZ 1990, 513–519 (514).

[27] Vereinfachter Sachverhalt nach BGHSt 22, 278.

II. Die revisionsrechtliche Prüfung

des letzten Wortes an *Robert F.* vor der abschließenden Urteilsberatung und -verkündung. Mit ihrer Revision rügte die Verteidigung die Verletzung von § 258 II, III. – Der BGH verwarf die Verfahrensrüge, obschon eine Verletzung von Verfahrensrecht vorlag, denn auch im Falle eines bereits erteilten letzten Wortes nötige jeder Wiedereintritt in die Beweisaufnahme zur anschließenden erneuten Erteilung des letzten Wortes. Ein Beruhen des Urteils auf dem Verfahrensverstoß sei aber im konkreten Fall auszuschließen. *F.* habe Gelegenheit gehabt, umfassend zu den Vorwürfen Stellung zu nehmen und sich dazu im Rahmen des ihm bereits einmal erteilten letzten Wortes abschließend zu äußern. Nach Wiedereintritt in die Beweisaufnahme sei nur die rechtliche Würdigung eines von *F.* ohnehin zugegebenen Sachverhalts thematisiert worden. Daher sei nicht ersichtlich (und auch von der Revision nicht vorgetragen worden), was *F.* im Rahmen eines erneuten letzten Wortes noch Weiteres zur Verbesserung seiner Lage hätte erklären können[28] (zumal er im Rahmen des Hinweises bereits Gelegenheit zur Stellungnahme zu diesem erhalten hatte). Anders läge es sicherlich, wenn das letzte Wort überhaupt nicht erteilt worden wäre, denn dann ließe sich nicht beurteilen, ob ein Angeklagter z. B. durch Worte der Reue oder Entschuldigung nicht doch noch zumindest Einfluss auf die Strafzumessung nehmen könnte.[29]

1171 Bei einigen prozessualen Fehlern wird in § 338 ein Beruhen des Urteils auf ihnen bereits von Gesetzes wegen unterstellt, weil sie per se als ausreichend schwerwiegend anzusehen sind. In diesen in § 338 Nrn. 1–8 aufgelisteten Fällen, den sog. *absoluten Revisionsgründen*, entfällt deshalb die Beruhensprüfung (vgl. die Prüfungsabfolge in Abb. 1). Beispielhaft sei § 338 Nr. 4 hervorgehoben: Ein Urteil durch ein unzuständiges Gericht verletzt nicht nur einfaches Recht, sondern sogar das verfassungsrechtliche Gebot des gesetzlichen Richters (Art. 101 I 2 GG). Es ist deshalb verständlich, wenn über derartige Fehler in keinem Fall hinweggesehen werden darf, sondern sie ausnahmslos zur Urteilsaufhebung nötigen.

> **Zur AKte 2:** **1172**
> Einen solchen absoluten Revisionsgrund hätte nach § 338 Nr. 7 auch die von Rechtsanwältin *van Dyck* gerügte Verletzung von § 275 I 2 dargestellt. Wäre sie tatsächlich geschehen, so hätte folglich das Urteil der Strafkammer auf ihr beruht. Es wäre dann ohne Weiteres vom Revisionsgericht aufzuheben gewesen.

1173 Gerade dieser absolute Revisionsgrund zeigt in besonderem Maße die Fiktionswirkung von § 338 auf: Die verspätete Absetzung der Urteilsgründe hat rein gar nichts mehr mit dem Urteilsspruch zu tun, der ja bereits innerhalb der Urteilsberatung endgültig festgelegt wird. Logisch betrachtet kann daher ein Urteil niemals auf einem Verstoß gegen § 275 I 2 beruhen. Wenn das Gesetz einen solchen Zusammenhang dennoch konstruiert, so geschieht dies nur, um eine besondere Gefahrenquelle für die Richtigkeit des Verfahrensausganges zu verschließen. Denn mittels des unterstellten Beruhens wird im Ergebnis die Beachtung der (andernfalls beliebig überschreitbaren) Urteils-

---

[28] BGHSt 22, 278 (281 f.).
[29] So lag es etwa im Fall BGHSt 9, 77 (84), wo der Angeklagte während der Beweisaufnahme zulässigerweise aus dem Sitzungssaal entfernt, aber fehlerhaft erst zur Urteilsverkündung wieder zugelassen worden war und daher auch kein letztes Wort erhalten hatte.

absetzungsfrist erzwungen und damit – im Hinblick auf das Beschleunigungsgebot – die zeitnahe Überprüfbarkeit von Verurteilungen sowie die Identität von beratenen und schriftlich niedergelegten, einer Revisionsprüfung allein zugänglichen Gründen garantiert.[30]

1174   Der Katalog der absoluten Revisionsgründe ist nur zum Teil aus sich heraus verständlich. Insb. die Besetzungs- und Zuständigkeitsfehler (§ 338 Nrn. 1 und 4) sowie die Auffangbestimmung des § 338 Nr. 8 werden hingegen schnell missverstanden.

▶   Zu einer näheren Darstellung der absoluten Revisionsgründe siehe ET 22-01.

3. Sachrügen

a) Prüfungsabfolge

1175   Eine formell ordnungsgemäße Begründung einer Rüge der Verletzung materiellen Rechts[31] bereitet dem Revisionsführer – im Unterschied zu den Verfahrensrügen – keine besonderen Schwierigkeiten (siehe Rn. 1152).

1176   Auch die weitere Prüfung ist deutlich einfacher strukturiert (s. Abb. 2).

1177   Es existieren hier weder absolute Revisionsgründe noch bereitet die *Beruhensprüfung* besondere Schwierigkeiten, denn normalerweise ist ein Einfluss einer fehlerhaften Beweiswürdigung, einer falschen Anwendung des materiellen Strafrechts oder einer mängelbehafteten Strafzumessung auf das Urteil kaum auszuschließen. Wenn doch einmal, so betrifft dies meist untergeordnete Aspekte der Entscheidung.

1178   **Beispiel (Fehler bei der Strafzumessung ohne Einfluss auf die Strafe):**
Der Angeklagte *Torsten B.* wurde wegen schweren Raubes in 14 Fällen zu einer Gesamtfreiheitsstrafe von 15 Jahren verurteilt. Die Einzelstrafen lagen jeweils zwischen fünf und sieben Jahren Freiheitsstrafe. In einem der Fälle hatte die Strafkammer indes übersehen, dass *B.* bei der Tatausführung stark alkoholisiert gewesen und daher eine Strafmilderung entweder nach § 250 III StGB oder nach den §§ 21, 49 I StGB zu erwägen war. – Bei richtiger Vorgehensweise hätte die Strafkammer in einem der Fälle zu einer geringeren Einzelfreiheitsstrafe gelangen können. Dies hätte im Rahmen der Gesamtstrafenbildung (§ 54 StGB) aber angesichts der übrigen Taten offensichtlich zu keiner anderen Gesamtfreiheitsstrafe führen können. Selbst beim kompletten Wegfall von vier oder fünf der Taten wären vermutlich im Ergebnis immer noch dieselben 15 Jahre Gesamtfreiheitsstrafe herausgekommen. Da auch der Schuldspruch unverändert geblieben wäre,[32] war folglich eine für den Angeklagten nachteilige Beeinflussung des Urteilstenors durch den Fehler auszuschließen.[33]

---

[30] Ranft Rn. 1858; HbStrVf-Matthies Rn. IX.2; KK-Engelhardt § 275 Rn. 38.

[31] Einschließlich der Beweiswürdigung, vgl. oben Rn. 1171.

[32] Die Annahme eines minder schweren Falles würde im Urteilstenor nicht erwähnt (sondern der Angeklagte weiterhin „wegen schweren Raubes" verurteilt), vgl. Haller/Conzen Rn. 626; SK-Velten/Schlüchter § 260 Rn. 26; BGHSt 27, 287 (289).

[33] Es ist deshalb auch unrichtig zu behaupten, ein sachlich-rechtlicher Fehler führe stets zum Beruhen des Urteils auf ihm, so aber Ranft Rn. 2131.

III. Die Revisionsentscheidung

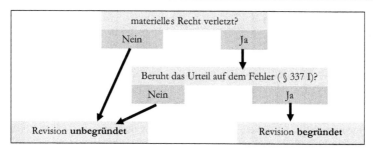

Abb. 2 Prüfung der Begründetheit einer Sachrüge

b) Vorliegen einer Gesetzesverletzung

Zur Akte 2:

Lesen Sie jetzt die Akte bitte ab Bl. 102 bis zum Ende durch! 1179
Die Generalstaatsanwaltschaft ist im Hinblick auf § 142 I Nr. 2, 1. Alt. GVG für das Revisionsverfahren als Staatsanwaltschaft zuständig, sofern das Oberlandesgericht als Revisionsgericht fungiert. Wäre stattdessen der BGH zuständig, so würde an ihrer Stelle der Generalbundesanwalt tätig (§ 142 I Nr. 1 GVG). Die Notwendigkeit, Generalstaatsanwalt bzw. Generalbundesanwalt auch tatsächlich zu beteiligen, folgt aus der allgemeinen Regel von § 33 II.

Die Revisionsbegründung der Verteidigerin hatte Bl. 96 f. d.A. drei angebliche materiellrechtliche Fehler aufgelistet. Das Revisionsgericht muss darüber hinaus aber das gesamte Urteil auf sachlich-rechtliche Fehler prüfen (vgl. Rn. 1153), hier freilich ohne solche zu finden. 1180

Gerügt wurde zum einen die *unterlassene Annahme eines Erlaubnistatbestandsirrtums*. Hiergegen hat die Generalstaatsanwaltschaft im Rahmen ihrer Stellungnahme zutreffend vorgetragen, die Angeklagte habe sich eine Sachlage vorgestellt, bei welcher sie ebenfalls nicht nach § 34 StGB gerechtfertigt gewesen wäre. Auch die zweite Sachrüge, es hätte *keine vollendete Nötigung*, sondern nur Versuch angenommen werden dürfen, ist unbegründet, weil die abgenötigte Duldung des Losreißens geschehen und damit Vollendung eingetreten war.

Als begründet erweist sich hingegen die Rüge einer *fehlerhaften Strafzumessung* auf Grund der Verletzung des Verbots der reformatio in peius, weil die Strafkammer für die zweite Tat eine höhere Tagessatzzahl ausgeurteilt hatte, als hierfür in erster Instanz festgesetzt worden war. Das Beruhen des Strafausspruchs auf dieser fehlerhaften Rechtsanwendung liegt auf der Hand.

III. Die Revisionsentscheidung

Mittlerweile stehen den Revisionsgerichten je nach Fallgestaltung sehr unterschiedliche Entscheidungsalternativen zur Verfügung. Insb. das Feld eigener abschließender Sachentscheidungen (an Stelle einer Zurückverweisung an die Vorinstanz) ist vom Gesetzgeber erheblich ausgeweitet worden. 1181

1. Divergenzvorlagen

1182 Will ein OLG bei seiner Revisionsentscheidung von der Rechtsauffassung eines anderen OLG oder gar des BGH abweichen, so darf es das nicht tun, sondern muss die Sache stattdessen zur Wahrung einer einheitlichen obergerichtlichen Rspr. gemäß § 121 I Nr. 1 GVG dem BGH vorlegen (sog. *Divergenzvorlage*[34]). Der BGH (Abb. 3) beantwortet daraufhin entweder die strittige Rechtsfrage mit bindender Wirkung, um die Sache anschließend an das vorlegende OLG zurückzugeben. Er kann allerdings auch die Sache abschließend entscheiden, sofern ihm dies zweckmäßig erscheint, insb. die Revision mit Beantwortung der Vorlegungsfrage vollständig zu erledigen ist (Abb. 4).[35]

1183 Für unmittelbar beim BGH anhängig gewordene Revisionssachen regeln die §§ 132 II, 138 I GVG ein besonderes Vorlageverfahren, falls der erkennende Senat bei einer Entscheidung von der Rechtsprechung eines anderen Senats abweichen möchte. Hier berät über die Vorlagefrage der *Große Senat für Strafsachen*, besetzt mit dem Präsidenten des BGH sowie je zwei Mitgliedern jedes Strafsenates (§ 132 V 1 GVG).

2. Denkbare Revisionsentscheidungen in der Sache

a) Verwerfung der Revision

1184 *Unzulässige oder unbegründete Revisionen* werden „verworfen" (vgl. die Terminologie in § 349 I), so auch im Verfahren 2, soweit die Revision die Urteilsaufhebung über den Strafausspruch hinaus begehrt hatte (Bl. 105 d.A.). Soweit die Revision verworfen wird, erwächst das Urteil in Rechtskraft (sofern es nicht zugleich von einem anderen Beteiligten angefochten wurde und dessen Revision Erfolg hat).

b) Aufhebung und Zurückverweisung

1185 Ganz oder teilweise begründete Revisionen führen auf jeden Fall zur entsprechenden (ggf. teilweisen) *Urteilsaufhebung* (§ 353). Was darüber hinaus anzuordnen ist, hängt von der jeweiligen Fallgestaltung ab. Grundsätzlich ist die Sache *zur neuen Verhandlung und Entscheidung* an eine andere Strafkammer bzw. Abteilung des letzten Tatsachengerichts *zurückzuverweisen*, ggf. sogar an ein anderes Land- oder Amtsgericht (§ 354 II).

1186 **Beisple (Teilaufhebungen durch das Revisionsgericht):**

Friedrich B. war von der großen Strafkammer wegen dreier Raubüberfälle zu sieben Jahren Gesamtfreiheitsstrafe verurteilt worden (Einzelstrafen je drei Jahre). Mit der Revision rügt er – jeweils zu Recht – eine fehlerhafte Beweiserhebung im ersten dieser Fälle sowie die Nichtberücksichtigung eines strafmildernden Umstandes im zweiten Fall. Seine weiteren Revisionsrügen erwiesen sich als unbegründet. – Auf Grund des Fehlers im ersten Fall sind insoweit bereits die Tatfeststellungen unzutreffend und damit die gesamte diese Tat betreffende Entscheidung bis hin zur Festsetzung der entsprechenden Einzelstrafe. Folgerichtig kann dann auch die Gesamtstrafe, in welche diese eingeflossen ist, keinen

---

[34] Zu Begriff und historischer Entwicklung SK-Frister § 121 GVG Rn. 11.
[35] Meyer-Goßner § 121 GVG Rn. 14; BGHSt 17, 14 (17 ff.); einschränkend SK-Frister § 121 GVG Rn. 37.

III. Die Revisionsentscheidung

Abb. 3 und 4 Gebäude des ehemaligen Reichsgerichts in Leipzig (*links*, heute Sitz des BVerwG), sowie des Bundesgerichtshofs in Karlsruhe (*rechts*)

Bestand haben. Dies gilt umso mehr, als auch die Einzelstrafe für die zweite Tat aufzuheben war. Für diese (und für die offenbar fehlerfrei abgeurteilte dritte Tat) können aber die Tatfeststellungen sowie der Schuldspruch aufrecht erhalten bleiben. Der als Revisionsgericht zuständige BGH wird daher (nur) den Schuldspruch im ersten Fall einschließlich der dazu gehörenden tatsächlichen Feststellungen, den Strafausspruch im zweiten Fall sowie den Strafausspruch hinsichtlich der Gesamtstrafe aufheben und die Revision im Übrigen verwerfen. Die Schuldsprüche wegen der zweiten und dritten Tat sowie die Einzelstrafe für die dritte Tat werden damit rechtskräftig.

Soweit ein Urteil aufgehoben wird, hat das nunmehr zuständige neue Tatgericht über die Anklagevorwürfe – unter Beachtung der Rechtsauffassung des Revisionsgerichts (§ 358 I) – erneut Beweis zu erheben und zu entscheiden. Die Rn. 1185 erwähnte Regelung über die Zuständigkeitsverschiebung in § 354 II soll die Unbefangenheit der für die neue Verhandlung berufenen Richter gewährleisten.[36]

1187

Einen Sonderfall der Zurückverweisung enthält § 354 III mit der Möglichkeit, an ein rangniedrigeres Gericht zu verweisen, sofern nach der Revisionsentscheidung keine Straftaten mehr in Betracht kommen, die eine Zuständigkeit des zuletzt entscheidenden Gerichts begründen könnten (Beispiel: Anklage und Verurteilung wegen Raubes durch große Strafkammer, nach Revisionsentscheidung kommt nur noch Diebstahl mit einer Straferwartung unter zwei Jahren Freiheitsstrafe in Betracht: Zurückverweisung an Strafrichter).

1188

Einen ungewöhnlichen weiteren Sonderweg eröffnet § 354 Ib, wenn das Revisionsgericht zwar einen Fehler bei der Gesamtstrafenbildung entdeckt, das Urteil ansonsten aber für fehlerfrei hält und daher die weitergehende Revision verwirft. Hier kann die Zurückverweisung gewissermaßen mit einem Übergang in das schriftliche Verfahren zur nachträglichen Gesamtstrafenbildung nach § 460 verknüpft werden. Über sie entscheidet anschließend das Ausgangsgericht, und zwar nicht mehr auf Grund einer erneuerten mündlichen Verhandlung, sondern im Beschlusswege nach (schriftlicher) Anhörung der Beteiligten.

1189

---

[36] Christoph Sowada, Der gesetzliche Richter im Strafverfahren, 2002, S. 776 ff.; KK-Kuckein § 354 Rn. 29, 37.

c) Eigene Sachentscheidungen des Revisionsgerichts

1190 An Stelle einer Zurückverweisung darf das Revisionsgericht bei begründeten Revisionen in bestimmten Fallkonstellationen auch selbst abschließend in der Sache entscheiden. Ursprünglich galt dies nur dort, wo es ohnehin keinen Entscheidungsspielraum mehr gibt, nämlich nach § 354 I, sofern

- allein noch Freispruch denkbar ist, sich also auch durch keinerlei zu erwartende neue tatsächliche Feststellungen noch eine Schuld des Angeklagten ergeben könnte (vor allem, sofern der festgestellte Sachverhalt unter kein Strafgesetz fällt);
- das Verfahren zwingend nach § 260 III *einzustellen* ist, z. B. wegen Verjährung oder fehlendem (und nicht kompensierbarem) Strafantrag;
- auf eine *absolut bestimmte Strafe* zu erkennen ist, was heute nur noch auf den (vollendeten) Mord (§ 211 StGB) zutreffen kann;

1191
- wenn in Übereinstimmung mit der Staatsanwaltschaft auf Absehen von Strafe oder auf *eine gesetzliche Mindeststrafe* erkannt werden kann (z. B. bei Verurteilung zu schwerem Raub nach § 250 II StGB auf fünf Jahre Freiheitsstrafe[37]). In diesem Fall bestünden zwar theoretisch noch Entscheidungsalternativen (hier z. B. eine Verurteilung zu sechs Jahren Freiheitsstrafe), jedoch wäre der Angeklagte bei ihrer Außerachtlassung nicht beschwert und die Staatsanwaltschaft ist mit dem Ergebnis einverstanden, weshalb aus prozessökonomischen Gründen auf eine neue Verhandlung vor dem Tatsachengericht verzichtet und die dem Angeklagten günstigste Variante festgesetzt werden kann (was selbstverständlich deren Schuldangemessenheit angesichts der Urteilsfeststellungen voraussetzt).

1192 In entsprechender Anwendung von § 354 I darf das Revisionsgericht zudem den *Schuldspruch berichtigen*, wenn aus den Urteilsfeststellungen alle dazu nötigen Umstände hervorgehen.[38] (Beispiel: Das Tatgericht hat auf vollendete Brandstiftung erkannt, die Feststellungen ergeben aber nur das Brennen unwesentlicher Gebäudeteile: Änderung des Schuldspruchs durch das Revisionsgericht in versuchte Brandstiftung.) Der Strafausspruch ist daraufhin entweder aufzuheben und die Sache insoweit an das Tatgericht zurückzuverweisen oder aber das Revisionsgericht entscheidet auch darüber selbst, nämlich auf Aufrechterhaltung des Strafausspruchs, sofern die Strafdrohungen der beiden Tatbestände übereinstimmen,[39] oder aber nach § 354 I auf eine Mindeststrafe (Rn. 1191).

1193 Seit einigen Jahren darf das Revisionsgericht zudem nach § 354 Ia[40] eine *fehlerhafte Strafzumessungsentscheidung selbst korrigieren*.[41] Diese Bestimmung unterscheidet zwei Konstellationen:

1194
- § 354 Ia 1 gestattet eine *Aufrechterhaltung des Strafergebnisses*, sofern dieses angemessen erscheint. Dies meint nicht die Fälle, in denen zwar ein Fehler vor-

---

[37] Zu weiteren Konstellationen vgl. KK-Kuckein § 354 Rn. 10.
[38] SK-Wohlers § 354 Rn. 28 ff.; Meyer-Goßner § 354 Rn. 12 ff.; BGH NStZ 1995, 204.
[39] BGHSt 8, 34 (37).
[40] Einführung durch das 1. JuMoG 2004. Die ungewöhnliche Absatznummerierung beruht auf der nachträglichen Einfügung anlässlich der Beratungen im Rechtsausschuss des Bundestages, vgl. BT-Drs. 15/3482.
[41] Kritisch dazu Ulrich Franke, Die erweiterte Sachentscheidungsbefugnis des Revisionsgerichts nach § 354 Ia und b StPO n.F., GA 2006, 261–267 (265).

liegt, aber das Beruhen der Strafe auf ihm gänzlich auszuschließen ist (z. B., weil ohnehin auf eine Mindeststrafe erkannt wurde, oder wie im Beispiel Rn. 1178, wo der Fehler bei einer Einzelstrafe vorlag, dieser aber ohne Einfluss auf die Gesamtstrafe bleiben musste). Vielmehr geht es um Begründungsmängel, etwa die gegen § 51 I BZRG verstoßende strafschärfende Berücksichtigung einer Vorstrafe. Das Beruhen der Strafe auf diesem Fehler mag zwar nicht auszuschließen sein, gleichwohl aber die Schuldangemessenheit der Strafe nach Auffassung des Revisionsgerichts unberührt lassen, weil ihm diese auch auf Grund der verbleibenden Strafzumessungsgründe weiterhin als zutreffend erscheint.[42]

- § 354 Ia 2 erlaubt eine *Milderung der Strafe* (und zwar im Unterschied zu § 354 I nicht auf das Mindest-, sondern auf irgendein darüber liegendes Strafmaß), sofern die Staatsanwaltschaft einen entsprechenden Antrag stellt.

Aufgabe:
Fehlerhafte Annahme bewusster an Stelle unbewusster Fahrlässigkeit[43]

Der Angeklagte *Manfred T.* war mit dem von ihm gesteuerten Reisebus auf einen Kleinbus aufgefahren. Dabei wurden die sechs Insassen des Kleinbusses getötet, fünf weitere Verkehrsteilnehmer wurden verletzt. *T.* war in der Berufungsinstanz wegen fahrlässiger Tötung in sechs Fällen in Tateinheit mit fahrlässiger Körperverletzung in fünf Fällen zu einer Freiheitsstrafe von zwei Jahren ohne Bewährung verurteilt worden. Die Berufungskammer hatte festgestellt, *T.* sei vor Eintritt des Unfalls mindestens 20 Sekunden tief in Gedanken versunken gefahren, ohne auf das Verkehrsgeschehen zu achten. Er habe gewusst, dass Fahren im Zustand absoluter Unaufmerksamkeit die Gefahr in sich berge, schwere Verkehrsunfälle mit Lebensgefahr zu verursachen. Bei der Strafzumessung wertete sie eine bewusste Fahrlässigkeit von *T.* als strafschärfend. Gegen das Urteil legte *T.* Revision mit der Rüge ein, die getroffenen Feststellungen trügen den Vorwurf der bewussten Fahrlässigkeit nicht. Das OLG Brandenburg wollte die Revision auf Antrag der Generalstaatsanwaltschaft verwerfen. Zwar könne *T.* nach den Feststellungen keine bewusste, sondern nur einfache Fahrlässigkeit vorgeworfen werden (weil er sich nicht im aktuellen Bewusstsein der damit verbundenen Gefährlichkeit in seine Gedanken vertieft hatte). Dieser Fehler bedinge jedoch keine Aufhebung der angefochtenen Entscheidung im Rechtsfolgenausspruch, da die von der Strafkammer verhängte Freiheitsstrafe nach Auffassung des OLG dennoch angemessen erscheine.

Unter welchen zusätzlichen Voraussetzungen dürfte das OLG nach § 354a Ia 1 vorgehen?

---

[42] Vgl. BGH NStZ 2006, 587.
[43] Teilsachverhalt aus BVerfG NJW 2007, 2977.

1197 In beiden Varianten von § 354 Ia wird dem Revisionsgericht im Ergebnis eine eigentlich dem Tatrichter vorbehaltene Straffestsetzung gestattet. Das erscheint deshalb problematisch, weil das Revisionsgericht ja nach Aktenlage entscheiden muss, ohne je den Angeklagten gesehen und ohne sein Verhalten in der Hauptverhandlung – ein nicht unwesentlicher Strafzumessungsfaktor – selbst zur Kenntnis genommen zu haben.[44] Zudem erfolgt die Entscheidung etliche Zeit, nachdem die tatrichterlichen Urteilsfeststellungen getroffen wurden. Während dies für die (unveränderlichen) Tatschuldaspekte unerheblich bleiben mag,[45] können sich die präventionsorientierten Strafzumessungsgründe inzwischen durchaus geändert haben, insb. hinsichtlich einer Strafaussetzung zur Bewährung. Das BVerfG hat deshalb eine verfassungskonforme Anwendung von § 354 Ia verlangt. Das Revisionsgericht habe sicherzustellen, dass ihm „ein zutreffend ermittelter, vollständiger und aktueller Strafzumessungssachverhalt zur Verfügung steht."[46] Der Angeklagte müsse deshalb Gelegenheit erhalten, vor der Revisionsentscheidung ggf. neu entstandene strafzumessungsrelevante Tatsachen vorzutragen. Ferner habe das Revisionsgericht seine Strafzumessungserwägungen in seiner Entscheidungsbegründung offen zu legen.[47]

1198 **Zur Akte 2:**

Wegen des Verstoßes gegen das Verbot der reformatio in peius in § 331 I war die Verhängung einer Geldstrafe von 70 Tagessätzen fehlerhaft; das Berufungsgericht hätte höchstens 60 Tagessätze festsetzen dürfen. Das Revisionsgericht musste den Strafausspruch daher aufheben. Es hätte die Sache gemäß § 354 II zurückzuverweisen gehabt, sofern im Ergebnis auch eine geringere Geldstrafe (z. B. 40 oder 50 Tagessätze) ernsthaft in Betracht gekommen wäre. Offenbar war der Strafsenat aber der Auffassung, dies ausschließen zu können, nachdem bereits das Schöffengericht für die fragliche Tat auf 60 Tagessätze Geldstrafe erkannt und dabei noch nicht einmal die hinzutretende Nötigung berücksichtigt hatte.

1199 Auch den Anforderungen des BVerfG (Rn. 1197) wurde bei dieser Vorgehensweise genügt, denn die Generalstaatsanwaltschaft hatte ihren Antrag, gemäß § 354 Ia 2 zu verfahren, der Verteidigung mitgeteilt (Bl. 104) und bis zur Entscheidung des Senats rund einen Monat später war von dieser nichts Ergänzendes zur Strafzumessung vorgetragen worden. Der Senat durfte daher die Strafe selbst auf das höchstzulässige Maß von 60 Tagessätzen zurückführen.

---

[44] FRANKE (Fn. 41), GA 2006, 264; Ulrich EISENBERG/Christian HAESELER, Zum begrenzten Anwendungsbereich des § 354 Abs. 1a und Abs. 1b StPO, StraFo 2005, 221–225 (222); Jan DEHNE-NIEMANN, Der gesetzliche Richter und die Strafzumessung – zur Verfassungswidrigkeit des § 354 Abs. 1a S. 1 StPO, ZIS 2008, 255 (248).

[45] Vgl. aber den von Klaus-Ulrich VENTZKE, Anm. zu BGH NStZ 2005, 285, NStZ 2005, 461 f. gebildeten Fall eines weiteren, vom Revisionsgericht nicht erkennbaren Strafzumessungsfehlers, nämlich der Nichtberücksichtigung einer nur noch kurzen Lebenserwartung des Angeklagten.

[46] BVerfG NJW 2007, 2977 (2980).

[47] BVerfG NJW 2007, 2977 (2980 f.).

3. Fernwirkung der Revisionsentscheidung auf Mitangeklagte

Die Regelung des § 357, wonach sich eine für den Angeklagten erfolgreiche Revision in ihrer Wirkung in bestimmten Fällen auch auf Mitangeklagte erstreckt, die ihrerseits keine Revision eingelegt haben (sog. *Nichtrevidenten*), stellt eine Durchbrechung der – gegen diese ja bereits eingetretenen – Rechtskraft dar. Auch ihnen soll materielle Gerechtigkeit durch Beseitigung des falschen Urteils widerfahren.[48] Voraussetzungen dieser Art Fernwirkung sind

- Revisionsführer und Nichtrevident waren durch das selbe Urteil verurteilt worden,
- und zwar wegen derselben Tat;
- die Revision des gegen das Urteil vorgehenden Angeklagten dringt wegen einer *Verletzung des materiellen Rechts* oder wegen des *Fehlens von Verfahrensvoraussetzungen*[49] durch. Nicht ausreichend wäre hingegen eine erfolgreiche Verfahrensrüge, und zwar selbst dann nicht, wenn ein absoluter Revisionsgrund vorliegt. Denn kein Verfahrensfehler führt zwingend zur materiellen Ungerechtigkeit des angefochtenen Urteils.[50]

1200

4. Form der Revisionsentscheidung: Beschluss oder Urteil?

a) Revisionsurteil

> **Zur Akte 2:**
>
> Schauen Sie sich die Entscheidung des Revisionsgerichts Bl. 105 ff. noch einmal an. Es handelt sich um einen im schriftlichen Verfahren erlassenen Beschluss; eine Hauptverhandlung hat nicht stattgefunden.

1201

Den normativen Regelfall (aber in der Praxis die statistische Ausnahme, siehe Rn. 1207) bildet an sich die Entscheidung des Revisionsgerichts auf Grund einer Hauptverhandlung durch Urteil (§ 349 V). Die Revisionshauptverhandlung kann freilich keineswegs mit derjenigen vor Ausgangs- oder Berufungsgericht verglichen werden, sondern ist stark verkümmert.[51] Ihr fehlt vor allem eine den Grundsätzen der Mündlichkeit und Unmittelbarkeit entsprechende Beweisaufnahme,[52] denn die – zur Klärung von Verfahrensfehlern gelegentlich notwendige[53] – Beweiserhebung im Revisionsverfahren erfolgt im Wege des Freibeweises. Das Revisionsgericht wird daher notwendige Stellungnahmen und dienstliche Erklärungen vorab einholen und den Beteiligten in der Revisionshauptverhandlung nur noch zur Kenntnis geben.

1202

Den *Ablauf der Revisionshauptverhandlung* beschreibt § 351: Der zum Berichterstatter bestellte Richter trägt die angegriffenen Teile des Urteils, das Revisionsvorbringen, Gegenerklärungen

1203

---

[48] Peters S. 665; BGHSt 12, 335 (341).
[49] BGHSt 12, 335 (340); KK-Kuckein § 357 Rn. 7.
[50] Peters S. 665.
[51] Peters S. 655 spricht deshalb von einer „uneigentlichen" Hauptverhandlung.
[52] Peters S. 659.
[53] Siehe dazu oben Rn. 1184.

sowie ggf. erhobene Beweise (Rn. 1202) vor.[54] Danach erklären sich die übrigen Verfahrensbeteiligten und den Abschluss bildet, sofern er zugegen ist (vgl. § 350 II 1), erneut das letzte Wort des Angeklagten (§ 351 II 2). Es folgen Beratung und Urteilsverkündung (§ 356).

b) Beschlussentscheidung

1204 Zur Verfahrensvereinfachung – das Bedürfnis dazu ist im Grundsatz unabweisbar,[55] wenn allein beim BGH jährlich rund 3.000 neue Revisionssachen eingehen[56] – erlaubt § 349 I, II und IV in bestimmten Fallkonstellationen Entscheidungen im schriftlichen Verfahren durch Beschluss zu erlassen. Diese Fallgruppen sind von unterschiedlicher praktischer Bedeutung und teilweise unter rechtsstaatlichen Aspekten auch nicht ganz unproblematisch.

aa) Unzulässigkeit (§ 349 I)

1205 Nach der nicht zu beanstandenden Regelung des § 349 I betrifft dies zunächst *unzulässige oder nicht in zulässiger Weise begründete* Revisionen (Rn. 1149), soweit sie nicht schon durch das vorherige Gericht nach § 346 I verworfen worden waren.

bb) Offensichtliche Unbegründetheit (§ 349 II)

1206 Deutlich fragwürdiger ist die Möglichkeit des § 349 II, die Revision auch bei bloßer Unbegründetheit zu verwerfen, wenn
- die Unbegründetheit nach Auffassung des Revisionsgerichts *offensichtlich* ist,
- das Revisionsgericht dies *einstimmig* so sieht und
- die Staatsanwaltschaft einen mit Gründen versehenen *Antrag auf Verwerfung durch Beschluss* gestellt hat. Dieser Antrag ist dem Revisionsführer mitzuteilen und er hat sodann zwei Wochen Zeit, auf ihn zu entgegnen (§ 349 III).

1207 Diese Vorgehensweise erfolgt in immerhin 74 % der Revisionssachen beim BGH sowie in 70 % aller OLG-Revisionsentscheidungen[57] und bildet daher den statistischen Regelfall. Das mutet seltsam an, weil diese Praxis offenbar der Intention des Gesetzes widerspricht. Zudem liegt die Definitionsmacht darüber, was (ausnahmsweise!) „offensichtlich" unbegründet erscheint, einseitig bei den Gerichten, während die nichtjustiziellen Seiten (Verteidigung und Nebenklage) faktisch über keine Möglichkeit verfügen, darauf einzuwirken.[58]

---

[54] PETERS S. 659; HbStrVf-KÖNIG Rn. X.371 ff.

[55] So auch Hans DAHS, Disziplinierung des Tatrichters durch Beschlüsse nach § 349 Absatz II StPO? NStZ 1981, 205–207 (205); Gerhard FEZER, Möglichkeiten einer Reform der Revision in Strafsachen, 1975, S. 270.

[56] Vgl. die Übersicht in der Rechtspflegestatistik, Strafgerichte 2011, S. 150. Vor den Oberlandesgerichten sind es hingegen insgesamt „nur" rund 6.100 neue Sachen (a. a. O., S. 103).

[57] Eigene Berechnung nach der Übersicht der Rechtspflegestatistik, Strafgerichte 2011, S. 130, 152.

[58] Vgl. PETERS S. 655 ff.; SCHROEDER/VERREL Rn. 322; Reinhold SCHLOTHAUER, Rechtsgestaltung durch höchstrichterliche Rechtsprechung – Beschlußverwerfung gem. § 349 Abs. 2 StPO, StV 2004, 340–345.

III. Die Revisionsentscheidung

▶ Eine nähere Darstellung dieser schon lange diskutierten Thematik sowie einen Reformvorschlag finden Sie auf ET 22-02.

Der verwerfende Beschluss nach § 349 II braucht als einzige der Beschlussentscheidungen grundsätzlich nicht weiter begründet zu werden, sofern die Antragsschrift der Staatsanwaltschaft die ihn tragenden Erwägungen aufgeführt hatte und in der Gegenerklärung (§ 349 III) keine anderen Rechtsfragen angesprochen wurden.[59] Bedürfte es nämlich einer weiteren Begründung, so müssten sich Zweifel regen, ob die Revision wirklich „offensichtlich" unbegründet gewesen sein kann. Ergänzende Hinweise sind daher nur dort angezeigt, wo der Senat aus anderen Gründen verwirft, als den im Verwerfungsantrag der Staatsanwaltschaft genannten, oder wo Anlass besteht, den Revisionsführer auf die Unrichtigkeit bestimmter Ausführungen seiner Gegenerklärung hinzuweisen.[60]

1208

cc) Einstimmig beschlossene Urteilsaufhebung zugunsten des Angeklagten (§ 349 IV)

Wiederum nicht zu kritisieren ist die Möglichkeit des § 349 IV, auf eine zugunsten des Angeklagten eingelegte Revision, welche das Revisionsgericht für begründet erachtet, ebenfalls im Beschlusswege zu entscheiden, d. h. das angefochtene Urteil (ganz bzw. soweit es angefochten wurde) aufzuheben. Hier bedarf es keiner Offensichtlichkeit,[61] wohl aber muss der Senat wiederum einstimmig entscheiden.

1209

Da nach § 301 eine eigentlich zu Lasten des Angeklagten eingelegte Revision der Staatsanwaltschaft zugleich als eine solche zu seinen Gunsten wirkt, kann selbst eine staatsanwaltschaftliche Revision, die an sich z. B. eine Strafverschärfung anstrebt, qua Beschluss nach § 349 IV zur Urteilsaufhebung zu Gunsten des Angeklagten führen.[62] In diesem Fall darf sogar, obschon § 349 IV das gar nicht erwähnt, gemäß § 354 I unmittelbar ein Freispruch im Beschlusswege ergehen.[63]

1210

dd) Kombinationsentscheidungen

Zur Akte 2:

1211

Das OLG hat nun sogar die Beschlussentscheidungen nach § 349 II und IV kombiniert, nämlich die Revision gegen den Schuldspruch nach § 349 II verworfen, aber eine (Teil-)Aufhebung des Urteils hinsichtlich des Strafausspruchs nach § 349 IV vorgenommen. Das entspricht zwar gängiger Praxis,[64] dürfte indes dem Gedanken des Gesetzes nicht entsprechen, nur im Ganzen eindeutig erfolglose bzw. erfolgreiche Rechtsmittel ausnahmsweise nicht auf Grund mündlicher Verhandlung zu erledigen. Für differenzierende Entscheidungen wäre die Erörterung in mündlicher Verhandlung daher eigentlich vorzugswürdig.

---

[59] HK-Temming § 349 Rn. 8; KK-Kuckein § 349 Rn. 27 f.
[60] OLG Stuttgart NStZ-RR 1998, 22; KK-Kuckein § 349 Rn. 28.
[61] HbStrVf-König Rn. X.367.
[62] KK-Kuckein § 349 Rn. 37; BGHSt 44, 68 (82); a. A. Meyer-Goßner § 349 Rn. 28.
[63] HK-Temming § 349 Rn. 10; Meyer-Goßner § 349 Rn. 29; BGHSt 44, 68 (82).
[64] BGHSt 43, 31; KK-Kuckein § 349 Rn. 38; HK-Temming § 349 Rn. 8; kritisch HbStrVf-König Rn. X.368.

5. Kostenentscheidung

1212 **Zur Akte 2:**

Vergleichen Sie die Kostenentscheidung des Revisionsbeschlusses Bl. 105 f. mit derjenigen aus dem Berufungsurteil Bl. 89!

Bei *Rechtsmitteln* sind gemäß § 473 Kosten und Auslagen entsprechend dem Erfolg des Rechtsmittels zu tragen. Da die Veränderung in der Sache gegenüber dem Berufungsurteil nur noch den Strafausspruch betraf, der für die Kostenverteilung nach den §§ 465 I 1, 467 I ohne Bedeutung ist, stellt die Revisionsentscheidung die Richtigkeit der Kostenquotelung aus dem Berufungsurteil nicht in Frage. Es konnten daher diesmal entsprechend der Regelung des § 473 allein die Kosten der Revisionsinstanz geregelt und entsprechend dem Erfolgsanteil der Angeklagten verteilt werden. Da die Angeklagte *Schuler* mit der Strafreduzierung einen Teilerfolg erzielt hatte und dieser vom Revisionsgericht (recht großzügig) mit einem Drittel des gesamten Streitgegenstandes bewertet wurde, war in diesem Umfang § 473 IV anzuwenden.

1213 Sofern das Revisionsgericht die Sache zurückverweist, endet das Verfahren noch nicht. Als Folge dessen enthält auch die Revisionsentscheidung für diesen Fall noch keine Kostenentscheidung. Diese trifft (im Ganzen) erst anschließend das nunmehr zur Entscheidung berufene Tatsachengericht in seinem Urteil.

IV. Die Revision als Rechtsmittel und ihre Reform

1. Funktionen der Revision

1214 Die Revisionsprüfung stellt eine fragmentarische Prüfung dar, weil sie nur auf eine Gesetzesverletzung hin zur Urteilsaufhebung gelangen kann (§ 337). Ihr fehlt insb. der Zugriff auf die wertenden Aspekte der Tatsachenfeststellung, der Beweiswürdigung und der Strafzumessung, wo sie jeweils allein dann einzugreifen vermag, wenn deren, z. T. nur rudimentäre, Regeln missachtet wurden und sich dies dazu noch aus den Urteilsgründen ersehen lässt. Auf diese Weise bleiben falsche Urteile unangreifbar, während umgekehrt materiell zutreffende Entscheidungen allein wegen eines Darstellungsmangels (Rn. 1048) der Aufhebung unterfallen. Eine umfassende Gewähr für die Richtigkeit der Ausgangsentscheidung vermag die Revision daher nicht zu bieten.

1215 Folgerichtig gehen ihre Funktionen deshalb auch über die – ihr nur unvollkommen mögliche – *Herstellung von Einzelfallgerechtigkeit* hinaus.[65] Vielmehr soll sie zusätzlich die *Rechtseinheit wahren*, indem die Revisionsgerichte auf eine einheitliche Rechtsauslegung durch die Instanzgerichte dringen[66] (sichtbar z. B. in der

---

[65] Anders PETERS S. 635, der die Revision auf die Einzelfallgerechtigkeit beschränkt sieht.
[66] HENKEL S. 374; RANFT Rn. 2088 f.; SCHROEDER/VERREL Rn. 324.

Pflicht zur Divergenzvorlage, Rn. 1182 f.). Außerdem obliegt den Revisionsgerichten die Aufgabe der *Rechtsfortbildung* (vgl. § 132 IV GVG).[67]

2. Reformüberlegungen

Da die hauptsächliche Fehlerquelle von Urteilen *fehlerhafte Tatsachenfeststellungen* sind,[68] welche die Revision in ihrer heutigen Gestalt kaum zu erfassen vermag (Rn. 1214), ist die Diskussion um eine Reform (sprich Ausweitung) der Revision, die ihre Höhepunkte in den 1930er und 1970er Jahre hatte, nie völlig zur Ruhe gekommen. Bei der Schaffung der – in ihren Grundstrukturen seither kaum veränderten – Revision baute die StPO im Jahre 1877 noch auf der Schwurgerichtsverfassung auf, bei welcher die Tatsachenfeststellung im Wesentlichen Sache der Geschworenen war, was den fehlenden Zugriff einer Rechtskontrolle auf diese Teile des Urteils erklären mag. Mit der Abschaffung der klassischen Geschworenengerichte durch die lex Emminger[69] war zugleich dieser strukturelle Grund für die Begrenzung der Revisionskontrolle weggefallen, was freilich erst den BGH Jahrzehnte später dazu veranlasste, sich nach und nach doch einen (wenngleich beschränkten) Einfluss auf Beweiswürdigung und Strafzumessung mittels einer zunehmend engmaschigeren Prüfung auf Darstellungsfehler zu erobern.

1216

Überlegungen zu einer Reform der Revision müssen stets im Kontext des zweiten Rechtsmittels, der Berufung, stattfinden. Sofern diese bestehen bleibt,[70] kann eine Revision niemals zu einer vollständigen Urteilsprüfung gelangen, denn sonst unterschiede sie sich kaum noch von der Berufung und sprengte zudem die justiziellen Ressourcen. Objektiv sinnvoll ist ein Zugriff der Revision auf die Tatsachenfeststellung des erkennenden Gerichts zudem nur dann, wenn dessen Beweisaufnahme für das Revisionsgericht dokumentiert würde, was wiederum in zuverlässiger Form nur qua *Videoaufzeichnung* gelingen kann.[71] Dieser stehen in Zeiten digitaler Speichermedien keine größeren technischen Probleme mehr entgegen, wohl aber bleibt das *Ressourcendefizit*: Die Revisionsgerichte können personell schlicht nicht in der Lage versetzt werden, sich flächendeckend die Aufzeichnungen tagelanger Beweiserhebungen durch die erkennenden Gerichte anzusehen. Eine ausschnittsweise Betrachtung aber, etwa nur auf eine entsprechende Rüge hin, führte erneut zu einer potenziell verfälschten Betrachtung, weil Wechselwirkungen mit den übrigen Beweismitteln übersehen würden.[72]

1217

Vermutlich lässt sich daher die Revision in ihrer gegenwärtigen Form isoliert gar nicht reformieren, sondern es wäre eine Überarbeitung des gesamten Rechtsmittelsystems in Richtung eines *Einheitsrechtsmittels* vonnöten. Ein solches müsste Beweiserhebungen ermöglichen, was die Über-

1218

---

[67] RANFT Rn. 2090; SCHROEDER/VERREL Rn. 324.
[68] Vgl. FEZER (Fn. 55), S. 43 ff., 59 ff. in Abgleichung zu Karl PETERS, Fehlerquellen im Strafprozeß – Eine Untersuchung der Wiederaufnahmeverfahren in der Bundesrepublik Deutschland, Bd. 1 Karlruhe 1970, Bd. 2 Karlsruhe 1972.
[69] §§ 11–14 der (Not-)Verordnung über Gerichtsverfassung und Strafrechtspflege vom 04.01.1924, RGBl. I 15.
[70] Zu alternativen Konzepten eines Einheitsrechtsmittels siehe die Zusammenstellung bei FEZER (Fn. 55), S. 7 ff.
[71] FEZER (Fn. 55), S. 249 ff.; seinerzeit noch unter dem Aspekt einer bloßen Tonaufzeichnung.
[72] Vgl. FEZER (Fn. 55), S. 212.

legungen unabweisbar in Richtung einer (möglicherweise *beschränkten*) *Berufung* leitet.[73] Die Diskussion hierüber ist jedoch bislang nicht annähernd erschöpfend geführt worden.

> **Wiederholungsfragen zum 22. Kapitel**
> 1. Welche Formalien muss die Revisionsbegründung erfüllen? (Rn. 1149)
> 2. Welche beiden Rügearten sind in der Revision möglich? (Rn. 1150)
> 3. Wie unterscheidet sich deren Behandlung durch das Revisionsgericht? (Rn. 1152 f.)
> 4. Was ist ein „absoluter" Revisionsgrund? (Rn. 1171)
> 5. In welcher Form ergeht die Revisionsentscheidung? (Rn. 1202, 1204 ff.)
> 6. Was ist eine Divergenzvorlage? (Rn. 1182)
> 7. Was ist normativ die Regelentscheidung, falls die Revision sich als begründet erweist? (Rn. 1185)

---

[73] Sie befürwortet auch FEZER (Fn. 55), S. 289 ff.

Teil VI
Die Urteilsfolgen

23. Kaptel. Die Rechtskraft

I. Begriffe

Von Rechtskraft spricht man, wenn eine bestimmte Entscheidung keine Abänderung mehr erfahren kann. Dabei muss man zwischen der Entscheidung als solcher und ihrem Regelungsgehalt differenzieren. Manchmal ist nämlich zwar eine bestimmte Entscheidung nicht mehr zu verändern, aber ihre inhaltliche Regelung kann durch eine spätere Entscheidung dennoch modifiziert werden („*formelle*" Rechtskraft). Manchmal jedoch ist zugleich der Entscheidungsgegenstand jedem weiteren Zugriff entzogen („*materielle*" Rechtskraft). Eine materielle Rechtskraftwirkung besitzen vor allem nicht mehr anfechtbare Strafurteile. 1219

Die (formelle wie materielle) Rechtskraft einer Entscheidung setzt stets deren (weitere) *Unanfechtbarkeit* voraus. Diese kann 1220
- von vornherein wegen *prinzipieller* Unanfechtbarkeit einer Entscheidung qua ausdrücklicher gesetzlicher Bestimmung bestehen (vgl. die unanfechtbare Übertragung der Briefüberwachung [§ 119 II 2, 3] oder die gerichtliche Verfahrenseinstellung nach § 153a II 4, 5);
- durch den *Ablauf einer Rechtsmittelfrist* eintreten (z. B. bei sofortiger Beschwerde [§ 311 II], Berufung und Revision [§§ 314 I, 341 I]);
- durch *Rechtsmittelrücknahme oder -verzicht* hergestellt werden (§ 302) oder
- durch eine *letztinstanzliche Entscheidung* eines Rechtsmittelgerichts entstehen (z. B. bei Beschwerdeentscheidungen [§ 310 II] oder abschließenden Revisionsentscheidungen von OLG und BGH).

Umgekehrt sind Entscheidungen, die unbegrenzt angegriffen werden können, *keiner Rechtskraft fähig*. Dazu zählen vor allem jene Beschlüsse, die nur der einfachen Beschwerde unterliegen. Denn diese kann jederzeit eingelegt werden (solange die Beschwer fortbesteht), weshalb auch der zur Rechtskraft notwendige Zustand der Unanfechtbarkeit theoretisch nie einzutreten braucht[1] (vgl. Rn. 340 ff., 351). 1221

---
[1] Rein faktisch können indes auch mit einfacher Beschwerde angreifbare Beschlüsse unanfechtbar werden, etwa nach prozessualer Erledigung oder bei Fehlen jeglichen Rechtsschutzinteresses.

II. Die formelle Rechtskraft

1222 Die *Wirkung* der formellen Rechtskraft erschöpft sich in einer Unveränderbarkeit der fraglichen Entscheidung. Sie schützt nicht unbedingt vor einer späteren erneuten Entscheidung in der Sache selbst.

> **Beispiel (Durchsuchungsbeschluss):**
> Die Staatsanwaltschaft war der Auffassung, *Thomas D.* sei der Hehlerei von Navigationsgeräten verdächtig, und beantragte beim zuständigen Amtsgericht die Durchsuchung seiner Wohnung nach den §§ 102, 105 zwecks Auffindens von Diebesgut. Der Ermittlungsrichter lehnte die beantragte Durchsuchung durch Beschluss ab, weil nach seiner Ansicht kein ausreichender Tatverdacht bestand. Gegen seinen Beschluss legte die Staatsanwaltschaft Beschwerde beim Landgericht ein. Die dort zuständige Strafkammer wies die Beschwerde indes als unbegründet zurück, weil sie zu demselben Ergebnis wie der Ermittlungsrichter gelangte. – Der Strafkammerbeschluss ist nach § 310 II unanfechtbar und erwächst deswegen in formelle Rechtskraft. Gleichwohl ist *Thomas D.* damit nicht endgültig vor einer Durchsuchung sicher, weil keine materielle Rechtskraftwirkung eintritt. Vielmehr könnte die Staatsanwaltschaft jederzeit erneut (etwa nach ergänzenden, den Tatverdacht stützenden Ermittlungen) einen Durchsuchungsantrag stellen und das Amtsgericht daraufhin die Durchsuchung anordnen, obschon es diese zuvor bereits einmal (formell) rechtskräftig abgelehnt hatte.

III. Die materielle Rechtskraft

1223 Allein die materielle Rechtskraft vermag den Beschuldigten vor weiterer Verfolgung zu schützen. Einen prominenten Fall regelt Art. 103 III GG mit dem Verbot der Doppelbestrafung (*ne bis in idem*). Allerdings erfasst die dortige Formulierung längst nicht alle Fälle der materiellen Rechtskraft,[2] weil nicht nur die Bestrafung, sondern *auch ein Freispruch* materielle Rechtskraft erlangen kann.[3]

1224 Materielle Rechtskraft setzt den *Eintritt formeller Rechtskraft* voraus. Zudem können nur bestimmte Typen von Entscheidungen überhaupt in materielle Rechtskraft erwachsen, sofern sie nämlich über den Strafvorwurf als solchen in der Sache entscheiden. Dies sind:
- (verurteilende und freisprechende) *Sachurteile* (einschließlich der Revisionsbeschlüsse nach § 349 IV i. V. m. § 354 I-Ib sowie der Urteile in Bußgeldsachen nach § 84 II OWiG), nicht dagegen Prozessurteile nach § 260 III;
- *Strafbefehle* (vgl. § 410 III);

Gleichwohl spricht man selbst dann nicht von formeller Rechtskraft.
[2] Ranft Rn. 1870; Hellmann Rn. 833.
[3] BGH(GS)St 5, 323 (330).

III. Die materielle Rechtskraft

- *staatsanwaltschaftliche Einstellungsverfügungen und gerichtliche* Einstellungsbeschlüsse *nach § 153a* (vgl. § 153a I 5), jedoch nur beschränkt, weil die Verfolgung eines Verbrechens zulässig bleibt.
- gerichtliche *Einstellungsbeschlüsse* nach den §§ 154 II (III, IV), 154b IV nach Ablauf der dort genannten Fristen,[4] ferner nach bedenklicher Auffassung des BGH auch die Einstellungen nach § 153 II;[5]
- Beschlüsse nach § 204 über die *Ablehnung der Eröffnungsentscheidung (§ 211),*[6] jedoch nur in sehr begrenztem Ausmaß, weil bereits neue Tatsachen und Beweismittel die materielle Rechtskraftwirkung wieder entfallen lassen.

Soweit materielle Rechtskraft entsteht, ist grundsätzlich (zu Ausnahmen siehe sogleich Rn. 1230 ff.) keine weitere Strafverfolgung zulässig; es ist das Prozesshindernis des sog. *Strafklageverbrauchs* eingetreten.[7]

1225

> **Aufgabe: Falsche Selbstbezichtigung eines Fahrzeughalters**[8]
> Im Mai 1975 ereignete sich ein Verkehrsunfall, bei dem ein Kind von dem auf *Michael D.* zugelassenen Pkw erfasst und getötet wurde. *D.* selbst verständigte unmittelbar nach dem Unfall telefonisch die Polizei, die wenige Minuten später an der Unfallstelle eintraf. Ihr gegenüber (wie auch später noch) bezeichnete sich *D.* sofort als Fahrer des Fahrzeugs. Er wurde wegen fahrlässiger Tötung angeklagt, von diesem Vorwurf jedoch durch Urteil des Amtsgerichts freigesprochen, weil drei Zeugen bekundeten, nicht *D.* habe das Fahrzeug gefahren, sondern ein anderer Mann, der sich nach dem Unfall unerkannt von der Unfallstelle entfernt habe; *Michael D.* sei nur Beifahrer gewesen. Das Amtsgericht konnte sich deshalb von der Fahrereigenschaft *Ds.* nicht überzeugen und vermutete, dieser habe einen betrunkenen Freund decken wollen. Es sprach *D.* deshalb frei. Dieser Freispruch wurde nicht mit einem Rechtsmittel angegriffen und ist seit dem 17.09.1976 rechtskräftig. Am 20.10.1977 erhob die Staatsanwaltschaft gegen *D.* Anklage wegen Strafvereitelung zu Gunsten des unbekannt gebliebenen Unfallfahrers. *D.* wurde deswegen vom Amtsgericht zu einer Freiheitsstrafe verurteilt.
> Durfte gegen *D.* erneut strafrechtlich vorgegangen werden?

1226

Der Strafklageverbrauch bildet, soweit er jeweils reicht, ein Verfahrenshindernis (Rn. 596). Seine Reichweite wiederum wird durch die *Grenzen der abgeurteilten prozessualen Tat* (Rn. 168 f.) bestimmt (vgl. Art. 103 III GG: „wegen derselben Tat"). Sind deshalb in einem Verfahren Teile einer prozessualen Tat unentdeckt geblieben, so kann ihretwegen nicht erneut gegen einen rechtskräftig Abgeurteilten prozessiert werden. Im Aufgabenfall Rn. 1226 bildeten die Unfallverursachung

1227

---
[4] Eine begrenzte Rechtskraftwirkung besitzen ferner die gerichtlichen Einstellungen nach § 47 JGG (dort Abs. 3) und § 37 II BtMG (dort Satz 3 i. V. m. Abs. 1 Satz 5).
[5] BGH NStZ 2004, 218, mit ablehnender Anm. Michael Heghmanns, NStZ 2004, 633–635.
[6] Vgl. BGHSt 18, 225.
[7] Roxin/Schünemann § 52 Rn. 6 ff.; Ranft Rn. 1870 ff.
[8] OLG Zweibrücken NJW 1980, 2144.

(§ 222 StGB) und die unmittelbar darauf erfolgte Selbstbezichtigung (§ 258 StGB) einen untrennbaren historischen Vorgang, dessen Teile nicht unabhängig voneinander abzuurteilen waren; schließlich konnte *D.* nur entweder die eine oder die andere strafbare Handlung begangen haben![9] Daher erfasste der Freispruch vom Vorwurf der fahrlässigen Tötung auch den zunächst nicht beachteten, zur selben prozessualen Tat gehörenden Vorwurf der Strafvereitelung. Es hätte gegen *D.* daher keine weitere Anklage und erst Recht kein weiteres Urteil ergehen dürfen. Richtigerweise hätte vielmehr das Amtsgericht an Stelle des Freispruchs *Michael D.* bereits im ersten Verfahren (nach rechtlichem Hinweis gemäß § 265) wegen der Strafvereitelung verurteilen müssen.

1228 Die materielle Rechtskraft hindert im Übrigen nicht nur die Anklageerhebung, sondern auch ein diesem Zweck dienendes weiteres Ermittlungsverfahren. Lediglich Ermittlungen mit dem Ziel der Klärung des Vorliegens eines Wiederaufnahmegrundes (§ 362) einschließlich etwaiger dazu notwendiger Zwangsmaßnahmen (z. B. einer Durchsuchung zwecks Auffindens einer gefälschten Urkunde i. S. v. § 362 Nr. 1) wird man noch für zulässig halten dürfen.

IV. Teilrechtskraft

1229 Mit der Teilanfechtbarkeit von Urteilen (siehe Rn. 1112, 1114) korrespondiert die Möglichkeit des Eintritts von (formeller wie materieller) Teilrechtskraft. Wird beispielsweise ein Rechtsmittel nur hinsichtlich des Rechtsfolgenausspruchs eingelegt, erwächst der Schuldspruch des betreffenden Urteils in sog. *vertikale Teilrechtskraft*. Das Rechtsmittelgericht kann dann zwar noch die Strafe ändern, der Schuldspruch jedoch ist – so falsch er sich auch in der Rechtsmittelinstanz erweisen mag – seinem Zugriff entzogen. Entsprechendes gilt für die sog. *horizontale Teilrechtskraft*. Sie entsteht, wenn das Rechtsmittel sich nicht auf alle verfahrensgegenständlichen Taten bezieht, sondern nur den Schuld – oder Freispruch einzelner Taten angreift. In diesem Fall werden die nicht angefochtenen Schuldsprüche sowie die insoweit festgesetzten Einzelstrafen rechtskräftig.

> **Wiederholungsfragen zum 23. Kapitel**
> 1. Wie stehen formelle und materielle Rechtskraft zueinander? (Rn. 1224)
> 2. Welche Art von Rechtskraft können die Einstellungsurteile nach § 260 III erlangen? (Rn. 1220, 1224)
> 3. Welche Einstellungsentscheidungen aus Opportunitätsgründen sind materieller Rechtskraft fähig und entfalten daher eine Schutzwirkung gegen erneute Strafverfolgung? (Rn. 1224)
> 4. Wie weit reicht die materielle Rechtskraftwirkung einer Entscheidung? (Rn. 1227)

---

[9] OLG Zweibrücken NJW 1980, 2144.

24. Kapitel. Rechtskraftdurchbrechungen

Trotz Eintritts der Rechtskraft kann es in drei Konstellationen zu Modifikationen oder gar Aufhebungen rechtskräftiger Urteile kommen, nämlich im Falle einer nachträglichen Gesamtstrafenbildung (§ 460), im Wiederaufnahmeverfahren (§§ 359 ff.) sowie durch einen Gnadenakt. Bei den beiden erstgenannten geht es darum, im Interesse der Gerechtigkeit von vornherein inhaltlich fehlerhafte Urteile zu korrigieren.[1] Demgegenüber versucht der Gnadenakt, ein erst infolge neuerer Entwicklungen unangemessen gewordenes Urteil den veränderten Realitäten anzupassen. Während das Wiederaufnahmeverfahren absoluten Ausnahmecharakter hat,[2] stellen nachträgliche Gesamtstrafenbildungen und Gnadenerweise fast alltägliche Geschäfte der Gerichte bzw. Staatsanwaltschaften dar.

1230

I. Die nachträgliche Gesamtstrafenbildung

Bei dieser Form des Nachverfahrens bleiben die Schuldsprüche und die Einzelstrafen der zu Grunde liegenden Strafurteile unberührt. Es werden lediglich die letztendlichen Strafaussprüche dieser Urteile durch eine einheitliche neue Entscheidung ersetzt.

1231

Das dazu dienende, *rein schriftliche Verfahren* nach § 460 knüpft an die Vorschrift des § 55 StGB an, die eigentlich bereits vom erkennenden Gericht zu beachten gewesen wäre. Diese nicht ganz einfach zu lesende Vorschrift verpflichtet das Gericht, Strafen aus früheren Verurteilungen in die eigene Verurteilung mit einzubeziehen, soweit die aktuell abzuurteilenden Taten zeitlich bereits vor einer rechtskräftigen Vorverurteilung liegen. Denn in diesem Fall hätte – rein theoretisch – bereits der frühere Richter sämtliche Taten gemeinsam aburteilen und eine Gesamtstrafe bilden können, hätte er nur Kenntnis von ihnen gehabt. Diese Kenntnis wäre freilich oft faktisch gar

1232

---

[1] PETERS S. 668 f. (zur Wiederaufnahme).
[2] Im Bundesgebiet gab es im Jahre 2011 vor den Amtsgerichten 694 Wiederaufnahmeanträge zu Ungunsten und 886 Anträge zu Gunsten des Beschuldigten. Vor den Landgerichten waren es 33 bzw. 160 Anträge (Rechtspflegestatistik, Strafgerichte 2011, S. 24, 62).

nicht möglich und es soll nicht vom Zufall des Bekanntwerdens einzelner Taten abhängen, ob der Beschuldigte in den Genuss einer Gesamtstrafenbildung kommt (die Gesamtstrafe muss ja nach § 54 II 1 StGB unter der Summe der Einzelstrafen bleiben und ist daher regelmäßig[3] für den Beschuldigten günstiger). Deswegen verpflichtet zunächst § 55 StGB den zweiten Richter und hilfsweise sodann § 460 das nach § 462a III zuständige Gericht, die erforderliche Gesamtstrafe notfalls noch nachträglich zu bilden. Dies geschieht durch einen *Gesamtstrafenbeschluss*, der fortan an die Stelle der Straferkenntnisse aus den einbezogenen Entscheidungen tritt.

1233 Die Gesamtstrafenfähigkeit zweier Entscheidungen fällt zwangsläufig irgendwann auf, zumal das Bundeszentralregister automatisierte Hinweise erteilt, sobald dort eine geeignete Fallkonstellation eingetragen wird (§ 23 BZRG). Die Konstellationen zulässiger nachträglicher Gesamtstrafenbildung sind im Prinzip zwar gut zu erkennen, erfordern aber einen genauen Blick.

▶ Beispiele und Erläuterungen zu den Situationen nachträglicher Gesamtstrafenbildung sowie zum entsprechenden Verfahren finden Sie in *ET 24-01*.

II. Das Wiederaufnahmeverfahren

1234 Mit dem Wiederaufnahmeverfahren können rechtskräftige (Sach-)Urteile[4] und Strafbefehle (§ 373a II) aufgehoben und die Sache wieder in das Stadium des offenen Hauptverfahrens zur neuen Verhandlung und Entscheidung zurückversetzt werden.[5] Die Wiederaufnahme ist zu Gunsten (§ 359) sowie – unter engeren Voraussetzungen – auch zu Ungunsten des Angeklagten zulässig (§ 362).

1. Wiederaufnahme zu Gunsten des Angeklagten

1235 Eine solche Wiederaufnahme des Verfahrens setzt das Vorliegen eines gesetzlichen *Wiederaufnahmegrundes* voraus. Man kann diese in drei Gruppen unterteilen:

---

[3] Allerdings kann eine in den Urteilen gewährte Strafaussetzung zur Bewährung bei dem Verfahren nach § 460 entfallen, weil hier kein Verschlechterungsverbot gilt, vgl. MEYER-GOßNER § 460 Rn. 17; Eckhard HORN, Die Bedeutung nachträglich eingetretener Umstände für den Gesamtstrafenbeschluß nach § 460 StPO, NStZ 1991, 117–119 (118).

[4] Ein Prozessurteil nach § 260 III erlangt hingegen keine materielle Rechtskraft (Rn. 1245). Nach Wegfall des Verfahrenshindernisses kann daher ohne Weiteres erneut angeklagt werden.

[5] HbStrVf-THEOBALD Rn. XI 2.

II. Das Wiederaufnahmeverfahren

a) Feststellung einer im Ausgangsverfahren begangenen Straftat

Sofern bestimmte Straftaten im Ausgangsverfahren begangen wurden und dies zur Verurteilung beigetragen hatte, kann der Wiederaufnahmeantrag auf solche Straftaten gestützt werden. Das Gesetz nennt dazu drei Konstellationen:
- die Verwendung einer Falschurkunde im Ausgangsverfahren (§ 359 Nr. 1);
- die Falschaussage eines Zeugen oder Sachverständigen (§ 359 Nr. 2);
- die Straftat eines erkennenden Richters (§ 359 Nr. 3).

1236

Dazu verlangt § 364 als weitere Voraussetzung allerdings eine *zuvorige rechtskräftige Aburteilung der behaupteten Straftat* in einem gesonderten Strafverfahren, entbehrlich allein bei Unmöglichkeit der Durchführung eines solchen Strafverfahrens (etwa wegen Todes oder Flucht eines Zeugen, der falsch ausgesagt hatte). Fehlt eine solche Verurteilung, dann bleibt allerdings eine Geltendmachung der strafbaren Handlung über § 359 Nr. 5 möglich[6] (siehe dazu Rn. 1238).

1237

b) Nachträgliche Veränderungen der Tatsachengrundlage

Diese bedeutsamste Gruppe bezeichnet Fälle, in welchen die Verurteilung auf tatsächliche Umstände gestützt worden war, die sich im Nachhinein als unzutreffend herausstellen. Dies betrifft die Fälle der
- Aufhebung eines für das Strafverfahren grundlegenden zivilrechtlichen (einschl. arbeits-, sozial- und finanzgerichtlichen) Urteils, etwa eines Gestaltungsurteils (z. B. eines Unterhaltsurteils im Verfahren wegen Unterhaltspflichtverletzung [§ 170 StGB]) oder eines Urteils, das als Urkunde zu Beweiszwecken verlesen worden ist[7] (§ 359 Nr. 4);
- *neuen Tatsachen oder Beweismittel* (§ 359 Nr. 5). Der Begriff der Neuheit ist dabei recht weit zu verstehen. Neu sind z. B. auch der Widerruf von Geständnissen[8] oder solcher Tatsachen, die zwar im Ausgangsverfahren bereits vorhanden waren, dort aber durch die Richter nicht zur Kenntnis genommen oder überhört wurden;[9]

In der Praxis kommt den neuen Tatsachen oder Beweismittel in § 359 Nr. 5 die größte Bedeutung unter allen Wiederaufnahmegründen zu.

1238

c) Nachträglicher Erfolg außerordentlicher Rechtsbehelfe

Nur durch eine erfolgreiche Verfassungsbeschwerde des Angeklagten selbst werden verurteilende Entscheidungen unmittelbar aufgehoben. Hingegen wirken weder Entscheidungen des EGMR noch verfassungsgerichtliche Entscheidungen, die ohne Beteiligung des Angeklagten ergehen, unmittelbar gegen seine Verurteilung, obschon sich diese durch die Entscheidungen von EGMR oder

1239

---

[6] OLG Hamburg NJW 1969, 2159.
[7] HbStrVf-THEOBALD Rn. XI 66 f.
[8] OLG Stuttgart NJW 1999, 375; ROXIN/SCHÜNEMANN § 57 Rn. 9.
[9] HbStrVf-THEOBALD Rn. XI 78; PETERS S. 672.

BVerfG als rechtswidrig erwiesen haben mag. Daher bedarf es zur Umsetzung solcher Entscheidungen zweier weiterer Wiederaufnahmegründe
- der Feststellung eines EMRK-Verstoßes gegenüber dem Beschuldigten durch eine Entscheidung des EGMR (§ 359 Nr. 6) sowie
- der Feststellung der Verfassungswidrigkeit eines Strafgesetzes, auf dem die Verurteilung beruht, durch das BVerfG (§ 79 I BVerfGG).

2. Wiederaufnahme zu Ungunsten des Angeklagten

1240 Der Katalog derjenigen Gründe, die eine Wiederaufnahme zu Ungunsten des Angeklagten zulassen, ist deutlich enger gefasst. Er enthält
- die bereits Rn. 1236 f. erwähnten Gründe einer *im Ausgangsverfahren begangenen Straftat* (§ 362 Nrn. 1–3);
- die Abgabe eines *glaubhaften Geständnisses* durch einen Freigesprochenen (§ 362 Nr. 4). Dieser Grund spielt in der Praxis unter den Wiederaufnahmegründen zu Ungunsten des Angeklagten wohl die bedeutendste Rolle. Das Geständnis braucht dabei nicht vor einer Behörde erfolgt zu sein; es genügt, wenn sich der Freigesprochene im privaten Kreis seiner Tat rühmt;[10]
- nur *im Strafbefehlsverfahren* zusätzlich neue Tatsachen oder Beweismittel, die nunmehr eine Aburteilung unter dem Gesichtspunkt eines Verbrechens begründen können (§ 373a I).

Selbstverständlich darf nach richtiger Auffassung die im Ausgangsverfahren angeklagte Straftat *noch nicht verjährt* sein, weil man andernfalls den Gedanken des Rechtsfriedens zu Unrecht völlig außer Acht ließe.[11]

3. Zulässigkeitsvoraussetzungen

1241 Ziel einer Wiederaufnahme darf *nicht allein eine veränderte Strafzumessung auf Grund desselben Gesetzes* sein (§ 363), weshalb nach h.M. auch Angriffe gegen die Annahme eines besonders schweren Falles ausscheiden,[12] während – neben dem stets zulässigen Ziel eines Freispruchs – Angriffe gegen eine Qualifikation ebenso möglich sind wie solche mit dem Ziel der Feststellung einer anderen Teilnahmeform oder des Versuchs an Stelle der Vollendung.[13]

1242 *Antragsberechtigt* sind Staatsanwaltschaft und Angeklagter sowie nach § 390 I 2 auch ein bereits im Ausgangsverfahren zugelassener Nebenkläger.[14] Das Verfahren ist zu Gunsten des Angeklagten *selbst posthum* möglich; antragsberechtigt sind dann zusätzlich seine in § 361 II genannten Angehörigen.

---

[10] KK-Schmidt § 362 Rn. 13; Peters S. 671 f.
[11] KK-Schmidt § 362 Rn. 7; OLG Nürnberg NStZ 1988, 555 (556); a. A. OLG Düsseldorf NJW 1988, 2251 f.
[12] OLG Düsseldorf NStZ 1984, 571; KK-Schmidt § 363 Rn. 8; a. A. SK-Frister/Deiters § 363 Rn. 16.
[13] OLG Oldenburg NJW 1953, 435; KK-Schmidt § 363 Rn. 5 f.
[14] KK-Senge § 401 Rn. 13.

Der Antrag kann seitens des Angeklagten *nur über einen Verteidiger* oder zu Protokoll der Geschäftsstelle in zulässiger Weise gestellt werden (§ 366 II). Notwendiger Inhalt sind die Angabe des Wiederaufnahmegrundes sowie der Beweismittel (§ 366 I). Ein Verteidiger kann dem Angeklagten in bestimmten Fällen bereits zur Vorbereitung bestellt werden (§ 364b); im Übrigen besteht die Notwendigkeit zur Verteidigerbestellung in etwa demselben Umfang wie im Hauptverfahren (vgl. die § 140 II nachgebildete Regelung in § 364a). 1243

4. Verfahrensablauf

Zuständig für ein Wiederaufnahmeverfahren ist grundsätzlich ein *gleichrangiges anderes Gericht* als dasjenige, dessen Urteil angefochten wird (§ 140a I GVG). Welches dies konkret ist, wird vom Präsidium des OLG per Geschäftsverteilungsbeschluss geregelt (§ 140a II GVG). Zumeist handelt es sich um benachbarte Gerichte, so etwa für das LG Hannover das LG Hildesheim. 1244

Das Verfahren selbst gliedert sich in drei Abschnitte: 1245
- Zunächst wird im sog. *Aditionsverfahren* geprüft, ob der Antrag in zulässiger Weise gestellt worden ist, andernfalls er sofort gemäß § 368 I als unzulässig verworfen wird.
- Sodann folgt im sog. *Probationsverfahren* eine Prüfung der Begründetheit, wobei auch Beweiserhebungen möglich sind (§ 369). Ziel ist es, solche Anträge auszuscheiden, welche zwar z. B. formal genügende neue Beweismittel (§ 359 Nr. 5) oder ein Geständnis (§ 362 Nr. 4) behaupten, bei denen aber der etwa benannte Zeuge gar nicht die behaupteten Aussagen macht oder das vorgetragene Geständnis nicht nachweisbar ist. Das Probationsverfahren endet mit der Verwerfung des Antrags als unbegründet oder alternativ mit der Anordnung der Wiederaufnahme des Verfahrens, ggf. unter Erneuerung der Hauptverhandlung (§ 370). 1246
- Ist die Anordnung der Wiederaufnahme nach § 370 II erfolgt, so erfolgt regelmäßig eine *neue Hauptverhandlung* mit vollständiger Beweisaufnahme, als hätte es das erste Urteil niemals gegeben. Es gilt erneut die Unschuldsvermutung und der Tatnachweis müsste sine dubio zur Überzeugung des Wiederaufnahmegerichts erbracht werden, damit (erneut) eine Verurteilung erfolgen könnte.[15] Außerdem gilt für Wiederaufnahmeanträge zu Gunsten des Angeklagten ein *Verbot der reformatio in peius* (§ 373 II). Ist der Angeklagte verstorben oder die Beweislage eindeutig, so kann auch ohne Hauptverhandlung auf *sofortige Freisprechung* erkannt werden (§ 371 I, II). 1247

III. Gnadenakte

Gnadenakte können zwar nicht Verurteilungen als solche beseitigen, aber ihre Rechtsfolgen mildern oder gar beseitigen. So kann man im Gnadenwege Strafen erlassen (was sehr selten vorkommt), Freiheitsstrafen zur Bewährung aussetzen (was gelegentlich geschieht) und Strafaufschübe oder -unterbrechungen gewähren (recht häufige Maßnahmen). Beliebte Gnadenmaßnahme sind auch die um einige Tage oder Wochen verfrühte Strafentlassung kurz vor den Weihnachtsfeiertagen sowie die Reststrafenaussetzung einer Ersatzfreiheitsstrafe (die vom Gesetz nicht vorgesehen ist). 1248

Das *Begnadigungsrecht steht grundsätzlich den Ländern zu*, sofern nicht in erster Instanz gemäß § 120 I, II GVG ein OLG entschieden hat (§ 452). Nur in diesem 1249

---
[15] ROXIN/SCHÜNEMANN § 57 Rn. 17; KK-SCHMIDT § 373 Rn. 1.

seltenen Ausnahmefall gelangt dann auch Art. 60 II GG zur Anwendung, welcher das Gnadenrecht des Bundes dem Bundespräsidenten zuweist. Im Regelfall sind hingegen die Länder zuständig, die in ihren einzelnen Gnadenordnungen[16] mit der Ausübung des Gnadenrechts zumeist die Staatsanwaltschaften oder besondere Gnadenbeauftragte betraut haben.

1250 Der Gnadenerweis bildet einen *Akt der Exekutive*, der gewissermaßen das Recht bricht, wie es vom erkennenden Gericht gesprochen worden war. Ein solcher „Rechtsbruch" muss deshalb eine Einzelfallentscheidung mit Ausnahmecharakter bleiben. Nur ganz außergewöhnliche Umstände des Falls dürfen deshalb als sog. „Gnadengründe" die Exekutive zu einem Gnadenerweis veranlassen. Aus diesem Grund bleibt auch der *Gnadenerweis stets subsidiär* zu einer entsprechenden regulären strafprozessualen Maßnahme. Eine Reststrafenaussetzung beispielsweise könnte theoretisch nach den §§ 57 f. StGB gewährt werden, weshalb ein Gnadenerweis nur außerhalb des Anwendungsbereichs dieser Vorschriften statthaft ist (z. B. vor Erreichen des Halbstrafenzeitpunktes).

1251 Den (wohl nur theoretischen) Paradefall für einen Gnadenerweis bildet der Straferlass wegen einer vom Verurteilten geleisteten Lebensrettung. Für kleinere Gnadenerweise wie befristete Strafunterbrechungen oder Strafaufschübe taugen freilich schon bescheidenere Gründe wie die Geburt eines Kindes oder der bevorstehende Tod eines engen Verwandten. Als *Gnadengründe* kommen hingegen keine Härten des Strafvollzuges in Betracht, die zwangsläufig mit diesem verbunden sind, wie etwa der Verlust des Arbeitsplatzes oder der Wohnung.

Wiederholungsfragen zum 24. Kapitel
1. Mit welcher Vorschrift des materiellen Strafrechts korrespondiert die nachträgliche Gesamtstrafenbildung? (Rn. 1232)
2. Wie entscheidet das Gericht über die nachträgliche Gesamtstrafenbildung? (Rn. 1232)
3. Was ist der praktisch wichtigste Grund für eine Wiederaufnahme des Verfahrens zu Gunsten des Verurteilten? (Rn. 1238)
4. Und welcher Grund spielt die bedeutendste Rolle bei der Wiederaufnahme zu Ungunsten des Beschuldigten? (Rn. 1240)
5. In welchen drei Phasen verläuft das Wiederaufnahmeverfahren? (Rn. 1245–1247)
6. Was ist ein Gnadenakt? (Rn. 1250, 1248)
7. Wem steht das Gnadenrecht zu? (Rn. 1249)

---

[16] Abgedruckt (zusammen mit weiteren dazugehörigen Rechtsquellen) in Hansgeorg BIRKHOFF/ Michael LEMKE, Gnadenrecht, 2012, ab S. 221.

25. Kapitel. Das Vollstreckungsverfahren im Überblick

Mit der Rechtskraft des Urteils geht die Verfahrensherrschaft vom Gericht wieder auf die Staatsanwaltschaft über. Diese trägt insb. als *Vollstreckungsbehörde* (§ 451) die Verantwortung für die Vollstreckung eines auf Strafe lautenden Urteils.[1]

1252

Auch nach einem Freispruch bleibt die Staatsanwaltschaft zumindest aktenführende (und -verwahrende) Behörde. Zudem ist sie an eventuellen Verfahren auf *Zubilligung einer Entschädigung für Strafverfolgungsmaßnahmen* nach dem StrEG beteiligt, weil die Grundentscheidung über das Bestehen eines Anspruchs (§ 8 StrEG) noch als Annex zur Hauptsache gilt.[2] Für das anschließende Betragsverfahren, in dem die Höhe des Anspruchs festgelegt wird, spielt die Staatsanwaltschaft dann nur noch die Rolle einer Stelle zur Entgegennahme des Antrages (§ 10 I StrEG), während die Entscheidung selbst Sache der Landesjustizverwaltung ist (§ 10 II StrEG).

1253

Im Falle einer Verurteilung bewirkt die Staatsanwaltschaft zunächst die erforderlichen Eintragungen in das vom Bundesamt für Justiz in Berlin geführte *Bundeszentralregister* (§ 20 I BZRG). Im Weiteren unterscheiden sich die im Vollstreckungsverfahren notwendig werdenden Entscheidungen und anfallenden Probleme naturgemäß sehr danach, ob eine Geldstrafe (§§ 459 ff.), eine Freiheitsstrafe auf Bewährung (§§ 453 ff.), eine unbedingte Freiheitsstrafe (§§ 454b ff.) oder gar eine Maßregel (§§ 463 ff.) verhängt wurde.

1254

Eine *Geldstrafe* kann notfalls ratenweise gezahlt werden (§ 42 StGB). Erfolgt keine Zahlung, so wird sie grundsätzlich nach der Justizbeitreibungsordnung (JBeitrO)[3] vollstreckt (§ 459), d. h. im Wege der zivilprozessualen Zwangsvollstreckung (§§ 6 ff. JBeitrO). Bleibt dies fruchtlos, so erfolgt die Vollstreckung der Geldstrafe qua *Ersatzfreiheitsstrafe* (§§ 43 StGB, 459e f. StPO), wobei für jeden Tagessatz ein Tag Strafvollzug zu verbüßen wäre. Alternativ kann auf Grund der in

1255

---

[1] Eine Ausnahme gilt nur im Jugendstrafrecht, wo gemäß § 82 I JGG der Jugendrichter als Vollstreckungsleiter die vollstreckungsbehördlichen Aufgaben weitgehend übernommen hat.
[2] BGHSt 26, 250 (252).
[3] Justizbeitreibungsordnung (JBeitrO) v. 11.03.1937 i. d. bereinigten Fassung BGBl. III, Gliederungsnummer 365-1, zuletzt geändert durch Art. 4 IX d. Gesetzes v. 29.07.2009 (BGBl. I S. 2258).

den Bundesländern nach Art. 293 EGStGB erlassenen Rechtsverordnungen[4] auch *gemeinnützige Arbeit* geleistet werden, wobei an die Stelle eines Tages Ersatzfreiheitsstrafe ein Tag Arbeit zu sechs Arbeitsstunden tritt.

1256 Eine *Freiheitsstrafe auf Bewährung* überwacht prinzipiell das Gericht des ersten Rechtszuges (§ 462a II), sofern nicht bereits Strafe vollstreckt wurde bzw. wird, was die Zuständigkeit der *Strafvollstreckungskammer* (§§ 78a f. GVG) begründet (§ 462a I). Dabei ist die Erfüllung von erteilten Auflagen (§ 56b StGB) und Weisungen (§ 56c StGB) zu kontrollieren, wobei dem Gericht ein ggf. bestellter Bewährungshelfer zur Hand geht (§ 56d StGB). Im Falle eines Bewährungsverstoßes, insb. einer neuen Straftat, entscheidet das Gericht auf Antrag der Staatsanwaltschaft über den Widerruf oder andere Bewährungsmaßnahmen (§ 56f StGB). Verläuft die mehrjährige Bewährungszeit (vgl. § 56a I 2 StGB) am Ende erfolgreich, so wird die Strafe nach Ablauf der Bewährungszeit von dem bewährungsaufsichtführenden Gericht erlassen (§ 56 g StGB).

1257 Im Falle einer *Freiheitsstrafe ohne Bewährung* (oder im Falle eines Bewährungswiderrufs) richten sich die Details der Vollstreckung nach der Strafvollstreckungsordnung (StrVollstrO). In der Regel wird der Verurteilte zum Strafantritt in die dafür zuständige JVA geladen (§ 27 StrVollstrO). Welche JVA dies jeweils ist, ergibt sich aus den Vollstreckungsplänen der Länder (§ 22 StrVollstrO), deren Kriterien Geschlecht, Nationalität, Straflänge, der Umstand eines Erst- oder wiederholten Strafvollzuges sowie der Wohnort des Verurteilten sind.[5] Tritt der Verurteilte seine Strafe nicht freiwillig an, so kann gegen ihn durch die Vollstreckungsbehörde ein Vollstreckungshaftbefehl erlassen und nach ihm gefahndet werden (§ 457 II StPO). Hier bedarf es ausnahmsweise keiner richterlichen Beteiligung, weil dem Gebot des Art. 104 II 1 GG bereits durch das richterliche Strafurteil Genüge getan ist.[6]

In vergleichbarer Weise erfolgt die Vollstreckung stationärer Maßregeln der Besserung und Sicherung.

1258 Für die Zeit des *Strafvollzuges* (Abb. 1) unterliegt der Verurteilte sodann dem Regime des Strafvollzugsgesetzes des betreffenden Landes (bzw., soweit ein solches noch nicht erlassen wurde, dem gemäß Art. 125a I GG dann fortgeltenden StVollzG des Bundes) sowie dessen Justizvollzugsverwaltung. Über eine etwaige Reststrafenaussetzung (§§ 57, 57a StGB) und Rechtsbehelfe des Gefangenen gegen Vollzugsmaßnahmen befindet die Strafvollstreckungskammer (§§ 462a I StPO, 109 ff. StVollzG[7]).

---

[4] Fundstellen abgedruckt im Schönfelder, Fn. zu Art. 293 EGStGB.

[5] Vgl. den Vollstreckungsplan des Landes Nordrhein-Westfalen, der im Internet veröffentlich ist (http://www.datenbanken.justiz.nrw.de/vp_pdf/vollstreckungsplan.pdf).

[6] BGHSt 23, 380 (386).

[7] Die bisher erlassenen Vollzugsgesetze der Länder haben die §§ 109 ff. StVollzG unberührt gelassen.

25. Kapitel. Das Vollstreckungsverfahren im Überblick

Abb. 1 Zellentrakt, JVA Münster

Für den Maßregelvollzug gilt dies entsprechend, wobei hier die Maßregelvollzugsgesetze der Länder einschlägig sind.

Wiederholungsfragen zum 25. Kapitel
1. Wer vollstreckt rechtskräftige Strafurteile? (Rn. 1252)
2. Wie kann eine Geldstrafe bei Zahlungsunfähigkeit des Verurteilten ersatzweise getilgt werden? (Rn. 1255)
3. Welche Aufgaben hat die Strafvollstreckungskammer? (Rn. 1256, 1258)
4. Wer führt im Regelfall die Bewährungsaufsicht? (Rn. 1256)

Teil VII
Akten

26. Kapitel. Akte 1 (Ermittlungsverfahren gegen den Beschuldigten *Dolling*)

Strafanzeige

Behörde:	Datum, Ort:
Polizeidirektion Hannover, PK Südstadt	Hannover, 30.09.2008
Tagebuch-Nr.: 64421/08	
Tatort: Hannover, Sallplatz	Tatzeit: Freitag, 26.09.2008, 17.30 Uhr
AG-Bezirk: Hannover	Geschädigt: Joachim Straßfurth, Am Sallplatz 4, 30171 Hannover, Tel. 87 44 01
Tatbezeichnung: Körperverletzung	Beschuldigt: Tom Dolling, * 04.11.1980 in Bremen whft. Geibelstr. 34, 30171 Hannover
Erlangtes/bevorzugtes Gut: ./.	Schaden: ./.

Sachverhalt:

Der Geschädigte erschien am 27.09. auf der Dienststelle und überreichte anl. Schreiben. Er will von dem Fahrer des Pkw Opel Astra H– KK 366 durch einen Faustschlag verletzt worden sein. Wegen der Einzelheiten siehe nachgeheftetes Schreiben.

Eine Halteranfrage ergab die Daten des o.g. Beschuldigten Dolling. Der Geschädigte wurde über die Personalien des Beschuldigten in Kenntnis gesetzt und erhielt Merkblatt gemäß § 406h StPO

Schneider

Schneider, POM

```
Joachim Straßfurth            Hannover, 27.09.2008
Am Sallplatz 4
30171 Hannover

An die Polizei
Albert-Niemann-Str. 29
30171 Hannover


Betr.: Strafanzeige gegen Unbekannt wegen
Körperverletzung


Sehr geehrte Damen und Herren,

hiermit erstatte ich Strafanzeige gegen den Fahrer des
Pkw Opel mit dem Kennzeichen H - KK 366. Ärztliches
Attest über meine Verletzungen liegt bei.
Am Freitag kam ich gegen 17.30 Uhr von der Arbeit nach
Hause. Vor dem Haus, wo ich wohne, traf ich dort meine
Frau Yvonne, die gerade vom Einkaufen kam. Wir begrüßten
uns, als der besagte Opel kam, der genau dort parken
wollte, wo wir uns unterhielten. Der Opel hupte
unverschämt, um uns zu vertreiben. Diese Frechheit ließ
sich meine Frau nicht gefallen, und sie schimpfte in
Richtung des Opel. Der Opel fuhr darauf langsam auf uns
zu und drängte uns so zurück. Als er dann eingeparkt
hatte, ging ich zur Fahrertür, um den Fahrer wegen seines
Verhaltens zur Rede zu stellen. Der sagte nur „Was soll
denn das, du Arsch, willst du ein paar in die Fresse?"
und schlug mir mit der Faust ins Gesicht. Davon erlitt
ich eine blutende Oberlippe, wegen der ich zum Arzt gehen
musste.
Den Fahrer des Opel kenne ich nicht, aber er muss in der
Nähe wohnen und kann über das Kennzeichen sicher schnell
ermittelt und festgenommen werden.


Hochachtungsvoll

*J. Straßfurth*

Anlage
```

3

Dr. med Martin Müller
Dr. med Kerstin John-Müller
Fachärzte für Allgemeinmedizin

Attest zur Vorlage bei der Polizei

Herr Joachim Straßfurth stellte sich am 26.09. gegen 19.00 Uhr im Rahmen des Notdienstes in unserer Praxis vor und gab an, er sei von einem unbekannten Mann verprügelt worden.

Diagnose: Platzwunde an der Oberlippe, Prellungen der Nase und der linken Wange mit beginnender Hämatombildung.

Therapie: Säuberung und Klammerung der Wunde, medikamentöse Behandlung der Hämatome.

Hannover, 27.09.2008

Müller

Dr. M. Müller
Gebühr: 10 €

4

Polizeidirektion Hannover   30.09.2008
PK Südstadt
Tagebuch-Nr. 64421/08

> Staatsanwaltschaft
> Hannover
> Eingegangen:
>
> 02. Oktober 2008

672 Js 60663/08

1. Tagebuch ausgetragen.
2. Mit Akten

der Staatsanwaltschaft Hannover

zum weiteren Befinden vorgelegt. Der Beschuldigte ist kriminalpolizeilich noch nicht in Erscheinung getreten. Von weiteren Maßnahmen wurde zunächst abgesehen

Siebrecht

Siebrecht, PK

Staatsanwaltschaft Hannover
672 Js 60663/08

09.10.2008

Verfügung

1. Js-Sache gegen Dolling (Bl. 1) wegen § 223 StGB u.a.

2. Einstellung des Verfahrens mangels öffentlichen Interesses aus den Gründen zu Ziff. 3.

3. Schreiben an Anzeigeerstatter Straßfurth (Bl. 1) – höflich/formlos –:

   Ihre Strafanzeige vom 27.09. gegen Dolling wegen Körperverletzung und Beleidigung

   Gemäß § 376 StPO soll die Staatsanwaltschaft Anzeigen wegen Körperverletzung nur verfolgen, sofern dies im öffentlichen Interesse liegt, namentlich wegen der Schwere der Verletzungen oder wenn die Tat den Rechtsfrieden über den Kreis der unmittelbar Beteiligten hinaus gestört hat. Diese Voraussetzungen sind in Ihrem Fall nicht gegeben, ein öffentliches Interesse liegt deshalb nicht vor. Ich musste das Verfahren daher gemäß § 170 II StPO einstellen.

   Von dieser Einstellung werden etwaige zivilrechtliche Schadensersatzansprüche gegen den Beschuldigten nicht berührt.

   Es steht Ihnen darüberhinaus frei, gegen den Beschuldigten wegen der angezeigten Delikte Privatklage vor dem zuständigen Amtsgericht zu erheben. Für diesen Fall können Sie auch die Beiziehung dieser Akten durch das Gericht als Beweismittel beantragen.

4. Durchschrift des Bescheides zu 3. zu den Handakten.

5. Keine EN, weil nicht vernommen.

6. Weglegen

Hörster
(Hörster)
Amtsanwalt

Kronach, Fahnenburg & Partner

Rechtsanwälte und Notare

zugelassen bei AG und LG Hannover

6

An die
Staatsanwaltschaft
Volgersweg 67
30175 Hannover

William Kronach
Notar

Lydia Fahnenburg
Rechtsanwältin

Sören Baumann
Rechtsanwalt

Lister Meile 22
30169 Hannover
Tel.: 0511/342 12 12
Datum: 23.10.2008

*Staatsanwaltschaft Hannover
Eingegangen:
24. Oktober 2008*

Sehr geehrte Damen und Herren,

in dem Ermittlungsverfahren gegen Tom <u>Dolling</u> (672 Js 60663/08)

legitimieren wir uns für den Anzeigeerstatter, Herrn Joachim Straßfurth. Namens und im Auftrage unseres Mandanten legen wir gegen den Einstellungsbescheid vom 9.10., dem Mandanten zugegangen am 15.10., zunächst fristwahrend

Beschwerde

ein. Zur Begründung der Beschwerde wird vorab Akteneinsicht beantragt.

Vfg.

Hochachtungsvoll

1. Akte an Vert.f. 3 Tage mit Zusatz:
Einer evtl. Begründung wird bis
20.11. entgegengesehen

2. 23.11.

Baumann
-Rechtsanwalt-

Hö, 28.10.

Kronach, Fahnenburg & Partner

Rechtsanwälte und Notare
zugelassen bei AG und LG Hannover

An die
Staatsanwaltschaft
Volgersweg 67
30175 Hannover

William Kronach
Notar

Lydia Fahnenburg
Rechtsanwältin

Sören Baumann
Rechtsanwalt

Lister Meile 22
30169 Hannover
Tel.: 0511/342 12 12
Datum: 6.11.2008

*Staatsanwaltschaft Hannover
Eingegangen: 07. November 2008*

Sehr geehrte Damen und Herren,
in dem Ermittlungsverfahren gegen Tom Dolling (672 Js 60663/08) reichen wir hierneben die uns überlassene Ermittlungsakte mit Dank zurück. Zur Begründung der Beschwerde tragen wir wie folgt vor:
Die Staatsanwaltschaft hätte das Verfahren ohne weitere Klärung nicht auf den Privatklageweg verweisen dürfen, weil neben den Privatklagedelikten auch ein Offizialdelikt vorliegt, nämlich eine gewaltsame Nötigung unseres Mandanten. Der Beschuldigte fuhr langsam auf unseren Mandanten und seine Ehefrau zu, so dass diese notgedrungen, wollten sie sich nicht durch den Pkw des Beschuldigten wegschieben lassen – was mit Verletzungsgefahren verbunden gewesen wäre – von dem Ort, wo sie sich aufhielten, zurückweichen mussten.
Die Handlung des Beschuldigten war auch rechtswidrig, denn unsere Mandantschaft befand sich auf dem Bürgersteig, der dort – zwar unter Duldung der Stadt, aber keineswegs dafür vorgesehen – angesichts der Parkplatznot in der Südstadt zeitweise als Parkraum genutzt wird. Das ändert nichts daran, dass sich unsere Mandantschaft dort völlig legitim aufhielt und allenfalls höflich gebeten werden durfte, freiwillig dem Beschuldigten das Abstellen des Fahrzeugs an ebendiesem Ort zu ermöglichen. Ein Anrecht darauf hatte er sicherlich nicht.
Beweis: Auskunft des Ordnungsamtes der Landeshauptstadt Hannover
Beim Vorliegen einer Nötigung wäre der Sachverhalt aber insgesamt weiter zu verfolgen gewesen. Eine Einstellung hätte nicht erfolgen dürfen.

Baumann
- Rechtsanwalt –

Staatsanwaltschaft Hannover 11.11.2008
672 Js 60663/08

<u>Verfügung</u>

1. Die Ermittlungen werden wieder aufgenommen
2. Nachricht von Ziff. 1. an RAe Kronach pp. (Bl. 6 d.A.)
3. BZR-Auszug für Besch. Bl. 1 erfordern.
4. U. m. A.

    dem PK Hannover-Südstadt

    mit der Bitte übersandt, die Ehefrau des Anzeigeerstatters und den Beschuldigten zu vernehmen.

5. 23.12.

Hörster

(Hörster)
Amtsanwalt

Polizeidirektion Hannover   20.11.2008
PK Südstadt
Tagebuch-Nr. 64421/08

<u>**Zeugenvernehmung**</u>

Auf telefonische Vorladung erscheint die
Lageristin Yvonne S t r a ß f u r t h , geb. Berger, geb. 09.03.1966,
Am Sallplatz 4, 30171 Hannover.
und erklärt, mit dem Gegenstand des Verfahrens sowie der Person des
Beschuldigten vertraut gemacht, zur Wahrheit ermahnt und nach Belehrung
gemäß §§ 52, 55 StPO:

„Am fraglichen Tag hatte ich gegen 16.00 Uhr Feierabend gehabt und war
noch bei „Extra" in der Spielhagenstr. Einkaufen gewesen. Vor unserem Haus
traf ich auf meinen Mann, der gerade von der Arbeit kam. Wir begrüßten uns
und hielten auf dem Gehweg, der dort ca. 12 m breit ist, ein kleines
Schwätzchen über unsere Tageserlebnisse.

Plötzlich kam ein weißer Opel Astra Caravan und wollte offenbar genau da
parken, wo wir standen. Ich muss dazu sagen, dass dort immer Autos auf dem
Gehweg parken; anders können die ganzen Autos in der Südstadt gar nicht
unterkommen. In jedem Fall war an dem fraglichen Abend noch anderswo
genug Platz, er hätte nicht ausgerechnet da parken müssen. Jedenfalls hupte der
Caravan mehrfach, was mich aufregte, weil das völlig unnötiger Lärm war. Der
Mann hätte doch einfach höflich bitten können, ihm Platz zu machen. Das
sagte ich ihm auch, vielleicht auch etwas unfreundlich und lautstark.

Daraufhin fuhr der Pkw langsam, aber bedrohlich, auf uns zu, bis seine
Stoßstange meine Schienbeine berührte. Als ich etwas zurückwich, setzte er
nach. Mein Mann wich auch mit zurück. Als der Pkw schließlich stand, ging
mein Mann zu der Fahrertür. Der Opel-Fahrer öffnete die Tür und schrie
meinen Mann mit den Worten an: „Was soll denn das, du Arsch, willst du ein
paar in die Schnauze?" Mein Mann erwiderte wohl etwas, was ich nicht gehört
habe, denn der Mann holte aus und schlug meinem Mann mit der geballten Faust
ins Gesicht. Mein Mann wurde durch den Schlag zurückgestoßen, genau in
meine Arme. Da sah ich dann schon die Bescherung: Mein Mann hatte eine
klaffende Wunde in der Oberlippe, die stark blutete.

Ich sagte dem Mann noch, dass er das büßen werde und ich seine Nummer notiert hätte. Dann kümmerte ich mich erst einmal um die Wunde, versorgte diese notdürftig und brachte meinen Mann dann zum Notarzt.

Das ist alles, was ich zu dem Vorfall sagen kann. Nachdem uns die Polizei die Personalien des Mannes gegeben hatte, haben wir ihn durch unseren Rechtsanwalt wegen Schmerzensgeld anschreiben lassen. Eine Reaktion darauf ist bisher nicht erfolgt."

geschlossen: selbst gelesen und genehmigt:

Siebrecht *Yvonne Straßfurth*

Siebrecht, PK

Polizeidirektion Hannover 20.11.2008 **11**
PK Südstadt
Tagebuch-Nr. 64421/08

Vernehmung eines Beschuldigten

Auf telefonische Vorladung erschien der

Städtische Angestellte Tom D o l l i n g , geboren 04.11.1980 in Bremen, whft. Geibelstr. 34, 30171 Hannover, verheiratet, deutscher Staatsangehöriger

Der Beschuldigte wurde über den Gegenstand der Untersuchung und die in Frage kommenden Strafvorschriften unterrichtet. Ihm wurde erklärt, dass er keine Angaben zum Sachverhalt zu machen braucht, einzelne Beweiserhebungen beantragen und – auch schon vor seiner ersten Vernehmung – jederzeit einen Rechtsanwalt als Verteidiger konsultieren kann.

Der Beschuldigte erklärte:

„Ich habe die Belehrung verstanden und will aussagen.

Es ist richtig, dass es am fraglichen Tag zu einer Auseinandersetzung mit einem Ehepaar kam, als ich mit meinen Pkw Opel Astra nach Hause kam. Da ich vor meinem Haus keinen Parkplatz fand, fuhr ich zum Sallplatz, der etwa 50 m weg ist. Dort fand ich eine Lücke, in der ein Paar miteinander sprach. Ich kurbelte die Scheibe herunter und fragte, ob sie nicht ein Stück zur Seite gehen könnten. Das wurde einfach ignoriert. Darauf hupte ich einmal, was die Frau zum Anlass nahm, lautstark und mit obszönen Worten, die ich hier im Einzelnen nicht wiedergeben möchte, auf mich einzuschimpfen.

Ich fuhr dann langsam auf den Bürgersteig in die Parklücke hinein. Ich habe die beiden keinesfalls mit meinem Fahrzeug touchiert, sondern immer mindestens 50 cm Abstand gewahrt. Schließlich stand ich jedenfalls ordnungsgemäß in der Parklücke, als der Mann, der bis dahin einen ruhigen Eindruck gemacht hatte, an meine Fahrertür kam, diese aufriss und mich anherrschte, was das denn da eben sollte. Daraufhin mag ich ihm gesagt haben, er solle sich zum Teufel scheren und er könne eine aufs Maul haben. Aber das habe ich nur so gesagt und keinesfalls ernst gemeint.

Das sah der Mann aber offenbar anders, denn er hob seine Fäuste und machte Anstalten, nach mir zu schlagen. Daraufhin habe ich in Notwehr selber zugeschlagen. Ich muss dazu sagen, dass der Mann ca. 180 cm groß war und mich (ich bin 1,72 m groß) damit um einiges überragte und er auch kräftiger gebaut war. Ich hatte also durchaus Grund zu der Annahme, nicht warten zu dürfen, bis er als erster zulangte.

Die beiden zogen dann schimpfend ab. Blut habe ich an dem Mann nicht gesehen.

Ich sehe ein, dass ich diese Auseinandersetzung vielleicht durch geschickteres Verhalten hätte vermeiden können. Einer Körperverletzung fühle ich mich aber nicht schuldig.

Mehr kann ich zu der Sache nicht sagen."

geschlossen: selbst gelesen und genehmigt:

Siebrecht   *Dolling*

Siebrecht, PK

Polizeidirektion Hannover
20.11.2008
PK Südstadt
Tagebuch-Nr. 64421/08

1. <u>Vermerk</u>: Die Zeugin Straßfurth und der Beschuldigte wurden auftragsgemäß hier vernommen. Es wurde ferner telefonisch mit dem Anzeigeerstatter Kontakt aufgenommen, um ebenfalls einen Vernehmungstermin abzusprechen. Der Anzeigeerstatter erklärte jedoch, er wolle sich nur über seinen Rechtsanwalt äußern und man möge diesem ggfs. schriftlich mitteilen, welche Auskünfte noch benötigt würden.

2. Der Vorgang wird

        der <u>Staatsanwaltschaft Hannover</u>

nach Erledigung erneut zur Entscheidung übersandt.

Siebrecht

Siebrecht, PK

Staatsanwaltschaft Hannover
Eingegangen:
24. November 2008

Staatsanwaltschaft Hannover   26.11.2008
672 Js 60663/08

<u>Verfügung</u>

1. <u>Vermerk</u>: Nach dem Ergebnis der bisherigen Ermittlungen ist es fraglich, ob tatsächlich eine Nötigung vorliegt. Wenn dies der Fall sein sollte, wäre ihr Unrechtsgehalt jedenfalls nicht sehr hoch. Hinsichtlich der Körperverletzung kommt ein Erlaubnistatbestandsirrtum in Betracht. In jedem Fall handelt es sich um eine beiderseits verschuldete Auseinandersetzung. Da zudem der Besch. ausweislich des BZR-Auszuges[1] nicht vorbelastet ist, fehlt ein öffentliches Interesse selbst für den Fall, dass eine Nötigung nachweisbar sein sollte.

2. Verfahrenseinstellung – wegen geringer Folgen ohne gerichtliche Zustimmung – gemäß § 153 StPO aus den Gründen zu Ziff. 1 und 3.

3. Schreiben an Anzeigeerstatter Bl. 1 zu Händen RAe Kronach pp. (Bl. 6 d.A.) – höflich/formlos – :

    Betr.: Strafanzeige Ihres Mandanten Joachim Straßfurth gegen Dolling wegen Nötigung, Körperverletzung u.a.

    Der Beschuldigte hat eine Körperverletzung dem äußeren Geschehen nach eingeräumt, jedoch eine Nötigung damit bestritten, er habe keinesfalls mit seinem Fahrzeug Ihren Mandanten oder dessen Ehefrau berührt. Selbst wenn ihm dies in einer Hauptverhandlung widerlegt werden könnte, so stellt sich das Geschehen dennoch als nicht so schwerwiegend dar, dass deshalb eine formelle strafrechtliche Ahndung erforderlich wäre. Denn zum einen hat die Ehefrau Ihres Mandanten ein Verhalten eingeräumt, dass Rückschlüsse auf ein gewisses Mitverschulden Ihres Mandanten und seiner Ehefrau an der Eskalation des Geschehens erlaubt. Zum anderen ist der Beschuldigte strafrechtlich bislang nicht in Erscheinung getreten.

    Vor diesem Hintergrund fehlt in jedem Fall ein öffentliches Interesse an der weiteren Strafverfolgung, so dass ich das Ermittlungsverfahren gemäß § 153 StPO eingestellt habe.

4. Durchschrift des Bescheides zu Ziff. 3. zu den Handakten.

5. Einstellungsnachricht an Besch. Bl. 10

6. Weglegen

Hörster

(Hörster)
Amtsanwalt

---

[1] Vom Abdruck wurde abgesehen.

Kronach, Fahnenburg & Partner 15
Rechtsanwälte und Notare
zugelassen bei AG und LG Hannover

An die
Staatsanwaltschaft
Volgersweg 67
30175 Hannover

William Kronach
Notar

Lydia Fahnenburg
Rechtsanwältin

Sören Baumann
Rechtsanwalt

Lister Meile 22
30169 Hannover
Tel.: 0511/342 12 12
Datum: 3.12.2008

Sehr geehrte Damen und Herren,

in dem Ermittlungsverfahren gegen Tom Dolling (672 Js 60663/08)

legen wir gegen den erneuten Einstellungsbescheid vom 26.11., hier eingegangen am 1.12., wiederum

Beschwerde

ein. Die Staatsanwaltschaft hat den Sachverhalt erneut nicht ausermittelt, wenn sie mitteilt, dem Beschuldigten könne seine Einlassung nicht widerlegt werden. Neben den glaubhaften Angaben der Ehefrau unseres Mandanten stünden dazu nämlich auch die Angaben unseres Mandantes zur Verfügung. Nur hat es die Staatsanwaltschaft offenbar nicht für nötig gehalten, ihn – durch unsere Hand – mit der Einlassung des Beschuldigten zu konfrontieren. Dies ist ein eindeutiger Ermittlungsfehler, weshalb die Einstellung schon von vorneherein keinen Bestand haben kann.

Zu beanstanden ist aber auch die Verneinung des öffentlichen Interesses. Wir haben hier ein Symptom für die zunehmende Gewaltbereitschaft im Straßenverkehr, der schon im Ansatz nachhaltig zu begegnen ist. Das Sicherheitsgefühl unserer Mandantschaft, aber auch der Bürger schlechthin, wird dadurch, dass solche Entgleisungen wie die des Beschuldigten toleriert werden, nachhaltig gestört. Hier fordert das Interesse der Allgemeinheit, dass die Staatsanwaltschaft nicht einfach die Hände in den Schoß legen darf, sondern einschreiten muss.

Hochachtungsvoll.

- Rechtsanwalt –

Staatsanwaltschaft Hannover   08.12.2008
- Der Leitende Oberstaatsanwalt -
072 Js 60663/08

An die Generalstaatsanwaltschaft
- Herrn Generalstaatsanwalt -

in <u>Celle</u>

<u>Betr.:</u>   Ermittlungsverfahren gegen den städtischen Angestellten Tom Dolling aus Hannover wegen Nötigung u.a.

<u>hier:</u>   Beschwerde der Rae. Kronach pp vom 03.12.2008 (Bl. 13), hier eingegangen am folgenden Tag, gegen den Einstellungsbescheid vom 26.11. (Bl. 12), zugegangen am 01.12. (Bl. 13).

<u>Bezug:</u>   - Ohne Auftrag -

<u>Anlagen:</u> Einstellungbescheid vom 26.11.2008
              1 Bd. Ermittlungsakten

Ich überreiche die Vorgänge. Das Beschwerdevorbringen hat mir keinen Anlass zur Abänderung meiner Entscheidung gegeben.

Im Auftrag

Kramer

Dr. Kramer
(Oberstaatsanwalt)

- Kopie für die Akten -

Generalstaatsanwaltschaft　　　　Celle,　11.02.2009
- Der Generalstaatsanwalt -
Schlossplatz 2
31103 Celle

Herrn Rechtsanwalt
Sören Baumann
Lister Meile 22
30169 Hannover

Ihre Beschwerde vom 03.12.2008 gegen den Einstellungsbescheid der Staatsanwaltschaft Hannover vom 26.11., eingelegt für Ihren Mandanten Joachim Straßfurth gegen den Beschuldigten Tom Dolling

Sehr geehrter Herr Rechtsanwalt,

ich habe den Vorgang im Wege der Dienstaufsicht geprüft, sehe aber keinen Grund zur Beanstandung. Eine Einstellung nach § 153 StPO bedarf keiner vorherigen Klärung des Sachverhalts, solange nur nach jeder der noch realistischen Sachverhaltsalternativen die Voraussetzungen einer Einstellung vorliegen. Das ist hier der Fall.
Der Einstellungsbescheid entspricht daher der Sach- und Rechtslage; ich trete ihm bei und weise Ihre Beschwerde zurück.

Hochachtungsvoll

Im Auftrag

Jahnke-Müller
Oberstaatsanwältin

27. Kapitel. Akte 2 (Strafverfahren gegen die Beschuldigte Kindoro u.a.)

Dienststelle **Polizeipräsidium Münster** **Kriminalinspektion 4** **KK 45 (K-Wache)** **Friesenring 43** **48147 Münster**	Aktenzeichen **702000-005499-10/7**	
	Sammelaktenzeichen	Fallnummer
	Sachbearbeitung durch (Name, Dienstbezeichnung) **Kostner, KK**	
Interne Weiterleitung an	Sachbearbeitung Telefon **0251/275-8755**	Fax **-8796**

Strafanzeige

Aufnahmezeit (Datum, Uhrzeit) **06.01.2010, 03:03 Uhr**	Aufnahme durch (Name, Amtsbezeichnung, Dienststelle) **Kostner, KK, PP Münster**	
Straftat(en)/Verletzte Bestimmung(en) (1) **Mord/Totschlag (§§ 211, 212, 22, 23 StGB)** (2) **Gefährliche Körperverletzung (§ 224 I StGB)** (3) **Sachbeschädigung (§ 303 StGB)**		Versuch **Ja** **Nein** **Nein**
Tatzeit am/Tatzeitraum von (Datum/Uhrzeit) **06.01.2010, 02:21 Uhr**	Wochentag **Mittwoch**	Tatzeitraum bis (Datum/Uhrzeit)
Tatort (Ort, Gemeinde, Kreis Straße/Platz, Hausnummer, AG **Münster, Centrum, Hansaring 77, AG Münster**		
Tatörtlichkeit **sonstiger gastronomischer Betrieb**		

Beweismittel

Maßnahmen	durchführende/ersuchte Dienststelle	
Proben **Blutprobe BES Kindoro**	Nummer **MS-Nr.: 25024**	Entnahmezeit **06.01.2010, 03:05 Uhr**
Asservate **Küchenmesser**		
Beweismittel **Zeugenaussagen**		
Erlangtes Gut		
Schadenssumme erlangtes Gut €	Sachschaden € **90.00**	

Tatverdächtig ist	**Lfd. Nr. 001**	
Name **Eftherim**		Akademische Grade/Titel
Geburtsname **Eftherim**	Vorname(n) **Selim Gujar**	
Sonstige Namen (FR = Früherer, GS = Geschiedenen-, VW = Verwitweten-, GN = Genannt, KN = Künstler-, ON = Ordens-, SP = Spitz-, SN = nicht zugeordneter Name)		
Geschlecht **männlich**	Geburtsdatum **06.12.1975**	Geburtsort/-kreis/-staat **Sialkot / Pakistan**
Familienstand **verheiratet**	ausgeübter Beruf **Inhaber Effe's Döner**	Staatsangehörigkeit(en) **pakistanisch**
Anschrift **48153 Münster, Centrum, Hansaring 77**		
Telefonische (z.B. privat, geschäftlich, mobil) und sonstige (z.B. per E-Mail) Erreichbarkeit **0175/7834586 (mobil) oder 0251/884636 (privat)**		

27. Kapitel. Akte 2 (Strafverfahren gegen die Beschuldigte Kindoro u.a.)

Tatverdächtig ist — Lfd. Nr. 002

Feld	Wert
Name	Kindoro
Akademische Grade/Titel	
Geburtsname	Kindoro
Vorname(n)	Manolita, Ekua

Sonstige Namen (FR = Früherer, GS = Geschiedenen-, VW = Verwitweten-, GN = Genannt, KN = Künstler-, ON = Ordens-, SP = Spitz-, SN = nicht zugeordneter Name)

Feld	Wert
Geschlecht	weiblich
Geburtsdatum	07.07.1981
Geburtsort/-kreis/-staat	Mampong / Ghana
Familienstand	ledig
ausgeübter Beruf	
Staatsangehörigkeit(en)	ghanaisch
Anschrift	48153 Münster, Centrum, Yorkring 12
Telefonische (z.B. privat, geschäftlich, mobil) und sonstige (z.B. per E-Mail) Erreichbarkeit	unbekannt

Tatverdächtig ist — Lfd. Nr. 003

Feld	Wert
Name	Schuler
Akademische Grade/Titel	
Geburtsname	Kobasi
Vorname(n)	Eunice

Sonstige Namen (FR = Früherer, GS = Geschiedenen-, VW = Verwitweten-, GN = Genannt, KN = Künstler-, ON = Ordens-, SP = Spitz-, SN = nicht zugeordneter Name)

Feld	Wert
Geschlecht	weiblich
Geburtsdatum	10.06.1972
Geburtsort/-kreis/-staat	Ghana
Familienstand	verheiratet
ausgeübter Beruf	
Staatsangehörigkeit(en)	ghanaisch
Anschrift	48317 Drensteinfurth, Marktstr. 44
Telefonische (z.B. privat, geschäftlich, mobil) und sonstige (z.B. per E-Mail) Erreichbarkeit	unbekannt

Geschädigter ist

Name	Eftherim (siehe oben lfd. Nr. 001)
Akademische Grade/Titel	
Geburtsname	
Vorname(n)	Selim Gujar
Geschlecht	
Geburtsdatum	
Geburtsort/-kreis/-staat	
Familienstand	
ausgeübter Beruf	
Staatsangehörigkeit(en)	
Anschrift	
Telefonische (z.B. privat, geschäftlich, mobil) und sonstige (z.B. per E-Mail) Erreichbarkeit	
Verletzungen	Messerstich Rücken, Schulterbereich, Versorgung durch RTW
Beschädigungen	
Schadenssumme erlangtes Gut €	
Sachschaden €	
Datum	
Unterschrift des/der Geschädigten	

Geschädigter ist **3**

Name		Akademische Grade/Titel
Hammerstein		
Geburtsname	Vorname(n)	
Hammerstein	Paul	
Geschlecht	Geburtsdatum	Geburtsort/-kreis/-staat
männlich	22.12.1965	Mettingen / Steinfurt / Deutschland
Familienstand	ausgeübter Beruf	Staatsangehörigkeit(en)
geschieden	techn. Sterilisationsassistent	deutsch

Anschrift: 48147 Münster, Centrum, Wienburgstr. 12a

Telefonische (z.B. privat, geschäftlich, mobil) und sonstige (z.B. per E-Mail) Erreichbarkeit: 0178/ 6755998 (mobil) oder 0251/554221 (privat)

Verletzungen: blutige Verletzung rechtes Ohr, Handgelenk

Datum: 06.01.2010
Unterschrift des/der Geschädigten

Geschädigter ist

Name		Akademische Grade/Titel
Popp		
Geburtsname	Vorname(n)	
Popp	Gina	
Geschlecht	Geburtsdatum	Geburtsort/-kreis/-staat
weiblich	05.09.1984	Münster / Deutschland
Familienstand	ausgeübter Beruf	Staatsangehörigkeit(en)
ledig	Kneipenbesitzerin	deutsch

Anschrift: 48153 Münster, Centrum, Hafenstr. 56

Telefonische (z.B. privat, geschäftlich, mobil) und sonstige (z.B. per E-Mail) Erreichbarkeit: 0175 / 3467008 (mobil) oder 0251 / 8321876 (privat)

Beschädigungen: 30-40 Biergläser und -krüge

Erlangtes Gut:

Schadenssumme erlangtes Gut €	Sachschaden €
	90.00

Datum: 06.01.2010
Unterschrift des/der Geschädigten

Zeuge

Name		Akademische Grade/Titel
Jäntschke		
Geburtsname	Vorname(n)	
Jäntschke	Hauke	
Geschlecht	Geburtsdatum	Geburtsort/-kreis/-staat
männlich	03.10.1969	Münster / Deutschland
Familienstand	ausgeübter Beruf	Staatsangehörigkeit(en)
ledig		

Anschrift: 48268 Greven, Gerhard-Hauptmann-Str. 12

Telefonische (z.B. privat, geschäftlich, mobil) und sonstige (z.B. per E-Mail) Erreichbarkeit: 0160 / 96653321 (mobil)

Sachverhalt:

Am 06.01.2010 erhielten die Beamten PK Damman und PK Feldbrügge den Einsatz „Schlägerei Hansaring 77, in dortiger Gaststätte." Nachdem die Beamten den Verdacht eines versuchten Tötungsdeliktes feststellten, wurde um 2.35 Uhr die K-Wache verständigt. KHK Erdmann, KKin Thormühlen und Unterzeichner (KK Kostner) begaben sich zum Tatort, wo wir gegen 2.47 Uhr eintrafen.

Bei Eintreffen standen ca. 10 Personen vor der dortigen Gaststätte, welche sich gegenseitig anschrien und zum Teil sehr erregt waren. Ein RTW der Feuerwehr hatte den Geschädigten Eftherim notversorgt. Er wurde kurz nach unserem Eintreffen zur weiteren Versorgung ins Karlsstift verbracht. Eine Kontaktaufnahme war zunächst nicht möglich. Nach Auskunft der Rettungssanitäter hatte der Geschädigte eine Stichwunde im oberen Rückenbereich erlitten. Akute Lebensgefahr bestehe nicht.

Bei der Tatörtlichkeit handelt es sich um eine Gaststätte/Bierstube („Härke-Eck"), welche mit einer Grillstube („Effe's Dönerbude") verbunden ist.

Inhaber der „Dönerbude" ist der Geschädigte Eftherim.

Inhaberin der Bierstube ist die Geschädigte Popp.

Beide Gaststätten besitzen einen Eingang zur Straße hin sowie je einen ca. 10 x 5 m großen Gastraum, wobei beide Räume durch einen ca. 2 m breiten offenen Durchgang miteinander verbunden sind. Von der Straße aus gesehen befindet sich die Bierstube links und rechts die Dönerbude.

Bierstube: Im Gastraum befinden sich 6 Holztische mit entsprechender Bestuhlung sowie an der Rückseite ein längerer Thekenbereich mit weiteren 8 Hockern davor. Die Theke ist L-förmig gebaut und in der Front ca. 6 m und an der kürzeren Seite zur Wand hin ca. 2 m lang. Sie schließt auf ihrer linken Seite mit der Rückwand des Gaststättenraumes ab. Links der Theke befindet sich bis zur linken Wand ein ca. 1,50 m breiter Bereich, im dem an der Wand ein Dartspielgerät hängt. Hinter der ca. 1.30 hohen Theke befinden sich Regale sowie etwa mittig eine Tür, die in einen kleinen Küchen- und Vorratsbereich sowie zu einem rückwärtigen Ausgang führt. Rechter Hand der Theke öffnet sich eine weitere Tür zum Toilettenbereich. Auf den Regalen hinter der Theke stehen bzw. liegen zahlreiche Gläsern, von denen etliche zerbrochen sind. Auf dem Boden liegen zahlreiche Scherben. Die Theke selbst ist gaststättentypisch mit Zapfhähnen, Spülbecken und einer ca. 40 cm tiefen Arbeitsfläche ausgestattet. Auf der Ablage liegt ein spitzes, einseitig geschliffenes Küchenmesser mit einer Klingenlänge von etwa 15 cm, an dem sich augenscheinlich Blutanhaftungen befinden und bei dem es sich nach Angaben des Zeugen Jäntschke um die Tatwaffe handeln soll. Kleinere bräunliche Flecken, bei denen es sich möglicherweise ebenfalls um Blut handeln könnte, finden sich auf dem Boden und als Wischspuren am Rahmen der Tür zum Küchenbereich.

Im Gastraum sind mehrere Stühle umgestürzt. Am Boden liegen vereinzelt weitere Glasscherben. Der Küchen- und Toilettenbereich ist unauffällig.

Dönerbude: In dem Gastraum befindet sich ebenfalls rückseitig eine ca. 6 m lange gerade Glastheke, die links an die Wand anschließt und hinter der Lebensmittel zur Zubereitung liegen. Auf der Rückseite befinden sich Brat- und Fritiergerätschaften sowie ein Grill mit einem Drehspieß. Rechtsseitig ist die Theke offen zugänglich. Ebenfalls auf der rechten Seite befindet sich eine Tür, die in einen Vorratsbereich führt. Toiletten sind nicht vorhanden, da nach Auskunft

5

der GES Popp die Toiletten in der Bierstube für die Besucher beider Gaststätten vorgesehen sind. Im Gastraum der Dönerbude stehen 8 Kunststofftische mit entsprechenden Stühlen.

Der gesamte Bereich der Dönerbude weist keine Auffälligkeiten auf.

Spurensuche und KTU durch KK 43 wurde für den Thekenbereich der Bierstube veranlasst.

Sachverhaltsschilderung nach Angaben des Z Jäntschke:

Der Z beobachtete wie der BES/GES Eftherim die Bierstube von der Dönerbude aus kommend betrat und hinter die Theke ging. Kurz nach ihm kam die BES Kindoro hinter ihm hergelaufen und begann, auf ihn einzuschlagen. Plötzlich habe sie ein Messer in der Hand gehabt und einmal auf den GES Eftherim eingestochen. Dann habe sie von dem GES Eftherim abgelassen und sei zurück in die Dönerbude gegangen. Plötzlich habe sie einen Bierkrug ergriffen und in Richtung eines Gastes geworfen, welcher sich aber ducken konnte. Der Krug fiel daraufhin in eine Reihe von Gläsern hinter der Theke.

Sachverhaltsschilderung nach Angaben des GES Hammerstein:

Der GES stand als Gast an der Theke. Nachdem die BES Kindoro hinter die Theke gelaufen sei, wollte die BES Schuler diese unterstützen. Der GES Hammerstein stellte sich ihr in den Weg und forderte die BES auf, die Bierstube zu verlassen. Dem kam sie, unter Begleitung des GES, widerspenstig nach.

Nach dem Verlassen der Bierstube begann die BES Schuler plötzlich „wie von Sinnen" auf den GES Hammerstein einzutreten/zu schlagen. Dadurch fügte sie ihm mehrere blutige Kratzer u.a. hinter dem rechten Ohr sowie an einem Handgelenk zu.

Die GES Popp hatte ebenfalls mitbekommen, wie die BES Kindoro hinter dem GES Eftherim herlief und begann, auf diesen einzuschlagen. Ab diesem Zeitpunkt habe sie einen stressbedingten Filmriss.

Alle Z machten einen geschäftsfähigen Eindruck und konnten den Gesprächen problemlos folgen.

Da die BES Kindoro im Verdacht eines versuchten Tötungsdeliktes steht, wurde sie mit der BES Schuler zur Wache „Alter Steinweg" verbracht und dort vernommen. Da die BES Kindoro unter Alkoholeinfluss zu stehen schien, wurde bei ihr auf freiwilliger Basis ein Dräger- Test durchgeführt, der einen Wert von 0,86 mg/l Atemalkohol ergab. Daraufhin wurde eine Blutprobe angeordnet. Diese führte der diensthabende Arzt Dr. Sutermühl um 3.05 Uhr unter der Venül-Nr. 25034 auf der Wache durch. Die BES Kindoro wurde im Hinblick auf den bestehenden Tatverdacht eines Tötungsdeliktes vorläufig festgenommen.

Das bezeichnete Messer wurde mit Einverständnis der GES Popp sichergestellt und KK 43 übergeben. Der Tatort wurde durch KK 43, KHM Jungblut, fotographisch gesichert.

Münster, 06.01.2010

Kostner

Kostner, KK

27. Kapitel. Akte 2 (Strafverfahren gegen die Beschuldigte Kindoro u.a.)

6

Dienststelle	Aktenzeichen	
Polizeipräsidium Münster Direktion Gefahrenabwehr/ Einsatz Friesenring 43 48147 Münster	**702000-005499-10/7**	
	Sammelaktenzeichen	Fallnummer
	Sachbearbeitung durch (Name, Dienstbezeichnung)	
	Feldbrügge, PK	
Interne Weiterleitung an **KK 45**	Sachbearbeitung Telefon **0251/275-4588**	Fax **-4596**

Vermerk

Am 06.01.210 gegen 2:20 Uhr wurden wir (PK Damman, PK Feldbrügge) zur Gaststätte „Härke- Eck" entsandt. Dort sollte eine größere Gruppe in eine Schlägerei verwickelt sein. Bei Eintreffen standen bis auf den GES Eftherim und dessen Ehefrau alle Beteiligten auf dem Gehweg Hansaring und beschuldigten sich gegenseitig, die Körperverletzung als erstes begangen zu haben. Da eine Sachverhaltsaufklärung so nicht möglich war, wurden die Parteien getrennt. Die Z/GES Hammerstein, Popp und Jäntschke gingen zurück in die Gaststätte und wurden dort durch den Kollegen Damman befragt. Dabei stellte sich heraus, dass der GES Eftherim durch einen Messerstich der BES Kindoro von hinten verletzt worden war und stark blutete. Ein bereits von den GES gerufener RTW traf gegen 2.25 Uhr ein und versorgte den GES Eftherim notfallärztlich. Eine erste Befragung des GES, der nach Auskunft der Rettungssanitäter offenbar nicht schwer verletzt war und orientiert erschien, durch PK Damman ergab folgende Sachverhaltsschilderung:

Bei den BES Kindoro und Schuler handelt es sich um Prostituierte. Diese hätten in der Vergangenheit mehrfach Kunden belästigt, indem sie ihre Dienste in der Dönerbude/Gaststätte angeboten hätten. Auf Grund dessen forderte er die Frauen in höflicher Tonlage auf, die Dönerbude zu verlassen. Da sich die Frauen weigerten, drohte er mit der Polizei.

Die Frauen schrien ihn an, dass er die Polizei ruhig holen soll. Die BES Kindoro stieß ihn mit der flachen Hand gegen die Brust.

Der GES ging daraufhin in die Bierstube und begab sich hinter die Theke, um die Polizei zu verständigen. Plötzlich habe die BES Kindoro hinter ihm gestanden und begonnen, auf ihn einzuschlagen. Er habe sich geduckt und dann einen Stich im Schulterbereich verspürt. Dann habe die BES von ihm abgelassen. Sie sei dann aus dem Thekenbereich gedrängt worden. Darauf griff sie nach einem 0,5l – Krug und warf diesen in Richtung des Kopfes eines Gastes, der zufällig in der Nähe stand. Dieser konnte sich aber ducken. Daraufhin griff die BES Kindoro einen Hocker und ging mit diesem auf den Z Jäntschke los, welcher dort als Thekenkraft arbeitete. Dieser konnte ihr den Hocker abnehmen. Nachdem sie abermals einen Bierkrug ergriffen und diesen direkt in das Thekenregal geworfen hatte, schob der Z Jäntschke die BES vor die Tür. Die BES Schuler sei von dem Z/GES Hammerstein zurückgehalten worden und habe diesen dabei gebissen und geschlagen.

Der GES Eftherim bemerkte dann, dass er am Rücken stark blutete, und telefonierte seine Ehefrau Azaga Eftherim, geb. 12.11.1982 in Sargodha/Pakistan, aus der über der Gaststätte gelegenen Wohnung sowie einen Krankenwagen herbei.

1

Die BES Kindoro und Schuler konnten nach langem guten Zureden auf dem Gehweg durch PK Feldbrügge beruhigt und dann zum Sachverhalt befragt werden.

Hiernach habe die BES Kindoro mit ihrer Tante, der BES Schuler die Gaststätte besucht. Dort habe man sich aufgehalten, aber keinen Alkohol konsumiert. Zu dem GES Eftherim habe sie in der Vergangenheit eine intime Beziehung gepflegt. Am heutigen Abend hatte er ihr seine Zuneigung gestanden, aber sie wollte dies nicht. Daraufhin sei er wütend geworden und habe sie ins Gesicht geschlagen. Erst mit der Faust und danach mit einer Flasche. Eine Platzwunde an der linken Braue war zu erkennen, aber eine ärztliche Behandlung wurde von ihr abgelehnt. In der Atemluft der BES Kindoro konnte deutlicher Alkoholgeruch festgestellt werden.

Die BES Schuler räumte ein, den Z/GES Hammerstein geschlagen zu haben, weil er sie hindern wollte, ins Lokal zurückzugehen, um der BES Kindoro zu helfen.

Da sich der Verdacht eines versuchten Tötungsdeliktes durch die BES Kindoro ergab, wurde die K-Wache informiert, die um 2.47 Uhr die weitere Bearbeitung übernahm.

Münster, 06.01.2010

Damman

Damman, PK

Feldbrügge

Feldbrügge, PK

Dienststelle **Polizeipräsidium Münster** **Kriminalinspektion 4** **KK 45 (K- Wache)** **Friesenring 43** **48147 Münster**	Aktenzeichen **702000- 005499-10/7**
	Sammelaktenzeichen / Fallnummer
	Sachbearbeitung durch (Name, Dienstbezeichnung) **Kostner, KK**
Interne Weiterleitung an	Sachbearbeitung Telefon **0251/275-8755** / Fax **-8796**

Festnahmeanzeige

Festnahmezeit:

06.01.2010, 05.02 Uhr

Personengebundene Hinweise:

./.

Nachname: Kindoro	Beruf: Friseurin Vorname: Manolita Ekua
Geburtsdatum (TT.MM.JJJJ): 07.07.1981	Geburtsort: Mampong/Ghana
Geschlecht: weiblich	Familienstand: ledig
Wohn- oder Aufenthaltsort: 48153 Münster, Yorkring 12	Staatsangehörigkeit: ghanaisch

Tatbezeichnung:

vers. Totschlag

Tatort:

48153 Münster, Hanaring 77, Gaststätte „Härke- Eck"

Tatzeit:

06.01.2010, 02.20 Uhr

Geschädigt:

Eftherim, Selim Gujar, geb. 06.12.1975 Sialkot/Pakistan
48153 Münster, Hanaring 77

Grund der Festnahme/Sachbericht:

Die BES Kindoro ist dringend verdächtig, mit einem Messer mit 15 cm Klingenlänge unter billigender Inkaufnahme einer tödlichen Verletzung den GES Eftherim in den Rücken gestochen zu haben. Der GES erlitt eine nicht unerhebliche, stark blutende Verletzung.
Näheres siehe Strafanzeige.
Bei der durch PHMin Prittwitz durckgeführten körperlichen Durchsuchung der BES wurde in ihrer Hosentasche ein Päckchen mit ca. 2 g eine weißlichen Substanz gefunden und beschlagnahmt. Ein Drogenschnelltest ergab, dass es sich vermutlich um ein Kokaingemisch handelt.
Die BES macht keie Angaben.n

Weiter Bearbeitung erfolgt durch KI 1, KK 11.   *Fr. Seydlitz*

Münster, 06.01.2010   *He. 6/1*

Kostner

Kostner, KK

9

Dienststelle	Aktenzeichen
Polizeipräsidium Münster Direktion Gefahrenabwehr/ Einsatz Friesenring 43 48147 Münster	702000-00 **5499-10/755** Sammelaktenzeichen / Fallnummer Sachbearbeitung durch (Name, Amtsbezeichnung) KK Kostner Sachbearbeitung Telefon / Nebenstelle / Fax 0251/275-0 / -2196

Protokoll und Antrag zur Feststellung von

☒ Alkohol ☐ Drogen ☐ Medikamenten/anderen berauschenden Mitteln
☒ im Blut ☐ im Urin ☐ im Haar

Anlass
Ereignis/Delikt/Verletzte Bestimmung
Gefährliche Körperverletzung

Tatzeit am/Tatzeitraum von (Datum, Uhrzeit)
Mittwoch 06.01.2010 | 2:21 Uhr

Maßnahme(n)
Alkoholtest: 0,86 mg/l mit Dräger 6510 ☐ nicht durchgeführt ☐ verweigert
Drogentest: ☐ positiv ☐ negativ ☐ nicht durchgeführt ☐ verweigert
Anordnungszeit (Datum, Uhrzeit): 06.01.2010, 03:00 Uhr Anordnung durch: Kostner, KK
☒ 1 Blutentnahme ☐ 2 Blutentnahmen ☐ Urinprobe ☐ Haarprobe

Belehrung
☒ als Beschuldigte(r) nach ☐ als Zeugin/Zeuge nach
§ 163a Abs. 4, § 136 Abs. 1 S. 2-4 StPO § 52 Abs. 3, § 55 Abs. 2 i. V. m. § 81c StPO
☐ als Betroffene(r) nach § 55 OWiG ☐ nicht erfolgt, weil

Von der Maßnahme betroffene Person
Geschlecht: ☐ M ☒ W ☐ U
Name, Vorname(n), Geburtsjahr, ggf. Geburtsort/-kreis/-staat
Kindoro, Manolita, 1981, Mampong/Ghana

Angaben über Alkohol-/Medikamenten-/Drogenauf- bzw. einnahme
Auf-/Einnahme in den letzten 24 Stunden vor dem Vorfall (Datum, Zeitraum, Art und Menge, Ort (Wohnung, Gaststätte))
keine Angaben

Auf-/Einnahme nach dem Vorfall (Datum, Zeitraum, Art und Menge, Ort (Wohnung, Gaststätte))
stand unter ständiger Kontrolle. dazu befragt ☐ Ja ☒ Nein

Letzte Nahrungsaufnahme (Datum, Zeitraum, Art und Menge, Ort (Wohnung, Gaststätte))
keine Angaben

Bemerkungen

Platz für Klebezettel

Kindoro, Manolita 1981

Münster, 06.01.2010

Entnahmezeit: 06.01.10
03'05 Uhr

Die lose anhängende untere Ident-Nummer ist für das Gutachten bestimmt.

Untersuchungsergebnis und Rechnung an
Polizeipräsidium Münster Direktion Gefahrenabwehr/ Einsatz, Friesenring 43, 48147 Münster

Ärztlicher Bericht

Aktenzeichen: 702000-00 **5499-10/755**

Nicht mit Alkohol, Ether, Phenol, Lysol, Sagrotan, Jodtinktur oder anderen organischen Flüssigkeiten desinfizieren.

Personalien — Lfd. Nr. 001 — Geschlecht: ☐ M ☒ W ☐ U
Name, Vorname(n), Geburtstag: *Kindoro, Manolita, 1981*

Blutprobe
1. BE: 06.01.10, 02:05 Uhr, Kontrollnummer MS-25024, Blutröhrchen ☒ EtOH ☐ Drogen
2. BE: —, Uhr

☐ Urinprobe(n)
☐ Haarprobe(n)

Bei Leichen
Todeszeit: —, Uhr
Fäulniserscheinung: ☐ keine ☐ leicht ☐ stark

Befragung (a bis e bezogen auf die letzten 24 Stunden)
	Datum, Uhrzeit	Menge (ccm)		
☐ a Blutverlust	, Uhr		☐ Schock	☐ Erbrechen
☐ b Blutentnahme nach Narkose	, Uhr	Narkosemittel		
☐ c Transfusion	, Uhr	Menge		
☐ d Infusion	, Uhr	Art und Menge		
☐ e Medikamente oder Drogen	, Uhr	Art und Menge		

f Von dem jetzigen Vorfall unabhängige Krankheiten/Leiden ☐
☐ Diabetes ☐ Epilepsie ☐ Geisteskrankheit ☐ frühere Schädel-/Hirntraumen

Untersuchungsbefund
(Sollten Tests nicht durchführbar sein, so kann dies unter "Gesamteindruck" vermerkt werden)

Körpergewicht in kg: 55	☐ gewogen	☒ geschätzt	Körperlänge in cm: 160	☐ gemessen	☒ geschätzt
Konstitution		☐ hager	☒ mittel	☐ fettleibig	
Bestehende Verletzungen (auch Verdacht auf Schädelhirntrauma)	☐ ja				
Gang (geradeaus)	☒ sicher	☐ schwankend	☐ torkelnd	☐ schleppend	
Plötzliche Kehrtwendung (nach vorherigem Gehen)	☒ sicher			☐ unsicher	
Drehnystagmus	☒ feinschlägig	☐ grobschlägig	☒ Auslenkung schnell	☐ Auslenkung langsam	
Dauer in Sekunden: 15					
Finger-Finger-Prüfung	☐ sicher	☒ unsicher			
Finger-Nasen-Prüfung	☐ sicher	☒ unsicher			
Sprache	☒ deutlich	☐ verwaschen	☐ lallend		
Pupillen	☐ unauffällig	☒ stark erweitert		☐ stark verengt	
Pupillenlichtreaktion	☐ prompt	☒ verzögert	☐ fehlend		
Bewusstsein	☒ klar	☐ benommen	☐ bewusstlos	☐ verwirrt	
Störung der Orientierung	☐ ja	Art			
der Erinnerung an Vorfall	☐ ja				
Denkablauf	☐ geordnet	☒ sprunghaft	☐ perseverierend		
	☐ verworren				
Verhalten	☐ beherrscht	☒ redselig	☒ distanzlos	☐ abweisend	
	☐ aggressiv	☐ verlangsamt	☐ lethargisch		
Stimmung	☐ unauffällig	☐ depressiv	☐ euphorisch	☐ stumpf	
	☒ gereizt				
Äußerlicher Anschein des Einflusses von … bemerkbar	☒ Alkohol	☐ Drogen	☐ Medikamente	☐ nicht	
	☐ leicht	☒ deutlich	☐ stark	☐ sehr stark	

Gesamteindruck (z. B. Vortäuschung/Übertreibung/sonstige Auffälligkeiten):

Versicherung der Ärztin/des Arztes
Desinfektion der Haut erfolgte mit ☒ Lauryldimethylbenzilammoniumbromid ☐
Röhrchen und Protokoll sind in meiner Gegenwart mit gleichlautend nummerierten Klebezetteln versehen worden.

Ort, Datum: MÜNSTER

Unterschrift und Name der Ärztin/des Arztes

11

Dienststelle	Aktenzeichen	
Polizeipräsidium Münster **Kriminalinspektion 1** **KK 11** **Friesenring 43** **48147 Münster**	**702000- 005499-10/7**	
	Sammelaktenzeichen	Fallnummer
	Sachbearbeitung durch (Name, Dienstbezeichnung) **Seydlit, KOKinz**	
Interne Weiterleitung an	Sachbearbeitung Telefon **0251/275- 6311**	Fax **-6396**

Beschuldigtenvernehmung   Erwachsene   Ausländerin

Mir wurde eröffnet, welche Tat(en) mir zur Last gelegt wird/werden.

Stichwortartige, konkrete Angaben zum eröffneten Tatvorwurf
Tötungsversuch z.N. Selim Gujar Eftherim

Ich wurde darauf hingewiesen, dass es mir nach dem Gesetz freisteht, mich zu der Beschuldigung zu äußern oder nicht zur Sache auszusagen. Ich wurde auch darauf hingewiesen, dass es mir freisteht, auch schon vor dieser Vernehmung einen von mir zu wählenden Verteidiger zu befragen und dass ich zu meiner Entlastung einzelne Beweiserhebungen beantragen kann. Ferner wurde ich darauf hingewiesen, dass bei Fragen nach Vornamen, Familien-, Geburtsnamen, nach Tag und Ort der Geburt, nach dem Familienstand, dem Beruf, dem Wohnort, der Wohnung und der Staatsangehörigkeit die Pflicht zur vollständigen und richtigen Beantwortung besteht und die Verletzung dieser Pflicht nach § 111 Ordnungswidrigkeitengesetz mit Geldbuße bedroht ist.

Ich habe die Belehrung verstanden Datum, Uhrzeit der Belehrung **06.01.2010, 10.15 Uhr** *Kindoro*	Für die Richtigkeit der Übersetzung (falls erforderlich)	Belehrung erfolgt durch: *Seydlitz*
Unterschrift der/des Beschuldigten	Unterschrift Dolmetscher(in)	Unterschrift der/des Beamten

Name **Kindoro**	Akademische Grade/Titel
Geburtsname **Kindoro**	Vorname(n) **Manolita, Ekua**
Geschlecht **weiblich**	Geburtsdatum **07.07.1981**	Geburtsort/-kreis/-staat **Mampong / Ghana**
Familienstand **ledig**	ausgeübter Beruf	Staatsangehörigkeit(en) **ghanaisch**
Anschrift **48153 Münster, Centrum, Yorkring 12**	
Telefonische (z.B. privat, geschäftlich, mobil) und sonstige (z.B. per E-Mail) Erreichbarkeit **unbekannt**	
Ausweisdaten (Art, Nummer, Ausstellungsdatum, Ausstellungsbehörde) **Duldung, Nr. Q06856232, ausgest. 14.10.2009, Stadt Münster**	

12

Arbeitgeber (bei Angehörigen des öffentlichen Dienstes auch Anschrift der Dienststelle)

Einkommensverhältnisse
a) zur Zeit der Tat   b) gegenwärtig   c) erwerbslos/arbeitslos seit:
410 €/Monat Unterstützung

Name(n), Vorname(n) der Ehegattin/des Ehegattin, der Lebenspartnerin/des Lebenspartners, Wohnung bei abweichenden Wohnungen, Beruf

Kinder (Anzahl, Alter)

Pfleger(in)/Bewährungshelfer(in) (Name, Vorname, Beruf, Wohnung)

Schule (bei Studierenden auch Anschrift der Hochschule)

Familienverhältnisse (Anzahl der Geschwister/Alter, Eltern geschieden)

Noch zur Person (u.a. frühere Ermittlungsersuchen, Vorstrafen nach eigenen Angaben)
bereits kriminalpolizeilich in Erscheinung getreten
Vermerke

Ich habe die Belehrung verstanden. Ich will mich, bevor ich Angaben machen, mit meinem Rechtsanwalt beraten.

Geschlossen: für die Richtigkeit der Übersetzung   Selbst gelesen,
                (soweit erforderlich):   genehmigt
                                                             und unterschrieben:

Seydlitz   *Manolita Kindoro*

Seydlitz, KOKin   Unterschrift Dolmetscher(in)   Manolita Kindoro

Dienststelle	Aktenzeichen	
Polizeipräsidium Münster	**702000-005499-10/7**	
Kriminalinspektion 1	Sammelaktenzeichen	Fallnummer
KK 11		
Friesenring 43	Sachbearbeitung durch (Name, Dienstbezeichnung)	
48147 Münster	**Seydlitz, KOKin**	
Interne Weiterleitung an	Sachbearbeitung Telefon	Fax
	0251/275-6311	**-6396**

Beschuldigtenvernehmung   Erwachsene   Ausländerin

Mir wurde eröffnet, welche Tat(en) mir zur Last gelegt wird/werden.

Stichwortartige, konkrete Angaben zum eröffneten Tatvorwurf

Körperverletzung z.N. Paul Hammerstein

Ich wurde darauf hingewiesen, dass es mir nach dem Gesetz freisteht, mich zu der Beschuldigung zu äußern oder nicht zur Sache auszusagen. Ich wurde auch darauf hingewiesen, dass es mir freisteht, auch schon vor dieser Vernehmung einen von mir zu wählenden Verteidiger zu befragen und dass ich zu meiner Entlastung einzelne Beweiserhebungen beantragen kann. Ferner wurde ich darauf hingewiesen, dass bei Fragen nach Vornamen, Familien-, Geburtsnamen, nach Tag und Ort der Geburt, nach dem Familienstand, dem Beruf, dem Wohnort, der Wohnung und der Staatsangehörigkeit die Pflicht zur vollständigen und richtigen Beantwortung besteht und die Verletzung dieser Pflicht nach § 111 Ordnungswidrigkeitengesetz mit Geldbuße bedroht ist.

Ich habe die Belehrung verstanden	Für die Richtigkeit der Übersetzung (falls erforderlich)	Belehrung erfolgt durch:
Datum, Uhrzeit der Belehrung		
06.01.2010, 10.30 Uhr		
Schuler		*Seydlitz*
Unterschrift der/des Beschuldigten	Unterschrift Dolmetscher(in)	Unterschrift der/des Beamten

Name			Akademische Grade/Titel
Schuler			
Geburtsname		Vorname(n)	
Kobasi		**Eunice Ayena**	
Geschlecht	Geburtsdatum	Geburtsort/-kreis/-staat	
weiblich	**10.06.1972**	**Sunyani / Ghana**	
Familienstand	ausgeübter Beruf	Staatsangehörigkeit(en)	
verheiratet		**ghanaisch**	
Anschrift			
48317 Drensteinfurth, Marktstr. 44			
Telefonische (z.B. privat, geschäftlich, mobil) und sonstige (z.B. per E-Mail) Erreichbarkeit			
0174/35548812			
Ausweisdaten (Art, Nummer, Ausstellungsdatum, Ausstellungsbehörde)			
Aufenthaltsgestattung, Nr. A03887, ausgest. 09.04.2009, Landkreis Münster			

14

Arbeitgeber (bei Angehörigen des öffentlichen Dienstes auch Anschrift der Dienststelle)	
Einkommensverhältnisse a) zur Zeit der Tat b) gegenwärtig c) erwerbslos/arbeitslos seit: 1850 €/Monat (Ehemann)	
Name(n), Vorname(n) der Ehegattin/des Ehegattin, der Lebenspartnerin/des Lebenspartners, Wohnung bei abweichenden Wohnungen, Beruf	
Kinder (Anzahl, Alter) 1 Kind, 7 Jahre alt	
Pfleger(in)/Bewährungshelfer(in) (Name, Vorname, Beruf, Wohnung)	
Schule (bei Studierenden auch Anschrift der Hochschule)	
Familienverhältnisse (Anzahl der Geschwister/Alter, Eltern geschieden)	
Noch zur Person (u.a. frühere Ermittlungsersuchen, Vorstrafen nach eigenen Angaben) bereits kriminalpolizeilich in Erscheinung getreten	
Vermerke	

Ich habe die Belehrung verstanden. Ich will mich, bevor ich Angaben machen, mit meinem Rechtsanwalt beraten.

Geschlossen: für die Richtigkeit der Übersetzung   Selbst gelesen,
                             (soweit erforderlich):   genehmigt
                                                                                                     und unterschrieben:

Seydlitz   *Eunice Schuler*
───────────   ─────────────────────   ──────────────
Seydlitz, KOKin   Unterschrift Dolmetscher(in)   Eunice Schuler

Dienststelle	Aktenzeichen	
Polizeipräsidium Münster	**702000-005499-10/7**	
Kriminalinspektion 1	Sammelaktenzeichen	Fallnummer
KK 11		
Friesenring 43	Sachbearbeitung durch (Name, Dienstbezeichnung)	
48147 Münster	**Seydlitz, KOKin**	
Interne Weiterleitung an	Sachbearbeitung Telefon	Fax
	0251/275-6311	**-6396**

15

Vermerk

Der Vorgang wurde zur weiteren Überarbeitung zuständigkeitshalber in KK 11 übernommen. Die BES machen keine Angaben, siehe vorgeheftete Vernehmungen. Die BES Schuler wurde nach ihrer Vernehmung, da keine Haftgründe gegen sie vorliegen, entlassen.

Der GES/BES Eftherim ist nach Auskunft des EVK nach eingehender Untersuchung heute morgen auf eigenen Wunsch nach Hause entlassen worden. Er wurde zu Hause aufgesucht und unter Hinweis auf sein Auskunftsverweigerungsrecht befragt. Der GES/BES bestritt, die BES Kindoro geschlagen zu haben und wiederholte im Wesentlichen seine Angaben gegenüber dem Kollegen Damman. Er hat eine ca. 4 cm tiefe Stichwunde erlitten. Die Klinge sei nach Auskunft der Ärzte im EVK auf das Schulterblatt getroffen und dort abgerutscht. Die Wunde sei gesäubert, genäht und verbunden worden. Er müsse lediglich den rechten Arm schonen und sei für eine Woche krankgeschrieben, sonst aber nicht eingeschränkt. Mit dem GES/BES wurde ein Vernehmungstermin für kommenden Freitag abgesprochen.

Der Sachverhalt wurde gegen 11.00 Uhr mit dem Eildienst der Staatsanwaltschaft Münster, Frau StAin Gründermann, besprochen. Frau Gründermann beantragt auf diesem Wege den Erlass eines Haftbefehls gegen die BES Kindoro gemäß § 112 Abs. 3 StPO, ferner den Erlass eines Durchsuchungsbeschlusses für die Wohnung der BES, da auf Grund des Drogenfundes bei ihr die Vermutung bestehe, dass die BES dort weitere Rauschmittel aufbewahrt.

Seydlitz
Seydlitz, KOKin

> Amtsgericht Münster
> Eingegangen:
> 06. Januar 20 10

Amtsgericht
42 Gs 8/10

Münster, 06. Januar 2010

16

Gegenwärtig: RiAG Ormanns
als Richter

Justizbeschäftigte Hartmann
als Urkundsbeamtin der Geschäftsstelle

Strafsache

gegen: Manolita Kindoro, geb. 07. Juli 1981 in Mampong/Ghana, Yorkring 12, 48153 Münster, ledig, ghanaische Staatsangehörige

wegen: versuchten Totschlags

Es erschien vorgeführt durch KOKin Seydlitz und KK Müller die Beschuldigte sowie als Verteidiger RA Sören Goeben, Münster, Vollmacht überreichend.

Der Beschuldigten wurde der gegen ihn erhobene Vorwurf eröffnet. Ihr wurde ferner erklärt, welche Strafbestimmungen in Betracht kommen. Sie wurde auf die belastenden Umstände und darauf hingewiesen, dass es ihr nach dem Gesetz freistehe, sich zu der Beschuldigung zu äußern oder nicht zur Sache auszusagen. Ferner wurde sie darüber belehrt, dass sie zu ihrer Verteidigung einzelne Beweiserhebungen beantragen könne, sowie über ihr Recht die Untersuchung durch einen Arzt ihrer Wahl sowie die Benachrichtigung ihres Konsulats zu verlangen.

Sie erklärte:

"Ich kann der deutschen Sprache gut folgen und benötige keinen Dolmetscher. Zur Sache mache ich vorläufig noch keine Angaben.

Zu meiner Person kann ich ergänzend mitteilen, dass die Beschuldigte Eunice Schuler meine Tante ist und ich guten Kontakt zu ihr habe. Ich besuche tagsüber einen Förderkurs, um meinen Schulabschluss nachzumachen. Ich bin seit 3 Jahren in Deutschland und habe seit 9 Monaten eine eigene Wohnung.

Ich gehe nicht der Prostitution nach und habe das auch nie getan."

Kindoro

Der Verteidiger beantragte, den Haftbefehlsantrag der Staatsanwaltschaft zurück zu weisen, da kein dringender Tatverdacht eines Tötungsverbrechens bestehe. Hilfsweise beantrage er, einen zu erlassenden Haftbefehl außer Vollzug zu setzen.

Es wurden anliegende Beschlüsse verkündet. Die Beschuldigte wurde über die ihr zustehenden Rechtsbehelfe belehrt. Sie wurde ferner darüber belehrt, dass sie die Untersuchung durch einen Arzt verlangen können.

Die Beschuldigte verzichtete auf die Benachrichtigung einer konsularischen Vertretung. Die Benachrichtigung einer Vertrauensperson übernimmt die Verteidigung.

Aufnahmeersuchen an JVA Münster wurde erteilt.

Ormanns   *Hartmann*

Strafprozessvollmacht

**Rechtsanwalt
Sören Goeben**
Frauenstr. 45, 48143 Münster
Telefon: 0251-431110
Telefax: 0251-4311189

wird in der Bußgeldsache/ Strafsache/ Privatklagesache

Kindoro (Strafs.)

....

wegen *Totschlags*

....

Vollmacht zur Verteidigung und Vertretung, insbesondere auch in meiner Abwesenheit, in allen Instanzen erteilt. Der Verteidiger ist gemäß § 350 Absatz 1 StPO vom Hauptverhandlungstermin zu benachrichtigen.

Der Bevollmächtigte soll ausdrücklich ermächtigt sein:

1. Rechtsmittel einzulegen und zurückzunehmen sowie auf solche zu verzichten, Zustellungen und sonstige Mitteilungen aller Art, namentlich auch solche von Urteilen und Beschlüssen, mit rechtlicher Wirkung in Empfang zu nehmen
2. sich durch einen anderen vertreten zu lassen
3. zur Empfangnahme und Freigabe von Geld, Wertsachen, Urkunden und Sicherheiten, insbesondere des Streitgegenstandes, von Kautionen, Entschädigungen und der von der Justizkasse oder anderen Stellen zu erstattenden Kosten und notwendigen Auslagen
4. Strafanträge zu stellen und zurückzunehmen sowie die Zustimmung gemäß §§ 253 und 153 a StPO zu erteilen
5. Entschädigungsanträge nach dem StrEG zu stellen
6. Nebenklage zu erheben
7. zur Vertretung im Kostenfestsetzungsverfahren und zur Stellung der dazu erforderlichen Anträge
8. zur Vertretung in sämtlichen Strafvollzugsangelegenheiten

...., den ....

Kindoro
....

42 Gs 8/10   Münster, 06.Januar 2010

Amtsgericht Münster

Haftbefehl

In dem Ermittlungsverfahren

gegen: Manolita Kindoro, geb. 07. Juli 1981 in Mampong/Ghana,
           Yorkring 12, 48153 Münster, ledig, ghanaische Staatsangehörige

wegen: versuchten Totschlags u.a.

wird die Untersuchungshaft gegen die Beschuldigte angeordnet.

Sie ist dringend verdächtig, am 06. Januar 2010 in 48153 Münster, Hansaring 77, durch dieselbe Handlung

a) versucht zu haben, einen anderen Menschen zu töten,
b) einen anderen mittels eines gefährlichen Werkzeugs körperlich misshandelt und an der Gesundheit beschädigt zu haben,

indem sie

mit einem Küchenmesser unter billigender Inkaufnahme tödlicher Verletzungen dem Geschädigten Selim Gujar Eftherim in den Rücken stach und dabei eine ca. 4 cm tiefe Stichwunde verursachte.

Verbrechen und Vergehen nach §§ 212, 224 I Nr. 2, 22, 23, 52 StGB.

Der dringende Tatverdacht ergibt sich aus den Angaben der Zeugen Eftherim, Jäntschke sowie den polizeilichen Ermittlungen.

Es besteht der Haftgrund des § 112 III StPO, da der Verdacht eines Tötungsverbrechens besteht und Fluchtgefahr nicht auszuschließen ist, weil die Beschuldigte über keine hinreichend festen Bindungen in Deutschland verfügt und eine hohe Strafe zu erwarten hat.

Ormanns

(Ormanns), Richter am Amtsgericht

42 Gs 8/10		Münster, 06.Januar 2010

Amtsgericht Münster

Beschluss

In dem Ermittlungsverfahren

gegen: Manolita Kindoro, geb. 07. Juli 1981 in Mampong/Ghana, Yorkring 12, 48153 Münster, ledig, ghanaische Staatsangehörige

wegen: versuchten Totschlags u.a.

I. Gem. § 119 StPO wird angeordnet:

  1. Besuch:
  (x) a) Der Empfang von Besuchen bedarf der Erlaubnis.
  (x) b) Besuche sind optisch und akustisch zu überwachen.
  2. Telekommunikation:
  (x) a) Die Telekommunikation bedarf der Erlaubnis.
  (x) b) Die Telekommunikation ist zu überwachen.
  3. Schriftverkehr:
  (x) Der Schrift- und Paketverkehr ist zu überwachen.
  4. Übergabe von Gegenständen:
  (x) Die Übergabe von Gegenständen bedarf der Erlaubnis.
  5. Trennung/Unterbringung:
  (   ) D. Beschuldigte ist zu trennen von folgenden Mitbeschuldigten

  6. Fesselung:
  (   ) D. Beschuldigte ist bei Ausgang/Überstellung zu fesseln.
  7. Ausantwortung:
  (x) Die Ausantwortung[1] bedarf der Genehmigung.

II. Die Ausführung der Anordnungen gemäß Ziffer I. dieses Beschlusses wird widerruflich der Staatsanwaltschaft in Münster übertragen.

---

[1] Als Ausantwortung bezeichnet man die vorübergehende Übergabe eines Gefangenen an andere Behörden, z.B. die Polizei zwecks externer Vernehmung oder der Durchführung einer Gegenüberstellung.

20

Gründe:

Wegen des der Beschuldigten zur Last gelegenten Sachverhalts wird auf den Haftbefehl vom heutigen Tage Bezug genommen. Der Haftgrund der Fluchtgefahr ist nicht auszuschließen. Auch unter Berücksichtigung der Unschuldsvermutung und der schutzwürdigen Interessen der Beschuldigten sind die angeordneten Beschränkungen zur Abwehr aller Gefahren, denen durch die Anordnung der Untersuchungshaft begegnet wird, auch unter Berücksichtigung des Haftgrundes erforderlich und zumutbar. Die Anordnungen entsprechen dem Grundsatz der Verhältnismäßigkeit. Insbesondere die hohe Strafewartung macht es erforderlich, die angeordneten Beschränkungen zu treffen.

Der Verkehr der Beschuldigten mit dem Personenkreis gemäß § 119 Abs. 4 Sätze 1 und 2 (insb. Verteidiger) bleibt unberührt. Die Überprüfung, ob die Voraussetzungen vorliegen, erfolgt durch die zuständige Stelle.

Die Übertragung der Anordnungen auf die Staatsanwaltschaft gemäß § 119 Abs. 2 Satz 2 StPO dient der Beschleunigung. Im Übrigen verfügt die Staatsanwaltschaft als Herrin des Ermittlungsverfahrens zeitnah über ein größeres Wissen, um über die Erforderlichkeit der einzelnen Maßnahmen entscheiden zu können. Nur sie kann sich zur Durchführung der Beschränkungen ihrer Ermittlungspersonen und der jeweiligen Vollzugsanstalt bedienen, was ebenfalls der Beschleunigung der Durchführung der Beschränkungen dient.

Ormanns

(Ormanns), Richter am Amtsgericht

42 Gs 9/10

Münster, 09.Januar 2008

21

Amtsgericht Münster

Beschluss

In dem Ermittlungsverfahren

gegen: Manolita Kindoro, geb. 07. Juli 1981 in Mampong/Ghana,
Yorkring 12, 48153 Münster, ledig, ghanaische Staatsangehörige

wegen: versuchten Totschlags u.a.

wird gemäß der §§ 102, 103, 105 StPO die Durchsuchung der Wohnung der Beschuldigten angeordnet. Die Durchsuchung dient der Auffindung von Beweismitteln, insbesondere von Rauschgift. Die genannten Gegenstände können als Beweismittel von Bedeutung sein und der Einziehung unterliegen. Auf Grund des Auffindens von mutmaßlichem Kokain im Besitz der Beschuldigten ist zu vermuten, dass die Durchsuchung zum Aufführen weiterer Rauschmittel führen wird.

Münster, 06.Januar 2010

Ormanns

(Ormanns), Richter am Amtsgericht

U/g.

1) HB zur Sammlung

Eingegangen:
7. Januar 2010
Staatsanwaltschaft Münster
Anlagen: Bd(e)

2) Ausf.
Durchsuchungsbeschluss an
PP Münster, Frau Seydlitz

3) Vorgang an StA

Or, 6/1

Staatsanwaltschaft   Münster, 08.01.10
62 Js 3780 / 10

Eilt! Haft!
Vfg.

1) Js-Sache gegen

    a) Kindoro (Bl. 2) wegen vers. Totschlags

    b) Schuler (Bl. 2) wegen Körperverletzung

    c) Eftherim (Bl. 1) wegen Körperverletzung

2) Mitteilung des Aktenzeichens an   zu .2 ab 8.1.

    a) AG Münster zu 42 Gs 8/10

    b) JVA Münster (bzgl. Manolita Kindoro, geb. 07.07.1981)

3) Gesamten Vorgang einschließlich dieser Vfg. einmal ablichten.

4) Aus Ablichtungen zu Ziff. 3) Haftsonderheft anlegen, dabei bisherige Blattzahlen beibehalten.

5) U. m. A.

        der Polizeibehörde Münster

mit der Bitte übersandt, die Ermittlungen beschleunigt fortzusetzen, insb. neben der Vollstreckung des Durchsuchungsbeschlusses den Besch. Eftherim sowie die Tatzeugen zu vernehmen. Über die Verletzungen ist möglichst ein Attest beizuziehen.

6) Wv. 10.02.

Kollmann

Kollmann, StA

Eingegangen:
11. Januar 2010
Polizeipräsidium Münster
Sachbearbeiter: Seydlitz, KK 12

23

Dienststelle	Aktenzeichen
Polizeipräsidium Münster	**702000-005499-10/7**
Kriminalinspektion 1	Sammelaktenzeichen / Fallnummer
KK 11	Sachbearbeitung durch (Name, Dienstbezeichnung)
Friesenring 43	**Seydlitz, KOKin**
48147 Münster	
Interne Weiterleitung an	Sachbearbeitung Telefon **0251/275-6311** / Fax **-6396**

Bericht

Im Anschluss an die Vorführung beim Haftrichter erhielt Unterzeichnerin die Ausfertigungen des Durchsuchungsbeschlusses für die Wohnung der BES Kindoro, der mit KK Müller am gestrigen Tag gegen 15.30 Uhr in Begleitung von Stadtinspektor Schmied vom Bürgeramt 2 der Stadt Münster als Zeugen sowie eines Drogenspürhundes des Hauptzollamtes Münster in Begleitung von ZHS Witte vollzogen wurde. Die BES hatte die zugehörigen Schlüssel freiwillig ausgehändigt. Die Wohnung der Beschuldigten befindet sich am Yorkring 12 in einem 4- geschossigen Mehrfamilienhaus. Am Klingelschild sind insgesamt 12 Parteien verzeichnet, darunter für die Wohnung im 3. OG links der Name Kindoro. Nach Betreten des Treppenhauses gelangten wir im 3. OG zur Tür der BES, die umgeschlossen war und sich mit Hilfe der ausgehändigten Schlüssel problemlos öffnen ließ. Es handelt sich um eine ca. 35 qm große Einzimmerwohnung mit Flur, WC/Duschbad und Küche sowie einem kl. Abstellraum. Sämtliche Zimmer sind spärlich eingerichtet und machten einen unaufgeräumten, aber insgesamt sauberen Eindruck Auffälligkeiten wurden nicht festgestellt.

Zur Wohnung gehört ein Kellerverschlag mit der Nr. 13., in welchem sich lediglich 2 Koffer mit Kleidung befanden.

Die Suche nach Rauschmitteln verlief in Wohnung und Kellerbereich negativ. Auch der Einsatz des Drogenspürhundes erbrachte keine Hinweise auf mögliche Drogenverstecke. Der Einsatz wurde gegen 17.30 Uhr beendet. Die Wohnung wurde verschlossen hinterlassen und die Schlüssel wurden heute im Büro des Verteidigers hinterlegt.

Münster, 07.01.10

Seydlitz
Seydlitz, KOKin

24

Dienststelle	Aktenzeichen
Polizeipräsidium Münster **Kriminalinspektion 1** **KK 11** **Friesenring 43** **48147 Münster**	**702000-005499-10/7**

	Sammelaktenzeichen	Fallnummer

	Sachbearbeitung durch (Name, Dienstbezeichnung)
	Seydlitz, KOKin

Interne Weiterleitung an	Sachbearbeitung Telefon	Fax
	0251/275-6311	**-6396**

Beschuldigtenvernehmung   Erwachsene   Ausländerin

Mir wurde eröffnet, welche Tat(en) mir zur Last gelegt wird/werden.

Stichwortartige, konkrete Angaben zum eröffneten Tatvorwurf

Körperverletzung z.N. Kindoro

Ich wurde darauf hingewiesen, dass es mir nach dem Gesetz freisteht, mich zu der Beschuldigung zu äußern oder nicht zur Sache auszusagen. Ich wurde auch darauf hingewiesen, dass es mir freisteht, auch schon vor dieser Vernehmung einen von mir zu wählenden Verteidiger zu befragen und dass ich zu meiner Entlastung einzelne Beweiserhebungen beantragen kann. Ferner wurde ich darauf hingewiesen, dass bei Fragen nach Vornamen, Familien-, Geburtsnamen, nach Tag und Ort der Geburt, nach dem Familienstand, dem Beruf, dem Wohnort, der Wohnung und der Staatsangehörigkeit die Pflicht zur vollständigen und richtigen Beantwortung besteht und die Verletzung dieser Pflicht nach § 111 Ordnungswidrigkeitengesetz mit Geldbuße bedroht ist.

Ich habe die Belehrung verstanden Datum, Uhrzeit der Belehrung **08.01.2010, 9.10 Uhr** *Eftherim*	Für die Richtigkeit der Übersetzung (falls erforderlich)	Belehrung erfolgt durch: *Seydlitz*
Unterschrift der/des Beschuldigten	Unterschrift Dolmetscher(in)	Unterschrift der/des Beamten

Name **Eftherim**	Akademische Grade/Titel

Geburtsname **Eftherim**	Vorname(n) **Selim Gujar**	
Geschlecht **männlich**	Geburtsdatum **06.12.1975**	Geburtsort/-kreis/-staat **Sialkot / Pakistan**
Familienstand **verheiratet**	ausgeübter Beruf **Gastwirt**	Staatsangehörigkeit(en) **pakistanisch**

Anschrift
48153 Münster, Hansaring 77

Telefonische (z.B. privat, geschäftlich, mobil) und sonstige (z.B. per E-Mail) Erreichbarkeit
0175/7834586 (mobil) oder 0251/884636 (privat)

Ausweisdaten (Art, Nummer, Ausstellungsdatum, Ausstellungsbehörde)
Aufenthaltsgestattung Nr. A04656911, ausgest. 19.08.2007, Stadt Münster

Arbeitgeber (bei Angehörigen des öffentlichen Dienstes auch Anschrift der Dienststelle)

Einkommensverhältnisse
a) zur Zeit der Tat   b) gegenwärtig   c) erwerbslos/arbeitslos seit:
ca. 1.500 €/Monat

Name(n), Vorname(n) der Ehegattin/des Ehegatten, der Lebenspartnerin/des Lebenspartners, Wohnung bei abweichenden Wohnungen, Beruf	
Azaga Eftherim, geb. Asajan, geb. 12.11.1982 in Sargodha/Pakistan	
Kinder (Anzahl, Alter)	
-	
Pfleger(in)/Bewährungshelfer(in) (Name, Vorname, Beruf, Wohnung)	
Schule (bei Studierenden auch Anschrift der Hochschule)	
9. Klasse in Pakistan	
Familienverhältnisse (Anzahl der Geschwister/Alter, Eltern geschieden)	
Noch zur Person (u.a. frühere Ermittlungsersuchen, Vorstrafen nach eigenen Angaben)	
nach eigenen Angaben keine Vorstrafen	

Da ich die deutsche Sprache nicht sehr gut spreche, habe ich zur Übersetzung meinen Freund Zaheer Rajnabad, geb. 11.04.1978 in Münster, mitgebracht, der bei Bedarf übersetzen kann. Ich habe die Belehrung verstanden.
Ich will mich zur Sache äußern.

Mir wird hier mitgeteilt, was Frau Kindoro am Vorfallstag gesagt hat. Ich kann dazu nur sagen, dass das gelogen ist. Ich kenne diese Frau als Kundin in meiner Dönerbude oder der Kneipe nebenan. Mehr weiß ich von der Frau nicht, ich kenne sie nur vom Sehen her. Ihren Namen habe ich erst hier erfahren. Die Begleitung von Frau Kindoro kenne ich auch nur vom Sehen her.

Wenn die Frau Kindoro sagt, ich hätte eine intime Beziehung zu ihr gehabt, so ist das auch nicht wahr.

An dem besagten Abend hat sich folgendes abgespielt. Ich war in meiner Dönerbude und habe dort einen Mann bedient, der einen Döner bestellt hatte.

Dann kamen die beiden farbigen Frauen in die Dönerbude rein und sprachen den Mann an. Ich sah, dass der Mann der kleineren der beiden Frauen 30 Euro gab, und zwar einen 10 Euro-Schein und einen 20 Euro-Schein. Dann stellten sich die beiden Frauen wieder etwas abseits von dem Mann.

Der Mann zahlte bei mir seinen Döner und machte mir durch Gestik (Finger vor den Mund) deutlich, dass er die Dönerbude heimlich verlassen wollte. Offensichtlich wollte er mit den beiden Frauen keinen Kontakt bekommen. Warum der ihnen vorher Geld gegeben hatte, kann ich nicht sagen. Vielleicht hat er einfach Angst bekommen.

Der Mann verließ die Dönerbude und stieg direkt in ein Taxi ein.

Weil mir das Verhalten der Frauen nicht gefiel und ich nicht wollte, dass diese auch andere Gäste belästigen, habe ich die beiden Frauen aufgefordert, die Dönerbude zu verlassen. Die Frauen haben mich sehr wohl verstanden, sie wollten aber nicht gehen. Weil die beiden Frauen auch stark betrunken waren, habe ich gesagt, dass ich die Polizei rufen werde.

Das Telefon ist in dem Kneipenbereich, für den Frau Popp zuständig ist. Die Kneipe und die Dönerbude sind räumlich miteinander verbunden. Ich begab mich in den Kneipenbereich, um in die Küche dort zu gehen. Ich wollte dort warten, bis die Polizei kommt, die Frau Popp schon angerufen hatte.

26

Um in die Küche zu kommen, muss ich hinter die Theke der Kneipe. Von hinten bemerkte ich plötzlich, wie eine Flasche nach mir geworfen wurde. Die Flasche traf mich aber nicht, sondern fiel in ein Glasregal. Ich ging weiter und drehte mich leicht um, auf weitere Angriffe gefasst. Ich sah, dass die kleinere Frau (Kindoro) ein 0,5 l Henkelbierglas nahm und nach mir warf. Ich duckte mich und das Glas ging wiederum ins Regal und beschädigte dort fast alle Gläser. Ich war ziemlich geschockt und lief weiter Richtung Küche. Die kleinere Frau lief hinter mir her, hinter die Kneipentheke. Plötzlich fühlte ich einen Schmerz in der rechten Schulter. Ich dachte zunächst, die Frau hätte nach mir geschlagen. Als ich mich umdrehte, sah ich aber, wie sie ein Messer auf den Tresen legte und nach einer Flasche griff, um wieder nach mir zu schlagen. Ein Gast, der an der Theke war, konnte sie davon abhalten und drängte sie nach draußen.

Ich bemerkte, dass ich aus der Schulter blutete. Ich setzte mich auf einen Stuhl und bat Frau Popp, meine Frau anzurufen. Was dann geschah, weiß ich nicht mehr. Dann war plötzlich ein Krankenwagen und Polizei da. Ich habe den Beamten kurz erzählt, was geschehen war. Danach kam ich ins Evangelische Krankenhaus.

Dort stellten die Ärzte fest, dass ich einen Messerstich im linken Schulterblatt hatte, der sechs cm lang war. Die Wunde wurde versorgt und genäht. Ich habe jetzt fast keine Beschwerden mehr. In der nächsten Woche sollen die Fäden gezogen werden.

Ein Attest über die Verletzungen habe ich mitgebracht und reiche es zu den Akten. Wegen der erlittenen Verletzungen stelle ich Strafantrag gegen Frau Kindoro.

Ich möchte noch sagen, dass die größere Frau mir mit der Mafia gedroht hatte, als ich die beiden bat, meine Dönerbude zu verlassen. Sie sagten mir, dass sie mich auch umbringen lassen könnten, ohne dass die Polizei etwas dagegen tun könne. Das klang schon sehr ernst gemeint.

Ich möchte abschließend sagen, dass ich keine der Frauen angegriffen habe, ich habe mich noch nicht einmal gewehrt. Ich hatte schon einen ziemlichen Schock und auch Angst.

Ich habe lediglich von meinem Recht Gebrauch gemacht, die Frauen aus der Dönerbude zu verweisen, deshalb wurden die wütend.

Mehr kann ich in der Sache nicht sagen.

Das Merkblatt über meine Rechte als Verletzter in einem Strafverfahren wurde mir ausgehändigt.

Ende der Beschuldigtenvernehmung (Datum, Uhrzeit)
08.01.10, 11.00 Uhr

Geschlossen: für die Richtigkeit der Übersetzung (soweit erforderlich):   Selbst gelesen, genehmigt und unterschrieben:

Seydlitz   *Zaheer Rajnabad*   *Selim Eftherim*

Seydlitz, KOKin   Unterschrift Dolmetscher(in)   Selim Eftherim

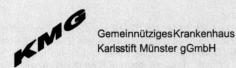

Gemeinnütziges Krankenhaus
Karlsstift Münster gGmbH

27

Ärztlicher Bericht

Herr Selim Eftherim, geb. 6.12.1975, wurde am 06.01.2010 gegen 02.50 Uhr per RTW der Feuerwehr Münster eingeliefert und zunächst in der Notfallambulanz behandelt. Es wurde mitgeteilt, Herr Eftherim sei bei einer Messerstecherei am Rücken verletzt worden.

<u>Diagnose</u>: Stichverletzung rechts dorsal in Höhe der Skapula, ohne knöcherne Beteiligung, ca. 0,5 cm tief mit Längsausdehnung von ca. 6 cm. Keine Gefäß- und Nervenbeteiligung.

<u>Therapie</u>: Säuberung, Desinfektion und Nahtverschluss der glatten Wundränder, Vakzinierung gegen Tetanus.

Herr Eftherim wurde um 09.00 Uhr entlassen. Weitere Therapie: Schonung re. Arm. Wiedervorstellung zum Fädenziehen in 7 Tagen.

Münster, 07.01.2010

Müller

Dr. M. Müller

Dienststelle	Aktenzeichen	
Polizeipräsidium Münster **Kriminalinspektion 1** **KK 11** **Friesenring 43** **48147 Münster**	**702000-005499-10/7**	
	Sammelaktenzeichen	Fallnummer
	Sachbearbeitung durch (Name, Dienstbezeichnung) **Seydlitz, KOKin**	
Interne Weiterleitung an	Sachbearbeitung Telefon **0251/275-6311**	Fax **-6396**

28

Zeugenvernehmung

Beginn der Vernehmung (Datum, Uhrzeit)	Ort der Vernehmung
13.01.2010, 12:59 Uhr	Münster

Mir wurde eröffnet, zu welcher Sache ich gehört werden soll. Ich bin darauf hingewiesen worden, dass bei Fragen nach Vornamen, Familien -,
Geburtsnamen, nach Tag und Ort der Geburt, nach dem Familienstand, dem Beruf, dem Wohnort, der Wohnung und der Staatsangehörigkeit die Pflicht zur vollständigen und richtigen Beantwortung besteht und die Verletzung dieser Pflicht nach § 111 Ordnungswidrigkeitengesetz mit Geldbuße bedroht ist.

Personalien	**Lfd. Nr. 001**	
Name Hammerstein		Akademische Grade/Titel
Geburtsname Hammerstein	Vorname(n) Paul, Christoph	
Geschlecht männlich	Geburtsdatum 22.12.1965	Geburtsort/-kreis/-staat Mettingen / Steinfurt
Familienstand geschieden	ausgeübter Beruf techn. Sterilisationsassistent	Staatsangehörigkeit(en) deutsch
Anschrift 48147 Münster, Wienburgstr. 12a		
Telefonische (z.B. privat, geschäftlich, mobil) und sonstige (z.B. per E-Mail) Erreichbarkeit 0178/6755998 (mobil) oder 0251/554221 (privat)		
Gesetzliche Vertreter (freiwillige Angabe; Name, Anschrift)		

Ich bin gemäß § 52 Abs. 1 Strafprozessordnung (StPO) darüber belehrt worden, dass ich ein Zeugnisverweigerungsrecht habe, wenn ich mit einer oder einem der Beschuldigten/Betroffenen verlobt, verheiratet, in gerader Linie verwandt oder verschwägert, in der Seitenlinie bis zum dritten Grad verwandt oder bis zum zweiten Grad verschwägert bin oder war oder eine Lebenspartnerschaft besteht oder bestand. Ebenso bin ich gemäß § 55 Abs. 1 StPO darüber belehrt worden, dass ich das Recht habe, die Auskunft auf solche Fragen zu verweigern, deren Beantwortung für mich selbst oder eine(n) der in § 52 Abs. 1 StPO bezeichneten Angehörige(n) die Gefahr nach sich ziehen würde, wegen einer Straftat oder Ordnungswidrigkeit verfolgt zu werden. Außerdem kann ich den Verzicht auf das Verweigerungsrecht auch während der Vernehmung widerrufen.

Ich bin/war mit der/dem Betroffenen/Beschuldigten

[X] nicht verheiratet, in Lebenspartnerschaft lebend, verlobt, geschieden, verwandt, verschwägert oder kein Versprechen eingegangen, eine Lebenspartnerschaft zu begründen.

[ ] verheiratet, in Lebenspartnerschaft lebend, verlobt, geschieden, verwandt, verschwägert oder kein Versprechen eingegangen, eine Lebenspartnerschaft zu begründen.

Sie/Er ist/war mein(e)

Zur Sache:

Mit mir wurde der Sachverhalt besprochen. Ich kann dazu folgende Angaben machen:

Ich befand mich zum Tatzeitpunkt als Gast in der Gaststätte. Ich habe dort gedartet, direkt neben der Theke.

Ich habe mitbekommen, dass es in der benachbarten Dönerbude zu Streitigkeiten gekommen ist, es war lautstark zu hören. Wer beteiligt war, konnte ich anhand der Stimmen nicht erkennen.

Dann kam plötzlich der Herr Eftherim um die Ecke gerannt, er kam also aus der Dönerbude, und lief hinter die Theke. Das ist auch soweit in Ordnung, weil er der Pächter oder Eigentümer der Gaststätte und der Dönerbude ist.

Er flüchtete vor zwei Frauen, die mir namentlich nicht bekannt sind. Ich kenne sie aber als Prostituierte in Münster. Ich habe auch gesehen, dass beide „Damen" zuvor in einem Bereich zwischen den beiden Lokalitäten mit einem Mann gesessen haben. Offensichtlich frönten sie dort ihrem „Geschäft". Im Nachhinein habe ich erfahren, dass dieses der Grund war, warum Herr Eftherim sie der Örtlichkeit verwiesen hatte.

Ich schaute mich um und sah, dass die kleine Frau, eine Schwarzafrikanerin, bereits auch schon hinter der Theke war. Ihr folgte die andere Frau, sie war etwas korpulenter.

Weil ich den Eindruck hatte, dass hier etwas eskalieren konnte, habe ich die korpulentere Frau zurückgehalten und stellte mich ihr in den Weg, damit sie nicht hinter die Theke kommen konnte. Ich bat sie, mit nach draußen zu kommen, um frische Luft zu schnappen. Sie ging auch willig mit, war mir gegenüber nicht aggressiv, jedenfalls am Anfang nicht.

Als wir draußen waren, wollte sie wieder rein mit den Worten „sie müsse ihre Freundin beschützen". Ich sagte, dass wir doch warten könnten, sie werde bestimmt gleich rauskommen.

Dann ging alles ganz schnell, sie griff mich an. Ich kann das gar nicht alles beschreiben. Sie biss mich mehrfach in den Arm und hinter dem Ohr. Dann schlug sie auf mein rechtes Auge, mit der Faust. Ich war so geschockt, dass ich nicht in der Lage war, mich zu wehren. Ich stürzte sogar zu Boden. Letztendlich bekam ich Hilfe von anderen, wer mir geholfen hat, kann ich gar nicht sagen.

Ich lief in die Gaststätte zurück, um mich vor weiteren Angriffen zu schützen. Sie kam hinterher, ergriff einen dortigen Barhocker und warf diesen nach mir. Ich stand zu diesem Zeitpunkt an der Theke, der Hocker konnte durch Herrn Jäntschke abgefangen werden.

Dann war plötzlich die Polizei vor Ort. Was innerhalb der Gaststätte geschehen ist, kann ich nicht sagen.

Ich habe von der Sache ein blaues Auge und mehrere Bisswunden davongetragen, einen Arzt musste ich aber nicht aufsuchen.

30

Ich stelle Strafantrag hinsichtlich aller in Frage kommenden Fälle.
Das Merkblatt über meine Rechte als Verletzter in einem Strafverfahren wurde mir ausgehändigt.

Ende der Vernehmung (Datum, Uhrzeit)
13.01.10, 13.22 Uhr

Geschlossen: Selbst gelesen, genehmigt
                                                                              und unterschrieben:

Seydlitz   *Hammerstein, Paul*

―――――――   ―――――――
Seydlitz, KOKin   Paul Hammerstein

31

Dienststelle	Aktenzeichen
Polizeipräsidium Münster	**702000-005499-10/7**
Kriminalinspektion 1	Sammelaktenzeichen / Fallnummer
KK 11	Sachbearbeitung durch (Name, Dienstbezeichnung)
Friesenring 43	**Seydlitz, KOKin**
48147 Münster	
Interne Weiterleitung an	Sachbearbeitung Telefon **0251/275-6311** / Fax **-6396**

Zeugenvernehmung

Beginn der Vernehmung (Datum, Uhrzeit)	Ort der Vernehmung
13.01.2010, 14:02 Uhr	Münster

Mir wurde eröffnet, zu welcher Sache ich gehört werden soll. Ich bin darauf hingewiesen worden, dass bei Fragen nach Vornamen, Familien -, Geburtsnamen, nach Tag und Ort der Geburt, nach dem Familienstand, dem Beruf, dem Wohnort, der Wohnung und der Staatsangehörigkeit die Pflicht zur vollständigen und richtigen Beantwortung besteht und die Verletzung dieser Pflicht nach § 111 Ordnungswidrigkeitengesetz mit Geldbuße bedroht ist.

Personalien — Lfd. Nr. 002

Name	Akademische Grade/Titel
Jäntschke	
Geburtsname	Vorname(n)
Jäntschke	Hauke
Geschlecht	Geburtsdatum	Geburtsort/-kreis/-staat
männlich	03.10.1969	Münster
Familienstand	ausgeübter Beruf	Staatsangehörigkeit(en)
ledig	Kraftfahrer	deutsch

Anschrift: 48268 Greven, Gerhard-Hauptmann-Str. 12

Telefonische (z.B. privat, geschäftlich, mobil) und sonstige (z.B. per EMail) Erreichbarkeit: 0160/96653321 (mobil)

Gesetzliche Vertreter (freiwillige Angabe; Name, Anschrift):

Ich bin gemäß § 52 Abs. 1 Strafprozessordnung (StPO) darüber belehrt worden, dass ich ein Zeugnisverweigerungsrecht habe, wenn ich mit einer oder einem der Beschuldigten/Betroffenen verlobt, verheiratet, in gerader Linie verwandt oder verschwägert, in der Seitenlinie bis zum dritten Grad verwandt oder bis zum zweiten Grad verschwägert bin oder war oder eine Lebenspartnerschaft besteht oder bestand. Ebenso bin ich gemäß § 55 Abs. 1 StPO darüber belehrt worden, dass ich das Recht habe, die Auskunft auf solche Fragen zu verweigern, deren Beantwortung für mich selbst oder eine(n) der in § 52 Abs. 1 StPO bezeichneten(n) Angehörige(n) die Gefahr nach sich ziehen würde, wegen einer Straftat oder Ordnungswidrigkeit verfolgt zu werden. Außerdem kann ich den Verzicht auf das Verweigerungsrecht auch während der Vernehmung widerrufen.

Ich bin/war mit der/dem Betroffenen/Beschuldigten

[X] nicht verheiratet, in Lebenspartnerschaft lebend, verlobt, geschieden, verwandt, verschwägert oder kein Versprechen eingegangen, eine Lebenspartnerschaft zu begründen.

[ ] verheiratet, in Lebenspartnerschaft lebend, verlobt, geschieden, verwandt, verschwägert oder kein Versprechen eingegangen, eine Lebenspartnerschaft zu begründen.

Sie/Er ist/war mein(e)

Zur Sache:

Mit mir wurde der Sachverhalt besprochen. Ich kann dazu folgende Angaben machen:
Ich helfe gelegentlich in der Gaststätte aus. So auch an dem fraglichen Abend. In der Dönerbude gab es offenbar einen Streit. Als der Mitarbeiter der Dönerbude, Herr Eftherim, dann in Richtung Küche ging, musste er unweigerlich an der Theke hinten durch, aber im selben Moment lief ihm eine kleine Frau hinterher und wollte ihn von hinten attackieren. Ich war zum Zeitpunkt dieser Attacke am Spülbecken unmittelbar am Durchgang zur Küche, um Gläser zu spülen. Als ich sah, dass die kleinere Frau voller Wut angerannt kam und den Mitarbeiter angreifen wollte, rief ich ihm zu, dass er gleich angegriffen wird. Da schlug sie schon von hinten auf ihn ein. Dann ergriff die Frau ein herumliegendes Küchenmesser und stach dem Mitarbeiter einmal in den Rücken. Sie war dann wohl selbst etwas erschrocken, denn sie legte das Messer gleich wieder auf die Theke und lief zu dem kleinen runden Tisch am Eingangsbereich und nahm die Colaflasche, die da stand, und warf sie Richtung Theke und traf voll das Regal mit Gläsern. Sie war völlig wütend über sich selbst, weil sie den Mitarbeiter treffen wollte.
Nun kam ihre Freundin auch noch dazu und wollte sich mit einmischen, darauf stellte ich mich vor ihr hin und erteilte ihr Hausverbot.
Das nahm die kleinere Frau als Angriff auf ihre Freundin und ging an einen Tisch, wo ein älterer Mann saß, der am Essen war und einen halben Liter Bier im Glas stehen hatte. Dieses Glas ergriff die kleinere Frau und warf es wiederum in Richtung des Mitarbeiters und verfehlte ihn erneut, aber wiederum traf sie das Regal mit den Gläsern. Als sie merkte, dass sie wieder nicht den Mitarbeiter getroffen hatte, nahm sie nun einen Hocker aus dem Gaststättenbereich. Alle haben mittlerweile auf sie eingeredet, dass sie es sein lassen sollte. In dem Moment nahm sie einen zweiten Hocker und wollte ihn auch noch werfen, aber beim Hochreißen, muss sie sich wohl verletzt haben, weil ihre Kräfte schwanden. In diesem Moment ergriffen wir die Chance und nahmen sie unter die Arme und begleiteten sie vor die Tür. Aber keiner der Mitarbeiter oder anwesenden Gäste hat zu irgendeinem Zeitpunkt körperlichen Einsatz gezeigt bzw. sie geschlagen.
Ein Gast hatte ihre Freundin nach draußen begleitet, aber auch das ist fehlgeschlagen, auch er musste sich Schläge und Bisse gefallen lassen. Er trug leichte bis mittlere Verletzungen davon. Irgendwann waren dann auch die Polizeibeamten gekommen, weil zum Glück ein Taxifahrer die Polizei gerufen hatte.
Herr Eftherim blutete recht stark, aber er schien nicht sehr schwer verletzt zu sein, wie die Männer vom Krankenwagen uns sagten. Inzwischen ist er auch wieder im Döner tätig.
Im Lokal ist erheblicher Sachschaden entstanden. Wie hoch, das müssten Sie die Chefin des Gastronomiebereichs fragen. In der Dönerbude selbst ist wohl nichts zu Bruch gegangen.
Ich selbst habe keine Verletzungen erlitten und stelle daher auch keinen Strafantrag.

Ende der Vernehmung (Datum, Uhrzeit)
13.01.10, 13.22 Uhr

Geschlossen:

Seydlitz

Seydlitz, KOKin

Selbst gelesen, genehmigt und unterschrieben:

Hauke Jäntschke

Hauke Jäntschke

Universitätsklinikum Münster
Institut für Rechtsmedizin

48148 Münster, 06.01.10
Röntgenstr. 23
Telefon: (0251) 83-5 51 51

33

An

Polizeipräsidium Münster
KK 45
48100 Münster

Blutalkoholbefund

Tag der Untersuchung: 06.01.10

Personal-Angaben:

143/10 Kindoro, Manolita

Zeit-Angaben:
1. Trink-Ende vor dem Vorfall:
2. Vorfallszeit: 06.01.10 02.21
3. Entnahmezeit:
   1. Blutprobe 3:05 Uhr   2. Blutprobe   Uhr

Kindoro, Manolita, 1981   Keine

Ms-Nr.: 25024   vom
Name,   on der
Vom.:   nach unten

Entnahmezeit: 06.01.10
03.05 Uhr

1. 25025   2.

Untersuchungsergebnis:

Der für die Beurteilung maßgebliche Mittelwert aus mehrfachen Einzelanalysen lautet:

1	03:05	Uhr	2,08	‰	2		Uhr		‰

Die mitgeteilte Blutalkoholkonzentration gilt für den Zeitpunkt der Blutentnahme.
Die Untersuchung erfolgte nach den Richtlinien für die forensische Blutalkoholbestimmung (2 x ADH, 2 x GC). Das Institut für Rechtsmedizin hat erfolgreich an Ringversuchen zur Blutalkoholbestimmung teilgenommen.
Rückrechnung und abschließende Beurteilung (Verkehrstauglichkeit, strafrechtliche Verantwortlichkeit) ist in jedem Falle nur nach Kenntnis des Ergebnisses der Beweisaufnahme möglich.

Für diesen Befund

Wellinghoff
(Dr. Wellinghoff)

34

Dienststelle	Aktenzeichen	
Polizeipräsidium Münster **Kriminalinspektion 1** **KK 11** **Friesenring 43** **48147 Münster**	**702000-005499-10/7**	
	Sammelaktenzeichen	Fallnummer
	Sachbearbeitung durch (Name, Dienstbezeichnung) **Seydlitz, KOKin**	
Interne Weiterleitung an	Sachbearbeitung Telefon **0251/275-6311**	Fax **-6396**

Vermerk

Die Z Hammerstein und Jäntschke sind auf schriftliche Vorladung hier vernommen worden. Die Z/GES Popp war ebenfalls für gestern zur zeugenschaftlichen Vernehmung vorgeladen, ist aber nicht erschienen. Da die Ladung nicht zurückgekommen ist, muss davon ausgegangen werden, dass diese angekommen ist, die Z/GES aber vor der Polizei keine Angaben machen will. Der Versuch einer telefonischen Kontaktaufnahme scheiterte genauso. Auf dem eingeschalteten Anrufbeantworter wurde die Bitte um Rückruf hinterlassen, der jedoch nicht erfolgte.

Die BES Kindoro und Schuler sind hier in der Vergangenheit mehrfach bei Personenkontrollen in Gaststätten registriert worden. Über Vorstrafen ist nichts bekannt. Als Rauschgiftkonsumenten sind beide ebenfalls noch nicht bekannt. Nach den bisherigen Erkenntnissen dürften beide BES wahrscheinlich der Gelegenheitsprostitution nachgehen. Beim Gesundheitsamt sind sie insoweit bislang allerdings noch nicht registriert.

Das sichergestellte mutmaßliche Kokain wurde dem LKA zur näheren Bestimmung übersandt.

Der Vorgang wird in diesem Stadium erneut der Staatsanwaltschaft Münster mit der Bitte vorgelegt zu entscheiden, wie weiter verfahren werden soll. Insbesondere wird gebeten mitzuteilen, ob die angeforderten kriminaltechnischen Untersuchungen noch notwendig sind und ggf. in welchem Umfang.

Münster, 13.01.2010

Seydlitz
Seydlitz, KOKin

Eingegangen:
15. Januar 2010
Staatsanwaltschaft Münster
Anlagen: 1 Bd(e).

Wamsler, van Dyck & Partner
Rechtsanwälte und Notare

zugelassen bei AG und LG Münster

35

William W. Wamsler
Notar

Lydia van Dyck
Rechtsanwältin

Sören Goeben
Rechtsanwalt

An die
Staatsanwaltschaft
Gerichtsstraße 6

48149 Münster

Frauenstr. 45
48143 Münster
Tel.: 0251/43111-0

Fax: 0251/43111-89

Datum: 06.01.2010

Eingegangen:
8. Januar 2010
Staatsanwaltschaft Münster
Anlagen: _____ Bd(e).

Sehr geehrte Damen und Herren,

Aktenzeichen (bitte stets angeben)
Strafs.Kindoro / G

in dem Ermittlungsverfahren gegen

Manolita Kindoro (Az. noch nicht bekannt)

vertrete ich bekanntlich die Beschuldigte. Ich beantrage meine Beiordnung als Pflichtverteidiger, ferner Akteneinsicht für 3 Tage in meinem Büro.

Vfg.   Eilt!

Hochachtungsvoll

1. HSH an (beide) Vert.f für 3. Tage

2. 20.01.

Goeben
Rechtsanwalt

Ko, 11.01.

Wamsler, van Dyck & Partner
Rechtsanwälte und Notare
zugelassen bei AG und LG Münster

36

An die
Staatsanwaltschaft
Gerichtsstraße 6

48149 Münster

William W. Wamsler
Notar
Lydia van Dyck
Rechtsanwältin
Sören Goeben
Rechtsanwalt

Frauenstr. 45
48143 Münster
Tel.: 0251/43111-0

Fax: 0251/43111-89
Datum: 06.01.2010

Eingegangen:
8. Januar 2010
Staatsanwaltschaft Münster
Anlagen: _____ Bd(e).

Aktenzeichen (bitte stets angeben)
Strafs.Schuler / vD

Sehr geehrte Damen und Herren,

in dem Ermittlungsverfahren gegen

Eunice <u>Schuler</u> geb. Kobasi, geb. 10.06.72 (Az. noch nicht bekannt)

vertrete ich die Beschuldigte Schuler. Ich beantrage Akteneinsicht für 3 Tage in meinem Büro.

Hochachtungsvoll

van Dyck

Rechtsanwältin

Wamsler, van Dyck & Partner
Rechtsanwälte und Notare

zugelassen bei AG und LG Münster

An die
Staatsanwaltschaft
Gerichtsstraße 6

48149 Münster

William W. Wamsler
Notar

Lydia van Dyck
Rechtsanwältin

Sören Goeben
Rechtsanwalt

Frauenstr. 45
48143 Münster
Tel.: 0251/43111-0

Fax: 0251/43111-89

Datum: **14.01.2010**

Eingegangen:
15. Januar 2010
Staatsanwaltschaft Münster
Anlagen: _____ Bd(e).

Eilt sehr! Bitte sofort vorlegen!

Aktenzeichen (bitte stets angeben)
Strafs.Kindoro / G

Sehr geehrter Herr Staatsanwalt Kollmann,

in dem Ermittlungsverfahren gegen

Manolita <u>Kindoro</u>

reiche ich das mir freundlicherweise überlassene Haftsonderheft zurück. Ich weise erneut auf meinen Antrag auf Beiordnung hin. Ferner beantrage ich

mündliche Haftprüfung.

Nach den bisherigen Erkenntnissen erscheint die Annahme eines Tötungsvorsatzes absurd. Die Mandantin hat selbst nach den Angaben der Zeugen offenbar nur einmal auf den Beschuldigten Eftherim eingestochen und diesen oberflächlich verletzt. Zudem hat der Beschuldigte Eftherim seinerseits die Mandantin angegriffen und diese verletzt, wie sie vor Ort den ermittelnden Polizeibeamten mitgeteilt hat.

Fluchtgefahr besteht ebenfalls nicht. Jedenfalls wäre die Mandantin bereit, sich – auch mehrmals wöchentlich – bei dem für sie zuständigen Polizeirevier vorzustellen, weshalb zumindest eine Aussetzung des Vollzuges vorzunehmen ist.
Hochachtungsvoll

Goeben
Rechtsanwalt

Staatsanwaltschaft
62 Js 3780 / 10

38

Münster, 18.01.10

Sofort! Haft!
Vfg.

1) <u>Vermerk</u>: Ein Beiordnungsantrag soll im Hinblick auf den reduzierten Tatvorwurf und die anstehende Haftentlassung (Ziff. 2) zurzeit nicht gestellt werden.

2) U. m. A.

    dem Amtsgericht, Abt. 42,
    in Münster

> **Amtsgericht Münster**
> Eingegangen:
> 19. Januar 2010

auf den Haftprüfungsantrag Bl. 35 übersandt. Angesichts des Umstandes, dass dringender Tatverdacht eines Tötungsdeliktes auf Grund der Angaben insb. des Zeugen Jäntschke jedenfalls an einem nicht auszuschließenden strafbefreienden Rücktritt scheitern dürfte, bestehen gegen eine Außervollzugsetzung des Haftbefehls keine Bedenken.

3) Wv 10.02.

Kollmann

Kollmann, StA

Eilt!

Vfg.

1) Haftprüfung am 20.1., 10.00 Uhr

2) Terminsnachricht an Verteidiger und StA

3) Vorführungsersuchen an JVA

4) z. J.

Or, 19/1

Amtsgericht
42 Gs 8/10

Münster, 20. Januar 2010

39

Gegenwärtig: RiAG Ormanns
als Richter
Justizbeschäftigte Hartmann
als Urkundsbeamtin der Geschäftsstelle

Strafsache

gegen: Manolita Kindoro, geb. 07. Juli 1981 in Mampong/Ghana,
Yorkring 12, 48153 Münster, ledig, ghanaische Staatsangehörige,

wegen: versuchten Totschlags

Es erschien vorgeführt aus der JVA Münster die Beschuldigte sowie als Verteidiger RA Sören Goeben, Münster.

Die Beschuldigte wurde erneut darauf hingewiesen, dass es ihr nach dem Gesetz freistehe, sich zu der Beschuldigung zu äußern oder nicht zur Sache auszusagen. Ferner wurde sie darüber belehrt, dass sie zu ihrer Verteidigung einzelne Beweiserhebungen beantragen könne.

Sie erklärte:

"Zur Sache werde ich mich zu gegebener Zeit noch umfassend äußern. Ich möchte hier nur soviel sagen, dass es mir niemals in den Sinn gekommen ist, Herrn Eftherim umzubringen. Als ich das Blut sah und das Messer in meiner Hand, habe ich einen furchtbaren Schreck bekommen und es tat mir furchtbar leid. Ich wollte dann nur noch weg und war voller Angst, weil mich einige Personen festhalten wollten. Dagegen habe ich mich nur gewehrt.

Das sichergestellte angebliche Kokain möchte ich nicht wiederhaben."

Kindoro

Der Verteidiger beantragte, den Haftbefehl aufzuheben, da kein dringender Tatverdacht eines Tötungsverbrechens bestehe. Hilfsweise beantragte er, den Haftbefehl außer Vollzug zu setzen.

Es wurde anliegender Beschluss verkündet. Die Beschuldigte wurde über die ihr zustehenden Rechtsbehelfe belehrt.

Der Verteidiger überreichte den Reisepass der Beschuldigten, der in Hülle zu den Akten genommen wurde. Beschuldigte und Verteidiger erhielten je eine Beschlussausfertigung.

Entlassungsersuchen an JVA Münster wurde erteilt.

Ormanns   *Hartmann*

Vfg.
Akte zurück an StA
Or. 20.1.

42 Gs 8/10   Münster, 23.Januar 2008

Amtsgericht Münster

Beschluss

In der Strafsache

gegen: Manolita Kindoro, geb. 07. Juli 1981 in Mampong/Ghana,
             Yorkring 12, 48153 Münster, ledig, ghanaische Staatsangehörige

wegen: versuchten Totschlags u.a.

wird der Haftbefehl des Amtsgerichts Münster vom 06. Januar 2010 mit der Maßgabe aufrechterhalten, dass nur noch der dringende Verdacht einer gefährlichen Körperverletzung besteht.

Jedoch wird sein Vollzug wird gemäß § 116 StPO ausgesetzt. Der Beschuldigten wird aufgegeben,

- sich zweimal wöchentlich bei dem für ihren Aufenthaltsort zuständigen Polizeirevier zu melden,

- ihren Reisepass zu den Akten zu geben.

Gründe:

Auf Grund der weiteren polizeilichen Ermittlungen besteht nur noch der Verdacht einer gefährlichen Körperverletzung gemäß § 224 I Nr. 2 StGB. Jedoch hat die Beschuldigte auch für diese Tat eine nicht unerhebliche Strafe zu erwarten. Da sie über wenig ausgeprägte soziale Bindungen in Münster verfügt, besteht angesichts der Straferwartung die Gefahr, dass sie sich dem Verfahren entziehen könnte. Jedoch bedarf es deswegen nicht ihrer weiteren Inhaftierung. Vielmehr kann die bestehende Fluchtgefahr durch die angeordneten Maßnahmen hinreichend kompensiert werden.

Ormanns

(Ormanns), Richter am Amtsgericht

Eingegangen:
21. Januar 2010
Staatsanwaltschaft Münster
Anlagen: 1   Bd(e).

41

Staatsanwaltschaft
62 Js 3780 / 10   Münster, 22.01.10

Vfg.

1) <u>Vermerk</u>: Ich habe Frau KOKin Seydlitz telefonisch von der Entlassung der Beschuldigten Kindoro informiert und zugleich gebeten, angesichts der im Kern geständigen Einlassung der Beschuldigten und des reduzierten Tatvorwurfs die angedachten kriminaltechnischen Untersuchungen nicht weiter durchführen zu lassen.

   Die Geschädigte Popp hat sich bis heute nicht bei der Polizei gemeldet.

2) U. m. A.

      Herrn RA Goeben

   zur Einsicht für zwei Tage übersandt mit der Bitte, die Akte für ebenfalls zwei Tage an Frau RAin van Dyck im dortigen Büro weiterzugeben. Es besteht Gelegenheit zur Einlassung zur Sache bis zum 16.02.

3) 20.02.

Kollmann

Kollmann, StA

42

Wamsler, van Dyck & Partner
Rechtsanwälte und Notare

zugelassen bei AG und LG Münster

An die
Staatsanwaltschaft
Gerichtsstraße 6

48149 Münster

William W. Wamsler
Notar

Lydia van Dyck
Rechtsanwältin

Sören Goeben
Rechtsanwalt

Frauenstr. 45
48143 Münster
Tel.: 0251/43111-0

Fax: 0251/43111-89
Datum: **28.01.2010**

Sehr geehrter Herr Staatsanwalt Kollmann,

Aktenzeichen (bitte stets angeben)
Strafs.Schuler / vD

in dem Ermittlungsverfahren gegen

Eunice Schuler u.a.

reiche ich die mir freundlicherweise über den Kollegen Goeben überlassene Akte zurück. Zugleich im Namen des Kollegen Goeben teile ich mit, dass die Tatvorwürfe mit den Mandantinnen in den kommenden Tagen erörtert werden sollen. Danach wird entschieden, ob vor der Entscheidung über die Anklageerhebung eine Einlassung erfolgen oder dies einer etwaigen Hauptverhandlung vorbehalten bleiben soll.

Hochachtungsvoll

van Dyck

Rechtsanwältin

Eingegangen:
1. Februar 2010
Staatsanwaltschaft Münster
Anlagen: _____1____ Bd(e).

43

Dres. von Müller, von Schmitt und schulze-Berghoff
Rechtsanwältinnen
zugelassen beim Landgericht Hannover und bei allen Amtsgerichten

An die Staatsanwaltschaft
Gerichtsstraße 6
48149 Münster

Rechtsanwältinnen
Dr. Johanna von Müller
Dr. Almut von Schmitt
Danuta Schulze-Berghoff
Büroanschrift: Alter Steinweg 25, 48143 Münster
Telefon: (0251) 77 80 11
Fax: (0251) 77 80 13
Mobil: (0172) 2433 12-45/-46/-47
AAktenzeichen: 6882/10 S/Be
Datum: 05.02.2010

In dem Verfahren gegen

62 J. 3780/10

Kindoro u.a. (Az. noch nicht bekannt)

hatmich der Geschädigte, Herr Selim Eftherim, ausweislich anliegender Vollmacht zu seiner Bevollmächtigten bestellt. Herr Eftherim beantragt, im Hauptverfahren gegen die Beschuldigte Kindoro als Nebenkläger zugelassen zu werden.

Zur Vorbereitung der Sache bitte ich um Akteneinsicht

von Schmitt

(Rechtsanwältin)

Eingegangen:
1. Februar 2010
Staatsanwaltschaft Münster
Anlagen: _____ Bd(e).

Vfg.

1. *Akte für 3 Tage an oben*
2. *zur Frist Bl. 41*

Ko 1/2

Strafprozessvollmacht

44

Den Rechtsanwältinnen Dres. von Müller, von Schmitt und Schulze-Berghoff, Steinweg 25, 48143 Münster wird hiermit in der Sache

Ermittlungsverfahren	Az. noch nicht bekannt
gegen	Kindoro
wegen	Körperverletzung

Vollmacht erteilt.

Diese Vollmacht erstreckt sich auf die gerichtliche und außergerichtliche Wahrnehmung der Interessen des Mandanten. Sie umfasst insbesondere folgende Befugnisse:

* Vertretung und Verteidigung in Strafsachen, Adhäsionsverfahren und Bußgeldsachen (§§ 302, 374 StPO) einschließlich der Vorverfahren sowie für den Fall der Abwesenheit zur Vertretung nach § 411 Abs. 2 StPO und mit ausdrücklicher Ermächtigung auch nach §§ 233 Abs. 1, 234 StPO, zur Stellung von Straf- und anderen nach der Strafprozessordnung zulässigen Anträgen und von Anträgen nach dem Gesetz über die Entschädigung für Strafverfolgungsmaßnahmen, insbesondere im Beitragsverfahren.

* Die Vollmacht gilt für alle Instanzen und erstreckt sich auch auf Nebenklage, Privatklage und Widerklageverfahren. Sie umfasst insbesondere die Befugnis, Zustellungen zu bewirken und entgegenzunehmen, die Vollmacht ganz oder teilweise auf andere zu übertragen (Untervollmacht), Rechtsmittel einzulegen, zurückzunehmen oder auf sie zu verzichten, Geld, Wertsachen, Urkunden, Kautionen und Bußgeldzahlungen entgegenzunehmen und zu quittieren sowie Akteneinsicht zu nehmen.

Münster	28. Januar 2010	*S. Eftherim*
(Ort)	(Datum)	(Unterschrift)

45

Dres. von Müller, von Schmitt und Schulze-Berghoff

Rechtsanwältinnen
zugelassen beim Landgericht Hannover und bei allen Amtsgerichten

An die Staatsanwaltschaft
Gerichtsstraße 6
<u>48149 Münster</u>

Rechtsanwältinnen
Dr. Johanna von Müller
Dr. Almut von Schmitt
Danuta Schulze-Berghoff
Büroanschrift: Alter Steinweg 25, 48143 Münster
Telefon: (0251) 7780 11
Fax: (0251) 77 80 13
Mobil: (0172) 2433 12-45/-46/-47
Aktenzeichen: 6882/10 S/Be
Datum: 05.02.2010

In dem Verfahren gegen

    Kindoro (62 Js 3780/10)

reiche ich die mir überlassenen Vorgänge mit Dank zurück.

von Schmitt

(Rechtsanwältin)

V.
zur Frist Bl.41
Ko. 9.2.

Vorlage nach Fristablauf
Sch. 18/2

Staatsanwaltschaft **46**
62 Js 3780 / 10 Münster, 23.02.10

Verfügung

1. Vermerk: Eine Körperverletzung durch den Zeugen Eftherim lässt sich nicht nachweisen. Entsprechendes haben nur die Beschuldigten Kindoro und Schuler vor Ort angegeben. Sie schweigen jetzt jedoch. Der Zeuge Jäntschke hat zudem eine andere, plausible Erklärung für die Verletzung der Beschuldigten Kindoro gegeben.

2. Verfahrenseinstellung gemäß § 170 II StPO, soweit gegen den Beschuldigten Eftherim ermittelt wurde, aus den Gründen zu Ziff. 1.

3. Kein Bescheid, da kein Antrag gestellt.

4. EN an Besch. Bl. 23 d.A.

   Zu 4 ab 24. 2.

5. Vermerk: Der mögliche Verdacht des Besitzes einer geringen Menge Kokain fällt gegenüber der anzuklagenden gef. Körperverletzung nicht beträchtlich ins Gewicht. Soweit ferner ein Hausfriedensbruch, eine Sachbeschädigung z.N. Popp und eine vers. Körperverletzung z.N. Jäntschke vorliegen könnten, gilt das in gleicher Weise.

6. Vorläufige Verfahrensteileinstellung gemäß § 154 I Nr. 1 StPO hinsichtlich eines Vergehens gegen das BtMG aus den Gründen zu Ziff. 5.

7. Kein Bescheid, Ermittlungen von Amts wegen.

8. Keine EN, da Anklage im Übrigen.

9. Vorläufige Beschränkung der Verfolgung gemäß § 154a I StPO, soweit Straftaten z.N. Popp und Jäntschke sowie Hausfriedensbruch in Betracht kommen, aus den Gründen zu Ziff. 5.

10. Schreiben an PP Münster zu 702000-005499-10/7:

    In pp. bitte ich, das dort noch verwahrte Messer an die hiesige Asservatenstelle zu übersenden. Das sichergestellte Kokain kann vernichtet werden, da es hier nicht mehr zu Beweiszwecken benötigt wird.

11. Die Ermittlungen sind abgeschlossen. *Zu 10. gef. und ab 24. 2.*

12. Anklage nach anl. Entwurf in Reinschrift zu den Akten fertigen.

13. Entwurf und eine Durchschrift der Anklageschrift zu den HA.

14. Haftsonderheft zu den HA nehmen.

15. Mitteilung von Anklageerhebung an AG Münster zu 42 Gs 8/10

Zu 15. ab 24. 2.

47

16. Je eine Durchschrift der Anklageschrift erhalten:
    a. Stadt Drensteinfurth – Ausländerbehörde – gemäß MiStrA Nr. 42
    b. Stadt Münster – Ausländerbehörde – gemäß MiStrA Nr. 42

17. Urschriftlich mit Akten   Zu 16. ab 24. 2. (2x)
    dem Amtsgericht
    – Schöffengericht –
    Münster

    mit den Anträgen aus beiliegender Anklageschrift übersandt.

18. Frist: 6 Monate

Kollmann
Kollmann, StA

> **Amtsgericht Münster**
> **Eingegangen:**
> 26. Februar 2010

Staatsanwaltschaft   Münster, 23.02.10   **48**
62 Js 3780 / 10

Anklageschrift

I.) Die Friseurin <u>Manolita</u> Ekua **K i n d o r o**,
geboren am 07.07.1981 in Mampong (Ghana),
wohnhaft 48153 Münster, Yorkring 12,
ledig, ghanaische Staatsangehörige (Bl. 11),

- in dieser Sache am 06.01.2010 vorläufig festgenommen und auf Grund des Haftbefehls des Amtsgerichts Münster vom selben Tag (42 Gs 8/10) bis zur Außervollzugsetzung des Haftbefehls am 20.01.2010 in Untersuchungshaft gewesen,
- <u>Verteidiger</u>: Rechtsanwalt Sören Goeben, Münster (Bl. 17),

II.) Eunice **S c h u l e r** geb. Kobasi,
geboren am 10.06.1972 in Sunyani (Ghana),
wohnhaft 48317 Drensteinfurth, Marktstr. 44,
verheiratet, ghanaische Staatsangehörige (Bl. 13),

- <u>Verteidigerin</u>: Rechtsanwältin Lydia von Dyck, Münster (Bl. 36),

werden angeklagt,

am 06.01.2010 gegen 2.20 Uhr in Münster

I.) die Angeschuldigte Kindoro
eine andere Person mittels eines gefährlichen Werkzeugs körperlich misshandelt und an der Gesundheit beschädigt zu haben,

II.) die Angeschuldigte Schuler durch zwei Straftaten

1. versucht zu haben, gemeinschaftlich mit einem anderen Beteiligten eine andere Person körperlich zu misshandeln und an der Gesundheit zu beschädigen,

2. vorsätzlich eine andere Person körperlich misshandelt und an der Gesundheit beschädigt zu haben,

<u>Den Angeschuldigten wird Folgendes zur Last gelegt:</u>

I.) Auf Grund der Erteilung eines Hausverbotes durch den Geschädigten Eftherim gegen die beiden Angeschuldigten kam es in der Gaststätte Hansaring 77 zu einer Auseinandersetzung zwischen dem Geschädigten Eftherim und den Angeschuldigten. In deren Verlauf warf die Angeschuldigte Kindoro zunächst eine Flasche und dann ein Glas nach dem Geschädigten Eftherim, ohne diesen jedoch zu treffen. Als der Geschädigte daraufhin in Richtung Küche lief, um die Polizei zu verständigen, rannte die Angeschuldigte Kindoro hinter ihm her, ergriff ein auf der Theke liegendes Küchenmesser mit einer 15 cm langen Klinge und stach damit einmal von hinten auf den Geschädigten igten ein, wodurch der Geschädigte an der rechten Schulter eine ca. 0,5 cm tiefe

49

und 6 cm lange Stichwunde erlitt. Dann legte sie das Messer beiseite und wurde anschließend von Mitarbeitern und erlitt. Dann legte sie das Messer beiseite und wurde anschließend von Mitarbeitern und Gästen der Gaststätte nach draußen gebracht.

II.) Die Angeschuldigte Schuler war ebenfalls hinter dem Geschädigten hergerannt, weil sie diesen ebenfalls handgreiflich angreifen wollte. Dies verhinderte der Geschädigte Hammerstein, der sie aufhielt und vor die Tür brachte. Als sie sodann ihrer Freundin zur Hilfe kommen wollte, lehnte der Geschädigte Hammerstein dies ab. Darauf biss sie diesen mehrfach in den Arm und in das Ohr. Zudem versetzte sie ihm einen Faustschlag auf das rechte Auge, so dass der Geschädigte zu Boden ging und ein blaues Auge sowie mehrere Bisswunden davontrug.

Vergehen, strafbar nach den §§ 223, 224 I Nrn. 2 und 4, 230, 22, 23, 25 II, 53 StGB.

Der Geschädigte Hammerstein hat am 13.01.2010 Strafantrag gestellt (Bl. 30).

Soweit darüberhinaus weitere Straftaten der Sachbeschädigung, des Hausfriedensbruches sowie der versuchten Körperverletzung zum Nachteil des Zeugen Jäntschke in Betracht kamen, ist die Verfolgung gemäß § 154a StPO auf die angeklagten Vergehen beschränkt worden.

Beweismittel:

1. Die Einlassung der Angeschuldigten Kindoro (Bl. 39)

2. Zeugen:
    a. Selim Eftherim, Münster (Bl. 25)
    b. Paul Hammerstein, Münster (Bl. 29)
    c. Hauke Jäntschke, Greven (Bl. 31)
    d. Gina Popp, Münster (Bl. 4, 6)
    e. KK Kostner, PP Münster, KK 45 (Bl. 1 ff.)
    f. PK Feldbrügge, PP Münster (Bl. 7 f.)
    g. PK Damman, PP Münster (Bl. 7 f.)
    h. KOKin Seydlitz, PP Münster, KK 11 (Bl. 15, 24 ff.)

3. Urkunde:
    a. Blutalkoholgutachten des Instituts für Rechtsmedizin der Universität Münster (Bl. 33)
    b. Ärztliches Attest vom 06.01.2010 (Bl. 27)

4. Augenscheinsobjekt:
    Küchenmesser

Wesentliches Ergebnis der Ermittlungen:

50

I. Zu den Personen

Während die Angeschuldigte Schuler keine Angaben gemacht hat, lebt die Angeschuldigte Kindoro nach ihrer Einlassung seit drei Jahren in Deutschland. Die Angeschuldigte Schuler ist ihre Tante (Bl. 16).

Beide Angeschuldigten sind laut BZR-Auszug in Deutschland bislang strafrechtlich nicht in Erscheinung getreten.

II. Zur Sache

Die Zeugen Eftherim, Jäntschke, Popp und Hammerstein haben ausgesagt, es sei zur Tatzeit in der von dem Zeugen Eftherim geführten „Effes Dönerbude", Hansaring 77, zu einer zunächst verbalen Auseinandersetzung zwischen den Angeschuldigten und dem Zeugen Eftherim gekommen.

Der Zeuge Eftherim hat dazu weiter angegeben, er hätte den Angeschuldigten ein Hausverbot erteilt, das diese nicht akzeptiert hätten. Er habe dann die Polizei verständigen wollen und sich dazu in die benachbarte, von der Zeugin Popp geführte und mit der Dönerbude verbundene Gaststätte „Härke-Eck" begeben. Die Angeschuldigte Kindoro sei ihm gefolgt und habe eine Flasche und ein Glas nach ihm geworfen. Die Würfe hätten ihn verfehlt und zahlreiche Gläser in der Tresenvitrine zerstört. Die Angeschuldigte Kindoro sei ihm daraufhin hinter die Theke nachgelaufen. Er habe plötzlich einen Schmerz in der rechten Schulter gespürt und gesehen, dass die Angeschuldigte gerade ein Messer zur Seite legte. Bevor die Angeschuldigte ihn weiter angreifen konnte, sei sie nach draußen gedrängt worden (Bl. 25 f.).

Ausweislich des Attestes Bl. 27 hat der Zeuge Eftherim eine Stichverletzung von 0,5 cm Tiefe und ca. 6 cm Länge erlitten. Die Verletzung ist komplikationslos verheilt.

Der Zeuge Jäntschke hat den Verlauf im Wesentlichen gleich geschildert, jedoch angegeben, die beiden Würfe hätten erst nach der Messerattacke stattgefunden. Er habe sich am Spülbecken hinter der Theke aufgehalten, als der Zeuge Eftherim dort erschienen sei. Die Angeschuldigte Kindoro sei voller Wut angelaufen gekommen. Er habe den Zeugen Eftherim noch zu warnen versucht, als die Angeschuldigte zunächst auf den Zeugen eingeschlagen und dann ein herumliegendes Küchenmesser ergriffen und einmal von hinten auf den Zeugen eingestochen habe. Sie sei dann wohl selbst etwas erschrocken gewesen, da sie das Messer zur Seite gelegt und zurück in den Gastraum gelaufen sei. Von dort aus habe sie eine Flasche und ein Glas auf den Zeugen Eftherim geworfen. Als sie schließlich noch einen Hocker habe werfen wollen, hätte sie sich dabei selbst verletzt und sei überwältigt worden.

Die Zeugin Popp ist noch nicht eingehend vernommen worden. Sie will den Beginn des Angriffs auf den Zeugen Eftherim mitbekommen, aber danach nichts mehr wahrgenommen haben (Bl. 5).

51

Der Zeuge Hammerstein hat ausgesagt, er hätte sich in der Gaststätte als Gast aufgehalten, als der Zeuge Eftherim plötzlich aus der Dönerbude angerannt gekommen sei, verfolgt von den beiden Angeschuldigten. Er habe die zweite der beiden Frauen (die Angeschuldigte Schuler) zurückgehalten, um eine Eskalation zu vermeiden, und sie nach draußen gebeten. Sie sei ihm auch zunächst gefolgt, habe aber draußen angekommen wieder in die Gaststätte gewollt, um ihre Freundin zu beschützen. Er habe ihr gesagt, man könne doch draußen warten, die Freundin käme bestimmt auch gleich heraus. Daraufhin sei die Angeschuldigte Schuler plötzlich aggressiv geworden, habe ihn mehrfach in den Arm sowie ins Ohr gebissen und ihm sogar einen Faustschlag auf das rechte Auge versetzt. Er sei zu Boden gegangen, habe aber schließlich Hilfe von anderen Personen erhalten. Er habe ein blaues Auge sowie Bisswunden davongetragen (Bl. 28 f.).

Die Angeschuldigte Schuler hat in ihrer verantwortlichen Vernehmung zur Sache ebenfalls keine Angaben gemacht. Beide Angeschuldigten hatten vor Ort gegenüber dem Zeugen PK Feldbrügge angegeben, der Zeuge Eftherim habe die Angeschuldigte Kindoro angegriffen und geschlagen. Die Angeschuldigte Schuler habe den Zeugen Hammerstein geschlagen, weil er sie zurückgehalten habe (Bl. 7). Von dieser Einlassung hat sich die Angeschuldigte Kindoro in ihrer richterlichen Vernehmung distanziert und vielmehr eingeräumt, den Zeugen Eftherim mit einem Küchenmesser angegriffen zu haben. Als sie anschließend das Blut wahrgenommen habe, hätte sie einen Schreck bekommen und das Messer zur Seite gelegt (Bl. 39). Weitere Angaben hat sie bislang nicht gemacht.

Ausweislich des Blutalkoholgutachtens wies die Angeschuldigte Kindoro gegen 3.05 Uhr eine mittlere BAK von 2,08 g ‰ auf (Bl. 33).

Es wird beantragt,

1. das Hauptverfahren vor dem Amtsgericht – Schöffengericht – in Münster zu eröffnen,
2. den Haftbefehl des Amtsgerichts Münster vom 06.01.2010 nach Maßgabe des Beschlusses über seine Außervollzugsetzung vom 20.01.2010 aufrechtzuerhalten,
3. den Geschädigten Eftherim als Nebenkläger zuzulassen,
4. der Angeschuldigten Kindoro Rechtsanwalt Goeben als Pflichtverteidiger gemäß § 140 II StPO beizuordnen.

Kollmann

Kollmann, StA

52

50 Ls 62 Js 3780 / 10 – 129/10   gegen Kindoro u.a.

Verfügung

I.
Anklageschrift an Angeschuldigte
mit Frist zur Stellungnahme binnen einer Woche

- Kindoro (ZU AVR 40[2])
- Verteidiger RA Goeben (EB AVR 46)
- Schuler (ZU AVR 40)
- Verteidigerin RAin van Dyck (EB AVR 46)

Zu I. erl. 8. 3.
2 x EB
2 x ZU

II.
Wiedervorlage zwei Wochen

Münster, 5. 3. 2010
Amtsgericht

Hauenschild
Hauenschild, RinAG
Vorsitzende des Schöffengerichts

---

[2] **Anmerkung**: Vom Abdruck der Zustellungsurkunden (ZU AVR 40) und der Empfangsbekenntnisse (EB AVR 46) wurde in dieser Musterakte aus Platzgründen abgesehen. Die Zustellungen erfolgten am 09. und am 10.03.2010.

50 Ls 62 Js 3780 / 10 – 129/10   gegen Kindoro u.a.

53

Verfügung

I.
Beschluss

erl. 23. 3.

In der Strafsache gegen

3 x Eß
2 x ZU

1) <u>Manolita</u> Ekua **K i n d o r o**,
geboren am 07.07.1981 in Mampong (Ghana),
wohnhaft 48153 Münster, Yorkring 12,
ghanaische Staatsangehörige,

8 x Zeugen formlos
1 x Dolm formlos
(Pakzad)

- Verteidiger: Rechtsanwalt Sören Goeben, Münster,

1 x TN

2) Eunice **S c h u l e r** geb. Kobasi,
geboren am 10.06.1972 in Sunyani (Ghana),
wohnhaft 48317 Drensteinfurth, Marktstr. 44,
ghanaische Staatsangehörige,

- Verteidigerin: Rechtsanwältin Lydia von Dyck, Münster,

wegen gefährlicher Körperverletzung

wird die Anklage der Staatsanwaltschaft Münster vom 23. Februar 2010 zur Hauptverhandlung zugelassen und das Hauptverfahren vor dem Schöffengericht eröffnet.
Der Haftbefehl des Amtsgerichts Münster vom 06.01.2010 (42 Gs 8/10) gegen die Angeklagte Kindoro wird nach Maßgabe des Beschlusses über seine Außervollzugsetzung vom 20.01.2010 aufrechterhalten.
Der Geschädigte Selim Eftherim, geb. 06.12.1975 in Sialkot (Pakistan), Hansaring 77, 48153 Münster, vertreten durch Rechtsanwältin Dr. von Schmitt, Münster, wird als Nebenkläger im Hauptverfahren gegen die Angeklagte Kindoro zugelassen (§ 395 Abs. 1 Nr. 1 c, § 396 StPO).
Der Angeklagten Kindoro wird Rechtsanwalt Sören Goeben, Münster, gemäß § 140 Abs. 2 StPO als Verteidiger bestellt.

Münster, 22.03.2010
Amtsgericht

Hauenschild, RinAG
Vorsitzende des Schöffengerichts

II.
Hauptverhandlungstermin wird bestimmt auf

<u>Donnerstag, 06. Mai 2010, 11:00 Uhr,</u>
<u>Erdgeschoss, Sitzungssaal 4 B, Gerichtsstr. 2-6, 48149 Münster</u>

III.
Ladung
an Angeklagte (nicht in Haft)

- Kindoro (ZU AVR 40)

- Schuler (ZU AVR 40)

jeweils beifügen begl. Abschrift des Beschlusses Ziff. I

IV.
Ladung
an Verteidiger

- Verteidiger RA Goeben (EB AVR 46)
- Verteidigerin RAin van Dyck (EB AVR 46)

jeweils beifügen begl. Abschrift des Beschlusses Ziff. I.

Zusatz: Es wird gebeten mitzuteilen, ob ein Dolmetscher benötigt wird.

V.
Ladung
an Nebenkläger/vertreter/in

- RAin Dr. von Schmitt (EB AVR 46)

beifügen begl. Abschrift des Beschlusses Ziff. I.

VI.
Ladung
an Zeugen wie Anklage, und zwar Zeuge zu 2. a auf 11.00 Uhr, Zeugen zu 2.b.-d. auf 11.15 Uhr, zu 2. e.-h. auf 11.45 Uhr

VII.
Ladung an Dolmetscher
für folgende Sprache/n: Urdu (Zeuge aus Pakistan)

VIII.
Nachricht vom Termin
an Staatsanwaltschaft Münster

IX.
zum Termin

Münster, 22.03.2010
Amtsgericht

Hauenschild

Hauenschild, RinAG
Vorsitzende des Schöffengerichts

Polizeipräsidium Münster

Polizeipräsidium Münster, Postfach 48145 Münster

KK 45, Friesenring 32
Bearbeitung: **Kostner, KK**
Durchwahl: **0251/275-8755**
Raum-Nr.:
Aktenzeichen:
Datum: **31.3.2010**

Amtsgericht Münster
Gerichtsstraße 2 – 6
48149 Münster

> **Amtsgericht Münster**
> Eingegangen:
> 02. April 2010

Geschäftszeichen: 50 Ls 62 Js 3780/10-129/10
Termin am: 06.05.2010, 11.45 Uhr
in Sachen: Kindoro u.a.

Ich bin aus folgenden Gründen gehindert, den o.a. Termin wahrzunehmen.

1. 9 Ich habe vom   bis
   Urlaub.

2. 9 Da der Termin in meine Freizeit fällt, reise ich nicht vom Dienstort, sondern von meinem Aufenthaltsort in   an.

3. 9 Ich bin verhindert, da ich **vom 2. – 8. 5 zu einem Sondereinsatz in Bonn abgeordnet wurde**

4. 9 Ich befinde mich auf einem Fortbildungslehrgang

Sollte mein Erscheinen trotz des angeführten Hinderungsgrundes erforderlich sein, wird um Nachricht gebeten.

Kostner

Kostner, KK

V
1. Es soll versucht werden, ohne den Zeugen auszukommen.
2. z.T.
H., 5.4.

Öffentliche Sitzung 56
des Amtsgerichts Münster, Donnerstag, den 06.05.2010

Dauer der Hauptverhandlung von - bis

11.00 Uhr – 15.45 Uhr

Geschäftsnummer

50 Ls 62 Js 3780 / 10 – 129/10

Name und Amtsbezeichnung

Schwarz, Justizbeschäftigte

Gegenwärtig: **Strafsache**

Vorsitzende/Vorsitzender:

Richterin am Amtsgericht Hauenschild   gegen

Schöffen:
Tobias Reinhold
Carolin Gastrow

1) Manolita Kindoro, geb. 7.7.1981
   Mampong, Yorkring 12, 48153
   Münster

Beamter/Beamtin der Staatsanwaltschaft:

Staatsanwalt Oberheimer

2) Eunice Schuler, geb. Kobasi,
   geb. 10.6.1972 Sunyani, Marktstr.
   44, 48317 Drensteinfurth,

Urkundsbeamtin der Geschäftsstelle:
Schwarz, Justizbeschäftigte

wegen
gefährlicher Körperverletzung

Die Hauptverhandlung begann mit dem Aufruf der Sache.

Die Vorsitzende stellte fest, dass anwesend waren:

Als Angeklagte/r: Manolita Kindoro und Eunice Schuler

Als Verteidiger: Rechtsanwalt Sören Goeben für die Angekl. zu 1),
                    Rechtsanwältin Lydia van Dyck für die Angeklagte zu 2)

Als Zeugen: Herr Eftherim in Begleitung von RAin Dr. von Schmitt,

                    Die übrigen Zeugen waren auf einen späteren Zeitpunkt geladen.

Als Dolmetscher: Herr Dragomir Pakzad

57

Der Dolmetscher leistete gemäß § 189 Abs. 1 GVG den Eid.

[Der erschienene Zeuge wurde mit dem Gegenstand der Untersuchung und den Personen der Angeklagten bekannt gemacht.

Der Zeuge wurde zur Wahrheit ermahnt und darauf hingewiesen, dass er seine Aussage zu beeiden hätte, wenn dies zur Erforschung der Wahrheit erforderlich sei. Der Zeuge wurde über die Bedeutung des Eides, über die strafrechtlichen Folgen einer unrichtigen oder unvollständigen Aussage belehrt.

Der Zeuge wurde ferner darüber belehrt, dass er berechtigt sei, falls er zu den in § 52 Abs. 1 StPO bezeichneten Angehörigen der Angeklagten gehöre, das Zeugnis und die Beeidigung des Zeugnisses zu verweigern.

Der Zeuge wurde schließlich darüber belehrt, dass er berechtigt sei, die Aussage auf solche Fragen zu verweigern, deren Beantwortung ihn selbst oder einem der in § 52 Abs. 1 StPO bezeichneten Angehörigen die Gefahr zuziehen würde, wegen einer Straftat oder einer Ordnungswidrigkeit verfolgt zu werden.]

Herr Eftherim erklärte nach Rücksprache mit seiner Bevollmächtigten, er wolle bis zu seiner Vernehmung draußen warten.

Die Angeklagten gaben bei der Vernehmung über die persönlichen Verhältnisse Folgendes an:

> Angekl. zu 1): Personalien wie Bl. 12
>
> Angekl. zu 2): Personalien wie Bl. 14

Darauf verlas der Vertreter der Staatsanwaltschaft den Anklagesatz.

Es wurde festgestellt, dass die Anklage durch Beschluss des Schöffengerichts Münster vom 22.03.2010 zur Hauptverhandlung zugelassen worden ist.

Die Angeklagten wurden darauf hingewiesen, dass es ihnen freistehe, sich zur Anklage zu äußern oder nicht zur Sache auszusagen. Sie erklärten:

> Angekl. zu 1): Ich mache zunächst keine Angaben zur Sache
>
> Angekl. zu 2): Ich will mich äußern

Die Angeklagte Schuler erklärte:

> Wir waren in der Dönerbude, weil wir etwas essen wollten. Es gab Streit, weil Herr Eftherim etwas mit meiner Nichte Manolita anfangen wollte. Es kam dann zu einer handgreiflichen Auseinandersetzung in der Gaststätte. Herr Eftherim hat angefangen. Ich wurde von einem Gast nach draußen gedrängt und dort wurde ich von ihm geschubst und bekam Ohrfeigen. Ich habe mich nicht gewehrt, da ich sowieso viel schwächer war.

27. Kapitel. Akte 2 (Strafverfahren gegen die Beschuldigte Kindoro u.a.)

58

Auf Vorhalt:
    Ich habe nicht gebissen und mit der Faust geschlagen.

Der ärztliche Bericht Bl. 10 d.A. sowie das Blutalkoholgutachten Bl. 33 d.A. wurden verlesen.

Sodann wurde der Zeuge Eftherim hervorgerufen und wie folgt vernommen:

1. Zeuge:

    Zur Person:
    Selim Eftherim, 34 Jahre, Gastwirt,
    wohnhaft in Münster,
    mit den Angeklagten nicht verwandt und nicht verschwägert.

    Zur Sache:
    Mitten in der Nacht kamen die beiden Damen in die Dönerbude, um etwas zu trinken. Sie waren angetrunken. Es gab Streit, weil die Angeklagten einen Gast belästigt hatten und ich ihnen daraufhin Hausverbot erteilte. Sie wollten nicht gehen. Daher wollte ich die Polizei rufen. Ich ging in die benachbarte Gaststätte Härke-Eck und wollte telefonieren. Frau Kindoro warf eine Cola-Flasche und ein Bierglas nach mir, ohne mich zu treffen. Dann nahm sie ein Küchenmesser und stach mir damit in den Rücken. Die Verletzungen waren nicht sehr tief. Frau Kindoro ließ dann von mir ab und wurde wohl von Herrn Jäntschke hinausgebracht.

Auf Befragen der Vorsitzenden:

    Frau Schuler schrie auch herum, hat mich aber nicht angegriffen. Was draußen geschah, habe ich erst später gehört.

Auf Befragen des Staatsanwalts:

    Der Messerstich kam von hinten. Ich hatte vorher nicht gesehen, dass sie ein Messer hatte. Ich hatte die Angeklagte Kindoro nicht zuerst geschlagen. Ich kenne sie gar nicht weiter. Ich bin schließlich verheiratet.

Das Messer wurde von den Beteiligten in Augenschein genommen.

Das Attest Bl. 27 wurde verlesen.

Der Zeuge Eftherim weiter:

    Ich war eine Woche krankgeschrieben.
    Die Angeklagte Schuler hat mich nicht angegriffen.

Entscheidung der Vorsitzenden: Die Zeugin bleibt gemäß § 59 StPO unbeeidigt.
Der Zeuge blieb in seiner Eigenschaft als Nebenkläger weiter im Saal.

Die Nebenklägervertreterin stellte klar, dass sich die Nebenklage alleine auf die Angeklagte Kindoro beziehe. Diese Eingrenzung habe der Nebenkläger ausdrücklich gewünscht, weil ihn die Angeklagte Schuler nicht verletzt und er deshalb auch nichts gegen sie habe.

Nunmehr waren auch die Zeugen Hammerstein, Jäntschke und Popp erschienen. Sie wurden belehrt wie [ ] S. 1 f. dieses Protokolls und anschließend nacheinander und in Abwesenheit der noch nicht gehörten Zeugen wie folgt vernommen:

2. Zeuge:

Zur Person:
Hauke Jäntschke, 40 Jahre, Kraftfahrer,
wohnhaft in Greven,
mit den Angeklagten nicht verwandt und nicht verschwägert.

Zur Sache:

Ich bin als Aushilfskraft im Härke-Eck beschäftigt. Es gab Streit, warum, habe ich erst nicht bemerkt, weil ich gespült habe. Dann kam Herr Eftherim hinter die Theke gelaufen, wo ich arbeitete, und wurde von der Angeklagten Kindoro verfolgt. Ich rief Herrn Eftherim noch eine Warnung zu. Aber da hatte die Angeklagte schon ein Messer, was auf dem Tresen lag, ergriffen und stach von hinten auf ihn ein. Sie legte das Messer dann weg, ging in den Gastraum. Von dort aus warf sie eine Flasche und ein Glas auf Herrn Eftherim. Wir konnten sie schließlich überwältigen.

Auf Vorhalt der Vorsitzenden:

Ich bin mir sicher, dass die Würfe erst nach dem Stich kamen, denn ich weiß ganz genau, dass ich als erstes den Angriff mit dem Messer sah. Die Würfe kamen erst hinterher, nachdem ich der Angeklagten Schuler Hausverbot erteilt und der Zeuge Hammerstein sie nach draußen geführt hatte.

Ich habe keine Verletzungen erlitten.

Auf Vorhalt von RAin van Dyck:

Was draußen geschehen ist, weiß ich nicht. Als die Angeklagte Schuler nach draußen geführt wurde, verhielt sie sich friedlich.

Entscheidung der Vorsitzenden: Der Zeuge bleibt gemäß § 59 StPO unvereidigt.

3. Zeuge:

Zur Person:
Paul Hammerstein, 44 Jahre, technische Hilfskraft,
wohnhaft in Münster,
mit den Angeklagten nicht verwandt und nicht verschwägert.

Zur Sache:

Ich war als Gast in der Gaststätte und dartete. Ich hörte einen Streit. Dann kam Herr Eftherim um die Ecke gelaufen und wurde von den beiden Angeklagten verfolgt. Es gab weiter Geschrei. Die Angeklagte Kindoro griff Herrn Eftherim an und die Angeklagte Schuler wollte ihr wohl helfen. Da habe ich sie nach draußen gebracht. Frau Schuler wollte erst nicht, ging aber dann doch freiwillig mit. Ich habe keine Gewalt angewendet.

Draußen wollte sie wieder rein. Das habe ich ihr verboten. Da griff sie mich an. Sie biss und schlug. Ich hatte mehrere Bisswunden am Arm und eine am Ohr. Außerdem hatte ich ein „Veilchen". Zum Arzt bin ich deshalb nicht gegangen.

Es wird festgestellt, dass der Zeuge Bl. 30 d.A. rechtzeitig Strafantrag gestellt hat.

Auf Fragen von RAin van Dyck:

> Es stimmt nicht, dass ich zuerst die Angeklagte geschubst habe. Ich hielt sie am Arm fest, um zu verhindern, dass sie wieder ins Lokal ging. Darauf griff sie mich an.

Auf weiteres Befragen durch RAin van Dyck:

> Ich kann mich nicht daran erinnern, dass sich jemand als der Ehemann der Angeklagten ausgegeben und mich etwas gefragt hat. Es wurde zwar hinterher vieles geredet, aber nach meiner Erinnerung hatte die Angeklagte keinen männlichen Begleiter.

Entscheidung der Vorsitzenden: Der Zeuge bleibt gemäß § 59 StPO unvereidigt.

4. Zeugin:

> Zur Person:
>
> Gina Popp, 26 Jahre, Gastwirtin,
> wohnhaft in Münster,
> mit den Angeklagten nicht verwandt und nicht verschwägert.
>
> Zur Sache:
>
> Die Angeklagten waren im Döner. Es gab Randale. Sie sind wild geworden. Sie schlugen Gläser kaputt und gingen auf den Döner-Mann los. In der Kneipe auf der anderen Seite vom Döner ging alles drunter und drüber.
>
> Angeblich waren sie durchgedreht, weil der Inhaber dachte, sie seien Prostituierte. Er kann sehr fies sein.
>
> Irgendwie gingen alle aufeinander zu. Ich flüchtete in die Küche. Die Gläser flogen durch die Gegend. Die Angeklagten drehten beide durch.
> Ich arbeite in der Gaststätte. Der Typ vom Döner gräbt alles an, was weiblich ist und lange Haare hat.
>
> Meinen Schaden hat die Versicherung bezahlt.

Entscheidung der Vorsitzenden:

Die Zeugin bleibt gemäß § 59 StPO unvereidigt.

Nunmehr waren auch die Zeugen Damman, Feldbrügge und Seydlitz erschienen. Sie wurden belehrt wie [ ] S. 1 f. dieses Protokolls und anschließend nacheinander und in Abwesenheit der noch nicht gehörten Zeugen wie folgt vernommen:

5. Zeuge

Zur Person:

Klaus Damman, 31 Jahre, Polizeikommissar,
Dienstort Münster,
mit den Angeklagten nicht verwandt und nicht verschwägert.

Zur Sache:

Ich vernahm die Geschädigten in der Gaststätte, während der Kollege Feldbrügge sich um die beiden Angeklagten kümmerte.

Der Tatortbericht Bl. 4 ff. wurde mit dem Zeugen und den Beteiligten erörtert.

Der Zeuge weiter auf Vorhalt von RA Goeben:

Von den Geschädigten fiel mir bei keinem eine alkoholische Beeinträchtigung auf. Der Inhaber war allerdings verletzungsbedingt etwas desorientiert. Ich hatte den Eindruck, er stand unter Schock.

Ich habe die Beschuldigten nicht belehrt.

Entscheidung der Vorsitzenden:

Der Zeuge bleibt gemäß § 59 StPO unvereidigt.

Der Zeuge wurde entlassen.

6. Zeuge

Zur Person:

Dennis Feldbrügge, 29 Jahre, Polizeikommissar,
Dienstort Münster,
mit den Angeklagten nicht verwandt und nicht verschwägert.

Zur Sache:

Als wir eintrafen, ging alles drunter und drüber. Alle schrien sich an. Wir haben die beiden Gruppen erst einmal getrennt. Ich habe die Angeklagten auf der Straße zu beruhigen versucht, was einige Zeit dauerte. Dann berichteten sie mir, der Inhaber habe die Angeklagte Kindoro angegriffen. Die Angeklagte Schuler sei nach draußen gegangen. Als sie wieder herein wollte, um ihrer Freundin zu helfen, habe sich ihr ein Mann in den Weg gestellt. Sie habe sich dann mit Kratzen und Beißen Zugang verschafft, sei aber von mehreren Männern festgehalten worden, bis die Polizei kam.

Auf Befragen von RAin van Dyck:

Ich habe die Angeklagten nicht belehrt. Zu dem Zeitpunkt waren sie für mich noch keine Beschuldigten.
RAin van Dyck widersprach der Verwertung der Angaben des Zeugen Feldbrügge zu Äußerungen der Angeklagten vor ihrer Belehrung.

27. Kapitel. Akte 2 (Strafverfahren gegen die Beschuldigte Kindoro u.a.) 473

62

Der Staatsanwalt gab eine Erklärung ab.

Die Nebenklägervertreterin gab eine Erklärung ab.

Entscheidung der Vorsitzenden:

Der Zeuge bleibt gemäß § 59 StPO unvereidigt.

Der Zeuge wurde entlassen.

Im allseitigen Einvernehmen wurde auf die Vernehmung der Zeugin Seydlitz verzichtet und die Zeugin wurde ebenso wie die übrigen noch anwesenden Zeugen außer dem Zeugen Hammerstein um 12.49 Uhr entlassen.

Die Sitzung wurde von 12.50– 13.30 Uhr unterbrochen.

Nach Fortsetzung der Hauptverhandlung verlas RAin van Dyck den als Anlage 1 diesem Protokoll beigefügten Beweisantrag.

Der Staatsanwalt gab eine Erklärung ab.

Die Sitzung wurde von 13.40 - 13.50 Uhr unterbrochen.

Nach Fortsetzung der Hauptverhandlung verkündete das Gericht den <u>Beschluss:</u>

> Der an Gerichtsstelle anwesende Ehemann der Angeklagten Schuler soll vernommen werden.

Der Beschluss wurde wie folgt ausgeführt:

Der Zeuge Schuler wurde aufgerufen und wie [ ] S. 1 f. dieses Protokolls belehrt. Anschließend wurde er wie folgt vernommen:

7. <u>Zeuge</u>

   Zur Person:
   Hans-Wolfgang Schuler, 58 Jahre, Frührentner,
   wohnhaft in Drensteinfurth,
   die Angeklagte Schuler ist meine Ehefrau.
   Ich möchte dennoch aussagen.

   Zur Sache:

   Meine Frau hatte mich angerufen, dass ich sie aus Münster abhole. Als ich an der Kneipe ankam, stand sie vor der Kneipe. Ich war noch ein Stück entfernt, da sah ich, dass sie einen Stoß in den Rücken bekam. Dann ging

63

die Rangelei mit dem Mann los. Der Mann war der Zeuge Hammerstein. Etwas später kamen zwei Leute aus der Gaststätte, die mitmischen wollten. Da kam dann die Polizei. Ich habe meine Frau gefragt, ob noch etwas sei. Sie verneinte. Ich fragte den Mann, auch er hat verneint.

Auf Befragen des Staatsanwalts:

Ich weiß nicht, warum mein Name bislang in der Akte nicht auftaucht. Ich habe mit der Polizei aber auch nicht gesprochen.

Einen Krankenwagen habe ich nicht gesehen. Ich bin aber auch wieder nach Hause gefahren, weil meine Frau zur Polizei mitsollte.

Wenn mir hier der Zeuge Hammerstein gezeigt wird, so kann ich sagen, dass dies der betreffende Mann gewesen ist.

Entscheidung der Vorsitzenden:

Der Zeuge bleibt gemäß § 59 StPO unvereidigt.

Der Zeuge Hammerstein wurde erneut aufgerufen und unter Hinweis auf seine vorherige Belehrung ergänzend wie folgt vernommen:

Ich kenne den soeben vernommenen Zeugen nicht. Ich kann ausschließen, dass er mich das, was er eben gesagt hat, gefragt hat. Wegen meiner Verletzungen hätte ich niemals gesagt, dass nichts mehr sei.

Entscheidung der Vorsitzenden:

Der Zeuge bleibt weiterhin gemäß § 59 StPO unvereidigt.

Die Zeugen Schuler und Hammerstein wurden um 14.15 Uhr entlassen.

Die Angeklagte Kindoro erklärte, nunmehr Angaben zur Sache machen zu wollen. Sie erklärte:

Es tut mir alles schrecklich leid. Ich hatte einen schlechten Tag und auch noch Ärger mit meinem Freund gehabt. Irgendwie ist es dann zum Streit mit dem Nebenkläger gekommen und ich bin ausgerastet. Ich weiß gar nicht, wie ich an das Messer gekommen bin. Als ich das Blut sah, war ich völlig geschockt.

Ich glaube nicht, dass ich dann noch mit Flaschen oder Gläsern geworfen habe. Das muss vorher gewesen sein.

Es wird festgestellt, dass im Bundeszentralregister für beide Angeklagten keine Eintragungen vorhanden sind.

64

Nach der Vernehmung jedes Mitangeklagten sowie nach jeder Beweiserhebung wurden die Angeklagten befragt, ob sie noch etwas zu erklären hatten.

Weitere Beweisanträge wurden nicht gestellt; die Beweisaufnahme wurde geschlossen.

Die Vertreterin der Staatsanwaltschaft, die Vertreterin der Nebenklage und der Verteidiger erhielten das Wort:

Die Vertreterin der Staatsanwaltschaft beantragte:

Angekl. zu 1): wegen gefährlicher Körperverletzung eine Freiheitsstrafe von neun Monaten auf Bewährung (Bewährungszeit 3 Jahre, Auflage von 200 Stunden gemeinnütziger Arbeit, Weisung, jeden Wohnungswechsel mitzuteilen, Bestellung eines Bewährungshelfers), Aufhebung des Haftbefehls.

Angekl. zu 2): wegen versuchter gefährlicher Körperverletzung und wegen Körperverletzung eine Geldstrafe von 80 Tagessätzen zu je 25 EUR (Einzelstrafen je 50 Tagessätze).

Die Nebenklagevertreterin beantragte:

Verurteilung der Angekl. zu 1) wegen gefährlicher Körperverletzung, die Strafe stelle sie in das Ermessen des Gerichts.

Kein Antrag hinsichtlich der Angekl. zu 2)

Der Verteidiger RA Goeben beantragte für die Angekl. zu 1):

Verurteilung wegen gefährlicher Körperverletzung zu einer Freiheitsstrafe von höchstens sechs Monaten auf Bewährung.

Die Verteidigerin RAin van Dyck beantragte für die Angekl. zu 2):

Freispruch

Die Angeklagten wurden befragt, ob sie noch etwas zu ihrer Verteidigung zu erklären hätten. Sie erklärten: nichts.

Die Angeklagten erhielten das letzte Wort. Sie erklärten:

Angekl. zu 1): Es tut mir leid.

Angekl. zu 2): Ich schließe mich den Ausführungen meiner Verteidigerin an.

Folgendes Urteil wurde nach geheimer Beratung durch Verlesen der Urteilsformel und mündliche Mitteilung des wesentlichen Inhalts der Urteilsgründe verkündet:

Im Namen des Volkes!

Die Angeklagte Kindoro wird wegen gefährlicher Körperverletzung zu einer Freiheitsstrafe von einem Jahr verurteilt. Die Vollstreckung der Strafe wird zur Bewährung ausgesetzt.

Die Angeklagte Kindoro trägt die Kosten des sie betreffenden Verfahrens einschließlich der notwendigen Auslagen des Nebenklägers.

Die Angeklagte Schuler wird wegen versuchter gemeinschaftlicher gefährlicher Körperverletzung und wegen Körperverletzung zu einer Gesamtgeldstrafe von 80 Tagessätzen zu je 25 EUR verurteilt.

Die Angeklagte Schuler trägt die sie betreffenden Kosten des Verfahrens.

Angewendete Vorschriften: §§ 223, 224 I Nrn. 2 und 4, 230, 21, 22, 23, 25 II, 49, 53 StGB.

b.u.v.

Der Haftbefehl des AG Münster vom 06.01.2010 wird aufgehoben.

Der als Anlage 2 beigefügte Bewährungsbeschluss wurde verkündet.

Rechtsmittelbelehrung wurde erteilt.

Die Sitzung wurde geschlossen.

Das Protokoll wurde fertiggestellt am 7.5.2010.

Schwarz *Hauenschild*

Justizbeschäftigte   Richterin am Amtsgericht

27. Kapitel. Akte 2 (Strafverfahren gegen die Beschuldigte Kindoro u.a.)

65a

(Anlage 1 zum Protokoll)

An das Schöffengericht Münster

<u>Beweisantrag</u>

In der Strafsache gegen Schuler

beantrage ich die Vernehmung des an Gerichtsstelle anwesenden Ehemannes der Angeklagten Schuler, Herrn Hans Wolfgang Schuler. Der Zeuge wird bekunden, dass der Zeuge Hammerstein seine Frau angegriffen hat. Der Zeuge kann dies bekunden, weil er von seiner Frau angerufen und gebeten worden war, sie mit dem Auto abzuholen, und etwa um 2.20 Uhr am Hansaring 77 eintraf.

Münster, den 6. 5. 2010

van Dyck

Rechtsanwältin

---

[3] Dieses und das folgende Blatt sind offenbar versehentlich erst nachträglich zur Akte genommen worden, als bereits die Blätter 66 ff. eingeheftet und nummeriert waren. Deshalb erfolgt hier die Nummerierung als Bl. 65a (bzw. Bl. 65b auf der nächsten Seite).

65b

(Anlage 2 zum Protokoll)

Beschluss *(Kindoro)*

1. Die Bewährungszeit beträgt 3 Jahre.

2. Der Angeklagten wird der Aufsicht und Leitung eines noch zu benennenden Bewährungshelfers unterstellt.

3. Der Angeklagten wird auferlegt, 200 Stunden gemeinnütziger Arbeit nach näherer Weisung des Bewährungshelfers zu leisten.

4. Die Angeklagte wird angewiesen, jeden Wechsel ihres Wohn- oder Aufenthaltsortes dem Gericht unaufgefordert mitzuteilen.

Anmerkung: Im Anschluss an dieses Blatt finden sich in der Akte zahlreiche Abrechnungsbelege für die Zeugen- und Dolmetschergebühren. Von einem Abdruck dieser Unterlagen, die für das Verständnis des Verfahrens keinen Erkenntnisgewinn versprechen, wurde aus Platzgründen abgesehen.

Wamsler, van Dyck & Partner
Rechtsanwälte und Notare
zugelassen bei AG und LG Münster

66

William W. Wamsler
Notar
Lydia van Dyck
Rechtsanwältin
Sören Goeben
Rechtsanwalt

An das
Amtsgericht – Schöffengericht –
Gerichtsstraße 2-6

48149 Münster

Frauenstr. 45
48143 Münster
Tel.: 0251/43111-0
Fax: 0251/43111-89
Datum: **06.05.2010**

Amtsgericht Münster
Eingegangen:
07. Mai 2010

<u>Aktenzeichen (bitte stets angeben)</u>
Strafs.Schuler / vD

Az.: 50 Ls 62 Js 3780 / 10 – 129/10

In dem Ermittlungsverfahren gegen

    Eunice <u>Schuler</u> u.a.

lege ich namens und in Vollmacht der Mandantin gegen das heute verkündete Urteil des Schöffengerichts

Rechtsmittel

ein.

Hochachtungsvoll

van Dyck

Rechtsanwältin

13/15/2010   17:49   02514311189   RAe Wamsler pp.   S.   01/01

Wamsler, van Dyck & Partner
Rechtsanwälte und Notare
zugelassen bei AG und LG Münster

An das
Amtsgericht – Schöffengericht –
Gerichtsstraße 2-6

48149 Münster

per Telefax

William W. Wamsler
Notar

Lydia van Dyck
Rechtsanwältin

Sören Goeben
Rechtsanwalt

Frauenstr. 45
48143 Münster
Tel.: 0251/43111-0
Fax: 0251/43111-89
Datum: 06.05.2010

Amtsgericht Münster
Eingegangen:
13. Mai 2010

Aktenzeichen (bitte stets angeben)
Strafs.Kindoro / G

Az.: 50 Ls 62 Js 3780 / 10 – 129/10

In dem Ermittlungsverfahren gegen

   Manolita Kindoro u.a.

lege ich namens und in Vollmacht der Mandantin gegen das Urteil des Schöffengerichts vom 6.5.2010

Rechtsmittel

ein. Ich beantrage, mir eine Protokollabschrift zu überlassen.

Goeben

Rechtsanwalt

50 Ls 62 Js 3780 / 10 – 129/10

Amtsgericht Münster
Im Namen des Volkes
Urteil

In der Strafsache gegen

1) <u>Manolita</u> Ekua **K i n d o r o**,
   geboren am 07.07.1981 in Mampong (Ghana),
   wohnhaft 48153 Münster, Yorkring 12,
   ledig, ghanaische Staatsangehörige,

2) Eunice **S c h u l e r**, geb. Kobasi,
   geboren am 10.06.1972 in Sunyani (Ghana),
   wohnhaft 48317 Drensteinfurth, Marktstr. 44,
   verheiratet, ghanaische Staatsangehörige,

wegen gefährlicher Körperverletzung

hat das Amtgericht Münster (Westfalen) – Schöffengericht – in der Hauptverhandlung vom 6. Mai 2010, an der teilgenommen haben:

Richterin am Amtsgericht Hauenschild
als Vorsitzende,

Tobias Reinhold,
Carolin Gastrow
als Schöffen,

Staatsanwalt Oberheimer
als Beamter der Staatsanwaltschaft,

Rechtsanwalt Sören Goeben, Münster, für die Angeklagte Kindoro,
Rechtsanwältin Lydia von Dyck, Münster, für die Angeklagte Schuler
als Verteidiger,

Selim Eftherim
als Nebenkläger,

Rechtsanwältin Dr. Almut von Schmitt, Münster,
als Nebenklägervertreterin,

Justizbeschäftigte Schwarz
als Urkundsbeamtin der Geschäftsstelle,

am 6. Mai 2010

für Recht erkannt: **69**

Die Angeklagte Kindoro wird wegen gefährlicher Körperverletzung zu einer Freiheitsstrafe von einem Jahr verurteilt. Die Vollstreckung der Strafe wird zur Bewährung ausgesetzt.

Die Angeklagte Kindoro trägt die Kosten des sie betreffenden Verfahrens einschließlich der notwendigen Auslagen des Nebenklägers.

Die Angeklagte Schuler wird wegen versuchter gemeinschaftlicher gefährlicher Körperverletzung und wegen Körperverletzung zu einer Gesamtgeldstrafe von 80 Tagessätzen zu je 25 EUR verurteilt.

Die Angeklagte Schuler trägt die sie betreffenden Kosten des Verfahrens.

Angewendete Vorschriften: §§ 223, 224 Abs. 1 Nrn. 2 und 4, 230, 21, 22, 23, 25 Abs. 2, 49, 53 StGB.

Gründe:

I.

1. Die Angeklagte Kindoro ist heute 29 Jahre alt und in Ghana aufgewachsen. Sie hat dort eine Grundschule besucht und später als Friseurin gearbeitet. Im Jahre 2006 kam sie als politischer Flüchtling nach Deutschland. Ihr Asylantrag wurde im Jahre 2007 bestandskräftig abgelehnt. Seither ist sie ausländerrechtlich geduldet, zurzeit befristet bis November 2010. Im Augenblick besucht sie Förderkurse, um ihren Hauptschulabschluss zu machen. Sie lebt von Sozialunterstützung, die sie in Höhe von 410 EUR im Monat erhält. Daneben wird ihre Wohnung vom Sozialamt bezahlt.

Strafrechtlich ist die Angeklagte noch nicht in Erscheinung getreten.

2. Die Angeschuldigte Schuler ist die Tante der Angeklagten Kindoro und lebt bereits seit 1996 in Deutschland. Ihr Asylantrag ist im Jahre 1999 anerkannt worden. Seither hält sich die Angeklagte im Raum Münster auf. Im Jahre 2001 heiratete sie ihren Ehemann Hans-Wolfgang Schuler.

Die Angeklagte hat, seit ihr Ehemann Frührente bezieht, zum gemeinsamen Lebensunterhalt durch Aushilfsjobs beigetragen. Im Augenblick bedient sie in einer Gaststätte, wo sie 400 EUR monatlich verdient. Ihr Ehemann erhält eine Rente von 1200 EUR im Monat.

Auch die Angeklagte Schuler ist in Deutschland bislang strafrechtlich nicht in Erscheinung getreten.

II.

Am Abend des 05. Januar 2010 hatten die Angeklagten zusammen mehrere Diskotheken und Gaststätten im Hafenviertel von Münster besucht und dabei

70

kräftig dem Alkohol zugesprochen. Die Angeklagte Kindoro wies gegen 3.05 Uhr eine Blutalkoholkonzentration von 2,08 g ‰ auf. Die Angeklagte Schuler, der keine Blutprobe entnommen worden ist, war ähnlich stark alkoholisiert.

Gegen 2.00 Uhr des 06. Mai verspürten die Angeklagten Hunger und begaben sich deshalb in die Dönerbude des Nebenklägers im Hansaring 77, die sie schon früher mehrfach aufgesucht hatten. Da der Nebenkläger Eftherim, der Inhaber der Dönerbude, in den Angeklagten Prostituierte vermutete, wies er sie aus dem Lokal. Die Angeklagten weigerten sich zu gehen und es gab eine lautstarke Auseinandersetzung. Der Nebenkläger begab sich schließlich in die mit der Dönerbude durch einen Durchgang verbundene Gaststätte „Härke-Eck" der Zeugin Popp, um von dort aus die Polizei zur Hilfe zu rufen.

Zu diesem Zweck musste er sich in der Gaststätte hinter die Theke begeben. Beide Angeklagten folgten ihm erbost, um den Nebenkläger handgreiflich anzugreifen, und die sehr wütende Angeklagte Kindoro warf in Verletzungsabsicht zunächst eine auf einem Tisch stehende Colaflasche und sodann ein Bierglas in Richtung des Nebenklägers. Beide Würfe verfehlten zwar ihr Ziel, zerstörten aber zahlreiche Gläser in der Tresenvitrine.

Die Angeklagte lief daraufhin dem Nebenkläger hinter die Theke nach, ergriff dort ein herumliegendes Küchenmesser mit einer Klingenlänge von 15 cm und stach damit einmal von hinten auf den Nebenkläger ein. Sie verletzte ihn dabei in Höhe des rechten Schulterblattes und verursachte eine nur 0,5 cm tiefe, aber 6 cm lange Stichwunde. Erschrocken über ihre Tat legte die Angeklagte Kindoro das Messer zur Seite. Sie wurde kurze Zeit später von Mitarbeitern und Gästen des Lokals, u.a. dem Zeugen Jäntschke, überwältigt.

Die Angeklagte Schuler war wie erwähnt ebenfalls dem Nebenkläger gefolgt, um an dem Angriff auf diesen teilzunehmen, dann aber von dem ihr körperlich an sich weit überlegenen Zeugen Hammerstein aufgehalten worden. Sie ging auf dessen Bitten zunächst gezwungenermaßen mit vor die Tür. Von dort aus wollte sie aber wieder in die Gaststätte gehen, um ihrer Nichte beizustehen. Der Zeuge Hammerstein hielt sie am Arm fest und bat sie höflich, doch noch draußen zu warten, die Angeklagte Kindoro käme bestimmt gleich selbst heraus. Daraufhin griff die Angeklagte Schuler den Zeugen Hammerstein überfallartig und für diesen völlig überraschend an. Sie biss ihn dabei mindestens dreimal in den rechten Arm und einmal in die Ohrmuschel des rechten Ohres. Sodann versetzte sie ihm einen Faustschlag auf das rechte Auge. Als sie sich nunmehr von dem ob des Angriffes völlig verblüfften Zeugen Hammerstein losriss, stürzte dieser zu Boden. Die Angeklagte konnte nun zwar in die Gaststätte gelangen, dort aber ebenfalls von mehreren anderen Personen überwältigt werden.

Der Zeuge Hammerstein trug mehrere blutende Bisswunden am Arm und am Ohr sowie ein Brillenhämatom davon.

71

Die Verletzungen beider Geschädigter sind binnen kurzer Zeit folgenlos ausgeheilt.

III.

Diese Feststellungen beruhen auf den Angaben der Angeklagten, soweit ihnen gefolgt werden konnte, und im Übrigen auf den Aussagen der Zeugen Eftherim, Jäntschke, Hammerstein, Popp, Feldbrügge, Damman und Hans-Wolfgang Schuler sowie den weiteren ausweislich des Hauptverhandlungsprotokolls erhobenen Beweisen.

Die Angeklagte Kindoro hat die ihr zur Last gelegte Tat im Wesentlichen eingeräumt. Ihre Version des Geschehens deckt sich mit den Angaben des Zeugen Eftherim und erscheint von daher glaubhaft. Zwar hat der Zeuge Jäntschke in Abweichung dazu angegeben, die Angeklagte Kindoro habe erst nach dem Messerstich mit Flasche und Glas geworfen. Da dieser Zeuge ansonsten den Ablauf aber ebenso wie die Vorgenannten schildert, geht das Gericht davon aus, dass der Zeuge sich insoweit irrt, was schon angesichts der Schnelligkeit und Dramatik des Geschehens nicht ungewöhnlich wäre.

Die Angeklagte Schuler bestreitet hingegen den ihr gemachten Vorwurf. Der Zeuge Eftherim habe die Handgreiflichkeiten begonnen. Sie sei durch den Zeugen Hammerstein nach draußen gebracht worden. Nicht sie habe dort ihn, sondern umgekehrt er sie angegriffen, indem er sie geschubst und geohrfeigt hätte.

Diese Einlassung wird teilweise durch die Angaben des Ehemannes der Angeklagten gestützt, des Zeugen Hans-Wolfgang Schuler, der hinzugekommen sein will, als die Angeklagte Schuler und der Zeuge Hammerstein sich gerade vor der Gaststätte aufhielten. Er habe gesehen, dass der Zeuge seine Frau gestoßen habe.

Das Gericht hält die Angaben der Angeklagten Schuler und ihres Ehemannes aber für widerlegt. Während der Zeuge Hammerstein eine detailreiche, in sich geschlossene und widerspruchsfreie Darstellung der Ereignisse gegeben hat, widersprechen sich die Versionen der Eheleute Schuler bereits untereinander, weil der Zeuge Hans-Wolfgang Schuler von den von der Angeklagten behaupteten Ohrfeigen nichts berichten konnte. Zudem hat der Zeuge Schuler ergänzt, er habe anschließend noch mit dem Zeugen Hammerstein gesprochen und dieser habe die Frage, ob noch etwas sei, mit „Nein" beantwortet. Eine solche Äußerung erscheint lebensfremd angesichts der Verletzungen, die der Zeuge Hammerstein erlitten hat und von denen auch der Zeuge PK Damman berichten konnte. Das Gericht ist vielmehr der Auffassung, dass der Zeuge Hans-Wolfgang Schuler gar nicht vor Ort war, zumal weder der Zeuge Hammerstein sich an ihn erinnern konnte noch einer der übrigen Zeugen etwas über einen männlichen Begleiter der Angeklagten Schuler ausgesagt hat.

72

Die Angaben der Angeklagten vor Ort gegenüber dem Zeugen Feldbrügge hat das Gericht nicht verwertet, weil die Angeklagte zuvor nicht gemäß § 163a Abs. 4 i.V.m. § 136 StPO belehrt worden war. Da die Angeklagte einer Verwertung dieser Angaben in der Hauptverhandlung widersprochen hat, besteht insoweit ein Verwertungsverbot (BGHSt 38, 214).

IV.

1. Die Angeklagte Kindoro ist wegen ihres Verhalten der gefährlichen Körperverletzung nach § 224 Abs. 1 Nr. 2 StGB schuldig und war entsprechend zu bestrafen. Zu ihren Gunsten hat das Gericht von der Milderungsmöglichkeit nach den §§ 21, 49 Abs. 1 StGB Gebrauch gemacht, da es angesichts der erheblichen Alkoholisierung und des aggressiven Verhaltens der Angeklagten eine erhebliche Einschränkung ihrer Steuerungsfähigkeit nicht mit letzter Sicherheit ausschließen konnte.

Der Strafrahmen reichte danach bis zu dem Maß von 7 Jahren 6 Monaten. Bei der konkreten Strafzumessung hat das Gericht strafmildernd berücksichtigt, dass die Angeklagte geständig war und erstmals strafrechtlich in Erscheinung getreten ist. Auch blieben die Verletzungen in Anbetracht des Angriffs letztlich überraschend leicht und sind folgenfrei verheilt. Auf der anderen Seite musste zu Lasten der Angeklagten berücksichtigt werden, dass sie den Nebenkläger mehrfach durch Würfe und einen Messerstich angegriffen hat und der Messerstich unter den denkbaren Formen der Benutzung eines gefährlichen Werkzeugs durchaus gehobenen Unrechtsgehalt aufweist. Das Gericht hielt daher eine Freiheitsstrafe, die nicht am untersten Rand des Strafrahmens liegt, für erforderlich und schuldangemessen und hat entsprechend auf ein Jahr erkannt.

Die Vollstreckung dieser Strafe konnte im Hinblick auf die erstmalige Auffälligkeit der Angeklagten und die gezeigte Einsicht gemäß § 56 Abs. 1 StGB zur Bewährung ausgesetzt werden, da die Erwartung besteht, dass sich die Angeklagte auch ohne die Einwirkung des Strafvollzuges künftig straffrei führen wird.

2. Die Angeklagte Schuler hat durch den gemeinsamen Angriff auf den Zeugen Eftherim eine versuchte gefährliche Körperverletzung gemäß §§ 223, 224 I Nr. 4, 22, 23 StGB begangen. Sie wollte sich dem Angriff der Angeklagten Kindoro anschließen, was durch den Zeugen Hammerstein verhindert wurde. Dass sie mit diesem das Lokal verließ, stellt keinen strafbefreienden Rücktritt vom Versuch dar, da sie ihren Willen, sich an der Auseinandersetzung zu beteiligen, nicht endgültig aufgab und zudem nicht freiwillig nach draußen ging, sondern sich der körperlichen Überlegenheit des Zeugen beugte.

Der folgende Angriff auf den Zeugen Hammerstein, der allein auf Grund des Überraschungsmoments gelang, verwirklicht § 223 StGB und steht, da auf Grund eines neuen Tatentschlusses gegen eine weitere Person begangen, in Tatmehrheit zu dem vorherigen Körperverletzungsversuch.

73

Auch bei der Angeklagten Schuler hat das Gericht von der Milderungsmöglichkeit nach den §§ 21, 49 Abs. 1 StGB Gebrauch gemacht, da es angesichts der erheblichen Alkoholisierung und des aggressiven Verhaltens auch dieser Angeklagten eine erhebliche Einschränkung ihrer Steuerungsfähigkeit nicht mit letzter Sicherheit ausschließen konnte. Zwar ist der genaue Alkoholwert nicht gemessen worden. Jedoch haben die Angeklagten insoweit glaubhaft angegeben, etwa gleich viel getrunken zu haben, weshalb das Gericht auch bei der Angeklagten Schuler von einer über 2,00 g ‰ liegenden Blutalkoholkonzentration auszugehen hatte.

Für die Tat zum Nachteil des Zeugen Eftherim hat das Gericht darüberhinaus von der Möglichkeit der Strafmilderung gemäß §§ 23 Abs. 2, 49 Abs. 1 StGB Gebrauch gemacht, da andernfalls die Strafe dem Unrechtsgehalt der Tat nicht angemessen gewesen wäre. Innerhalb des damit eröffneten Strafrahmen bis zu 5 Jahren 7 Monaten Freiheitsstrafe hat das Gericht strafmildernd berücksichtigt, dass die Angeklagte Schuler lediglich eine Mitläuferrolle innehatte und es ihr insbesondere nicht nachzuweisen ist, dass sie ähnlich massiv wie die Angeklagte Kindoro auf den Nebenkläger hatte einwirken wollen. Ihre Versuchstat liegt daher auf einer ganz anderen, leichteren Ebene als das Verhalten der Angeklagten Kindoro. Ferner hat das Gericht strafmildernd gewertet, dass auch die Angeklagte Schuler bislang unbelastet ist. Eine Geldstrafe in Höhe von 50 Tagessätzen erschien danach ausreichend und erforderlich, wobei die Höhe eines Tagessatzes in Ansehung der wirtschaftlichen Verhältnisse der Angeklagten gemäß § 40 Abs. 2 StGB auf 25 EUR zu bemessen war.

Hinsichtlich der Tat zum Nachteil des Zeugen Hammerstein war unter Berücksichtigung der Strafmilderung gemäß §§ 23 Abs. 2, 49 Abs. 1 StGB von einem bis zu 3 Jahre 9 Monate reichenden Strafrahmen auszugehen. Erneut hat das Gericht die bisherige Straffreiheit der Angeklagten strafmildernd berücksichtigt. Auf der anderen Seite konnten die ganz massiven Angriffe auf den Zeugen und seine nicht ganz unerheblichen Verletzungen nicht übersehen werden. Auch insoweit war daher zwar von einer Geldstrafe auszugehen, jedoch diese ebenfalls nicht am untersten Rand des Strafrahmens anzusiedeln. Eine Strafe von 60 Tagessätzen erschien hier tat- und schuldangemessen.

Im Rahmen der nach den §§ 53, 54 StGB vorzunehmenden Gesamtstrafenbildung war von der letztgenannten Strafe als Einsatzstrafe auszugehen. Da beide Taten in einem engen Zusammenhang stehen, der nahe an eine natürliche Handlungseinheit grenzt, hat das Gericht die Einsatzstrafe unter nochmaliger zusammenfassender Würdigung aller bereits erwähnten Faktoren nur leicht erhöht und auf eine Gesamtgeldstrafe von 80 Tagessätzen zu je 25 EUR erkannt.

74

V.

Die Kostenentscheidung beruht auf den §§ 465, 472 StPO. Da die Angeklagten nicht allein wegen derselben Tat angeklagt waren, besteht keine Gesamthaftung gemäß § 466 StPO. Die Angeklagte Kindoro hat zudem die Auslagen des Nebenklägers alleine zu tragen, weil die Nebenklage nur die durch sie begangene Tat betrifft. Es erschien dem Schöffengericht nicht unbillig, die Angeklagte mit diesen Kosten zu belasten.

Hauenschild

Hauenschild
Richterin am Amtsgericht

75

50 Ls 62 Js 3780 / 10 – 129/10   gegen Kindoro u.a.

Verfügung

**I.
Urteilsausfertigung an Angeklagte**

- Kindoro (formlos)
- Verteidiger RA Goeben (EB AVR 46)[4]
- Schuler (formlos)
- Verteidigerin RAin van Dyck (EB AVR 46)

Zu I erl. 19. 5.
2 x EB
2 x formlos

**II.
1 Monat nach Zustellung** (Revisionsbegründung?)

Münster, *18. 5. 2010*
Amtsgericht

Hauenschild
Hauenschild, RinAG
Vorsitzende des Schöffengerichts

Frau Richterin
nach Fristablauf
S., 2 2.6.

---

[4] Anmerkung: Vom Abdruck der Empfangsbekenntnisse wurde abgesehen. Die Zustellungen wurden ausweislich der von den Verteidigern zurückgesandten Empfangsbekenntnisse am 21. Mai 2010 bewirkt.

50 Ls 62 Js 3780 / 10 – 129/10 gegen Kindoro u.a.

Verfügung

I.
Vermerk: Es ist keine Rechtsmittelbegründung eingegangen.

II.
Urschriftlich mit Akten

　der Staatsanwaltschaft Münster

zur Durchführung des Rechtsmittelverfahrens zurückgesandt.

Münster, *den 23. Juni 2010*
Amtsgericht

Hauenschild
Hauenschild, RinAG
Vorsitzende des Schöffengerichts

Eingegangen:
25. Juni 2010
Staatsanwaltschaft Münster
Anlagen: 1 Bd(e).

Staatsanwaltschaft
62 Js 3780 / 10   Münster, 28.06.10

77

Verfügung

1. <u>Vermerk</u>: Aus den Urteilsgründen ergibt sich der Verdacht einer Falschaussage gegen den Zeugen Schuler.

2. Ablichtungen fertigen von Bl. 1-8, 13-15, 28-32, 56-65a, 67-72 d.A.

3. Ablichtungen zu Ziff. 2. unter Voranstellung einer begl. Abschrift von Ziff. 1.-3. dieser Vfg. als neue Js-Sache gegen
       Hans-Wolfgang Schuler
       wegen § 153 StGB   *Zu 3. gef.. 2. 6.*
       über Herrn AL VI in Dezernat 62 eintragen und vorlegen.

4. <u>Vermerk</u>: Die Rechtsmittel Bl. 66, 67 sind rechtzeitig. Da fristgerecht keine Revisionsbegründung erfolgt ist, sind beide Rechtsmittel als Berufungen zu behandeln.

5. Urteilsabschrift zu den Handakten nehmen.

6. U. m. A.
       Herrn/Frau Vorsitzender der Kleinen Strafkammer
       in Münster
   zur Durchführung des Berufungsverfahrens übersandt. Es wird angeregt, die in erster Instanz benannten Zeugen (einschließlich des Zeugen Kostner) zu laden.

7. 6 Monate

> **Landgericht Münster**
> **Eingegangen:**
> 30. Juni 2010

Kollmann

Kollmann, StA

SK 15

15 Ns 28/10

78

Landgericht Münster Münster, 05.07.2010
15 Ns 62 Js 3780/10 (15 Ns 28/10)

Verfügung

1.) <u>Vermerk</u>: Der nachfolgende Termin ist mit den Verteidigern abgestimmt worden. Herr RA Goeben erklärte telefonisch, im Termin das Rechtsmittel auf das Strafmaß beschränken zu wollen. RAin van Dyck möchte die Berufung uneingeschränkt durchgeführt wissen.

Auf die Zeugin Popp kann verzichtet und ihre Aussage nach § 325 StPO verlesen werden.

2.) Termin zur Berufungshauptverhandlung vor der XV. kleinen Strafkammer wird bestimmt auf Montag, 02. August 2010, 9.00 Uhr, Saal 116.

3.) Zum Termin laden

   a) 2 Angeklagte (Bl. 67 d.A.)   – ZU –[5]
     – unter Mitteilung der Namen der geladenen Zeugen –

   b) 2 Verteidiger (Bl. 65, 66 d.A.)   – EB –
     – unter Mitteilung der Namen der geladenen Zeugen –

   c) Nebenklägervertreterin (Bl. 41)   – EB –
     – unter Mitteilung der Namen der geladenen Zeugen –

   d) Zeugen

- Eftherim auf 9.00 Uhr (zugleich als Nebenkläger) – ZU –
- Hammerstein auf 9.30 Uhr   – ZU –
- Jäntschke auf 9.30 Uhr   – ZU –
- Hans-Wolfgang Schuler auf 10.00 Uhr   – ZU –
- KK Kostner auf 11.00 Uhr   – formlos –
- PK Feldbrügge auf 11.00 Uhr   – formlos –
- PK Damman auf 11.00 Uhr   – formlos –

   e) Dolmetscher (Urdu) auf 9.00 Uhr

4.) Terminsnachricht an Staatsanwaltschaft

5.) zum Termin

Bachmeyer
Dr. Bachmeyer,
Vorsitzender Richter am Landgericht

6 x ZU, 3 x EB, 3 x formlose geladen
1 x Dolmetscher (Frau Said)
1 x Terminsnachricht
6/7/10 Pl

---

[5] Anmerkung: Vom Abdruck der Zustellungen wurde abgesehen. Die Zustellungen wurden ausweislich der Urkunden am 09.07.2010 ordnungsgemäß vollzogen.

Öffentliche Sitzung der XV. Strafkammer des Landgerichts   **79**

Dauer der Hauptverhandlung von - bis
9.00 Uhr – 14.30 Uhr

Geschäftsnummer
15 Ns 62 Js 3780 / 10 (28/10)

Name und Amtsbezeichnung
Biskupek, JOSin

Gegenwärtig:

Strafsache

Vorsitzende/Vorsitzender:
VRiLG Dr. Bachmeyer

gegen

Schöffen:
Clara Troestdorf
Friedhelm Pohlkötter

1) Manolita Kindoro, geb. 7.7.1981 Mampong, Yorkring 12, 48153 Münster

Beamter/Beamtin der Staatsanwaltschaft:
Oberstaatsanwältin Treskow

2) Eunice Schuler, geb. Kobasi, geb. 10.6.1972 Sunyani, Marktstr. 44, 48317 Drensteinfurth,

Urkundsbeamtin der Geschäftsstelle:
Biskupek, JOSin

wegen
gefährlicher Körperverletzung

Die Berufungshauptverhandlung begann mit dem Aufruf der Sache.

Der Vorsitzende stellte fest, dass anwesend waren:

Als Angeklagte/r: Manolita Kindoro – nicht –

                    Eunice Schuler

Als Verteidiger: Rechtsanwalt Sören Goeben für die Angekl. Kindoro

                    Rechtsanwältin Lydia van Dyck für die Angeklagte Schuler

Als Nebenkläger und Zeuge: Herr Eftherim in Begleitung von RAin Dr. von Schmitt,

                    Weitere Zeugen waren auf einen späteren Zeitpunkt geladen.

Als Dolmetscher: Frau Seda Said

Die Dolmetscherin berief sich auf ihren allgemein geleisteten Eid.

[Der erschienene Zeuge wurde mit dem Gegenstand der Untersuchung und den Personen der Angeklagten bekannt gemacht.

Der Zeuge wurde zur Wahrheit ermahnt und darauf hingewiesen, dass er seine Aussage zu beeiden hätte, wenn dies zur Erforschung der Wahrheit erforderlich sei. Der Zeuge wurde über die Bedeutung des Eides, über die strafrechtlichen Folgen einer unrichtigen oder unvollständigen Aussage belehrt.

Der Zeuge wurde ferner darüber belehrt, dass er berechtigt sei, falls er zu den in § 52 Abs. 1 StPO bezeichneten Angehörigen der Angeklagten gehöre, das Zeugnis und die Beeidigung des Zeugnisses zu verweigern.

Der Zeuge wurde schließlich darüber belehrt, dass er berechtigt sei, die Aussage auf solche Fragen zu verweigern, deren Beantwortung ihn selbst oder einem der in § 52 Abs. 1 StPO bezeichneten Angehörigen die Gefahr zuziehen würde, wegen einer Straftat oder einer Ordnungswidrigkeit verfolgt zu werden.]

Die Sitzung wurde von 09.10 Uhr – 09.20 Uhr unterbrochen.

Nach Wiederaufruf erklärte Rechtsanwalt Goeben, er habe keine Nachricht von seiner Mandantin erhalten und könne sie im Augenblick auch nicht telefonisch erreichen.

Es wird festgestellt, dass die Angeklagte Kindoro ausweislich der Postzustellungsurkunde vom 17.06.2010[6] ordnungsgemäß durch Niederlegung zum heutigen Termin geladen worden ist.

Die Vertreterin der Staatsanwaltschaft beantragte, die Berufung der Angeklagten Kindoro gemäß § 329 StPO zu verwerfen.
Die Vertreterin der Nebenklage schloss sich dem Antrag an.
Der Verteidiger der Angeklagten Kindoro wurde gehört.

Die Sitzung wurde von 09.25 Uhr – 09.30 unterbrochen. Nach Wiederaufruf verkündete die Strafkammer den Beschluss:

Das Verfahren gegen die Angeklagte Kindoro wird abgetrennt.

In dem abgetrennten Verfahren verkündete die Strafkammer sodann das folgende Urteil:

Im Namen des Volkes!

Die Berufung der Angeklagten Kindoro gegen das Urteil des Amtsgerichts – Schöffengericht – Münster vom 6. Mai 2010 wird auf ihre Kosten verworfen. Die Angeklagte hat auch die notwendigen Auslagen des Nebenklägers im Berufungsverfahren zu tragen.

Gründe:

Die Angeklagte ist ausweislich der Postzustellungsurkunde vom 17.06.2010 ordnungsgemäß zum heutigen Termin geladen worden, jedoch ohne Entschuldigung nicht erschienen. Ihre Berufung war daher gemäß § 329 Abs. 1 Satz 1 StPO zu verwerfen. Die Kostenentscheidung beruht auf §§ 473 Abs. 1 Satz 1, 472 StPO.

Die Hauptverhandlung gegen die Angeklagte Kindoro wurde geschlossen.

---

[6] Siehe Fn. 5

81

Die Hauptverhandlung gegen die Angeklagte Schuler wurde um 09.35 Uhr wiederaufgerufen und mit den auf S. 1 des Protokolls genannten Personen – außer Rechtsanwalt Goeben – fortgesetzt. Der Zeuge Eftherim und RAin Dr. von Schmitt wurden darauf hingewiesen, dass der Zeuge in dem Verfahren gegen die Angeklagte Schuler nicht mehr die Stellung eines Nebenklägers innehabe.
Der Zeuge Eftherim und RAin Dr. von Schmitt verließen den Saal.

Der Vorsitzende berichtete über den bisherigen Gang des Verfahrens.
Das Urteil des Amtsgerichts wurde auszugsweise verlesen, und zwar der Tenor, soweit er die Angeklagte betrifft, sowie die Gründe zu Ziff. II. und IV.2.

Die Rechtzeitigkeit der Berufung wurde festgestellt.

Die Angeklagte wurde belehrt, dass es ihr freistehe, Angaben zur Sache zu machen. Sie erklärte: Ich will aussagen.

Die Angeklagte machte Angaben zur Sache.

Der Zeuge Eftherim wurde aufgerufen und machte folgende Aussage:

1. Zeuge:

Zur Person:
    Selim Eftherim, 34 Jahre, Gastwirt,
    wohnhaft in Münster,
    mit der Angeklagten nicht verwandt und nicht verschwägert.

Der Zeuge sagte zur Sache aus.

Entscheidung des Vorsitzenden: Der Zeuge bleibt gemäß § 59 StPO unbeeidet.
Der Zeuge sowie der Dolmetscher wurden entlassen.

Der Zeuge Jäntschke wurde aufgerufen, wie [ ] S. 1 f. des Protokolls belehrt und machte sodann folgende Aussage:

2. Zeuge:

Zur Person:
    Hauke Jäntschke, 40 Jahre, Kraftfahrer,
    wohnhaft in Greven,
    mit der Angeklagten nicht verwandt und nicht verschwägert.

Der Zeuge sagte zur Sache aus.

Entscheidung des Vorsitzenden: Der Zeuge bleibt gemäß § 59 StPO unbeeidet.
Der Zeuge wurde entlassen.

Der Zeuge Hammerstein wurde aufgerufen, wie [ ] S. 1 f. des Protokolls belehrt und machte sodann folgende Aussage:

3. Zeuge:

Zur Person:
Paul Hammerstein, 44 Jahre, technischer Sterilisationsassistent,
wohnhaft in Münster,
mit den Angeklagten nicht verwandt und nicht verschwägert.

Der Zeuge sagte zur Sache aus.

Entscheidung des Vorsitzenden: Der Zeuge bleibt gemäß § 59 StPO unbeeidet.

Der Zeuge Schuler wurde aufgerufen und wie [ ] S. 1 f. dieses Protokolls belehrt. Anschließend wurde er wie folgt vernommen:

4. Zeuge

Zur Person:
Hans-Wolfgang Schuler, 59 Jahre, Frührentner,
wohnhaft in Drensteinfurth,
die Angeklagte Schuler ist meine Ehefrau.
Ich möchte aussagen.

Der Zeuge sagte zur Sache aus.

Der Vertreter der Staatsanwaltschaft hielt dem Zeugen die Aussage des Zeugen Hammerstein vor.

Der Zeuge sagte weiter zur Sache aus.

Entscheidung des Vorsitzenden: Der Zeuge bleibt gemäß § 60 Nr. 2 StPO unbeeidet.

Der Zeuge Hammerstein wurde wieder hervorgerufen und unter Hinweis auf die bereits erfolgte Belehrung ergänzend vernommen.

Der Zeuge sagte zur Sache aus.

Entscheidung des Vorsitzenden: Der Zeuge bleibt weiterhin gemäß § 60 Nr. 2 StPO unbeeidet.

Der Zeuge Damman wurde aufgerufen und wie [ ] S. 1 f. dieses Protokolls belehrt. Anschließend wurde er wie folgt vernommen:

5. Zeuge

Zur Person:
Klaus Damman, 31 Jahre, Polizeikommissar,
Dienstort Münster,
mit den Angeklagten nicht verwandt und nicht verschwägert.

Der Zeuge sagte zur Sache aus.

Der Zeuge Schuler wurde hervorgerufen und dem Zeugen Damman gezeigt.

Der Zeuge sagte weiter zur Sache aus.

Entscheidung des Vorsitzenden: Der Zeuge bleibt gemäß § 59 StPO unbeeidet.

Der Zeuge Feldbrügge wurde aufgerufen und wie [ ] S. 1 f. dieses Protokolls belehrt.

Die Verteidigerin widersprach der Vernehmung des Zeugen, da seine Aussage über die Angaben der Angeklagten mangels Belehrung unverwertbar seien.

Die Vertreterin der Staatsanwaltschaft gab eine Erklärung ab.

Entscheidung des Vorsitzenden: Der Zeuge soll vernommen werden.

Der Zeuge machte daraufhin folgende Angaben:

6. Zeuge

Zur Person:
    Dennis Feldbrügge, 30 Jahre, Polizeikommissar,
    Dienstort Münster,
    mit den Angeklagten nicht verwandt und nicht verschwägert.

Der Zeuge sagte zur Sache aus.

Der Zeuge Schuler wurde hervorgerufen und dem Zeugen Feldbrügge gezeigt.

Der Zeuge sagte weiter zur Sache aus.

Die Verteidigerin widersprach einer Verwertung der Aussage des Zeugen zu Angaben der Angeklagten am Tattag.

Die Vertreterin der Staatsanwaltschaft gab eine Erklärung ab.

Entscheidung des Vorsitzenden: Der Zeuge bleibt gemäß § 59 StPO unbeeidet.

Der Zeuge Kostner wurde aufgerufen und wie [ ] S. 1 f. dieses Protokolls belehrt. Anschließend wurde er wie folgt vernommen:

7. Zeuge

Zur Person:
    David Kostner, 27 Jahre, Polizeikommissar,
    Dienstort Münster,
    mit den Angeklagten nicht verwandt und nicht verschwägert.

Der Zeuge sagte zur Sache aus.

Der Bericht Bl. 4 ff. wurde mit dem Zeugen und den Beteiligten erörtert.

Der Zeuge Schuler wurde hervorgerufen und dem Zeugen Kostner gezeigt.

Der Zeuge sagte weiter zur Sache aus.

Entscheidung des Vorsitzenden: Der Zeuge bleibt gemäß § 59 StPO unbeeidet.

Die Aussage der Zeugin Popp vor dem Amtsgericht (Bl. 60) wurde gemäß § 325 StPO verlesen.

Es erging gemäß § 265 StPO der rechtliche Hinweis, dass im Fall zum Nachteil des Zeugen Hammerstein zusätzlich eine tateinheitlich begangene Nötigung gemäß § 240 StGB vorliegen könnte. Die Strafvorschrift wurde verlesen. Es wurde Gelegenheit zur Verteidigung gegeben.

Die Verteidigerin gab eine Erklärung ab.

Sämtliche Zeugen wurden sodann im allseitigen Einverständnis entlassen.

RAin van Dyck verlas den als Anlage 1 diesem Protokoll beigefügten Beweisantrag.

Die Vertreterin der Staatsanwaltschaft gab dazu eine Erklärung ab.

Die Sitzung wurde von 11.45 – 12.00 Uhr unterbrochen.

Nach Fortsetzung der Hauptverhandlung verkündete der Vorsitzende folgenden Beschluss der Strafkammer:

Der Antrag auf Vernehmung von Frau Kindoro wird zurückgewiesen, da nicht dargelegt ist, inwiefern die Zeugin, die sich zum fraglichen Zeitpunkt nach den Angaben der Zeugen Jäntschke und Eftherim innerhalb der Gaststätte befand, die behauptete Tatsache bekunden könnte. Die Strafkammer vermag daher nicht zu prüfen, ob es sich bei der Zeugin um ein geeignetes Beweismittel handelt.

Die Angeklagte machte Angaben zu ihren persönlichen Verhältnissen.

Der BZR-Auszug vom 12.01.2010 wurde verlesen.

Nach der Vernehmung jedes Mitangeklagten sowie nach jeder Beweiserhebung wurde die Angeklagte befragt, ob sie noch etwas zu erklären hätte.

Weitere Beweisanträge wurden nicht gestellt; die Beweisaufnahme wurde geschlossen.

Die Verteidigerin und die Angeklagte sowie der Vertreter der Staatsanwaltschaft erhielten zum Ergebnis der Hauptverhandlung das Wort:

Die Verteidigerin beantragte:

Freispruch.

Die Vertreterin der Staatsanwaltschaft beantragte:

Verwerfung der Berufung.

Die Angeklagte wurde befragt, ob sie noch etwas zu ihrer Verteidigung zu erklären hätte.

Die Angeklagte erhielt das letzte Wort. Sie erklärte:

Ich bin unschuldig.

Folgendes Urteil wurde nach geheimer Beratung durch Verlesen der Urteilsformel und mündliche Mitteilung des wesentlichen Inhalts der Urteilsgründe verkündet:

Im Namen des Volkes!

Auf die Berufung der Angeklagten wird das Urteil des Schöffengerichts Münster vom 6. Mai 2010 aufgehoben, soweit es die Angeklagte Schuler betrifft.

Die Angeklagte Schuler wird unter Freisprechung im Übrigen wegen Körperverletzung in Tateinheit mit Nötigung zu einer Geldstrafe von 70 Tagessätzen zu je 25 EUR verurteilt.

Der Angeklagten wird gestattet, die Strafe in monatlichen Raten von 150,00 EUR zu zahlen. Die Raten sind jeweils zum 15. eines jeden Monats und erstmals im auf die Rechtskraft folgenden Monat fällig. Kommt die Angeklagte mit einer Rate in Verzug, so wird der gesamte Restbetrag auf einmal fällig.

Die weitergehende Berufung der Angeklagten wird verworfen.

Die Angeklagte trägt die Verfahrenskosten, soweit sie verurteilt wurde. Im Übrigen trägt die Landeskasse die Kosten einschließlich der notwendigen Auslagen der Angeklagten.

Angewendete Vorschriften: §§ 223, 240, 52 StGB.

Rechtsmittelbelehrung wurde erteilt.

Die Sitzung wurde geschlossen.

Das Protokoll wurde fertiggestellt am 4.8.2010

Biskupek

Justizbeschäftigte

Bachmeyer

Vorsitzender Richter am Landgericht

(Anlage 1 zum Protokoll vom 2. 8. 2010)

In der Strafsache gegen Schuler

beantrage ich die Vernehmung der früheren Mitbeschuldigten Manolita Kindoro (Anschrift gerichtskundig) als Zeugin. Die Zeugin kann bekunden, dass der Zeuge Hans-W. Schuler am Tattag gegen 2.20 Uhr am Tatort erschienen ist.

Münster, den 2. 8. 2010

van Dyck

Rechtsanwältin

Wamsler, van Dyck & Partner
Rechtsanwälte und Notare
zugelassen bei AG und LG Münster

An das
Landgericht – 15. Strafkammer –
Am Stadtgraben 10

48149 Münster

William W. Wamsler
Notar
Lydia van Dyck
Rechtsanwältin
Sören Goeben
Rechtsanwalt

Frauenstr. 45
48143 Münster
Tel.: 0251/43111-0
Fax: 0251/43111-89
Datum: 06.08.2010

Landgericht Münster
Eingegangen:
07. August 2010

Aktenzeichen (bitte stets angeben)
Strafs.Schuler / vD

Az.: 15 Ns 62 Js 3780 / 10 – (28/10)

In dem Strafverfahren gegen

    Eunice Schuler

lege ich namens und in Vollmacht der Mandantin gegen das am 02.08.2010 verkündete Urteil der kleinen Strafkammer

Revision

ein. Ich beantrage, mir zur Vorbereitung der Revisionsbegründung mit dem Urteil zugleich eine Abschrift des Protokolls zukommen zu lassen.

van Dyck
Rechtsanwältin

15 Ns 62 Js 3780 / 10
(28/10)

Urteil zur
Geschäftsstelle gelangt
am:
10. 9. 2010

Plogner, JHS in

Landgericht Münster
Im Namen des Volkes
Urteil

In der Strafsache gegen

Eunice **S c h u l e r**, geb. Kobasi,
geboren am 10.06.1972 in Sunyani (Ghana),
wohnhaft 48317 Drensteinfurth, Marktstr. 44,
verheiratet, ghanaische Staatsangehörige,

wegen gefährlicher Körperverletzung

hat die XV. Kleine Strafkammer des Landgerichts Münster (Westfalen) auf die Berufung der Angeklagten gegen das Urteil des Amtsgerichts – Schöffengericht – Münster vom 6. Mai 2010 in der Berufungshauptverhandlung vom 2. August 2010, an der teilgenommen haben:

Vorsitzender Richter am Landgericht Dr. Bachmeyer
als Vorsitzender,

Clara Troestdorf,
Friedhelm Pohlkötter
als Schöffen,

Oberstaatsanwältin Treskow
als Beamtin der Staatsanwaltschaft,

Rechtsanwältin Lydia von Dyck, Münster,
als Verteidigerin,

Justizobersekretärin Biskupek
als Urkundsbeamtin der Geschäftsstelle,

am 2. August 2010

für R e c h t erkannt:

Auf die Berufung der Angeklagten wird das Urteil des Schöffengerichts Münster vom 6. Mai 2010 aufgehoben, soweit es die Angeklagte Schuler betrifft.

Die Angeklagte Schuler wird unter Freisprechung im Übrigen wegen Körperverletzung in Tateinheit mit Nötigung zu einer Geldstrafe von 70 Tagessätzen zu je 25 EUR verurteilt.

Der Angeklagten wird gestattet, die Strafe in monatlichen Raten von 150,00 EUR zu zahlen. Die Raten sind jeweils zum 15. eines jeden Monats und erstmals im auf die Rechtskraft folgenden Monat fällig. Kommt die Angeklagte mit einer Rate in Verzug, so wird der gesamte Restbetrag auf einmal fällig.

Die weitergehende Berufung der Angeklagten wird verworfen.

Die Angeklagte trägt die Verfahrenskosten, soweit sie verurteilt wurde. Im Übrigen trägt die Landeskasse die Kosten einschließlich der notwendigen Auslagen der Angeklagten.

Angewendete Vorschriften: §§ 223, 240, 52 StGB.

Gründe:

I.

Die Angeklagte ist durch das angefochtene Urteil wegen versuchter gemeinschaftlicher gefährlicher Körperverletzung und wegen Körperverletzung zu einer Gesamtgeldstrafe von 80 Tagessätzen zu je 25 EUR und in die Verfahrenskosten verurteilt worden. Als Einzelstrafen hat das Schöffengericht für die versuchte gefährliche Körperverletzung 50 Tagessätze und für die vollendete einfache Körperverletzung 60 Tagessätze festgesetzt. Mit ihrer Berufung erstrebt die Angeklagte einen vollständigen Freispruch. Das Rechtsmittel hatte teilweise Erfolg.

II.

Die Angeschuldigte Schuler ist die Tante der gesondert verfolgten Beschuldigten Manolita Kindoro. Sie reiste als politischer Flüchtling 1996 mit ihren heute in Köln lebenden Eltern nach Deutschland ein. Im Jahre 1999 wurde die Asylberechtigung der Familie bestandskräftig anerkannt. Nach der Absolvierung von Integrationskursen fand die Angeklagte Arbeit in einer Wäscherei in Drensteinfurth. Im Jahre 2000 lernte sie ihren Ehemann kennen; beide heirateten 2001.

Die Angeklagte hat, seit ihr Ehemann Frührente bezieht, zum gemeinsamen Lebensunterhalt durch Aushilfsjobs beigetragen. Seit Anfang des Jahres bedient sie in einer Gaststätte in Drensteinfurth, wo sie 400 EUR monatlich verdient. Ihr Ehemann erhält eine Rente von 1200 EUR im Monat.

Ausweislich des Bundeszentralregisterauszuges ist die Angeklagte Schuler bislang strafrechtlich nicht in Erscheinung getreten.

III.

Am Abend des 05. Januar 2010 hatte die Angeklagte zusammen mit der gesondert Verfolgten Manolita Kindoro mehrere Diskotheken und Gaststätten im Hafenviertel in Münster besucht und dabei kräftig dem Alkohol zugesprochen. Die Angeklagte, der keine Blutprobe entnommen worden ist, war stark alkoholisiert.

Gegen 2.00 Uhr des 06. Mai verspürten die Angeklagte und Kindoro Hunger und begaben sich deshalb in die Dönerbude des Zeugen Eftherim im Hansaring 77, die sie schon früher mehrfach aufgesucht hatten. Da Eftherim, der Inhaber der Dönerbude, in der Angeklagten und ihrer Begleiterin Prostituierte vermutete, wies er sie aus dem Lokal. Die Angeklagte und Kindoro weigerten sich zu gehen und es gab eine lautstarke Auseinandersetzung. Der Zeuge Eftherim begab sich schließlich in die mit der Dönerbude durch einen Durchgang verbundene Gaststätte „Härke-Eck" der Zeugin Popp, um von dort aus die Polizei zur Hilfe zu rufen.

Die gesondert Verfolgte Kindoro folgte ihm erbost und warf zunächst eine auf einem Tisch stehende Colaflasche und sodann ein Bierglas in Richtung des Zeugen. Beide Würfe verfehlten ihr Ziel. Kindoro lief daraufhin dem Zeugen hinter die Theke nach, ergriff ein dort herumliegendes Küchenmesser und stach damit einmal von hinten auf ihn ein. Sie brachte ihm dabei eine leichte Stichwunde bei. Kindoro wurde kurze Zeit später von Mitarbeitern und Gästen des Lokals überwältigt.

Die Angeklagte Schuler war dem Zeugen ebenfalls gefolgt. In der Anklageschrift der Staatsanwaltschaft und im Urteil des Schöffengerichts wird ihr daraus der Vorwurf einer versuchten gemeinschaftlichen gefährlichen Körperverletzung gemacht. Dieser Vorwurf hat sich in der Berufungshauptverhandlung aus tatsächlichen Gründen nicht bestätigt. Die Strafkammer konnte nicht feststellen, dass die Angeklagte mit dem Willen handelte, den Zeugen Eftherim ihrerseits zu verletzen oder Verletzungshandlungen der gesondert Verfolgten Kindoro zu unterstützen.

Wie erwähnt, war die Angeklagte der gesondert Verfolgten Kindoro und dem Zeugen Eftherim in Richtung des „Härke-Eck" gefolgt. Dort angekommen, wurde sie von dem Zeugen Hammerstein aufgehalten. Sie ging auf dessen Bitten zunächst freiwillig mit vor die Tür. Vor dort aus wollte sie aber wieder in die Gaststätte gehen, um ihrer Nichte beizustehen, da sie lautes Schimpfen und Schreien aus der Gaststätte hörte. Der Zeuge Hammerstein hielt sie am Arm fest und bat sie höflich, doch noch draußen zu warten, die Angeklagte Kindoro käme bestimmt gleich selbst heraus. Daraufhin griff die Angeklagte Schuler den Zeugen Hammerstein überfallartig und für diesen völlig überraschend an. Sie biss ihn dabei mindestens dreimal in den rechten Arm und einmal in die Ohrmuschel des rechten Ohres. Sodann versetzte sie ihm einen Faustschlag auf das rechte Auge. Mit diesem Angriff wollte sie sich von dem Zeugen befreien und ungehindert in die Gaststätte zurückkehren. Dies gelang ihr. Als sie sich von dem auf Grund des Angriffes völlig verblüfften Zeugen Hammerstein losriss, stürzte dieser zu Boden und ließ sie los. Die Angeklagte konnte nun zwar in die Gaststätte gelangen, dort aber ebenfalls von mehreren anderen Personen überwältigt werden.

Der Zeuge Hammerstein trug mehrere blutende Bisswunden am Arm und am Ohr sowie ein Brillenhämatom davon.

III.

Diese Feststellungen beruhen auf den Angaben der Angeklagten, soweit ihnen gefolgt werden konnte, und im Übrigen auf den Aussagen der Zeugen Eftherim, Jäntschke, Hammerstein, Hans-Wolfgang Schuler, Feldbrügge, Damman und Kostner sowie den weiteren ausweislich des Hauptverhandlungsprotokolls erhobenen Beweisen.

Die Angeklagte bestreitet die ihr gemachten Vorwürfe im Ganzen. Der Zeuge Eftherim habe die Handgreiflichkeiten begonnen. Sie sei ihrer den Zeugen angreifenden Nichte zwar gefolgt, aber nicht, um ihrerseits den Zeugen anzugreifen oder den Angriff zu unterstützen. Vielmehr habe sie auf ihre Nichte aufpassen wollen. Sie wisse, dass diese gerne einmal „durchknalle" und sie wollte im Notfall eingreifen, falls dies wiederum drohe. Das sei ihr aber nicht gelungen, weil sie zuvor durch den Zeugen Hammerstein aufgehalten worden sei. Diesem sei sie nach draußen gefolgt, weil sie keine Chance gesehen hätte, sich ihm zu widersetzen.

Diese Einlassung ist der Angeklagten im Kern nicht zu widerlegen. Der Zeuge Eftherim hat glaubhaft angegeben, nicht die Angeklagte, sondern allein die gesondert Verfolgte Kindoro sei ihm gegenüber handgreiflich geworden. Auch habe sich die Angeklagte an der vorherigen verbalen Auseinandersetzung kaum beteiligt. Der Zeuge Hammerstein bestätigt zudem, die Angeklagte bereits vor dem ersten Wurf durch Kindoro aufgehalten zu haben. Die Strafkammer vermochte daher zu diesem Zeitpunkt einen Körperverletzungsvorsatz bei der Angeklagten nicht festzustellen, weshalb der Schuldspruch des amtsgerichtlichen Urteils insoweit aufzuheben und die Angeklagten vom Anklagevorwurf der versuchten gefährlichen Körperverletzung freizusprechen war.

Auch zum weiteren Tatgeschehen bestreitet die Angeklagte den Tatvorwurf. Sie gibt an, vor der Tür habe der Zeuge Hammerstein sie ohne Anlass herumgestoßen und sie geohrfeigt. Sie habe sich dagegen gewehrt. In die Gaststätte habe sie nicht zurückgewollt.

Diese weitere Einlassung wird teilweise durch die Angaben des Ehemannes der Angeklagten gestützt, des Zeugen Hans-Wolfgang Schuler, der hinzugekommen sein will, als die Angeklagte Schuler und der Zeuge Hammerstein sich gerade vor der Gaststätte aufhielten. Er habe gesehen, dass der Zeuge seine Frau gestoßen habe.

Die Strafkammer hält diese weiteren Angaben der Angeklagten und ihres Ehemannes aber für widerlegt.

Der Zeuge Hammerstein hat glaubhaft angegeben, die Angeklagte habe zurück in das Lokal gewollt. Das habe er verhindern wollen, da er den Eindruck hatte, die Situation drinnen könne sonst weiter eskalieren. Daher habe er die Angeklagte zunächst gebeten, doch abzuwarten. Zudem habe er sie am Arm festgehalten. Er habe nicht ernsthaft damit gerechnet, dass sie einen Versuch unternehmen würde, sich gewaltsam loszureißen, da er ihr körperlich weit überlegen gewesen sei. Deshalb habe es ihn völlig überrumpelt, als sie plötzlich mindestens dreimal in seinen Unterarm gebissen habe. Reflexartig habe er sich etwas nach unten gebeugt, um seinen Arm zu befreien, worauf die Angeklagte irgendwie an sein rechtes Ohr gelangt sei und ihn auch noch dort gebissen hätte. Schließlich habe er einen Faustschlag auf das rechte Auge erhalten. Diese detailreiche, in sich geschlossene und widerspruchsfreie Darstellung hält die Strafkammer für glaubhaft, zumal der Zeuge freimütig über eine für ihn als „peinlich" empfundene „Niederlage" gegen eine kleine Frau berichtet und dabei durchaus kritisch die eigene Beteiligung geschildert hat.

Demgegenüber vermochte die Aussage des Zeugen Hans-Wolfgang Schuler die Strafkammer nicht zu überzeugen. Vielmehr ist dieser Zeuge nach der Überzeugung der Strafkammer gar nicht vor Ort gewesen. Er hat auch in zweiter Instanz das Geschehen nur unvollkommen und blass, ohne jede Detaillierung und auf Nachfragen sehr reserviert geschildert. Er habe aus der Entfernung einen Stoß gegen seine Frau durch den Zeugen Hammerstein gesehen. Als er näher herangekommen, wäre die Auseinandersetzung bereits beendet gewesen. Verletzungen habe er bei dem Zeugen nicht bemerkt und dieser habe ihm gegenüber angegeben, „es sei auch nichts weiter". Demgegenüber haben die Zeugen Feldbrügge und Kostner glaubhaft ausgesagt, die blutenden Verletzungen des Zeugen, insbesondere am Ohr, seien von ihnen sofort wahrgenommen worden. Diese hätte der Zeuge Schuler daher ebenfalls bemerken müssen, wenn er sich wirklich mit dem Zeugen Hammerstein unterhalten hätte. Zudem hat der Zeuge auch in zweiter Instanz nichts von den angeblichen Ohrfeigen gegenüber seiner Frau angegeben, obschon diese nach der Aussage der Angeklagten nach dem Stoßen erfolgt sein sollen. Schlussendlich hat auch keiner der Zeugen den Zeugen Schuler am Tatort gesehen bzw. kann sich an ihn erinnern.

Auch die Strafkammer hat die Angaben der Angeklagten vor Ort gegenüber dem Zeugen Feldbrügge zwar vernommen, sie aber nicht verwertet, weil die Angeklagte nicht zuvor gemäß § 163a Abs. 4 i.V.m. § 136 StPO belehrt worden ist. Da die Angeklagte einer Verwertung dieser Angaben widersprochen hat, ist schon das Schöffengericht insoweit zu Recht von einem Verwertungsverbot ausgegangen.

Auch ohne die Angaben des Zeugen Feldbrügge ist die Strafkammer aber überzeugt davon, dass sich das Geschehen so abgespielt hat, wie es von dem Zeugen Hammerstein geschildert worden ist.

Die Angeklagte ist danach einer Körperverletzung in Tateinheit mit einer Nötigung schuldig. Die Angeklagte wollte sich gewaltsam den Weg in die Gaststätte bahnen und das ist ihr mittels der körperlichen Misshandlung und Verletzung des Zeugen Hammerstein auch gelungen. Eine Rechtfertigung stand der Angeklagten dabei nicht zur Seite, denn für die gesondert Verfolgte Kindoro bestand objektiv keinerlei Gefahr. Die Angeklagte stellte sich aber auch keine Gefahrenlage vor, wegen derer sie zu ihrer Tat berechtigt gewesen sein könnte. Die Strafkammer schließt angesichts des Vorgeschehens aus, dass die Angeklagte dem Zeugen Eftherim zu Hilfe kommen wollte. Das war – wie die Angeklagte selbst eingeräumt hat – bereits anfangs nicht ihre Intention gewesen, als sie ihrer Nichte folgte. Sie wollte alleine auf diese aufpassen. Aber auch dann, wenn sie weiterhin auf ihre Nichte im Notfall mäßigend einwirken und deshalb in die Gaststätte zurück wollte, so hätte sie dies nicht zur der Tat gegen den Zeugen Hammerstein berechtigt. Denn der gesondert Verfolgten Kindoro hätte auch nach dieser Vorstellung keinerlei unmittelbare Gefahr gedroht. Die Kindoro gegebenenfalls drohenden Konsequenzen (eigene Verletzungen, Bestrafung, Schadensersatzforderungen) hätten zudem in ihrer Bedeutung die angegriffenen Rechtsgüter beim Zeugen Hammerstein nicht in dem Maße übertroffen, wie das nach § 34 StGB zur Rechtfertigung notwendig gewesen wäre.

Vor diesem Hintergrund war das Vorgehen der Angeklagten auch im Sinne von § 240 Abs. 2 StGB verwerflich. Gewaltanwendung indiziert die Verwerflichkeit, und im vorliegenden Falle war diese Gewalteinwirkung so erheblich, dass keine andere Bewertung gerechtfertigt sein kann.

IV.

Ausgangsstrafrahmen für die Bemessung der Strafe war der von § 223 StGB eröffnete Rahmen bis zu maximal fünf Jahren Freiheitsstrafe.
Auch die Strafkammer hat bei der Angeklagten von der Milderungsmöglichkeit nach den §§ 21, 49 Abs. 1 StGB Gebrauch gemacht, da im Hinblick auf die erhebliche Alkoholisierung und das aggressive Verhalten der Angeklagten eine erhebliche Einschränkung ihrer Steuerungsfähigkeit nicht mit letzter Sicherheit auszuschließen ist. Der konkret anzuwendende Strafrahmen reicht daher bis zu drei Jahren und neun Monaten Freiheitsstrafe.

Innerhalb dieses Strafrahmens hat die Strafkammer es strafmildernd gewertet, dass die Angeklagte Schuler bislang unbescholten in Deutschland gelebt hat. Auf der anderen Seite konnten die heftigen Angriffe auf den Zeugen Hammerstein und seine nicht ganz unerheblichen Verletzungen als schulderhöhende Faktoren nicht übersehen werden. Andererseits sind die Verletzungen folgenlos ausgeheilt.

In der Gesamtschau handelt es sich, auch wegen der mitbegangenen Nötigung, um eine Tat, die deutlich schwerer wiegt als die denkbar leichteste Körperverletzung. Gleichwohl hielt die Strafkammer eine Strafe im unteren Bereich des Strafrahmens noch für ausreichend und hat entsprechend auf eine solche von 70 Tagessätzen erkannt.

Die Höhe eines Tagessatzes war in Anbetracht der wirtschaftlichen Verhältnisse der Angeklagten gemäß § 40 Abs. 2 StGB auf 25 EUR zu bemessen.

V.

Die Kostenenscheidung beruht auf den §§ 465, 467, 473 Abs. 1 und 4 StPO.

Bachmeyer

Dr. Bachmeyer

Vorsitzender Richter am Landgericht

Landgericht Münster Münster, 14.09.2010
15 Ns 62 Js 3780/10 (15 Ns 28/10)

95

Verfügung

1. <u>Vermerk und Dienstliche Erklärung</u>: Auf Grund einer Erkrankung meiner Person vom 2. bis zum 8. September konnte das Urteil betr. Schuler, dessen erste Fassung ich am 26.8. diktiert hatte und das am 2.9. von der Kanzlei geschrieben wieder vorlag, erst am 9. September redigiert, in seiner schlussendlichen Fassung hergestellt und unterzeichnet werden.

2. Urteilsausfertigung zustellen an Angeklagte Schuler (ZU[7]) mit Zusatz: Ihrer Verteidigerin wird das Urteil formlos übersandt.

3. Urteil und Protokollabschrift formlos übersenden an Verteidigerin mit Zusatz: Ihrer Mandantin ist das Urteil förmlich zugestellt worden.

4. Verwerfungsurteil Kindoro mit RMB 90c zustellen an Verteidiger (EB)

5. Verwerfungsurteil formlos übersenden an Angekl. Kindoro mit Nachricht von Ziff. 4.

6. U. m. A.

    der Staatsanwaltschaft Münster

    zur Zustellung.

7. 1 Monat

1 x *ZU zu 2)*,
1 x *EB zu 4)*,
2)-5) ab.
15/9/10 *Pl*

Eingegangen:
17. September 2010
Staatsanwaltschaft Münster
Anlagen: _____1_____ Pd(e).

Bachmeyer
VRiLG Dr. Bachmeyer

Staatsanwaltschaft Münster

Vfg.

1. *U. m. A.*
   dem *LG Münster*
   Herrn Vors. d. StK 15
   nach Zustellung zur weiteren Überwachung der
   Revisionsbegründungsfrist zurückgesandt.
2. Frist 30.10.

Hollmann, StA, 20/9/10

Landgericht Münster
Eingegangen:
22. September 2010

---

[7] <u>Anm.</u>: Vom Abdruck aller Zustellungsurkunden wurde abgesehen. Die Zustellungen erfolgten am 17.09.2010 Auf die Zustellung des Urteils an die Angeklagte *Kindoro* erfolgte keine weitere Reaktion. Insbesondere wurde kein Antrag auf Wiedereinsetzung in den vorigen Stand (§§ 329 III, 44 f. StPO) gestellt. Das Urteil gegen sie ist daher rechtskräftig geworden.

Wamsler, van Dyck & Partner
Rechtsanwälte und Notare

zugelassen bei AG und LG Münster

An das
Landgericht Münster
Am Stadtgraben 10

48149 Münster

William W. Wamsler
Notar
Lydia van Dyck
Rechtsanwältin
Sören Goeben
Rechtsanwalt

Frauenstr. 45
48143 Münster
Tel.: 0251/43111-0
Fax: 0251/43111-89
Datum: 16.10.2010

**Landgericht Münster
Eingegangen:
18. Oktober 2010**

Az.: 15 Ns 62 Js 3780 / 10 (28/10)

Aktenzeichen (bitte stets angeben)
Strafs.Schuler / vD

In dem Strafverfahren gegen

    Eunice Schuler

beschränke ich zunächst namens und in Vollmacht der Mandantin die gegen das am 02.08.2010 verkündete Urteil der kleinen Strafkammer eingelegte Revison auf die Verurteilung wegen Körperverletzung in Tateinheit mit Nötigung.

Sodann begründe ich das Rechtsmittel fristgerecht wie folgt:

Es wird die Verletzung formellen und materiellen Rechts gerügt.

I.   Zur Verletzung materiellen Rechts

Die Sachrüge wird unbegrenzt erhoben.

1. Ohne daher den Prüfungsumfang des Revisionsgerichts hierauf einzugrenzen, möchte ich vornehmlich rügen, dass die Strafkammer die Voraussetzungen eines Erlaubnistatbestandsirrtums unzulänglich geprüft und daher zu Unrecht verneint hat. Wenn, wie die Strafkammer annimmt, der früheren Mitangeklagten Kindoro auch Verletzungen drohten (UA S. 6), so ist nicht auszuschließen, dass es sich dabei um erheblich schwerere Verletzungen handeln würde, als der Zeuge Hammerstein erlitt. Immerhin stand Frau Kindoro alleine gegen mehrere Personen, u.a. die Zeugen Eftherim, Jäntschke und Popp.

2. Ich weise ferner darauf hin, dass die Annahme einer vollendeten Nötigung unzutreffend ist. Die Strafkammer hat dazu festgestellt (UA S. 3 f.):

„Vor dort aus wollte sie aber wieder in die Gaststätte gehen, um ihrer Nichte beizustehen, da sie lautes Schimpfen und Schreien aus der Gaststätte hörte. Der Zeuge Hammerstein hielt sie am Arm fest und bat sie höflich, doch noch draußen zu warten, die Angeklagte Kindoro käme bestimmt gleich selbst heraus. Daraufhin griff die Angeklagte Schuler den Zeugen Hammerstein überfallartig und für diesen völlig überraschend an. Sie biss ihn dabei mindestens dreimal in den rechten Arm und einmal in die Ohrmuschel des rechten Ohres. Sodann versetzte sie ihm einen Faustschlag auf das rechte Auge. Mit diesem Angriff wollte sie sich von dem Zeugen befreien und ungehindert in die Gaststätte zurückkehren. Dies gelang ihr. Als sie sich von dem auf Grund des Angriffes völlig verblüfften Zeugen Hammerstein losriss, stürzte dieser zu Boden und ließ sie los. Die Angeklagte konnte nun zwar in die Gaststätte gelangen, dort aber ebenfalls von mehreren anderen Personen überwältigt werden."

Als Handlungsziel der Angeklagten hat die Strafkammer das Beistandleisten gegenüber der früheren Mitangeklagten Kindoro formuliert. *Dieses* Ziel hat die Angeklagte nicht erreicht, so dass die Tat im Versuchsstadium steckengeblieben ist. Ohne dieses Endziel wäre auch das festgestellte Losreißen gegenüber dem Zeugen Hammerstein sinnlos geblieben.

3. Gerügt wird ferner eine Verletzung des Verbotes der reformatio in peius. In erster Instanz hat das Schöffengericht die Angeklagte im Hinblick auf die verfahrensgegenständliche Tat (im Sinne von § 53 StGB) wegen einfacher Körperverletzung zu einer Einzelstrafe von 60 Tagessätzen verurteilt. Die Strafkammer hat insoweit den Schuldspruch verschärft und zugleich die Strafe auf 70 Tagessätze angehoben. Das verstößt gegen § 331 StPO (vgl. OLG Düsseldorf, StV 1986, 146; Meyer-Goßner, StPO, 51. Auflage, § 331 StPO Rn. 11).

II. Zur Prozessrüge

Gerügt wird die Verletzung von § 275 Abs. 1 Satz 2 StPO.

Die Hauptverhandlung fand am 02.08.2010 statt. So heißt es im Hauptverhandlungsprotokoll Bl. 76 d. A.:

„Münster, den 02.08.2010

Dauer der Hauptverhandlung von - bis

9.00 Uhr – 14.30 Uhr"

Am Ende der Hauptverhandlung wurde das angefochtene Urteil durch den Vorsitzenden der Strafkammer verkündet. Die Urteilsabsetzungsfrist endete folglich mit

Ablauf des 06.09.2010. Tatsächlich trägt das Urteil aber folgenden Vermerk der Geschäftsstelle (UA S.1):

> „Urteil zur Geschäftsstelle gelangt am:
>
> 10. 9. 2010
> Plogner, JHSin"

Dies begründet die Revision, ohne dass es auf eine Prüfung der Beruhensfrage ankäme (§ 338 Nr. 7 StPO).

III. Revisionsantrag

Es wird daher abschließend beantragt,

> das Urteil der 15. Kleinen Strafkammer des Landgerichts Münster mitsamt der es tragenden tatsächlichen Feststellungen aufzuheben, soweit die Angeklagte Schuler verurteilt wurde, und die Sache im Umfang der Aufhebung zur neuen Verhandlung und Entscheidung an eine andere kleine Strafkammer des Landgerichts zurückzuverweisen.

Rechtsanwältin

Landgericht Münster
15 Ns 62 Js 3780/10 (15 Ns 28/10)

Münster, 19.10.2010

Verfügung

1. <u>Vermerk</u>: Revisisonbegründung rechtzeitig.

2. U. m. A.

      der Staatsanwaltschaft Münster

zur Einleitung der Vollstreckung bzgl. Kindoro und zur Durchführung des Revisonsverfahrens bzgl. Schuler übersandt. Auf Ziff. 1. der Verfügung Bl. 99 d.A. weise ich hin.

Bachmeyer

VRiLG Dr. Bachmeyer

> **Eingegangen:**
> 20. Oktober 2010
> Staatsanwaltschaft Münster
> Anlagen: _____1_____ Bd(e).

Staatsanwaltschaft
62 Js 3780 / 10   Münster, 26.10.10

100

Verfügung

siehe Vfg. im VH.
Illmann, Rpfl. 27/10

1. Herrn Rechtspfleger zur Einl. der Vollstreckung bzgl. Kindoro
2. Herr AL VI wegen der anl. Revisionsgegenerklärung.

gesehen
Ki, 27.10.

3. Revisionsgegenerklärung nach anl. Entwurf in Reinschrift zu den Akten fertigen mit fünf Abschriften, davon drei beglaubigt.
4. Zwei begl. Abschriften für den Revisionsübersendungsbericht zunächst lose zur Handakte nehmen.
5. Eine begl. Abschrift gegen EB an Verteidigerin zustellen.
6. Einfache Abschrift mit Nachricht von 5. an Angeklagte Schuler (Bl. 86)
7. U. m. A.

zu 2. – 6. gefertigt und ab 28.10.

Herrn Vorsitzenden der Strafkammer 15
in Münster

Landgericht Münster
Eingegangen:
29. Oktober 2010

gemäß § 347 Abs. 1 Satz 2 StPO zur Kenntnisnahme von anliegender Revisionsgegenerklärung übersandt.

8. 10.11. (Revisionsübersendungsbericht?)

Vfg.

Eingegangen:
1. November 2010
Staatsanwaltschaft Münster
Anlagen: _____1_____ Bd(e).

Kollmann
Kollmann, StA

U. m. A.
der Sta – hier –
nach Kenntnisnahme zurückgesandt.

Landgericht Münster, StK 15
- Der Vorsitzende -
Bachmeyer, 29.10.

Herrn Rpfl. m.d.B. um Fertigungd.
Revisionsübersendungsberichts
Ko 1./11

Staatsanwaltschaft Münster, 26.10.10
62 Js 3780 / 10

Revisionsgegenerklärung

zu der Revisionsbegründung der Angeklagten Eunice Schuler vom 18.10.2010 (Bl. 93 d.A.):

Zu Ziff. II (Verletzung von § 275 Abs. 1 Satz 2 StPO).

In der Niederschrift über die Berufungshauptverhandlung der 15. Kleinen Strafkammer des Landgerichts Münster vom 02.08.2010 heißt es u.a. (Bl. 81 f. d.A.):

„Folgendes Urteil wurde nach geheimer Beratung durch Verlesen der Urteilsformel und mündliche Mitteilung des wesentlichen Inhalts der Urteilsgründe verkündet:

Im Namen des Volkes!

Auf die Berufung der Angeklagten wird das Urteil des Schöffengerichts Münster vom 6. Mai 2010 aufgehoben, soweit es die Angeklagte Schuler betrifft.

Die Angeklagte Schuler wird unter Freisprechung im Übrigen wegen Körperverletzung in Tateinheit mit Nötigung zu einer Geldstrafe von 70 Tagessätzen zu je 25 EUR verurteilt.

....

Rechtsmittelbelehrung wurde erteilt.

Die Sitzung wurde geschlossen."

Ausweislich der Urteilsurkunde Bl. 86 ff. d.A. ist das Urteil am 10.09.2010 in den Geschäftsgang gelangt. Auf der ersten Seite des Urteils findet sich folgender Vermerk der Urkundsbeamtin der Geschäftsstelle:

„Urteil zur Geschäftsstelle gelangt am: 10. 9. 2010, Plogner, JHSin"

In seiner Verfügung vom 14.09.2010 (Bl. 92 d.A.) hat der Vorsitzender der 15. Strafkammer, Herr VRiLG Dr. Bachmeyer dazu folgende Dienstliche Erklärung unter Ziff. 1 der Verfügung abgegeben:

„Auf Grund einer Erkrankung meiner Person vom 2. bis zum 8. September konnte das Urteil betr. Schuler, dessen erste Fassung ich am 26.8. diktiert hatte und das am 2.9. von der Kanzlei geschrieben wieder vorlag, erst am 9. September redigiert, in seiner schlussendlichen Fassung hergestellt und unterzeichnet werden."

Kollmann
Kollmann, StA[8]

---

[8] **Anmerkung:** Mittels des Revisionsübersendungsberichtes gelangt die Akte an das OLG Hamm, das sie der GenStA Hamm zur Stellungnahme zusendet. Vom Abdruck wurde soweit abgesehen. Nachstehend finden Sie Stellungnahme und Antrag der GenStA.

Generalstaatsanwaltschaft   Hamm, 02.12.2010
5304 Ss 79/10

Stellungnahme zum Revisionsantrag

I. Zur Verfahrensrüge:

Die Revision rügt einen Verstoß gegen § 275 I 2 StPO. Tatsächlich hat die Strafkammer die 5-Wochen-Frist von § 275 I 2 StPO nicht eingehalten und die Urteilsgründe erst nach Ablauf dieser Frist am 10.09.2010 in den Geschäftsgang gebracht. Grund dieser Verzögerung war jedoch eine Erkrankung des Vorsitzenden, wie dieser in seiner Dienstlichen Erklärung vom 14.09.2010 ausführt. Die Erkrankung bestand danach vom 02. bis zum 08.09.2010. Die Frist gemäß § 275 I 2 StPO lief am 06.09.2010 ab. Der Vorsitzende war somit bei Fristablauf und bereits zwei Arbeits-(und zwei Wochenend-)tage zuvor arbeitsunfähig erkrankt.

Damit besteht ein unvorhergesehener und unabwendbarer Hinderungsgrund im Sinne von § 275 I 4 StPO, der die Fristüberschreitung rechtfertigt. Es ist anerkannt, dass eine Erkrankung am letzten Tage der Urteilsabsetzungsfrist insoweit genügt (BGH NStZ 1986, 564). So lag es hier. Das Urteil war im Entwurf bereits fertiggestellt worden, als der Vorsitzende erkrankte. Allein die Schlussredaktion und Unterzeichnung standen noch aus. Ihre rechtzeitige Erledigung wurden unvorhersehbar durch die Erkrankung gehindert, die von der Verteidigung auch nicht angezweifelt worden ist, nachdem sie dieser als Grund für die Fristüberschreitung in der Gegenerklärung der Staatsanwaltschaft Münster mitgeteilt worden ist.

II. Zur Sachrüge

Die Revison rügt explizit zunächst die Verurteilung wegen vollendeter (anstatt versuchter) Nötigung. Diese Rüge erscheint unbegründet. Die Strafkammer hat ausdrücklich festgestellt, dass es der Angeklagten bei ihrem Angriff darum ging, sich aus dem Griff des Zeugen Hammerstein zu befreien. Dass sie dies tat, um der Beschuldigten Kindoro zu helfen, spielt in diesem Zusammenhang keine Rolle. Denn die Gewaltausübung gegen den Zeugen Hammerstein konnte der Beschuldigten Kindoro keine Hilfe bringen, sondern allenfalls die Voraussetzungen dafür schaffen. Damit konnte die tatbestandliche Gewalt allein dazu dienen, sich von dem Zeugen loszureißen. Das aber ist der Angeklagten noch gelungen. Damit erfolgte die Verurteilung wegen vollendeter Nötigung zu Recht.

103

Weiterhin rügt die Revision die fehlende Annahme eines Erlaubnistatbestandsirrtums. Auch insoweit hat die Strafkammer indes rechtsfehlerfrei angenommen, dass die von der Angeklagten vorgestellten möglichen Folgen, die der Beschuldigte Kindoro infolge ihres Nichteingreifens drohen könnten, jedenfalls die dem Zeugen Hammerstein zuzufügenden Verletzungen nicht erheblich überwogen (§ 34 StGB). Die Angeklagte stellte sich daher keine Bedrohungslage vor, die sie objektiv zum Angriff auf den Zeugen Hammerstein in der Form, wie ihn die Strafkammer festgestellt hat, berechtigt hätte.

Begründet erscheint hingegen die Rüge der Verletzung von § 331 StPO, die als Sachrüge zu behandeln ist (und auch von Amts wegen zu prüfen wäre, vgl. HK-Rautenberg § 331 Rn. 24). In erster Instanz hat das Schöffengericht die Angeklagte wegen zweier tatmehrheitlich begangener Taten verurteilt, wobei es im Hinblick auf die jetzt noch verfahrensgegenständliche Tat eine Einzelstrafe von 60 Tagessätzen ausgeurteilt hatte. Die Strafkammer hat insoweit den Schuldspruch durch die Hinzufügung der Nötigung verschärft und zugleich die Strafe auf 70 Tagessätze angehoben. Während die Schuldspruchverschärfung zulässig ist, verstößt es gegen § 331 StPO, wenn auf eine allein zu Gunsten der Angeklagten eingelegte Berufung hin nach Wegfall einer von zwei Taten für die verbliebene Tat eine höhere Einzelstrafe als zuvor verhängt wird, mag sich die neue Strafe auch unterhalb der früheren Gesamtstrafe halten (vgl. OLG Düsseldorf, StV 1986, 146; Meyer-Goßner, StPO, 51. Auflage, § 331 StPO Rn. 11).

Die Revision muss insoweit durchdringen. Allerdings erscheint es angesichts der Feststellungen im Übrigen und der an sich eine Geldstrafe auch von 70 Tagessätzen tragenden Strafzumessungserwägungen ausgeschlossen, dass in einer erneuerten Berufungshauptverhandlung eine niedrigere Strafe herauskäme als die in erster Instanz ausgeurteilten 60 Tagessätze. Zudem liegt ein offenkundig vollständiger und noch aktueller Strafzumessungssachverhalt vor (vgl. BVerfG NJW 2007, 2977). Es kann daher gemäß § 354 Ia 2 StPO vorgegangen und durch den Senat eine abschließende Entscheidung getroffen werden.

Weitere Rechtsfehler deckt die Überprüfung des angefochtenen Urteils nicht auf. Ich beantrage daher,

> unter Verwerfung der weitergehenden Revision den Strafausspruch des Urteils der 15. Strafkammer des Landgerichts Münster vom

104

2. August 2010 dahin abzuändern, dass die Höhe der Geldstrafe 60 Tagessätze zu je 25 EUR beträgt.

Diese Stellungnahme und meinen Antrag habe ich der Verteidigung hierneben mitgeteilt.

Michalski

(Michalski, OStAin)[9]

---

[9] **Anmerkung**: Nach Eingang des obigen Antrages hat der Strafsenat beim OLG über den Jahreswechsel hinweg etwa vier Wochen gewartet, ob eine Erwiderung seitens der Verteidigung eingeht. Nachdem dies nicht geschehen ist, hat der Senat beraten und sodann den auf den folgenden Seiten abgedruckten Beschluss gefasst:

2 Ss 51/10 Oberlandesgericht Hamm
5304 Ss 79/10 Generalstaatsanwaltschaft Hamm
50 Ls 129/10 Amtsgericht Münster
15 Ns 28/10 Landgericht Münster
62 Js 3708/10 Staatsanwaltschaft Münster

Oberlandesgericht Hamm
Beschluss

In dem Strafverfahren

gegen	Eunice S c h u l e r, geb. Kobasi, geboren am 10.06.1972 in Sunyani (Ghana), wohnhaft: 48317 Drensteinfurth, Marktstr. 44, ghanaische Staatsangehörige,
Verteidigerin:	Rechtsanwältin Lydia van Dyck, Frauenstr. 45, 48143 Münster,
wegen	Körperverletzung u.a.

hat der 2. Strafsenat des Oberlandesgerichts Hamm durch
die Vorsitzende Richterin am Oberlandesgericht Eisenhauer,
den Richter am Oberlandesgericht Busch und
den Richter am Oberlandesgericht Kater

am **04. Januar 2011**

einstimmig b e s c h l o s s e n :

Auf die Revision der Angeklagten wird das Urteil des Landgerichts Münster vom 2. August 2010 im Strafausspruch dahingehend abgeändert, dass die Geldstrafenhöhe auf 60 Tagessätze zu je 25 EUR herabgesetzt wird.

Die weitergehende Revision der Angeklagten wird als offensichtlich unbegründet verworfen.

106

Der Angeklagte trägt die Kosten des Revisionsverfahrens. Jedoch wird die Revisionsgebühr um ein Drittel ermäßigt. In demselben Umfang trägt die Landeskasse die im Revisionsverfahren entstandenen notwendigen Auslagen der Angeklagten.

Gründe:

Die Angeklagte ist durch Urteil des Amtsgerichts – Schöffengericht – Münster vom 6. Mai 2010 wegen versuchter gemeinschaftlicher gefährlicher Körperverletzung und wegen Körperverletzung zu einer Gesamtgeldstrafe von 80 Tagessätzen zu je 25 EUR verurteilt worden. Die Einzelstrafe für die zweite Tat, die (einfache vollendete) Körperverletzung, betrug dabei 60 Tagessätze zu je 25 EUR. Gegen dieses Urteil hatte die Angeklagte Berufung eingelegt. Auf Grund der Berufungshauptverhandlung vom 2. August 2010 verurteilte sie die 15. Kleine Strafkammer des Landgerichts Münster in dem angefochtenen Urteil nur noch wegen der bezeichneten zweiten Tat, während es die Angeklagte vom übrigen Tatvorwurf der versuchten gemeinschaftlichen gefährlichen Körperverletzung freisprach. Die zweite Tat bewertete die Strafkammer nunmehr als Körperverletzung in Tateinheit mit Nötigung und verurteilte die Angeklagte deswegen zu einer Geldstrafe von 70 Tagessätzen zu je 25 EUR.

Mit ihrer gegen dieses Berufungsurteil gerichteten Revision rügt die Angeklagte sowohl die Verletzung formellen als auch materiellen Rechts.

Die Rüge formellen Rechts, nämlich der Verletzung des § 275 Abs. 1 Satz 2 StPO, erweist sich aus den der Verteidigung mitgeteilten Gründen der Stellungnahme der Generalstaatsanwaltschaft vom 2. Dezember 2010 als offensichtlich unbegründet (§ 349 Abs. 2 StPO).

Teilweise begründet hingegen ist die Rüge der Verletzung sachlichen Rechts. Die Strafkammer hat nämlich das Verbot der Schlechterstellung in § 331 StPO missachtet, indem sie auf die alleinige Berufung der Angeklagten hin diese wegen der zweiten angeklagten Tat, der Körperverletzung, zu einer höheren Einzelstrafe (70 Tagessätze) verurteilte als in erster Instanz (60 Tagessätze). Eine solche Verschärfung einer Einzelstrafe wird weder durch die – für sich genommen zulässige – Verschärfung des Schuldspruchs gerechtfertigt noch dadurch legitimiert, dass das Urteil der Strafkammer wegen des Wegfalls einer weiteren Tat im Ergebnis unter dem Strafausspruch des Schöffengerichts blieb (vgl. OLG Düsseldorf, StV 1986, 146). Der Strafausspruch des Berufungsurteils kann danach keinen Bestand haben.

Hingegen erweist sich die weitere Sachrüge sowohl hinsichtlich ausdrücklich gerügter weiterer Rechtsverletzungen als auch auf die von Amts wegen vorzunehmende Prüfung des Urteils auf weitere Mängel hin

107

als offensichtlich unbegründet, wie in der Stellungnahme der Generalstaatsanwaltschaft vom 2. Dezember 2010 ausgeführt, welcher der Senat beitritt. Auch insoweit war deshalb gemäß § 349 Abs. 2 StPO zu verfahren.

Soweit die Revision durchdringt, hat der Senat die §§ 349 Abs. 4, 354 Abs. 1a Satz 2 StPO angewendet und im Beschlusswege eine eigene Sachentscheidung getroffen. Der vorliegende Rechtsfehler betrifft alleine die Zumessung der Rechtsfolgen. Dem Senat liegt ein offensichtlich vollständiger und aktueller Strafzumessungssachverhalt vor, wie es nach der Rechtsprechung des BVerfG verlangt wird (vgl. BVerfG NJW 2007, 2977). Dies erschließt der Senat auch daraus, dass diese Einschätzung und die Vorgehensweise im Wege der Anwendung von § 345 Abs. 1a Satz 2 StPO der Verteidigung seitens der Generalstaatsanwaltschaft angeregt worden sind und die Verteidigung gleichwohl keine Veranlassung sah, einer Sachentscheidung des Senats zu widersprechen oder ergänzende, die Angeklagte begünstigende Strafzumessungstatsachen vorzutragen.

Nach zusammenfassender Bewertung der nach Auffassung des Senats bedeutsamen Strafzumessungstatsachen, insbesondere der Verletzungen des Geschädigten, der Motivation und Alkoholisierung der Angeklagten sowie ihres bisherigen Werdeganges, hat der Senat für die noch verfahrensgegenständliche Tat der Körperletzung in Tateinheit mit Nötigung eine Geldstrafe von 60 Tagessätzen für schuldangemessen und präventiv geboten erachtet. Er sieht sich dabei auch von der Einschätzung des Schöffengerichts gestützt, das die Angeklagte wegen dieser Tat auf Grund einer mündlichen Hauptverhandlung zu derselben Einzelstrafe verurteilt hatte. Zwischenzeitlich haben sich offenkundig weder die persönlichen Verhältnisse geändert noch sonstige Umstände ergeben, die eine für die Angeklagte günstigere Bewertung aufdrängten. Im Gegenteil hatte das Schöffengericht bei seiner Strafzumessungsentscheidung zu Lasten der Angeklagten noch gar nicht bedacht, dass diese mit der tateinheitlichen Nötigung ein weiteres unrechtserhöhendes Delikt verwirklicht hat.

Auf Antrag der Generalstaatsanwaltschaft vermochte der Senat daher gemäß § 354 Abs. 1a Satz 2 StPO die Strafe angemessen auf die erkannte Geldstrafe von 60 Tagessätzen zu je 25 EUR herabzusetzen.

108

Eine solche Entscheidung kann gemäß § 349 Abs. 4 StPO auch im Beschlusswege ergehen (BGH NJW 2006, 1605).

Die Kostenentscheidung beruht auf § 473 Abs. 1 und 4 StPO.

(Eisenhauer) **(Busch)** **(Kater)**[10]

---

[10] Das Original der vorstehenden Entscheidung verbleibt in den Akten des Senats. Zur Strafakte wird nur eine Ausfertigung gegeben, weshalb das obige Schriftstück auch keine Originalunterschriften trägt.
Nach der Zustellung der vorstehenden Revisionsentscheidung gelangt die Akte über die Generalstaatsanwaltschaft Hamm an die Staatsanwaltschaft Münster zurück. Das strafprozessuale Erkenntnisverfahren ist damit endgültig abgeschlossen. Es schließt sich nunmehr das Vollstreckungsverfahren an (§§ 449 ff.), das wiederum in den Händen der Staatsanwaltschaft liegt (§ 451 I). Diese veranlasst nunmehr auch die Einleitung der Vollstreckung gegen die Angeklagte Schuler (nachdem entsprechendes bzgl. der Beschuldigten Kindoro bereits in der Verfügung Bl. 100 Ziff. 1 geschehen war. Vom weiteren Abdruck dieser Vorgänge muss hier aus Platzgründen abgesehen werden.

Paragraphenregister

Gesetz/ §	Rn.
AO	
§ 30	534
§ 392	567
§ 393	958, 975
AsylVfG	
§ 16	501
BBG	
§ 68	383
BGB	
§§ 7 ff.	635
§§ 229 f.	264
§ 935	438
§§ 1589 f.	796
BKAG	
§ 2	501
BRAO	
§ 1	576
§§ 48 f.	560
BZRG	
§ 23	1233
§ 51	975, 1194
BtMG	
§ 29	85
BVerfGG	
§ 79	1239
§§ 90 ff.	1104
DRiG	
§§ 43, 45	1074
EGGVG	
§ 12	602
§§ 31 ff.	325
EGStGB	
Art. 6	880
EMRK	
Art. 6 I	692, 788
Art. 6 II	7, 772, 1052
Art. 6 III a)	765
Art. 6 III b)	665
Art. 6 III c)	215, 537, 1138
Art. 6 III d)	409, 759, 926
Art. 34	1103
Gesetz/ §	Rn.
Art. 41	694, 1103
G 10	
§ 3a	961
§ 5a	961
GewSchG	
§ 4	847
GG	
Art. 1 I, 2	I 426, 972
Art. 10	521
Art. 13	426, 465
Art. 19 IV	453, 611

Verwiesen ist auf die jeweils erste Randnummer.

Art. 20 III	31, 692
Art. 60	1249
Art. 97 I	31
Art. 101 ff.	31
Art. 101 I 2	616, 637, 788
Art. 103 I	697
Art. 103 II	134
Art. 103 III	1223
Art. 104 II	311

GKG
§ 3	1095

GVG
§ 24	834, 1066
§ 25	628, 663
§ 28	628
§ 29	621
§ 30	681
§ 73	355
§ 74	623, 1106
§ 74a	623
§ 74c	623
§ 76	625, 681, 1106
§ 120	109, 359, 620
§ 121	355, 620, 1106
§ 122	626
§ 132	1183, 1215
§ 135	356, 1106
§ 138	1183
§ 140a	1244
§ 141 ff.	108
§ 142	1179
§ 145	204
§ 146	200
§ 147	201
§ 152	460
§ 169	740
§ 171a	747
§ 171b	749
§ 172	747
§ 173	748
§ 175	742
§ 176	733
§§ 177 f.	568, **735**, 816
§ 184	765
§ 185	765, 786
§ 187	553, 765
§ 189	786
§ 191	788
§ 192	782
§ 193	1074
§ 194	1075
§ 196	1075
§ 197	1077
§§ 198 ff.	694

INSO
§ 97	955, 975

IRG
§§ 78 ff.	364

JGG
§ 2	34
§ 33b	626
§ 39	622
§ 45	123
§ 48	51, 747
§ 72	297
§ 105	985

JVEG **1095**

MARKENG
§ 144	670

OWIG
§ 84	1224
§ 111	219, 725
§ 115	575

POLG NRW
§ 39	439

RISTBV
Nr. 4d	860
Nr. 6	78
Nr. 25	105
Nr. 105	182
Nr. 117	825
Nr. 156	1131
Nr. 162	1158

RVG
§ 1 f.	537
§ 14	565
§ 45	560
§ 52	560

STGB
§ 9	635
§ 20	147
§ 21	302, 346, 1012
§ 25	632
§ 26	1170

§§ 32, 34	264	§ 248b	126
§ 46	1, 138	§§ 249 ff.	429
§ 46a	152, 856	§ 250	1178
§ 40	100	§ 252	259, 1123
§ 47	1086	§ 258	374, 576
§ 52	168, 1088	§ 261	715
§ 53	159, 168, 1060	§ 263	30
§ 54	1178, 1232	§ 264	203
§ 55	1232	§ 265a	139, 892
§ 56	34	§ 267	140
§ 56b	856	§ 271	1170
§§ 57 f.	1250	§ 298	30
§ 59a	856	§ 303	210
§§ 63 f.	299, 629	§ 315c	134, 1054
§ 66	629	§ 316	169, 1060
§ 67	302	§ 323a	848
§ 67b	302	§ 323c	131
§§ 69 ff.	668, 1118	§ 324	412
§ 69a	1082	§ 348	1170
§ 73	437, 670	§§ 353, 353d, 355	383
§ 73e	438	§ 353b	1074
§ 74	437, 670		
§ 74b	670	**StPO**	
§ 74d	670	§ 2	632
§ 76a	670	§§ 3 ff.	111
§§ 77 ff.	59	§ 3	632
§ 77b	78	§ 6a	596
§ 78c	322	§ 6b	1067
§ 86	429	§§ 7 ff.	634
§ 100a	432	§§ 10 ff.	635
§ 113	159	§ 16	1068
§ 123	78	§§ 22 ff.	788
§ 129a	169	§ 22	793
§ 142	954	§ 24	790
§ 145d	8, 374	§ 25	799
§ 153	179, 877	§ 26	799
§ 164	8, 374	§ 26a	801
§ 170	1238	§ 27	801
§ 173	923	§ 29	801
§§ 174 ff.	847	§ 31	788
§ 184c	1	§ 33	1179
§ 190	975	§ 33a	1104
§ 203	383	§ 35	825
§ 222	1054	§ 35a	180, 1080
§§ 223 f.	159, 604	§ 38	702
§ 226	945	§ 44	180
§ 229	30	§ 46a	33
§ 230	131	§ 48	86
§§ 232 ff.	847	§ 51	375, 702, 880
§ 239	167	§ 52	282, **382**, 919
§ 240	242, 849	§ 53	383, 486, **919**
§ 242	144	§ 53a	487
§ 244	139, 219	§ 54	383, 493, **919**
§ 248a	131, 140	§ 55	82, **382**, 929

§ 57	389, **872**	§ 105	61, **450**, 959
§ 58	403	§ 106	472
§ 58a	402	§ 107	473
§ 68 I	755, 874	§ 108	440, 533
§ 68 II, III	107, 388	§ 110	474
§ 68b	376, **406**, 738	§ 110a	520
§ 69	390, 755, 875	§ 111b	437, 475
§ 58a	834	§ 111c	479
§ 59	876	§ 111e	479
§§ 60 ff.	876	§ 111i	438
§ 70	375, 883	§ 111k	438
§ 71	379	§§ 112 ff.	247
§ 72	416, 884	§ 112 I	262, **271**
§§ 73 ff.	412	§ 112 II	257, **275**
§ 73	993	§ 112 III	285
§ 74	420, 788, 885	§ 112a	269, **289**
§ 77	702	§ 113	297
§ 79	420	§ 114	316
§ 80	884	§§ 114a ff.	314
§ 80a	412	§ 115	252, 319
§ 81a	398, **506**	§ 116	331, 829
§ 81b	499	§ 116a	366
§ 81c	453, **515**	§ 117	326, **344**, 1104
§§ 81e ff.	499, **503**	§§ 118, 118a	328, 540
§ 81f	454	§§ 119, 119a	324, 574
§ 81g	454	§ 120	335
§ 81h	506	§ 121	326
§ 85	421	§ 122	329, 1104
§ 87	347	§ 122a	298, 327
§ 94	440, **475**	§ 125	319
§ 95	481	§ 126	318
§ 96	486	§ 126a	299, 360
§ 97	487, 959	§ 127 I	256, 636
§ 98 I	67	§ 127 II	267, 308
§ 98 II	470, **482**	§ 127a	365
§§ 98a, 98c	520	§ 127b	269, **305**, 662
§ 99	478	§ 128	252, **311**
§ 100	450	§ 130	78, 297
§ 100a	85, 441, **521**	§§ 131 ff.	368
§ 100a I	524	§ 131c	450
§ 100a II	523	§ 132	365
§ 100a III	528	§ 136	82, **218**, 236
§ 100a IV	526, 973	§ 136 I 2	82, 215, **229**
§ 100b	67, 450, 529	§ 136 I 3	215
§ 100c	520, 959, 973	§ 136a	238, 712, 959
§ 100d	450, 958	§ 137	537, **568**
§ 100f	520, 974	§ 138	566, 852
§ 100g	517	§§ 138a f.	573
§ 100h	520	§ 138c	540, 575
§ 100i	520	§ 139	1108
§ 101	91, 530	§ 140 I	318, 338, **539**
§ 102	424, **512**, 958	§ 140 II	547
§ 103	83, **424**	§ 141 I	338, 538, 684
§ 104	472	§ 141 III	540, 561

§ 141 IV	559	§ 202	678
§ 142	318, 566	§§ 203 f.	94, 185, **680**
§ 143	318, 564	§ 203	590
§ 145	540, 832	§ 204	596, 678
§ 145a	558	§ 205	322
§ 146	571	§ 206	686
§ 146a	570	§ 206a	596
§ 147	107, 452, **579**	§ 207	680
§ 148	492, 959	§ 209	617
§ 151 I	84, **610**	§ 210	682
§ 152 II	48, **71**, 84	§ 211	143, 682
§§ 153 ff.	34, 53, **123**	§§ 212 ff.	688
§ 153	126, **136**, 189	§ 213	690
§ 153a	93, 128, **144**	§§ 214 ff.	690
§ 153b	152	§ 214 I	698
§§ 153c ff.	173	§ 214 II	871
§ 154	157, 585, 858	§ 216	824
§ 154a	165, **170**, 600	§ 217	652, 824
§ 154b	174	§ 218	698
§ 155	168, **612**, 751	§ 219	986
§§ 155a f.	33	§ 220	701
§ 156	677	§ 222	699
§ 157	609	§ 222a	698
§ 158	58, 81	§ 223	707
§ 160 I	61, 82	§ 224	708
§ 160 II	96, 804	§§ 226 ff.	688
§ 160 III	100	§ 226	717, 774
§ 161 I	61, 188, 958	§ 227	784
§ 161 II	532	§ 228	776
§ 160a	494	§ 229	777, 1020
§ 161a	119, 372	§ 230 I	697, 806, **821**
§ 162	61, 319, **456**	§ 230 II	270, **826**
§ 163	67, 274, 372	§ 231	815
§ 163a	82, **218**	§ 231a	540, 817
§ 163b	265, 499, 636	§ 231b	816
§ 163c	255	§ 231c	810
§ 163f	520	§§ 232 f.	697, 809
§ 165	65, 456	§ 234	809, 1138
§§ 168 ff.	119, 390	§ 234a	815
§ 168	901	§ 237	632
§ 168a	901	§ 238 I	754, 875
§ 168b	390	§ 238 II	758
§ 168c	404, 901	§ 239	756
§ 168e	404	§ 240	754, 875
§ 170 I	92, 185, 587	§ 241	754
§ 170 II	94, 586, 682	§ 243	719, **721**, 869
§ 171	120, 176	§ 244 I	729, 869
§ 172 I	32, **178**, 193	§ 244 II	50, 712, **750**
§ 172 II	192	§ 244 III	701, 986, **1003**
§ 174	143	§ 244 IV	1024
§ 175	184	§ 244 V	1021, 1027
§§ 199 ff.	674	§ 244 VI	1030
§ 200	316, **603**	§ 245 I	701, 751, 879
§ 201	673, 798, 966	§ 245 II	986, 1028

§ 246	986, 999	§ 311a	1104
§ 247	405, 757, 819	§§ 312 ff.	1101, **1127**
§ 247a	404, 757	§ 312	1106
§ 248	757, 877	§ 313	1127
§ 249	768, 887	§ 314	1080, 1115
§§ 250 ff.	759, **897**	§ 317	1130
§ 250	760	§ 318	1112
§ 251 I	403, 898, 933	§ 320	1132
§ 251 II	703, 898, 932	§ 322	1129
§ 251 III	894	§ 322a	1128
§ 252	452, 713, **922**	§ 323	1132
§§ 253 f.	891	§ 324	1141
§ 254	898, **954**	§ 325	1132, 1142
§ 255a	402, 834, 937	§ 326	1142
§ 256	419, 934, **942**	§ 328	1145
§ 257	969	§ 329	645, 774, **1135**
§ 257a	770	§ 331	357, 1121, 1198
§ 257c	1069	§§ 333 ff.	1101, **1149**
§ 258	730, 1170	§ 333	1106
§ 259	553	§ 335	1106, 1116
§ 260 I	732	§ 337	1113, 1162, **1169**
§ 260 III	1091, 1190, 1224	§ 338	748, 1084, **1162**
§ 261	393, **771**, 1040	§ 341	1080, 1115
§ 263	1075	§ 344	1113, 1149
§ 264	168, 765	§ 345	1116, 1149
§ 265	615, 686, **1057**	§ 346	1149, 1205
§ 266	1061	§ 347	1157
§ 267	30, **1084**, 1092	§ 349	1113, 1184, **1204**
§ 268	1079	§ 350	540, 813, 1113
§ 268a	1078	§ 351	1113, 1203
§ 269	617, 1066	§ 352	1113, 1153
§ 270	617, 1066	§ 353	1185
§§ 271 ff.	716	§ 354	1118, 1185
§ 271	785, 1166	§ 356	1203
§ 273	769, 1142	§ 356a	1104
§ 274	1164	§ 357	1200
§ 275	688, 732, 1156	§ 358	357, 1121, 1187
§§ 276 ff.	688, **703**	§ 359	1104, **1234**
§ 285	697, 806	§ 361	1242
§ 289	703	§ 362	1228, **1240**
§§ 290 ff.	369, **704**	§ 363	1241
§ 295	705	§§ 364a f.	540, 1243
§ 296	349	§ 366	1243
§ 297	579	§ 368	1245
§ 299	1149	§ 369	1246
§ 300	1117	§ 370	1246
§ 301	349, 1201	§ 371	1247
§ 302	1073, 1081	§ 373	1247
§§ 304 ff.	179, **340**, 483	§ 373a	1234
§ 306	350	§§ 374 ff.	130
§ 307	353	§ 374	210
§§ 308 f.	357	§ 376	78, **130**, 142
§ 310	341, 1222	§§ 379 ff.	135
§ 311	352	§ 381	133

§ 390	1242	§ 457	270, 368
§ 395	837	§ 459e	368
§ 396	844	§ 460	1189, **1231**
§ 397	755, **841**	§ 462a	1232
§ 397a	852	§ 464	1094
§ 400	854	§ 464a	1095
§§ 403 ff.	33, **856**	§§ 465, 467	1094, 1147, 1212
§ 406d	839, 861	§ 472	1098
§ 406e	107, 863	§ 473	1147, 1212
§ 406f	408, 864	§§ 474 ff.	107, 602
§ 406g	866	§ 475	861
§ 407	363, 540, **641**	§ 477	532
§ 408	642	§ 484	105
§ 408a	697, 830	§ 492	105
§ 408b	540, 646		
§ 409	650	**StVG**	
§ 410	642	§ 21	169
§ 411	645, 811, 1138		
§ 412	645, 1135	**TKG**	
§§ 413 ff.	588, **668**	§ 3	521
§ 414	669		
§§ 417 ff.	363, 619, **651**	**UrhG**	
§ 418	540, 651	§ 106	847
§ 419	619, 654		
§ 420	645	**VwGO**	
§ 440	588, 670	§ 173	37
§ 441	672, 774		
§ 442	670	**WaffG**	
§ 452	1249	§ 52	169
§ 453c	270		

Stichwortverzeichnis

A
Abhilfeverfahren **182**, 195, 354
Ablehnung
    des Eröffnungsbeschlusses 596, 680, 682, 1224
    des Richters 788ff.
    des Staatsanwalts 803ff.
    eines Beweisantrags 669, 986, 1002ff.
    eines Sachverständigen 420
Absehen von Strafe 173, 1191
Absprache (Urteil) 10, 25, **1069ff.**
Abstimmung des Gerichts **1075ff.**
Abwägungslösung 232, 400, 495, 531, 961, **962ff.**, 973, 978
Abwesende, Verfahren gegen 321, 688
Abwesenheit
    des Angeklagten 697, 703ff., 774, 806ff.
    eines Zeugen 706ff.
Adhäsionsverfahren 24, 33, 834f., 839, **856ff.**
Additionsverfahren **1245**
Akkusationsprinzip, s. Anklagegrundsatz
Akteneinsichtsrecht 107
    des Beschuldigten 583
    des Verletzten 834, 839, 859, 863
    des Verteidigers 579ff., 602, 863
Aktenführung **103ff.**, 117ff.
Aktenkenntnis des (Ermittlungs-)Richters 467, 707
Aktenzeichen 104, 702
Alibi 219, 1032
Allgemeinkundig **1004**
Amnestie 1159
Amtsanwalt **115**, 117

Amtsermittlungsprinzip 660, 739, **750ff.**, 943, 991, 1031
Amtsgericht 58, 61, 64, 311, 619, 621, 628f., 1066, 1106ff.
Anfangsverdacht 48, **71ff.**, 84, 124, 265, 272, 424, 510, 524
Anfechtung
    des Urteils 748, 1100ff.
    einer Haftentscheidung 326ff., 338ff.
    einer staatsanwaltschaftlichen Entscheidung 176ff.
Angehöriger 381f., 487, 926, 1242
Angeklagter (Begriff) 217, 612, 725, **806ff.**
Angeschuldigter (Begriff) 609
Anhörung
    des Beschuldigten 53, 318, 728
    des Nebenklägers 854
    eines Sachverständigen 943, 1023
Anhörungsrüge 1104
Anklageerhebung 45, 92, **599ff.**, 1228
    Alternativen 53, 638ff.
    Rücknahme 173, 677
Anklagegrundsatz 184ff., **610ff.**, 674, 739
    Ausnahme 186, 611
Anklagesatz 317, **604ff.**, 719, 726
Anklageschrift 44, 185, 552, **603ff.**, 686
Anlassgesetzgebung 25
Anlasstat 290, 292, 523
Annex 251, 436, 1253
Anordnung von Ermittlungen 678f.
Anreise, unzumutbare 897f., 932
Anschlusserklärung 844f.
Antrag
    bedingter 1033ff.

Verwiesen ist auf die jeweils erste Randnummer. Bei mehreren Nachweisen sind Hauptfundstellen **fett** gedruckt.

prozessual bedingter 1037
Antragsdelikt (Inhaftierung) 297
Antragstellung 768
Anwesenheit, Rechte und Pflichten **773ff.**, 901
    des Angeklagten in der Hauptverhandlung 31, 697, 806ff.,
    des Beschuldigten im Ermittlungsverfahren 215f., 404, 473
    des Dolmetschers 774
    des Nebenklägers 854
    des Staatsanwalts 472, 774
    des Urkundsbeamten 785
    des Verletztenbeistands 866
    des Verteidigers 376, 817, 832f.
    des Zeugenbeistands 406
    eines Zeugen 706ff.
    in der Berufungshauptverhandlung 1135ff.
    Verzicht auf 473, 697, 808ff., 881, 1132
Anzeigeerstatter 133, 142, 176f., 179, 186, 861
Arbeit, gemeinnützige 1255
Attest, ärztliches 57, 418f., 959ff.
Aufbau der StPO **26f.**
Aufenthaltsort 111, 321, 636, 828, 974, 1016
Auffindeverdacht **442ff.**, 958
Aufhebung
    der Beschlagnahme 704
    des Haftbefehls 326ff., 338, 360
    der Verteidigerbestellung 564
    des Urteils 1118, 1149, 1171, 1185ff., 1209ff., 1214, 1230ff.
Aufklärungsmaxime, s. Amtsermittlungsprinzip
Auflage 144ff., 151f., 155f., 331f.
    unbenannte 152
Aufruf der Sache 689, 723, 745
Augenscheinseinnahme 430, 457, 512, 729, 766, 895f., 897f.
Augenscheinsobjekt 371, 422, 428ff., 512, 1002, 1027
Ausbleiben
    des Angeklagten 821ff., 1135ff.
    des notwendigen Verteidigers 833
    eines Sachverständigen 886
    eines Zeugen 699, 880ff.
Auskunftsverweigerungsrecht **381ff.**, 407, 872, 919, 929f.
    Aussagepflicht des Zeugen 383, 385
    Belehrungspflicht 384, 394
    Garantenstellung bei Schweigen 387
Auslagen, notwendige 1087, 1094, 1096f.
Auslagenentscheidung 591, 702, 1087, 1089, 1094ff., 1212
Ausländer 29, 279, 314, 368, 500, 553, 612, 665

Auslandszeuge 707, 1021
Auslegung, verfassungskonforme 286
Aussagegenehmigung 383, 919
Aussagepflicht des Zeugen 383, 385
Aussageverweigerungsrecht **380ff.**, 481, 486f., 493f., 922, 925, 928
Ausschließung, Ausschluss **788ff.**
    Abgrenzung zur Befangenheit 789ff.
    der Öffentlichkeit 746ff., 1166
    des Verteidigers 25, 376, 540, 568ff.
Außervollzugsetzung der U-Haft 331, 333, 360
Aussetzung
    der Hauptverhandlung 776ff., 802, 1059
    der Strafe 30, 270, 550, 640, 1112, 1118, 1197, 1248, 1258
    des Vollzugs der U-Haft 326ff.
Auswechslung von Verfahrensbeteiligten 205, 420, 572, 785f., 805

B
Bagatellsache 30, 69, 125, 139, 297, 363, 511, 587, 851, 962, 1127
Bayerischer gerichtsärztlicher Dienst 903, 943
Bedeutungslosigkeit (Beweisantrag) 701, **1009f.**, 1011, 1028
Befangenheit 420f., 782, **788ff.**, 885, 1187
Befassungsverbot 1159
Befragung, informelle 227
Befundtatsache 417
Begleitverfügung **600ff.**
Begründung
    der Berufung 1130f.
    der Revision 1116, 1149ff.
    des Eröffnungsbeschlusses 684ff.
    des Urteils, s. Urteilsgründe
    einer Durchsuchungsanordnung 465
    eines Einstellungsbeschlusses 346f.
Behinderung des Beschuldigten 552
Beiordnung
    des Pflichtverteidigers 338, 539ff., 562ff.
    eines (anwaltlichen) Beistands 407f., 852f., 866
Beistand 376, 406ff., 738, 839, 852, 859, **864ff.**
Belehrung
    des Beschuldigten 215, 219, 229ff., 313f., 725, 727, 955, 967
    eines Sachverständigen 884
    eines Zeugen 372, 384, 394, 872, 923f.
    qualifizierte 233
    über Rechtsmittel 178, 180, 1080
Benachrichtigungspflicht 314, 530, 708, 901
Bereitschaftsdienst, kriminalpolizeilicher 213
Berichtigung

des Hauptverhandlungsprotokolls 720
des Schuldspruchs (Revision) 1192
des Urteils 1083
Berufung 45, 340, 345, 361, 812, 854, 1101, 1104, 1105ff., 1115ff., 1121ff., **1127ff.**, 1217f.
Berufungshauptverhandlung **1129ff.**, **1141ff.**
Berufungsurteil 1106, **1144ff.**
Beruhen (Revision) 1162, **1169ff.**, 1177, 1194
Beschlagnahme 367, 422, 458, 474, **475ff.**
  Durchführung 496ff.
  Rechtsschutz 483ff.
Beschlagnahmeanordnung 480f., 497
Beschlagnahmeverbot **486ff.**
Beschleunigungsgebot 28, 69, 457, **691ff.**, 739
Beschlussentscheidung 338ff. 757f., 1101
  bei der Revision 1113, 1149, 1201ff.
Beschränkung
  der Öffentlichkeit 742ff.
  der Verfolgung 157ff., 726
  eines Rechtsbehelfs 649, 1112ff.
Beschuldigter (Begriff) 86ff., 609
  Rechte und Pflichten 215f.
Beschwerde 179, 340ff., 346ff., 1120
  sofortige 352, 354, 682, 1220
  weitere 341, 358f., 361
Besetzung (Gericht) 624f., 628, 685, 754, 781f., 1108ff.
Besonderes öffentliches Interesse, s. öffentliches Interesse
Besorgnis der Befangenheit 420, 789, 805, 885
Bestätigung, richterliche 529
Betäubungsmitteldelikt 114, 585
Beteiligungsverdacht 490, 494
Betreffen auf frischer Tat 259ff.
Beurteilungsspielraum
  der Staatsanwaltschaft 192, 202, 210, 597
  des Gerichts 1045
Bewährung, s. Strafaussetzung
Beweisanregung 990f., 1031f.
Beweisantrag **986ff.**
  Ablehnungsgrund 1002ff.
  Bedingung 1033ff.
  Einschränkung 645, 660, 1039
  im beschleunigten Verfahren 660
  Form 768
  Fristsetzung 1019
  Inhalt 990ff.
  Konnexität 996
  verspäteter 999
Beweisaufnahme 50, 729, **867ff.**, 1247
  in der Berufung 1141ff.
  im beschleunigten Verfahren 658ff.
  in der Revision 1202

Beweisbehauptung 993, 1032
Beweiserhebungsverbot 240, 960
Beweisermittlungsantrag 990ff., **1031ff.**
Beweiskraft des Protokolls 716ff., 1164ff.
Beweismethodenverbot 959
Beweismittel 371, 392, **428ff.**
  gestelltes 991, 1028f.
  neues/neue Tatsache 143, 682, 687, 1025, 1131, 1238, 1240, 1246
  ungeeignetes 1003, 1013ff., 1023
Beweismittelverbot 959
Beweisregel 17, 1041, 1045
Beweissurrogat 760
Beweistatsache 990f., 996, 1003
Beweisthemenverbot 959f.
Beweisverwertung 958
Beweisverwertungsverbot **957ff.**
  Abwägungslösung 232, 400, 495, 531, 961, 962ff., 973, 978
  Auskunftsverweigerungsrecht 397f., 929f.
  Ausnahme 961
  Auswirkung auf Anfangsverdacht 82
  Bild-Ton-Aufzeichnung 966, 973
  Durchsuchung 959, 962
  fehlerhafte Beschuldigtenvernehmung 234ff., 239, 967, 969
  fehlerhafte Zeugenvernehmung 394ff., 929
  Gestattung der Verwertung 238, 926
  Hörfalle 966
  Kernbereich privater Lebensgestaltung 9, 526, 531, 957, 959, 972ff.
  Persönlichkeitsrecht 9, 240, 246, 526, 961, 966, 972ff.
  Privatperson 243, 246, 966
  Rechtskreistheorie 397f.
  Schutzzweck der Norm 397f.
  selbstständiges 957, 960f., 972ff., 1000
  Tagebuchaufzeichnung 973
  unselbstständiges 957, 959ff., 962ff.
  Widerspruchslösung 232, 239, 968, 969ff., 972
  willkürliche Rechtsverletzung 471, 962, 964, 968
  Zeugnisverweigerungsrecht 381, 452, 595, 923ff., 928, 959
Beweiswürdigung, freie richterliche 739, **771**, **1040ff.**
- Grenze 1045
- Revisibilität 1047, 1171
Bild-Ton-Aufzeichnung 913, 917, 921, 931, 937f.
Bindung des Gerichts (Absprache) 1072
Blutalkoholgutachten 948f.
Blutentnahmebericht, ärztlicher 898, 947
Blutprobe 398, 509ff.

Brechmittel 511
Briefschmuggel 574f.
Bundesamt für Justiz 1254
Bundesgerichtshof 109, 113, 343, 356, 359, 619, 1107ff., 1182f., 1204, 1207
Bundespräsident 1249
Bundeszentralregister 163, 888, 1233, 1254
Buße 857

C
Code penal 20
Constitutio Criminalis Carolina 15f.
Contergan-Prozess 144

D
Daktyloskopie 34
Darstellungsmangel 1048, 1216
Datei 474, 487, 522
Dauer, maximale
 der Festnahme 254ff.
 der Hauptverhandlungshaft 307
 der U-Haft 298, 327
 eines Sitzungsintervalls 777
Devolutiveffekt 1101f.
Dezernat, Dezernent 104f., 108, 114f., 196, 204ff., 717
Dienstaufsichtsbeschwerde 194, 198
Dienstliche Erklärung 800, 1202
Divergenzvorlage **1182f.**
DNA
 Abgleich 502ff.
 Analyse 34, 454, 499, 502ff, 943
 Reihenuntersuchung 504ff.
Dolmetscher 553, 774, **786ff.**, 885
Doppelbestrafungsverbot s. ne bis in idem
Drohung 1, 19, 240, 977
Durchbrechung
 der Rechtskraft 1200, 1230ff.
 des Unmittelbarkeitsprinzips 763, 897ff., 1132
Durchsuchung **423ff.**
 beim Beschuldigten 442ff.
 beim Nichtbeschuldigten 445f.
 Durchführung 472ff.
 Rechtsschutz 470ff.
Durchsuchungsanordnung 61, **450ff.**
Durchsuchungszeuge 472f.

E
E-Mail 487, 521
Eidesstattliche Versicherung 800
Eildienst, richterlicher 465, 509
Eilkompetenz, s. Gefahr im Verzuge

Einlassung des Beschuldigten 371, 728, 1069
Einleitung des Ermittlungsverfahrens 47f., **57ff.**, 202, 610
Einspruch 368, 642, 645, 648f., 811, 831, 1104, 1135, 1138
Einstellung 53, 93f., **136ff.**, 586
 Benachrichtigung 176f., 600, 861
 gegen Auflage 144ff.
 im gerichtlichen Verfahren 173ff., 322, 1091
 mangels hinreichenden Tatverdachts 93f., 655
 Rechtskraft 143, 1224
 Rechtsschutz 176ff.
 Teil- 93, 158ff.
 vorläufige 144ff., 321
 wegen eines Verfahrenshindernisses 596, 709, 1091
 wegen geringer Schuld 136ff.
 Wiederaufnahme nach 162
 Zahlen 55, 127
 Zustimmungserfordernis 140, 153f., 161, 854
Einziehung 424, 437, 475, 479, 588, 670
Entbindung von der Schweigepflicht 383, 927f.
Entschädigung
 bei Menschenrechtsverletzung 1103
 bei Verletzung des Beschleunigungsgebots 695
 für Zeugen und Sachverständige 379, 702, 1095
Entschuldigung bei Nichterscheinen 645, 826f., 830f., 882, 1136ff.
Entziehung der Fahrerlaubnis 549, 640, 668
Erfahrung, allgemeingültige 1047
Ergänzungsrichter, -schöffe 782, 802
Ergreifung des Beschuldigten 319, 424, 436
Ergreifungsort 111, 319, 636
Erledigung einer Ermittlungsmaßnahme 347, 470
Ermessensspielraum
 des Gerichts 693, 886, 1065, 1089, 1094
 der Strafverfolgungsbehörden 125, 141, 163, 171, 192, 206f.
Ermittler, verdeckter 25, 383, 520
Ermittlung, wesentliches Ergebnis 608, 650
Ermittlungsmaßnahme, qualifizierte 83, 450, 535, 958
Ermittlungsmethode, heimliche 91, 472, 494, **517ff.**
Ermittlungsperson 167, 424, 450, 459ff., 470
Ermittlungspflicht, s. Legalitätsprinzip
Ermittlungsrichter 343, 356, 359, 924

Ermittlungsverfahren 26, **53ff.**
  Anfangsverdacht 48, 71ff., 84, 124, 265, 272, 424, 510, 524
  Beteiligte 61ff.
  Heimlichkeit 91, 472, 494, 517ff.
  Leitungsfunktion der Staatsanwaltschaft 61ff.
  Ziel 92ff.
Ermittlungsverbot **494f.**
Ermüdung 240
Eröffnungsbeschluss 654, 673, **680ff.**
Erörterung 747, 766, 820, 982, 1113, 1211
Ersatzeingriff, hypothetischer 441, 471, 507, 532, 534, 962, 964, 968, 978
Ersatzfreiheitsstrafe 368, 1248, 1255
Erwiesenheit der Tatsache (Beweisantrag) **1007f.**
Europäische Menschenrechtskonvention 28
Eventualbeweisantrag 1037

F
Falsa demonstration non nocet 1117
Falschauskunft des Gerichts 827
Falschaussage 179, 577, 819, 877, 1236
Fehler
  bei der Anklage 618, 677, 683, 686
  bei der Beschuldigtenvernehmung 222, 227f., 234ff., 239, 969
  bei der Beweisgewinnung, s. Beweisverwertungsverbote
  bei der Beweiswürdigung 1047, 1151, 1177
  bei der Strafzumessung 1180, 1189, 1193ff.
  bei der Zeugenvernehmung 394, 398ff., 929
  beim Eröffnungsbeschluss 683
  beim Urteil 1083, 1113, 1118, 1150ff., 1216, 1230
Fernwirkung
  der Revisionsentscheidung 1200
  eines Verwertungsverbots 507, 976ff.
Festnahme 247, **250ff.**, 275, 297, 305, 309ff., 314, 319f., 499, 634, 636
  durch eine Privatperson 256ff.
Feststellung
  der Anwesenheit 724
  der Personalien 78, 725
  eines Vermögensschadens 933, 941
Filmaufnahme 745
Fingerabdruck 499ff., 612
Flucht 256ff., 269, **275f.**, 294
Fluchtgefahr 257, 267, 269, 276, **277ff.**, 294, 297, 306, 331, 366
Föderalismusreform 324

Folter 1, 9, 17ff.
Förmlichkeit, wesentliche 718f., 1165
Fortwirkung eines Verfahrensverstoßes 977ff.
Fotografie 101, 409, 582, 766
Fragerecht des Beschuldigten 215, 409, 754, 759, 764, 875
Freibeweis 377, 596, 868, **981ff.**, 1202
Freispruch 96, 172, 591, 709, **1087ff.**, 1092, 1098, 1190
Frist
  Ablehnungsverfahren 799
  Aktenaufbewahrung 120f.
  Auflagenerfüllung 156
  Beschwerde 179f., 195, 197, 351f.
  Beweisantrag 1019
  Eilanordnung 450, 529
  Fahrerlaubnisentziehung 640, 1082
  Fertigstellung des Urteils 1084, 1163, 1173
  Ladung 651f., 656, 698, 824f.
  Rechtsmittel 1080, 1115, 1220
  Revisionsbegründung 1116, 1149
  richterliche Entscheidung 483
  Vorführung 319
Fruit of the poisoned tree doctrine 978
Funkzellenabfrage 520
Fürsorgepflicht
  der Strafverfolgungsbehörden 194, 197
  des Vorsitzenden 994

G
Gebühr 560, 565, 702, 880, 1097, 1121
Gefahr im Verzuge 67, **308ff.**, 367, 424, 450, 459, **463ff.**, 471, 477, 509, 529, 959
Gefahrenabwehr 230, 253, 292
Gegenbeweis 1025, 1165
Gegenerklärung der Staatsanwaltschaft 1158, 1203, 1208
Gegenüberstellung 7, 911
Geheimnisschutz 107, 383, 487, 491, 928, 930, 972, 975
Gehör, rechtliches 31, 215, 354, 581, 697, 798, 806
Geldstrafe 100, 138, 150, 366, 550, 640, 1092, 1127, 1255
Geleit, sicheres 705f.
Generalbundesanwalt 109f., 112f., 1179
Generalprävention 3, 84, 130, 146, 647, 1197
Generalstaatsanwaltschaft 109f., 179, 181, 183, 193, 198, 204f., 1158, 1179
Gerichtsbekannt 1004, 1006
Gerichtssprache 665, 765, 787
Gerichtsstand, s. örtliche Zuständigkeit
Gerichtsvollzieher 702
Gesamtstrafe 1112, 1186, 1189

Gesamtstrafenbildung, nachträgliche 1189, 1230, **1231ff.**
Gesetzesverletzung (Revision) 1179ff., 1214
Geständnis 17, 219, 242, 869, 1069, 1071
   durch einen Freigesprochenen 1238, 1240, 1246
   richterliches 954f.
   Verlesung 898
   Widerruf 578, 1238
Gewahrsam des Verweigerungsberechtigten 490
Gewaltanwendung als Annex 251
Glaubhaftigkeit einer Aussage 81, 391ff., 412, 1041, 1133, 1240
Glaubhaftmachung 800f., 882, 1139
Gnadenakt 1230, **1248ff.**
Große Strafkammer 542, 623, 628f., 1107, 1109
Großer Strafsenat 1183
Grundrechtseingriff 295f., 347, 447, 449, 453, 485, 504

H
Haft 240, **247ff.**, 271, 274, 292, 295, 297, 308ff., 581, 691, 984 s. auch U-Haft
   Alternativen 362ff.
Haftbefehl 78, 267f., **269ff.**, 313, 316ff., 336, 828
   Aufbau 316f.
   Aufhebung 333, 335f., 1078
   — Außervollzugsetzung 331ff.
   europäischer 364
Haftbeschwerde **338ff.**
Haftgrund 240, **275ff.**
Haftkontrolle 360
Haftprüfung **326ff.**, 344f.
Haftrichter 311, 328, 333, 338, 340, 458, 602
Haftsonderheft 581, 602
Handakte 107, 602
Hauptverfahren 26, 45, 48, 95, 115, 185, 596, 609, 617, 670, 683, **688ff.**, 1111
Hauptverhandlung 154, 203, 232, 590f., 653, 656ff., 669, 685f., 688ff., 707, **709ff.**, 867, 884, 887, 971, 982, 1081, 1084, 1091, 1099, 1247
   Ablauf 716ff.
   Aussetzung 776f., 802, 1059
   in der Berufung 1135, 1141ff.
   Beteiligte 773ff.
   Grundsätze 692, 697, 739ff.
   in der Revision 1113, 1202f.
   nach Strafbefehl 639ff., 643, 645, 647ff.
   Unterbrechung 737, 749, 776ff., 1020, 1059
Hauptverhandlungshaft 298, **305ff.**, 662

Hauptverhandlungsprotokoll **716ff.**, 785, 831, 874, 1142, 1166f.
Hierarchie der Staatsanwaltschaft 116, 200, 202
Hilfsbeamter der Staatsanwaltschaft, s. Ermittlungspersonen
Hilfsbeweisantrag **1033ff.**
Hinweispflicht des Gerichts 615, 686, 1008, 1057ff., 1092, 1208
Hörensagen, Zeuge vom 760
Hörfalle 244f., 966

I
Idealkonkurrenz 169
Identitätsfeststellung 252f., 255, 265f., 499ff., 612, 636
Immunität 596
Immutabilitätsprinzip 677
IMSI-Catcher 520
In dubio pro reo 739, **772,** 1047, **1049ff.**
Indiz 18, 279, 577, 946, 958, 965, 1019
Informationsfunktion (Anklage) 607, 614
Inquisitionsprozess 15ff., 19ff., 50, 62, 185, 216, 610, 678, 740, 1041
Insolvenzverfahren 955, 975
Interesse, öffentliches 130ff., 145f, 148, 191
Internationale Rechtshilfe, s. Rechtshilfe
Internet 9, 521, 741, 1004
Irrtumsprivileg der Strafverfolgungsbehörden 274

J
Jakob von Metzler 1
Jugendsache 28, 34, 51, 114, 297, 404, 407, 602, 622, 626, 746f., 873, 876, 937f., 985
Justizgrundrecht 28, 31
Justizirrtum 7
Justizministerium 29, 62, 198, 201, 204

K
Katalogtat 523, 532, 629, 853
Kausalität 964, 1169
Kenntniserlangung, außerdienstliche 85
Kernbereich der Persönlichkeitssphäre 9, 526, 531, 957, 959, 972ff.
Klage, öffentliche 53, 185, 588, 610
Klageerzwingungsverfahren 177, **178ff.**, 211, 611, 835, 839f., 847
Kleine Strafkammer 1104, 1106ff.
Kodifikation des Strafverfahrensrechts 26ff.
Kombinationsentscheidung **1211**
Konfrontationsrecht 404f., 926, 938
Konnexität 996

Kontaktsperre 28, 325
Körperverletzung, schwere 419, 898, 945
Körperverletzungsdelikt 130, 140, 419, 847, 857, 898, 943, 945ff.
Kosten, Kostenentscheidung 26, 28, 348, 379, 565, 591, 702, 833, 1075, 1078, 1083, 1087, 1091, **1094ff.**
  in der Berufung 1147f.
  in der Revision 1212f.
  eines Zeugen bei Ausbleiben 880, 882
Kreuzverhör 756

L

Ladung 689, **698ff.**, 809, 824f., 854, 882, 886, 1017, 1132, 1136
  Frist 651f., 698
Lauschangriff 9, 25, 712
Legalitätsprinzip 84f., 123f., 192, 202, 739
Leitender Oberstaatsanwalt 114
Letztes Wort 732, 747, 1142, 1165, 1170, 1203
Lichtbild 430, 499, 612, 819
Lüge des Verteidigers 577f.

M

Mangel, s. Fehler
Maßnahme
  erkennungsdienstliche 499ff.
  vernehmungsersetzende 403, 659, 839, 897ff., 1132f.
Maßregel der Besserung und Sicherung 299, 629, 639, 668, 1071, 1118, 1254, 1257f.
Maßregelvollzug 1257f.
Mehrheit (Beratung) 1075
Menschenrechtsbeschwerde 1103
Missbrauchsgebühr 1039, 1121
Missbrauchsgefahr 336, 406, 728, 754
  beim Beweisantrag 569, 1039
  staatlicher Gewalt 62
Missbrauchsklausel 1039
Mitangeklagter, Mitbeschuldigter 141, 554, 818f., 898, 904, 930, 950, 1143, 1200
Mitteilung in Strafsachen 29, 208, 602
Mitteilungspflicht 473, 530, 698f., 859, 861f.
Mitwirkungsrecht des Beschuldigten 940
Mobiltelefon 520
Mündlichkeitsprinzip 328f., 339, 430, 739, **765ff.**, 867, 884, 887, 998, 1202

N

Nachtragsanklage 1056f., **1061ff.**
Nachtzeit 237, 472
Nachweis des Gegenteils 1007, 1011, 1025, 1165

Namhaftmachung 266, 699, 702
Nationalsozialistische Gewaltherrschaft 24
Ne bis in idem 31, 134, 596, 1223, 1225, 1227
Nebenentscheidung 639, 684, 1075, 1078
Nebenklage 25, 835, 837, 839, **841ff.**
  Berechtigung 847f.
  Rechte des Nebenklägers 854ff.
Nemo tenetur se ipsum accusare 229, 246, 481, 514, 967
Nichtrevident 1200
Notdienst, anwaltlicher 236f.
Notstaatsanwalt, richterlicher 65
Notstand 264, 890

O

Obduktion 347, 454, **516**
Oberlandesgericht 343, 611, 619f., 628, 685, 1107f.
Oberstaatsanwalt 114, 202
Observation des Beschuldigten 320, 520
Offenkundigkeit (Beweisantrag) 1003ff.
Öffentlichkeit, Öffentlichkeitsgrundsatz 3f., 22, 51, 91, 739, **740ff.**, 1074
Offizialdelikt 81, 134, 179
Offizialprinzip 84, 739
Opfer (einer Straftat), Opferschutz 3f., 8, 25, 135, 401ff., 515, 835, 838f., 856, 1024, 1071
Opferrechtsreformgesetz 835
Opportunitätsprinzip **123ff.**, 206, 739
Ordnung während der Sitzung **733ff.**
Ordnungsgeld, -haft 375, 736, 880ff.
Ordnungsmittel 699, 735, 928

P

Parteiprozess 50, 52, 750
Partikulargesetze 16
Persönliche Verhältnisse des Angeklagten 100, 664, 679, 725, 1085
Pflichtverteidiger **536ff., 559ff.**, 567, 569, 579ff., 646, 833, 1095
Plädoyer 553, 730f., 1142
Polizei 32, 58ff., 61ff., 85, 104, 274, 461f., 500, 828
  erster Zugriff 67ff., 101
  polizeiliche Vernehmung 218, 267, 372, 374, 379, 406, 409
Privatklage **130ff.**, 142, 148, 173, 177, 210, 611, 834, 839
Privatperson 85, 1006
  Beweisverstoß durch 966
  Festnahme durch 250, 252f., 256ff., 274
  Vernehmung durch 241ff.
Probationsverfahren **1246**
Prognose 161f., 277, 548, 559, 561, 597, 1018

Protokoll
    einer Vernehmung, s. auch Verlesung 227, 390, 703, 707
    der Hauptverhandlung, s. Hauptverhandlungsprotokoll
    Dokumentation von Ermittlungen 119
    richterliches 703, 901, 906, 912, 916, 918, 924, 932, 954
Protokollführer 717, 720, 723, 785, 788
Protokollverlesung zur Gedächtnisstütze 891
Prozesshindernis 77, 134, 143, 156, 596, 683, 709, 1068, 1091, 1225ff.
Prozesslehre 34, **36ff.**
Prozessökonomie 175, 632, 652, 823, 858, 879, 931, 942, 1035, 1191
Prozessrechtsverhältnis 38f.
Prozessrüge, s. Verfahrensrüge
Prozessurteil 1137, 1224
Prozessverschleppung 569, 1003, 1018f., 1039
Prozessvoraussetzung 178, 596, 618, 683, 984, 1075, 1159, 1200

Q

Quellen-Telekommunikationsüberwachung 521

R

Rahmengebühr 565
Rasterfahndung 518, 520
Realkonkurrenz 169
Recht auf Verteidigung 215, 219, 234ff., 537, 665, 1138
Rechtsbehelf 26, 176ff., 344f., 452, **1100ff.**, 1239, 1258
    außerordentlicher 1104
        nachträglicher Erfolg 1239
Rechtsbehelfsbelehrung 178, 180, 1080
Rechtsfolgenaufspruch, Beschränkung 649, 1112ff., 1229
Rechtsfortbildung 1215
Rechtsfrieden 3f., 6, 712, 1240
Rechtshängigkeit 134, 683
Rechtshilfe 28, 707, 910
Rechtskraft 172, 199, 217, 368, 609, 682, 838, 1081f., 1092, 1100, 1135, 1184, 1200, **1219ff.**
    beschränkte 682
    Durchbrechung 1200, 1230ff.
    Einstellungsentscheidung 143, 1224
    formelle 1219f., 1222
    materielle 199, 1219f., 1223ff.
Rechtskreistheorie 397f.
Rechtsmittel 45f., 62, 340ff., 483, 661, 1073, **1100ff.**

Berechtigung 346, 349, 579, 676, 854
Form und Frist 350, 1080, 1115
Reform 1207, 1216ff.
unbenanntes 1116
Vorrang 1119
Wahlmöglichkeit 1118
Rechtsmittelgericht, Besetzung 1108f.
Rechtsmittelverzicht 1073, 1081f., 1092, 1220
Rechtsmittelzug 1107
Rechtsquellen im Strafprozessrecht 28f.
Rechtsschutz
    gegen eine Ermittlungs- und Zwangsmaßnahme 347, 470ff., 482ff.
    gegen die Nichteröffnungsentscheidung 682
    im beschleunigten Verfahren 661
Rechtsverletzung, willkürliche 471, 617, 962, 964, 968
Referendar 122, 567, 1074
Reformatio in peius 357, 645, **1121ff.**, 1180
Reichsstrafprozessordnung 23
Revision **1149ff.**
    Funktion 1214ff.
    Kontrolldichte 1046ff.
Revisionsentscheidung **1201ff.**
Revisionsgrund, absoluter 774, 781, 1084, 1162, **1171ff.**
Revisionshauptverhandlung 540, 1113, 1202f.
Richter 50, 450ff., 794ff.
    Anordnungskompetenz 457ff., 477ff.
    beauftragter 707
    ersuchter 707
    gesetzlicher 31, 616, 637, 739, 788, 1171
    Vernehmung als Verhörsperson 918, 925, 931, 952, 956
Richtervorbehalt 31, 424, 453ff., 471, 477, 504, 508f., 529, 962
Richtlinien für das Strafverfahren 29, 182, 208, 210, 378, 825, 1131, 1158
Römisches Recht 1052
Rubrum 1085
Rücknahme
    der Anklage 173, 677
    eines Rechtsmittels 1122, 1220
Rügeverkümmerung 1167
Rundfunkfreiheit 745

S

Sachaufsichtsbeschwerde **187ff.**
Sachentscheidung, eigene des Revisionsgerichts **1190ff.**
Sachkunde des Gerichts 1024
Sachleitungsbefugnis **754ff.**
Sachrüge 1150ff., **1175ff.**

Sachstandsanfrage 602
Sachurteil 596, 1224
Sachverständiger 371, 393, **410ff.**, 428, 699, 701f., 786, **884ff.**, 898, 941ff., **1023ff.**, 1095, 1236
  Unterschied zum Zeugen 420f.
Sachverständigengutachten **414ff.**, 1012
Sammelbelehrung 873
Sanktionierung, informelle 125, 144
Sanktionsschere 1071
Schlussvortrag, s. Plädoyer
Schöffe 624f., 781f., 788, 890, 1077, 1108
Schöffengericht 340, 621, 624, 628f., 663, 1075, 1107ff.
  erweitertes 621, 628f., 1075, 1107ff.
Schuld, geringe 94, 126, 136ff. 141f.
Schuldfähigkeit, verminderte 302, 1012
Schuldspruch 95, 1033, 1078, 1088, 1229, 1231
Schuldunfähiger 301, 303, 668, 1076
Schutzzweck der Norm 398
Schweigen
  des Beschuldigten 315
  des Angeklagten in der Hauptverhandlung 578, 728, 950ff., 1047
  eines Zeugen 382, 386ff., 919, 923, 925, 929f.
Schweigepflicht 383, 927f.
Schweigerecht des Beschuldigten 86, 215, 219, **229ff.**
Schwere
  der Schuld 145, 149f.
  der Tat 269, 285ff., 294, 540, 547ff., 962, 964, 968
Schwierigkeit der Sach- und Rechtslage 540, 547, 550f., 625
Schwurgericht 542, 623, 625, 628f., 1067
Selbstbestimmung, informationelle 504
Selbstgespräch 974
Selbsthilfe 177, 264
Selbstladung **701f.**, 986, 1028
Selbstleseverfahren 430, 768, 770, 890
Sexualstraftat 402, 409, 764, 838, 847, 916, 938, 1024
Sicheres Geleit 705f.
Sicherheitsleistung 135, 332, 367f.
Sicherstellung **475ff.**
Sicherungshaftbefehl 271
Sicherungsverfahren 639, **668f.**
Sicherungsverwahrung 625, 1071
Sitzungspolizei 733f., 736f.
Sitzungsvertreter der Staatsanwaltschaft 119, 203, 602, **783f.**, 803, 805, 1064, 1091

Sondergericht 24
Spendenaffäre der CDU 149
Sperrerklärung 493
Sperrfrist 640, 1082
Spezialprävention 34, 130, 146, 164, 292, 647, 651, 837, 1093, 1197
Spontanäußerung 778, 974
Spruchkörper 621, 623f., 627ff., 633, 1108
Sprungrevision 1106, 1116
Spurenansatz 83, 535, 958
Spurensicherung 67
Staatsanwaltschaft 22, 24, 28, 45, 58f., **61ff.**, 84f., 119, 123, 141, 146, 186, 265ff., 329, 336, 462, 586, 611, 676f., 783ff., 803ff., 1158, 1252ff.
  außerdienstliche Kenntniserlangung 85
  Behördenorganisation 108ff.
  Doppelstellung 199ff.
  Einstellungsentscheidung 136ff., 1224
  Neutralität 69, 349, 842
  Unabhängigkeit 211f.
  Vernehmung durch 375, 379, 384f., 390, 406
  Weisungsabhängigkeit, s. Weisungen
Staatsschutzdelikt 109, 113, 343, 356, 359, 628f., 1104
Stellungnahme
  anwaltliche 377, 673
  schriftliche 377f., 673
Strafanspruch des Staates 38
Strafantrag 59, 78, 131, 596, 984, 1127, 1159, 1190
Strafanzeige 53, 58ff., 61, 64, 66, 70, 72
  anonyme 80f.
Strafaussetzung 30, 270, 550, 640, 1112, 1118, 1197, 1248, 1250, 1258
Strafausspruch 1078, 1124, 1149, 1192, 1231
Strafbefehl 127, 307, 610, 639f., **641ff.**, 697, 811, 830f., 1092, 1104, 1135, 1138, 1224, 1240
  nachträglicher 697, 830f.
Strafkammer 355, 361, 542, 608, 617, 623, 625, 628f., 685, 1067, 1075, 1106ff., 1185
Strafklageverbrauch, s. ne bis in idem
Strafmaßberufung/-revision, s. Beschränkung von Rechtsbehelfen
Strafmilderung 302, 694
Strafprozess
  angloamerikanischer 14, 50, 52, 750, 978, 1070
  partizipatorischer 41
  reformierter 22, 740

Strafrecht, materielles 1, 3, 12f., 30, 125, 374, 713, 1150ff., 1175ff., 1200
Strafrichter 608, 621, 624, 628f., 646, 663, 717, 856, 1074, 1107, 1109
Strafvereitelung (Verteidiger) 576f.
Strafverfahren (Erkenntnisse) **532ff.**
Strafverfahrensmodell, kontinentaleuropäisches 52, 1070
Strafverfolgungsverjährung, s. Verjährung
Strafvollstreckungskammer 1256, 1258
Strafvollzug 324, 1257f.
Strafzumessungsentscheidung 679, 1012, 1038, 1085, 1177, 1180, 1193f., 1197, 1241
Straßenverkehrsdelikt 30, 114, 169, 377
Strengbeweis **867ff.**, 982, 985, 1000
Subjektstellung (Beschuldigter) 216f., 869
Substitutionsrecht **204ff.**, 212, 805
Sühneversuch (Privatklage) 135
Suspensiveffekt 353
Szintigraphie 511

T

Tagebuchaufzeichnung 973
Tagessatz 100, 138, 150, 550, 1255
Tatbegehung, fortgesetzte 291
Tatbegriff
  materieller 168f., 1088
  prozessualer 158, 167, 168f., 612, 683, 710, 751, 1057, 1061ff., 1088, 1227
Täter-Opfer-Ausgleich 25, 33, 152, 219, 222, 856
Tatort 111, 261, 607, 635
Tatsache, doppelrelevante 985
Tatsachenfeststellungen (Urteil) 1085, 1092, 1112f., 1150f., 1190, 1214, 1216f.
Tatverdacht 55, **71ff.**, 94ff., 185, **272ff.**, 301, 524, **590ff.**
  dringender 262f., 272ff., 290, 299ff., 524, 575
  Festnahme durch Privatperson 262f.
  fsddsfd
  Wegfall 335ff.
  hinreichender 47, 93f., 155, 575, 585, 590ff., 642ff., 648, 653ff., 668, 674, 682, 1064f.
Täuschung 19, 236, 245f., 966
Teilaufhebung 1185ff., 1211
Teileinstellung 93, 158ff., 164, 600, 710
Teilfreispruch 1057, 1088
Teilrechtskraft **1229**
Telekommunikationsüberwachung 441, 458, 519f., **521ff.**, 960, 973
Terminsbestimmung 652, 685, 689, **690ff.**

Terrorismusbekämpfung 25, 109, 325, 569, 620, 817
Tod
  des Beschuldigten 121, 898
  eines Richters 782
  eines Zeugen oder Sachverständigen 762, 898, 941, 1237

U

U-Haft 217, 243, **247ff.**, 296, 323ff., s. auch Haftbefehl
Überholung, prozessuale 351
Übermüdung 240
Überzeugung, richterliche 715, 771, 1040, **1042ff.**, 1047
Umgrenzungsfunktion (Anklage) 607f.
Unabhängigkeit, richterliche 31, 1077
Unanfechtbarkeit 341, 1128, 1220
Unbegründetheit, offensichtliche 1127, **1206ff.**, 1209
Unerreichbarkeit des Beweismittels (Beweisantrag) 926, 1003, 1016f.
Unmittelbarkeit, materielle 760, 763, 897
Unmittelbarkeitsprinzip 429, 645, 739, **759ff.**, 778, 867, 981, 1039, 1202
Unschuldsvermutung 7, 217, 739, 772, 838, 1052, 1089, 1247
Unterbrechung der Hauptverhandlung 737, 749, **776ff.**, 1020, 1059
Unterbringung
  einstweilige Unterbringung 299ff.
  Maßregeln 625, 668, 1071
Untersuchung, körperliche **508ff.**
  Abgrenzungsproblematik 511f.
  beim Nichtbeschuldigten 515
Untersuchungsgrundsatz, s. Aufklärungsmaxime
Unverzüglichkeit 312
Urkunde 371, 428f., 768, 800
  Abgrenzung vom Augenscheinsobjekt 429ff., 887, 1002, 1026
Urkundsbeamter der Geschäftsstelle 717, 774, 785, 800f., 618
Urteil 339, 596, 642, 661, 669, 688f., 732, 779, 1040f., **1078ff.**, 1104, 1224
  abgekürztes 1082, 1092ff.
  Abweichung vom Anklagevorwurf 615, 1057ff.
  in der Berufung 1144ff.
  in der Revision 1201ff.
Urteilsabsprache, s. Absprache
Urteilsformel, s. Urteilstenor
Urteilsgründe 732, 1034, 1054, 1080, 1083, 1084ff., 1087ff.

verspätete Absetzung 1173
Urteilstenor 732, 1054f., 1078f., 1083, 1085, 1120
Urteilsverkündung 732, 735, 740, 748, 999, 1034f., **1078ff.**, 1115, 1203

V

V-Leute 520, 908, 919
Veränderung des rechtlichen Gesichtspunkts 615, 686, **1058ff.**
Verbindung von Verfahren 105, 632
Verbot
    der Doppelbestrafung s. ne bis in idem
    der Mehrfachverteidigung 571
    der reformatio in peius 357, 645, 1124, 1180
Verbrechen 136, 150, 285, 543, 550, 663, 1224, 1240
Verdachtsgrad, qualifizierter 524
Verdunkelungsgefahr 240, 269, **280ff.**, 294, 297, 310, 331
Vereidigung 735, 786
    eines Sachverständigen 886, 898, 943
    eines Zeugen 749, 819, 876
Verfahren
    beschleunigtes 305, 311, 540, 639f., 651ff.
    faires 194, 547, 554, 665, 692, 804, 832, 964
    objektives 639, 670ff.
    rechtsstaatliches 2, 9, 22, 24, 31, 153, 155, 229, 538, 657, 694, 912, 962ff., 1052, 1204
Verfahrensbeschleunigung, s. Beschleunigungsgebot
Verfahrensdauer, überlange 694ff.
Verfahrensgebühr 565
Verfahrenshindernis, s. Prozesshindernis
Verfahrensprinzip 28, 51, 84, 123ff., 185, **739ff.**, 867, 1070
Verfahrensregister, staatsanwaltschaftliches 105, 154
Verfahrensrüge 1150, 1152f., 1156, 1158, 1160, **1161ff.**, 1200
Verfahrensverzögerung 298, 326, 694ff., 708, 779, 858, 1018, 1020
Verfahrensvoraussetzung, s. Prozessvoraussetzung
Verfall, Verfallobjekt 437f., 475, 479, 670
Verfassungsbeschwerde 1102, 1104, 1239
Verfassungsrecht 9, 31, 229, 248, 254, 271, 286, 447, 453, 788, 1052
Verfolgbarkeit der Tat, s. Prozessvoraussetzung

Verfügung
    des (Haft-)Richters 338ff., 559, 1101, 1104
    des Staatsanwalts 120, 122, 143, 600ff., 1224
Vergehen 126, 136, 139, 145, 150, 152, 158f., 629, 646
Vergleichbarkeit, rechtsethische und psychologische 1055
Verhalten, ungebührliches, in der Sitzung 568, 734ff.
Verhältnismäßigkeitsprinzip
    bei der einstweiligen Unterbringung 303
    bei der U-Haft 247, 271, 295ff., 327, 362f., 366, 829
    bei einer Zwangsmaßnahme 445, 447ff., 497, 511, 525, 530
Verhandlungen der Polizei 68
Verhandlungsunfähigkeit 668, 817, 823, 1136, 540
Verjährung 77, 322, 596, 670, 1009, 1051ff., 1120, 1159, 1190
Verlesung
    der Urteilsformel 1079
    des Anklagesatzes 719, 726, 1141
    einer Erklärung des Angeklagten 728, 953
    einer schriftlichen Zeugenerklärung 659, 905
    einer Urkunde 429ff., 768, 887ff., 900, 936, 1238
    eines Antrags 768f., 998
    eines ärztlichen Attests 419, 898, 943ff.
    eines Blutalkoholgutachtens 948
    eines Ermittlungsberichts 934
    eines Sachverständigengutachtens 941ff.
    eines Vernehmungsprotokolls 703, 707, 762, 764, 891, 897ff., 910, 912ff., 931ff., 953ff., 1132f.
Verletzter 25f., 107, 130ff., 179ff., 498, 554, 611, 793ff., **834ff.**
Vermögensbeschlagnahme 369
Vernehmung (Begriff) **227, 245, 728**
    der Verhörsperson 753, 907, 914, 918, 922ff., 931, 952f., 956
    des Angeklagten 727f., 869f.
    des Beschuldigten 213ff., 499
    durch den Haftrichter 313, 325
    durch den Richter 372, 379, 390, 404, 409, 457, 703, 707f., 817, 866
    durch die Polizei 218, 267, 372, 374, 379, 406
    durch die Staatsanwaltschaft 218, 372, 375, 379, 390, 406, 452
    durch eine Privatperson 241ff.

eines Sachverständigen 884 ff, 897
eines Zeugen 66 f., 99, 378 f., 385 ff., 394, 401 ff., 535, 703, 707 f., 764, 819, 864, 871 ff.
kommissarische 707 f., 910 f.
polizeiliche 218, 267, 372, 374, 379, 406, 409
richterliche 218, 372, 379, 385, 389 f., 402, 409, 703, 817, 866, 903, 937
zur Person 799, 874
zur Sache 816, 874 f., 1067 f.
Vernehmungsbegriff, funktionaler 245
Vernehmungsform, besondere **401 ff.**
Vernehmungsmethode, verbotene **238 ff.**
Vernehmungsprotokoll, s. Verlesung
Versäumnisurteil 1135
Versäumung einer Frist 197, 1104
Verschlechterungsverbot, s. Verbot der reformatio in peius
Versicherung, eidesstattliche 800
Verständigung, s. Absprache
Verteidiger, Verteidigung **536 ff., 832**, s. auch Recht auf Verteidigung
geeignete Person 566 f.
Grenzen erlaubter Verteidigung 569 ff., 576 ff.
Honorar 537, 560, 565, 591, 1096
Post 492 f., 959
Rechte und Pflichten 107, 325, 329, 579 ff., 673, 699, 730, 734, 875, 1153
Verteidigerhandeln, verbotenes **576 ff.**
Verteidigung
notwendige 537 f., 539 ff., 832 f.
sukzessive Verteidigung 572
Vertrauensperson 408, 865
Verwaltungsrecht 32, 37, 1045
Verwandtschaft 399, 793, 796
Verweisung
auf den Privatklageweg 130 ff., 173, 192
bei unzuständigem Gericht 1066 ff., 1145
Verwertungsverbot, s. Beweisverwertungsverbot
Verzicht
auf Anwesenheit 473, 697, 807 ff.
auf Rechtsmittel, s. Rechtsmittelverzicht
auf Strafverfolgung 125, 158
auf Strafverteidigung 538
Videoaufzeichnung/-übertragung 402 f., 409, 897 f., 932, 939 f., 1217
Viktimisierung, sekundäre 409, 764
Vollstreckungsbehörde 1099, 1252, 1257
Vollstreckungshaftbefehl 368, 1257
Vollstreckungslösung 694 f.
Vollstreckungsverfahren **1252 ff.**

Vorbereitung
der Hauptverhandlung 99, 416, 607, 688 f., 690 ff., 986, 1129 ff.
der Verteidigung 307, 544, 607, 657, 664 f., 728, 1243
des Haftbefehls 254, 267
Vorermittlung 75
Vorführung
vor den Haftrichter 254, 311 ff., 319, 328
polizeiliche 656, 826, 828 f., 881
Vorhalt 891 ff., 956, 977
Vorschaltbeschwerde 32, **178 ff.**, 184, 193
Vorsitzender 339, 430, 559, 563, 624 f., 698, 717, 720, 723, 725, 733 ff., **754 ff.**, 781, 875, 994, 1059, 1075, 1077, 1079
Vorstrafe 130, 140, 725, 1093, 1194
Vorverfahren, s. Ermittlungsverfahren

W
Waffengleichheit 540, 547, 554, 964
Wahl der Rechtsmittel 1116 ff.
Wahlfeststellung **1053 ff.**
ungleichartige 1055
Wahlverteidiger **555 ff.**, 560, 563 ff, 567, 569, 579, 832
Wahrheit, materielle 712 f., 1011
Wahrheitserforschung 9, 202, 712, 750, 839
Wahrheitspflicht
des Beschuldigten 391
des Zeugen 374 f., 382, 387, 389 ff., 394, 397, 922, 926
Wahrunterstellung (Beweisantrag) 701, 1003, 1011 f., 1028
Weisung (Staatsanwaltschaft) 29, 62, 116, 182, 186, **199 ff.**
allgemeine 208 ff.
Weisungsrecht
externes 201, 212
internes Weisungsrecht 201, 212
Widerklage 135, 612
Widerruf
der Strafaussetzung 270, 549, 1256 f.
eines Geständnisses 578, 1238
Widerspruch
bei der Beweiswürdigung 1045, 1047, 1151, 1166
im Hauptverhandlungsprotokoll 1166
Widerspruchslösung 232, 239, 968, **969 ff.**, 972
Wiederaufnahme des Verfahrens 540, 1103 f., 1228, 1230, **1234 ff.**
Wiedereinsetzung in den vorigen Stand 180, 1104, 1139 f.

Wiederholungsgefahr 269, **289ff.**, 296, 298, 327, 331, 503
Wirtschaftsstrafkammer 542, 617, 623, 628f., 1067
Wirtschaftsstrafsache 114, 582, 889
Wohnort 636, 699, 1257
Wohnraumüberwachung, akustische 450, 520, 973
Wohnsitz 279, 636
Wohnung 424, 426, 436, 449, 453, 465, 974, 1251

Z
Zahlungsunfähigkeit des Verurteilten 1255
Zeugen(-aussage) 17, 49, **371ff.**, 417, 420f., 428, 472, 481, 699, 702, 706ff., 714, 724, 755ff., 760ff., 778f., 855, 858, 984, 1003ff.
Zeugenvernehmung, s. Vernehmung eines Zeuge
  Ersetzung 904ff.
  gefährdeter 107, 938
  jugendlicher 407, 937ff.
  sachverständiger 421
  unmittelbarer 760ff., 897
Zeugenbeistand 406f., 738, **864ff.**
Zeugenschutzmaßnahme 388, **401ff.**, 818f., 839, 924, 926, 931, 937
Zeugnisverweigerung, grundlose 883
Zeugnisverweigerungsrecht 282, **381ff.**, 490f., 494
Zivilrecht 33, 38, 555, 565, 856, 858, 1238
Zufallsfund 440f., 533
Zuhörer 736, 741ff., 767f.
Zurückverweisung (nach Aufhebung) 357, 1118, 1145, 1181, **1185ff.**
Zusammenhang (Verbindung) 632

Zusatztatsache 417
Zuständigkeit
  des Gerichts 58, 113ff., 452, 616ff., 663, 985, 1066ff., 1145, 1159, 1171, 1174, 1187f., 1244
  bei einer Ermittlungsmaßnahme 457ff., 497
  bei einer Haftentscheidung 311, 319, 339, 360f.
  bei verbundener Strafsache 631f.
  funktionelle 617
  örtliche 111, 616, 618, 634ff., 1068
  sachliche 28, 111, 616f., 619ff., 680, 1066
  der Staatsanwaltschaft 111ff., 1179
  funktionelle 617
Zustellung, förmliche 558, 689, 825, 831, 1149
Zustellungsbevollmächtigter 366ff.
Zustimmungspflicht
  im beschleunigten Verfahren 659
  bei beweisersetzender Verlesung 906
  bei der Einstellung 136, 140, 142, 145, 153ff., 161, 174f., 190, 854
  bei der Nachantragsklage 1064
  bei der Verteidigerauswahl 566f.
Zwang 19, 236, 240ff., 251
Zwangsmaßnahme 250, 308f., 343, 447, 450, 458, 477, 485, **499ff.**, 706, 826, 984, 1016, 1228
  Sitzungsordnung 735f.
Zwangsverteidiger 538
Zweifelssatz, s. in dubio pro reo
Zwischenentscheidung 757
Zwischenverfahren 540, 561, 596, 609f., 651, **673ff.**

Printed by Books on Demand, Germany